Military History of Korea

한국군사사 ③

고려 I

기획 · 주간

史 육군군사연구소
ARMY MILITARY HISTORY INSTITUTE

육군본부

"역사를 깨닫지 못하는 자에게
비극의 역사는 필연적으로 되풀이 된다"

인류의 역사에서 전쟁은 한 국가의 명운을 좌우해 왔습니다. 그렇기 때문에 모든 나라들은 전쟁을 대비하는 데 전 국가역량을 집중해 왔습니다. 한 나라의 역사를 이해하기 위해 군사사 분야의 체계적인 연구가 필요한 이유가 여기에 있습니다.

육군에서는 이러한 군사사 연구의 중요성을 인식하고 1960년대부터 지금까지 '한국고전사', '한국의병사', '한국군제사', '한국고대무기체계' 등을 편찬하였습니다. 이는 우리의 군사사 연구 기반 조성에 큰 도움을 주었지만, 단편적인 연구에 국한된 아쉬움이 늘 남아 있었습니다.

이에 육군은 그간의 연구 성과를 바탕으로 군사사 분야를 보다 체계적으로 연구·집대성한 '한국군사사(韓國軍事史)'를 발간하였습니다. 본서는 2008년부터 3년 6개월 동안 비록 짧은 기간이지만, 많은 학계 전문가들이 참여하여 군사, 정치, 외교 등 폭넓은 분야에 걸쳐 역사적 사실을 새롭게 재조명하였습니다. 특히 고대로부터 근·현대에 이르기까지 전쟁사, 군사제도, 강역, 군사사상, 통신, 무기, 성곽 등 군사사 전반이 망라되어 있습니다.

"역사를 깨닫지 못하는 자에게 비극의 역사는 필연적으로 되풀이 된다"라는 말이 있습니다. 미래에 대한 변화와 발전도 과거에 대한 깊은 이해와 성찰을 통해서 이루어 질 수 있습니다. 이러한 의미에서 우리나라 최초로 군사사 분야를 집대성한 '한국군사사'가 군과 학계 연구를 촉진시키는 기폭제가 되고, 군사사 발전을 위한 길잡이가 되길 기대합니다.

그동안 어려운 여건속에서도 연구의 성취와 집필을 위해 열과 성을 다해 준 집필진과 관계관 여러분의 노고를 치하합니다.

2012년 10월
육군참모총장 대장 김상기

1. 이 책의 집필 원칙은 국난극복사, 민족주의적 서술에서 벗어나 국기와 민족의 생존의 역사로서 군사사(전쟁을 포함한 군사 관련 모든 영역의 역사)를 객관적으로 서술하는데 있다.
2. 한글 맞춤법과 표준어 등은 국립국어원이 정한 어문규정을 따르되, 일부 사항은 학계의 관례를 따랐다.
3. 이 책의 목차는 다음의 순서로 구분, 표기했다.
   : 제1장 - 제1절 - 1. - 1) - (1)
4. 이 책에서 사용한 전쟁 명칭은 다음과 같은 원칙에 따라서 표기했다.
   (1) '전쟁'의 명칭은 다음 기준에 부합되는 경우에 사용했다.
      ① 국가 대 국가 간의 무력 충돌에만 부여한다.
      ② 일정 규모 이상의 대규모 군사활동에만 부여한다.
      ③ 무력충돌 외에 외교활동이 수반되었는지를 함께 고려한다. 외교활동이 수반되지 않은 경우는 군사충돌의 상대편을 국가체로 볼 수 있는지를 검토한다.
   (2) 세계적 보편성, 여러 나라가 공유할 수 있는 명칭 등을 고려하여 전쟁 명칭은 국명 조합방식을 기본적으로 채택했다.
   (3) 국명이 변경된 나라의 경우, 전쟁 당시의 국명을 사용하는 것을 원칙으로 했다.
      (예) 고려-요 전쟁   조선-후금 전쟁
   (4) 동일한 주체가 여러 차례 전쟁을 한 경우는 차수를 부여했다.
      (예) 제1차~제7차 고려-몽골 전쟁
   (5) 일반적으로 널리 알려진 전쟁 명칭은 ( ) 안에 일반적인 명칭을 병기했다.
      (예) 제1차 조선-일본 전쟁(임진왜란)   조선-청 전쟁(병자호란)
5. 연대 표기는 다음과 같은 원칙에 따라서 표기했다.
   (1) 주요 전쟁·전투·역사적 사건과 본문 서술에 일자가 드러난 경우는 서기력(양력)과 음력을 병기했다.
      ① 전근대 : '음력(양력)' 형식으로 병기하는 것을 원칙으로 했다.
      ② 근·현대: 정부 차원의 양력 사용 공식 일자를 기준으로 구분하여, 1895년까지는 '음력(양력)' 형식으로, 1896년 이후는 양력(음력) 형식으로 병기했다.
   (2) 병기한 연대는 ( ) 안에 양력, 음력 여부를 (양), (음)으로 표기했다.
      (예) 1555년(명종 10) 5월 11일(양 5월 30일)
   (3) 「연도」, 「연도 월」처럼 일자가 드러나지 않은 경우는 음력(1895년까지) 혹은 양력(1896년 이후)으로만 단독 표기했다.
   (4) 연도 표기는 '서기력(왕력)' 형태를 기본으로 하되, 필자가 필요하다고 판단한 경우에는 왕력(서기력) 형태의 표기도 허용했다.
6. 외국 인명은 다음과 같은 원칙에 따라서 표기했다.
   (1) 외국 인명은 최대한 원어 발음을 기준으로 표기하는 것을 원칙으로 했디. 딘, 직질한 원어 발음으로 표기하지 못한 경우에는 한자음으로 표기했다.

(2) 전근대의 외국 인명은 다음과 같은 원칙에 따라서 표기했다.

　① 중국을 제외한 여타 외국 인명은 원어 발음을 기준으로 표기하고 한자를 병기했다.

　　(예) 누르하치[努爾哈赤]　　도요토미 히데요시[豊臣秀吉]

　② 중국 인명은 학계의 관행에 따라서 한자음으로 표기했다.

　　(예) 명나라 장수 척계광戚繼光

(3) 근·현대의 외국 인명은 중국 인명을 포함하여 모든 인명을 원어 발음 기준으로 표기하는 것을 원칙으로 했다.

　　(예) 위안스카이[袁世凱]　　쑨원[孫文]

7. 지명은 다음과 같은 원칙에 따라서 표기했다.

(1) 옛 지명과 현재의 지명이 다른 경우에는 '옛 지명(현재의 지명)' 형식으로 표기했다. 외국 지명도 이 원칙에 따라서 표기했다.

(2) 현재 외국 영토에 있는 지명은 가능한 원어 발음으로 표기했다.

　　(예) 대마도 정벌 → 쓰시마 정벌

(3) 전근대의 외국 지명은 '한자음(현재의 지명)' 형식으로 표기했다.

　　(예) 대도大都(현재의 베이징[北京])

(4) 근·현대의 외국 지명은 원어 발음으로 표기하는 것을 원칙으로 하되, 학계에서 일반화되어 고유명사처럼 쓰이는 경우에는 한자음으로 표기했다.

　　(예) 상하이[上海]　　상해임시정부上海臨時政府

본문에 사용된 지도와 사진

- 본문에 사용된 지도는 한국미래문제연구원(김준교 중앙대 교수)에서 제작한 것을 기본으로 하여 필자의 의견을 반영해서 재 작성했습니다.
- 사진은 필자와 한국미래문제연구원에서 제공한 것을 1차로 사용했으며, 추가로 장득진 선생이 많은 사진을 제공했습니다. 필자와 한국미래문제연구원, 장득진 제공사진은 ⓒ표시를 하지 않았습니다.
- 이 외에 개인작가와 경기도박물관, 경희대박물관, 고려대박물관, 국립중앙박물관, 국사편찬위원회, 규장각한국학연구원, 독립기념관, 문화재청, 서울대박물관, 연세대박물관, 영집궁시박물관, 육군박물관, 이화여대박물관, 전쟁기념관, 한국학중앙연구원, 해군사관학교박물관, 화성박물관 외 여러 기관에서 소장자료를 제공했습니다. 이 경우 개인은 ⓒ표시, 소장기관은 기관명을 표시했습니다. 사진을 제공해 주신 분들께 감사드립니다.
- 이 책에 실린 사진 중에서 소장처를 파악하지 못해 사용허가를 받지 못한 사진이 있습니다. 이 사진에 대해서는 저작권자가 확인되는 대로 게재 허락을 받고 통상의 기준에 따라 사용허가 및 사용료를 지불하도록 하겠습니다.

발간사

제1장 후삼국통일전쟁과 고려 군제의 성립

제1절 후삼국의 대립과 고려의 통일

1. 신라 지방지배질서의 붕괴와 후삼국의 정립 2 | 2. 후삼국간 쟁패의 양상과 귀결 17

제2절 군사기구의 정비

1. 순군부의 성립과 군령체계의 정비 49 | 2. 병부의 설치와 군정체계의 정비 59

제3절 2군 6위와 지방군의 성립 과정

1. 중앙 직속군의 확대와 조직화 62 | 2. 지역사회 자위력의 포용과 통제 85

제2장 중앙 · 지방의 군사조직과 지휘체계

제1절 중앙군의 신분과 조직 체계

1. 중앙군의 신분과 보승 · 정용군 98 | 2. 중앙군의 구성과 군영별 특징 108

제2절 지방군과 지역방어체계

1. 주현군의 군사조직과 편성방식 116 | 2. 주진군의 구성과 그 원리 126

3. 지역 사회의 자위력을 활용한 지역방어체제 147

제3절 수군의 설치와 운용

1. 고려초 수군의 설치와 정비 172 | 2. 도부서제도와 수군 176

제4절 군의 지휘체계

1. 군령기구로서의 중추원 182 | 2. 병부와 군정업무 185

3. 최고 지휘관의 합좌와 중방 187

제3장 군사제도의 기본구조와 운영

제1절 군인의 충원과 군역

　　　　1. 전업적 군인과 군역 194 | 2. 군역의 징발 208

제2절 관방시설과 성곽

　　　　1. 방어적 군사 거점으로서의 '치소성' 215 | 2. 산성과 장성의 역할 222

제3절 군의 운영과 관리

　　　　1. 군율, 군기, 군례 238 | 2. 무예와 훈련 247 | 3. 군량과 군수 258

제4절 역(驛)의 운영과 마정(馬政)

　　　　1. 22역도제(驛道制)와 지역공동체적 역 운영 266 | 2. 마정 278

제4장 요, 여진과의 전쟁과 고려의 전략전술 체제의 변화

제1절 거란의 성장과 고려의 대응

　　　　1. 거란의 팽창정책 288 | 2. 고려의 대 거란정책과 전쟁준비 296

　　　　3. 거란과 고려의 군사체제 비교 306

제2절 고려-요 전쟁의 진행과 그 결과

　　　　1. 요의 1차 침공과 서희의 외교 326 | 2. 2차~6차 침공과 전쟁의 양상 338

　　　　3. 전쟁의 교훈과 결과 371

제3절 고려와 여진의 충돌

　　　　1. 완안부의 성장과 동북여진 380 | 2. 고려의 완안부 공격과 패전 389

제4절 별무반의 창설과 고려-여진 전쟁

　　　　1. 별무반의 창설과 전술체제의 변화 392 | 2. 고려-여진전쟁과 9성의 구축 419

　　　　3. 9성 공방전과 철수 426

참고문헌 439

찾아보기 447

제1장

후삼국통일전쟁과 고려 군제의 성립

제1절 후삼국의 대립과 고려의 통일

제2절 군사기구의 정비

제3절 2군 6위와 지방군의 성립 과정

제1절

후삼국의 대립과 고려의 통일

1. 신라 지방지배질서의 붕괴와 후삼국의 정립

1) 신라 지방지배질서의 붕괴와 그 원인

후삼국 시대는 우리 역사에서 독특한 시대이다. 고구려, 백제, 신라가 패권을 다투었던 삼국시대는 소국이 주변 국가를 정복하면서 성장하여 패권을 다투게 된 시기였던 반면, 후삼국 시대는 통일 왕국이 분열하여 발생한 내전기였다. 우리 역사에서 이와 같은 분열과 내전의 시기는 후삼국 시대가 유일한 사례이다. 이후의 왕조는 통일 국가에서 통일 국가로 넘어가는 과정을 거쳤기 때문에 이와 같은 장기간의 분열과 내전이 다시는 발생하지 않았다. 유독 통일 신라에서 고려왕조로 이행하는 과정에서 후삼국 시대라는 내전기가 발생했다.

이런 독특한 현상은 신라 지방통치체제의 특성과 관련 있었다. 신라의 지방지배체제에는 골품제가 반영되고 있었다. 골품제는 원래 왕경 6부의 지배세력을 대상으로 하는 신분제로, 왕경 6부인을 진골, 6두품, 5두품, 4두품 등과 같은 폐쇄적 신분으로 엄격히 구분했다. 예외적인 경우를 제외하고 부모의 골품이 자식에게 그대로 이어졌고, 골품 사이의 승강은 허용되지 않았다. 나아가 폐쇄적 골품에 따라 관등과 관직 승진에 제한이 가해졌다. 심지어 일상 생활의 여러 측면에까지 골품에 따른 제약이 뻗쳤다.

골품제는 왕경인을 신분적으로 구획하였을 뿐만 아니라, 왕경인과 지방민을 신분적으로 구분하는 역할도 했다. 골품 수여 대상인 왕경인과 달리, 지방민은 촌주와 같은 지방 세력과 일반 민인을 불문하고 골품 수여 대상에서 제외되었다. 골품 사이의 폐쇄적 신분 구분 및 왕경인과 지방민의 신분적 구분은 신라 후기까지도 근본적인 변화 없이 지속되었다.

왕경인과 지방민이 신분적으로 구별되는 체제는 신라의 성장 과정에서 시작되었다. 신라는 사로국斯盧國이라는 경주 지역에 위치한 소국으로 출발했다. 최초의 사로국은 6부部의 연합체였다. 사로국은 3세기 이후로 주위의 여러 소국이나 읍락집단을 정복하거나 복속시켜 영역을 확장해 갔다. 6세기 전반에 지방의 복속 소국이나 읍락 집단을 해체하여 주·군·(성)촌으로 편제하고 지방에 대한 직접지배를 실현하기 이전까지는, 이들 복속 소국 내지 읍락 집단은 사로국과 구분된 채 종속 집단으로 위치하고 있었다. 6부 집단은 일종의 지배자 집단의 위상을 지닌 채, 복속 소국이나 읍락 집단의 지배에 간여했다. 그리고 이 시기 동안에 6부 집단 내부에서도 신분적 차이가 심화되면서 골품제가 형성되었다.

중앙집권적 국가 체제를 갖춘 6세기 이후부터는, 원래의 6부 영역을 지방과 구분하여 왕경이라 불렀고, 정치체로서의 성격이 강한 6부는 왕경의 행정구역으로 바뀌었다. 또한 이때 복속 국가와 읍락 집단은 신라 국가의 지방으로 재편되었고, 해당 민인들은 이전과 달리 피복속 민인이 아니라 신라 국가의 지방민으로 전환되었다. 하지만 이러한 변화는 어디까지나 형식적인 것에 그쳤다. 지방제도를 외형상으로 보면 지방민은 왕경인과 다름없이 공민公民의 위상을 확보하고 있었지만, 지배자 집단이 종속 집단을 통치하는 전래의 지배구조 자체에는 근본적인 변화가 없었다.

당시 왕경인은 자신들을 지방민과 구별 짓는 신분 의식을 지니고 있었다. 왕경 6부의 지배 세력들은 지방의 지배 세력과 자신들을 확실하게 구분하려는 목적에서 인명 표기에서 소속 부를 기재했다. 이러한 신분 의식을 바탕으로 관등을 수여할 때 왕경 6부인과 지방민을 차별했다. 즉, 왕경 6부인에게는 경위京位를, 지방의 지배세력에게는 외위外位를 차별적으로 수여했다. 또한 지방관이 모두 골품 소지자로 6부 출신인

데서 보듯, 왕경 6부의 지배세력은 여전히 지방민을 통치했다. 이후 지방민에게도 경위를 수여하는 조처 등과 같은 약간의 변화는 보였지만, 왕경인이 지방민을 지배하는 근본적인 구조는 바뀌지 않고, 신라가 멸망할 때까지 지속되었다.[1]

신라의 지방 지배는 신분적으로 우월한 위치에 있는 왕경인이 지방민을 통제·지배하는 방식으로 구조화되어 있었다. 그 구조는 전국 지방을 주·군·현, 향·부곡 등의 행정구획으로 나누어 이곳에 왕경인인 지방관을 파견하는 것으로 구체화되었다.

신라 지방 지배의 구조는 당시 사회 시스템에 대한 지방민의 반발을 야기하고 국가에 대한 충성심을 떨어뜨렸을 것이기에, 중앙 정부의 통제력이 약화될 시에 지방의 이탈·독립은 상대적으로 손쉽게 발생할 수 있었다. 신라 말·고려 초기에서 이러한 사실을 확인할 수 있다. 아울러 신라 말·고려 초기 지방사회의 자위화·독립화가 일반적으로 지방행정구획을 토대로 하여 이루어진 배경을 이해하기 위해서는, 신라의 지방지배가 왕경인의 기득권을 관철하는 방식으로 구조화된 것 외에도, 주·군·현과 같은 행정 단위가 단순히 행정적·경제적 목적 하에 구획된 것이라기보다는 구래로 질서지워져 오던 지역단위를 토대로 한 것이라는 점이 고려되어야 한다.

신라는 삼국을 통일한 후 전정田丁과 호구를 기준으로, 즉 행정적, 경제적 측면에서 군현을 획정하면서도, 기준에 미달하는 지역 단위를 군현과 구별되는 행정 단위인 향과 부곡으로 설정했다.[2] 특히 기준에 미치지 못하는 지역 단위를 별도의 행정 단위로 삼은 점이 주목된다. 상식적으로 생각하면, 그러한 지역을 통째로 인근 군현에 병합시키거나 세부 영역들로 나누어 인근 군현들에 배속하는 편이 편리하고 효율적이었을 것이다. 고려 말·조선 초기 군현제 개편은 기본적으로 그러한 방식으로 이루어졌다. 하지만 신라 통일기에는 그러하지 않았는데, 이는 그러한 방식으로 군현제를 획정할 수 없었음을 시사하는 것으로, 당시 군현제 개편이 이미 주어진 단위를 전제로 한 후 그것의 토지와 인구수를 감안하여 일반 군현과 향·부곡으로 구분하는 것이었음을 의미한다.[3] 그리고 이미 주어진 단위는 단순히 공간적 영역으로 그치는 것이 아

---

1 이와 관련하여 전덕재, 『한국고대사회의 왕경인과 지방민』, 태학사, 2002 참조.
2 『신증동국여지승람』 권7, 경기도, 여주목, 고적, 登神莊.
3 최종석, 「고려전기 築城의 특징과 治所城의 형성」 『震檀學報』 102, 2006.

니라, 그곳에 거주하는 사람들 사이의 정치·사회적 관계가 담지된 장이었을 것이다. 그것은 폐쇄성과 자율성을 지닌 정치·사회적 공동체였다고 하겠다. 당시 신라는 이러한 단위를 해체하면서 지방 지배를 도모할 수 없었기에, 이를 인정하고 토대로 하면서 군현을 획정한 것이다.

이렇다고 할 때 신라의 지방 지배는 폐쇄적이고 자율적인 성향이 강한 지역사회를 토대로 한 지방행정구획마다 왕경인 지방관을 파견하고 그를 매개로 하여 신분적으로 차별받는 해당 지역을 통제하는 것이라고 할 수 있다. 이 때문에 고려, 조선 시기와 비교할 때, 당시 국가(외관)와 지방 세력(민인 포함) 사이의 긴장도는 상대적으로 매우 높았을 것이다. 신라 통일기의 지방관이 여전히 군사적 속성이 강한 것은 이와도 관련이 있다.

이러한 사회 조건을 반영해서인지, 일반적으로 치소治所, 곧 지방관의 관서가 위치한 성城은 산성 형태로 지방 세력이 거주하였을 중심촌 인근에 설치되었다.[4] 곧 당시 국가는 해당 지역을 통제하는 데 가장 적절한 곳인, 지방 세력이 집거하였을 중심촌을 훤히 내려다볼 수 있는 지점에 성을 쌓아서 지방관의 행정적, 군사적 거점으로 삼았다.

결국 신라의 지방 통치는 폐쇄적이고 공동체적인 지역 단위를 신분적으로 차별하면서 무력적으로 지배한 셈이다. 이러한 사회 환경이었기에, 신라 하대를 거치면서 지배층의 분열 등으로 지방 지배력이 약화되자, 신라 말에 순식간에 전국의 지배권이 상실되고 각지에서 수많은 호족이 할거하는 무정부 상태로 돌입하게 된 것이다.

왕경인의 집단적 이해가 관철되는 특징을 지닌 이러한 지방 지배 질서가 지속되기 위해서는 왕경인의 결속이 요구되었다. 특히 그 중에서도 신분제상으로 최상위에 있으면서 절대적인 기득권을 누리고 있던 진골 귀족의 단결이 전제되어야 했다. 하지만 혜공왕대 이래 진골 귀족들 사이의 권력 쟁발은 본격화되어 시기가 길수록 그 양상이 격화되었고, 그 결과 지배 체제가 이완되었다. 768년(혜공왕 4) 일길찬 대공大恭

---

4 심봉근, 『韓國南海沿岸城址의 考古學的 研究』, 학연문화사, 1995 ; 박성현, 「6~8세기 新羅 漢州 「郡縣城」과 그 성격」 『韓國史論』 47, 서울대 국사학과, 2002 ; 최종석, 「羅末麗初 城主·將軍의 정치적 위상과 城」 『韓國史論』 50, 서울대 국사학과, 2004.

장보고 동상(중국 산동성 적산법화원)

은 그 아우인 아찬 대렴大廉과 함께 사병을 거느리고 왕궁을 33일 동안이나 포위하다 결국 진압되었는데, 당시 왕도王都 및 5도 주군州郡의 96각간角干이 서로 싸운 전국에 걸친 대란이 벌어졌다. 그 뒤에도 정국은 안정되지 못했다. 그러던 중 김양상金良相이 774년(혜공왕 10) 상대등이 되면서 반왕파가 정치적 실권을 잡았고, 이후 이에 대한 반발 등으로 775년 이찬 김은거金隱居의 반란과 이찬 염상廉相, 시중 정문正門의 모반, 780년(혜공왕 16) 김지정金志貞의 모반이 잇따랐다. 김지정의 모반 당시 김양상은 김경신金敬信 등의 협력을 얻어 김지정의 군대를 토벌한 뒤 혜공왕까지 시해하고는 왕위에 올랐다. 이른바 하대下代가 시작된 것이다.

하대 들어서 귀족들의 권력 투쟁은 더 빈번해지고 격렬해졌다. 김경신은 김주원과의 왕위 쟁탈전에서 승리하여 원성왕으로 즉위했다. 822년(헌덕왕 14)에는 아버지인 김주원이 왕이 되지 못한 데 대한 불만을 품고 웅천주도독이었던 김헌창金憲昌이 반란을 일으켰다. 이후 김언승金彦昇이 애장왕을 시해한 후 왕위에 오르는가 하면, 흥덕왕 사후 상대등 김균정金均貞을 비롯한 김우징·김예징·갑양 등의 일파와 시중 김명金

明을 위시한 이홍·배선백 등이 왕위를 둘러싸고 대립했다. 이 싸움에서 김명 일파가 승리하여 김제륭金悌隆은 희강왕으로 추대된 후 김명의 핍박으로 자살했고, 김명은 민애왕으로 즉위하였다. 하지만 패배했던 김균정의 아들 김우징은 장보고張保皐의 청해진 세력을 빌려 민애왕을 살해하고 신무왕이 되었다.

이후에도 일길찬 홍필弘弼의 반란(841), 장보고의 반란(846), 이찬 양순良順, 대아찬 홍종興宗 등의 반란(847), 이찬 김식金式·대흔大昕 등의 반란(849), 이찬 윤흥允興 형제의 반란(866), 이찬 김예金銳·김현金鉉의 반란(868), 이찬 근종近宗의 반란(874), 일길찬 신홍信弘의 반란, 이찬 김요金蕘의 반란(887) 등의 권력쟁탈전이 끊임없이 이어졌다.[5]

하대 들어 격렬하면서도 반복적으로 진골 귀족 상호간의 권력 투쟁이 발생한 까닭은 이 시기 진골 귀족의 수효가 크게 증가하면서도 왕실 가족 및 진골귀족 집단 내부에서 혈족 관념의 분지화分枝化 경향이 더욱 촉진된 데 있었다.[6] 사회경제적 측면에서는 전장과 녹읍, 이 가운데 녹읍을 확보하기 위한 귀족간의 경쟁이 심화된 점을 그 원인으로 들 수 있다. 당시 농민층의 경제적 처지가 열악해져 유망하는 자들이 많아지고 이에 따라 국가의 공민이 크게 줄어가는 상황에서, 귀족들이 녹읍을 효과적으로 운영하고 확대하기 위해서는 권력의 획득을 통한 직·간접적인 지방관리 장악·통제가 요구되었다.[7]

당시 귀족들은 더 많은 녹읍과 전장을 확보하고자 하였고 이외에도 촌락에 남아 있던 녹읍민에게 더 많은 경제적 부담을 강요했다. 이러한 수취의 강화는 다시금 유망의 확대를 야기하는 악순환을 야기하였다. 귀족들뿐만 아니라 사원세력들 또한 대규모의 토지를 소유하고 확대해 갔고 농민들에 대한 수탈을 강화해 갔다. 국가 수취지에서도 농민에 대한 경제적 부담은 가중되어 갔다.[8] 이러한 악순환이 지속되어 감에 따라, 농민들은 점점 더 많이 유망했고, 도적이 되기도 했다. 그에 따라 도적들의 봉

---

5 관련한 상세한 설명은 최병헌, 「新羅 下代社會의 動搖」『한국사 3』, 국사편찬위원회, 1976 ; 이기동, 「귀족사회의 분열과 왕위쟁탈전」『한국사 11』, 국사편찬위원회, 1996 참조.
6 이기동, 「新羅 下代의 王位繼承과 政治過程」『歷史學報』85, 1980.
7 전덕재, 「新羅時代 祿邑의 性格」『韓國古代史論叢』10, 2000.
8 전덕재, 「신라하대의 농민항쟁」『한국사 4』, 한길사, 1994.

기도 빈번히 발생하였는데, 대개 그것은 흉년과 기근 등으로 경제적 처지가 더욱 어려워진 현실을 촉매로 하여 이루어지고 있었다. 하지만 도적의 봉기는 조직적이지 못했고 또한 지역적 기반도 약해 이내 진압되었다.

하지만 889년(진성여왕 3)의 농민 항쟁은 신라의 지방 지배 질서에 일대 타격을 가했다. 이를 계기로 하여 신라 사회는 걷잡을 수 없이 무너지기 시작했는데, 당시 사건을 『삼국사기』에서는 다음과 같이 전한다.

> 나라 안의 여러 군현에서 세금을 보내오지 않아, 국가의 창고가 텅 비어 나라의 씀씀이가 궁핍하게 됨에 따라 왕은 사자를 보내 세금을 낼 것을 독촉하였다. 이로 말미암아 소재 도적들이 곳곳에서 벌떼처럼 일어났다. 이때 원종元宗과 애노哀奴 등은 사벌주를 근거로 하여 반란을 일으켰고, 왕은 영기令奇를 보내 그들을 붙잡게 하였다. 영기는 적의 근거지를 멀리서 바라보고는 두려워 앞으로 나아가지 못하였으나, 촌주인 우련祐連은 힘껏 싸우다가 죽었다. 왕은 명령을 내려 영기의 목을 베고, 나이 10여 세 된 우련의 아들로 촌주의 직을 잇게 하였다.[9]

이전에도 경제적 어려움에 처한 농민들이 도적으로 탈바꿈했고, 그러한 도적들은 단순한 약탈에만 그치는 것이 아니라 여러 지역들을 횡행하면서 국가 질서를 문란케 했다. 그렇지만 이러한 봉기는 조직적이지 못한데다 지역적 기반이 약해 이내 진압되었다.[10] 그런데 889년에 이르러서는 전국에 걸쳐 지역민들이 자신들의 터전을 기반으로 국가에 저항했다. 사벌주 지역(현재의 상주)을 근거로 한 원종과 애노의 반란은 당시 전국적인 반란들 가운데 하나에 불과했다.[11]

---

9 『삼국사기』 권11, 신라본기, 진성여왕 3년.
10 전덕재, 앞의 논문, 1994.
11 위의 기록에는 상주만이 구체적인 반란 지역으로 언급되고 있다. 당시 이 지역에 한해 반란이 발생했다고 볼 수도 있다. 하지만 원종과 애노의 반란 기록은 반란 그 자체보다는 그것을 진압하는 과정에서 보여준 촌주 우련의 호국적 행적에 초점이 맞춰져 있는 점에서, 전국적인 반란들 가운데 특별히 채택되어 기록된 것이었다고 보아야 할 것이다(최종석, 「羅末麗初 '城主·將軍'의 대두와 변동추이」, 서울대 국사학과 석사학위논문, 2000, 22~23쪽).

등급	관등	골품				복색	중앙 관직					지방 관직			
		진골	6두품	5두품	4두품		공시	시랑	내사	사자	시	노독	사신	태수	현령
1	이벌찬					자색									
2	이 찬														
3	잡 찬														
4	파진찬														
5	대아찬														
6	아 찬					비색									
7	알길찬														
8	사 찬														
9	급벌찬														
10	대나마					청색									
11	나 마														
12	대 사					황색									
13	사 지														
14	길 사														
15	대 오														
16	소 오														
17	조 위														

신라의 골품제도

사벌주 지역에서 보듯, 신라 정부의 반란 진압은 여의치 않았고, 그 결과 반란 지역들 가운데 다수가 신라의 지배 범위에서 벗어났다. 889년 혹은 그 다음해로 보이는 시기에 이미 왕기王畿 이외의 절반 지역이 신라의 지배 영역으로부터 이탈했다는 기록은[12] 이러한 사실을 잘 보여주고 있다.

신라의 지방 통치력 상실은 행정 구획을 단위로 한 지역사회의 독립화, 자위화 움직임과 상호 영향을 주고받으면서 진행되었고, 당시 지역사회의 움직임은 그간 통제되어 왔던 지역공동체를 토대로 이루어지고 있었다. 경제적 어려움이 심각한데도 과도한 부세 수취가 지속되자, 그간 억눌려 왔던 지역공동체가 활성화되면서 신라의 지방 지배 질서를 부정하기에 이르게 된 것이다. 신라 국가가 이를 제대로 제어하지 못하자, 지방 지배 질서는 붕괴되어 갔고, 행정 구획을 단위로 한 독립화, 자위화가 진

---

12 『삼국사기』 권50, 열전10, 궁예. 그 구체적 사례로 상주에서 원종·애노의 반란이 일어난 지 2년 뒤에 賊魁라 불리는 箕萱이 죽주를 지배하고 있던 점을 꼽을 수 있다.

행되었다. 시간이 경과할수록 그러한 경향은 강화·확산되었고, 궁극에 신라의 지배권역은 경주 일원에 그치기에 이르렀다.

2) 국가 수립 움직임과 후삼국 정립

신라의 지방사회에 대한 통제력이 약화되고 지방분권적 질서가 자리를 잡아가는 것과 동시에 신라를 대체하는 새로운 권력이 출현했다. 후고구려와 후백제의 건국이 바로 그것이었다. 후고구려와 후백제를 건국한 세력은 이 시기에 전국 각지에서 출현한 지역사회의 통치자들과는 성격을 달리했다. 이들은 처음부터 특정 지역에 매몰되지 않고, 다수의 지역을 포괄하고 통제하는 정치 단위를 만들고자 했다. 초창기에는 특정한 지역을 거점으로 하지 않은 채 무장력을 바탕으로 하여 다수 지역을 석권하고 통제하고, 그 이후에는 영역 확장을 지속하면서 동시에 중심 거점을 확보하고 조직력을 강화·정비했다. 그리고 이러한 과정을 경과하면서 국가가 수립되었고, 이때를 전후하여 문신 세력이 대거 가담하여 국가 운영과 세력 확장에 일조했다.

통합적, 집권적 국가체를 수립하려는 움직임은 각지에서 발달하는 자치·자위의 지역사회가 노정하는 분권적 경향과 상반되는 것 같지만, 반드시 그런 것만도 아니다. 사회 혼란이 가중되고 강력한 통합 세력이 출현하면서, 외부의 군사적 위협은 지역사회 단위의 자위적 방어력을 초과하게 되곤 하였다. 지역사회도 자신들의 내부 질서와 안전을 확보하기 위해서는 국가 체제를 갖춘 강력한 세력의 군사적 보호막이 필요해졌다. 따라서 당시 지방 세력들은 강제적으로 굴복당하지 않더라도, 귀부 등을 통해 자진해서 복속하기도 했다. 덕분에 후고구려와 후백제의 건국자들은 반드시 공격하여 점령하지 않아도 지방 세력을 복속시켜 영역과 세력권을 확대해 갈 수 있었다.

이때 간과하지 말아야 할 것은, 영역 내로 편입한 지역이 국가체에 의해 직접적으로 지배되기보다는 자율적으로 통치되면서도 국가체에 의해 상위에서 군사적, 행정적, 경제적으로 통제받은 점이다. 심지어는 군사적으로 정복당한 지역에서도 그러했다. 지역공동체가 신라 말에 들어서면서 자위적 속성을 강하게 띠면서 활성화된 데다, 새로운 국가체 내지 이를 지향한 세력은 신라 골품 체제의 극복을 지향했기에, 과

칠장사(경기 안성)
궁예가 활쏘기를 하면서 유년기를 보냈다는 이야기가 전한다.

거와 같이 지역공동체를 강력하게 통제하는 방식의 지방 지배는 도모되기 어려웠다. 당시 환경에서 국가체가 지역사회에서 자체적으로 성립된 자치·자위의 질서를 해체한 후 새로운 질서를 구축하는 것은 불가능에 가까웠다. 대신 국가체는 지역사회에서 성립된 질서를 인정하면서도 자위력을 비롯한 여러 자원을 활용하여 영역을 확장하고 국력을 신장하는 방식을 선택한 것이다.

태봉과 후백제의 건국 과정은 이러한 사회 구조의 변화 과정을 보여주고 있다.[13] 후고구려를 세운 궁예는 신라의 왕실출신이었다고 알려져 있다.[14] 경문왕의 서자였을 것으로 추정되기도 하는 그는 유모 밑에서 성장하다, 열 살이 되던 때에 자신의 출생 비밀을 알고 난 후 세달사로 들어갔다. 세달사에서 승려 생활을 하던 궁예는 진성여왕대의 혼란기를 맞아 뜻을 품고 환속해서는 죽주(경기도 안성시 죽산면, 竹州)를 지배하고 있던 기훤에게 의탁했다가 이후 북원(강원도 원주시, 北原)의 양길梁吉 휘하로 옮겨갔다.

---

13 이하 궁예, 견훤과 관련한 내용은 기본적으로『삼국사기』권50, 열전10, 궁예 ;『삼국사기』권50, 열전10, 견훤을 토대로 했다.

14 궁예가 신라 왕자였다는 기사를 인정하는 견해도 있고, 부정하는 견해도 있다. 양자의 절충적 견해로 궁예가 (몰락한)진골 귀족 출신이었다는 견해도 제시되었다(조인성,『태봉의 궁예정권』, 푸른역사, 2007).

궁예는 군사적 능력을 토대로 양길 휘하에서 역량을 발휘하다가, 894년(진성여왕 8) 궁극에는 자신을 따르는 600여 명의 병력을 이끌고 양길의 그늘에서 벗어나 명주(강릉)로 진출했다. 그곳에서 부하들의 신뢰를 얻으면서, 3천 5백 명의 병력을 확보했다. 이 병력을 14대隊로 나누고 사상舍上, 곧 부장部長을 두는 등의 조직화를 시도했다. 이때 그는 사졸들에 의해 장군에 추대되었다.

궁예는 명주에서 확보한 군사력을 바탕으로 그 다음해(895) 그 곳을 떠나 영서 지방으로 넘어와 저족(강원도 인제군 인제읍, 猪足), 성천(강원 화천군 화천읍, 狌川), 부약(강원 철원군 김화읍, 夫若), 금성金城, 철원(강원 철원군 철원읍, 鐵圓) 등 10여 성을 쳐서 격파했다. 궁예 세력이 현 강원도 북부 내륙 일대를 장악하자, 패서浿西의 적구賊寇 등 각지의 세력이 항복했다. 그 중에서도 상당한 무력을 형성하고 있던 평산의 박지윤朴遲胤 가문의 귀부는 궁예의 세력 확장에 큰 힘이 되었다.[15] 『삼국사기』에는 이때 '궁예가 세력이 커졌으므로 나라를 열고 왕을 칭할만하다고 하여 내외의 관직을 설치했다'고 기록되고 있다. 이는 당시 철원 지역을 중심으로 하여 궁예 세력의 조직화가 이루어지고 있었음을 말해주는 것이다. 이 해가 896년(진성여왕 10)이었다.[16]

철원 지역에 기반한 궁예는 계속해서 서쪽과 남쪽 방면으로 영역을 확장했다. 마침 이 해에 송악군(개성시, 松岳郡)의 호족인 왕륭·왕건 부자가 귀부했고, 이어 승령(경기 연천군 인목면, 僧嶺), 임강(황해 장단군 강상면, 臨江) 지역을 점령했다. 이듬해(897)에 인물현(황해 개풍군 봉동면, 仁物縣)을 병합했고, 898년(효공왕 2)에 송악에 도읍을 정했으며, 공암(서울시 강서구, 孔巖), 검포(경기 김포시, 黔浦), 혈구(인천시 강화읍, 穴口) 등의 성을 격파했다. 이 당시 궁예 세력은 과거 신라의 한산주漢山州와 패서도浿西道 지역에서 활발한 군사 활동을 벌인 것이다.[17] 다음해(899)에는 왕건을 시켜 양주(서울 광진구, 楊州)와 견주(경기 양주시, 見州)를 정벌했다. 이처럼 철원 지역의 서쪽과 남쪽 방면으로의 영역 확장은 성공적으로 이루어져, 오늘날 경기에 해당하는 한강 하류 영

---

15 정청주, 「신라말 고려초 호족의 형성과 변화에 대한 一考」 『歷史學報』 118, 1998, 3~15쪽.
16 『삼국사기』 열전 궁예전은 해당 조치가 895년에 이루어진 것처럼 기록하고 있으나, 『삼국유사』와 『고려사』에 따를 때, 이것은 그 다음 해에 이루어졌을 것으로 판단된다(조인성, 앞의 책, 2007 참조).
17 『삼국사기』 권12, 신라본기12, 효공왕 2년 7월에는 "궁예가 浿西道와 漢山州 관내의 30여 성을 빼앗고 마침내 松岳郡에 도읍했다"고 한다.

역이 궁예의 영향력 하에 들어 왔다. 이것은 궁예 세력의 위상을 크게 변화시킨 것으로 한반도의 심장부라고 할 수 있는 한성 일대와 개경 유역, 한강, 임진강 수로의 하구를 장악하게 된 것을 의미하였다.

궁예의 영역 확장은 북원 지역을 중심으로 하여 한강 상류인 충주 일대로 영역을 확장하고 있던[18] 양길 세력과의 충돌을 가져왔다.[19] 북원에 근거한 양길이 보다 빨리 충주 일대를 석권했더라면 과거 신라의 성장 방식을 답습해서 남한강 유역과 한성 일대를 장악하고 중부 지방의 패자가 될 수 있었을 것이다. 그러나 무슨 이유인지 양길은 궁예가 강원도와 철원으로 돌아 한성 지역으로 내려오는 동안에 충주로 진출했을 뿐이다.

궁예와 양길의 군대는 궁예의 중심지인 송악과 양길 세력의 거점인 북원 지역을 연결하는 중간 지점에 위치하였을 비뇌성(경기 용인시 일대로 추정, 非惱城)에서 대전하였다.[20] 이 전투에서 궁예는 대승을 거두었고 이로 말미암아 한강 남쪽 방면으로 진출할 수 있게 되었다. 즉 그 다음 해인 900년에 과거 양길의 세력권 하에 속해 있었을 광주(경기 광주 및 하남시), 충주, 청주, 당성(경기 화성시 서신면), 괴양(충북 괴산군, 槐壤) 등의 지역을 장악했다.

이들 지역의 점령은 궁예 세력의 남방 진출을 위한 교두보 확보에서 중요한 의미를 지니고 있었다. 광주는 한강 이북에서 남방으로 향하기 위한 배후 거점으로, 서남 방면의 청주는 후백제를 견제하기 위한 근거지로, 충주와 괴양은 상주와 경주 방면으로 향하기 위한 요충지로, 당성은 서해안의 주요 거점으로 기능할 수 있었다.[21] 당시 궁

---

18 기록에 따르면, 양길 세력은 30여 城에 걸쳐 정치·군사적 영향력을 발휘하고 있었다.
19 당시 궁예의 영역 확장은 양길 세력의 북쪽과 서쪽 방면을 포위하면서 이루어지고 있었다.
20 정요근, 「後三國期 高麗의 남방진출로 분석」『한국문화』44, 2008, 5~6쪽. 정요근은 비뇌성과 고려 현종의 나주 피난 시에 보이는 鼻腦驛을 동일한 것으로 보고, 현종이 광주를 지나 양성(경기 안성시 양성면, 陽城)으로 향하던 중간 지점에서 비뇌역의 위치가 확인되고 있음을 고려하여, 그 위치를 용인시 일대로 추정했다. 이외 비뇌성 위치에 대해서는 현재의 경기도 안성시 양성면 부근에 비정하여 竹州 관내로 파악하는 입장(안영근,「羅末麗初 淸州勢力의 動向」『朴永錫華甲紀念韓國史學論叢』上, 1992, 400쪽 ; 신호철,「後三國 建國勢力과 淸州豪族」『後三國時代 豪族研究』, 개신, 2002, 329쪽)과 楊根 일대로 비정하는 견해(이재범,『後三國時代 弓裔政權 研究』, 혜안, 2007, 69~71쪽), 그리고 죽주의 分行驛으로 비정한 입장(이도학,「弓裔의 北原京 占領과 그 意義」『東國史學』43, 2007, 195~201쪽) 등이 있다.
21 정요근, 앞의 논문, 2008, 6쪽. 한편 조인성은 광주와 당성을 수중에 넣음으로써 궁예가 한강 하류 유역을 확보하고, 나아가 서해 활동의 기반을 다짐으로써 해상으로부터 후백제를 견제할 수 있게

예 세력은 강원·경기·황해·충청북도의 대부분을 차지했다. 이에 궁예는 901년(효공왕 5) 고구려 부흥과 신라 타도를 표방하며 왕위에 나아가 국호를 (후)고려라 하고 스스로 왕을 칭했다.

견훤 또한 궁예와 그리 다르지 않은 방식을 통해 국가를 세우고 왕으로 등극했다. 견훤은 지방의 미미한 가문 출신으로 판단되는 인물로,[22] 신라의 중앙군에 입대한 후 경주를 떠나 서남해의 방수군으로 파견되었다. 그는 이곳에서 뛰어난 군사력 역량을 발휘하여 병졸 내지 그보다 그리 높지 않았을 지위에서 방수군의 비장裨將으로 승진했다. 889년(진성여왕 3)을 기점으로 하여 신라의 지방 지배력이 약화·붕괴되어가고, 이와 맞물려 각지 호족들의 해당 지역 지배의 경향이 확산되어가자, 892년(진성여왕 6) 새로운 국가 수립을 목표로 하여 자신이 주둔하고 있던 지역에서 거병했다. 군사활동은 순조롭게 진행되어 서남 지역의 주현들을 장악하고, 거병 후 한 달 새 군사 5천을 확보하기에 이르렀다. 『삼국사기』는 그의 성공을 '가는 곳마다 호응하여 그 무리가 한 달만에 5천인을 불러 모았다'고 기록했다. 이 기사로 미루어 보면 거병 직후 견훤은 지역사회의 동조를 바탕으로 해당 지역을 장악해 나갔다고 파악된다.

그는 자신이 근무하던 서남해 방수군을 주축으로 하여 군사력을 확보하고 주변의 농민들을 군사력으로 끌어들였을 것이다. 거병 후 짧은 시간에 확보한 5천의 군사는 이러한 과정을 통해 얻어졌다고 생각된다. 초창기에 장악한 서남 지역의 주현들은 그가 근무했던 서남해 방수군의 주둔지와 그 인근 지역이었을 것인데, 서남해 방수처는 영산강 하류 일대[23], 나주[24], 순천[25], 순천만 내지 섬진강 하구의 광양만[26], 경남 서부의 진주[27] 등으로 비정되고 있다. "완산적完山賊 견훤이 주州에 근거하여 후백제를 자칭하니,

되었으며, 남한강 유역의 요지인 국원과 인근 지역을 확보함으로써 후삼국 관계에서 유리한 위치에 설 수 있었다고 보았다(조인성, 「태봉」 『한국사 11』, 국사편찬위원회, 1996 참조).

22 견훤을 상주 지역의 호족 출신으로 본 견해도 있다(신호철, 『後三國 甄萱政權研究』, 일조각, 1993).
23 신호철, 앞의 책, 1993, 28쪽.
24 정청주, 『新羅末 高麗初 豪族研究』, 일조각, 1996, 193쪽.
25 이도학, 「진훤의 출생지와 그 초기 세력기반」 『후백제 견훤정권과 전주』(전북전통문화연구소 편), 주류성, 2001, 71쪽.
26 변동명, 「甄萱의 出身地 再論」 『震壇學報』 90, 2000, 41쪽.
27 강봉룡, 「견훤의 세력기반 확대와 전주 정도」 『후백제 견훤정권과 전주』(전북전통문화연구소 편),

무주武州 동남쪽의 군현이 항속降屬하였다"[28]에서 보이는 '무주 동남쪽의 군현'은 대체로 구례·곡성·광양·순천·여수·보성·고흥 등의 전남 동부 지역을 말한다. 바로 이곳이 견훤 세력이 초창기에 장악한 지역 일대로 추정되고, 견훤이 근무했었던 서남해 방수처는 구체적으로 순천만이나 광양만 부근에 위치했을 것으로 판단된다.[29]

무진주(광주광역시) 동남쪽 군현들을 장악한 여세를 몰아, 견훤군은 서진하여 주치州治였던 무진주마저 습격하여 장악했다. 무진주를 획득한 후 그곳을 근거지로 하여 새로운 국가를 세우려고 했으나, 그 때에는 아직 공공연히 왕이라고 칭하지 못하고 다만 '신라서면도통지휘병마제치지절도독전무공등주군사행전주자사겸어사중승상주국한남군개국공식읍이천호新羅西面都統指揮兵馬制置持節都督全武公等州軍事行全州刺史兼御史中丞上柱國漢南郡開國公食邑二千戶'라고 스스로 불렀다.[30] 당시 견훤은 무진주를 중심으로 후백제 건국의 기틀을 마련했지만, 신라가 천년 동안 누려왔던 권위를 쉽게 무시할 수 없어 국왕을 칭하지 못하고 신라의 서부 방면의 군사 책임자를 자임한 것이다.

그리고 그 무렵 오월吳越에 사신을 보내 그 지위를 대외적으로 인정받고자 했다.[31] 한편 이때 북원을 중심으로 그 인근에 세력을 떨치고 있던 양길을 자기 세력으로 끌어들이려고 그에게 비장裨將의 관직을 제수하기도 했다. 무진주를 거점으로 한[32] 조직력의 정비 작업이 이루어지고 몇 년 뒤 견훤은 현재 호남 지역의 또 다른 주치인 완산주(전북 전주, 完山州)로의 경략을 추진했다. 완산주에 이른 후, 900년(효공왕 4)에 이곳으로 도읍을 옮기고 백제의 부흥과 신라의 타도를 표방하면서 정식으로 (후)백제왕을 자칭하고 관직을 설치했다. 이때 국가의 체제가 갖추어지게 된 것이다.[33]

주류성, 2001, 37쪽.
28 『삼국사기』 권11, 신라본기, 진성여왕 6년.
29 문안식, 『후백제 전쟁사 연구』, 혜안, 2008, 28~31쪽.
30 기록에 따라서는 892년 당시에 稱王하거나(『삼국사기』 권 31, 연표 하) 후백제를 칭하였다고 하나(『삼국사기』 권 11, 신라본기, 진성여왕 6년), 열전 기록이 정확할 것이다.
31 문안식, 앞의 책, 2008, 37~38쪽.
32 『삼국유사』 권1, 왕력 1에는 景福 2년(892)에 처음으로 光州에 도읍하였다고 하였는데, 이는 견훤 세력이 광주를 근거지로 했음을 의미할 것이다.
33 견훤이 완산주로 중심 거점을 옮긴 것은 다음과 같이 설명될 수 있다. 무진주는 한반도 서남부에 치우쳐 있을 뿐만 아니라, 그 인근의 서남해 지역은 토착 호족의 수중에 놓여 있었다. 또한 전남 지역은 6세기 중반에 이르러 토착 질서가 해체되고 백제에 복속되었기 때문에 백제에 대한 귀속

견훤산성(경북 상주)
후삼국시대 견훤이 쌓았다고 전해진다.

이처럼 궁예와 견훤은 일개 지역 단위를 토대로 한 것이 아니라 다수의 지역사회를 포괄하고 통제하는 정치 질서를 수립했다.[34] 물론 이것은 이 흐름에 동조하는 많은 사람들의 참여와 노력이 있어 가능했다. 궁예와 견훤 휘하에는 그를 도와 국가의 건립과 성장을 함께 이루어내는 많은 인물들이 운집해 있었다. 이들 가운데 무장 세력이 다수를 차지하고 있었고, 일부는 문신 세력으로 국가 경영에 일조했다. 궁예 정권 하에서 왕건은 무장 세력이었고, 왕건을 추대하여 고려 건국의 일등공신이 된 신숭겸,

의식이 상대적으로 미약했다. 이에 견훤은 한반도 서남부에 치우쳐 있는 무진주를 벗어나 호남의 중심지이며 백제 계승 의식이 강렬한 완산주로 근거지를 옮겨 면모의 일신을 도모하고자 했을 것이다(문안식, 앞의 책, 2008, 48~50쪽).

34 양길 역시 이러한 유형에 해당할 수 있다고 판단된다. 북원을 근거로 봉기한 양길은 이곳에 국한되지 않고 있었다. 그는 휘하인 궁예에게 군사를 나누어 주어 북원 동쪽 방면을 공략하게 하였다. 이때 궁예는 치악산 石南寺에 주둔하면서 酒泉·奈城·鬱烏·御珍 등의 현들을 공격하여 항복을 받았다. 이후 899년 궁예와 대결할 당시 그는 국원 등 30여 성을 차지하고 있었을 정도로 다수 지역에 정치·군사적 영향력을 행사하고 있었다. 만약 궁예에게 패배하지 않고 영역 확장을 성공적으로 이루었다면, 그 또한 국가를 세웠을 것이다.

복지겸, 홍유, 배현경 또한 궁예 정권과 고려에 걸쳐 무장 세력으로 활동하던 인물들이었다. 이들과 달리 최치원과 더불어 '일대삼최一代三崔'로 당시 문명을 떨친 최언위와 최승우는, 각각 고려와 후백제의 문신 세력이었다. 그리고 이들 문무 인사들의 활약과 충원으로 인해, 궁예와 견훤이 세운 국가는 점점 더 확장해 나갔을 것이다.

요컨대, 신라의 지방 지배 질서가 붕괴된 후, 각지에서 자치·자위의 지역사회가 성립되었고, 다른 한편에서는 국가의 신설과 성장의 흐름이 있게 되면서 후삼국의 정립이 이루어졌다.

2. 후삼국간 쟁패의 양상과 귀결

1) 태봉의 진출지역 확대와 정복활동

901년 국가 수립 이후에도 영역 확장은 지속되었다. 그 확대 방향은 크게 북방과 남방으로 구분된다. 태봉[35]의 북방 진출은 고구려의 수도였던 평양을 향하고 있었으며, 남방 진출은 서남쪽의 충청도 방면과 동남쪽의 경상도 방면, 그리고 나주 등을 통한 서남해안 및 남해안 방면 등 세 방향으로 추진되었다. 충청도 방면으로는 청주·웅주(충남 공주시, 熊州)와 같은 대읍 확보를 통하여 후백제와 대응할 수 있는 거점을 확보하고자 했다. 경상도 방면으로는 경주를 향하는 진출로를 확보하고 후백제의 경주 진출로를 차단하는 것을 최우선의 정책으로 삼았다.[36] 태봉의 대외 정복 활동 양상을 연도 순으로 살펴보면 다음과 같다.

903년(효공왕 7) 서남해안 및 남해안 방면으로의 태봉의 군사적 진출이 본격화되었다. 당시의 해상 루트를 통한 남방 경략은 900년(효공왕 4) 해상 공략의 중간 근거지라 할 수 있는 당성을 점령한 데서 가능했다. 903년 3월 왕건은 수군을 거느리고

---

35 궁예는 국가 건립 이후 (후)고구려, 태봉, 마진 등 국호를 수차례 변경하였는데, 편의상 이후 국명은 태봉으로 통일하여 사용하고자 한다.
36 정요근, 앞의 논문, 2008, 6쪽.

서해로부터 광주 지경에 이르러 금성군(전남 나주)을 공격하여 이를 함락시키고, 인근 10여 개의 군현을 공취했다.[37] 이때 태봉은 금성군을 나주로 고치고 군사를 두어 원격의 점령 지역을 장악했다.[37] 같은 해 낙동강 하구에 위치한 양주(경남 양산, 良州)의 성주·장군인 김인훈金忍訓이 급히 구원을 요청하자, 궁예는 태조로 하여금 구원하게 했다.[38] 양주 지역으로의 원병은 해상 루트를 통해 이루어졌을 것인데, 이것은 나주 지역에 대한 해상 공략의 성공을 통해 가능했다. 이처럼 당시 태봉은 나주 지방 공략을 통해 서남해안뿐만 아니라 동남해안 방면을 포괄하여 남해안 전체에 군사적 영향력을 확대하는 계기로 삼았다.[39]

904년(효공왕 8) 경상도 방면으로 상주 등 30여 주현을 쳐서 획득했으며, 충청도 방면으로는 공주장군 홍기弘奇의 항복을 얻어 냈다.[40] 아울러 이때 북쪽 방면에서는 패강도浿江道 10여 주현이 항복하는 성과가 있었다.[41] 패서도 지역 대부분은 898년에 이미 세력권 내로 편입된 바, 이때 패강도 지역까지 흡수됨에 따라 패강진의 대부분 지역은 태봉의 영토가 된 것이다.[42]

그 다음 해(905) 7월에는 철원으로 도읍을 옮겼으며, 그 다음 달에 경상도 방면으로의 진출에 주력하여 신라의 영향력 하에 있는 지역들을 침탈하여 죽령竹嶺 동북쪽에까지 영역을 확장했다.[43] "일찍이 남쪽으로 순행할 때 흥주 부석사에 이르러 벽에 신라왕의 화상이 그려져 있는 것을 보고 칼을 뽑아 찔렀다"[44]라는 일화에서 추측할 수 있

---

37 이러한 사실은 『고려사』를 전거로 하는데, 『삼국사기』 권50, 열전10, 궁예에는 "朱梁乾化元年辛未 (911) 改聖冊爲水德萬歲元年 改國號爲泰封 遣太祖率兵 伐錦城等 以錦城爲羅州 論功 以太祖爲大阿將軍" 이라 하여, 911년에 금성군 일대를 정벌하여 금성군을 나주로 개칭했다고 전하고 있다. 기록들 사이에 차이가 있는 셈인데, 정벌 양상의 추이 등을 고려할 때, 관련한 열전 기록이 오류일 가능성이 높다.

38 『고려사』 권1, 태조 즉위 이전 天復 3년.

39 이와 관련하여 정요근, 앞의 논문, 2008, 8쪽 참조.

40 『삼국사기』 권50, 열전10, 궁예.

41 『삼국사기』 권12, 신라본기12, 효공왕 8년.

42 패강진이 패서도와 패강도로 구성되었을 것이라는 이해는 헌덕왕대 이후의 9세기 어느 시점에 패강진의 관할 범위가 대폭 확대되어 재령강을 경계로 하여 그 동서에 패강도와 패서도가 각각 분치되었다는 견해(강봉룡, 「신라하대 浿江鎭의 設置와 運營-州郡縣體制의 확대와 관련하여-」『韓國古代社會의 地方支配』, 신서원, 1997)를 토대로 하고 있다.

43 『삼국사기』 권12, 신라본기12, 효공왕 9년.

44 『삼국사기』 권50, 열전10, 궁예.

태봉국 도성지(강원 철원)
현재 북방 비무장지대 안에 있다.

듯이, 당시 궁예 세력은 소백산맥을 넘어 부석사가 위치한 흥주(경북 영주시 순흥면, 興州) 지역까지 뻗치고 있었다.[45] 궁예군의 경상도 북부 지역 방면으로의 대대적 공세로 인해, 이곳에 대한 신라의 지배력은 보다 위축되었다. 한편 이 무렵 "선종善宗(궁예)은 강성해졌다고 자긍하여 [신라를] 병탄하고자 하여 나라 사람들로 하여금 신라의 [수도를] 멸도滅都라 부르게 하였고, 신라로부터 오는 자는 모두 죽였다"[46]라는 기록 및 앞의 일화에서 볼 수 있는 궁예의 신라 왕에 대한 반감 등에서 알 수 있듯이, 경상도 북부 지역 방면으로 군사적 진출은 신라 병합의 목적 하에 이루어진 조치라고 할 수 있다.

신라 병합을 위한 경상도 방면으로의 군사 행동과 더불어 이전 해와 마찬가지로 북쪽 방면으로의 진출 역시 지속되었다.[47] 이 가운데 하나가 패서도에 13진鎭을 분정한 조치였다. 이 지역에 대한 진 설치는 전년에 대부분의 패강진 지역을 장악한 것의 후속 조치였을 것이기에, 이곳에 대한 궁예 정권의 지배력은 보다 강화되었을 것이다.

---

45 당시 흥주 인근의 기주(경북 영주시 풍기읍, 基州)까지 궁예 세력은 진출하고 있었을 것이다. 이와 관련하여 정요근, 앞의 논문, 2008, 6쪽 참조.
46 『삼국사기』 권50, 열전10, 궁예. 『고려사』 세가에는 같은 내용이 그 다음 해에 기록되어 있다.
47 『삼국사기』 권50, 열전10, 궁예. "天祐二年乙丑 入新京 修葺觀闕樓臺 窮奢極侈 改武泰爲聖冊元年 分定浿西十三鎭 平壤城主將軍黔用降 甑城赤衣黃衣賊明貴等歸服".

왜냐하면 진의 성격으로 미루어 이곳에는 중앙군이 주둔했을 것이기 때문이다. 당시 태봉의 군사적 진출은 패강진을 넘어 보다 북쪽 지역으로까지 확대되었다. 평양의 성주장군 금용黔用이 항복해 오고, 증성(평남 강서군 증산, 甑城)의 적의赤衣 · 황의黃衣의 도적 명귀明貴 등이 복속해 온 점은, 그러한 군사적 진출의 성과였을 것이다. 이는 당시 태봉이 평양과 그 인근에까지 진출하고 있었음을 말해주고 있다.

906년(효공왕 10) 궁예는 왕건에게 명하여 정기장군精騎將軍 금식黔式 등과 함께 군사 3천을 거느리고 상주 사화진沙火鎭을 공격하도록 했다. 이때 견훤과의 몇 차례 대결이 벌어져 궁예군이 승리를 거두었다.[48] 태봉은 904년에 상주 등 30여 주현을 공취했다고는 하지만, 후술하듯 상주 일대는 후백제가 진출하고자 하는 곳이어서 태봉과 후백제 사이의 각축지인 까닭에, 당시 태봉의 수중에 안정적으로 들어오지는 않았다.

909년(효공왕 13) 궁예는 후백제로부터 가해졌을 군사적 위협과 이로 인한 나주 일대의 동요를 걱정하여 이곳의 방비를 강화하고자 왕건을 파견했다. 왕건의 파견으로 인해 나주는 안정을 되찾았다. 당시 왕건은 소극적으로 나주를 방비하는데 그치지 않고, 주변 해안 지역을 장악하여 제해권을 강화 · 확대하는데 주력했다. 왕건은 수군을 거느리고 염해현(전남 영광군 백수읍 지산리 및 염산면 일대)에 머물면서 오월국으로 가는 견훤의 배를 노획하는 성과를 거두었다. 이러한 노력은 오월국과의 외교를 확고히 하여 정통성을 확보하려고 한 견훤의 대외활동을 봉쇄하는 효과를 발휘했다.[49] 여세를 몰아 궁예는 왕건에게 명령하여 정주(경기 풍덕, 貞州)에서 전함들을 수리한 후, 알찬 종희宗希 · 김언 등을 부장으로 하여 군사 2,500명을 거느리고 광주 진도군을 공격하도록 하여, 이곳을 영역 내로 흡수했다. 왕건이 이끈 태봉군은 계속 진격하여 고이도皐夷島(전남 신안군 압해면에 위치한 고이도)의 항복을 받아냈다.[50]

태봉의 서남해안 일대에서의 군사적 확장에 대응하여, 견훤은 직접 군사를 이끌고 목포에서 덕진포德眞浦에 이르기까지 전함들을 포진해 놓고 수륙 종횡으로 왕건군에

---

48 『고려사』 권1, 세가1, 태조 즉위 이전 천우(天祐) 3년.
49 이재범, 『後三國時代 弓裔政權 硏究』, 혜안, 2007, 72~73쪽.
50 『고려사』 권1, 세가1, 태조 즉위 이전 개평(開平) 3년. 『삼국사기』에는 다음과 같이 기록되어 있다. 『삼국사기』 권12, 신라본기12, 효공왕 13년 6월, "弓裔命將領兵舡 降珍島郡 又破皐夷島城".

맞섰다. 하지만 이러한 견훤측의 대대적인 대응은 왕건측의 화공 전술로 인해 견훤군의 대패로 귀결되었다.[51] 당시 승리의 의미는 자못 컸다. "처음에 나주 관내 여러 군들이 우리와 떨어져 있고 적병이 길을 막아 서로 응원할 수가 없었기 때문에 자못 동요하고 있었는데, 이때에 와서 견훤의 정예 부대를 격파하니 군사들의 마음이 모두 안정되었다"는 구절에서 엿볼 수 있듯이, 당시의 승리는 나주 일대를 태봉의 영역 내에 안정적으로 포섭할 수 있는 계기가 되었다. 한편 왕건은 나주 서남 방면에 위치한 압해현(전남 나주 압해도)의 수장 능창能昌을 제압했다. 이를 계기로 태봉은 압해현을 포함한 인근 섬 세력이 조직화하여 나주 지역에 주둔한 태봉군을 위협해 오던 것을 근본적으로 차단할 수 있었다.[52]

태봉의 나주 일대에 대한 통제력의 안정과 확대에 맞서, 910년 견훤은 친히 보병과 기병 3천을 이끌고 나주성을 열흘 넘게 포위한 채 함락을 시도했다. 하지만 나주성이 쉽사리 함락되지 않는 데다 궁예가 수군을 내어 그들을 습격하자, 견훤군은 퇴각할 수밖에 없었다.[53]

909년과 910년 나주 일대에서의 군사적 성공은, 후백제와의 군사적 대결에서 승리하는 것에서 얻어졌음은 물론이요, 후백제의 영향 하에 있건 그렇지 않건 간에 나주 인근에 위치하면서 태봉에 적대적이었던 호족 세력들을 제압하는 것에서 가능했다. 나주 일대를 위협해 왔던 것은 후백제뿐만 아니라 '해상의 좀도적들'이라 표현되는 지방 세력도 해당되기 때문이다. 성공적인 군사 활동 탓인지, 그 후로는 나주 일대에서 눈에 띄는 군사적 충돌은 보이지 않고 있었다.

그럼에도 태봉은 나주 일대의 방비에 대한 긴장의 끈을 늦추지 않고 있었다. 913년에 중앙으로 소환되기 전까지 왕건은 나주 일대에 머물면서 이곳의 방어를 책임진 듯하고, 소환 이후에도 중대한 일들을 직접 챙기고 있었다.[54] 다음 해(914)에 궁예는 수군 장수의 지위가 낮아 적을 위압할 수가 없다고 생각하여, 왕건으로 하여금 다시

51 『삼국사기』 권50, 열전10, 견훤에는 '912년에 견훤이 궁예의 군대와 덕진포에서 싸웠다'라는 기록이 있는데, 이는 909년의 상황을 잘못 전하고 있다고 판단된다.
52 『고려사』 권1, 세가1, 태조 즉위 이전 개평 3년.
53 『삼국사기』 권12, 신라본기12, 효공왕 14년.
54 『고려사』 권1, 세가1, 태조 즉위 이전 건화 3년.

금 수군을 통솔하게 하여 나주 일대를 방비하도록 했다. 당시 왕건은 정주 포구로 가서 전함 70여 척을 수리하고 군사 2천 명을 싣고 나주로 갔다. 그 이후 궁예는 보병 장군 강선힐康瑄詰, 흑상黑湘, 김재원金材瑗 등을 왕건의 부장으로 삼았다. 당시 왕건은 사방이 16보步나 되는 큰 배 10여 척을 포함한 전함 백여 척을 더 건조하고는, 군사 3천여 명을 거느리고 군량을 싣고 나주로 갔다. "백제 사람들과 해상의 좀도적들이 태조가 다시 온 것을 알고 다 두려워서 감히 준동하지 못했다"고 한 데서 알 수 있듯이, 당시 나주 일대에 대한 태봉의 방비는 효과적이고 억제력을 가지고 있었다.[55]

903년을 시작으로 하여 909년과 910년의 성공적인 군사 활동으로 인한 태봉의 나주 일대 장악은, 태봉이 서남해안 및 남해안 전체에 대한 주도적인 영향력을 행사하는데 결정적인 기여를 했다. 고려 건국 이후인 920년(태조 3) 강주장군 윤웅이 태조에게 항복한다든지, 견훤의 군대가 동남해안 방면에 위치한 진례군까지 나아갔을 때 고려에서 구원군을 보낼 수 있었던 것 등은, 서남해안 진출을 통한 나주 지역의 확보로 남해안 일대의 제해권을 장악할 수 있었기 때문에 가능했다.[56] 그리고 무엇보다 태봉의 나주 장악의 결정적인 의의는 후백제가 곡창인 호남 지역을 완전히 석권하는 것을 방해하고 배후를 항상 염려하게 했다는 것이다.

초기 후삼국의 입지를 전략적으로 보면 태봉이 결정적으로 유리했다. 하지만 태봉은 북쪽에 여진족을 두고 있었다. 나중에 여진족이 고려군의 용병으로 상당한 활약을 하게 되지만, 그에 앞서 왕건은 여진족을 제압하기 위해 최고의 명장 유금필과 무려 3천의 병력을 북방으로 파견해야 했듯이, 초창기에는 이들을 견제하느라 군사력을 한 방향으로 집중할 수 없는 부담이 있었다.

반면에 후백제의 육군은 강력했다. 서남쪽에 바다를 둔 후백제는 만약 나주 이남을 장악했더라면 태봉을 향해 군사력을 집중할 수 있었을 것이다. 신라 공략에서도 후백제는 유리했다. 태봉은 어느 방향으로 진군하든 신라로 진격하려면 후백제군에게 측면을 노출하게 된다. 반면에 후백제는 지리산 남쪽을 돌아 전남 해안을 따라 들어가는 해안 통로를 이용하면 태봉군의 측면 공격을 걱정할 필요 없이 신라로 진공해 들

---

55 『고려사』 권1, 태조 즉위 이전 건화 4년.
56 정요근, 앞의 논문, 2008, 8~9쪽.

어갈 수 있었다. 후백제가 보다 빨리 신라를 공략하고 중부 지방 공략에 병력을 집중했더라면, 태봉과 후백제와의 전쟁은 전혀 다른 양상으로 전개되었을 지도 모른다.

그러나 왕건이 나주를 공략하는 바람에 후백제는 그들이 지닌 전략적 장점을 모두 상실했다. 남북으로 적을 두게 되어 군사력이 분산되었다. 남방 루트를 이용한 신라 공격은 번번이 실패했는데, 나주 이남 지역을 확보했더라면 분명히 더욱 쉽고 강력하게 이 루트를 공략할 수 있었을 것이다. 이상의 상황으로 보면 왕건의 나주 공략은 후삼국의 전쟁에서 제일 극적이며 괄목할 만한 사건이었다고 할 수 있다. 군사사적으로 이 전역은 대담하면서도 독특한 성과였다. 우리나라 전쟁사를 보면 이때까지 수군이 전략적인 위치를 차지했던 적은 없다. 대부분의 정복은 육로를 통해 이루어졌다. 그렇기 때문에 영토 확장은 선과 면의 단절이 없어 연속적으로 이어지는 형태로만 진행되었다. 고구려의 호태왕이 수군을 이용해 한성을 점령했던 적은 있지만, 이때도 고구려군이 임진강, 한강 유역까지 확보한 상황이어서 이 전역은 엄밀히 말하면 수륙병진책에 가까웠다.

왕건의 나주 공략은 육로의 연속성을 무시하고 수군과 상륙부대를 이용해 적의 후방을 공략하여 영토를 확보한 최초의 정복전이었다. 왕건은 이 전역을 성공적으로 마무리했으며, 나주의 인심을 얻어 이곳을 지속적으로 확보하는 데 성공했다. 이 성공은 왕건의 명성을 높였을 뿐 아니라 그의 군사적, 정치적 비중을 확고하게 만들었다.

태봉이 바다에서 성공을 거두었지만, 경상도와 충청도 방면으로의 남방 진출은 건국 초반을 제외하고는 후백제에 막혀 그리 성공적으로 이루어지지 않았다. 소백산맥을 넘어 흥주와 상주 일대로의 진출은 태봉이 경상도 방면으로의 영향력을 확대시켜 경주의 신라 왕실을 본격적으로 압박할 수 있다는 점에서 의미 있는 조치였지만, 태봉은 흥주와 상주를 제외하고 경상도 지역에 폭넓게 지역 기반을 구축하지는 못했다. 그나마 부석사까지 순행을 했던 흥주 지역과 달리, 상주 지역에 대한 영향력은 제한적이거나 불안정했다. 그리하여 교통로의 측면에서 볼 때 태봉은 한강 유역으로부터 소백산맥을 가로질러 경상도 방면과 연결되는 전통적인 주요 영로嶺路인 죽령로, 계립령로, 보은~상주 간 교통로 가운데 가장 북쪽에 위치하여 후백제의 견제로부터 비교적 자유로웠던 죽령로를 제외한 나머지 두 영로를 제대로 장악하지 못하고 있는 상태였다. 다만 비중이 떨어지는 '괴양~화령군化寧郡~상주'로 연결되는 교통로만을 간신히 확보했던 것으로 보인다.[57]

웅주(공주)의 경우에도 904년 공주장군 홍기弘奇의 항복이 있었다고 할지라도 이곳에 대한 태봉의 지배력은 안정적이지 못했다. 후삼국 시대 각국이 확보한 영역은 일반적으로 중앙 정부에서 파견된 인사에 의해 직접적으로 지배되지 못하였다. 대개는 자치·자위의 지역사회의 리더인 호족이 해당 지역을 지배했고, 국가는 호족 세력을 상위에서 통제하는 방식을 통해 영역 내 지역들을 간접적으로 지배했다.[58] 국가 간 경계에 자리한 지역의 경우 정세에 따라 소속 국가를 바꾸곤 하였기에, 당시 국가들은 변경의 주요 거점 지역에 군대와 장수를 파견하여 상대적으로 통제를 강화하고자 했다. 상주와 마찬가지로 후백제와 태봉의 각축지인 공주 역시 904년 이후 확고부동하게 태봉의 수중에 들어오지 않은 듯하다. 궁예 말년에 태봉 장수인 이흔암伊昕巖이 웅주를 습격하여 점령하였다는 기록은[59] 이를 웅변하고 있다.[60]

구체적인 경략 기록이 확인되지 않지만, 궁예 정권이 공주 외에도 충청도 방면으로 진출했음을 시사하는 사실이 있어 주목된다. 고려 건국 직후인 918년(태조 1) 9월 순군리徇軍吏 임춘길林春吉 등의 모반 사건과 관련한 기록은[61] 당시 매곡성주昧谷城主 공직龔直의 어린 아들과 처남인 경종景琮이 수도인 철원에 거주하고 있음을 전하고 있다. 이들은 인질로서 철원에 머물고 있었을 것이다. 이들이 인질로 철원에 온 시기는 태봉 때였을 것임이 분명하기에,[62] 매곡 지역(충북 보은군 회인면) 역시 어느 때인가 태

---

57 정요근, 앞의 논문, 2008, 7~8쪽.

58 이와 관련하여 호족연합정권설의 시각에서 지방 호족의 歸附의 성격을 파악한 연구 성과가 참고된다. 호족연합정권설의 소개와 관련해서는 김갑동, 「豪族聯合政權說의 檢討」『羅末麗初의 豪族과 社會變動 硏究』, 고려대학교 민족문화연구소, 1990 ; 윤경진, 「고려초기의 정치체제와 호족연합정권설」『한국 전근대사의 주요 쟁점』, 역사비평사, 2002 참조.

59 『고려사』 권127, 열전40, 반역1, 이흔암.

60 한편 이러한 사실은 궁예 말년에는 공주 지역이 상대적으로 태봉의 영역에 안정적으로 편입되었음을 의미할 것이다.

61 『고려사』 권127, 열전40, 반역1, 환선길.

62 임춘길의 난은 태조가 즉위한 지 69일 만에 일어난 데다가 이 기간 동안에는 정권 교체로 인해 기존의 복속 지역이 고려로부터 이탈하는 조짐이 있던 점에서, 매곡성주의 귀부 시기는 태봉 때였을 것이다.

봉의 영내로 편입되었을 것이다.[63] 특히, 이 지역은 청주 남쪽 방면에 있으면서 후백제에 속한 삼년산군(충북 보은군 보은읍, 三年山郡), 일모산군(충북 청원군 문의면, 一牟山郡)과 인접한 데서, 공주와 더불어 태봉의 충청도 방면의 최전선의 거점으로 기능하고 있었을 것이다.

2) 후백제의 군사활동과 영역 확대

견훤 세력은 무진주를 차지하고서 북진을 계속하여 궁극에는 완산주 일대를 석권한 후 900년에 후백제를 건립했다. 이 무렵 후백제는 공주 일대에까지 진출하였을 것으로 생각된다. 건국 무렵 후백제는 나주 일대를 제외한 현 전라도 지역 전체와 충청도 일부 지역을 영토로 하고 있었다.[64] 나주 일대의 광주 서남 지역의 경우, 영산강

---

63 이와 관련해서는 최종석, 앞의 논문, 2000, 60~61쪽 참조.
64 관련 기록이 없어, 당시 충청도 지역들 가운데 어느 곳이 후백제 영역 내에 포섭되었는지는 알 수 없다.

'옹관고분사회'가 6세기 중반 이후에야 백제의 군현 지배에 포섭될 정도로 여타 지역과 구분되는 정체성을 견지해서인지,[65] 건국 무렵까지도 후백제에 귀속하지 않은 채각 지역별로 호족들에 의해 독자적으로 지배되고 있었다.

후백제가 건국할 무렵 궁예 세력은 강원·경기·황해·충청북도의 대부분을 차지하고서는 날로 영토를 넓혀가고 있었다. 신라의 경우 지방 지배력의 붕괴 이후 경상도 일대에 한해 그 영향력을 발휘하고 있었지만 그것마저도 제한적인 상황이었다. 경상도의 대부분 지역은 신라에 귀속되어 있으면서도 신라의 지방관에 의해 통치되는 것이 아니라 대개 호족들에 의해 독자적으로 지배되고 있었다.

건국 이후 후백제의 군사 활동은 대체로 세 방면으로 진행되었다. 첫 번째는 후백제의 배후지역인 서남해 일대이고, 두 번째는 태봉과의 접경지역인 한강 상류의 충청도 내륙 지역이며, 세 번째는 신라와 인접한 낙동강 이동의 경상도 지역이었다.[66]

건국 이후 후백제의 군사 활동은 시기적으로 보자면 크게 후백제 건국(900) 이후부터 고려 건국(918) 이전까지와 고려 건국 이후부터 후백제 멸망(936)까지로 구분될 수 있다. 전자의 기간 동안에는 충청도 지역에 대한 본격적인 공략은 이루어지지 않았다. 후백제는 충청도 방면으로는 경기도 남부 지역인 광주·당성과 충청 북부 지역인 보은·청주·괴양·충주 일대, 그리고 충청 중서부 지역인 운주·웅주·연기 일대를 연결하는 지점을 영토 확장의 주 대상으로 삼았다. 이곳은 남한강 상류와 금강 일대의 평야 지대이자 호서와 호남을 연결하는 교통의 요지이기도 하여, 이 일대의 지배권을 확보하는 것이 중요했다. 그렇지만 이들 지역 공략은 918년 이후부터 본격화되었다.[67]

그 대신 서남해 일대와 경상도 방면으로의 진출은 일찍부터 활발히 시도되었다. 건국 직후인 901년(효공왕 5)에 "견훤이 대야성을 공격하였으나 함락하지 못했고, 군사를 금성군 남쪽 방면으로 이동하여 연변의 부락을 약탈하고 돌아갔다"[68]라는 기록은

---

65 강봉룡, 「榮山江流域 '甕棺古墳社會'의 形成과 展開」『강좌한국고대사』 10, 가락국사적개발연구원, 2003 참조.

66 신호철, 「후백제」『한국사 11』, 국사편찬위원회, 1996, 110쪽.

67 신호철, 앞의 논문, 1996 참조.

68 『삼국사기』 권12, 신라본기12, 효공왕 5년 8월 ; 『삼국사기』 권50, 열전10, 견훤, "天復元年 萱攻 大耶城不下".

견훤굴(경북 문경)
견훤의 출생 설화가 있는 동굴.

이러한 사실을 잘 말해주고 있다.

후백제는 도읍지인 전주로부터 동쪽 경상도 방면으로의 진출을 적극적으로 추진했다.[69] 경주 방면으로의 진출을 통해서 신라 중앙 정부에 대한 확고한 영향력을 행사할 수 있었으며, 여타 경상도 방면으로의 진출 역시 태봉(고려)과의 경쟁에서 우위를 차지할 수 있는 여건을 마련할 수 있었기 때문이다.

후백제의 경상도 방면 진출로는 몇 가지 루트가 있었는데, 그 중 육십현六十峴이나 팔량현八良峴을 넘어 거창·대야성을 거쳐 경주로 향하는 루트(남방로)와 영동, 황간 등을 거쳐 상주나 일선 방면으로 향하는 루트(북방로)가 주로 이용되었다. 그 외에 현재의 무주에서 경산부를 거쳐 경주 방면으로 이어지는 루트도 있었으나, 이것은 상대적으로 활용도가 높지 않았다.

먼저 남방로의 경우, 대야성은 경주 방면으로 향하는 전통적인 요충지였으므로 후백제는 일찍부터 이의 확보에 전력을 기울였다. 901년의 대야성 공격은 그 시발점이었다. 신라의 입장에서도 경주 방어에 주요 보루였던 대야성의 사수에 최선을 다했

---

69 후백제의 경상도 방면 진출과 관련한 이하의 서술은 정요근, 앞의 논문, 2008, 9~10쪽에 의거했다.

다. 그러한 연유에서인지 901년의 대야성 공격은 실패로 돌아갔다. 그 이후로도 후백제의 대야성 공격은 계속되었다. 916년(신덕왕 5) 다시 대야성을 공격했다. 하지만 이역시도 실패로 끝났다.[70] 결국 고려 건국 이전까지 후백제의 대야성 확보를 통한 경주방면으로의 진출은 이루어지지 못했다.

경상도 방면으로 향하는 후백제의 또 다른 진출로인 북방로는 경주 방면으로의 직접 진출보다는 낙동강 중·상류 지역에 대한 영향력 확대와 태봉의 남진을 저지하기위한 목적으로 주로 이용되었다. 이 루트를 통하여 견훤은 906년(효공왕 10) 상주 사화진을 둘러싸고 왕건의 군대와 대결을 벌였다. 당시 견훤군이 패배했다고 하나, 후백제의 상주 일대로의 군사 활동은, 앞서 본 바와 같이 태봉의 상주 일대로의 진출을 억제하는데 어느 정도 성공을 가져다주었다. 북방로를 통한 낙동강 중·상류 지역으로의군사적 진출이 성공적으로 이루어지고 있음은, 907년(효공왕 11)에 일선군(경북 구미시 선산읍) 이남의 10여 성을 모두 취하는 성과를 거두었음에서[71] 알 수 있다. 후백제는 이 루트의 활용하여 고려 건국 이후까지도 용주龍州 등 상주 이북과 문소군(경북의성군 금성면, 聞韶郡) 등 경상도 내륙의 요충 지역에 그 영향력을 행사했다.

고려 건국 이전까지 낙동강 중·상류 지역으로의 군사적 진출은 비교적 성공적으로이루어진 반면, 나주 일대에 대한 공략은 심혈을 기울였음에도 실패로 돌아갔다. 903년 해상 루트를 통한 태봉의 군사적 진출이 있기 전까지, 이 일대는 어느 국가체에도귀속되지 않았기에, 후백제는 지리상의 이점을 이용하여 상대적으로 손쉽게 이들 지역을 장악할 수 있었을 것으로 예상되었으나, 901년의 사례에서 보듯 약탈 수준에 머물 뿐 영역으로 확보하는데 실패했다.

903년 태봉이 나주 일대를 장악하고 그 이후로도 이 일대 방비를 굳건히 하고 나아가 군사적 진출을 확대하게 되자, 후백제의 서남해 일대로의 진출은 태봉의 군사와맞대결하는 방식으로 이루어지게 되었다. 903년 이후 나주 일대를 확보하기 위한 후백제의 군사적 노력은 계속되었고, 마침내 909년 견훤은 직접 군사를 이끌고 수륙 양면으로 왕건의 군대를 압박했다. 그러나 대규모 병력을 동원했음에도 이 전투에서 견

---

70 『삼국사기』 권12, 신라본기12, 신덕왕 5년.
71 『삼국사기』 권12, 신라본기12, 효공왕 11년.

훤군은 대패했다. 다음 해(910) 견훤은 몸소 보병과 기병 3천 명을 이끌고 이 일대의 핵심 거점인 나주성을 공취하기 위해 열흘 넘게 성을 포위했으나, 성과를 얻지 못한 채 퇴각했다. 그 이후로도 이곳을 차지하기 위한 노력은 계속되었을 것이나, 909년과 910년을 계기로 하여 나주 일대는 비교적 안정적으로 태봉의 영토에 포섭되었다. 후백제 입장에서 보자면, 배후 지역이 태봉의 영토에 속하게 된 점은 군사적 측면에서 매우 아쉬운 대목이라고 할 수 있다.

3) 고려와 후백제의 군사적 대결과 그 귀결

후백제와 태봉 사이의 군사적 경쟁 양상은 918년 왕건이 궁예를 축출하고 고려를 건국하면서 크게 바뀌었다. 왕조의 교체에 따른 혼란은 고려의 변경 지역에 대한 장악력을 위축시켰고, 이곳 호족들의 동요를 불러 일으켰다. 특히 충청 방면에서 그러한 움직임이 두드러졌다.

권력 찬탈을 목표로 하는 고위 무장층의 쿠데타 시도가 잇따르는 혼란의 소용돌이 속에서,[72] 현 충청 지역 호족 출신으로 인질 등의 여러 계기를 통해 태봉의 중앙 정계에서 활동하는 이들 가운데서 이반 움직임이 있었다. 임춘길林春吉 반란 사건이 그러했다. 순군리인 임춘길은 청주 사람으로, 동향 출신의 배총규裴悤規와 계천季川 사람인 강길康吉·아차阿次 그리고 매곡 출신의 경종과 더불어 반역을 위해 출신지로 도망가려다 적발되어 처단되었다.[73] 이들은 모두 청주와 그 인근의 호족 출신으로 궁예 정권에서 활동한 인물이었다. 경종이 매곡성주 공직의 귀부에 따른 인질로 태봉의 수도에 거주하게 된 데서 유추할 수 있듯이,[74] 이들은 해당 지역이 태봉에 복속되자 인질·사민徙民 등을 통해 태봉의 중앙 무대에 참여하게 된 지방 유력자였을 것이다. 이들은 고려 건국에 따른 혼돈의 틈을 노려 수노인 철원에서 탈출하여 본거지로 돌아가

---

72 환선길과 이흔암의 모반 사건이 대표적이라 할 수 있다(『고려사』 권127, 반역1, 환선길 ; 『고려사』 권127, 반역1, 이흔암).
73 『고려사』 권1, 세가1, 태조 원년 9월 을유 ; 『고려사』 권127, 반역1, 환선길.
74 최종석, 앞의 논문, 2000, 60~61쪽 참조.

려 했고, 귀향해서는 해당 지역이 고려에 반부叛附하는 것을 도모했을 것이다.

이러한 성격의 움직임과 관련되기도 하면서, 고려 영내의 충청 지역들 가운데 이탈 움직임이 발생하는 곳들이 생겨나고 있었다. 당시의 그러한 사정은 청주의 사례에서 구체적으로 읽을 수 있다.

일찍이 궁예의 판도 내에 포섭된 이후, 청주의 1천 인호가 새로운 도읍인 철원으로 이주하는 등 청주 지역은 태봉에 협력적인 관계를 유지했다. 그러나 태봉 정권 후반 부터 청주 출신 인사들의 분열과 반목이 발생했고, 태조의 즉위를 전후해서는 변란이 일어나기도 했다. 이러한 까닭에 궁예는 폐위되기 직전 청주에서의 변란을 염려하여 지역 유력인물 80여 명을 철원으로 소환하려고 했다.

태조 역시 즉위하면서부터 청주 지역의 반란을 근심하여 청주 영군장군領軍將軍 견 금堅金을 회유하는 한편, 홍유洪儒와 유검필庾黔弼로 하여금 1,500명의 군사를 거느 리고 청주 북쪽의 진주(충북 진천)를 지키게 하여 만일의 사태에 대비하게 했다. 하지 만 청주 지역의 동요는 계속되어, 앞서 언급한 바 있는 918년(태조 원년) 9월의 임춘 길 사건 외에도 그 다음 달에는 청주수淸州守인 파진찬波珍粲 진선陳瑄과 그의 아우 선 장宣長이 반란을 꾀하다가 처단되는 사건이 잇따라 발생했다.[75] 그리고 얼마 지나지 않아 청주 지역이 은밀히 후백제와 통교하며 반란을 도모한다는 첩보가 있어, 태조는 마군장군馬軍將軍 능식能植으로 하여금 병사를 이끌고 청주를 진무토록 해야 했고,[76] 궁극에는 919년(태조 2) 8월 태조가 직접 행차하여 동요하는 인심을 가라앉히고, 그 곳에 축성하고 돌아와야 했다.[77]

고려로서는 태조 즉위의 과정 중에 웅주와 운주 지역의 손실로 금강 유역의 방어선 이 차령 이북으로 후퇴한 상황에서 태봉 이래 남방의 핵심 군사 거점으로 기능해 온 청주 지역마저 상실할 경우 충청 방면에서의 후백제와의 대결은 매우 어려운 지경으 로 빠져들 가능성이 높았다.[78] 때문에 고려는 강온의 모든 수단을 강구해서 청주 지역

---

75 『고려사』 권1, 세가1, 태조 원년 10월 신유.
76 『고려사』 권92, 열전5, 왕순식 附 堅金.
77 『고려사』 권1, 세가1, 태조 2년 8월 계묘.
78 정요근, 앞의 논문, 2008, 13쪽.

유검필 사당(충남 부여 성흥산성 안)

의 이반을 막았다.

　하지만 충청 방면 변경 지역의 이탈을 막기에는 역부족이었다. 918년 8월 금강 유
역에 위치한 웅주와 운주 등 10여 주현이 고려로부터 이탈하여 후백제에 귀부하였
다.[79] 이들 지역은 웅주와 운주를 비롯하여 현재의 부여 · 서천 · 보령 · 청양 · 조치원 등
의 충남 서남 지역으로 판단된다.[80] 이 가운데 웅주는 궁예 정권 말기에 공취한 곳이
었는데, 주둔군 수장인 이흔암이 고려 건국의 혼란 속에서 임지를 이탈하여 무단으로
철원으로 올라오면서 고려로부터 이탈했다.

　웅주 등의 지역이 이반한 것에 대응하여, 고려는 전 시중 김행도金行濤를 동남도초
토사지아주제군사東南道招討使知牙州諸軍事로 삼아 아주로 파견하여 더 이상의 이탈을
막고자 했다. 하지만 임춘길 사건과 관련하여 일부 지역의 이탈이 발생했다. 임춘길
사건의 발생 시점으로 볼 때, 그것은 앞서 발생한 웅주 등의 반부叛附 흐름에 동참하
는 성격의 사건으로 추정되는데, 사건 처리를 계기로 하여 경종의 매부인 공직龔直이
성주로 있는 매곡 지역이 고려에서 후백제로 돌아섰다.

---

79 『고려사』 권1, 세가1, 태조 원년 8월 계해.
80 문안식, 앞의 책, 2008, 114쪽.

고려 건국에 따른 충청 방면 변경 지역의 동요에 대응하여, 고려는 기본적으로 '중폐비사重幣卑辭'를 통하여 민심 확보에 주력하면서도,[81] 군사력을 동원해서라도 청주의 이반을 막고 이곳과 아주, 예산 지역을 남방의 최전선 거점으로 삼아, 후백제의 북진을 제어했다. 예산 지역의 경우 태조가 직접 청주를 순행한 직후인 919년 8월에 오산성烏山城을 예산현으로 삼고 유민 500여 호를 안집하는 조치가 취해졌다.[82] 이것은 운주 지역의 상실로 인하여 그 북쪽에 새로운 근거지를 세운 조처로 판단된다.[83]

한편, 후백제의 입장에서 보면, 건국 직후의 고려 내 정국 혼란은 그간 경상도 방면과 비교할 때 부진했던 충청도 지역으로의 영토 확장의 호기가 되었다. 후백제는 직접적인 대결보다는 고려 변경 지역들을 유인하는 방식 등으로 영토를 넓혀갈 수 있었다. 후백제는 예산-아주-청주를 연결하는 전선에 막혀 더 이상 북쪽으로 진출하지 못했지만, 이 일대로의 진출은, 태봉이 존재할 당시 충청 방면으로의 확장이 용이치 않거나 오히려 영역을 상실하기까지 했던 점을 고려할 때, 큰 성과라고 할 수 있다.

고려의 입장에서 볼 때, 건국 직후 경상도 방면의 변경 지역에서는 그 일대가 넓지 않아서인지 별다른 동요의 움직임이 발생하지 않았다. 오히려 918년 9월에는 상주수尙州帥 아자개가 사신을 보내 귀부했다.[84] 한편 고려는 같은 달에 나주 일대의 안정을 도모하고자 시중을 역임한 바 있는 구진具鎭을 나주도대행대시중羅州道大行臺侍中으로 삼아 파견했다.[85] 나주도대행대는 나주 방면을 관할하는 부서로 주로 군사 행정을 담당했지만, 민사 행정 등도 처리했을 것이다. 구진은 나주도대행대의 시중을 역임하면서 그 휘하에 관료들을 통솔하여 병사, 농사, 행정 등 일체를 통괄했을 것이다.[86]

고려는 궁예 때와 마찬가지로 북쪽 방면으로의 진출을 꾸준히 추진했다. 918년 8월 북쪽 변방 지역을 침탈해 온 삭방朔方 골암성鶻巖城의 장수 윤선尹瑄을 회유하여

---

81 『고려사』 권1, 세가1, 태조 원년 8월 기유.
82 『고려사절요』 권1, 태조 2년 8월.
83 정요근, 앞의 논문, 2008, 44쪽.
84 『고려사』 권1, 세가1, 태조 원년 9월 갑오.
85 『고려사』 권1, 세가1, 태조 원년 9월 계사.
86 朴漢髙, 「羅州道大行臺考」『강원사학』 1, 1985, 24쪽.

항복 받는 성과를 거두었다.[87] 그 다음 달에는 평양 재건을 위해, 황주·봉주·해주·백주·염주의 인호를 이곳으로 이주토록 하고 대도호로 삼아 낭제(郎弟) 식렴(式廉)과 광평시랑(廣評侍郎) 열평을 보내어 지키도록 했다.[88] 다음해 10월에는 평양에 성을 쌓았고,[89] 동년에 인근의 용강현에도 축성했다.[90] 920년 9월에는 평양 인근의 함종현과 평양 북쪽 방면에 위치한 안북 지역에 성을 쌓았다.[91] 이러한 사실은 고려가 평양 일대의 영역화를 굳건히 하면서, 동시에 그 북쪽으로의 진출을 지속적으로 시도했음을 시사한다.[92] 또한 동년 3월에는 윤선의 귀부로 인해 고려의 영역이 된 북계 골암진 지역이 북적(北狄)에게 누차 침탈당하자, 유검필로 하여금 개정군(開定軍) 3천을 이끌고 큰 성을 쌓아 진수케 하여, 이곳을 포함한 북방 지역의 안정을 도모하였다.[93] 이 해에 태조가 친히 북계를 순행한 일 또한 같은 맥락에서 이해할 수 있다.[94] 이후에도 고려의 북방 진출 시도는 멈추지 않고 계속되었다.

초창기 후백제와 고려 사이에 직접적인 무력 대결이 이루어진 것은 아니었다. 표면상 양국 사이에는 우호 관계가 형성되어 있었다. 견훤은 왕건이 즉위한 직후인 918년 8월 일길찬 민합(閔郃)을 보내어 즉위를 축하했고, 태조 역시 사신을 후한 예로 대접했다.[95] 양국 사이의 군사적 대결은 고려가 경상도 방면에서 영역 및 영향력을 확대하는 것을 계기로 하여 본격화되었다.

920년 정월 고려와 신라 사이에 수호 관계가 성립되었고,[96] 같은 달 강주장군(康州將軍) 윤웅(閏雄)이 귀부해 왔다.[97] 당시 육로상으로는 고려와 전혀 연결되지 않았던 강주

---

87 『고려사』 권1, 세가1, 태조 원년 8월 경술 ; 『고려사』 권92, 열전5, 왕순식 附 尹瑄.
88 『고려사절요』 권1, 태조 원년 9월.
89 『고려사』 권1, 세가1, 태조 2년 10월.
90 『고려사절요』 권1, 태조 2년.
91 『고려사절요』 권1, 태조 3년 9월.
92 당시의 축성이 읍을 신설하면서 해당 읍의 '치소가 위치한 성'을 축조하는 '置邑築城'이었음과 관련해서는 최종석, 앞의 논문, 2006 참조.
93 『고려사절요』 권1, 태조 3년 3월.
94 『고려사』 권1, 세가1, 태조 3년.
95 『고려사』 권1, 세가1, 태조 원년 8월.
96 『삼국사기』 권12, 신라본기12, 경명왕 4년 정월.
97 『고려사』 권1, 세가1, 태조 3년 정월. 삼국사기에 따르면, 윤웅의 귀부는 2월에 이루어지고 있었다.

지역의 귀부는 나주를 통한 해상 방면으로 이루어졌을 것이다.[98] 고려는 윤웅의 복속을 받아들여 현 경남 서남부 해안 지역까지 진출할 수 있었다.[99]

이러한 움직임을 제어하기 위해 견훤은 920년 10월 친히 보병과 기병 1만 명을 거느리고 대야성을 공격하여 함락시켰다.[100] 연이어 구사군仇史郡를 점령하고 진례군進禮郡까지 진격했다.[101] 후백제의 대야성 진출은 전주에서 출발하여 임실을 거쳐 장수에서 육십령을 넘었거나 아니면 남원에서 팔령치를 넘어 함양을 통과하여 합천에 이르렀을 것이다.[102] 신라의 경명왕은 후백제군이 진례군에 이르자, 아찬 김률金律을 고려에 파견하여 원병을 요청했고, 고려는 이에 응했다. 고려의 파병으로 인해 견훤은 김해 일대에서 철군을 해야 했다. 당시 후백제와 고려 사이에 직접적인 군사적 충돌은 발생하지 않았지만, 고려의 신라에 대한 원병을 계기로 하여 건국 이후 비교적 평화 관계를 유지해 온 양국 사이에 갈등이 본격화되었다. 한편 당시의 원병은 920년 정월에 이루어진 고려와 신라 사이의 수교를 바탕으로 했을 것이다. 궁예 시절과 상이한 대신라 정책을 상징적으로 보여주는 대목이다.

고려가 친신라 정책을 추진하면서 군사력을 바탕으로 후백제의 동진을 저지하자,[103] 경상도 방면에서의 고려의 영향력은 확대되었다. 922년(태조 5) 6월에는 하지현下枝縣장군 원봉元奉이,[104] 11월에는 진보성주眞寶城主 홍술이 각각 고려에 귀부해 왔다.[105] 안동의 서쪽과 남쪽에 위치한 하지현과 진보성의 귀부는 고려의 영향력이 죽령으로부터 보다 남쪽으로 내려와 안동과 그 인근 지역으로 확장되었음을 의미했다. 다음 해에는 벽진군碧珍郡장군 양문良文이 복속해 왔다.[106] 이는 고려의 영역이 상주 이남의

---

98 정요근, 앞의 논문, 2008, 24쪽.
99 문안식, 앞의 책, 2008, 116~117쪽.
100 『삼국사기』 권12, 신라본기12, 경명왕 4년 10월.
101 『고려사』 권1, 세가1, 태조 3년 10월.
102 문안식, 앞의 책, 2008, 118쪽.
103 921년에도 신라를 침공하려 온 達姑狄을 도중에 고려가 격파한 사건이 있었다. 당시 신라는 사절을 보내 사의를 표했다(『고려사』 권1, 세가1, 태조 4년 2월 임신).
104 『고려사』 권1, 세가1, 태조 5년 6월 정사.
105 『고려사』 권1, 세가1, 태조 5년 11월 신사.
106 『고려사』 권1, 세가1, 태조 6년 8월 임신.

낙동강 중류 유역까지 확대하였음을 시사한다.

특히, 벽진군은 후백제 도읍인 전주와 신라 왕경인 경주의 중간 지점에 위치했던 까닭에, 벽진군의 고려 귀부는 후백제의 경상도 지역에 대한 영향력 행사에 적지 않은 타격을 가했을 것이다.[107] 한편 이 무렵 경상도 이외 지역에서도 고려에 귀부하는 사례들이 있었다. 현 강릉 지역인 명주의 장군 순식이 고려에 귀부한 것(922년 7월) 및 명지성命旨城 장군 성달城達이 그 아우 이달伊達·단림端林 등과 함께 와서 항복해 온 것(923년 3월)이 이에 해당한다.

경상도 방면에서 고려의 영향력이 확대되는 것에 대응하여, 후백제는 924년(태조 7) 조물성曹物城을 공격하여 전세를 반전시키려고 했다. 견훤은 아들 수미강須彌康과 양검良劒 등을 보내, 대야성과 문소성의 군사를 이끌고 조물성 공격에 나서도록 했다.[108] 하지만 성민들의 굳센 저항과 장군 애선哀宣과 왕충王忠의 구원으로 인해 견훤군은 별 다른 소득 없이 물러났다.[109] 그 이후 거의 1년 동안 양국 사이에 소강 상태가 이어졌다. 이 기간 동안 신라와의 선린 관계를 강화하려는 고려의 조치가 눈에 띈다.

924년 9월 경명왕이 사망하여 고려에 국상을 알려오자, 태조는 재를 베풀어 명복을 빌고, 사절을 파견하여 조문했다.[110] 또한 925년 10월 고울부高欝府 장군 능문能文이 귀부해 오자, 태조는 그 성이 신라의 왕도와 가깝다는 이유로 복속을 받아들이지 않았다.[111] 친신라 정책 및 물리력을 통한 후백제 제어로 인해, 이 기간 동안 경상도 방면 호족들의 고려에 대한 귀부가 잇따랐다. 925년(태조 8) 9월 매조성(경북 안동시 예안면, 買曹城) 장군 능현能玄이 고려에 항복했다.[112] 후백제의 영향력 아래에 있던 문소성도 이 시기를 전후하여 고려의 관할 하에 들어왔던 것으로 보인다.[113]

소강 상태를 깨고 양국 간의 전투가 벌어지게 된 것은, 925년 10월 고려가 충청 방

---

107 정요근, 앞의 논문, 2008, 17~18쪽.
108 조물성의 위치는 선산의 금오산성, 안동 부근, 김천 조마면, 안동과 상주 사이, 의성 금성, 예천의 흑응산성 등으로 비정되고 있다.
109 『삼국사기』권50, 열전10, 견훤 ; 『고려사』권1, 세가1, 태조 7년 7월.
110 『고려사』권1, 세가1, 태조 7년 9월.
111 『고려사』권1, 세가1, 태조 8년 10월 기사.
112 『고려사』권1, 세가1, 태조 8년 9월 갑인.
113 정요근, 앞의 논문, 2008, 20쪽.

유검필 장군 유적지(충남 부여 성흥산성)
유검필이 임존성에서 승리한 것을 기념한 비이다.

면으로 공세적으로 진출하면서였다. 이때 고려는 정서대장군征西大將軍 유검필을 보내 후백제의 연산진燕山鎭을 공략하여 장군 길환吉奐을 죽이고, 이어 임존군을 공략하여 3천명을 죽이거나 사로잡았다.[114] 연산진과 임존성이 각각 청주와 예산현 바로 남쪽에 위치하였음을 고려하면, 고려는 이 두 지역의 공략을 통해 남방의 최전선을 보다 남쪽으로 이동하려 했을 것이다.[115]

조물성 공격 실패 후 전개된 경상도 방면에서의 고려의 영향력 확대 및 연산진과 임존성 상실 등의 악재를 극복하고자, 견훤은 직접 기병 3천의 병력을 이끌고 재차 조물군에서 고려군과 격전을 치렀다. 태조 또한 직접 병력을 거느리고 내려와 견훤군과 교전했다. 당시 삼군 가운데 박수경朴守卿과 은녕殷寧이 이끄는 하군下軍만이 승리할 정도로 전세는 고려에 불리하게 돌아갔으나, 유검필이 군사를 이끌고 응원하는 것 등으로 인해 승부를 내지 못한 채 화의가 이루어졌다. 태조가 먼저 사촌 왕신王信을 인질로 보내고 견훤을 상보尙父라고 높여 부르며 화의를 청했고, 견훤은 이에 응하여

---

114 『고려사절요』 권1, 태조 8년 10월.
115 정요근, 앞의 논문, 2008, 13~14쪽.

사위 진호眞虎를 인질로 보내면서 화의가 성립되었다.[116]

후백제는 조물성 전투에서 우위를 점한 기세를 몰아 동년 12월에 거창居昌 능 20 여 성을 공취했다.[117] 이들 지역은 거창을 비롯하여 인접한 고령과 합천 등에 위치한 군현으로 추정된다.[118] 후백제는 이들 성을 확보하여 대야성의 안정적인 지배를 의도 하였을 것이고, 경상도 중서부 지역에 교두보를 확보할 수 있었다.[119]

화의로 인해 양국 간 직접적 충돌은 일어나지 않다가, 926년 4월 진호의 죽음을 계 기로 견훤이 직접 군대를 이끌고 웅진으로 진군하는 사태가 발생했다. 당시의 군사 행동은 유검필이 이끈 고려군에게 함락된 연산진과 임존성 등을 회복하기 위한 것으 로 판단된다. 고려는 변경 지역이 수성만을 하도록 하는 소극적 조치로 이에 대응했 다.[120] 그러다 927년 정월 용주龍州 공취를 시작으로 공세적으로 대응해 나갔다.[121] 이 때 신라도 군사를 내어 고려를 도왔다. 동년 3월 왕건은 친히 운주를 공격하여, 성주 긍준兢俊을 성 아래서 패배시켰고,[122] 얼마 후 문경 지역의 근품성(경북 문경군 산양면, 近品城)을 공취하였다.[123] 또한 수군을 통해 친후백제 해상세력을 공격했다. 즉 927년 4월 왕건은 해군장군海軍大將軍 영창英昌·능식能式 등을 보내어 수군을 거느리고 가서 강주康州의 전이산轉伊山, 노포평老浦平, 서산西山, 돌산突山 등 4고을을 공격하여 사람 들을 포로로 잡았다.[124] 같은 달 웅주 공략은 실패로 돌아갔지만,[125] 7월의 대량성大良 城 공격은 성공적으로 이루어졌다.[126]

───────

116 『고려사』 권1, 세가1, 태조 8년 10월 을해 ; 『고려사』 권92, 열전5, 박수경 ; 『삼국사기』 권50, 열전10, 견훤.
117 『삼국사기』 권50, 열전10, 견훤.
118 문안식, 앞의 책, 2008, 140쪽. 한편 정요근은 거창이 전주에서 대야성에 이르는 중간 경유지인 점을 고려하여, 이들 성이 거창과 같이 전주와 대야성 사이에 위치하거나, 혹은 대야성 근방에 위 치한 고을들로 추정했다(정요근, 앞의 논문, 2008).
119 정요근, 앞의 논문, 2008, 10쪽.
120 『고려사』 권1, 세가1, 태조 9년 4월 경진.
121 『고려사』 권1, 세가1, 태조 10년 정월 을묘.
122 『고려사』 권1, 세가1, 태조 10년 3월 신유.
123 『고려사』 권1, 세가1, 태조 10년 3월 갑자.
124 『고려사』 권1, 세가1, 태조 10년 4월 임술.
125 『고려사』 권1, 세가1, 태조 10년 4월 을축.
126 『고려사』 권1, 세가1, 태조 10년 7월 무오.

당시 백제의 영향력 하에 있던 용주와 근품성을 공취함으로써, 고려는 상주 이북지역
으로부터의 후백제의 영향력을 완전히 제거하고, 계립령으로부터 안동과 상주 방면으
로 연결되는 루트를 안정적으로 확보하는 계기를 마련할 수 있었다. 또한 대량성 공
파는 후백제가 경주로 향하는 교두보를 잃게 하는 것이면서 동시에 고려가 강주 방면
으로 향하는 육로를 확보할 수 있는 것이기도 했다.[127] 이러한 배경에서 태조는 친히
강주까지 순행할 수 있었다.[128] 경상도 방면에서 고려의 영향력이 보다 강화되자, 태조
의 순행길에 위치한 일부 지역이 귀부하기도 했다. 927년 8월 고사갈이성高思葛伊城
과 그 인근 지역들의 귀부가 그러한 것이었다.[129] 한편, 이들 지역의 확보는 고려가 계
립령로를 보다 안정적으로 장악하는데 기여하는 것이었는데, 동월 배산성拜山城의 수
축[130] 또한 같은 맥락에서 이루어진 조치였다.

927년 1월부터 8월까지 경상도 방면에서 고려의 군사적 성공이 잇따르고, 신라와
고려와의 우호 관계가 지속·강화되며, 이들 지역 호족들의 동향이 후백제에 불리하
게 돌아가게 되자, 후백제의 경상도 지역 내의 기반은 크게 위축되었다. 후백제는 이
러한 곤경을 일거에 타개하기 위해 신라 왕도로의 직공을 선택했다.

견훤은 927년 9월 고려군의 계립령을 통한 이동을 저지하기 위해 근품성을 공격
하여 불태운 후 고울부를 습격했다. 그러자 경애왕은 연식連式을 고려에 보내 구원을
요청했고, 고려는 공훤公萱 등이 군사 1만 명을 거느리고 신라를 도우게 했다. 하지만
고려의 구원군이 미처 도착하기 전에 견훤군은 신라의 도성으로 진입했다. 견훤은 도
성과 왕궁을 유린했고, 경애왕을 자살토록 했으며, 경애왕의 표제表弟인 김부金傳를
세워 왕으로 삼고 왕의 아우 효렴孝廉과 재신宰臣 영경英景을 인질로 잡아 돌아갔다.
태조는 이 소식을 듣고 사신을 보내 조문하고, 친히 정예 기병 5천을 이끌고 공산동
수公山桐藪(대구시 팔공산 동화사)에서 견훤군과 맞닥뜨렸다.[131]

후백제는 동수에서 벌어진 첫 전투에서 고려군에게 패배를 당했다. 고려군은 서전

---

127 정요근, 앞의 논문, 2008, 21~21쪽.
128 『고려사』 권1, 세가1, 태조 10년 8월 병술.
129 『고려사절요』 권1, 태조 10년 8월.
130 『고려사절요』 권1, 태조 10년 8월.
131 『고려사』 권1, 세가1, 태조 10년 9월.

을 승리로 장식한 후 팔공산의 동화사 아래를 통과한 후 능성 고개를 넘어 영천 방면으로 진격했다. 후백제군은 고려군을 영천의 읍치에서 30리쯤 떨어져 있던 태조지太祖旨 부근에서 격파했고, 현재의 서변천과 금호강이 합류하는 지점인 살내를 경계로 고려군과 대치했다. 이때 신숭겸과 김락이 이끄는 증원병이 합세하여, 고려군은 후백제군을 밀어붙여 왕산 앞에 위치한 미리사 앞까지 진격했으나, 후백제군의 반격에 밀려 동화사와 파계사로 올라가는 갈림길이 시작되는 파군재라는 곳에서 참패를 당했다. 이때 왕건은 겨우 목숨을 부지하였다.[132]

견훤은 공산 전투의 대승의 기세를 타고 대목군(경북 칠곡군 약목면)을 빼앗고 전야에 노적한 곡식을 불태워 없애 버렸다.[133] 이후 동년 10월 견훤은 다시 장수를 보내 고려에 귀부하였던 벽진군을 침략하고, 대목군과 소목군小木郡의 곡식을 베어 갔다.[134] 다음 달에도 견훤은 벽진군의 곡식을 불살랐고, 이 과정에서 고려의 정조正朝 색상色湘

---

132 이와 관련하여 문안식, 앞의 책, 2008, 157쪽 참조.
133 『고려사』 권1, 세가1, 태조 10년 9월 .
134 『고려사』 권1, 세가1, 태조 10년 10월.

이 전사하는 일이 발생했다.[135] 이때 벽진군은 후백제로 귀속되었을 것이다. 후백제의 벽진군 일대 공략 시도는 후백제와 경주 사이를 연결하는 루트를 안정적으로 확보하여 신라 정부에 대한 영향력을 지속적으로 유지하고자 하는 의도에서 비롯되었다.[136]

공산 전투의 대승을 계기로 한 후백제의 공세는 해를 넘어서도 계속되었다. 928년 1월 후백제가 강주를 공격하자, 고려의 구원군은 강주로 파견되었지만 도중에 후백제 영향 하에 있던 초팔성草八城 성주 흥종興宗의 공격을 받아 패퇴되는 일이 발생하였다.[137] 이 무렵을 전후하여 초팔성 인근의 대량성 역시 후백제의 판도로 넘어갔다.[138] 후백제는 대량성을 탈환하여 경주 방면의 진출로를 재구축한 셈이다. 그리고 1월에 이어 5월에 재차 후백제는 강주를 습격하여 군사적 성공을 거두었고, 결국 장군 유문有文의 항복을 받아냈다.[139]

충청도 방면의 고려의 변경 지역 또한 공산 전투 이후 동요한 듯하다. 928년 4월 태조는 직접 탕정군湯井郡에 행차했고,[140] 고려는 운주 옥산玉山에 성을 쌓고 지키는 군사를 두도록 하여[141] 남방 최전선 거점들 가운데 하나인 운주의 군사력을 강화했다. 동년 7월에 변경 지역을 자주 공략해 왔을 것으로 생각되는 후백제의 삼년성을 태조는 직접 군사를 이끌고 공격했으나, 성과 없이 청주로 되돌아갔다. 후백제군은 왕건을 쫓아 청주를 공격했는데, 이때 고려군은 탕정군에 주둔해 있던 유검필의 구원으로 후백제군을 격퇴시킬 수 있었다. 유금필은 후백제군을 독기진禿岐鎭까지 추격하여 성공적인 전과를 올렸다.[142] 그 다음 달 견훤이 청주 방면으로의 진출을 위해 장군 관흔官昕을 시켜 양산陽山에 성을 쌓자, 태조는 명지성(경기도 포천, 命旨城)의 원보 왕충王忠을 보내 군사적으로 이를 제지했다.[143] 이 무렵 태조는 충주로 행차한 후 개경으로

---

135 『고려사』 권1, 세가1, 태조 10년 11월.
136 정요근, 앞의 논문, 2008, 21쪽.
137 『고려사』 권1, 세가1, 태조 11년 정월 을해.
138 『고려사절요』 권1, 태조 11년 8월 참조.
139 『고려사』 권1, 세가1, 태조 11년 5월 경신.
140 『고려사』 권1, 세가1, 태조 11년 4월 경자.
141 『고려사절요』 권1, 태조 11년 4월.
142 『고려사』 권92, 열전5, 유검필.
143 『고려사』 권1, 세가1, 태조 11년 8월.

신숭겸 묘역(강원 춘천)

돌아갔다.[144] 당시 태조는 직접 충청 방면의 변경 지역에 머물면서 이곳의 동요를 진정시키고자 했고, 어느 정도의 성과를 거두었다.

경상도 방면에서는 후백제군의 공세가 이어졌다. 928년 8월 양산에서 퇴각한 관흔의 군사는 대량성에 주둔하면서 대목군의 벼를 베어갔고, 드디어 오어곡烏於谷에 주둔하여 죽령로를 봉쇄했다.[145] 이후 동년 11월 견훤은 강건한 군사들을 선발하여 오어곡성을 공취하였다.[146] 후백제는 공산 전투의 승세를 타고 나주 일대를 장악하게 되었으니, 그것은 929년의 일이다.[147]

후백제의 공세가 계속되면서, 경북 북부 지방마저 동요한 듯싶다. 929년 7월 태조는 죽령 남쪽에 위치한 기주基州에 행차하여 그 인근 수진을 순행하면서 이들 지역의

---

144 『고려사절요』권1, 태조 11년 8월.
145 『고려사』권1, 세가1, 태조 11년 8월. 오어곡은 경북 예천군 하리면 오곡동으로 죽령을 넘어 영주를 거쳐 경주로 내려가는 중간 지대에 위치했다(문안식, 앞의 책, 2008, 166~167쪽).
146 『고려사』권1, 세가1, 태조 11년 11월.
147 『고려사』권92, 열전5, 유검필.

안정화를 도모했다.[148] 하지만 견훤은 군사 5천으로 의성부를 침략하여 성주장군 홍술을 전사케 하고, 이어 순주順州를 장악했다.[149] 이러한 분위기에서 다시금 태조는 강주剛州에 내려가 소백산맥 이남 지역을 다독여야 했다.[150]

당시 견훤군은 경북의 북부 전역을 차지할 분위기였다. 929년 10월 견훤은 계립령 방면의 고사갈이성을 공격한 후[151] 그 인근 가은현을 공격했으나 함락시키지는 못했다.[152] 그 후 2달 뒤 견훤은 고창군古昌郡(현 안동)을 포위한 채 함락을 기도했다. 고창군의 위급 상황에서 태조는 여러 장수들과 함께 병력을 이끌고 구원에 나섰다

유검필은 안동시 와룡면에 위치한 저수봉猪首峯에서 고창성을 포위하고 있던 후백제군을 공격하여 패주시켰다.[153] 유검필의 공격을 받아 퇴각한 후백제군은 930년 1월 안동시 와룡면에 위치한 석산石山에 진을 쳤고, 고려군은 이로부터 5백보 가량 떨어진 맞은편 병산甁山에 진을 설치하고 대치했다. 양군의 대전 결과, 후백제가 대패하고 물러났다. 전사자가 8천 명에 이를 정도로 후백제군은 큰 패배를 당하였다.[154]

고창군 전투는 고려와 후백제 사이의 전세를 일거에 뒤바꿔놓았다. 고려는 고창군 전투 승리를 계기로 하여 경상도 전역을 차지할 수 있게 되었다. 그 전투 이후 다수의 지역들이 고려에 귀부했다. 고창군 전투가 본격화되기 이전에 있어서의 재암성載巖城 장군 선필善弼의 귀부[155]는 제외하더라도, 고창군 전투에서 승리한 달인 정월에 영안永安·하곡河曲·직명直明·송생松生 등 30여 군현이 차례로 고려에 항복해 왔다.[156] 또한 다음 달에는 명주에서 흥례부興禮府까지의 동해안 일대의 110여 성이 고려에 복속해 왔다.[157] 이후 태조는 경주 북쪽 인근의 일어진昵於鎭까지 순행하여 축성하고 이곳을

---

148 『고려사』 권1, 세가1, 태조 12년 7월 기묘.
149 『고려사』 권1, 세가1, 태조 12년 7월 신사.
150 『고려사』 권1, 세가1, 태조 12년 7월 을해.
151 『고려사절요』 권1, 태조 12년 10월.
152 『고려사』 권1, 세가1, 태조 12년 10월.
153 『고려사절요』 권1, 태조 12년 12월.
154 『고려사절요』 권1, 태조 13년 정월. 고창군 전투에 관해서는 문안식, 앞의 책, 2008, 173~175쪽 참조.
155 『고려사』 권1, 세가1, 태조 13년 정월 정묘.
156 『고려사』 권1, 세가1, 태조 13년 정월.
157 『고려사』 권1, 세가1, 태조 13년 2월.

안동 태사묘
고창 전투에서 공을 세운 김선평, 권행, 장길을 모신 곳이다.

신광진神光鎭으로 개명했다.[158] 그리고 이곳 혹은 인근에서 남미질부南彌秩夫와 북미질부北彌秩夫 두 성의 항복을 받았다.[159] 동년 9월에는 개지변皆知邊이 사자를 보내어 항복을 청했다.[160] 고창군 전투 이후 일선군과 강주 일대를 제외한 경상도 대부분 지역이 사실상 고려의 판도 내에 들어오게 되자, 이러한 분위기 속에서 신라왕은 931년 2월 사신을 보내 귀순할 뜻을 표했다.[161]

한편, 고려는 승세를 몰아 충청도 방면으로의 진출 또한 본격화했다. 930년 8월 태조는 대목군(충남 천안시 목천면)에 행차하여 이곳과 동서도솔東西兜率을 합쳐서 천안부를 설치한 후 도독을 두어 지키게 했다. 그리고 다시 청주에 행차하여 나성羅城을 축조했다.[162] 이들 조치는 충청 방면 변방의 거점을 강화하여 조만간 있을 남진의 토대를 다지는 것으로 판단된다. 고려의 충청 방면으로의 진출은 931년 태조의 경주 방

---

158 『고려사절요』 권1, 태조 13년 2월.
159 『고려사』 권1, 세가1, 태조 13년 2월.
160 『고려사』 권1, 세가1, 태조 13년 9월 정묘.
161 『고려사절요』 권1, 태조 14년 2월 정묘.
162 『고려사절요』 권1, 태조 13년 8월.

문 이후 본격화되었다. 932년 6월에는 고려 건국 직후 후백제로 귀순한 바 있는 매곡 성주 공직이 고려에 다시 귀부했으며,[163] 고려는 귀부한 매곡성을 계속해서 공략한 일 모산성을 두 차례 공격하여 끝내 정복했다.[164]

하지만 후백제의 반격 또한 간헐적으로 이어졌다. 후백제는 932년 9월 수군을 통해 예성강에 들어와서 염주鹽州·백주白州·정주貞州 세 고을의 배 1백 척을 불사르고, 저산도猪山島의 목마牧馬 3백 필을 빼앗아 돌아갔다.[165] 다음달에도 후백제 수군은 대우도大牛島를 공격하여 약탈했다.[166] 당시 후백제의 수군을 통한 공략은 나주 일대 해상 세력의 도움을 통해 이루어졌을 것이다.[167] 또한 후백제는 신라 왕도를 노리면서 혜산성樕山城과 아불진阿弗鎮 등지를 위협하고 약탈했다. 하지만 고려군에 막혀 경주 침공 시도는 좌절되었다.[168]

고창군 전투 이후 양국 사이의 전면전은 934년 9월 운주에서 이루어졌다. 태조는 친히 장수들을 거느리고 후백제의 북방 거점들 가운데 하나로 기능하였을 운주를 공격하니, 이에 맞서 견훤도 갑사 5천 명을 출전시켰다. 이때 견훤은 태조에게 화친을 제안했지만, 태조는 유검필의 건의를 받아들여 후백제군의 진영이 미처 갖추어지기 전에 기병 수천 명을 거느리고 돌격하여 대승을 거두었다. 당시 후백제군의 전사자는 3천명에 이르렀고, 여러 장수들이 생포당했다.[169]

고려는 운주 전투의 대승을 계기로 하여 충청 방면에서도 후백제에 대한 확고한 우위를 점하게 되었다. 전투 결과를 듣고 웅진 이북의 30여 성이 항복해 온 것은 이를 상징적으로 말해준다. 이와 아울러 935년 4월 고려는 유검필을 앞세워 6년 전 후백제에 의해 빼앗긴 나주 일대 40여 군을 되찾았다. 한편 운주 전투의 패배에 따른 충격은 다음 해(935) 3월 후백제 내부에서 견훤의 국정장악력 상실을 초래했고, 이를

---

163 『고려사』 권2, 세가2, 태조 15년 6월 병인.
164 『고려사』 권92, 열전5, 공직 ; 『고려사』 권2, 세가2, 태조 15년 7월 신묘 ; 『고려사』 권2, 세가2, 태조 15년.
165 『고려사』 권2, 세가2, 태조 15년 9월.
166 『고려사』 권2, 세가2, 태조 15년 10월.
167 문안식, 앞의 책, 2008, 183쪽.
168 『고려사』 권92, 열전5, 유검필.
169 『고려사』 권2, 세가2, 태조 17년 9월.

견훤이 유배되었던 금산사 미륵전(전북 김제)

배경으로 하여 아들 신검은 정변을 통해 국왕에 즉위하고 견훤을 금산사에 유폐할 수 있었을 것이다.[170]

운주 전투 이후 충청도 방면에서도 고려의 우위가 두드러지고 후백제 내에서 정변이 발생하는 등, 고려의 통일 분위기가 무르익고 있었다. 935년 6월 견훤이 금산사를 탈출하여 고려에 투항하는 사건이 발생했고,[171] 그의 사위인 박영규朴英規도 936년 2월에 귀부했다.[172] 그리고 935년 12월에 고려는 경순왕의 귀속 요청을 받아들여 신라를 병합했다.[173]

드디어 936년 견훤의 요청을 받아들이는 형식으로 후백제 병합을 위한 대대적 정벌이 결행되었다. 6월 태조는 먼저 태자와 장군 박술희朴述熙로 하여금 보병과 기병 1

---

170 김주성, 「930년대 후백제 정권 내부의 동향」『경북사학』23, 2000.
171 『고려사』권2, 세가2, 태조 18년 6월.
172 『고려사절요』권1, 태조 19년 2월.
173 『고려사』권2, 세가2, 태조 18년 12월 임신.

만 명을 이끌고 천안부로 내려가게 했다.[174] 그 후 9월 태조는 삼군을 거느리고 천안부에 가서 기존 병력을 합한 후, 후백제 판도에 있던 일선군一善郡으로 진군하였다. 신검은 직접 병력을 이끌고 이에 대항했다.[175] 9월 갑오일에 양군은 일리천一利川을 사이에 두고 진을 치고 있었는데,[176] 구체적으로 후백제군은 구미의 금오산성과 그 주변에 포진했고, 고려군은 낙동강 건너편의 냉산과 그 주변에 진영을 설치했다.[177]

한편 당시 고려군의 병력 편제는 다음 〈표 1-1〉과 같다.

〈표 1-1〉 일리천 전투 시 고려군의 편제

구분	내용
좌강(左綱) 총: 2만	견훤·견권(堅權)·술희(述熙)·황보금산(皇甫金山)·강유영(康柔英) 등이 마군(馬軍) 1만 통솔, 능달(能達)·기언(奇言)·한순명(韓順明)·흔악(昕岳)·영직(英直)·광세(廣世) 등이 보군 1만 통솔
우강(右綱) 총: 2만	김철(金鐵)·홍유(洪儒)·박수경(朴守卿)·연주(連珠)·훤량(萱良) 등이 마군 1만 통솔, 삼순(三順)·준량(俊良)·영유(英儒)·길강충(吉康忠)·흔계(昕繼) 등이 보군 1만 통솔
중군(中軍) 총: 3만 2천 5백	왕순식(王順式)·긍준(兢俊)·왕렴(王廉)·왕예(王乂)·인일(仁一) 등이 마군 2만 통솔, 유금필(庾黔弼)·관무(官茂)·관헌(官憲) 등이 흑수(黑水)·달고(達姑)·철륵(鐵勒) 등 제번(諸蕃)의 경기(勁騎) 9천 5백 통솔, 정순(貞順)·애진(哀珍) 등이 보군 1천 통솔, 종희(宗熙)·견훤(見萱) 등이 보군 1천 통솔, 김극종(金克宗)·조간(助杆) 등이 보군 1천 통솔
삼군원병(三軍援兵) 총: 1만 5천	공훤(公萱)·능필(能弼)·왕함윤(王含允) 등이 기병 3백 명과 여러 성의 군사 1만 4천 7백 명을 통솔

후백제 정벌군에는 대규모 중앙군 외에도 고려에 귀속한 지방 호족들 휘하의 병력 및 북번北蕃의 정예 기병이 참여할 정도로, 고려의 군사적 역량은 총동원되었다. 8만을 상회하는 병력 규모가 이를 웅변해주고 있다.

---

174 『고려사』 권2, 세가2, 태조 19년 6월.
175 『고려사』 권2, 세가2, 태조 19년 9월.
176 『고려사』 권2, 세가2, 태조 19년 9월 갑오.
177 정경현, 「고려 태조의 일리천 戰役」『韓國史研究』68, 1990 ; 유영철, 「일리천전투와 후백제의 패망」『大丘史學』63, 2001.

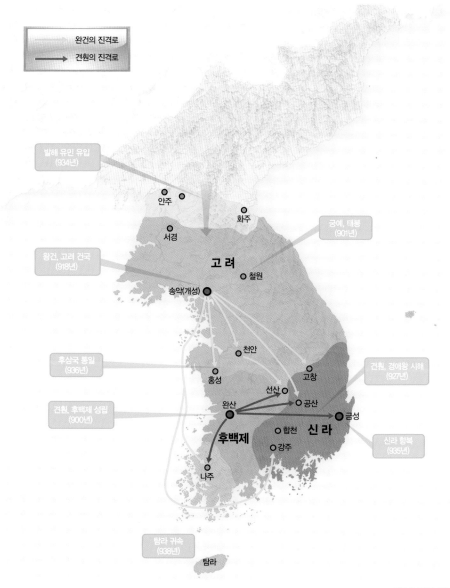

완견의 진격로

견원의 진격로

발해 유민 유입
(934년)

안주

화주

궁예, 태봉
(901년)

서경

왕건, 고려 건국
(918년)

고 려

철원

송악(개성)

후삼국 통일
(936년)

천안

견훤, 경애왕 시해
(927년)

홍성

고창

선산

공산

완산

금성

견훤, 후백제 성립
(900년)

합천

신 라

신라 항복
(935년)

후백제

강주

탐라 귀속
(938년)

나주

탐라

고려의 후삼국 통일 과정

고려군이 진격하자, 그 위세에 눌려 후백제 좌장군 효봉孝奉 등이 항복했고, 이들로부터 신검의 위치를 파악한 고려군은 신검이 있는 중군을 집중 공략하여 대승을 이끌어냈다. 고려군은 장군 흔강昕康·견달見達·은술殷述·영식令式·우봉又奉 등 3천 2

경기도 연천의 숭의전(崇義殿)에 모셔진 어진으로
태조(왕건)의 어진(조선미, 『한국 초상화 연구』, 1983)
후대 모사로 알려진다.

백 명을 사로잡고, 5천 7백여 명을 사살하였
다. 고려군은 달아나는 후백제군을 추격하여
황산군黃山郡에 이르러 탄령炭嶺을 넘어 마성
馬城에 주둔했다. 이때 신검은 전력의 절대
적인 열세를 절감하고, 양검良劍·용검龍劍·
문무 관료와 함께 고려에 항복했다. 이후 태
조는 후백제 수도인 전주에 입성하여 민심
을 수습했다.[178] 고려와 후백제 사이의 군사
적 대결은 이렇게 마무리되었고, 태조는 후
삼국 통일의 대업을 성취하게 되었다.

178 『고려사절요』 권1, 태조 19년 9월.

제2절

군사기구의 정비

1. 순군부의 성립과 군령체계의 정비

1) 설치시기와 배경

3성 6부제를 대표로 하는 당나라 제도를 토대로 하여 고려의 정치제도가 확립된 것은 성종대이다. 건국 초기의 정치 기구는 전반적으로 궁예정권 시기의 것을 계승했다. 당시 고려는 전대와 같이 광평성廣評省·내봉성內奉省·순군부徇軍部·병부兵部의 네 관부를 재부宰府로 삼고 여기에 새로이 내의성內議省을 가미했는데, 이러한 정치체제는 경종 때까지 그 근간이 바뀌지 않았다.[179]

국초의 여러 정치기구들 가운데 군사 분야에 해당하는 것은 순군부와 병부였다. 순군부와 병부는 재부이기도 했으며, 서열이 각각 3위와 4위일 정도로 비중이 컸다. 이들 군사 기구는 서로 다른 업무를 관장했을 것인데, 일반적으로 순군부는 군령 업무를, 병부는 군정 업무를 담당했을 것으로 이해되고 있다.

일반적으로 군사 업무는 크게 군정과 군령으로 구분되는데, 군정은 군대의 편성, 조직·보충과 동원·병역·인사·복무·병기 등을 주요 내용으로 하는 행정 업무이며, 군령

---

[179] 변태섭, 「高麗初期의 政治制度」『韓㳓劤博士停年紀念史學論叢』, 지식산업사, 1981.

은 군의 통수 작용에 관한 것으로 실제적인 군대의 동원 및 지휘·통솔과 관련되는 업무이다.[180] 병부와 순군부는 각각 전자와 후자의 업무를 담당했을 군사 기구였던 셈이다.

먼저 순군부에 관해서이다. 그것은 다른 정치기구처럼 고려가 그 이전부터 있어온 것을 승계한 것이다. 이와 관련하여 건국한 지 5일 만인 918년(태조 1) 6월 신유일에 단행한 대대적인 인사 조치가 주목된다.[181] 당시의 인사 조치 내용을 정리하면 다음 〈표 1-2〉와 같다.[182]

〈표 1-2〉 918년 6월의 인사조치

관서	장관 [인명]	차관 [인명]	낭서 [인명]
광평성 (廣評省)	시중(侍中) [김행도(金行濤)]	시랑(侍郎) [임적여(林積璵)]	낭중(郎中)[신일(申一)] 낭중(郎中)[임식(林寔)] 원외랑(員外郎)[국현(國鉉)]
내봉성 (內奉省)	영(令)[검강(黔剛)]	경(卿)[능준(能駿)] 경(卿)[권식(權寔)]	내봉감(內奉監)[강윤행(康允珩)] 내봉리결(內奉理決)[예언(倪言)] 평찰(評察)[곡긍회(曲矜會)]
순군부 (徇軍部)	영(令)[임명필(林明弼)]		낭중(郎中)[유길권(劉吉權)]
병부 (兵部)	영(令)[임희(林曦)]	경(卿)[김인(金堙)] 경(卿)[영준(英俊)]	
창부 (倉部)	영(令)[진원(陳原)]	경(卿)[최문(崔汶)] 경(卿)[견술(堅術)]	
의형대 (義刑臺)	영(令)[염장(閻萇)]		
도항사 (都航司)	영(令)[귀평(歸評)]	경(卿)[임상난(林湘煖)]	
물장성 (物藏省)	영(令)[손형(孫逈)]	경(卿)[요인휘(姚仁暉)] 경(卿)[향남(香南)]	
내천부 (內泉部)	영(令)[진경(秦勁)]		
진각성 (珍閣省)	영(令)[진정(秦靖)]		
백서성 (白書省)		경(卿)[박인원(朴仁遠)] 경(卿)[김언규(金言規)]	

---

180 권영국, 「고려전기 군정·군령기구의 정비」『역사와 현실』 73, 2009.
181 『고려사』 권1, 세가 1, 태조 1년 6월 신유.
182 변태섭, 앞의 논문, 1981, 157쪽.

내군 (內軍)		경(卿)[능혜(能惠)] 경(卿)[희필(曦弼)]	

다른 관서들과 마찬가지로 순군부에서도 개국 직후에 인사이동이 있어, 그것이 이전부터 있어 온 정치 기구임을 알 수 있다. 더구나 위 표에서 내봉경으로 임명된 능준의 이전 관직이 순군부경이었고 신일과 임식이 순군부낭중에서 광평낭중으로 관직이 변동된 사실은 이 점을 보다 분명히 말해주고 있다.

순군부가 궁예 때부터 있어 온 것은 분명하지만, 정확히 언제 설치되었는지는 명확치 않다. 관련한 기록이 없기 때문이다. 이러한 사정에서 순군부 설치시기에 대해서 여러 견해들이 제기된 바 있다.

첫째, 궁예가 천도를 위해 철원·부양 등지를 둘러보던 903년에서 청주 사민(徙民)이 단행된 904년 8월까지의 기간 내에 설치된 것으로 보는 견해이다. 이것은, 병력의 토대를 확충하기 위해 청주인호 1천을 사민하는 과정에서, 궁예가 순군부를 설치하여 청주 세력들의 군사 기반을 점검하고 군역을 담당할 수 있을 자들을 선정했을 것으로 본 입장이다.[183]

둘째, 순군부가 909년에 설치된 것으로 보는 견해이다. 이것은 궁예가 왕권 강화를 위한 핵심 세력으로 청주 세력을 대거 등용하면서 이에 대한 반발 세력을 통제하고 군부를 장악하기 위해 그 해 설치된 것으로 본 입장이다.[184]

셋째, 국호를 태봉으로 고친 911년 무렵으로 본 견해이다. 이는 국호를 개정하는 것과 함께 새로이 관제를 정비하면서 병부로부터 군령권을 분리하여 이를 담당하게 하기 위해 순군부를 설치했을 것으로 보는 입장이다.[185]

넷째, 연호를 정개(政開)로 바꾼 무렵(914)에 자체 기반이 확충되고 신라 구영토의 태반을 차지하여 통치 기반이 다져지자 전 국토에 대한 효율적인 통제와 수취를 위해 순군부를 설치한 것으로 보는 견해이다.[186]

183 전경숙, 「高麗初의 徇軍部」 『한국중세사연구』 12, 2002, 8~12쪽.
184 한영철, 「泰封末 高麗初 徇軍部의 政治的 性格」, 서강대 석사학위논문, 1996.
185 권영국, 「고려 초 徇軍部의 설치와 기능의 변화」 『韓國史研究』 135, 2006, 118~119쪽.
186 최규성, 「徇軍部考」 『祥明史學』 1, 1993 ; 「豪族聯合政權說에 對한 研究史的 檢討」 『國史館論叢』 78, 1997.

이외에도 시기를 특정하지는 않았으나, 904년 국호를 마진으로 개칭하면서 설치한 19개 관부의 명단에 순군부가 보이지 않는 점을 근거로, 그 이후의 어느 시기에 순군부가 설치된 것으로 본 견해가 있다. 그 이후의 시기란 보다 구체적으로 정권의 후반기로, 궁예의 폭정으로 특징지어진 시기를 지칭한다.[187]

순군부의 설치시기를 파악할 수 있는 직접적인 자료가 전무한 상황에서 정확한 시기를 특정하기는 어렵다. 하지만 순군부가 904년 이후에 설치되었을 것임은 비교적 분명하다. 왜냐하면 여러 연구들에서 지적하였다시피, 904년 궁예가 국호를 마진으로 고치고 연호를 무태武泰라 하면서 설치했다고 하는 광평성廣評省을 비롯한 19개 중앙 관부들 가운데 순군부가 보이지 않기 때문이다. 고려초 관부들 가운데 서열 3위로 병부보다 우위에 있을 정도로 비중이 큰 순군부가 당시 존재했음에도 불구하고 기록에서 누락되었을 가능성은 극히 희박하다. 천도 준비를 진행하는 임시 기구로 설치되어 904년 당시 제외된 것으로 본 견해가 있으나,[188] 그렇게 볼 수 있는 설득력 있는 근거가 제시되어 있지 않은데다 임시 기구에서 매우 비중 있는 상설 기구로 전환하는 과정에 대한 설명도 부재한 까닭에, 해당 견해를 수용하여 904년 이전에 순군부가 설치되었다고 보기는 어렵다.

다음으로 설치시기에 대한 이해와 직간접적으로 관련 있는 설치 배경을 살펴보도록 하겠다. 앞서 소개한 바 있는 904년 무렵 순군부가 설치되었을 것이라는 견해는, 궁예의 군사적 기반 마련을 위해 청주 인호의 사민이 이루어졌고 이러한 사민 업무와 천도 준비 작업을 담당하기 위한 기구로 순군부가 설치되었을 것으로 이해했다.[189] 909년에 순군부가 설치되었을 것이라는 견해는, 904년 이후부터 909년 무렵까지 청주인들은 궁예 정권의 핵심지지 세력이 되고 있었는데, 이 과정에서 패서 지역을 중심으로 한 기존 호족 세력(왕건을 중심으로 한 근기 지역 정치인)들의 반발과 정치적 진출을 견제하기 위한 정치적·군사적 성격의 기구로 순군부가 설치되었다고 보았다.[190]

---

187 정경현, 「高麗太祖代의 徇軍部에 대하여」『韓國學報』 48, 1987, 66쪽.
188 전경숙, 앞의 논문, 2002, 12쪽.
189 전경숙, 앞의 논문, 2002.
190 한영철, 앞의 논문, 1996.

그런데 설치 배경에 대한 이러한 유의 접근은 관련 기록이 없는 상황에서 단순한 추측으로 끝날 가능성이 있다. 따라서 상대적으로 분명한 사실을 통해 이 문제를 다룰 필요가 있는데, 이와 관련하여 다음의 견해가 주목된다. 즉 순군부가 설치될 당시를 전후하여 궁예 정권의 정복 지역이 확대되고 궁예 휘하로 귀부하는 호족들이 크게 늘어난 점 및 이전에서부터 있어 온 병부와 별도로 순군부가 설치되었고 그것은 군령 관련 업무를 담당했을 가능성이 높았을 것이라는 점을 토대로 설치 배경이 제시된 바 있다. 지배 영역의 확장에 따라 군사 업무도 대폭 늘어나 종래의 병부만으로는 증가된 업무량을 감당하기 어렵게 되었을 것이라는 전제에서 순군부의 설치를 이해한 것이다.

특히, 고려의 지배 질서 내로 들어온 호족 세력의 군사력에 대한 효율적인 통제가 중요한 과제로 대두한 상황에서 그동안 병부가 담당해 오던 업무들 가운데 군정 업무를 제외한 나머지 군령 관련 업무를 담당할 신설 기구로서 순군부가 설치되었을 것이라고 본 것이다. 결국 해당 견해는 새로 정복한 지역의 군사력을 통일 전쟁에 효과적으로 동원하는 업무를 담당할 기구가 필요했고, 또한 귀부를 통해 고려의 지배 체제내로 들어온 호족들이지만 정세에 따라 언제든지 향배를 달리할 수 있는 그들 군사력에 대한 통제와 감독을 담당할 기구가 필요하였을 것이라는 점을 순군부 설치 배경으로 제시한 것이다.[191]

2) 기능과 변화

궁예정권기를 대상으로 순군부 설치의 시기와 배경을 검토해 보았는데, 여기서는 고려 초기 순군부의 기능과 변화를 살펴보도록 하겠다. 『고려사』 백관지 병조兵曹의 세주 기사에는 "그(순군부) 직장職掌은 미상이나 모두 병사를 맡아보는 관官이 아니었을까 한다"[192]라는 내용이 보인다. 『고려사』 찬자는 순군부의 기능이 '장병掌兵'과 관련되었을 것으로 판단한 셈인데, '장병' 기능과 관련한 보다 세부적인 내용은 다음 기

---

191 권영국, 앞의 논문, 2006.
192 『고려사』 권76, 지30, 백관1 병조.

록을 통해 엿볼 수 있다.

> 청주靑州 사람 현률玄律을 순군낭중徇軍郎中으로 삼으니 마군장군馬軍將軍 현경玄慶·
> 숭겸崇謙 등이 말하기를, "지난번에 임춘길林春吉이 순군리徇軍吏가 되어 반역을 꾀하
> 다가 일이 누설되어 죽음을 당했으니, 이것은 곧 병권을 맡고[典兵權] 청주를 후원으로
> 믿었기 때문입니다. 그런데 이제 또 현률을 순군낭중으로 삼으니 신들은 의아하게 여
> 깁니다." 하니, 왕이 "옳다." 하고 곧 현률을 병부낭중兵部郎中으로 고쳐 임명했다.[193]

청주인인 현률을 순군낭중으로 삼자 배현경 등 개국공신들이 이전에 임춘길이 순
군리로 모반한 전례를 들어 그의 임명을 반대하자 왕건은 그를 병부낭중으로 바꾸어
임명한 것이 위 기록의 요지이다. 당시 순군부는 전병하는 권한을 가지고 있었고, 현
률의 모반을 두려워하여 순군낭중을 병부낭중으로 고쳐 임명한 것에서, 병부는 순군
부와 달리 병권을 보유하지 못한 것이다. 순군부는, 단순히 군사 행정 기구의 역할만
을 담당하는 병부와 달리, 병권을 전장하여 군중에 호령하는 군사 지휘권을 가지고
있었다. 그리고 이러한 양상은 태조가 병부 외에 따로 병마통수를 관장하는 순군부를
둔 태봉의 구제를 그대로 받아들인 데서 비롯되었을 것이다.[194]

순군부가 전병 권한을 행사한 점에 대해서는 공감대가 형성되어 있다고 할 수 있
다. 하지만 권력구조의 측면에서의 순군부의 성격에 관해서는 의견이 갈리고 있다.
즉 순군부를 국왕 직속의 군통수 기구로 보는 견해가 있는가 하면,[195] 호족들의 협의
체적인 기구로 파악하는 견해도 있다.[196] 후자의 논자는 고려 초기 정치 형태를 호족
연합정권으로 파악하면서, 순군부를 군령을 담당하는 군사 지휘권의 통제부로 규정하
고 그것이 이후에 중방으로 발전했다고 보거나[197] 여러 호족의 군사력과 연결된 협의

---

193 『고려사절요』 권1, 태조 원년 9월.
194 변태섭, 앞의 논문, 1981, 172~173쪽.
195 변태섭, 앞의 논문, 1981 ; 권영국, 앞의 논문, 2006.
196 이기백, 「高麗 京軍考」『高麗兵制史研究』, 일조각, 1968 ; 이태진, 「高麗宰府의 成立」『歷史學報』
    56, 1972 ; 하현강, 「高麗王朝의 成立과 豪族聯合政權」『한국사 4』, 국사편찬위원회, 1974.
197 이기백, 「高麗 京軍考」, 앞의 책, 1968.

체적인 군지휘권의 통수부로 이해했다.[198]

그런데 순군부를 호족들의 협의체적인 기구로 파악하는 견해는 다양한 비판에 직면하고 있다. 비판 논의를 간략히 소개하면 다음과 같다. 본래 병마권이란 군대를 동원 지휘하는 발병권으로 최고 통수권자인 국왕 고유의 권한이기에, 국왕의 병마권의 직접적인 장악이 이루어졌을 것이다. 순군부는 병부와 함께 호족연합정치로 운영되지 않았을 궁예대에 설치되어 존속된 관부이기에, 이를 호족 군사력의 협의체라는 주장은 성립되기 어렵다. 또한 건국 직후 아직도 중앙이나 지방에서 독립적인 사병을 장악한 세력이 존재하는 상황에서 국왕 직속의 병마통수권을 지닌 기구의 설치는 필요했을 것이다.[199] 아울러 순군부 관직에 임명되거나 타 관직으로 이동한 사례들을 구체적으로 검토하여, 순군부가 호족들의 협의체적인 기구가 아님은 물론이요, 오히려 왕건 정권과 밀착되어 왕권 강화를 도모한 기관임을 규명한 검토도 제시된 바 있다.[200]

기왕의 논의 결과로 볼 때, 순군부를 국왕 직속의 군통수 기구로 보는 견해가 보다 타당한 듯싶다.[201] 따라서 이러한 시각에서 순군부의 기능을 좀 더 구체적으로 검토해 보도록 하겠다.[202] 이는 순군부가 담당한 군령 업무의 내용을 구체화하는 작업이기도 하다. 이와 관련하여 고려의 군령 체계에 대한 조선 초기의 다음 기록이 주목된다.

신 등이 삼가 상고하건대, 예전에 병법의 설치에는 명령을 발하고 군사를 발하고 군사를 맡는 차등이 있었습니다. 명령을 발하는 자는 재상이요, 군사를 발하는 자는 중간에 있는 총제摠制요, 군사를 맡는 자는 명령을 받아서 행하는 자였습니다. 재상은 임금의 명령이 있지 않으면 명령을 발하지 못하고, 총제는 재상의 명령이 있는 때가 아니면 군사를 발하지 못하고, 군사를 맡은 자는 총제의 명령이 있는 때가 아니면 행할 수가 없

198 이태신, 앞의 논문, 1972 ; 하현강, 앞의 논문, 1974.
199 변태섭, 앞의 논문, 1981 ; 권영국, 앞의 논문, 2006.
200 최규성, 앞의 논문, 1997.
201 순군부를 국왕 직속의 기구로 보는 하나, 왕권 보위 기구로서 전란으로 비대해진 중앙의 여러 병력들의 동태를 순찰 감시하는 임무를 가진 것으로 보는 견해도(정경현, 앞의 논문, 1987) 있다. 하지만 순군부가 문사들로 채워진 감찰 기구였음을 구체적인 사례들을 통해 확인하기란 쉽지 않다(최규성, 앞의 논문, 1997).
202 이하의 내용은 권영국, 앞의 논문, 2006에 주로 의거했다.

었습니다. 상하가 서로 유지하여 체통이 문란하지 않으므로, 비록 변을 꾸미고자 하더라도 능히 스스로 움직일 수가 없었습니다. 이것이 정해진 법이었습니다. 고려의 옛 제도는 당·송을 본받았는데, 성재省宰는 나라의 정치와 군국의 일을 맡아서 통속하지 않은 바가 없었으므로 곧 명령을 발하는 자이요, 중추中樞는 군기軍機를 맡았으므로 곧 총제摠制하여 군사를 발하는 자이요, 여러 위의 상장군·대장군 이하는 부병府兵을 전장專掌하여 숙위를 맡아서, 변이 있을 때 작으면 낭중·낭장을 보내고, 크면 장군 이상을 보내어 적에 대응케 해서 일찍이 패배한 적이 없었으니, 이것이 군사를 맡는 자입니다.[203]

조선초 관료들이 이해한 고려시기 군령 체계[204]는 국왕을 정점으로 하여 발명권자 發命權者인 재상, 발병권자 發兵權者인 추밀, 그리고 장병권자掌兵權者인 무관의 상하관계로 체계화되어 있었다. 추밀이 중추원의 고관이고 중추원은 성종대 설치된 점에서, 위의 군령 체계는 성종대 이후를 반영했을 것이다. 그렇지만 이것은 기본적으로 고려 초기의 체계와 큰 차이가 없었을 것이므로, 순군부의 군령 업무의 구체 내용은 발명, 발병, 장병 중에서 하나였을 것이다. 그렇다면 순군부는 이를 계승하였을 중추원이 담당한 발병 업무를 담당하였을 것으로 보아야 할 것이다.

순군부가 담당하였을 발병 업무란 최고 군통수권자인 국왕의 명령을 받들어 중앙에서 파견되어 지방에 주둔한 군대를 포함한 중앙군의 동원이 기본이었을 것이고, 여기에는 지방 호족 휘하의 군대 동원 또한 포함되었을 것이다. 귀부한 이후에도 여전히 지방에 남아 있는 호족들이 거느리던 군대에 대한 통수권은 일차적으로 국왕에게 귀속되어 중앙의 통제 하에 놓이게 되었다. 통일 전쟁 와중에 고려 정부가 호족들 휘하의 군대를 동원할 수 있었던 것도 바로 이러한 이유에서였을 것이다. 고려 정부는 호족 주도의 지역사회의 자위력을 활용하여 지역 방어를 도모하였기에, 귀부한 호족들에게 휘하 군대에 대한 지휘권, 곧 장병권을 비롯한 일부 군사 권한을 용인·위임했을 것이다.[205] 하지만 군대의 (외부로의) 동원과 같은 발병권 등은 중앙 정부의 통제 하

---

203 『정종실록』 권4, 2년 4월 신축.
204 군령 체계란 다양한 군사조직을 실제로 움직여 나가는 지휘·명령 계통을 말한다.
205 노명호, 「고려시대 지역자위공동체」 『韓國古代中世 地方制度의 諸問題』, 집문당, 2004 ; 최종석,

에 놓이게 되었다. 곧 순군부가 이러한 권한을 구현하였을 것이다.

한편, 순군부는 호족 휘하의 군사력에 대한 순행·감독 업무도 수행했을 것으로 이해되고 있다. 새로 정복한 지역이나 귀부를 통해 고려의 지배 체제 내로 편입된 지역의 경우 중앙의 통제력이 제대로 미치기 어려웠고, 정세의 변화에 따라 향배를 달리하는 지방 호족들이 있었기 때문에, 귀부 호족들의 군사력에 대한 감독이 필요했다. 따라서 지방을 순행하면서 호족들의 군사력을 감독하는 것이 순군부의 또 다른 업무의 하나였을 것이다. '순巡'의 의미에 '군령을 내리다'는 뜻과 '순행하다'는 의미가 모두 포함되어 있으므로, 순군부는 고려의 지배 체제 내로 편입된 지방을 순행하면서 호족 휘하의 군사력을 감독하는 기능도 수행했을 것이다.

순군부는 960년(광종 11)에 군부軍部로 개칭되었다.[206] 관부 명칭의 개정만이 언급될 따름이어서, 그 이외의 어떠한 변화가 있었는지는 분명치 않다. 비교적 이른 시기의 연구에서는 명칭 개정이 기존 권한의 축소와 관련되었을 것으로 보았다.[207] 반면 이러한 변화를, 광종대 왕권 강화책과 관련지어, 오히려 순군부의 기능 강화와 연관시키기도 한다. 군부로의 개편을 광종의 전제적인 왕권강화책의 일환으로 순군부의 기능 내지 조직이 한층 강화되었을 변화로 본다든지,[208] 군부는 시위군을 이용해 훈신 숙장勳舊宿將을 숙청하는 역할을 담당하였을 것으로 보아, 순군부의 군정적 업무뿐만 아니라 시위군의 통솔 기능까지 수행했을 것으로 이해하기도 했다.[209]

이들 견해와 다소 달리 순군부 기능들 중 일부가 변화하게 되어 군부로의 개편이 이루어졌다고 본 견해가 있어 주목된다.[210] 통일 이후 지방 호족들이 중앙 귀족에 편입

─────────

『고려시대 '治所城' 연구』, 서울대 국사학과 박사학위논문, 2007.

206 『고려사』 권76, 지30, 백관1 병조.

207 변태섭은 이러한 변화가 전병권의 축소에 따른 결과로 추정했고(邊太燮, 앞의 논문, 1981), 이기백은 호족들 군권의 협의체가 되어 오던 순군부기 군부로 개편됨으로써 그 권한이 약화되었다고 논했다(이기백, 「高麗 京軍考」, 앞의 책, 1968). 최규성은 후삼국 통일과 함께 왕권과 중앙 정부의 권한이 강화되면서, 순군부는 기능이 변화하여 지방 세력의 반란에 대처해서 신속하게 진압할 수 있는 기동타격대와 같은 성격의 군단으로 축소되고 대부분의 업무가 병부나 기타 유관 부서로 이관됨으로써 그 명칭도 단순히 군부로 바뀌게 되었다고 보았다(최규성, 앞의 논문, 1993).

208 정경현, 앞의 논문, 1987.

209 전경숙, 앞의 논문, 2002, 33~35쪽.

210 이 견해 또한 군부로의 개편은 순군부의 기능이 축소되는 방향으로 이루어졌다고 보고 있다.

되고, 군적의 작성과 광군의 조직으로 인해 지방 호족 휘하의 군사력이 국가에 장악되며, 시위군의 강화 등으로 중앙의 개국 공신이나 무장들이 보유한 군사적인 권한이 박탈되어 병권은 중앙으로 집중됨에 따라, 종래 순군부가 담당한 지방 호족의 군사력에 대한 순행 감독의 기능이 불필요하게 되어 군부로 개칭되었을 것으로 본 것이다. 해당 견해는 '순恂'자가 없어진 이유를 더 이상 순행이 필요하지 않게 된 사정에서 찾았다.[211]

순군부의 군부로의 개편에서 '순'자의 탈락 사실을 주목하여 당시 순행 감독의 기능이 불필요하게 된 현실을 부각하고 그러한 사정에서 군부로의 개칭이 이루어졌을 것이라는 견해는 합리적인 접근 방식이라고 할 수 있다. 다만 순행이 불필요하게 되어 군부로 개칭된 배경을 중앙 정부(좁게는 국왕)의 권력 강화와 이로 인한 지방 통제의 강화라는 통념에서 구하는 것은 재고의 여지가 있다. 왜냐하면 고려 초기의 지방 통치는 기본적으로 호족층의 해당 지역사회에 대한 지배를 공인하는 속에서 호족층의 지역민에 대한 자의적 수탈 가능성을 제어하는 방향에서 추진되었고, 이러한 방식은 고려 초기 이후로도 기본적으로 지속되었기 때문이다.

중앙에 의한 지방 통제 차원에서 강조한 군적의 작성 및 광군의 결성은 지방 호족의 제압을 통해서만 성립되는 것이 아니라, 지역사회의 군사적 리더로서의 지방 호족의 위상을 인정해주면서 이들의 협조를 통해 이루어질 수 있었고 또한 실제로도 그러하였을 것이다. 이러한 측면에서 보자면, 순행 감독의 기능이 불필요하게 된 사정은, 후삼국 통일 이후 일정한 시간이 경과하고 그 기간 동안 지방 호족의 해당 지역사회에 대한 지배를 국가 차원에서 공인하는 작업이 어느 정도 마무리된 데서 찾을 수 있다.

순군부의 군부로의 개편을 어떻게 이해하든지 간에, 군부는 순군부와 마찬가지로 병부보다 서열이 높은 관부로 여전히 재부에 해당하였을 것임에 틀림없다. 975년(경종 즉위년) 10월 신라의 마지막 국왕이었던 김부를 상보尙父로 책봉하는 고문誥文에 서명은 (광평)시중, 내봉령, 군부령, 병부령, 광평시랑, 내봉시랑, 군부경, 병부경의 순서로 되어 있다.[212] 이들 관직의 소속 관부들은 모두 구래의 재부인데, 당시 군부는 광평성과 내봉성의 하위에, 병부의 상위에 위치하고 있었다.

---

211 권영국, 앞의 논문, 2006, 131~135쪽.
212 『삼국유사』 권2, 기이, 김부대왕.

2. 병부의 설치와 군정체계의 정비

1) 고려초기 병부의 유래

태조 즉위 직후 단행된 인사 기록에서 병부가 확인되고, 그것은 서열 4위에 해당하는 중요한 관부였다. 하지만 순군부가 서열 3위의 부서이다 보니, 병부는 군사 관계 업무를 담당하는 기구들 가운데 최고의 위치를 차지하지는 못하였다.

『고려사』 백관지 병조 조에 따르면, 918년에 병부령, (병부)경, (병부)낭중이 설치되었다.[213] 하지만 이것이 병부의 신설을 의미하는 것은 아니다. 고려 국초의 대부분의 관부들과 마찬가지로, 병부 역시 궁예 정권 때 설치되어 고려 건국 이후로도 존속한 것이다. 따라서 918년 병부령, (병부)경, (병부)낭중의 설치 기록은 이미 존재하던 병부의 관원을 조정하거나 명칭을 고친 것으로 볼 수 있다.

병부의 설치시기는 늦어도 904년일 것이다. 『삼국사기』 궁예 열전에 의하면, 당시 궁예는 국호를 '마진', 연호를 '무태'라 칭하면서, 광평성을 신설하고 병부를 비롯한 여러 관부들을 설치했다.[214] 904년에 병부가 존재하였음은 분명한 것이다. 문제는 당시 병부가 신설되었는지 하는 점이다. 광평성의 경우 '시치始置'라고 하여 신설 사실이 명시되었지만, 병부 이하의 관서들은 단지 '치置'라고 하여 신설 여부가 적시되어 있지 않다. 병부 이하의 관서들 또한 광평성과 마찬가지로 이때 신설되었을 가능성을 배제하기는 어렵지만, 일부 관부들은 그 이전부터 설치되어 온 것일 가능성이 높고, 특히 병부는 그러했을 것이다. 896년 무렵 '궁예는 세력이 커졌으므로 나라를 열고 왕을 칭할만하다고 하여 내외內外의 관직을 설치했다'고 했는데, 병부는 이 무렵에 설

---

213 『고려사』 권76, 지30, 백관1, 병조, "太祖元年 置兵部令卿郎中".
214 『삼국사기』 권50, 열전10, 궁예, "天祐元年甲子 立國號 爲摩震 年號爲武泰 始置廣評省 備員匡治奈
[今侍中] 徐事[今侍郎] 外書[今員外郎] 又置兵部·大龍部[謂倉部]·壽春部[今禮部]·奉賓部[今禮
賓省]·義刑臺[今刑部]·納貨府[今大府寺]·調位府[今三司]·內奉省[今都省]·禁書省[今秘書省]·
南廂壇[今將作監]·水壇[今水部]·元鳳省[今翰林院]·飛龍省[今太僕寺]·物藏省[今少府監] 又置史
臺[掌習諸譯語]·殖貨府[掌栽植菓樹]·障繕府[掌修理城隍]·珠淘省[掌造成器物] 又設正匡·元輔·
大相·元尹·佐尹·正朝·甫尹·軍尹·中尹等品職".

치된 것이 아닌가 한다.[215] 국가의 여러 업무들 가운데 군사 업무가 다른 것보다 시급하고 중요하였을 뿐만 아니라, 당시는 호족들의 통합과 후백제와의 경쟁이 계속되는 상황이었으므로, 병부는 다른 관부들에 우선하여 설치되었을 것이다.[216]

한편, 관부의 기재 순서로 볼 때, 904년 당시 병부는 수부首府인 광평성 다음에 위치하는 대단히 중요한 관부의 위상을 지녔을 것이다. 그러다 904년 이후의 어느 시점 (고려 건국 이전)에 군령 업무를 담당한 순군부가 새로 설치되면서, 병부의 기능과 위상은 이전 보다 축소·약화되어 순군부보다 아래에 위치하게 되었을 것이며, 이러한 상황은 고려에도 계승되었다.

2) 고려 초기 병부의 기능과 지위[217]

『고려사』백관지 병조 조에 의하면, 병부는 "무선武選, 군무軍務, 의위儀衛, 우역郵驛의 정사를 관장했다"[218] 하여, 무관의 선발, 군사관계 일반 업무 전반, 국왕에 대한 의장과 보위 업무, 교통 행정, 공문서·관원들의 왕복을 위한 역참 관계 사무 등을 담당하는 관부였다. 그런데 백관지에 소개된 병부의 업무는 성종대 3성 6부제 도입 이후에 해당하는 것이어서, 고려 초기의 그것에 정확히 부합한다고 단언할 수 없다. 양 시기 병부의 위상이 상이했기 때문이다.

관련 기록이 미미하여 고려 초기 병부의 기능에 대한 분명한 이해는 쉽지 않다. 다만 그것은 궁예 정권의 병부를 계승한 까닭에 기능 역시 이와 다르지 않았을 것이다. 궁예 정권 시기 병부는 904년 당시 신라에서와 마찬가지로 최고 관부인 광평성 다음의 위상을 지니고 있었다. 이 시기는 주변의 호족 세력들을 통합하고 후백제와도 경쟁해야 하는 중요한 시기였던 까닭에, 효과적인 전쟁 자원의 동원과 전쟁 수행을 위한 군사 업무를 담당하는 병부가 광평성 다음의 서열을 차지할 정도로 중요한 위치에

---

215 이때가 896년임은 앞서 논급한 바 있다. 한편 병부의 설치시기가 개국을 단행한 901년이었을 가능성도 배제할 수 없다.
216 권영국, 「고려 초기 병부의 기능과 지위」 『사학연구』88, 2007.
217 본 절은 기본적으로 권영국, 앞의 논문, 2007에 의거했다.
218 『고려사』권76, 지30, 백관1 병조.

있었던 것이다. 마진의 관제가 기본적으로 신라의 제도에 의거한 바, 병부 역시 신라에서와 마찬가지로 군정 업무만을 수행하였을 것이다. 904년 당시 관부들 가운데 병부 이외에는 군사 관계 기구가 보이지 않은 점에서, 별도의 군령 기구는 아직 설치되지 않았을 것이다.

이후 순군부가 신설되어 군령 업무를 담당했을 것이다. 그동안 군령권은 국왕이 친히 장악했으나 정복 지역의 확대로 군령 업무가 크게 늘어나면서 이를 담당할 기구로서 순군부가 설치된 것이다.[219] 그런데 군령 업무는 병부가 수행해 오던 것이 아니었던 까닭에, 순군부가 설치되었다고 해도 병부의 기능에는 큰 변화가 발생하지 않았을 것이다. 순군부의 설치로 인해 병부보다 우위의 군사 기구가 존재하게 되는 변화가 있었지만, 병부는 여전히 군정 업무를 관장하면서 재부에 해당하는 주요한 관부로 기능했었고, 고려 건국 이후에도 그러한 양상은 변화하지 않았다. 이러한 사실은 건국 직후에 병부가 여전히 서열 4위에 위치한 매우 중요한 관부로 존속한 데서 엿볼 수 있다(순군부는 서열 3위의 관부).

순군부 신설 이후로 병부가 그것보다 항상 열세에 놓인 까닭은 당시와 같은 전쟁기에는 군정 업무가 군령 업무보다 덜 중요하였기 때문이었다. 고려초기 병부의 지위는 3성 6부제가 도입되는 성종대 이전까지는 지속되었다. 병부는 순군부와 함께 광평성, 내봉성, 내의성 등의 정무 기구와 병렬적인 위치에 있는 군사 기구로서 여전히 상위 서열의 지위를 유지했다. 광종대 순군부가 군부로 개편되는 변화는 있었지만, 김부고서金傅誥書에서 보듯, 그것은 병부의 지위에 영향을 주는 변수로 작용하지 못했다.

결국 고려 초기에 병부는 순군부와 더불어 군사 업무를 담당하는 주요한 기구로서, 정치면을 담당한 중요 기구인 광평성·내봉성·내의성의 3성과 어깨를 나란히 하면서 국정에 참여하는 재부의 위상을 견지한 것이다.[220]

---

219 한편 내군도 순군부와 마찬가지로 904년 이후의 어느 시점에 설치되었을 것이다. 내군은 국왕의 신변과 왕실의 경호를 담당하는 친위군과 같은 기구로 추정되고 있다.
220 변태섭, 「중앙의 통치기구」 『한국사 13』, 국사편찬위원회, 1993.

제3절

2군 6위와 지방군의 성립 과정

1. 중앙 직속군의 확대와 조직화

1) 중앙군의 구성에 관한 제설(諸說)

고려의 기본 군사 조직은 중앙의 2군 6위와 남도 지역의 주현군, 그리고 양계 지역의 주진군으로 구성되었다. 본 절은 이러한 군사 조직이 어떠한 역사적 경과를 거쳐 성립되었는지를 다룬다. 우선 중앙군인 2군 6위의 성립 과정과 그 전사前史를 검토하여 보도록 한다. 이에 앞서 2군 6위의 구성에 대한 제 견해를 간략히 살펴보고 그 가운데 어느 시각에 따라 중앙군의 성립을 접근해야 하는지를 간략히 짚고 넘어가고자 한다.

현재 2군 6위의 구성에 관한 제 견해는 크게 세 갈래로 정리된다.[221] 부병제설,[222] 군

---

221 이에 관한 연구사 정리로는 정경현, 「경군」『한국사 13』, 국사편찬위원회, 1993 ; 홍원기, 『高麗 前期 軍制研究』, 혜안, 2001의 제1장 서론 ; 권영국 「고려전기 중앙군의 성격」『한국 전근대사의 주요 쟁점』, 역사비평사, 2002 등이 참고된다.

222 內藤雋輔, 「高麗兵制管見」『靑丘學叢』 15·16, 1934 ; 末松保和, 「高麗四十二都府考略」『朝鮮學報』 14, 1959 ; 이우성, 「高麗의 永業田」『歷史學報』 28, 1965 ; 강진철, 『高麗土地制度史研究』, 고려대학교 출판부, 1980.

223 천관우, 「閑人考」『社會科學』 2, 1958 ; 金鍾國, 「高麗の府兵について」『立正史學』 23, 1959 ; 이기백, 앞의 책, 1968 ; 홍승기, 「高麗 初期 中央軍의 組織과 役割-京軍의 性格」『高麗軍制史』(육군본부 편), 육군본부, 1983 ; 민현구, 「高麗後期의 軍制」『高麗軍制史』(육군본부 편), 육군본부, 1983.

반씨족제설,[223] 이원적 구성설[224]이 그것이다.

부병제설은 2군 6위의 중앙군이 민성 농민으로 구성되었다는 견해이다. 부병제란 중국 서위에서 창시되어 북주北周와 수나라를 거쳐 당나라 초에 완성된 징병제이다. 부병제의 본래 의미는 군대의 통할 기구상 궁성과 도성의 경비를 담당하는 중앙군과 변경의 방비를 담당한 진수군, 그리고 병력 공급원으로서 지방 치안의 중심을 이루는 지방 군부라는 3조직, 3요소가 중앙 병부의 인사권, 감독 지휘·명령권을 축으로 하여 하나로 결합, 운용되는 것이다.[225]

당의 경우 경기 지역을 위시한 전국 각 지방마다 지방 군부인 절충부折衝府를 설치하여 군인으로 선발된 일반 민정民丁들을 해당 지역 절충부에 소속시키고, 지방의 절충부들을 다시 12위를 주축으로 하는 중앙군에 소속시키는 군사 조직을 운영했다. 절충부는 부에 소속된 농민군들, 곧 부병들에 대한 군적 관리·훈련·동원·지휘 등의 업무를 관장하면서 정기적으로 이들을 징발하여 1년에 한두 달씩 서울에 번상 복무케 하거나 국경 지대의 방어 거점을 경비토록 했다.[226] 이처럼 당의 부병제는 농민의 의무 병역에 의해 구성되는 국가 상비군 제도였다. 농민은 균전제를 기반으로 국가로부터 토지를 지급받았으며, 국가는 이들 균전 농민을 대상으로 조·용·조를 징수하거나 군역을 부과했다. 부병은 군역을 부담하는 대신 조·용·조 의무가 면제되었다.[227]

---

224 김당택, 「高麗 初期 地方軍의 形成과 構造-州縣軍의 性格-」『高麗軍制史』(육군본부 편), 육군본부, 1983 ; 장동익, 「高麗前期의 選軍 -京軍 構成의 理解를 위한 一試論」『高麗史의 諸問題』(변태섭 편), 삼영사, 1986 ; 홍원기, 「高麗 二軍·六衛制의 性格」『韓國史研究』 68, 1990 ; 마종락, 「高麗時代의 軍人과 軍人田」『백산학보』 36, 1990 ; 정경현, 『高麗前期 二軍六衛制研究』, 서울대 박사학위논문, 1992 ; 오영선, 「고려전기 군인층의 구성과 宿衛軍의 性格」『韓國史論』 28, 서울대 국사학과, 1992 ; 정경현, 「高麗前期의 保勝軍과 精勇軍」『韓國史研究』 81, 1993 ; 이혜옥, 「고려전기의 軍役制」『국사관논총』 46, 1993 ; 권영국, 「고려 전기 軍役制의 성격과 운영」『국사관논총』 87, 1999 ; 홍원기, 『高麗前期軍制研究』, 혜안, 2001. 일반적인 이해와 달리 부병(府兵)을 중앙의 5품 이하 무관에 대한 통칭으로 보지만, 2군 6위가 부병과 번상 농민병으로 구성되었다는 김종수의 연구도 이원적 구성설에 해당될 수 있다. 김종수, 「高麗·朝鮮初期의 府兵」『歷史敎育』 69, 1999 ; 김종수, 「高麗時期 府兵制의 運營과 그 原則」『歷史敎育』 73, 2000.
225 권영국, 「고려전기 중앙군의 성격」『한국 전근대사의 주요 쟁점』, 역사비평사, 2002, 200~201쪽.
226 정경현, 「경군」『한국사 13』, 국사편찬위원회, 1993, 294쪽.
227 권영국, 앞의 논문, 2002, 202쪽.

부병제설에서는[228] 2군 6위의 중앙군이 당의 부병제와 매우 흡사하게 지방의 자영농민층에서 선발되어 번상 입역하는 농민군들로 편성되었다고 했다. 중앙군은 상번병上番兵과 비번병非番兵으로 나뉘어져 있었고, 비번의 휴한병非番兵은 비번기에 그들의 가족과 더불어 고향에서 농경에 종사했다고 보았다. 특히 남도 주현군과 2군 6위에서 공통적으로 보이는 보승保勝·정용精勇과 관련하여, 남도 주현의 보승·정용군이 번상하여 중앙군 소속의 보승·정용군을 형성했으며, 보승·정용군 이외의 중앙군 또한 관련 자료가 없기는 하나 농민군의 번상을 통해 충원되었을 것으로 추측했다.[229]

중앙군의 군역은 전체 농민층이 아니라 원칙적으로 '군반씨족'이라는 특수층의 군인을 대상으로 하였다고 보았으며, 이들 군반씨족은 후삼국 시대 호족들, 특히 왕건과 그에 협력한 호족들의 예하 군인(사병)을 기원으로 하여 형성되었고 이러한 계보적인 요건 외에도 군역을 부담할 수 있는 충분한 경제적 기반을 갖춘 부농을 대상으로 하여 우선적으로 선정되었다고 파악했다. 군역 복무의 대가·보수로서 전시과 계열의 토지인 군인전이 지급되었다고 보면서도, 군인전 분급은 전업적 군인이 아니라 번상 농민을 대상으로 한 까닭에, 그 방식은 기본적으로 해당 군인들이 농민으로서 소유해 오던 토지[민전民田]에 대한 면세권의 지급이었다고 이해했다.

또한 전시과 규정상의 군인전의 급전액은 최상한으로서의 의미를 갖는 것이고, 농민인 군인의 보유 소유지는 일반적으로 영세했기에, 극히 소수의 경우를 제외하고는 규정액에 훨씬 미달하는 것이 당시의 실정이었다고 보았다. 번상 농민에게 군인전을 지급한 이유는 다음과 같이 이해하였다. 당의 부병제는 국가적인 급전을 받는 균전 농민을 대상으로 하고 있어 조·용·조의 면제를 조건으로 부병을 확보할 수 있었으나, 고려에서는 당과 동일한 운영방식의 부병제가 실시되지 않은 까닭에 부병을 확보하기 위해서 별도로 군인전을 설치하지 않을 수 없다는 것이다.

군반씨족제설은 2군 6위의 중앙군 전체가 개경 거주의 전업 군인으로 구성되었다고 보는 견해이다. 중앙군 소속의 군인은 일반 농민이 아니라 전업 군인으로서 국가의 관료 체계의 말단에 위치한 계층이라고 보았다. 이들이 짊어지는 군역은 향리들의 향역과 마찬가

---

228 부병제설에 대한 소개는 강진철, 『高麗土地制度史研究』, 고려대학교 출판부, 1980, 109~134쪽에 의거했다.

지로 직역으로서 일반 농민들의 요역과는 구별된다고 하였다. 이 견해에 따르면, 군역의 대가는 전시과 계열의 군인전의 지급이었고, 군인전 분급의 방식은 수조권을 지급하고 양호養戶로 하여금 군인전을 경작토록 하는 것이다. 곧 군인은 군인전의 수조권자로서 토지의 경작자인 농민과 구별되는 것이다. 군인전은 군역의 보장이 되는 것이어서, 여기에서의 조租를 가지고 군인 가족이 생활하고 군인의 식량·피복·무기가 장만되었다고 보았다.

중앙군 소속의 군인은 일반 민정의 호적과 구별되는 군반씨족의 적籍에 편입되었고, 군인직(군역)은 자손에게 세습되어 일정한 군액이 확보되도록 하였으며, 궐액이 생겨 이를 보충해야 할 경우에는 선군選軍이 이루어졌고, 선군된 자는 상경하여 재차의 절차를 밟아서 2군 6위의 각 부대에 배치되었을 것으로 이해하였다. 2군 6위 소속의 군인 전체를 전업적 군인으로 보았기에, 6위 소속의 보승·정용군은 남도 주현군의 보승·정용과 소속과 성격이 다른 군인으로 파악하게 된다. 다시 말해, 주현의 보승·정용군이 번상하여 6위 소속의 보승·정용군을 구성했다고는 보지 않는다. 한편 이들 전업적 군인의 기원은 후삼국 시대 호족의 사병들로서, 그 근본은 대부분 농민이었지만 오랜 동안 통일 전쟁에 종사하게 됨에 따라 농민과 다른 군적에 등록되어 군역을 세습하는 가운데 자연히 군인으로서 특수한 신분층을 이루게 되었다고 이해했다.[230]

마지막으로 이원적 구성설은 2군 6위 소속의 중앙군이 전업적 군인과 번상병 가운데 어느 하나로만이 아니라, 양자 모두로 구성되었다고 보는 견해이다. 이원적 구성설은 부병제설과 군반씨족제설 공히 2군 6위 소속의 군인 전체를 단일하고 동질적인 군인으로 본 근본 한계를 공유하였다고 본다. 무엇보다 부병제설과 군반씨족제설이 논쟁 과정에서 서로에 의해 치명적인 문제점을 노출한 사실은 중앙군의 구성을 일률적으로 파악하는 양설 모두가 한계를 지님을 시사한다고 했다.[231] 가령 부병제설에서

---

229 강진철은 전업적 군인의 존재를 전적으로 부정하지는 않았다. 번상 농민 외에도 전업적 군인이 존재하였음을 설정한데서 그의 견해는 이원적 구성설과 상통한다고도 볼 수 있다. 하지만 이원적 구성설은 2군 6위 내의 일정 부분이 전업적 군인으로 충원되었다고 본 것과 달리, 그의 견해에는 이러한 측면이 보이지 않는다. 전업적 군인의 존재를 인정하였다고 해도, 그는 2군 6위의 병원(兵員) 전체가 기본적으로 번상 농민으로 구성되었다고 하였다.

230 이기백, 앞의 책, 1968.

231 홍원기, 『高麗前期 軍制硏究』, 혜안, 2001의 제1장 서론 참조.

는 2군 6위의 중앙군 모두를 번상 농민병으로 파악하다 보니 지배 신분층을 대상으로 분급된 전시과 계열의 토지 가운데 군인전만이 예외적으로 번상 농민병에게 지급된다는 문제점이 발생하며, 군반씨족제설에서는 2군 6위의 중앙군 전체가 개경에 거주한다고 이해하다 보니 당시 개경의 인구수에서 군인과 그 가족이 차지하는 비중이 너무 크게 되는 문제점이 생긴다. 결국 이원적 구성설은 모순 없이 중앙군의 구성을 파악하기 위해서는 그것이 이원적이었다고 보아야 한다는 것이다.

그런데 이원적 구성설 내에서도 2군 6위를 구성하는 군인의 구분 기준 등과 같은 구체적인 사안에 들어가면 논자에 따라서 이해 방식이 다르다. 2군 6위의 중앙군은 개경에 거주하는 전업 군인과 가족과 생활기반을 지방에 둔 번상병으로 구성되고, 2군 6위 조직 내에서 6위의 보승·정용군은 주현군의 보승·정용이 번상하여 구성되는 데 비해 2군 전체 및 6위 내에서의 보승·정용군을 제외한 군인은 개경 거주의 전업 군인으로 이루어진다는 점에서는 대체로 의견이 일치되고 있다. 하지만 중앙군 내 전업 군인의 비중을 둘러싸고 소수일 것으로 보는 것이 일반적이면서도 번상병보다 다수를 점하고 있었을 것이라고 보는 견해도 제기되고 있다.[232] 또한 개경의 전업 군인을 하급 지배층으로 보는 데에는 별 다른 이견이 없지만, 번상병인 주현의 보승·정용군의 신분계층적 위상에 대해서는 견해가 갈리고 있다. 곧 이들을 피지배 농민층으로 보는 견해가 있는가 하면 전업적 군인으로서 지방의 지배 세력으로 보는 입장이 있다.[233]

---

232 2군 6위 소속의 군인 총 4만 5천명 가운데 보승·정용군은 3만 8천명에 달하기 때문에, 보승·정용군을 번상병으로 파악하는 이원적 구성설 내의 다수 견해에서 보자면, 2군 6위 내에서 번상병이 개경 거주의 전업 군인보다 압도적 다수를 차지하게 된다. 이와 달리 장동익은 경군이 양반 자제, 향리층, 군반씨족 등의 특정 군인 집단과 일반 농민 출신으로 구성된 주현군의 번상 시위병으로 구성되었다고 이해하면서, 경군의 구성 단위로 1,000명의 군인으로 편제된 領 가운데 특정 군인 집단인 望軍丁人이 600명인데 비해 농민 번상병은 400명이라고 보았다. 이에 따르면, 중앙군 내에서 특정 군인 집단(전업 군인)과 번상병의 비율은 3:2가 되는 것이다(장동익, 「高麗前期의 選軍 -京軍 構成의 理解를 위한 一試論」 『高麗史의 諸問題』(변태섭 편), 삼영사, 1986).

233 후자와 관련하여 다음의 연구가 참고된다. 김당택, 「高麗 初期 地方軍의 形成과 構造-州縣軍의 性格-」 『高麗軍制史』(육군본부 편), 육군본부, 1983 ; 최종석, 「고려전기 保勝·精勇軍의 성격과 지방군 구성에 대한 재검토」 『역사와 담론』 58, 2011a. 오일순(『高麗時代 役制와 身分制 變動』, 혜안, 2000)은 주현군의 보승·정용을 전업적 군인으로 볼 수 있을지 여부는 특별히 다루지 않은 데 비해 그들이 職役을 보유한 재지 세력이었음을 검토한 바 있다.

군역 부담의 대가로 지급된 군인전을 둘러싸고서도 일률적으로 전시과 계열의 토지가 분급되어있다는 견해가 있는가 하면,[234] 개경의 전업 군인에게는 전시과 계열의 토지가, 번상병에게는 족·반정 계열의 토지가 구분되어 지급되었다는 연구도 있다.[235] 전자는 2군 6위 소속의 군인에게 일률적으로 수조권이 분급되었다고 본 반면, 후자는 개경 거주의 전업 군인에게는 수조권이, 번상병에게는 군인(군호) 소유지 가운데 군인전으로 설정된 토지의 면조권이 지급되었다고 보았다. 전업 군인들은 전시과에 규정된 군인전을 수조지로 분급받은 반면, 지방 주현의 보승·정용군은 입역 기간에 한해 해당 군인 가족의 농사를 보조하는 양호養戶를 배정해 주었다는 견해도 제기되었다.[236]

중앙군의 구성에 관한 제 견해들을 간략히 검토해 보았다. 부병제설과 군반씨족제설이 상호간 치열한 논쟁을 거치면서 중앙군의 구성을 일원적으로 보아 온 데 따른 양설 공통의 문제점을 드러낸 후, 이원적 구성설은 이러한 한계를 극복하고 보다 합리적인 방향에서 중앙군 구성의 문제를 파악하고자 한 견해인 바, 현재까지 제기된 의견들 가운데 가장 설득력이 높다고 하겠다. 따라서 중앙군제 전반은 이원적 구성설에 입각하여 검토·정리할 것이다.

2) 2군 6위의 설치 시점

2군 6위란 중앙군을 이루는 8개 부대의 총칭으로, 2군은 응양군鷹揚軍과 용호군龍虎軍을, 6위는 좌우위左右衛, 신호위神虎衛, 흥위위興威衛, 금오위金吾衛, 천우위千牛衛, 감문위監門衛를 가리킨다. 기록상 2군 6위의 설치시기는 분명치 않다. 다만 2군과 6위가 동시에 설치된 것이 아니라 6위가 2군에 선행하여 조직화된 점은 분명하다.[237]

먼저 6위 설치시기에 관해서이다. 6위는 919년(태조 2)에 설치되었다고 하는 기록이 있기는 하나,[238] 이것은 함께 언급되고 있는 3성省·6상서尚書·9시寺 등을 동년에

234 김당택, 앞의 논문, 1983.

235 오일순, 「高麗前期 部曲民에 관한 一試論」『학림』 7, 1985 ; 권영국, 『高麗後期 軍事制度 硏究』, 서울대 박사학위논문, 1995 ; 최종석, 앞의 논문, 2011a.

236 정경현, 『高麗前期 二軍六衛制研究』, 서울대 박사학위논문, 1992.

237 『고려사』 권77, 지31, 백관2, 서반, "穆宗五年 備置六衛職員 後置鷹揚龍虎二軍 在六衛之上".

238 『고려사』 권1, 세가1, 태조 2년 정월, "定都于松嶽之陽 創宮闕 置三省六尙書官九寺 立市廛 辨坊里

설립했다는 기록과 마찬가지로 『고려사』 편찬자의 착오에서 비롯된 것이다. 1002년 (목종 5) 5월에 '6위 군영을 짓고 직원職員과 장수將帥를 비치했다'[239]는 기사에서, 6위의 설치 시점을 도출할 수 있으나, 그 이전에 이미 6위가 실재했음은 998년(목종 1)의 개정전시과 규정에 '육위六衛'라는 어휘가 등장하는 데서 입증된다.

〈표 1-3〉 개정전시과 규정에서 보이는 무관과 군인

과科	무관 · 군인	
	시직(時職)	산직(散職)
5	상장군(上將軍)	
6	대장군(大將軍)	
7		
8	제위장군(諸衛將軍)	상장군(上將軍)
9	중랑장(中郞將), 절충도위(折衝都尉)	
10	낭장(郞將), 과의(果毅)	대장군(大將軍)
11		
12	육위장사(六衛長史)	제위장군(諸衛將軍)
13	별장(別將)	중랑장(中郞將), 절충도위(折衝都尉)
14	육위녹사(六衛錄事), 산원(散員)	낭장(郞將), 과의(果毅)
15	제위교위(諸尉校尉)	별장(別將)
16	제위대정(諸尉隊正)	교위(校尉)
17	마군(馬軍)	대정(隊正)
18	제보군(諸步軍)	

分五部 置六衛"；『고려사』 권77, 지31, 백관2, 서반, "太祖初 有馬軍將軍大將軍 是武職也 二年置六衛".
239 『고려사』 권81, 지35, 병1, 병제.

개정전시과 규정에서 무관·군인 계통에 관한 것만을 추출하여 정리한 위 표[240]에서의 제12과의 육위장사와 14과의 육위녹사는 998년 12월 당시 6위가 존재했음을 말해 준다. 제위장군은 육위장군六衛將軍을 가리켰을 것이고, 제위교위諸尉校尉와 제위대정諸尉隊正은 각각 제위교위諸衛校尉와 제위대정諸衛隊正의 오기로, 육위교위六衛校尉와 육위대정六衛隊正을 지칭했을 것이다.[241]

998년(목종 1) 12월 이전에 6위가 이미 성립되었음은 분명한 것이다. 그렇지만 여전히 그것의 설치 시점은 명확하지 않다. 다만 995년(성종 14)에 6위가 성립되지 않았을까 하는 추측은 공감을 얻고 있다.[242] 6위 조직이 당의 중앙군제인 부위제府衛制의 외양을 갖춘 점을 고려할 때, 6위 조직의 완비는 이 해에 당나라 식의 지방 행정 제도를 수용하여 종래의 12주목을 12군軍으로 개편하고 각 군마다 절도사를 파견·배치하는 조치와 병행한 것이라 할 것이다.[243]

다음으로 2군의 설치 시점을 검토하자면 이러하다. 6위와 달리 2군의 설치 시점에 대해서는 의견이 갈리고 있다. 2군이 6위에 앞서 988년(성종 7)에 설립되었다는 견해가 있기는 하나,[244] 『고려사』 기록에 의거하여 6위의 설치 시점이었을 995년

---

240 표는 이기백, 「高麗 二軍·六衛의 形成過程에 대한 再考」, 앞의 책, 1968, 77쪽에 있는 것을 전재한 것이다.

241 이기백, 「高麗 二軍·六衛의 形成過程에 대한 再考」, 앞의 책, 1968, 77~78쪽.

242 이기백, 「高麗 二軍·六衛의 形成過程에 대한 再考」, 앞의 책, 1968, 78~79쪽. 그는 995년에 중앙과 지방의 관제가 대대적으로 정비된 사실에 주목하여, 6위 역시 이때 대규모적인 관제 정비의 일환으로서 완성된 것이라고 추정했다. 이후의 연구들도 995년에 6위가 설치되었을 것이라는 견해에 대해서 별 다른 이견을 제기한 바 없다.

243 정경현, 「경군」『한국사 13』, 국사편찬위원회, 1993. 그는 당시 지방제도 개편이 지방사회에 대한 군사행정적 통제를 획기적으로 강화한 조치였고, 고려정부가 이들 절도사를 통해 지방사회로부터 대량의 병력자원을 새롭게 확보할 수 있었을 것이라고 보면서, 그 결과 중앙군의 병력 편제도 확대 개편되었을 것으로 추측했다.

244 홍원기, 『高麗前期軍制研究』, 혜안, 2001, 53~60쪽. 2군이 988년에 설치되었을 것이라는 그의 견해는 그해 10월 국왕 책봉에 따른 은전으로 무관들 가운데 연로하고 자손이 없으면서 계묘년(943)부터 군적에 등재된 자를 향리로 돌려보낸 조치를(『고려사』 권3, 세가3, 성종 7년 10월) 근거로 한다. 그는 당시의 鄕里放還 조치를 최승로의 시무책 가운데 驍勇한 시위군을 제외하고는 나머지 인원을 돌려보낼 것을 건의한 사항의 이행으로 간주하면서, 이러한 시위군 정예화 조치를 통해 2군 제도가 성립되었다고 보았다. 하지만 그의 논리를 온전히 받아들인다고 할지라도, 6위가 2군에 앞서 설치되었다는 기록을 부정하면서까지 988년에 2군이 성립되었다고 보기에는 그 근거가 명확치 않은 문제가 있다. 더구나 후술하듯 988년의 조치

(성종 14) 이후에서 2군의 설치 시점을 찾는 것이 일반적이다. 다만 관련 기록이 분명치 않은 탓에, 2군의 설치시기는 의견이 모아지지 않은 채 목종대와 현종대로 갈리고 있다.

『고려사』에 따르면, 1017년(현종 8) 11월에 용호군,[245] 1018년(현종 9) 9월에 응양군이라는 어휘가 나타난다.[246] 그리고 1002년(목종 5) 6위의 직원을 배치한 후인 어느 때인가에 2군을 설치한 기록 내용이 있다. 따라서 2군은 1002년(목종 5) 이후부터 1017년(현종 8) 이전까지의 어느 시점엔가 설치되었을 것이다. 유형원의 『반계수록』에는 근거가 제시되지 않은 채 6위뿐만 아니라 2군 역시 목종대에 설치되었다는 기록이 있는데, 이를 근거로 하여 목종대 2군이 설치되었다고 본 견해가 제기된 바 있다.[247] 이것과는 다른 근거에서 2군이 목종대에 설치되었을 것으로 본 견해가 있다. 즉 『고려사절요』 목종 12년(1009) 정월 조 기사에 보이는 '친종장군親從將軍 유방庾方'의 기록을 근거로 하여, 적어도 1009년(목종 12) 정월 이전에는 2군이 설치되었다고 본 견해가 그것이다. 친종장군이란 응양군과 용호군 소속 장군들의 별칭이었기에, 2군이 1002년(목종 5)에서 1008년(목종 11) 사이의 어느 시점에 설치되었다고 본 것이다.[248]

이와 달리 목종대에는 6위 외에 별도의 친위 부대를 새롭게 편제할만한 특별한 사정이 없었다는 문제 의식에서, 현종 초년에 2군이 설치되었을 것이라는 견해가 있다. 곧 거란의 침공으로 인해 개경 일원에 거주하는 군인을 기반으로 한 국왕 시위군의 병력이 거의 다 상실되었을 때인 2차 고려-요 전쟁 직후에, 고려 정부가 기존의 6위 이외에 별도로 시위군 부대인 응양군과 용호군을 신설했을 것으로 본 것이다.[249] 이기

는 은전 차원에서 이루어진 것이기에, 이것이 시위군의 정리 작업이었다고 보는 데에도 무리가 따른다.

245 『고려사』 권4, 세가4, 현종 8년 11월 병신.

246 『고려사』 권81, 지35, 병1, 병제, 현종 9년 9월.

247 이기백,「高麗 京軍考」, 앞의 책, 1968, 68쪽. 그는 이후 자신의 견해를 수정하여 2군이 현종대에 성립되었다고 하였다.

248 홍승기,「高麗初期 中央軍의 組織과 役割-京軍의 性格」『高麗軍制史』(육군본부 편), 육군본부, 1983, 38~39쪽.

249 정경현, 앞의 논문, 1993, 286쪽.

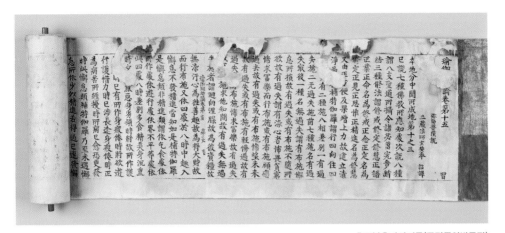

초조본유가사지론(국립중앙박물관)
거란군을 물리치려고 새긴 대장경이다.

백의 경우 목종대 2군 6위가 설치되었을 것이라는 자신의 기존 견해를 수정하여, 2군의 칭호가 처음으로 나타나는 현종대에 2군이 성립되었을 것으로 추정했다. 거란 침입 때 나주로의 몽진蒙塵을 비롯하여 1014년(현종 5) 상장군인 김훈金訓·최질崔質 등의 쿠데타 등을 계기로 하여, 1017년(현종 8) 이전에 별개의 친위 부대가 설치되었을 것으로 본 것이다.[250]

2군 설치 시점에 대한 명시적 기록이 없는 상태에서, 그것을 분명하게 지목하기는 쉽지 않다. 다만 현재까지의 논의들을 통해 볼 때, 성립 시기를 현종대로 보는 것이 보다 자연스럽다. 목종대로 볼 수 있는 유력한 근거는 당시 친종장군이라는 용어가 보이는 점인데, 그것이 결정적 기록으로 작용한다고 보기는 어렵다. 2군 설치 이후 그 임무의 성격으로 인해 응양군과 용호군 소속의 장군은 친종장군으로 별칭되었는데, 그 이전에라도 국왕을 호위시종하는 장군은 친종장군이라 불릴 수 있는 가능성은 충분하기 때문이다.[251] 따라서 사회 전반의 상황에서 친위 부대의 신설이 요구되었을 현종대가 2군의 설치시기였을 것이다.

250 이기백, 「高麗 二軍·六衛의 形成過程에 대한 再考」, 앞의 책, 1968, 79~80쪽.
251 정경현, 앞의 논문, 1993, 285쪽.

3) 2군 6위의 제도적 성립 경위

지금까지 기존 연구들의 재해석을 통해 2군과 6위의 설치시기를, 즉 2군은 1017년 (현종 8) 이전의 현종대에, 6위는 그보다 앞선 995년(성종 14) 무렵으로 파악했다. 다음으로는 태조대 이래로의 군사 조직의 재편 과정을 검토하는 작업을 통해 2군 6위의 성립 과정을 추적해 보고자 한다. 2군 6위 소속의 군사가 개경 거주의 전업적 군인과 남도 주현의 번상병으로 구성되었을 것인 점을 감안할 때, 작업의 핵심은 태조대 중앙 직속의 군 조직이 어떠한 정비 과정을 통해 2군 6위의 조직으로 편제되어 갔는지 하는 것과 남도 주현의 병력(정확히는 이 중 일부)이 어떠한 경위를 거쳐 번상병으로 2군 6위 조직의 일원이 되었는지 하는 것이 될 것이다.

먼저 고려 초기 중앙 직속의 군사가 2군 6위 소속의 개경 거주의 전업 군인으로 재편되어 간 과정을 살펴본다. 태조대 중앙 직속 군사의 현황을 보여주는 기록이 희소하고 영성한 탓에, 이에 관한 파악은 쉽지 않다. 다만 936년(태조 19) 일리천 전투 당시의 고려군 편제를[252] 통해 그 대략은 짐작해 볼 수 있다. 다음 쪽의 〈표 1-4〉는 이를 정리한 것이다.

일리천 전투에 동원된 고려군은 중앙군 외에도 고려에 귀부한 지방 호족들 휘하의 병력 및 유목 종족인 북번北蕃의 정예 기병으로 구성되었다. 8만을 상회하는 병력 규모에서 엿볼 수 있듯이, 당시 고려의 군사적 역량은 총동원되다시피 하였다. 고려는 이 전투를 통해 오랜 기간 동안 지속되어 온 후백제와의 대결을 마무리하고자 했다. 당시 태조는 고창군 전투의 대승을 계기로 고려 측에 유리하게 조성된 정치·군사적 상황을 이용하여 후백제에 대한 대규모의 공격을 감행하려 했고, 그러하였기에 일리천 전투에는 변방 수비와 치안 유지를 위한 최소한의 인원을 제외한 최대한의 병력이 투여되었을 것이다.[253] 이러하다면 일리천 전투에 동원된 병력 가운데 지방 호족 휘하의 병력 및 북번의 기병을 제외한 것이 고려 중앙군의 대략적 규모였을 것이다.

252『고려사』권2, 세가2, 태조 19년 9월.
253 오영선,「고려전기 군인층의 구성과 宿衛軍의 性格」『韓國史論』28, 1992, 62쪽.

〈표 1-4〉 일리천 전투 당시의 고려군 편제

부대편성 [병력 총수]	병력구성	필두의 지휘관	병력규모
좌강(左綱) [20,000]	마군(馬軍)	견훤(甄萱)	10,000
	보군(步軍)	지천군대장군(支天軍大將軍) 능달(能達)	10,000
우강(右綱) [20,000]	마군	김철(金鐵)	10,000
	보군	보천군대장군(補天軍大將軍)	10,000
중군(中軍) [32,500]	마군	왕순식(王順式)	20,000
	보군	우천군대장군(祐天軍大將軍)	1,000
	보군	천무군대장군(天武軍大將軍)	1,000
	보군	간천군대장군(杆天軍大將軍)	1,000
	흑수(黑水) 등 유목민족의 경기(勁騎)	유검필(庾黔弼)	9,500
삼군원병 (三軍援兵) [15,000]	기병(騎兵)		300
	제성군(諸城軍)		14,700
합계			87,500

한편 고려 중앙군의 상시적 편제에 관해서는 일리천 전투 당시의 고려군 편제를 어떻게 이해하는가에 따라 견해가 갈릴 수 있다.

이기백은 일리천 전투의 부대 편제가 태조대의 중앙군 조직을 반영하는 것으로 이해하여, 당시 중앙군은 좌강, 우강, 중군의 3군으로 구성되었고 그 속에 2개의 마군 부대와 5개의 보군 부대가 편제되었다고 보았다. 중군, 좌강, 우강, 그리고 삼군 원병으로 이루어진 조직 구성은 일리천 전투 시의 임시적 부대 배치이기는 하나, 마군과 보군은 병종에 의한 구분임이 뚜렷했다고 했다. 특히, 보군인 지천군, 보천군, 우천군, 천무군, 간천군의 5군은 일시적인 것이라기보다는 태조대의 중앙군 편성의 모습을 보여주는 것으로 이해했다. 또한 중군을 구성한 우천군, 천무군, 간천군은 태조의 친위군이었을 것이라 하여, 이들 병력이 이후 2군으로 이어졌을 것으로 추측했다. 그리고 특히 지천군과 보천군의 2군은 마군과 더불어 6위의 모체가 되는 후일의 좌우위 형성에 토대가 되었다고 보았다.[254]

이를 요약한 것이 다음 〈표 1-5〉이다.

〈표 1-5〉 2군 6위의 성립 계통도

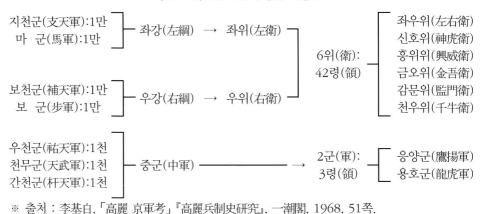

※ 출처 : 李基白,「高麗 京軍考」『高麗兵制史研究』, 一潮閣, 1968, 51쪽.

이 견해에 따르면, 태조대 중앙군은 3군으로 편제되어 있었으며, 친위군인 중군에는 보군 3천이 속해 있었고 좌강과 우강 공히 각각 마군 1만과 보군 1만으로 구성되어 있었다. 중앙군의 규모는 대략 4만 3천명이 되는 셈이다. 이러한 견해에 동의하면서도, 중군에 편제된 마군 2만 역시 중앙군 소속으로 보아야 한다는 연구도 있다.[255] 이렇게 보면 중앙군은 대략 6만 3천명에 달한다.

하지만 일리천 전투 당시의 고려군 편제를 가지고 태조대 중앙군의 상시적 편제를 설명하고자 하는 것은 무리한 시도일 수 있다. 군인 수의 유사함 등을 근거로 이것과 2군 6위를 직간접적으로 연결하는 논의는 더더욱 그러하다. 이와 관련하여 일리천 전

---

254 이기백,「高麗 京軍考」, 앞의 책, 1968, 51쪽.

255 홍승기, 앞의 논문, 1983, 28~32쪽. 그는 각각 1천명의 보병으로 이루어진 우천·천무·간천의 3군이 국왕의 호위를 담당한 친위대의 구실을 했고, 전투 부대로서는 각각 1만명의 보병으로 구성된 지천군과 보천군, 그리고 세 개의 마군 부대가 있었다고 보았다. 또한 마군 부대들 가운데 2만명의 기병으로 이루어진 것은 다른 부대보다 큰 역할을 담당하여 중앙군의 핵심을 차지했을 것으로 추정했다.

투 당시의 고려군 편제가 임시적인 것이었을 뿐만 아니라, 병력 규모의 기록 또한 비현실석이고 과장된 것이있다는 연구가 있어 주목된다. 기록에서 보이는 경군京軍의 규모는 6만 3천 명 가량인데, 당시 개경 일원의 인구 규모를 감안할 때 이것은 지나치게 많은 수이고 최대 6천 명을 초과할 수 없었을 것이라고 보았다. 또한 두 개의 마군 부대와 다섯 개의 보군 부대(지천군, 보천군, 우천군, 천무군, 간천군)로 이루어진 군대 편성과 부대 명칭은 일리천 전투 당시에 임시적으로 사용된 것이라고 했다. 그 이유로 부대의 고유 명칭이 보군 부대에만 있고 마군 부대에는 없는 점, 지천군을 비롯한 다섯 개의 부대 명칭들은 일리천 전투 기록에 한정하여 보이는 점, 그리고 지천군대장군을 비롯한 다섯 개 보군대장군 칭호에는 한결같이 '천天'자가 포함되어 있는데 이것은 그 부대들이 하늘의 뜻을 받들어 반군 토벌에 나선 군대임을 상징적으로 표현하였을 가능성이 높다는 점 등을 제시하였다.

이로 인해 해당 연구는 태조대 중앙군의 기본 편제를 일리천 전투 당시의 고려군 편제 대신에 무장들의 관직제도에서 찾고자 했다. 당시 중앙군의 상시적 편제가 무장들의 관직 제도와 표리 관계를 이루고 있었을 것이라고 가정한 것이다. 태조대 무장들의 관직은 장군급 이상에만 마군장군, 보군장군, 해군장군, 내군內軍장군이 두어진 점에서, 중앙군 역시 마군, 보군, 해군, 내군의 4가지 병종별로 구분되어 있었을 것으로 판단했다.[256]

이 연구에 있어 인구·도로 사정·군사적인 측면을 감안하여 추산한 중앙군 규모는 논란의 여지가 크지만,[257] 일리천 전투 당시의 고려군 편제가 임시적이라든지 그리하여 그것은 이후의 2군 6위와 무관하다든지 하는 논의는 공감된다고 하겠다.

여기서는 기왕의 연구들을 참고하면서 태조대 중앙군의 편제를 추정해 보고자 하는데, 그 내용은 이러하다. 지천군을 비롯한 다섯 개의 부대는 임시적인 것일 가능성이 높은 바, 중앙군은 병종별로 편제되어 있었을 것으로 생각된다. 그렇지만 중앙군

---

256 정경현, 앞의 논문, 1993, 271~281쪽. 그는 이들 가운데 마군이나 해군은 나름대로의 전업적 전투 기술이 필요한 군인들이었고, 내군 또한 국왕의 신변 경호와 궁궐 경비라는 특수 임무를 수행하는 군인들이었다고 보았다.

257 『고려사』 기록에 보이는 병력 규모는 과장의 여지가 있어도 어느 정도는 실제를 반영했을 것으로 판단된다.

편제는 마군, 보군, 해군, 내군의 네 병종별로 대등하게 이루어져 있다기보다는 마군과 보군을 근간으로 한 듯싶다. 우선 해군은 마군·보군과 동일한 위상이 아니라 부수적·보조적인 것일 가능성이 높다. 이후 시기에 해당하는 일이기는 하나, 해군이 존재하였음에도 목종대의 개정전시과 규정에 마군과 보군의 병종만이 보이는 점은[258] 이러한 사실을 시사한다고 하겠다.

내군의 경우 마군·보군·해군과 구분되는 별도의 병종은 아닌 듯하다. 내군은 그 명칭에서 추측할 수 있듯이 국왕의 친위군이었을 것이다. 위의 표에서 친위군이었을 중군이 마군과 보군으로 구성된 점을 감안할 때, 내군은 마군과 보군 소속의 군사들[259] 가운데 친위군을 선발하여 조직한 군대였을 것이다.[260] 이것은 태조대 북쪽 변경 지역에서 진수 임무를 담당했던 개정군開定軍[261]이 해당 임무를 수행하기 위해 마군과 보군 병력의 일부로 구성되었을 부대인 점과 마찬가지라고 하겠다.

이렇다고 한다면 태조대의 중앙군은 기본적으로 마군, 보군, 해군으로 편제되어 병종별로 군사와 장교 조직이 설치되었을 것이고, 임무에 따라 마군, 보군, 해군 소속의 군인으로 구성된 여러 부대들이 설치·운영되었을 것이다.[262]

태조대의 중앙군이 어떠한 경로를 통해 충원되었는지 하는 점에 관해서는, 왕건이 즉위 이전부터 거느려 오던 사병이 중앙군으로 편제된 경우, 즉위 이후 접수된 궁예의 병력이 고려의 중앙군으로 전환된 경우, 북진北鎭, 패강진浿江鎭, 혈구진穴口鎭과 같은 북변 국경 지대의 제진에 배치된 구신라 군대의 상당수가 중앙군에 편입된 경우, 왕건에게 귀부한 지방 성주들의 병력 일부가 중앙군으로 편입된 경우, 유민, 때로는 일반 농민이 모집에 응하거나 혹은 강제로 군대에 편입되는 경우 등이 제시된 바 있다.[263]

---

258 문종대의 경정전시과 규정에서도 해군은 보이지 않고 마군, 역보군, 감문군만이 확인될 뿐이다.

259 해군도 해당되었을 가능성은 있다.

260 내군이 掌衛部 이후 司衛寺로 개칭되는 것으로 볼 때, 그것은 친위 부대가 아니라 그와 관련한 기관일 가능성도 있다. 내군의 변화와 관련해서는 김낙진, 「고려 초기의 내군과 금군」 『歷史學報』 176 참조.

261 『고려사』 권82, 지36, 병2, 진수, 태조 3년 3월 ; 『고려사』 권82, 지36, 병2, 진수, 태조 11년 2월.

262 중앙군은 2군 6위의 성립 이전에 이러한 방식으로 편제되어 있었기에, 그 여파로 (2군) 6위 제도의 시행 이후로도 전시과 계열의 군인전은 마군과 보군별로 분급되었을 것이다.

263 이기백, 「高麗 京軍考」, 앞의 책, 1968, 46~49쪽.

왕건의 정치·군사적 성장은 송악이라는 연고 지역을 기반으로 해서라기보다는 궁예왕의 신임을 배경으로 했고 쿠데타의 성공으로 고려의 건국주가 되었을 당시 독자적인 군사적 기반은 미미했을 것이기에, 고려 중앙군의 핵심은 궁예왕의 군사적 기반이 승계되어 형성되었을 것이다.[264]

고려 중앙군에 편입된 이들 군인은 부역 차원에서 징발된 존재가 아니었다. 이들은 개경에 거주하면서 군역을 전업적으로 수행하고 있었을 것인데, 당시에는 군호제가 시행되고 있었다. 군인을 배출하는 호, 곧 군호軍戶가 별도로 차정된 것이다. 군호는 군인이 군역을 담당하고 이를 세습해가는 하나의 단위로, 군인과 그의 자손·친족으로 구성되었다. 군인이 차출되는 호로서의 군호를 문서의 방식으로 파악한 것은 군적이었는데, 중앙군 소속의 군인은 호적이 아닌 군적에 등재되었을 것이다. 그리고 이들 군인은 복무 수행의 대가로 국가로부터 토지를 분급받고 있었을 것이다. 940년(태조 23) 역분전 분급 시 고려 국가는 조신朝臣과 함께 군인(군사)에게도 일정한 토지를 지급하였는데, 역분전 지급 대상의 군사는 중앙군 소속의 군인이었을 것이다.

그런데 군인에 대한 역분전 지급은 중앙군 소속의 군인을 대상으로 한 최초의 토지 분급이 아니었을 것이다. 그 이전부터 군인에 대한 토지는 지급되어 왔을 것이고, 역분전 제정은 통일 전쟁의 수행 과정에서의 관료들과 군인들의 공적의 크기를 헤아려 토지 지급액을 재조정한 조치였을 것이다.[265] 이러한 방식으로 중앙군 소속의 군인이 충원·유지되면서, 이들 군인은 일반 농민과 구별된 하나의 신분층으로 고정되어 갔을 것이다. 달리 말해 전업적인 병사이며 최하의 지위이긴 하나 관료 체계의 한 귀퉁이를 차지한 군반씨족 또는 군반의 신분층으로 성장해 간 것이다.

한편, 태조대 중앙군 소속의 군인과 관련하여 간과할 수 없는 점은 고위 무장(공신) 세력이 중앙군 내의 일부 병력에 대해 자신의 사병과도 같은 영향력을 행사할 수 있던 관행이었다.[266] 형식적으로 보자면 중앙군 소속의 군인은 일률적으로 국왕의 명령

---

264 홍승기, 앞의 논문, 1983, 15~23쪽.
265 이 문단은 이기백, 「高麗 京軍考」, 앞의 책, 1968과 홍승기, 앞의 논문, 1983을 토대로 작성했다.
266 이와 관련하여 이기백, 「高麗 京軍考」, 앞의 책, 1968, 54~60쪽 ; 홍원기, 앞의 책, 2001, 34~52쪽 참조.

을 받는 군사이다. 하지만 그 가운데 무장(공신)세력의 사병적 성격의 군인이 포함된 까닭에, 중앙군의 내부에는 국왕 영향력의 관철의 측면에서 편차가 존재하였을 것이다. 이 문제는 고려정부가 풀어야 할 숙제였다.

다음은 태조대 이후 중앙군의 개편 과정에 관해서이다. 중앙의 직속군은 광종대를 분기점으로 하여 변화했다. 광종은 주지하다시피 왕권 강화를 추진하여 '구신숙장舊臣宿將'·'훈신숙장勳臣宿將'[267] 등으로 칭해지는 무장 공신 세력을 약화시키고 제거하였다. 956년(광종 7)까지는 내치에 힘쓰다, 동년부터 왕권을 강화하고 공신 세력을 억제하기 위한 여러 조치들을 시행했다. 이 해 노비안검법을 실시하는 것을 시작으로, 958년(광종 9)에는 후주後周의 귀화인 쌍기雙冀의 건의를 받아들여 과거제를 실시했고, 이어서 960년(광종 11)에는 백관의 공복을 정했다. 이외에도 왕권 강화를 뒷받침해줄 신진세력을 육성·강화하는 차원에서 문산계 도입 등의 여러 시책을 추진했으며, 더욱이 960년(광종 11)부터는 공신 세력을 대상으로 한 무자비한 숙청을 단행했다.[268]

그런데 광종대 왕권 강화 조치의 성격과 관련하여 주목해야 할 것은, 무장 공신 세력에 대한 무자비한 숙청의 단행에도 불구하고, 나말여초 시기에 형성된 기득권적 질서를 용인·수용하면서 왕권 강화를 위한 제도적 조치를 시행한 점이다. 가령 기존 세력의 기득권을 보장하는 방식으로 운영되는 태조대 이래로의 관계官階 제도를 그대로 둔 채, 이와 병행하여 별도로 중국식 문산계를 도입하여 구래의 관계 체계에서 구조적으로 배제되어 온 하위 관인층을 국가의 질서 체계 내로 포섭하려 한 점이 그러하다.[269] 이때 하위 관인층이란 대체로 광종의 왕권 강화의 추진 과정에서 등장한 '후생後生'·'신진지배新進之輩'[270] 등으로 불리던 신진 세력인 점에서, 이들에 대한 제도적 지원은 기존의 체제를 부정·혁파하는 방식이 아니라 보완하는 방식으로 이루어진 셈이다.

267『고려사』권93, 열전6, 최승로.

268 하현강,「光宗의 王權强化策과 그 意義」『韓國中世史研究』, 일조각, 1988.

269 최종석,「고려초기의 官階 수여양상과 광종대 文散階 도입의 배경」『역사와 현실』67, 2008 참조.

270『고려사』권93, 열전6, 최승로. 後生의 성격에 대해서는 김당택,「崔承老의 上書文에 보이는 光宗代 '後生'과 景宗元年 田柴科」『高麗光宗研究』(이기백 편), 일조각, 1981, 54쪽과 72~73쪽 및 전기웅,「高麗 光宗代 文臣官僚層과 '後生讒賊'」『釜大史學』9, 1985, 168~169쪽 참조.

광종대 왕권 강화 조치의 이러한 성격을 염두에 두면서 당시의 군제 관련한 변화를 들여다 볼 필요가 있다. 군제 정비는 960년(광종 11)에 단행한 일련의 개혁 조치와 함께 시작되었다. 이 해에는 백관의 공복 제정 등의 제도적 조치가 이루어지고 이와 더불어 무장 공신 세력에 대한 일대 숙청이 시작되었는데, 순군부가 군부로 바뀐 것 외에도, 내군内軍과 물장성物藏省이 각각

헌릉(개경) 광종의 릉(조선고적도보)

장위부掌衛部와 보천寶泉으로 개칭되었다.

순군부를 군부로 개정한 조치는 순군부의 권한을 약화시키려는 의도에서 이루어진 것으로 추정된다. 이는 무장 공신 세력을 억제하려는 당시 기조와 직접적으로 관련되었을 것이다. 시위군과 관련되었을 내군의 장위부로의 개칭은 왕권 강화의 차원에서 시위·친위군을 증강하는 움직임과 연관이 있을 것이고, 물장성을 보천으로 고친 조치 또한 시위군의 증가에 따른 군수 물자 관리의 변화를 도모하는 차원에서 시행되었을 것이다.[271]

중앙군 내의 일부 군사들에게 사적인 영향력을 발휘할 수 있는 무장 공신 세력을 대상으로 한 대대적인 인적 숙청이 국왕의 중앙군에 대한 영향력을 강화시켰을 것임은 분명하지만,[272] 제도적인 측면에서 보자면, 당시의 군제 관련한 조치는 태조대 이래로의 상황을 별반 바꾸어놓지 못했다. 달리 말해, 그것은 2군 6위의 중앙군 조직으로의 개편에 전기가 되지 못하였다고 할 수 있다. 광종대의 군제 정비는 여타의 제도적 개편과 마찬가지로 기왕의 체제를 변혁하지 못한 채 소극적·제한적으로 이루어진 것이다.

광종대에는 지방 호족을 리더로 하는 자치·자위의 지역사회를 대상으로 한 두드러진 조치가 단행된 바 없기에, 각 지역사회에서 전문적으로 군사력을 제공해 왔을 '무사

271 이기백, 「高麗 京軍考」, 앞의 책, 1968, 60~62쪽.
272 오영선, 앞의 논문, 1992, 68쪽 참조.

용두사지 철당간(충북 청주)
광종때 세워진 것으로 당간을 세우게 된 동기와
과정 등이 적혀 있다.

층'을 국가 차원의 군사 조직 내로 편제하여 정기적으로 번상할 수 있을 만한 제도적 기반이[273] 마련되기에는 시기상조였다. 그렇지만 지방에서 활동해 온 '무사층' 가운데 일부를 국왕 시위군으로 흡수하는 조치가 이루어졌을 가능성은 충분히 있다. "광종이 참언을 믿고 장상將相을 죽이고 스스로 의혹이 생겨 군졸의 수를 늘리고 주군에서 풍채 있는 자를 뽑아서 입시케 하고 모두 내구內廐에서 먹게 하니"[274]라는 구절에서 알 수 있듯이, 광종은 지역사회에서 풍채 있는 자를 뽑아서 친위군을 증강했다.

광종에 의해 선발된 지방의 풍채 있는 자의 실체는 관련 기록이 없어 분명치 않지만, 당시 사람을 바라보는 잣대로 신분적 성격을 지닌 '인품人品'이 작용한 점을 고려할 때,[275] 단순히 무적 능력이 출중한 자라기보다는 지역사회 내에서 (하위)지배층이면서 무적 능력을 갖춘 인사, 곧 '무사'이었을 것이다. 물론 이 조치가 제도적 차원에서 지역사회의 '무사층'을 중앙군으로 포섭하려 한 것은 아니었다. 고려 국가는 해당 조치에 자발적으로 호응한 자를 대상으로 국왕의 시위군으로 충원하였고, 시위군으로 선발된 자는 중앙으로 이주하여 중앙군의 일원이 되었을 것이다. 달리 말해, 이들은 지방의 (하위)지배층에서 중앙의 (하위)지배층으로 신분적 전환을 했을 것이다.[276]

---

273 최종석(앞의 논문, 2011a)은 지방의 보승·정용군이 전업적 군인으로서 지역사회에서 전문적으로 군사력을 제공해 온 '무사층'이 군사제도 내로 활용·편제된 것이라고 보았다.

274 『고려사』 권93, 열전6, 최승로.

275 이와 관련하여 노명호, 「羅末麗初 豪族勢力의 경제적 기반과 田柴科體制의 성립」 『震檀學報』 74, 1993 ; 최종석, 앞의 논문, 2008 참조.

276 정경현은 중국식 관제의 도입이 광종대부터 꾸준히 진행되어 왔던 데서, 부병제와 전혀 무관한 방식으로 편제된 태조대의 경군 조직이 최초로 '위' 단위의 편제로 조정되기 시작한 시기는 빠르면 광종대일 수 있을 것으로 추측했다. 광종대에는 勳臣舊將들이 대거 처형당하고 지방에서 선발

앞서 언급한 바와 같이, 성종대 들어 6위가 갖추어졌을 것이다. 6위로 조직화된 중앙군은 개경 거주의 전업적 군인과 각 주현 거주의 번상 군인(보승·정용군)으로 구성된 데서, 6위 조직 성립의 난제이자 관건은 각 지방의 병력이 번상하여 중앙군의 일부를 구성하는 시스템의 실현이었다. 그런데 이러한 시스템은 그 동안 일반적으로 이해하여 온 방식인, 고려 정부의 지방(호족) 군사력 해체의 소산이라고 생각되지 않는다. 성종대 중앙 정부의 호족층 주도의 지역사회에 대한 통제책의 성격을 볼 때 그러하다.

당시 지역사회에 대한 통제와 관련하여 우선적으로 주목되는 것은, 983년(성종 2) 2월 12주에 주목州牧이라는 외관이 파견된 점이다.[277] 이때의 외관 파견은 성종이 최승로의 건의, 곧 호족층을 통제하기 위해 10여 주현을 묶어 하나의 관청을 설치하고 그곳에 두세 관원을 두자고 한 의견을[278] 받아들여 실현된 것이다. 그런데 당시의 외관 파견을 이전과 달리 그 대상 지역에 대한 국가 지배력의 직접적 관철로 보아서는 곤란하다. 최승로가 외관 파견의 명분으로 호족층의 백성 침탈을 지목하였지만, 그의 지방관 파견 주장은 호족층이 지역사회를 자율적으로 지배하고 방어하는 것을 기본적으로 인정하면서도, 이들이 공동체적 틀을 벗어나 자신들의 계급적 이해만을 추구하여 지방 민인들을 수탈하거나 그렇게 할 가능성을 제어하는 것을 목표로 했다고 판단된다.

이와 관련하여 주목되는 바는 10여 주현을 묶어 하나의 관청을 설치하고 그곳에 두세 관원을 두자고 한 최승로의 주장 및 이것의 실현이라 할 수 있는 12주에의 주목 파견이, 현종대 이래로 시행된 주현·속현 제도와 본질적으로 다르지 않았을 것이라는 점이다. 주현·속현 제도의 성격을 고려할 때, 성종대 외관이 파견된 지역이라 할

된 상성들이 중앙의 시위군으로 새로 편입하는 등, 경군의 인적 구성에 커다란 변화가 있었기에, 광종은 군사 부문에 있어서의 이 같은 사태 변화를 미숙한 형태로나마 중국식의 중앙 군제 즉 부위제를 도입하여 수습하고자 했을 것이다고 보았다(정경현, 앞의 논문, 1993). 부위제가 처음으로 도입된 시기를 광종대로 볼 여지는 있으나, 광종대 정책의 전반적 성격을 고려할 때 그처럼 경군 조직을 편제했을 가능성은 낮다고 판단된다.

277 『고려사』 권3, 세가3, 성종 2년 2월 무자.
278 『고려사』 권93, 열전6, 최승로.

지라도 지방관은 해당 지역을 직접적으로 지배하지 않았을 것이다. 주현·속현 제도의 운영을 보면, 향리(호족의 후신)가 주현과 속현의 구분 없이 소속 지방의 행정을 담당하였고 지방관은 상위에서 주현과 예하 속현들로 구성된 광대한 영역을 통치하는 역할을 수행했다.[279] 이와 유사한 방식으로 12주에 파견된 주목은 부임 지역을 비롯한 주변의 군현들을 관할 범위로 하여, 해당 군현 운영을 담당하는 향리들 상위에서 통치하는 임무를 수행했을 것이다. 요컨대, 당시 지방관 파견은 호족층이 해당 지역사회를 지배해 온 질서를 인정하는 속에서 호족층의 지역민에 대한 자의적 수탈 가능성을 제어하고자 한 데서 이루어진 것이었다.

983년(성종 2)에 지방관의 파견과 더불어 취해진 향리직 개편과 지방에의 공해전 지급 역시 당시 중앙 정부가 호족층의 해당 지역사회에 대한 지배를 공적인 틀 내로 포섭하고자 한 조치였다.

나말여초 시기에 호족들은 자체적으로 통치 기구를 두어 지역사회를 독자적으로 지배했다. 그런데 이들 부서와 직함은 제각각이었을 뿐만 아니라, 그 명칭의 위상은 중앙 정부에 버금갈 정도였다. 가령 대등人等이라는 직함과 병부라는 관부는 당시 여러 지역에서 사용되었는데, 이것들은 각각 신라 때 진골이어야만 될 수 있는 것과 신라·고려시대 군사 사무를 관장한 중앙 관부였다.

고려 국가는 983년에 통일적인 부서와 직함을 마련하여 지역사회가 이를 따르도록 했다. 지방관의 파견 이후에도 지역사회가 기본적으로 해당 재지세력 의해 지배되었다고는 하지만, 향리직 개편은 지역사회의 자율적 지배를 수용하면서도 통제하고 공적인 틀 내로 편제하고자 한 것이라고 할 수 있다. 또한 병부를 사병司兵으로 개편하는 데서 보듯, 그 조치는 지역사회 자체의 통치 기구와 직함의 위상을 격하해 중앙 정부와 구분·차별토록 한 것이었다.

지방에의 공해전 분급 시, 향리 관청(읍사)에도 공해전이 분급된 사실은 향리(호족)의 통치 기구를 국가의 지방 통치 기구로 공인했음을 의미한다. 왜냐하면 공해전은 국가의 행정 관청을 대상으로 하여 경비 지급의 차원에서 분급된 것이기 때문이다.

---

279 윤경진, 『高麗 郡縣制의 構造와 運營』, 서울대 국사학과 박사학위논문, 2000.

당시 국가는 호족 세력의 해당 지역에 대한 지배를 통제하면서도 공적으로 인정·포섭한 것이다.[280] 지역사회를 대상으로 한 당시 국가 통제책의 성격이 이러하다고 할 때, 6위로 조직화된 중앙군 내의 일부가 각 주현 거주의 번상 군인으로 채워진 조치는 다음과 같이 이해될 수 있다. 즉 나말여초 시기 동안 제도적으로 통제되어 오지 못한 지방 주현의 '무사층'은 국가 제도적 차원에서 해당 지역의 전업적 군인으로 포섭·통제되었고, 국가로부터 족정·반정 계열의 토지를 분급 받아 지방 지배 세력으로서의 위상을 공적으로 보장받았으며, 그 대신 정기적으로 번상하여 6위의 중추를 담당해야 하는 의무를 져야 했을 것이다.[281]

이러한 관점에서 2군 6위의 성립과 직간접적으로 관련된 제도적 변화를 구체적으로 살펴보겠다. 먼저 향리직 개편 과정에서 병부를 사병으로 개칭한 점이 주목된다. 해당 지역의 병권을 장악해 온 기구였을 병부가 사병으로 격하되기는 하였으나 존속한 점에서, 여전히 향리층이 해당 지역을 군사적으로 통제할 수 있는 기구는 존재한 것이다. 다만 이전과 달리 그것은 국가의 공적 틀 내에서 작동되고 있었을 것이다. 국가는 추후 이러한 유의 기구를 활용하여 지방의 보승·정용군의 번상을 실현할 수 있었을 것이다.

다음은 984년(성종 3) 군인의 복색을 정한 조치이다.[282] 당시 복색 결정의 기준 혹은 방식은 부대별로 되어 있었을 것인데, 이러한 복색 결정의 조치는 군대를 규격화하고 통제화하여 부대 내부에 있어서의 개별적인 통수권을 부인하는 것으로 파악되고 있다. 그리고 각 부대의 복색을 달리함으로써 그들의 임무를 표시하고자 한 것이었다고 한다. 그러했던 까닭에 복색의 결정은 장차 이루어질 새로운 부대 편성을 위한 기초 공작으로 이해되고 있다.[283] 물론 이 조치의 대상이 되는 군인은 중앙의 직속 군이었다.[284]

280 성종대 지역사회 통제책의 성격과 관련한 이상의 서술은 최종석, 「최승로; 국가는 어떻게 만들어지는가?」 『시대의 디자이너들』, 동녘, 2010에 의거하였다.
281 최종석, 앞의 논문, 2011a.
282 『고려사』 권3, 세가3, 성종 3년.
283 이기백, 「高麗 京軍考」, 앞의 책, 1968, 64쪽.
284 홍승기는 이러한 조치를 중앙군을 대상으로 한 소속 여러 부대의 재편성 내지 재정리의 결과로서

987년(성종 6) 지방의 병기를 거두어 농기구를 주조하였다는 기록[285] 또한 군사적 조치와 관련된다. 그런데 기록 그대로 그것이 실행되었는지는 의문이다. 왜냐하면 지역사회의 자위력을 활용한 지역 방어 체계가 그 이후로도 상당 기간 동안 작동되었기 때문이다.[286] 따라서 그것은 중앙 정부가 지방 호족층의 사적인 무력을 제거하기 위해 시행한 단호한 정책이었다고[287] 보기는 어렵고, 농업 장려의 도모 차원에서 행해진 이데올로기적, 상징적 조치라고 판단된다. 성종대에는 (유교)이념 지향적 조치가 여러 방면에 걸쳐 시행되었는데, 이 또한 그 일환에서였을 것이다.

이러한 일련의 조치들을 토대로 하여 990년(성종 9) 좌우영이 두어졌을 것이다.[288] 좌우군영의 건치는 좌우위를 설치하는 것이었고 좌우위(영)는 6위의 모체가 된 것이라고 이해되고 있다. 좌우 양(兩) 위는 추후 6위 형성 뒤 하나가 되어 좌우위로 남았고, 나머지 다섯 위는 좌우위(영)에서 분화되거나 그것에 첨가된 것이라고 한다. 이러한 맥락에서 해당 조치는 중앙군을 새롭게 편제하는 시도의 출발로 간주되고 있다.[289] 물론 이것 또한 기존의 중앙 직속의 군인을 대상으로 했을 것이다.[290]

좌우영을 설치하여 중앙 직속의 군인을 새롭게 편제한 이후부터 6위 조직이 완비되었을 995년(성종 14)까지 조직의 완성을 목표로 한 제도적 조치가 단행되었을 것이다. 6위 조직은 당의 중앙군제인 부위제의 외양을 갖추고 있던 점에서, 이 기간 동안의 역점 사업은 각 주현의 '무사층'을 해당 거주 지역의 공적인 군사(지방군)로 공인·포섭한 후 번상의 방식을 통해 중앙군 조직의 주요 성원으로 삼는 시스템을 구축하는 것이었다고 하겠다.

이와 관련하여 『고려사』 세가 성종 9년의 기사에서 보이는 '절충부별장 조영'이 주

나타난 것으로 추정했다(홍승기, 앞의 논문, 1983).

285 『고려사』 권 79, 지33, 식화2, 농상, 성종 6년.

286 최종석, 「고려전기 지역방어체계의 특징」『사림』40, 2011b 참조.

287 이러한 견해는 이기백, 「高麗 京軍考」, 앞의 책, 1968, 63쪽에서 제기된 바 있다.

288 『고려사』 권 81, 지35, 병1, 병제, 성종 9년 10월.

289 이기백, 「高麗 京軍考」, 앞의 책, 1968, 65쪽.

290 홍승기는 좌우영의 건립을 좌군과 우군의 군영을 설치한 것으로 해석했고 이러한 조치가 좌군, 우군 양군의 임무 변화와 관련 있다고 추정했다(홍승기, 앞의 논문, 1983).

목된다.[291] 당의 절충부가 부병제의 기초를 이루는 기구로 지방에 설치한 군부軍府인 점에서,[292] '절충부별장'의 관직이 두어진 사실은 당시 고려 정부가 부병제의 형식을 취하면서 지역사회의 군사력을 편제하고 중앙군의 근간을 구성하는 작업을 도모하였음을 시사한다.[293] 이러한 작업은 995년(성종 14)까지 지속되었을 것으로 보이나, 아쉽게도 관련 기록이 전무하다시피 하여 구체적 사정은 알 수 없다.[294]

2. 지역사회 자위력의 포용과 통제

고려의 후삼국 통일은 다른 측면에서 보자면 신라말 이후 전국에 걸쳐 등장한 수많은 호족 주도의 자치와 자위의 지역사회가 예외 없이 고려에 정치적으로 귀속된 것이라고 할 수 있다. 곧 그것은 이들 지역사회가 고려 국가의 행정·군사·경제적 통제 속에서 자유롭지 않게 되었음을 뜻한다. 그러면서도 이것들은 중앙 정부에 대한 경제·군사적 의무 등을 짊어지고 있었음에도, 호족층 주도의 지배와 자위의 면모를 견지하고 있었다.

군사 측면에서 보자면, 후삼국 통일 이후로도 한동안 지역사회 자위력의 국가체제 내로의 포섭·통제는 제한적이었던 것이다. 통일 이후로도 고려 정부의 지역사회 군사력의 활용은 후삼국통일전쟁 시기에서와 같이 기본적으로 제도적 차원에서가 아니라 그때그때 필요에 따라 단속적斷續的으로 이루어졌고 해당 지역의 호족층을 매개로

---

291 『고려사』 권3, 세가3, 성종 9년 9월 병자.

292 당의 절충부는 농한기 때 관내의 농민을 징병하여 훈련시키는 일, 도시나 국경 지대에 근무 병사를 보내는 일, 출정 업무 등을 담당했다.

293 홍원기는 990년(성종 9) 무렵에 설치된 절충부가 6위가 완비되는 995년(성종 14)경이 되면 6위의 번상을 실질적으로 담당했을 것으로 보았다(홍원기, 앞의 책, 94~95쪽).

294 부병제의 형식을 취하기는 했지만 각 지역사회의 지배층인 무사층을 국가의 지방군으로 편제하고 그리고 그러한 군사는 농민군이 아니라 전업적 성격의 군인이었으며 이들 가운데 번상한 자를 중앙의 6위에 소속시킨 점에서, 당에서와 달리 고려에서의 절충부의 역할은 매우 제한적이었을 것이다. 당과 비교할 때 절충부 소속의 관직이 일부 보이는데다가 그것마저도 짧은 시기에 한해 존재한 것도 이러한 사정과 무관하지 않았을 것이다.

하여 간접적으로 관철되어졌을 것이다.

그렇다면 추후 지방군제의 포섭·통제의 대상이 된 당시 호족층 주도의 지역사회의 군사 편제의 양상은 구체적으로 어떠하였을까? 아쉽게도 관련 자료가 희소하다 보니 다음과 같은 추정 정도만을 할 수 있을 뿐이다.

지방사회의 자위력을 직접적으로 담보한 집단은 (휘하)무사층 및 군사적으로 조직화된 일반 민인이었을 것이다. 당시 중앙 직속의 개경 거주의 전업적 군인에 상응할 수 있는 지방사회의 무사층은, 해당 지역의 상비 병력으로 신분·계층적 측면에서 일반 민인보다 상위에 위치했고 자위력의 근간을 이루었을 것이다.[295] 그리고 이들은 일반 민인을 군사적으로 조직화하고 지휘하는 역할을 수행했을 것이다. 일반 지역민의 경우 기본적으로 각자의 생업에 종사하면서도 무사층의 통솔 하에 군사적으로 조직화되어 공동체적 방어력의 저변을 이루었다. 한편 무사층은 상위 호족층, 구체적으로 당대등堂大等-대등大等 유類의 직임을 보유한 자[296]들에 의해 통솔되고 있었을 것이다. 요컨대, 지역사회의 자위적 지휘 체계는 상위 호족층-(휘하)무사층-일반 민인의 양상으로 이루어져 있었을 것이다.

지역사회 내에는 군사 업무를 담당하는 기구가 있어, 행정적인 측면에서 자위적 군사력을 지원하고 있었을 것이다. 즉 지역사회 독자적인 통치 기구(관반官班 조직[297])에는 병부兵部 유의 부서가 설치되었고, 병부경兵部卿-연상筵上-유내維內 식의 군사 행정 체계가 갖추어져 있었을 것이다.[298]

---

295 (휘하)무사층은 이후 보승·정용군으로 재편되었을 것인데, 이들의 존재는 일리천 전투에 援兵으로 참여한 '諸城軍'에서 엿볼 수 있다. 고려 정부는 당시 군사적 역량을 총동원했던 바, 자신에게 귀속된 지역사회들로부터 거의 빠짐없이 병력 지원을 받았을 것이다. 14,700명의 '제성군'은 숫자 면에서 농민병으로 구성된 것이라고 보기는 어렵다. 함께 참여한 黑水·達姑·鐵勒 등의 북방 유목민족의 勁騎가 9,500명이나 되고, 지방 농민병을 편제하였을 정종대의 光軍이 30만명인 점을 고려할 때, '제성군'은 주로 지역사회의 호족 휘하의 정예 병력, 곧 전업적 무사층으로 구성되었을 것이다.

296 지역사회에서의 상위 호족층의 직임은 일률적이지 않았다.

297 김광수, 「羅末麗初의 豪族과 官班」『韓國史硏究』23, 1979 ; 하일식 「고려초기 지방사회의 주관과 관반」『역사와 현실』34, 1999 ; 강은경 「高麗初 州官의 形成과 그 構造」『한국중세사연구』6, 1999 ; 윤경진, 「高麗初期 在地官班의 정치적 위상과 지방사회 운영」『韓國史硏究』116, 2002 참조.

298 『고려사』 권75, 지29, 선거3, 전주, 향직, 성종 2년 조의 향리직 개편 기록에서 확인되는 호족층의 직임과 기구는 지역에 따라 다양한 것을 통일된 향리층의 직임과 기구로 바꾸기 위한 일종의

지방군의 성립은 지역사회 자위력의 실질적 병력이라고 할 수 있는 이들 무사층 및 군사적으로 조직된 일반 민인을 국가의 지방군으로 흡수·편제하는 것이라고 할 수 있다. 주현군을 사례로 하자면, 전자와 후자를 각각 보승·정용군과 품군(일품군, 2·3 품군)으로 전환·편제하는 것이었다. 그런데 이와 관련하여 고려되어야 할 사항은, 그러한 전환이 지역사회에 대한 국가 지배력의 일방적 관철에서가 아니라, 지역사회의 구래의 자위 질서를 해체하지 않으면서도 국가 차원에서 활용하고 공인화하는 작업이었다는 점이다.[299] 이는 자치·자위의 지역사회의 질서에서 다른 한 축을 담당한 호족 주도의 자치의 질서가 고려 국가에 의해 통제되면서도 공인되는 방식으로 지방지배질서가 성립된 것과[300] 궤를 같이 하는 바였다.

이렇다고 한다면, 지방군 성립의 과정은 이러한 양상과 성격의 변화의 과정이 될 터인데, 여기서는 광군을 중심으로 하여 지역사회의 무사층 및 군사적으로 조직된 일반 민인이 국가에 의해 통제되면서도 활용·공인되는 방식으로 지방군으로 편제되어간 과정을 살펴보도록 하겠다.

후삼국의 통일 이후 호족층 주도의 지역사회의 자위적 군사 편제는 정종대 광군의 설치를 계기로 하여 변화해 갔다.[301] 광군은 947년(정종 2) 거란이 장차 침입해 올 것이라는 제보에 따라 이에 대비하기 위해 조직된 전국적 규모의 군사 조직이다. 후진後晉에서 유학하던 중 거란의 포로가 된 최광윤崔光胤이 거란의 고려 침략 계획을 감지한 뒤 고려 조정에 알려오자, 고려 정부는 위기의식 속에서 전국에 걸쳐 광군 30만을 조직하고 광군사光軍司를 두어 관할케 했다. 창군 당시 광군의 조직, 성격, 활동 등에 관한 정보는 전무한 실정이고, 그 이후로도 관련 기록은 극소하다. 곧 유사에게 명령을 내려 군사 30만을 선발하여 광군이라고 칭한 점, 그것의 통수부로 광군사를 설

기준이었다. 이 때문에 그러한 직임과 기구가 두어진 지역도 있었을 터이지만, 지역에 따라서는 유사한 성격이기는 하나 명칭이 상이한 직임과 기구가 존재했을 것이다.

299 이러한 관점에서의 연구로는 노명호, 앞의 논문, 2004 ; 최종석, 앞의 논문, 2011a ; 최종석, 앞의 논문, 2011b를 들 수 있다.

300 채웅석, 『高麗時代의 國家와 地方社會-'本貫制'의 施行과 地方支配秩序-』, 서울대학교출판부, 2000 ; 윤경진, 앞의 논문, 2000 ; 노명호, 앞의 논문, 2004 참조.

301 광군에 대한 서술 전반은 이기백, 「高麗 光軍考」, 앞의 책, 1968에 의거했다.

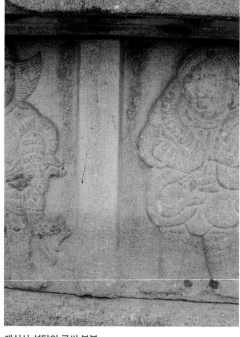

개심사 석탑과 석탑 글씨(경북 예천)　　　　　개심사 석탑의 글씨 부분

치했다가 어느 때인가 그것이 광군도감光軍都監으로 바뀌고 이후 1011년(현종 2)에 본래의 명칭을 회복한 사실 정도만을 파악할 수 있을 따름이다.[302] 여기에 더해 1010년 (현종 1)에 시작하여 다음 해 완성되었을 경북 예천군 소재 개심사의 석탑을 쌓는 데 광군이 동원된 점이 보태질 수 있다.

광군은 중앙군이 아닌 지방군이었으며, 농민이 위주가 된 군사조직이었을 것이다. 곧 전국 각지의 농민을 군사적으로 조직하여 30만 명이라는 거대 규모의 군대를 조직했을 것이다. 이러한 대규모의 광군은 상비군일 수는 없고 농민들로 구성된 예비군으로 보아야 한다.[303]

---

302 『고려사절요』권2, 정종 2년, "置光軍司 先是 崔彦撝子光胤 以賓貢進士 遊學入晉 爲契丹所虜 以才見用 受官爵 奉使龜城 知契丹將侵我 爲書以報 於是 命有司 選軍三十萬 號光軍";『고려사』권77, 지31, 백관2, 제사도감각색, "光軍司 定宗二年 置之 後改光軍都監 顯宗二年 復改光軍司".

303 관련 기록이 없어 각 지역사회의 무사층이 광군에 편제되었는지 여부는 확인할 길이 없지만, 광군은 무사층이 보승·정용군으로 전환된 이후에도 존속했고 또한 품군으로 변화한 데서 무사층은

광군은 거란이 침입해 올 것이라는 정보를 토대로 신속히 조직된 예비군이었지만, 그러한 위급 사태가 해소되었다고 해서 해체되지는 않았다. 현종 초년 개심사 석탑의 조성에 광군 46대가 동원되었던 사실에서 보듯, 광군은 창설 이후로도 한동안 존속했다. 그리고 그것은 현종대 주현군－정확하게는 주현군 중에서도 품군－으로 개편되었다.

그런데 창군 계기가 거란 침공에의 대비였고 광군 존속의 기간 동안 거란의 몇 차례 침략이 있었음에도, 광군의 전투 동원 기록은 찾을 수 없다. 이러한 점은 기본적으로 광군의 성격에서 기인한 듯싶다. 당시 군사적 방면에서의 지역사회에 대한 통제는, 호족층이 해당 지역사회를 군사적으로 조직화하여 자위체(自衛體)를 결성·유지해 온 신라 말 이래로의 질서가 온존된 상황에서 행해지고 있었다.[304] 이러한 사회여건에서의 광군 설치는 기본적으로 중앙 정부가 호족층을 리더로 하는 지역사회의 독자적인 군사 조직을 해체하지 않은 채 광군 조직으로 흡수·편제한 것이라고 판단된다.[305] 광군의 성격이 이러하였기에, 광군은 거란군이 해당 지역사회를 침공해 왔을 때 주로 자위적 방어의 수준에서 활약하였을 것이다. 그렇지만 광군의 군사적 활동상은 현재 우리가 볼 수 있는 『고려사』 등의 기록에서 찾아볼 수 없다. 이들 사적에는 주로 중앙에서 파견된 문무관리들의 군사적 움직임이 집중 기록되었기에, 광군의 활동은 기록상으로 포착되지 못한 듯하다.

요컨대, 광군은 국가 입장에서 보자면 상설적인 군사 조직으로서 일종의 농민 예비군과도 같은 성격의 것이었지만, 지역사회의 시각에서는 호족층을 리더로 하는 지역사회 차원의 군사 조직이었다.

광군의 성격이 이러하다 보니, 광군이 호족층(이후 향리층) 주도의 지역사회의 역사(役事)에 동원되는 것은 이례적인 일이 아니었다. 현종 초년의 상황을 전하는 「개심사

광군에 편제되지 않았을 것으로 추측된다.

304 지방 지배 질서의 측면에서 보자면, 광군이 조직된 정종대에는 지역사회가 호족층에 의해 자율적으로 지배되고 있었다. 당시 중앙 정부는 호족층의 지배가 공적인 틀에서 이루어질 수 있도록 제한된 수준에서 통제·감독할 뿐이었다. 지방 지배의 측면에서 고려 초기 국가의 지역사회에 대한 통제는 어느 정도 이루어졌다고는 하나, 상주하는 지방관이 파견되지 못한 데서 드러나듯이, 여전히 큰 한계를 노정하고 있었다.

305 이와 관련하여 노명호, 앞의 논문, 2004 참조.

석탑기」에 따르면, 그 조성 공사에 수레 18량兩, 소 1,000필과 함께 예천군과 다인현 多仁縣 각각의 대규모 지역민으로 구성된 추향도椎香徒와 미륵향도彌勒香徒가 참여하 였으며, 두 군현의 광군 46대가 동원되었다.[306] 또한 예천군 소속의 대정隊正인 방우邦 祐, 기두其豆, 흔경昕京 및 예천군과 다인현의 각각의 호장戶長인 최우崔祐와 임장부林 長富의 존재가 확인된다. 이 기록에서 알 수 있는 것은 우선 광군이 대를 단위로 조직 된 점이다. 중앙군의 한 대가 25명으로 편성된 점을 고려할 때, 광군도 그러했을 것이 다. 그렇다면 대략 1,150여 명의 광군이 이 역사에 참여했을 것이다. 그리고 이들 광 군은 각 대의 대정이 소속 대원隊員을 통솔하는 방식으로 역사에 동원되었을 것이다.

다음으로 광군의 하급 지휘관들인 3명의 대정이 이 지역 향리 가계 출신이었을 것 이라는 점이다. 대정 3인인 방우邦祐, 기두其豆, 흔경昕京은 추향도椎香徒의 임원으로 기재된 까닭에 해당 역사에 참여한 광군 46대의 대정들 가운데 그 존재가 구체적으 로 확인되고 있다. 추향도는 예천군의 지역민으로 구성되었을 것인데, 이곳의 권씨 權氏(피휘 차원에서 흔昕을 권으로 개성改姓)와 방씨邦氏가 각각 예천군의 토성과 촌성 인 데서,[307] 방우와 흔경은 해당 지역의 향리(호족) 가계의 출신이었을 것으로 판단된 다.[308] 방우와 흔경 이외의 여타 대정들도 다르지 않은 출신 성분을 지니고 있었을 것 이다. 그리고 이들은 국가 군사조직의 장교라는 외형을 지니고 있으나, 광군의 대정 직임은 실제적으로는 향리사회鄕吏社會 자체의 질서에 의해 선임되어 국가에 의해 추 인되고 있었을 것이다. 마지막으로 호장 최우崔祐와 임장부林長富의 모친이 불사佛事 의 동량인 점이다. 실질적으로 석탑 건립을 주도한 인물은 이들 호장이었을 것이다. 「개심사석탑기」를 통해 볼 때, 호장 최우와 임장부는 실질적으로 석탑 건립을 주도한 인물로 예천군과 다인현 각각의 대규모 지역민으로 구성된 추향도와 미륵향도를 이 끌고 해당 사업을 추진하였을 것이다. 그리고 여기에 광군 46대가 동원된 점에서, 이 들 호장은 향도의 임원이기도 한 방우 등을 포함한 역사에 참여한 광군 46대의 대정

---

306 석탑 조성의 역사에 예천군과 다인현의 사람들이 동원된 것과 관련해서는 이태진, 「醴泉 開心寺 石塔記의 分析」『韓國社會史研究』, 지식산업사, 1986, 80~84쪽 참조.

307 『세종실록』 지리지, 경상도, 안동대도호부, 예천군.

308 개심사석탑기의 검토와 관련해서는 이태진, 앞의 논문, 1986 ; 채웅석, 앞의 책, 2000, 178~183쪽 참조.

들을 매개로 하여 광군에 대한 영향력을 행사하였을 것이다.[309] 이러한 사례로 보건대, 호장과 같은 고위 향리는 광군의 내정을 매개로 하여 지역사회의 군시조직을 주도하였을 것이다. 지역사회의 역사뿐만 아니라 군사 활동에서 모두 그러한 양상은 구현되고 있었을 것이다.[310]

호족층(이후 향리층)이 해당 지역 광군의 지휘권을 장악하고 있었기에, 당시의 상황은 광군 설치 이전과 질적으로 달라진 바가 없었다. 호족층에 의해 군사적으로 조직화된 지역민은 광군의 외피를 지니게 되었을 것이고, 지역민을 군사적으로 지휘·통제해 온 호족층 가운데 일부(하위 호족층)는 광군의 대정 등과 같은 직임을 지닌 하급 장교가 되었을 것이다. 그러하였기에 호족층의 최상층은 여전히 이들 광군의 장교를 매개로 하여 광군에 대한 군사적 영향력을 행사할 수 있었을 것이다.

이전과 실질적으로 달라진 바는 없지만, 중앙 정부 입장에서 보면, 호족층 휘하의 농민병을 일괄적으로 광군 조직으로 편제하고 일부 호족층을 광군의 장교로 '선임'하는 외형을 확보하게 되었다. 달리 말해, 광군 창설을 계기로 하여 호족층을 리더로 하는 지역사회 차원의 개별적인 군사 조직이 중앙 정부 차원에서 일률적으로 파악·통제되었던 셈이다. 광군사는 바로 전국의 광군을 통제하기 위해 개경에 설치된 통수부統帥部였을 것이다. 광군사는 유사시 광군을 전투에 동원하는 임무를 담당했을 것이다. 물론 광군사는 일방적으로 광군을 차출하여 전투에 동원할 수는 없었고 호족층을 매개로 하여 그러한 활동을 수행했을 것이다.[311]

---

309 이와 관련하여 이태진, 앞의 논문, 1986 ; 이태진, 「社會史的으로 본 韓國中世의 시작」『韓國史의 時代區分-古代와 中世』, 신서원, 1995 ; 노명호, 『고려국가와 집단의식』, 서울대출판문화원, 2009 참조.

310 광군은 호족(향리) 주도 하에 국가 차원의 역사에도 동원되었을 것이다. 광군 결성 이전에 호족층은 중앙 정부에 군사와 역역을 지원해야 하는 의무가 있었기에, 그 이후에도 국가 차원의 군사·역역 활동에 있어 호족층(향리층) 주도로 지역사회가 참여한 구래의 활동은 광군 조직을 동원한 형태를 지녔을 것이다.

311 참고적으로 기왕의 연구성과에서는 정종의 광군 조직의 구상을 궁극적으로 농민의 역역에 대한 중앙 정부의 직접적인 지배를 목표로 한 것이라고 이해했다. 그리하여 그러한 역할을 담당할 관부를 광군사로 보았다. 그러면서도 성종대 이전에는 지방에 대한 중앙 정부의 지배력이 확고하지 못하였기에, 정종의 그러한 계획은 그대로 실현될 수 없다고 하였다. 곧 지방의 호족들, 그들과 연결을 가지는 중앙의 귀족들, 그리고 농민들의 반발로 인해 농민의 역역을 직접 장악하려는 중앙 정부의 의도는 그대로 관철될 수 없었고, 그로 인해 호족들에게 광군에 대한 지휘권을

정도사 오층석탑(대구박물관)

다음으로 주현군, 구체적으로 품군의 성립과 관련된 문제인 광군의 변모와 폐지를 살펴보도록 하겠다. 통수부인 광군사가 광군도감으로 명칭이 바뀌었다가 1011년(현종 2)에 본래의 명칭을 회복한 사실에서 광군 조직의 변모를 엿볼 수 있다. 광군사가 광군도감으로 바뀐 시기는 기록으로 전하지 않고 있으나 1011년 이전인 사실만은 분명하다. 중앙 정부가 광군의 설치를 매개로 하여 제한적이긴 하나 호족층(이후 향리층)의 해당 지역에 대한 군사적 영향력을 포섭·통제하려고 한 점을 고려할 때, 통수부의 명칭이 광군도감으로 변경된 시점은 995년(성종 14)이었을 것으로 추정된다. 이 해에는 중앙과 지방의 행정 조직이 대대적으로 정비되었고 군사 방면에 있어서도 6위의 설치가 이루어졌을 것이기 때문이다.

6위 설치에는 무사층을 해당 주현의 보승·정용군으로 편제하고 이들을 번상케 하여 6위의 보승·정용군으로 삼는 국가 제도적 조치가 수반되었을 것이라는 데서, 당시 행정 조직의 재편과 맞물려 이루어진 광군도감으로의 개편은 중앙 정부가 광군에 대한 영향력을 강화하고자 하는 취지에서 이루어졌다고 하겠다.[312] 그런데 이러한 의도에서 광군도감으로의 개편이 이루어졌다고 할지라도, 그것은 호족층의 후신인 향리층이 주도하는 지역사회의 자위 질서를 해체하는 수준에까지 이르지는 못하였을 것이다. 이러한 점은, 995년(성종 14)에 단행된 지방제도 개편으로 지방에 대한 통제가 상대적으로 강화되었음에도 기왕의 지방 지배 방식, 곧 향리층의 해당 지역사회에 대

위임하는 간접적인 지배가 이루어졌을 것으로 추정했다(이기백, 「高麗 光軍考」, 앞의 책, 1968, 167~170쪽).

312 이기백은 당시 6위를 조직하는 것과 관련하여 당의 부병제를 이식하려는 경향이 있었음을 주목하여, 중앙 정부가 광군을 당의 절충부와 같은 것으로 개편하여 중앙의 6위 소속으로 하려 했다고 보았다. 그리고 그러한 일을 담당 처리하기 위한 관부가 광군사를 개편한 광군도감이었을 것으로 추측했다(이기백, 「高麗 光軍考」, 앞의 책, 1968, 172쪽).

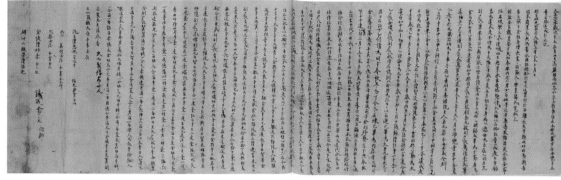

정도사 오층석탑 조성형지기(대구박물관)
고려 초 약목군(칠곡)에 있었던 정도사 오층석탑의 건립 과정을 기록한 문서이다.

한 지배를 포용·공인하면서도 지방관을 통해 이들 향리층을 상위에서 통제하는 방식
은 유지된 데서,[313] 충분히 짐작된다.

하지만 이마저도 실효를 보지 못한 듯하다. 995년의 지방제도는 1005년(목종 8)에
크게 후퇴했을 뿐만 아니라, 무엇보다 1011년(현종 2)에 광군도감이 광군사로 복구되
었기 때문이다. 이후 광군은 주현군(품군)으로 개편되었다. 그 시기는 「개심사석탑기」
로 볼 때 1011년 이후의 어느 시점이었을 것이고, 하한은 1031년(현종 22)이었다. 왜
냐하면 주현군을 구성하는 제군諸軍 중의 하나인 일품군에 관한 최초의 기록이 이 해
에 세워진 정도사 오층석탑의 조성형지기에서 발견되기 때문이다.[314]

결국 광군이 주현군의 품군으로 개편된 시점은 1012~1031년 사이의 어느 해가
되는 셈이다. 구체적인 시점을 추정하자면, 그것은 1012년(현종 3) 내지 1018년(현종
9)이었을 것이다. 지방제도는 1012년에 12군節을 폐지하고 75도 안무사를 두는 것
을 주요 내용으로 하여 개편된 후 1018년에 재정비되고 있었는데, 지방제도의 정비
와 맞물려 1012년 내지 1018년에 광군의 주현군(품군)으로의 개편 작업이 이루어진

---

313 개편된 지방제도는 당의 州縣制를 수용하는 것을 특징으로 했다. 그런데 남도 지역의 경우 현에
   는 지방관이 파견되지 않고 있어, 그 운영 방식은 주와 현 모두에 지방관을 파견한 당과 상이했
   다. 주에 파견된 지방관은 주를 직접 다스리기보다는 주와 예하 현을 포괄하는 지역을 대상으로
   하여 해당 지역을 일차적으로 통치하는 향리층을 상위에서 통제하는 역할을 수행하였을 것이다.
314 淨兜寺五層石塔造成形止記는 노명호 외, 『한국고대중세고문서연구(上)』, 서울대학교출판부,
   2000, 473~484쪽에 기재된 것을 참조하였다.

듯하다.

다음으로 광군과 더불어 주현군의 기원으로 이해되어 온 진수군鎭守軍에 대해 간략히 언급해 보겠다. 결론부터 말하면, 진수군을 주현군의 기원으로 보는 이해는 설득력이 부족한 듯하다. 먼저 진수군에 대한 기존 이해를 소개하면 다음과 같다.[315]

진수군은 중앙 정부의 직접적 통제를 받는 병력으로 지방에 배치된 군대라고 할 수 있다. 성종대의 지방관 파견 이전에도 호족층의 해당 지역사회에 대한 지배를 상위에서 통제하는 조치들이 있었는데, 그 가운데 하나는 군사·전략의 거점 지역에의 군대 파견이었다. 고려 정부는 남도의 일부 지역에 도호부와 도독부를 설치하여 그곳에 군대를 주둔시켰다. 경종景宗의 유조遺詔 가운데 진수하는 군대의 책임자가 국왕 사망 이후 임지를 떠나 궁궐에 오는 것을 불허한 사항이 있는 데서 알 수 있듯이,[316] 진수군 지휘자는 중앙 관리였다. 진수군 또한 중앙에서 파견된 군대였다.

성종대 이후로 지방 지배 질서의 강화와 궤를 같이 하여 진수군의 주둔 지역의 확대 조치가 이루어졌다. 특히 995년(성종 14)에 군사적 성격을 보다 강하게 지니는 방향으로 지방제도가 개편되면서 그렇게 되었다. 당시 남도 지역의 지방행정구획은 지방관이 파견된 주와 그렇지 않은 현으로 양분되었는데, 이들 주 중에서도 각각 도호부사都護府使와 절도사가 파견된 5주州와 12주州는 두드러지게 군사적 성격을 지니고 있었다.[317]

995년에 정비된 지방제도는 그로부터 10년 뒤인 1005년(목종 8)에 지방관 파견 지역의 축소의 방향으로 개편되었다. 곧 남방 지역에서는 지방관 파견 군현들 가운데 군사적 성격이 강한 5도호부와 12군을 제외한 여타 지역들에 더 이상 지방관이 파견되지 않게 되었다. 1005년 이후로도 5도호부와 12군에는 군대가 주둔했고, 이곳의 군대는, 향리층 지휘 하의 광군과 달리, 향리 세력에 대한 견제를 무력으로 뒷받침해 주는 중앙 정부 직속의 군사 조직이었을 것이다. 이들 부대의 군사는 중앙에서 파견

---

315 이기백, 「高麗 地方制度의 整備와 州縣軍의 成立」, 앞의 책, 1968 참조.
316 『고려사』 권2, 세가2, 경종 6년 7월 갑진.
317 도호부사가 임명된 5주(5도호부)는 국방을 위한 군사적 기지로서의 성격을 지니고 있었다. 절도사가 임명된 12주의 경우 절도사를 장관으로 하는 軍이 설치되어 있었고, 이들 군은 지방에 대한 군사적 통제의 강화를 위해 두어진 것으로 이해되고 있다.

된 자들뿐만 아니라 해당 지역의 백성들로 구성되었을 것인데, 지휘권은 중앙에서 파견된 관리들에게 있었을 것이다.

5도호부와 12군에 소속된 진수군은 주현군의 성립과 더불어 사라졌다. 이러한 변화는 1012년(현종 3)에서 1018년(현종 9)까지에 이르는 시기에 이루어졌다. 1012년 지방제도 정비의 핵심은 12절도사를 75도 안무사로 개편하는 것이었다. 지방관의 수가 큰 폭으로 증가하고 지방 관제는 군사·감찰 위주가 아닌 행정적 방향으로 전환되었다. 이러한 성격의 75도 안무사의 설치로 5도호부와 12군에 배치되었던 진수군은 행정 조직과 유리되어 주현군(보승·정용군)으로 변모하기 시작했고, 그것의 주현군으로의 재편성은 지방제도가 완비된 1018년에 완료되었다.

이상이 진수군과 그 변화를 검토한 기왕의 연구성과를 비교적 자세히 소개한 내용이다. 이를 비판적으로 재구성해 보자면 다음과 같다.

국초 이래로 일부 지역에 중앙 정부의 직접적 통제를 받는 병력(진수군)은 파견되었고 그것이 현종대 주현군(구체적으로는 품군)의 성립과 더불어 사라졌음은 비교적 분명하다. 그런데 진수군의 해체로 인해 이에 소속된 지방민이 주현군(보승·정용군)으로 변모되었다는 이해는 재고의 여지가 있다. 우선 진수군 파견 지역의 민인이 해당 진수군의 일원으로 참여했을 것이라는 견해는 단순한 추측에 불과한 실정이다. 설령 그러하였다고 해도, 당시 사회 환경을 감안할 때, 해당 지역 향리들의 협조 하에 일부 인원이 참여하는 수준이었을 것이다. 고려초기의 진수군은 지방군제 성립 이후와 달리 지역사회의 자위력이 제도 내로 활용·공인되지 못하는 환경에서, 이를 통제·감시하는 차원에서 거점 지역들에 파견되었을 것이고, 이러한 양상은 후삼국 통일 전쟁 시기 중앙 소속 군사들이 지방 거점에 주둔한 것을 계승한 것이라고 하겠다. 이렇다고 할 때 진수군은 기본적으로 중앙에서 파견된 군인들이 주축을 이루었을 것이다.[318]

---

318 홍원기는 주현군 소속의 보승군과 정용군으로 개편되었을 진수군 소속의 군사들이 병농일치적 성격을 갖는 호족들의 사병을 주축으로 하였다고 보았다(홍원기, 앞의 책, 2001). 이와 달리 김당택은 호족 휘하의 군소 호족들과 직업 군인들을 진수군의 구성원으로 파악했다(김당택, 앞의 논문, 1983).

진수군에 소속된 민인들은 광군에 편입된 자들과 달리 중앙 정부의 직접적 통제 하에 있었을 것이라는 추측을 토대로 하여, 진수군이 주현군의 보승군과 정용군으로 개편되었을 것이라는 주장 또한 그 근거가 충분하다고 하기는 어렵다. 진수군이 극히 일부 지역에 한정해서 주둔한 것과 달리, 주현군은 주현과 속현의 구분 없이 군현마다 설치된 사실에서 보더라도, 진수군의 주현군으로의 개편은 논리적으로 성립되기 어렵다. 진수군의 소멸은 그것이 주현군으로 변모된 데서라기보다는 중앙군의 지방 파견이 더 이상 필요하지 않게 된 데서 비롯되었을 것이다. 곧 호족층(향리층)을 리더로 하는 지역사회의 자위적인 군사 조직을 근본적으로 해체하지 않은 채 광군의 외피를 덧씌운 방식과 질적으로 다르지 않으면서도 보다 국가 제도적 차원에서 이를 활용·편제한 주현군 제도의 완성이 이루어지게 되면서, 양계 지역을 제외하고는 중앙군의 지방 주둔의 필요성이 약화·소멸되었고 이에 따라 진수군은 사라지게 된 듯하다.

요컨대, 진수군의 해체는 정치·사회 환경의 변화로 인해 중앙군이 더 이상 지방에 파견되지 않은데서 비롯되었을 것이다. 달리 말해, 진수군이 주현군으로 재편되지는 않았던 것이다. 앞서 언급한 바와 같이 주현군 가운데 보승·정용군과 품군은 각각 지역사회의 무사층과 광군에서 기원했을 것이다.

중앙 · 지방의 군사
조직과 지휘체계

제1절 중앙군의 신분과 조직 체계

제2절 지방군과 지역방어체계

제3절 수군의 설치와 운용

제4절 군의 지휘체계

제1절

중앙군의 신분과 조직 체계

1. 중앙군의 신분과 보승·정용군

1장에서 살펴보았듯이, 중앙의 2군 6위 소속 군인은 이원적으로 구성되었다고 볼 수 있다. 2군 6위의 군인은 일률적으로 개경 거주의 전업 군인 또는 지방 주현에서 번상한 군인이 아니라 양자 모두로 구성되었을 것이다. 곧 개경 거주의 전업 군인이 (특수령 소속 군인) 중앙군의 한 축을 이루고, 여기에 더해 지방 주현의 보승·정용군 이 번상하여 2군 6위의 보승·정용군을 구성한 것이다.

앞서 이원적 구성설의 입장에서 중앙군의 구성을 파악해야 한다고 하면서도, 2군 6위의 보승·정용군을 번상 농민군이 아닌 지방 거주의 전업 군인으로서 번상한 군사로 이해한 바 있다. 여기서는 이러한 점을 비교적 상세히 논의해 보고자 한다.[1]

보승·정용군을 번상 농민군으로 간주하게 되면, 중앙군은 하위 지배층이라 할 수 있는 개경 거주의 전업 군인[2]과 지방 거주의 번상 농민군으로 구성되는 바, 중앙군 소속 군인의 구성상의 차이는 거주 지역상의 경京/향鄕 및 이와 연관된 번상 유무뿐 아

---

1 이하의 논의는 최종석, 「고려전기 保勝·精勇軍의 성격과 지방군 구성에 대한 재검토」『역사와 담론』58, 2011a, 37~51쪽에 의거하여 작성되었다.
2 이원적 구성설에서 개경 거주의 전업 군인에 대한 이해는 이기백의 연구를 바탕으로 하는데, 그에 따르면 경군은 농민이 아니라 수조권자라는 의미에서 국가의 관료 체계의 말단에 위치하는 계층이 된다(이기백, 「高麗 京軍考」『高麗兵制史研究』, 일조각, 1968 참조).

니라 신분·계층 등의 면에서도 관철될 것이다. 또한 보승·정용군은 직역이 아니라 신역의 이행 차원에서 번상을 하는 것이기에 비번 시에는 일반적으로 군역에서 벗어나 지방의 본래 거주지에서 농사에 힘쓰게 된다. 하지만 군인을 대상으로 한 국가의 제반 조치에서 전업적 군인과 번상 농민군 간의 신분계층적 차이를 고려한 측면은 쉽사리 발견되지 않는다.

이와 관련하여 1045년(정종 11) 5월의 방문榜文[3]이 주목된다. 이에 따르면, 당시 2군 6위 소속 군인의 궐액闕額을 충보하기 위해 영領마다 1·2백 명씩을 선군選軍하는 사업이 고시되었다. 2군 6위가 45령으로 구성된 점을 고려할 때, 당시의 선군 규모는 산술적으로 4,500·9,000명에 달할 정도로 대규모였다. 선군 규모로 보아 선군 대상이 개경 거주의 전업 군인은 물론이요 번상군인 보승·정용군을 포괄하였을 것임은 분명하다.

여기서 주목해야 할 것은 선군 대상자의 자격 조건이 일률적이며 선군된 자를 대상으로 일괄적으로 (분급한) 전정田丁을 연립連立토록 한 점이다. 만약 2군 6위의 보승·정용군이 병농일치적인 번상 농민군이라면 전업적 군인과 다른 방식으로 궐액의 보충이 이루어져야 할 것이지만, 그러한 측면은 전혀 보이지 않는다. 오히려 궐액이 발생하였을 때 일정 기준을 가지고 군인이 아닌 자들 가운데 선발하여 충원하며 선발된 자들에게

군인에 대한 기록이 담긴 『고려사』 부분

3 『고려사』 권81, 지35, 병1, 병제, 정종 11년 5월, "揭榜云 國家之制 近仗及諸衛每領 設護軍一 中郎將二 郎將五 別將五 散員五 伍尉二十 隊正四十 正軍訪丁人一千 望軍丁人六百 凡扈駕內外力役 無不爲之 比經禍亂 丁人多闕 丁人所爲賤役 使祿官六十代之 因此 領役艱苦 爭求求避 伍尉隊正等 未能當之 苦有國家力役 乃以秋役軍品從五部坊里各戶刷出 以致搖擾 今國家太平人物如古 宜令一領 各補一二百名 京中五部坊里 除各司從公令史主事記官有蔭品官子有役賤口外 其餘兩班及內外白丁人子十五歲以上五十歲以下 選出充補 令選軍別監 依前田丁連立 其領內十將六十有闕 除他人 並以領內丁人 遷轉錄用 中禁都知白甲別差 亦以丁人當差 丁人戶 各給津貼 務要完恤 復立都監 擇公廉官吏掌之 勿令容私……".

는 토지를 분급하고 이를 세습하도록 한 방식에서, 번상 군인인 보승·정용군 또한 특수령 소속의 개경 거주의 전업 군인과 마찬가지로 전업적 군인이었을 것임을 엿볼 수 있다.

방문에 적시된 '정인丁人'이라는 용어 또한 보승·정용군이 전업적 군인이었음을 시사한다. 각 영은 호군護軍(장군)에서 대정隊正까지의 무관 및 정인丁人으로 구성되었으며, 정인은 보승·정용군을 포함한 2군 6위 소속의 군인 일반을 지칭했다. 정인의 실체가 드러나면, 2군 6위 소속 군인의 신분적 위상은 보다 명확해질 것이다.

당시에는 정수丁數의 따라 공수전公須田의 결수, 공수시지公須柴地의 결수, 역驛의 규모, 사심관의 관원수, 향리·공생貢生·기인의 정원 등을 정했다.[4] 이러한 '정丁'의 실체에 대해서는 인정설人丁說, 전정설田丁說, 인정과 전정이 결합된 정호설丁戶說 등으로 견해가 갈리어 논란이 되고 있지만,[5] 정이 직역과 관련되었음은 비교적 분명하다. 곧 정은 직역자와 직역의 대가인 토지 그리고 양자의 결합 가운데 어느 하나를 의미하거나 사례에 따라 달리 지칭했을 것이다. 달리 말해, 정에는 직역이 없다는 의미의 백정(호)이 포함되어 있지 않은 것이다.[6]

더구나 해당 방문에서 정인丁人이 백정인白丁人을 포괄하고 있지 않음은 분명하다. 정인은 전문적으로 특정 (직)역을 담당하는 존재였던 까닭에, 토지가 지급되었으며 이러한 역은 자손·친족 가운데에서 세습되었고 토지 역시 역의 세습자에게 승습되었다. 새로이 선군된 정인을 대상으로 한 '전정연립田丁連立'이란 토지 분급을 전제로 하여 정인의 역과 토지가 그의 자손·친속에게로 세습되는 것을 의미했다. 따라서 정인은 백정인과 동질적일 수 없었다. 백정인의 자식들 중에서도 정인(군인)을 선발하기는 했지만, 이는 어디까지나 정인층 내에서의 승계(전정연립)가 원활히 이루어지지 못한 경우를 보완하는 조치일 따름이었다.[7]

---

4 이와 관련하여 채웅석, 앞의 책, 2000, 112~114쪽 참조.
5 이러한 견해들에 대한 정리로 안병우, 「高麗前期 地方官衙 公廨田의 설치와 운영」『李載龒博士還曆紀念韓國史學論叢』(이재룡박사 환력기념 한국사학논총 간행위원회 편), 한울, 1990, 177~178쪽 ; 안병우,『高麗前期의 財政構造』, 서울대학교출판부, 2002, 300~301쪽 참조.
6 정(丁)에 백정(호)이 포함되지 않았음과 관련해서 안병우, 앞의 책, 2002, 301쪽 참고.
7 이러한 사례는 군인(역)을 확보하는 경우에 한하는 것이 아니라 향역鄕役, 역역驛役 등을 보충하는

아울러 간과할 수 없는 바는, 해당 방문 내에서의 진첩津貼의 지급과 관련하여 언급된 정인호丁人戶는 단어를 풀이하자면 정인이 속해 있는 호가 될 터인데, 이 정인호가 곧 정호丁戶였을 것이라는 점이다. 정호는 주지하다시피 백정과 신분계층적으로 구분되는 (하위)지배세력의 위상을 지니고 있었다.

정인의 신분적 위상이 이러하였기에, 무관인 십장十將(낭장과 별장)과 육십六十(오위와 대정)에 궐액이 발생했을 경우 정인들 가운데서 충원이 행해질 수 있었고, 금군禁軍의 별차 역시 정인을 대상으로 이루어진 것이다. 완휼 차원에서 정인호에게 일종의 보조금인 진첩을 주는 조치도 같은 맥락에서 읽을 수 있다.

1045년 5월의 방문을 분석하여 2군 6위의 한 축을 구성하였을 번상 군인인 보승·정용군이 전업적 군인이었음을 살펴보았는데, '제령부군인'을 대상으로 친상 시에 백일의 휴가를 받을 수 있도록 한 인종대의 조치[8]에서도 동일한 사실을 볼 수 있다. '제령부군인'은 6위 군인이었을 것이기에[9] 번상한 보승·정용군과 개경 거주의 군인으로 구성되었을 것인데, 이들을 대상으로 일률적으로 '급가백일給暇百日'의 조치가 시행된 것이다. 이것은 문무관리에게 주어 온 혜택을 확대 적용한 것으로,[10] 해당 조치의 성격을 감안할 때 대상자인 6위 군인 전체는 번상 유무와 상관없이 전업적 군인이었다고 하겠다. 중국 그리고 고려 후기 이후와 달리 고려전기에 관인은 친상 때 해관解官되지 않은 채 백일의 휴가를 받았고 그 후 본래의 관직에 복귀했다.[11] 해관이 되지 않았기에 친상 중에도 관직은 유지되었고 이에 따라 관직에 상응하는 경제적 혜택도 철회되지 않았다.

6위 군인을 대상으로 한 해당 조치 역시, 친상 중에도 형식상으로는 군인의 직위가

경우에도 일반적으로 확인되는 바이다. 백정인이 정인으로 선발되면 그는 더 이상 백정인이 아니라 정인으로서 특정 역을 짊어지어야 했고 이에 대한 반대 급부로 토지를 분급받았으며, 그가 담당한 역은 토지와 함께 자손·친족에게로 세습되었다. 이러한 백정에서 정인으로서의 선발은 신분계층상의 상승이었다.

8 『고려사』 권81, 지35, 병1, 병제, 인종 6년.

9 이기백, 「高麗 軍人考」, 앞의 책, 1968, 94~96쪽.

10 관원을 대상으로 하여서는 이미 985년(성종 4)에 해당 조치가 취해졌다. 『고려사』 권64, 지18, 예6, 흉례, 오복제도, 성종 4년.

11 황향주, 「고려 起復制와 14세기말 起復論爭」, 서울대 석사학위논문, 2011 참조.

유지되고 그러한 직위 수행에 따른 대가인 분급 토지가 중단 없이 보장되었음을 시사한다. 6위 소속의 보승·정용군을 국역(신역) 복무의 차원에서 번상한 농민군이라 할때, 과연 이들 농민군에게도 친상 시에 이러한 식의 조치가 취해졌을 지는 대단히 의문스럽다. 번상 농민군을 대상으로 해서는 당번의 시기를 조정하는 방식으로 친상에 따른 군역 복무의 곤란 문제를 해결할 수 있었을 것이기 때문이다. 이러한 의구심은 보승·정용군 역시 전업적 군인이었다고 보면 자연스럽게 해소될 수 있다.

아래의 기록들을 통해 이 문제를 좀 더 논의해 볼 수 있다.

① 채충순이 아뢰기를 "군사 가운데 80세 이상 노령의 부모가 있는 자에게는 군역을 면제시켜 부모를 공양하게 하고[免軍就養], 여러 문무 관원들 가운데 70세 이상의 부모가 있고 다른 형제가 없는 자는 지방관으로 임명하지 말며 그 부모가 병중에 있으면 200일간 휴가를 주어 간호하게 하십시오"라고 하였더니, 왕이 이를 받아들였다.[12]

② 무릇 군인으로 70세 이상의 부모가 있으면서 형제가 없는 자는 경군京軍이면 감문(위)에 배속시키고 외군外軍이면 촌류이삼품군村留二三品軍에 배속시켰다가 부모가 사망한 뒤에 다시 본역本役에 배속시키기로 결정했다.[13]

③ 무릇 내외군정內外軍丁으로 부모의 연령이 70세 이상이면서 형제가 없는 자는 모두 부모를 봉양케 하고 부모가 사망하면 다시 군대에 편입시키기로 했다.[14]

①은 현종대 노령의 부모를 시양侍養하는 조치이다. 군사는 당시 문무원료와 달리 부모의 연령이 80세 이상일 경우 '면군취양免軍就養'의 혜택을 받게 되었다. 여기서 '군사'는 후속 조치인 ②에 따를 때 경군과 외군으로 구성되었는데, 역시나 '면군취양' 혜택이 경군과 외군의 구분없이 일률적으로 적용되고 있어 주목된다.

---

12 『고려사』 권93, 열전6, 채충순 ; 『고려사』 권81, 지35, 병1, 병제, 현종 11년 3월에는 다음과 같이 기록되어 있다. "蔡忠順請 軍士有父母年八十以上者 免軍就養 從之".
13 『고려사』 권81, 지35, 병1, 병제, 문종 즉위년.
14 『고려사』 권81, 지35, 병1, 병제, 문종 35년 10월.

현종대의 것의 보완 조치인 1046년(문종 즉위년)의 ②는 부모의 연령을 문무원료와 같은 수준인 70세 이상으로 낮추고 경군과 외군에 따라 가각 감문監門과 촌류이삼품군村留二三品軍으로 소속처를 달리 규정했다. 이것 또한 경군과 외군을 구분하지 않은 채 형식적으로나마 군인의 역할을 수행하면서 노부모를 시양할 수 있도록 하는 혜택이었다. 경군과 외군 사이의 차이는 노부모에 대한 봉양이 실질적으로 이루어지도록 노부모와 동거하였을 원原거주처의 차이를 배려한데서 비롯되었을 것이다.[15]

②의 조치가 갖는 의미는 좀 더 음미될 필요가 있다. 여기서의 경군은 본역本役에서 면제되어 개경에 두어진 감문에 소속된 채 노부모를 봉양해야 한데서, 개경 거주의 전업 군인이었을 것임이 분명하다. 이들은 본역에서 면제되어 노부모 봉양을 위주로 했음에도, 감문에 소속되고 있었기에 여전히 전시과 계통의 군인전을 분급받은 상태였을 것이다.[16]

이와 관련하여 1076년(문종 30) 경정전시과 규정에서 마군馬軍과 역보군役步軍 외에 감문군監門軍에 전시과 계통의 군인전이 지급된 점이 주목된다. 감문군에 분급된 토지 액수는 20결(17과)로 마군과 역보군의 25결(15과)과 22결(16과)에 비해 적은데,[17] 감문군에의 토지 지급은 경정전시과에서 새로이 부가된 것이었다. 마군·역보군이 특정 부대가 아니라 병종이라는 사실에서, 감문군 역시 일종의 병종이었을 것이다. 곧 경정전시과에서의 감문군은 6위 가운데 하나인 감문위 소속의 군인이 아니었을 것이다. 바로 이러한 감문군에의 토지 지급은 위의 1046년(문종 즉위)의 조치 등을 반영하여[18] 노부모의 봉양 등을 이유로 감문에 이속된 채 형식적으로나마 군역을 수행하는 이들을 대상으로 하여 '본역本役' 수행 시보다는 상대적으로 적은 토지를 지급하기 위한 차원에서 이루어진 조치였을 것이다. 1076년(문종 30) 이전에는 감문군으

---

15 노부모 시양을 위해서는 원거주지의 차이를 반드시 고려해야 했을 것이므로, 이러한 類의 조치는 이미 현종대부터 시행되었을 가능성이 높다고 하겠다.

16 개경 거주의 전업 군인은 전시과 계통의 토지를 분급받았다고 이해되고 있다(이기백, 「高麗 軍役考」, 앞의 책, 1968 참조).

17 『고려사』 권78, 지32, 식화1, 전제 전시과, 문종 30년 경정양반전시과.

18 아울러 늙고 병이 있지만 군역을 세습할만한 자손·친족이 없는 군인을 70세까지 감문위에 소속시킨 1069년(문종 23)의 조치 또한 고려되었을 것이다.

로 이속되더라도 이전과 같은 액수의 토지가 분급되었을 것이다.

경군이 개경 거주의 군인임에서, 외군은 외방 거주의 군인이었을 것이다. 외군 그리고 이와 동일하였을 ③의 외군정外軍丁은 일반적으로 주현군, 그 중에서도 보승·정용군으로 이해되는데,[19] 번상한 보승·정용군도 '면군취양'의 혜택에서 제외되지 않았을 것임은 물론이다. 곧 외군은 번상 유무와 상관없이 거주처가 외방인 보승·정용군을 의미했을 것이다.[20] 이들이 만약 번상 농민병이었다면, 노부모를 봉양해야만 하는 문제는 그 기간 동안 번상 의무를 면제하는 식으로 해결할 수 있었을 것이다. 이러한 방식을 택하지 않고 개경 거주의 전업 군인인 경군과 마찬가지로 부모 사망 시까지 본역을 면 해주고 한처인 '촌류이삼품군'에 소속시켰다가 다시금 환속시킨 사실은, 보승·정용군이 번상 시에 뿐만 아니라 해당 주현에 거류居留하였을 때에도 군역을 수행하였음을 시사한다.[21]

외군의 경우 '촌류이삼품군'에 이속되어 군역을 수행했으므로, 여전히 족·반정 계열의 토지를 분급받고 있었을 것이다.[22] 외군과 관련하여 군역 및 이와 결부되었을 토지 분급이 기본적으로 중단 없이 이어져야 한다는 것이라든지, 비번일 당시 지방에 남아 농사에 힘쓰는 농민을 대상으로 하여 문무관원, 경군을 대상으로 한 것과 같은 조치를 시행하는 것이 매우 어색한 사실이라든지 하는 것은, 외군이 경군과 대비되는 지방 거주의 전업 군인이었음을 강력하게 시사한다.

보승·정용군을 포함한 군인에 관한 전반적인 운영 방식을 보더라도, 그것은 전업적 군인을 대상으로 한 것이었다. 우선 군인은 원칙적으로 20세부터 60세까지 복무했고, 그 뒤 자손·친척(족)이 그 군역을 승계했다. 이러한 점은 군역의 대가로 지급된

---

19 이기백, 「高麗 軍人考」, 앞의 책, 1968, 88쪽.

20 외군을 중앙군 내에서 번상한 보승·정용군을 지칭한다고도 볼 수 있지만, 6위에 소속된 군인을 외군으로 칭했을 가능성은 희박할 것이다.

21 김당택은 외군이 군인전을 지급받은, 군인을 직업으로 삼았던 상비군이었고 외군과 같은 성격의 주현군은 보승·정용 이외에 달리 찾아지지 않는다고 했다(김당택, 「高麗 初期 地方軍의 形成과 構造-州縣軍의 性格-」『高麗軍制史』(육군본부 편), 육군본부, 1983, 97~101쪽 참조).

22 보승·정용군이 족·반정 계열의 토지를 분급받은 점과 관련해서는 오일순, 「高麗前期 部曲民에 관한 一試論」『學林』 7, 1985 ; 권영국, 『高麗後期 軍事制度 研究』, 서울대 국사학과 박사학위논문, 1995 참조.

전정田丁의 수수 원칙에서 간취할 수 있다. 군역의 세습 시에 전정의 수수가 동반되었음은 물론이다.[23] 신병이 있는 군인의 경우 60세 이선에라도 그의 군역이 자손·친족에게 승계될 수 있도록 했다. 이때 전정 역시 연립連立되었다.

하지만 늙고 병이 있지만[年老身病][24] 군역을 세습할 만한 자손 친족이 없는 군인은 70세까지 한처에 소속되어, 곧 경군은 감문위에, 외군은 촌류이삼품군에 이속되어 형식적으로나마 군역을 이행하도록 했다. 그 기간에는 전정을 계속 보유했을 것이다.[25] 70세가 넘으면 퇴역해야 했고, 전정 대신 구분전을 분급받았다.[26] 실질적인 양상은 전정과 구분전 간의 차액분을 국가에 반납하는 방식이었을 것이다. 군역을 승계할 자식이 없이 병사 혹은 전사한 군인[無後身死者及戰亡者]의 배우자에게도 구분전은 지급되었다.[27] 친자가 없어 친척에게 군역을 승계토록 한 군인에게도 구분전은 주어진 듯하다.[28]

군역을 승계한 친척이 퇴역한 군인호를 부양하지 않았을 것이므로, 구분전을 통한 생계 보장이 필요했기 때문이다. 이러한 구분전은 퇴역한 군인과 그 처가 사망한 후 국가에 환속되었다. 한편 군역이 군인의 자손·친족으로 세습되지 못해 발생하는 궐액을 보충하기 위해 선군選軍은 요구되었고, 그 결과 비정기적으로 선군이 실시되었다. 15~50세 사이의 양반과 백정의 자식들 가운데서 군인의 간선이 이루어졌다. 군인으로 선발된 자에게는 전정이 분급되었으며, 군역과 전정은 그의 자손·친족이 세습했다.[29]

보승·정용군을 포함한 군인에 관한 전반적인 운영 방식은 이들 모두가 전업적 군

---

23 『고려사』 권78, 지32, 식화1, 전제, 서, "高麗田制 大抵倣唐制 括墾田數 分膏堉 自文武百官 至府兵閑人 莫不科授 又隨科給樵採地 謂之田柴科 身沒並納之於公 唯府兵 年滿二十始受 六十而還 有子孫親戚 則遞田丁 無者籍監門衛 七十後 給口分田 收餘田 無後身死者及戰亡者妻 亦皆給口分田……".
24 여기서 '연로(年老)'는 60세를 의미한다.
25 『고려사』 권81, 지35, 병1, 병제, 문종 23년 10월 ; 『고려사』 권78, 지32, 식화1, 진제 진시과, 문종 23년 10월.
26 『고려사』 권78, 지32, 식화1, 전제, 서.
27 『고려사』 권78, 지32, 식화1, 전제, 전시과, 현종 15년 5월 ; 『고려사』 권78, 지32, 식화1, 전제, 전시과, 문종 1년 2월.
28 『고려사』 권78, 지32, 식화1, 전제, 전시과, 문종 34년 3월, "判 諸畏死降敵軍將田勿許親子連立 擇給親戚堪役者 諸衛軍充補". 여기서 '堪役者'에 주목할 필요가 있다.
29 『고려사』 권81, 지35, 병1, 병제, 정종 11년 5월.

인임을 전제로 한 것이다. 특히 군역을 세습할 자식이 없는 상태에서 사망, 노령 등으로 인해 군역을 수행하지 못하는 경우들을 대비하여 군인 부처의 생계를 보장하는 토지를 지급한 사실은, 보승·정용의 군인(호)이 농사를 짓다가 당번 기간에 한해 군역을 담당한 것으로 보기 어려운 점을 강력히 시사하고 있다. 보승·정용 군인(호)의 본업은 군인직이었고, 경제적 기반 역시 기본적으로 군인직과 결부된 전정이었을 것이다.

그리고 이와 더불어 군역을 세습할 만한 자손·친족이 없는 노병과 환자병을 대상으로 하여, 세습할 대상자가 있을 시의 퇴역 연령인 60세를 크게 초과하여 70세에 이르도록 경군은 감문위에, 외군은 촌류이삼품군에 한속閑屬토록 하여 군역을 수행하면서 전정을 계속해서 보유하게 하였을 사실 역시, 보승·정용 군인(호)이 전업적 군인이었을 것임을 분명히 말해주고 있다. 보승·정용군이 국역 의무의 이행 차원에서 번상한 군인이었다면, 신체적으로 군역을 수행할 수 없는 상황에서 형식적으로 군인으로 남은 채 전정을 보유할 수는 없었을 것이다. 뿐만 아니라 열악한 처지에 놓인 자가 오히려 그렇지 않은 자보다 10년 더 역을 짊어지지는 않았을 것이다.

이상의 검토에서 알 수 있듯이, 2군 6위 소속의 군인은 개경 거주의 특수령 소속의 군인뿐만 아니라 지방 주현에서 번상한 군인인 보승·정용군도 전업 군인이었다고 하겠다. 그러므로 보승·정용군이 담당한 군역 또한 직역에 해당했을 것이다.[30]

전업 군인인 점에서 보승·정용군은 경군, 곧 개경 거주의 특수령 소속의 군인과 다를 바가 없었다. 다만 양자의 결정적 차이라면, 경군이 중앙의 (하위)지배층인데 비해 보승·정용군은 해당 주현의 지배 세력이라는 점이다. 달리 말해, 양자는 각각 중앙과 지방의 하위 지배층이라는 점에서 달랐던 것이다. 이러한 면모를 잘 보여주는 사항은 경군과 외군에게 상이하게 분급된 군인전이다. 경군은 관원·서리·잡류 등과 함께 개경 거주의 직역자로서 전시과 토지를 지급받았다. 이들은, 998년(목종 1) 개정전시과의 규정에 따르면, 23결(17과) 내지 20결(18과)의 토지를, 경정전시과 제도의 시행 이후로는 25결(15과) 내지 22결(16과)의 토지를 받았다.[31] 이와 달리 보승·정용의

---

30 오일순은 고려전기에 관원·서리·雜類·향리·군인 등이 국가로부터 토지를 받으면서 담당하는 직무·역할을 직역이라고 하였다(오일순, 『高麗時代 役制와 身分制 變動』, 혜안, 2000).
31 976년(경종 1) 시정전시과에서 이들은 '未及此年科等者'로 15결의 토지를 분급받은 듯하다(천관

주현군은 전시과 계열과 상이한 족足·반정半丁 계통의 군인전, 곧 군인호정전軍人戶丁田을 분급받았다. 보승·정용군에게 지급되었을 족정·반정 계열의 토지는 향리, 기인, 역리 등의 지방 유력세력에게 분급되는 것으로,[32] 전시과 계열의 군인전과 달리 그 액수가 17결 내지 8결이었다.

재지세력으로 직역을 담당하면서 번상했던 보승·정용군의 위상은 기인其人과 유사했다. 기인이 재지세력의 자제로 개경에 장기간 머물면서 중앙관아의 이속격吏屬格으로 잡무에 종사한 점에서 그러하다. '군기인호정(전)軍其人戶丁(田)'[33]이라 하여 군인(보승·정용군)과 기인에게 분급되는 토지가 합칭되고 있던 점 또한 양자의 유사성을 뒷받침해준다.[34] 아울러 기인이 이속의 직무를 수행하면서도 개경 거주의 이속과 달리 전시과 계열의 토지가 아닌 족정足丁·반정半丁 계통의 토지를 분급받는 것 역시, 보승·정용군이 개경 거주의 군인과 달리 족정·반정 계통의 토지를 받는 것과 궤를 같이 한다.

지방 주현에서 번상한 군인으로 구성된 중앙의 보승·정용군이 전업 군인이었기에, 비번 상태로 지방에 남아 있는 주현의 보승·정용군 또한 해당 주현에서 군역을 수행했을 것이다.[35] 그러하기에 번상 여부와 상관없이 지방 주현의 보승·정용군(경군에 대비되는 외군)을 대상으로 하여 노부모를 봉양해야만 하는 처지에 있는 자는 부모 사망 시까지, 늙고 병이 있지만 군역을 세습할 만한 자손·친족이 없는 자는 70세까지 촌류이삼품군에 한속시켰을 것이다.

이 문제와 관련하여 1108년(예종 3) 2월 지방에서 개경으로 진봉하러 온 향리와

우,「閑人考」『社會科學』2, 1958, 28쪽 참조).

32 오일순,「高麗前期 部曲民에 관한 一試論」『學林』7, 1985 ; 오일순,「高麗前期 足丁의 성격과 그 변화」『한국 고대·중세의 지배체제와 농민』(김용섭교수정년기념 한국사학논총간행위원회 편), 지식산업사, 1997 참조.

33 『고려사』권80, 지34, 식화3, 상평의창, 현종 14년 윤9월, "判 凡諸州縣義倉之法 用都田丁數 收斂 一科公田一結租三斗 二科及宮寺院兩班田租二斗 三科及軍其人戶丁租一斗 已有成規 脫遇歲歉 百姓阻飢 以此救急 至秋還納 毋得濫費".

34 홍승기,「高麗 初期 中央軍의 組織과 役割-京軍의 性格」『高麗軍制史』(육군본부 편), 육군본부, 1983 참조.

35 주현군의 보승·정용을 국역을 수행하는 농민병으로 보는 연구에서는 비번 중인 보승·정용군이 6위에 번상할 때까지 별도의 임무를 부여받지 않았을 것으로 보았다(홍원기,『高麗前期軍制研究』, 혜안, 2001, 126~128쪽 참조).

종졸從卒을 대상으로 전정세포田丁稅布를 면제해 주는 조치가 시행된 사실이[36] 주목된다. 종졸은 향리와 마찬가지로 전정을 보유하고 있었음에서 지방의 보승·정용군이었을 것이다. 향리의 정기적, 비정기적 진봉을 포함한 상경종사 때에 행해진 호종護從은, 지방의 보승·정용군이 해당 주현에서 수행했을 여러 임무들 가운데 하나였는데, 안찰사와 같은 중앙에서 파견된 인사를 영접할 때의 의장 역할은 이와 유사한 임무라고 할 수 있다.[37] 안찰사와 찰방사가 공주를 방문했을 때 보승·정용군이었을 장졸이 향리와 더불어 깃발을 들고 의관을 갖추고 영접한 사례는[38] 이러한 점을 잘 보여주고 있다.[39]

이상과 같이 보승·정용군의 신분적 성격을 이해하게 되면, 2군 6위 소속의 군인은 모두 전업적 군인으로 지배층의 말단에 위치하게 된다. 2군 6위 내에서 보승·정용군과 나머지 군인의 차이는, 전자가 주현 거주의 전업 군인(주현의 보승·정용군)으로 번상하여 중앙군의 보승·정용군을 구성한 부류라면, 후자는 개경 거주의 전업 군인으로 중앙군에 전적으로 소속된 부류라는 데에 있다.

2. 중앙군의 구성과 군영별 특징

1) 2군 6위의 무직 체계[40]

2군 6위의 각 군과 위에는 최고 지휘관인 상장군(정 3품) 1인과 부지휘관인 대장군(종 3품) 1인이 있었다. 곧 2군 6위에는 상장군 8인과 대장군 8인이 설치되었다. 이들

---

36 『고려사』 권80, 지34, 식화3, 진휼, 은면지제, 예종 3년 2월, "以封王太后 諸州郡縣進奉長吏從卒等 各田丁稅布 全放".

37 김당택, 앞의 논문, 1983, 91~92쪽 참조.

38 『동문선』 권65, 기, 公州東亭記.

39 김당택은 장졸이 향리와 더불어 도열하고 있음에서 주현군 내에서도 보승·정용군에 해당할 것으로 보았다. 또한 그는 유승단이 杻城을 두 차례 방문했고 그때마다 衛卒이 그를 영접했는데, 두 번째 방문 시 허리에 칼을 찬 위졸이 유승단과 구면인 데서(『동문선』 권9, 오언률시, 「次杻城公館壁上韻」) 그러한 위졸을 상비군인 보승·정용군으로 보았다.

40 본 항목은 기본적으로 이기백, 「高麗 京軍考」, 앞의 책, 1968에 의거하였다.

가운데 2군의 상·대장군은 근장近仗 상·대장군으로 칭해졌다. 특히 응양군의 상장군
은 때로 반주班主라 칭해지듯 가장 우월한 지위에 있었다. 한편 이들 2군 6위에 소속
된 16인의 상·대장군들의 합의 기관이 중방이었다.

2군과 6위의 각 군과 위는 아래의 글상자에서 볼 수 있듯이, 대부분 군인 1,000명
으로 편제된 복수의 영으로 구성되었다.

2군	응양군(鷹揚軍) 1령		
	용호군(龍虎軍) 2령		
6위	좌우위(左右衛)	보승(保勝) 10령	정용(精勇) 3령
	신호위(神虎衛)	보승 5령	정용 2령
	흥위위(興威衛)	보승 7령	정용 5령
	금오위(金吾衛)	정용 6령	역령(力領) 1령
	천우위(千牛衛)	상령(常領) 1령	해령(海領) 1령
	감문위(監門衛) 1령		

그리고 영 각각의 편성 내용은 다음 기록에서 단적으로 확인된다.

> 게시된 방문榜文은 이러하였다. 국가 제도에는 근장近仗(2군)과 제위諸衛의 영領마다
> 호군護軍 1명, 중랑장中郎將 2명, 낭장郎將 5명, 별장別將 5명, 산원散員 5명, 오위伍尉
> 20명, 대정隊正 40명, 정군방정인正軍訪丁人 1천, 망군정인望軍丁人 6백을 두었다.[41]

여기서 호군에서 대정까지가 군관직에 해당된다. 정군방정인과 망군정인은 각각
정규군과 예비군으로 보는 것이 일반적이다.

군관직을 좀 더 소개하자면, 수위首位에 기록된 호군은 장군을 지칭했다. 호군은 영
의 최고 지휘관으로, 영마다 1인이 두어졌다. 2군 6위 전체의 영의 수가 45인 점에
서, 2군 6위 전체의 호군은 45인이 될 것이다. 이들 호군, 곧 장군도 상·대장군과 마
찬가지로 합의 기구인 장군방을 갖추고 있었다. 장군의 이해를 대변하는 장군방은 시
기와 사안에 따라 중방과 대립하는 경우도 있었다.

---

41 『고려사』 권 81, 지35, 병1, 병제, 정종 11년 5월.

장군 바로 아래의 무직으로는 중랑장이 있었고, 그것은 영마다 2인이 두어졌다. 곧 2군 6위에는 총 90인의 중랑장이 존재했다. 중랑장의 임무는 장군을 보좌하는 역할을 담당했을 것이다. 중랑장 밑에는 낭장이 영마다 5인씩 있어, 규정대로라면 2군 6위에는 총 225인의 낭장이 두어지게 된다. 하지만 『고려사』 백관지에 따르면, 2군 6위에 낭장은 실제로는 222명이 설정되고 있었다. 이들 낭장은 200명으로 조직된 영領 하위 부대의 지휘관이었다. 기록에서 확인되는 낭장방은 이들의 합의기관이었을 것이다.[42]

낭장 하위에는 별장이 영마다 5인씩 있었다. 별장은 2군 6위에 총 225인이 존재하게 되나, 낭장과 마찬가지로 실제로는 222명이 설정되었다. 이들 별장은 200명 부대의 부지휘관이었을 것이다. 낭장방과 같이 별장의 합의기구인 별장방도 존재했을 것이다.

별장 아래에는 산원이 영마다 5인씩 있었다. 실제로는 223명의 산원이 2군 6위에 존재하고 있었다. 낭장, 별장, 산원이 공히 영마다 5인씩인 점으로 미루어볼 때, 산원 역시 200명으로 조직된 부대마다 1인씩 두어지면서 낭장과 별장의 보좌관의 역할을 수행했을 것이다. 기록상 산원방은 후술할 교위방과 함께 확인되고 있어,[43] 산원 역시 그들의 합의기구를 보유하고 있었다고 하겠다.

산원 하위에는 교위校尉·위尉라고도 칭해지는 오위伍尉가 영마다 20인씩 두어지고 있었다. 곧 2군 6위에는 총 900명의 오위가 존재하게 되며, 실제로도 그러하였다. 오위는 50명으로 편성된 오伍라고 하는 단위 부대의 장을 지칭하였을 것으로 생각된다. 교위방은 오위의 합의기관이었을 것이다.

마지막으로 군관직 가운데 가장 하위인 대정은 영마다 40인씩 있어, 2군 6위 전체에는 1,800명의 대정이 존재하게 되고 실제로도 그러하였다. 대정은 25명으로 편성된 대隊라는 오伍 하위의 단위 부대의 장이었을 것이다. 기록상 대정방은 확인되고 있지 않으나, 실제로는 교위방과 마찬가지로 존재했을 것으로 추측된다.[44]

---

42 『고려사』 권101, 열전14, 송저.
43 『고려사』 권129, 열전42, 반역3, 최충헌 부 최이.
44 『고려사』 백관지를 토대로 한 2군 6위의 실제적인 군관 수와 관련해서는 김종수, 「高麗·朝鮮初期

2군 6위의 무직 체계는 이상과 같이 구성되어 있었다. 특히 각각의 지휘계통마다 소속 부대를 초월한 방房이라는 합의기관이 일반적으로 설치된 점은 주목되는 바이다. 이러한 기구는 부대의 계열을 떠나서 계급별로 모이는 친목 단체로 해당 계급 성원의 권리를 보장하기 위하여 생겨났을 것인데, 특히 무신정권 시기 들어 그러한 합의제도는 일층 활성화되었다.

이러한 지휘 계통 외에도 2군 6위에는 실무를 담당하는 관리들이 설치되었다. 6위의 경우 위의 사무를 담당하는 관리로 위마다 장사長史 1인과 녹사 2인이 설치되었으며, 이속으로 3인의 사史와 2인의 기관記官이 두어졌다.[45] 2군 역시 사정은 다르지 않았을 것이다.

2) 2군 6위의 각 군영별 특징과 단위부대의 임무[46]

2군은 응양군과 용호군을 합칭한 것으로, 국왕에 대한 의장과 경호를 담당하는 친위군 부대였다. 응양군과 달리 용호군은 충선왕대 호분군虎賁軍으로, 이후 친어군親禦軍으로 개칭되었다가, 다시금 용호군으로 복구되었다.[47] 2군의 상·대장군은 근장상·대장군으로, 장군은 친종장군親從將軍으로 칭해졌으며, 중랑장 이하 역시 근장近仗으로 불리었는데,[48] 근장과 친종은 의장과 경호를 뜻한다. 의종대에 규정된 법가法駕의 의장에 의하면, 무장한 응양군 군사들과 용호군 소속의 기병들이 임금의 수레를 호위하도록 되었다.[49] 2군의 임무가 국왕을 측근에서 호위하고 의장하는 것이었기에, 2군의 지위는 6위보다 높았다.

응양군은 1령으로, 용호군은 2령으로 구성되어, 병력 규모는 용호군이 보다 컸다.

의 府兵」『歷史教育』69, 1999, 116쪽의 〈표 1〉 참조.

45 『고려사』 권77, 지31, 백관2, 서반, 육위. 이들 실무 관리는 목종이 6위 군영을 설치할 때에 備置하였다는 職員·將帥 중의 직원에 해당되었을 것이다.

46 본 항목은 기본적으로 정경현, 「경군」 『한국사 13』, 국사편찬위원회, 1993에 의거하고 있다.

47 『고려사』 권77, 지31, 백관2, 서반, 용호군.

48 『고려사』 권77, 지31, 백관2, 서반, 응양군.

49 『고려사』 권72, 지26, 여복, 의위.

하지만 응양군의 최고 지휘관인 상장군이 제도상 군부전서軍簿典書를 겸하면서 반주 班主로 칭해지고 있었음에서, 응양군은 용호군보다 상위의 부대였다고 할 수 있다.[50]

2군보다 아래의 지위에 있는 중앙군 조직이 6위였다. 6위는 크게 좌우위·신호위· 흥위위와 금오위·천우위·감문위로 대별될 수 있다. 좌우위·신호위·흥위위는 금오 위·천우위·감문위보다 압도적으로 많은 병력수(무관을 제외한 병사의 수를 의미)를 보 유했다. 참고적으로 좌우위·신호위·흥위위 소속의 군인수는 2군 6위 전체 병력수 (45,000)의 71%(32,000)을 점했다.

구성 병력의 성격 면에서도, 좌우위·신호위·흥위위 군인들은 주현군에서도 확인 되는 보승과 정용으로 편제된 반면, 금오위는 정용과 역령으로, 천우위는 상령과 해 령으로, 감문위는 별다른 명칭 없는 단순한 영으로 구성되었다. 금오위·천우위·감 문위는 좌우위·신호위·흥위위와 달리 각기 다른 영으로 편성되었다. 또한 부대 명칭 면에서도, 좌우위, 신호위, 흥위위는 모두 고려 특유의 부대 명칭인 반면, 금오위·천 우위·감문위는 모두 중국식 중앙 군제에서 차용된 것이다.

〈표 2-1〉6위의 병력 구성

부대명	병력구성	부대명	병력구성
좌우위	보승 10령 정용 3령	금오위	정용 6령 역령 1령
신호위	보승 5령 정용 2령	천우위	상령 1령 해령 1령
흥위위	보승 7령 정용 5령	감문위	1령
계 32령(32,000명)		계 10령(10,000명)	

좌우위, 신호위, 흥위위 부대의 임무는 주로 국경 지대 방수防戍로 추정되고 있다. 앞서 언급한 바와 같이, 이들 3위는 중앙군 군인들 가운데 대다수를 보유하고 있고, 공통적으로 지방 번상병으로 구성되었을 보승군과 정용군으로 이루어졌다. 지방 번상 병으로 대규모 병력을 갖추고 있는 이들 3위는, 국왕 경호와 도성 치안을 담당한 2군 및 금오위·천우위·감문위와 달리, 국경지대 방수를 주요 임무로 삼았을 것이다. 곧

---

50 고려 군제에 관한 기록에서 응양군이 용호군보다 항상 먼저 언급되고 있는 점 역시 이를 뒷받침해 주고 있다.

번상병이었던 보승군과 정용군은 국왕 경호와 도성 수비보다는 변경 수비에 주력했을 것이나.

태조대 이래 중앙정부는 줄곧 중앙군을 북방 변경 지대에 파견했다. 국경 지대가 광범위한데다가 방수군의 복무는 윤번제로 이루어지고 있어, 방수를 기본 임무로 하는 중앙군 부대는 병력 규모를 방대하게 운영할 수밖에 없었다. 그러한 측면에서 중앙군 군인들 가운데 대다수를 보유한 좌우위, 신호위, 흥위위가 국경 지대에의 방수 임무를 담당했음을 엿볼 수 있다.[51]

금오위·천우위·감문위의 임무는 각각의 부대 명칭에서도 확인 가능하다. 먼저 금오위는 충선왕대 비순위備巡衛로 개칭된 데서[52] 엿볼 수 있듯이, 경찰의 임무를 담당했다. 또한 금오위가 한대漢代 이래로 도성 치안 및 경찰 임무를 맡는 중앙군 부대에 부여되었던 명칭인 점 또한 이를 뒷받침해 주고 있다. 『고려사』나 『동문선』과 같은 전적에는 금오위가 도성을 순찰하고 상도常道와 풍기를 문란케 하는 자들을 단속하며 죄수들을 처리하는 일을 담당한 구체적 사실들이 적시되고 있다.

금오위는 정용 6령과 역령 1령 등 총 7령으로 편제되었다. 정용과 역령이 어떻게 다른지, 금오위의 병력이 이런 식으로 편제된 이유는 무엇인지 하는 점은 현재 명확치 않다. 다만 정용군은 번상병으로 추정되고 금오위 임무의 성격상 그 조직에는 개경 거주의 전업 군인들이 포함되어 있었을 것이라는 점에서, 정용군과 역령은 각각 번상병과 개경 거주의 전업 군인으로 구성되었을 것으로 판단된다. 더 나아가 역령은 1076년(문종 30)에 개정된 전시과의 지급 대상들 가운데 하나인 '역보군'과 관련되었을 것으로 추정되기도 한다.[53] 금오위 소속의 정용군과 역령은 공통적으로 경찰 업무

---

51 이기백은 6위 가운데 가장 중심이 되는 것이 좌우위·신호위·흥위위라고 했다. 병력 규모라든지, 좌우위가 최초의 衛로 6위의 모체인 까닭에 6위 완성 후에도 여전히 중요한 위치를 차지하고 있었고 신호위와 흥위위도 좌우위와 다르지 않은 위상을 지니고 있었을 것이라든지 등을 이유로 그렇게 본 것이다. 그리고 그는 군반씨족설의 입장에서 이들 3위가 변방 更戌의 임무뿐만 아니라 개경의 수비를 담당하는 경군의 핵심 주력부대로 보았다(이기백, 「高麗 京軍考」, 앞의 책, 1968, 69~70쪽).

52 『고려사』 권77, 지31, 백관2, 서반, 금오위, "忠宣王改金吾爲備巡 恭愍王五年復稱金吾衛 十一年復爲備巡衛 十八年復稱金吾衛後復改備巡衛".

53 이기백은 명칭으로 보아 역령을 노동 부대로 생각하면서도, 그것이 금오위 소속인 점을 고려할 때

를 담당했을 것이나, 그 안에서의 세부적인 역할 차이는 확인할 수 없다.

천우위는 의위儀衛에서 왕을 시종하는 임무를 맡고 있었다. 이 점은 천우위 소속의 천우대장군, 천우비신대장군, 비신장군 등의 명칭을 통해 알 수 있다.[54] 본래 천우란 국왕을 경호하는데 사용되는 칼로서, 중국에서는 천우도를 가지고 국왕을 호위하는 군사들을 천우비신이라고 하였다. 비신備身은 신변 경호를 뜻하는 말이다. 이 때문에 고려에서도 천우위장군의 별칭이 천우비신장군이었다. 『동국이상국집』에는 천우위가 왕을 숙위 시종하는 부대이기 때문에, 해당 군사들은 주로 고관 자제들 가운데 용의가 수려한 자들로서 선발되었다고 했다. 천우위는 국왕의 신변 경호를 담당하는 부대인 것이다.

천우위는 상령 1령과 해령 1령 등 2령의 군사들로 편제되어 있었다. 명칭을 가지고 상령과 해령의 임무를 추측하자면, 상령은 상시 시종 숙위하는 임무를 맡도록 되어 있던 군사들이고, 해령은 해군의 기능을 가진 경호군이었을 것이다. 가령 해로를 통해 입국하는 중국 사신의 영접행사라든지, 국왕이 강으로 행차하여 배를 타야할 경우 등에 해령의 군사들은 동원되었을 것이다. 한편 천우위 소속의 군사들은 임무의 성격과 출신 성분상 개경 거주의 전업적 군인이었고, 전시과 지급 대상자였을 것이다. 전시과 대상자인 중앙의 해군은 해령에 속하는 군인들이었을 것으로 생각된다.

마지막 감문위는 문자 그대로 도성문을 수위하는 임무를 담당했을 것이다. 이 점은 『고려사』 병지 위숙군 조에 제문諸門의 수위에 감문위군이 배치되어 있는 것으로 분명해진다.[55] 감문위 소속의 군인들은 편제상 1령이었으나, 위숙군 조에 따르면 도성의 각 문에 배치된 감문군의 수효는 75명에 불과했다. 도성문의 수위는 특별한 전투 기술이나 체력이 요구되는 일이 아닌 탓에, 감문위에는 본래의 감문위 소속 군인들 외에도 전업적 군인들 가운데 현역에 복무하지 않은 휴가병이나 노병 혹은 환자병이 한시적으로 배속되었다.[56]

복역 죄인의 감독군일 가능성이 있다고 추측했다(이기백, 「高麗 軍人考」, 앞의 책, 1968, 90쪽).
54 『고려사』 권72, 지26, 여복, 의위.
55 『고려사』 권83, 지37, 병3, 위숙군.
56 『고려사』 권78, 지32, 식화1, 전제, 전시과, 문종 23년 10월, "判 軍人年老身病者 許令子孫親族代之 無子孫親族者 年滿七十間 屬監門衛 七十後 只給口分田五結 收餘田 至於海軍 亦依此例";『고려

〈표 2-2〉 『고려사』 병지 위숙군조에 실린 감문위가 배치된 개성의 성문

순서		1	2	3	4	5	6	7	8	9	10	11	12	13	14	15	16	17	18	19	20	21	22	23	24	25
문		연양문	자안문	안화문	덕산문	앵계문	안정문	홍인문	성도문	숭인문	영창문	선기문	장패문	회빈문	태안문	영덕문	풍덕문	선계문	선의문	건양문	보태문	영평문	교예문	선엄문	광덕문	창신문
위숙군	구성	산직장상 2 감문위군 2								장교 1, 군인 2, 산직장상 2 / 감문위군																
										2	1	2	3	1	1	1	1	2	1	1	1	2	1	1	1	1
	계	4	4	4	4	4	4	4	4	7	6	7	8	6	6	6	6	7	6	6	6	7	6	6	6	6
방위 추정		북	북	북	동남	남	동	동	동북	동	동북	동북	동남	남	남	남	남	남	서	서북	서	서북	서	서남	서남	서

※ 숭인문, 선기문, 장패문은 수구 지님[각각 산직장상 2를 따로 둠].
※ 출처 : 김창현, 『고려 개경의 구조와 그 이념』, 73쪽 〈표2-2〉.

사』 권81, 지35, 병1, 병제, 문종 즉위년, "判 凡軍人 有七十以上父母而無兄弟者 京軍則屬監門 外軍
則屬村留二三品軍 親沒後 還屬本役".

제2절

지방군과 지역방어체계

1. 주현군의 군사조직과 편성방식

1) 주현군의 구성과 배치

주현군 조직의 전체상은 『고려사』 권83, 지37, 병3, 주현군조를 통해 엿볼 수 있다. 해당 조목을 정리한 것이 아래의 〈표 2-3〉이다.[57]

〈표 2-3〉으로 정리된 남도 지역 주현군의 기재 방식은, 가령 교주도를 예로 들면

교주도交州道

춘주도春州道 내에서의 총합은 보승이 133인, 정용이 776인, 일품이 572인이다.

동주도東州道 내에서의 총합은 정용이 971인이고 일품이 650인이다.

교주도交州道 내에서 정용은 477인이고 일품은 305인이다.[58]

---

57 〈표 2-3〉은 이기백,「高麗 州縣軍考」, 앞의 책, 1968의 204~205쪽에 실린 표를 전재한 것이다.

58 『고려사』 권83, 지37, 병3, 주현군, 교주도, "春州道內合 保勝一百三十三人 精勇七百七十六人 一品五百七十二人 東州道內合 精勇九百七十一人 一品六百五十人 交州道內 精勇四百七十七人 一品三百五人".

<표 2-3> 『고려사』 병지 소재 남도 주현군 일람표

도(道)	군사도(軍事道)	보승(保勝)	정용(精勇)	일품(一品)	계
교주도	춘주도	133	776	572	[1481]
	동주도	–	971	650	[1621]
	교주도	–	477	305	[782]
	계	[133]	[2224]	[1527]	[3884]
양광도	광주도	258	546	536	[1340]
	남경도	133	864	529	[1526]
	안남도	159	292	282	[733]
	인주도	194	187	227	[608]
	수주도	175	291	372	[838]
	충주목도	241	357	520	[1118]
	원주도	122	203	248	[573]
	청주목도	538	708	850	[2096]
	공주도	326	553	527	[1406]
	홍주도	338	497	713	[1548]
	가림도	98	251	201	[550]
	계	[2582]	[4749]	[5005]	[12336]
경상도	울주도	134	145	181	[460]
	양주도	57	147	173	[377]
	금주도	188	278	431	[897]
	밀성도	245	427	532	[1204]
	상주목도	665	1307	1241	[3213]
	안동대도호도	591	953	1018	[2562]
	경산부도	54	801	647	[1502]
	진주목도	277	404	730	[1411]
	합주도	373	229	448	[1050]
	거제도	–	50	128	[178]
	고성도	26	53	109	[188]
	남해도	(行首并)17	17	64	[98]
	계	[2627]	[4811]	[5702]	[13140]

전라도	전주목도	150	1214	867	[2231]
	남원도	205	800	636	[1641]
	고부도	54	610	545	[1209]
	임피도	–	341	200	[541]
	진례도	–	211	152	[363]
	나주목도	454	848	922	[2224]
	영광도	–	401	368	[769]
	보성도	322	412	513	[1247]
	승평도	240	184	415	[839]
	계	[1425]	[5021]	[4618]	[11064]
서해도	황주도	214	320	277	[811]
	곡주도	295	293	291	[879]
	안서대도호도	450	874	838	[2162]
	풍주도	333	455	235	[1023]
	옹진도	107	210	612	[929]
	계	[1399]	[2152]	[2253]	[5804]
경기	개성부도	52	240	190	[482]
	승천부도	50	160	113	[323]
	강화도	199	54	171	[424]
	장단도	134	343	303	[780]
	계	[435]	[797]	[777]	[2009]
총계		[8601]	[19754]	[19882]	[48237]

※ [ ] 안의 합계 수치는 이기백이 계산한 것임.

라고 하여, 교주도, 양광도, 경상도, 전라도, 서해도, 경기 등의 각도 내의 세분화된 도
별로 보승, 정용, 일품의 병원수를 단순 나열하는 것이다.[59]

주현군 조에서 우선 주목되는 것은 주현군이 5도와 경기 내의 세분화된 도를 단위
로 기록된 점이다. 이러한 도는 주현군의 배치를 위하여 구획된 군사도軍事道라고 칭

---

59 기재 내용은 이기백, 「高麗 州縣軍考」, 앞의 책, 1968, 204~205쪽에 기재된 표에 잘 정리되어 있다.

해지고 있다.[60] 군사도가 주현과 그 예하 속현을 지역 범위로 하고 있음에서,[61] 그것을 단위로 하여 기록된 보승, 정용, 일품의 병원수는 주현과 그 예하 속현에서 배출되는 군사의 총합이었을 것이다.[62] 국가의 주현군에 대한 일차적 파악은 주현과 그 예하 속현들로 이루어진 군사도를 단위로 하여 이루어진 것이다.

그런데 주현군 설치의 실제적인 지역 단위는 군사도 내의 주현과 속현을 구분하지 않는 각급 행정 단위였다. 이와 관련하여 주현-속현 제도에서 각급 행정 단위가 주현과 속현의 구분 없이 해당 지역의 향리층에 의해 일차적으로 지배되고, 주현에 파견된 지방관은 주현을 통치하는 것이 아니라 주현 및 그 예하 속현을 망라한 지역 범위를 대상으로 하여 향리를 상위에서 감독했으며,[63] 이러한 구조 하에서 속현은 주현과 마찬가지로 행정상, 수취상의 독자적인 단위인 점이[64] 주목된다. 그리고 무엇보다 속현 소속의 주현군이 존재한 점은[65] 주현과 속현을 구분하지 않고 각급 행정 단위 별로 주현군이 편제되었음을 뒷받침한다.

결국 주현군의 실제적 구성은 각급 행정 단위 별로 이루어졌을 것이고, 국가가 다시 군사도를 단위로 하여 정용군, 보승군, 일품군 별로 총괄하여 파악·관리하였을 것이다.[66]

---

60 이기백, 「高麗 州縣軍考」, 앞의 책, 1968, 206쪽. 현재 통용되는 '군사도'라는 용어는 받아들일 수 있으나, 이것이 주현군의 배치를 위하여 구획된 범위라는 견해에 대해서는 회의적이다. 이에 대해서는 후술할 것이다.

61 이와 관련하여 이기백, 「高麗 州縣軍考」, 앞의 책, 1968, 207쪽 참조.

62 주현군 조에는 남도 지역의 일부 군사도가 누락된 듯싶다. 『고려사』 지리지 기록을 참고할 때, 몇몇 주현과 그 예하 속현으로 구성된 군사도가 더 있었을 것임은 비교적 분명하다.

63 윤경진, 『高麗 郡縣制의 構造와 運營』, 서울대 국사학과 박사학위논문, 2000 참조.

64 박종진, 「고려시기 '수취단위'의 의미와 속현의 지위」 『역사와 현실』 32, 1999 ; 윤경진, 「高麗 郡縣制의 운영원리와 州縣-屬縣 領屬關係의 성격」 『한국중세사연구』 10, 2001 참조.

65 『고려사』 권4, 현종 11년 2월 무자, "以遂安縣隊正赫然及軍李曾龜州軍柴音達戰死 優賜妻子貨物". 수안현은 곡주의 속현인데, 이곳에 隊正과 軍이 있는 것으로 보아 여기에도 주현군 조직이 있었을 것임을 알 수 있다. 이기백, 「高麗 州縣軍考」, 앞의 책, 1968, 207쪽 참조.

66 이렇다고 보면 주현군조에 보이는 군사도란 기왕의 管內(주현과 그 예하 속현을 포괄하는 영역)를 활용한 것으로, 각급 행정 구획 단위로 편성된 주현군을 보다 상위에서 총괄 파악하는 단위가 될 것이다. 곧 그것은 실제 배치와 상관없는 것이다. 이러한 견해와 달리 그것을 주현군의 배치를 위하여 구획된 단위로 보기도 한다. 그리하여 주현군조 기록을 토대로 주현군이 지방관이 파견된 행정 구획을 단위로 하여 배치되었다고 했다. 곧 그것을 지휘하는 사령부가 해당 主縣 치소에 설치되어 있다고 보았다. 그러면서도 주현군은 京·주·부·군·현의 치소에만 배치된 것이 아니라 관내의 속현에도 배치되어 있었다고 다소 불분명하게 논급했다(이기백, 「高麗 州縣軍考」, 앞의 책,

주현군조는 주현군이 보승군, 정용군, 일품군으로 구성되었음을 말해준다. 그런데 주현군에는 명칭상으로 볼 때 일품군과 같은 유형이라 할 수 있는 2·3품군이 존재하고 있었다.[67] 2·3품군은 일품군과 마찬가지로 주현군을 구성하는 일부였을 것이나,[68] 『고려사』 병지 주현군 조에는 기재되지 않는 점에서, 중앙이 직접적으로 파악하고 있지 않은 병종이었다고 하겠다. 주현군은 보승군, 정용군, 일품군, 2·3품군으로 구성되었으면서도, 이 가운데 보승군, 정용군, 일품군이 국가에 의해 직접적으로 파악된 것이다.

다음으로 주현군의 주현 내에서의 배치 공간을 간략히 논급해 보겠다. 대부분의 보승·정용군은 번상하여 개경에 배치되거나 양계 지역에 주둔했을 것인 바, 해당 주현에 남아 있으면서 지역 방어에 동원되었을 보승·정용군은 많지 않았다. 이들의 지역 내 주둔 공간을 추정해 보자면, 해당 각급 행정단위의 '치소가 위치한 성'이었을 것이다. 곧 주현과 속현의 구분 없이 보승·정용군은 해당 주현의 '치소가 위치한 성'에 주둔했을 것이다. 왜냐하면 당시 지역 방어 체계는 주현과 속현의 구분 없이 각급 지역의 '치소가 위치한 성'을 단위로 하여 이루어지고 있었을 것이기 때문이다.[69]

일품군 또한 '치소가 위치한 성'에 배치되었을 것이다. 향리층에 의해 통솔되어 온 일품군은[70] 지역 사회에 잔류한 보승·정용군과 더불어 지역 방어의 주축을 이루었을 것이기에, 보승·정용군과 함께 해당 지역의 방어 거점으로 기능한 '치소가 위치한 성'에 주둔했을 것이다.[71] 다만 일품군은 농민군이었기에 당번 시에 한해 그러했을 것이다.

일품군과 달리 2·3품군은 특정 공간에 주둔하였을 것으로 생각되지 않는다. 기왕의 연구들은 2·3품군을 수식하는 '촌류村留'에 주목하여 2·3품군이 촌에 배치되었을

1968, 206~207쪽 참조).

67 다음은 2·3품군에 대한 유일한 사례이다. 『고려사』 권81, 지35, 병1, 병제, 문종 즉위년, "判 凡 軍人有七十以上父母而無兄弟者 京軍則屬監門 外軍則屬村留二三品軍 親沒後 還屬本役".

68 이기백, 「高麗 州縣軍考」, 앞의 책, 1968, 207쪽.

69 최종석, 『고려시대 '治所城' 연구』, 서울대 국사학과 박사학위논문, 2007 ; 「고려전기 지역방어체계의 시대적 특징」, 『사림』 40, 2011b 참조.

70 다음 기록에서 보듯 일품군의 지휘관은 향리들 가운데 선임되고 있었다. 『고려사』 권81, 지35, 병1, 병제, 문종 23년 3월, "判 諸州一品別將則 以副戶長以上 校尉則 以兵倉正戶正食祿正公須正 隊正則 以副兵倉正副戶正諸壇正 試選弓科而差充".

71 구산우, 「고려 一品軍 三品軍에 관한 새로운 자료의 소개와 분석」 『역사와 경계』 78, 2011 참조.

것으로 보았다.[72] 하지만 국가가 직접 파악하지 못했을 2·3품군을 촌마다 배치하였을 것이라는 주장은 실득력이 있어 보이지 않는다. 2 3품군은 별도의 지점에 배치된 것이 아니라, 각자의 거주 촌락에서 생활하면서[村留] 유사시에 동원되었을 것이다.

이와 관련하여 노부모를 봉양해야만 하는 처지에 있는 개경 거주의 전업 군인인 경군은 감문위에, 외방 거주의 전업 군인(보승·정용군)인 외군은 촌류이삼품군에 소속되었다가 부모 사망 후 본역으로 돌아온 점이 주목된다.[73] 이것은 전업 군인이 군역을 형식적으로 수행하면서도 노부모에 대한 봉양이 실질적으로 이루어질 수 있도록 한 조치인 바, 외군(보승·정용군)은 2·3품군에 배속되어 있으면서도 노부모를 문제없이 시양했을 것이다. 달리 말해 해당 혜택을 받은 외군은 자신의 원거주처에 머물러 봉양에 힘쓰면서도 2·3품군에 소속된 형식으로 군역을 수행했을 것이다.[74] 요컨대, 2·3품군은 기본적으로 각자의 거주처에 머물러 있었을 것이다.

2) 보승·정용군의 역할

주현군 소속의 보승·정용군은 번상하여 2군 6위의 보승·정용군을 구성했기에, 이들 가운데 당번 중인 군인은 중앙군의 일원으로 배속 부대에 부여된 임무를 수행했을 것이다. 그것은 도성 시위와 양계 주진에의 방수로 대별될 수 있다. 전자의 구체적 임무는 주로 호가시위扈駕侍衛, 외국 사신의 영송迎送, 도성 순검巡檢이 해당될 것이다.[75] 양계에의 방수 임무를 수행했을 주현군의 보승·정용은 곧바로 주진군으로 부방赴防되는 것이 아니라 6위의 보승·정용으로 번상된 자들 가운데 일부로서 양계 주진에 파견되었을 것이다.[76]

---

72 이기백, 「高麗 州縣軍考」, 앞의 책, 1968 ; 조인성, 「주현군과 주진군」『한국사 13』, 국사편찬위원회, 1993.
73 『고려사』 81, 지35, 병1, 병제, 문종 즉위년, "判, 凡軍人有七十以上父母而無兄弟者 京軍則屬監門 外軍則屬村留二三品軍 親沒後 還屬本役".
74 이와 관련하여 최종석, 앞의 논문, 2011a 참조.
75 홍원기, 앞의 책, 2001, 126~127쪽.
76 홍원기, 앞의 책, 2001, 147~148쪽.

보승·정용군은 전업적 군인이었기에 비번 상태로 지방에 남아 있을 경우에도 해당 주현에서 군역을 수행했을 것이다. 지방에 남아 있는 보승·정용군은 향리의 정기적, 비정기적 진봉進奉을 포함한 상경 종사 때에 호종의 임무를 수행했고, 안찰사와 같은 중앙에서 파견된 인사를 영접할 때에 의장 역할을 담당했을 것이다. 하지만 무엇보다 해당 주현 내에서 기본적으로 수행한 임무는 치안과 방어였을 것이다.

당시 지역 방어 체계는 주현과 속현의 구분 없이 각급 지역의 '치소가 위치한 성'을 단위로 하여 이루어지고 있었기에, 보승·정용군은 해당 지역의 '치소가 위치한 성'에 주둔했을 것이다. 평시에 그들은 지배와 방어의 거점인 '치소가 위치한 성'의 경계 임무를 중추로 하면서 읍치[77] 지역의 치안을 담당했을 것이다. 유사시에는 '치소가 위치한 성'을 거점으로 하여 방어 활동을 수행했을 것이다. 한편 주현의 보승·정용군은 전업 군인으로 지방에 남아 있을 경우에도 군사적 임무를 수행했기에 경군과 마찬가지로 정기적으로 군사 훈련을 받고[78] 점열의 대상이 되었을 것이다.[79]

지방에 유거留居하는 보승·정용군은 평시에는 해당 주현의 치안과 방어를 담당하면서도, 중앙 정부, 보다 구체적으로 국가에서 파견한 사령관의 명령에 따라 전투를 위해 타 지역으로 동원되기도 했다.[80] 곧 지방의 보승·정용군은 외적의 침입, 내란의 발생과 같은 유사시에 국가의 명령에 따라 전투 병력으로 출동했다.[81] 또한 그들은 경우에 따라서 관선官船의 건조,[82] 축성[83] 등과 같은 군사적 공역에 동원되기도 했다.[84]

---

77 여기서 邑治란 '치소가 위치한 성'과 그것과 연접한 중심촌을 포괄한 영역 정도를 의미한다.

78 『고려사』 권81, 지35, 병1, 병제, 문종 9년 9월.

79 『고려사』 권29, 세가29, 충렬왕 10년 신미.

80 이 경우 州郡兵, 州縣卒, 道內兵 등과 같은 막연히 주현군임을 나타내는 용어가 보이고 있으나, 이들 가운데 주축이 보승·정용군이었을 것임은 분명하다.

81 이기백(「高麗 州縣軍考」, 앞의 책, 1968, 211~214쪽)은 지방의 보승·정용군이 동원될 경우 외적 침입의 방어보다는 내란 진압 등의 지방의 치안 유지를 위한 것이 보다 큰 비중을 차지하였을 것으로 보았고, 경군과 함께 동원되는 경우에는 보조 부대 내지 후원 부대로서 활약했을 것이고 외적 침입의 방어에 동원되는 경우 전투보다는 노역 부대나 우익 내지 엄호 부대의 구실을 했을 것으로 추정했다.

82 『고려사』 권20, 명종 12년 3월 경인.

83 『고려사』 권80, 지34, 식화3, 진휼, 은면지제 ; 『고려사절요』 권15, 고종 8년 윤12월.

84 비번 중인 보승·정용군의 임무와 관련한 이상의 서술은 최종석, 앞의 논문, 2011a에 의거하여 작성되었다.

3) 일품군과 2·3품군의 역할

일품군에 관한 최초의 사례는 1031년(현종 22)에 세워진 정도사 오층석탑의 조성형지기에서 찾아진다. 일품군은 2·3품군과 달리 보승·정용군과 함께『고려사』병지 주현군 조에 그 병액이 기록되었던 데서 알 수 있듯이, 중앙 정부에 의해 직접적으로 파악되었다. 달리 말해, 국가가 일품군을 동원할 수 있다는 의미이기도 하다. 다음 기록은 이러한 점을 잘 보여주고 있다.

> 최우崔瑀는 재추宰樞와 함께 의논하여 주현의 일품군을 징발하여 강화 연강沿江의 제방을 가축加築하였다.[85]

1235년(고종 22) 당시 집정자 최우는 몽골의 침입을 대비하기 위해 주현의 일품군을 강도江都에 동원하여 제방 축조의 공역을 수행했다. 위의 사례에서 보듯, 일품군은 국가 차원에서 타 지역으로 동원되기도 했다. 하지만 일품군은 기본적으로 당해 지역에서 각종 공역을 담당했을 것이다. 일품군은 공역을 주요 임무로 한 까닭에, 외방역군外方役軍, 추역군秋役軍, 역부役夫, 정부丁夫 등으로 불리기도 했다. 그리고 일품군은 원칙적으로 당번 시에 공역을 수행하였을 것이다. 일품군은 본래 이번으로 나뉘어 가을에 교체되었는데, 1191년(명종 21) 이후로는 삼번 교대제가 시행되었다.[86] 일품군은 당번 때 기본적으로 해당 지역 내의 공역을 수행했고, 때때로 국가의 징발 명령에 따라 타 지역으로 동원되기도 했을 것이다.[87]

일품군은 주로 공역을 담당했다고 하나, 주현군 가운데 하나인데서 알 수 있듯이, 해당 지역의 방어의 임무 또한 수행했을 것이다. 남도 지역의 경우 외침이 드문데다가 나말여초 이후 도적떼와 인근 지역들로부터의 침입도 거의 사라졌기에, 지역 방어의 필요성은 현저히 감소되었을 것이다. 그리하기에 일품군은 주로 공역에 동원되었

---

85 『고려사절요』 권16, 고종 22년 12월, "崔瑀與宰樞議 徵州縣一品軍 加築江華沿江堤岸".
86 『고려사』 권83, 지37, 병3, 공역군, 명종 21년 8월.
87 이기백, 「高麗 州縣軍考」, 앞의 책, 1968, 222~223쪽.

을 것이다. 하지만 이들 또한 유사시에 군사 활동을 전개할 능력은 구비하고 있었을 것이다. 명종대의 죽동竹同의 난 당시 일품군 대정의 군사 활동은[88] 이 점을 시사한다. 또한 1069년(문종 23)의 판문도 주목된다. 즉 현임 향리들을 대상으로 궁술을 시험하여 일품군 장교를 선발한 사실은[89] 일품군을 단순히 노동부대로 볼 수 없는 대목이다.

현임 향리들 가운데 일부가 일품군의 장교를 겸임한 점은 향리의 지휘 하에 일품군이 여러 공역에 동원되고 지역 방어의 임무를 수행하였음을 의미한다고도 할 수 있다.[90] 아울러 그것은 일품군이 국가에 의해 파악되고 동원되었다고는 하지만 일차적으로 향리층의 지휘와 통제 하에 놓여 있었을 것임을 시사한다. 달리 말해, 당시 국가의 일품군 동원은 향리층을 매개로 하여 이루어질 수밖에 없었을 것이다.

2·3품군에 관해서는 사료가 거의 없어 구체적 파악이 어렵다. 대략적 수준에서나마 2·3품군의 역할을 소개하자면 다음과 같다. 2·3품군은 일품군과 달리 국가에 의해 직접적으로 파악되지 않았기에, 국가에 의한 정기적 징발·동원은 이루어지지 않았을 것이다. 그리고 노부모를 봉양해야만 하는 처지에 있는 외군(보승·정용군)을 2·3품군에 이속시켜 봉양에 힘쓸 수 있도록 한 점에서, 2·3품군은 특별하고 정규적인 임무를 갖고 있지는 않았을 것이다.

일품군의 임무에서 유추할 때, 2·3품군 역시 동원되었을 경우에는 해당 지역 내의 노역을 수행했을 것이다.[91] 그것의 구체적 역할과 관련하여 전군佃軍으로서 궁원전,

---

88 『고려사』 권20, 세가20, 명종 12년 4월 무신.

89 『고려사』 권81, 지35, 병1, 병제, 문종 23년 3월.

90 현임 향리들 가운데 일부가 일품군의 장교를 겸임하는 방식은 기본적으로 그 이전부터 있어 온 것이었다. 정도사 오층석탑의 조성형지기에서 戸長別將 柳瓊 등이 현임 향리이면서 일품군 장교이기도 한 사실은(武田幸男, 「淨兜寺五層石塔造成形止記の硏究」『朝鮮學報』25, 1962 참조) 그 일 사례라고 할 수 있다. 향리층의 일품군 지휘부 구성은 나말여초 시기 호족층이 해당 지역의 자위를 위해 지역민을 군사적으로 조직화한 것을 고려 정부가 제도적으로 개편·공인한 데서 비롯되었을 것이다. 곧 호족층이 지역민을 동원하여 지역 차원의 자위와 역역 활동을 수행한 틀은, 호족층에 의해 조직화된 지역민이 이후 국가 차원의 광군과 이를 뒤이은 품군으로 편성된 후로도 기본적으로 존속되었으며, 그러한 환경에서 향리층은 품군(그 이전에는 광군)의 장교층을 겸임할 수 있었을 것이다.

91 이기백, 「高麗 州縣軍考」, 앞의 책, 1968, 225쪽.

조가전, 군인전 등의 경작에 집단적으로 동원되었을 것이라는 견해와[92] 군사조직 내에서 양호養戶의 임무를 맡았을 것이라는 견해[93] 등이 제시된 바 있다. 한편 2·3품군도 비상시에는 군사적 역할을 수행했을 것이다.

2·3품군의 지휘관은 일품군과 달리 촌장·촌정이 임명되었을 것으로 추정되고 있다.[94] 2·3품군 구성원의 실체에 대해서는, 국가에서 공적으로 수조하는 토지를 경작하여 조租를 바치는 농민들이라는 견해가 있는가 하면,[95] 1·2·3품군이 신라의 1·2·3 두품과 연결되었을 것이라는 견해도 제기된 바 있다.[96] 이외에도 신라의 진촌주眞村主와 차촌주次村主가 각각 5두품과 4두품에 해당한다면, 촌락민은 3두품과 2두품에, 집단 예민으로서의 부곡민은 1두품에 비겨 볼 수 있을 것이라는 시각에서, 군현 소속의 촌과 부곡에서의 군역부담자가 각각 2·3품군과 일품군이었을 것이라는 견해도 있다.[97]

관련 기록이 부족하여 지역 사회의 민인들을 일품군과 2·3품군으로 구분하여 편성한 이유와 기준은 현재 파악되지 못하고 있지만, 비교적 분명한 사실은 국가가 직접 개입하여 구분·규정했을 것이라기보다는 지역 사회 차원에서의 자율적 편성을 국가가 포섭·공인했을 것이라는 점이다. 그리고 지역 사회 차원에서의 구분은 아마도 신분계층적 차이를 반영하는 것이었을 공산이 크다고 하겠다.[98]

---

92 이우성, 「고려의 永業田」 『歷史學報』 28, 1965.
93 김당택, 앞의 논문, 1983, 94~95쪽.
94 이우성, 「麗代 百姓考」 『歷史學報』 14, 1961.
95 이기백, 「高麗 州縣軍考」, 앞의 책, 1968, 225~226쪽. 그는 2·3품군을 생산물 지대를 내는 佃戶와 같은 농민이었다고 보았고, 그들이 2·3품군이라는 군사 조직 속에서 파악된 까닭을 신라 이래의 촌락민 공동경작의 유풍이 남아서 2·3품군이 흔히 공동으로 노동에 동원되었을 것에서 찾았다.
96 武田幸男, 「新羅の骨品社會」 『歷史學研究』 229, 1958.
97 오일순, 「高麗前期 部曲民에 관한 一試論」 『學林』 7, 1985, 31~33쪽.
98 일품군과 2·3품군 사이의 신분계층적 차이와 관련하여 품군을 신라의 두품과 관련시킨 연구가 주목된다. 이렇게 되면 일반적인 이해와 달리 2·3품군이 일품군보다 상위에 위치하게 되는데, 품군보다 신분계층적으로 상위에 있었을 보승·정용군이 혜택의 차원에서 閑處였을 2·3품군에 배속된 점에서, 그러하였을 가능성은 충분하다고 하겠다.

2. 주진군의 구성과 그 원리

1) 양계의 주진과 주진군의 형성

양계는 주지하다시피 신개척 지역이 다수를 점하는 지대이다. 신개척 지역에는 일반적으로 주진이 설치되었다.[99] 이는 고려 국가가 새로이 확보한 영토에 군사적 성격이 강한 행정 구역을 설치하여 이곳을 안정적으로 영유하고자 한 데서 비롯된 것이었다. 행정 구획의 대다수가 이러한 성격의 주진으로 구성된 양계 지역에는 주진군이 설치되었고, 그것은 주현군과 공통적인 제도적 기반을 공유하면서도 양계 지역에 설치되는데 따른 특성을 보유했다.

먼저 양계 지역의 주진 형성 과정을 간략히 살펴보고자 한다. 신개척 지역에서는 주진을 새로이 설치할 때, '치소가 위치한 성'의 축조가 수반되었다. 곧 북진을 통해 새로이 확보된 영역에 주진을 설치할 때[置邑], 주성州城, 진성鎭城 등의 '치소가 위치한 성'이 축조된 것이다[築城]. 이는 당시 용어로 '치읍축성置邑築城'이라고 지칭되곤 하였는데,[100] '치읍축성'은 신개척 지역에서 주진이 설치되는 방식이었다.

『고려사』와 『고려사절요』의 기록을 통해서 신개척 지역에서의 주진 별 '치읍축성'은 확인 가능하다. '치읍축성'이 이루어진 시기가 곧 주진의 성립 시기이기에, 북계와 동계에서의 주진 별 '치읍축성'의 시기를 정리한 〈표 2-4〉와 〈표 2-5〉는 양계 지역에서의 주진의 성립 과정을 직접적으로 말해준다고 할 수 있다. 각 주진의 성립 시점은 아래 표의 '시기' 항목에 기재된 '치읍축성'의 단행 시기가 되는 것이다.

---

99 양계는 행정구획상 주, 진, 현으로 구성되어 있었다. 신개척 지역에 설치된 주와 진에는 각각 방어사와 진장이 그 장관으로 파견되었다. 주·진과 달리 현은 주로 청천강 및 원산만 이남에 위치하고 있어 양계 내에서도 후방 지역에 있었다(이기백, 「高麗 兩界의 州鎭軍」, 앞의 책, 1968, 240~241쪽 참조).

100 읍을 신설하고 해당 군현의 치소성을 축조하는 것을 '置邑築城'으로 칭하였음은 다음 기록에서 확인된다. 『고려사』 권13, 세가13, 예종 4년 5월 계축, "乃下宣旨曰……故我聖考 慎然誓曰 今若掃蕩醜類 卽於賊境 築設城堡 創寺宇 恢張佛法 大功未就 俄爾升退 寡人嗣承先志 擧義發軍 置邑築城 此蓋國內名山大川神祇 所助也(下略)". 州鎭을 설치하고 9治所城을 축조한 것을 '치읍축성'으로 부르고 있다.

<표 2-4> 북계 주진의 '치읍축성(置邑築城)' 시기

시기	읍명	시기	읍명	시기	읍명
태조 1년 (혹은 2년)	평양도호부(平壤都護府) →[서경(西京)]	태조 2년	용강현(龍岡縣)(?)	태조 3년	함종현(咸從縣)(?)
태조 4년	운남진(雲南鎭) →[무주(撫州)]	태조 11년	팽원진(彭原鎭) →[안북부(安北府)]	태조 11년	통덕진(通德鎭) →[숙주(肅州)]
태조 12년	안정진(安定鎭) →[폐읍]	태조 12년	영청진(永淸鎭) →[영청현(永淸縣)]	태조 12년	안수진(安水鎭) →[조양진(朝陽鎭)]
태조 12년	흥덕진(興德鎭) →[은주(殷州)]	태조 14년	강덕진(剛德鎭) →[성주(成州)]	태조 17년	통해진(通海鎭) →[통해현(通海縣)]
태조 20년	정융진(靜戎鎭) →[순주(順州)]	태조 21년	양암진(陽嵒鎭)	태조 22년	대안주(大安州) →[자주(慈州)]
정종 2년	덕성진(德成鎭) →[폐읍]	정종 2년	덕창진(德昌鎭) →[박주(博州)]	정종 2년	철옹진(鐵甕鎭) →[맹주(猛州)]
광종 1년	장청진(長靑鎭) →[폐읍]	광종 1년	위화진(威化鎭) →[운주(雲州)]	광종 3년	안삭진(安朔鎭) →[연주(延州)]
광종 11년	가주(嘉州)	광종 11년	척주(拓州) →[폐읍]	광종 18년	낙릉진(樂陵鎭) →[위주(渭州)]
광종 20년	영삭진(寧朔鎭) →[태주(泰州)]	광종 24년	안융진(安戎鎭)	경종 4년	청색진(淸塞鎭)
성종 2년	수덕진(樹德鎭)	성종 13년	장흥진(長興鎭) →[폐읍]	성종 13년	귀화진(歸化鎭) →[폐읍]
성종 13년	곽주(郭州)	성종 13년	귀주(龜州)	성종 14년	안의진(安義鎭)
성종 14년	흥화진(興化鎭) →[영주(靈州)]	성종 15년	통주(通州) →[선주(宣州)]	성종대	용주(龍州)
성종대	철주(鐵州)	목종 3년	장덕진(長德鎭) →[덕주(德州)]	목종 4년	평로진(平虜鎭)
현종 10년	영평진(永平鎭) →[폐읍]	현종 20년	위원진(威遠鎭)	현종 20년	정융진(定戎鎭)
현종 21년 이전	인주(麟州)	현종 21년	영덕진(寧德鎭)	덕종 원년 이전	삭주(朔州)
덕종 2년	정주(靜州)	정종靖宗 1년	창주(昌州)	정종靖宗 7년	영원진(寧遠鎭)
문종 4년	영삭진(寧朔鎭)	예종 12년	의주(義州)		

※ 읍명은 '치읍' 시의 것이고, 괄호 안의 읍명은 '치읍축성' 이후에 바뀐 것이다.

시기	읍명	시기	읍명	시기	읍명
광종 20년	장평진(長平鎭)	광종 24년	덕녕진(德寧鎭) →[고주(高州)]	광종 24년	박평진(博平鎭) →[화주(和州)]
성종 2년	애수진(隘守鎭)	성종 3년	주성(姝城)? →[문주(文州)]	목종 4년	영진(永豊鎭)
목종 8년	원산현(圓山縣) →[진명현(鎭溟縣)]	목종 9년	용진진(龍津鎭)	현종 3년	장주(長州)
현종 3년	현덕진(顯德鎭) →[요덕진(耀德鎭)]	현종 6년	운림진(雲林鎭)	현종 22년	정변진(靜邊鎭)
덕종 원년	영인진(寧仁鎭)	정종 10년 이전	정주(定州)	정종 10년	원흥진(元興鎭)
문종 9년	선덕진(宣德鎭)	문종 15년	영흥진(永興鎭)	예종 10년	예주(預州)

※ 읍명은 '치읍' 시의 것이고, 괄호 안의 읍명은 '치읍축성' 이후에 바뀐 것이다.

두 표에 의하면, 영토 확장에 따라 북계 지역에서는 '치읍축성'이 919년(태조 2)부터 1117년(예종 12)까지의 기간 동안 이루어졌고, 동계 지역에서는 969년(광종 20)부터 1115년(예종 10)까지 행해졌다. 전체적으로 보아 신개척 지역에서의 주진 성립은 '고려전기'라는 장기간의 시간대에 걸쳐 이루어지고 있었다. 다만 '치읍축성'의 실질적 하한은 북계 지역에서는 영삭진이 설치되고서 해당 진성이 축조되는 1050년(문종 4)이 될 것이고, 동계에서는 1061년(문종 15)이 될 것이다. 문종대 초반까지는 '치읍축성'이 비교적 지속적으로 진행되다가, 그 이후로는 특별한 계기에 의한 단발적인 경우를 제외하곤 사실상 중단된 것이다. 한편 '치읍축성' 당시에는 대개 진이 설치되었고, 주가 두어지는 경우는 드물었다. 진은 주와 달리 '치읍축성' 이후 개척한 영역의 안정화, 전략상의 이유 등으로 다수가 폐읍되거나, 주 등으로 개편되곤 했다.[101]

다음으로는 주진군의 설치에 관해서이다. 『고려사』 병지 주현군 조에 기재된 양계 주진군의 조직이 주진의 설치가 시작된 태조대에 성립된 것이 아님은 물론이다. 주진

---

101 이상의 양계 지역 주진의 형성에 관한 서술은 최종석, 「고려전기 築城의 특징과 治所城의 형성」 『震檀學報』 102, 2006에 의거하였다.

군은 중앙에서 파견된 군인과 해당 주진인으로 구성된 군인의 결합으로 이루어지고 있었는데,[102] 이것이 성립된 시기는 995년(성종 14) 무렵인 듯하다. 그 이전에는 중앙에서 파견된 진두鎭頭 등의 무장과 군인이 주진에 주둔하면서 방어를 책임지고 있었다. 새로이 개척된 지대에 설치된 주진에는 주변, 특히 여진의 공격으로부터 해당 지역을 방어할 수 있는 군사력이 절대적으로 요구되었는데, 고려 초기에 이 문제는 중앙군을 투입하는 방식으로 해결한 듯싶다.

그런데 주진 설치 지역의 확대가 계속되자 이들 지역의 방어를 중앙군의 파견에만 의존하는 기왕의 방식은 군비를 비롯한 여러 측면에서 중앙 정부에게 큰 부담으로 작용했을 것이다. 최승로가 시무 28조의 첫 번째 조항에서 중앙군의 국경지대로의 방수에 따른 고통을 제거하고 군비를 절감하기 위해 중앙군을 대신하여 변경지대 토착민[土人]들에게 방수 임무를 맡기자고 한 건의는[103] 바로 이러한 배경에서 나왔을 것이다. 최승로의 건의가 온전히 받아들여지는 방식으로 주진군이 성립되지는 않았지만, 기왕의 중앙군 파견 이외에도 토착인으로 조직화된 병력이 보태어지면서 주진군 제도는 성립되었다.

성립 시기는 995년(성종 14) 무렵으로 추정되는데 그 이유는 이러하다. 995년 당시 중앙에는 6위가 설치되었고 이와 맞물려 남도 주현에서는 보승·정용군이 성립되었다. 주현의 보승·정용군은 번상하여 6위의 보승·정용군을 구성하였을 것인데, 6위의 이들 보승·정용군 가운데 일부는 방수의 임무를 지니고 다시금 양계 지역에 파견되었을 것이다. 이때 양계 주진에서도 남도 주현에서와 같이 지역사회의 자위력을 지방군제로 포섭·활용하여 주현의 보승·정용군에 상당相當하는 주진인으로 구성된 군인이 확보되었을 것이다. 그리하여 995년 무렵 중앙에서 파견된 군인과 해당 주진에서 배출된 군사의 결합으로 구성된 주진군이 성립되었을 것이다.

---

102 최종석, 앞의 논문, 2011a 참조.
103 『고려사』 권93, 열전6, 최승로.

2) 주진군의 구성과 그 특징[104]

(1) 군사 방면

우선 주진군의 조직과 지휘 계통을 명시한 기록들을 간단히 소개해 보겠다. 먼저 1450년(문종 즉위) 예문관제학 이선제李先齊의 상서문에 인용된 '고려식목형지안북계군액高麗式目形止案北界軍額'(이하 식목형지안) 문서를 들 수 있다. 해당 문서는 1041년(정종 7)부터 1050년(문종 4)까지의 어느 해에 작성되었을[105] 일차 사료라고 할 수 있는데, 아쉽게도 이것에서 현재 확인할 수 있는 내용은 북계 주진들 가운데 귀주성, 영주성, 맹주성, 인주성에 관한 것뿐이다. 이를 정리한 것이 아래의 〈표 2-6〉이다.[106]

〈표 2-6〉 '고려 식목형지안북계군액'의 일부

군액〉〈단위성	가						나					다	
	도령	중랑장	낭장	별장	교위	대정	초군	좌군	우군	보창	합(행)군	백정군	
	인	인	인	인	인	인	대	대	대	대	인	대	계인
귀주성	(중랑장)1	2	6	14	28	57	24	20	5	8	1,637	125	3,294
영주성(안북부)	(중랑장)1	가중랑장1	6 섭낭장3	13	26	53	16	26	4	7	1,523	141	3,666
맹주성	(낭장)1		1	5	11	22	8	8(노1)	2(마1)	4	630	89	2,072
인주성	(중랑장)1	2	7	18	39	79	34(마6)	34	4	7	2,230	36	821

---

104 이에 관한 서술은 기본적으로 이기백, 「高麗 兩界의 州鎭軍」, 앞의 책, 1968 ; 최종석, 앞의 논문, 2011a에 의거했다.

105 『고려사』 병지 주현군 조에 나오는 神騎, 步班이 문서에 나타나지 않는 점으로 미루어, 문서 작성 시기는 1063년(문종 17) 이전으로 올라간다(조인성, 「高麗 兩界의 國防體制」『高麗軍制史』(육군본부 편), 육군본부, 1983, 179~180쪽). 보다 구체적으로 그 시기를 추정하자면, 북계 주진이 41개였던 때가 1041년(정종 7) 이후부터 1050년(문종 4) 이전이었음에서, 문서 작성 시기는 이 기간 중 어느 해였을 것이다. 스에마쓰 야쓰카즈(末松保和)의 경우 고려-여진전쟁 이전 시기에 문서가 작성되었을 것으로 추정했다(末松保和, 「「高麗式目形止案」について」『朝鮮學報』 25, 1962, 131~132쪽).

106 이 표는 이기백, 「高麗 兩界의 州鎭軍」, 앞의 책, 1968, 249쪽에서 전재한 것이다.

이선제의 상서문에는 식목형지안 문서를 토대로 북계 41주진(성)의 군액 상황을 총괄하여 언급하였을 것으로 추정되는 내용이 있다. 이를 정리한 것이 다음의 〈표 2-7〉이다.[107]

〈표 2-7〉 '고려 식목형지안북계군액'에 따른 북계 41주진군의 전체 현황

① 제성(諸城), 전체 41
② 합계
　a, 초맹장상장교군사(抄猛將相將校軍士) 도합 14,491인, 538대[마군(馬軍) 97대 포함].
　　　　　　　　　　　　　　　　　　　행군(行軍) 13,460인
　b, 좌맹(左猛)장상장교군사 도합 13,475인, 503대[마군 71대, 노군(弩軍) 48대 포함].
　　　　　　　　　　　　　　　　　　　행군 12,570인
　c, 우맹(右猛)장상장교군사 도합 4,979인, 107대[마군 16대 포함]. 행군 4,803인
　d, 보창(保昌)장상장교군사 도합 7,451인, 268대. 행군 7,168인
이상 장상장교군사는 도합 40,396인
③ 잡척
　　소정(所丁)　　　　　　　　1,268
　　진강정(津江丁)　　　　　　　624
　　부곡정(部曲丁)　　　　　　　382
　　역정(驛丁)　　　　　　　　1,585

④ 백정군　　　　　　　70,960인, 2,895대

그리고 무엇보다 주진군의 조직과 지휘 계통을 파악할 수 있는 자료로는 『고려사』 병지 주현군 조에 실린 양계 지역 주진군에 관한 기록이다. 이를 북계와 동계로 나누어 각각 표로 정리한 것이 〈표 2-8〉과 〈표 2-9〉이다.[108]

소개한 이들 기록을 토대로 주진군의 구성을 살펴보자면 이러하다. 주진군은 북계에서는 정용精勇(초군抄軍), 좌군左軍, 우군右軍, 보창保昌, 신기神騎, 보반步班, 백정白丁으로,[109] 동계의 경우에는 초군, 좌군, 우군, 영새寧塞, 공장工匠, 전장田匠, 투화投化, 생천군鉎川軍, 사공沙工으로 구성되었다. 『고려사』 병지 주현군 조에서의 북계 주진군의 기재 방식은 남도 주현군에서와 달리 지방관이 파견되는 개별 주진을 단위로 하여 도

---

107 이것은 末松保和, 앞의 논문, 1962에서 전재한 것이다.
108 이들 표는 이기백, 「高麗 兩界의 州鎭軍」, 앞의 책, 1968, 246~247쪽과 250~251쪽에 기재된 것이다. 표의 밑줄은 이기백의 계산이며, 〈 〉는 이기백이 수정한 것이다.
109 단 서경의 주진군은 精勇, 保昌雜軍, 海軍, 元定兩班軍閑人雜類의 병종으로 구성되었다.

령部領 이하 대정까지의 직임별 인원수가 기록된 뒤에, 행군行軍의 병원수가 기재되었고, 그 뒤에는 정용(초군),[110] 좌군, 우군, 보창 순서로 대수隊數가 기록되었으며, 신기, 보반 순으로 명수가, 마지막으로 백정의 대수가 적시되었다. 행군까지의 부분은 정용(초군), 좌군, 우군, 보창 부대의 지휘 계통에 대한 기록으로, 정용(초군), 좌군, 우군, 보창의 부대별 대수를 기록한 것과 별개의 것이 아니었다. 곧 도령 이하 대정까지의 지휘관은 정용(초군)·좌군·우군·보창 부대의 지휘진이었고, 행군은 이들 부대 소속의 군사 전체를 의미했다.[111]

초군, 좌군, 우군은 양 지역에서 공통적으로 확인되지만, 보창과 영새는 각각 북계와 동계에서만 보이고 있다. 보창과 영새는 상호 동질적인 것으로 지역적 특색을 반영하여 상이하게 호명된 것으로 추정된다. 초군 및 좌군과 우군은 이들 부대에만 마대馬隊와 노대弩隊가 포함되어 있어[112] 정예 부대였을 것으로 간주되고 있다. 서경 지역에서만 보이는 해군은 국왕의 서경 행차 시에 대동강 같은 데서 시위하는 임무를 담당하는 부대였을 것으로 이해되고 있다.[113]

〈표 2-8〉『고려사』병지 주현군 조의 북계 주진군 현황 (1)

	도령	중랑장	낭장	별장	교위	대정	행군	정용(마)(노)	초군(마)	좌군(마)(노)	우군(마)	보창	소계
	인	인	인	인	인	인	인	대	대	대	대	대	대
서경							1,950	40				19	(해군1)60
안북부	중랑장 1	2	7	14	28	58	1,515		16(4)	26(2)(2)	4(1)	7	53
귀주	중랑장 1	2	7	15	30	60	1,642		24(4)	20(4)(2)	〈5〉	8	〈57〉52
선주	중랑장 1	2	6	12	25	50	1,337		26(4)	20(2)(2)	4(1)	6	56
용주	중랑장 1	2	8	19	23	60	1,778		32	32(4)(2)	4	6	74
사비강				2	4	99							〈4〉

---

110 초군과 정용이 동일한 부대의 상이한 명칭이었을 것임은 비교적 분명하다.『고려사』병지 주현군 조의 북계 지역 부분에서 보듯, 초군이 있으면 정용이 없고 정용이 있으면 초군이 빠져 있어서 양자는 상호 보완적일 뿐 아니라, 인주의 경우 抄精勇이란 표현이 사용되고 있다. 그리고 '식목형지안'에는『고려사』병지 주현군 조의 북계 지역 부분에 기재된 정용 혹은 초정용이 모두 抄軍으로 기록되어 있다(이기백,「高麗 兩界의 州鎭軍」, 앞의 책, 1968 참조).
111『고려사』병지 주현군 조의 북계 지역 부분에서의 行軍은 '식목형지안'에는 슴軍으로 기재되었다.
112『고려사』병지 주현군 조의 북계 지역 부분에서의 다수 지역의 초군, 좌군, 우군은 각 부대별 총대수가 기록된 후 그 내에서의 마대와 노대의 수가 적시되어 있다.
113 해군은 1대가 설치되어 있었고, 부대 내에는 行首 1인, 行軍 49인이 배속되었다.

정주	중랑장 1	2	9	19	39	79	2,075		36(6)	30(4)(4)	4	6	76
인주		2	9	18	36	72	1,893	36(6)		34(4)(4)	4	4	78
의주		3	6	12	24	48	1,249						
삭주		1	5		22	45	1,209	18(6)		18(2)(1)	4(1)	5	45
창주		1	4	10	18	36	971	16(2)		10(2)(2)	3(1)	4	33
운주		1	3	9	16	31	926	12(2)(2)		12(2)(1)	4(1)	4	32
연주		1	4	8	18	41	1,052	12(2)		10(2)(2)	3	4	29
박주		1	5	9	19	39	1,387	14(2)		14(5)(5)	4(1)	5	37
가주		1	5	9	21	43	1,119	15		13 (1)	2(1)	4	34
곽주		1	4	10	18	36	996,	13(3)		14(3)(1)	2	4	33
철주		1	4	9	16	32	870	12(2)		12(2)(2)	2	4	30
영주			4	8	14	28	729	10(1)		10(2)(1)	2	4	26
맹주			3	7	10	20	630	10(2)		8 (1)	2(1)	4	24
덕주			4	5	14	28	778	10(2)		10	2	4	26
무주			4	7	14	29	801	10(1)(1)		〈10〉	3	3	〈26〉16
순주		1	2	7	13	27	755	10(2)		10(1)(1)	2	3	25
위주			5	8	16	〈30〉20	918	12(2)		12(1)(1)	3	5	32
태주			4	7	14	28	895	13(3)		10(1)		3	26
성주		1	3	7	12	27	744	10(1)(1)		9(1)(1)	3	5	27
은주			5	8	18	33	917	〈12〉22(1)(1)		12	3	4	〈31〉41
숙주	낭장 1		4	8	15	32	〈895〉95	12(2)		12(2)(2)	3	4	31
영덕성		1	4	8	16	32	832	15(3)		10(2)(2)	2	3	30
위원진			4	6	12	25	689	12		7(2)(2)	2	4	25
정융진			3	7	14	28	713	10(4)		8(1)(1)	4(1)	5	27
영삭진			5	8	〈16〉10	32	851	13(4)		13(2)(1)		4	30
안의진			4	7	14	28	711	9(2)		6		7	22
청새진		1	3	7	15	31	830	12(2)		10 (1)	3	5	30
평로진		1	3	7	15	〈31〉21	847	13(3)		10(2)	3	4	30
영원진			4	7	13	28	783	10		10(1)(1)	1	5	26
조양진	장1 부장1	1	5	8	20	41	1,143	15(2)		15(2)(2)	3	5	38
양암진	장1	1	3		7	14	422	5(1)		5(1)(1)	1	3	14
수덕진	장1			1	2	5	153	2(1)		2		1	5
안융진	장1		1	2	4	8	206	2		3		1	6
통해현			1	2	5	10	274	4		3	1	1	9
통해강					1	2	43						〈2〉
영청현			3	4	8	16	432	6		5	2	2	15
함종현			1.가낭장3	6	13	26	729	8		10	2	4	24
용강현			3	6	12	24	656	8		8	2	4	22
삼화현				1	2	5	135						〈5〉
삼등현				가별장1	2	5	121						〈5〉
계	11	31	174		680 〈686〉	1,3/6 〈1,407〉	39,870 〈40,670〉	451(64)(5)	134(18)	483(59)(49) 〈493〉	93(9) 〈98〉	187	(1)1,349 〈1,370〉

	신기	보반	백정	
	인	인	대	(25×대)인
서경	양반, 군, 한인, 잡류 9,572			
안북부			27	675
귀주				
선주			76	1,900
용주			74	1,850
사비강				
정주	108		28	700
인주			36	900
의주				
삭주	45	12	48	1,200
창주	22	21	22	550
운주	33		49	1,225
연주	26		50	1,250
박주	49	25	120	3,000
가주	50	40	113	2,825
곽주	53	42	142	3,550
철주	32	29	62	1,550
영주	15	17	25	625
맹주	28	25	96	2,400
덕주	26	23	55	1,375
무주	35		78	1,950
순주	40	20	154	3,850
위주	32	32	83	2,075
태주	22	39	57	1,425
성주	17	33	201	5,025
은주	34	59	85	2,125
숙주	39	50	37	925
영덕성	49		51	1,275
위원진	27	24	52	1,300
정융진	33	10	56	1,400
영삭진	29	23	15	375
안의진	30	17	54	1,350
새진	50	36	62	1,550
평로진	28	42	42	1,050
영원진	23	51	30	750
조양진	42	44	67	1,675
양암진	11	12	30	750
수덕진	10		22	550
안융진	11	27	33	825
통해현	5	14		
통해강				
영청현	28	9	100	2,500
함종현	20	31	49	1,225
용강현	35	40	59	1,475
삼화현				

서경	양반, 군, 한인, 잡류 9,572			
삼등현 계	1,137	847	2,440	61,000

〈표 2-10〉『고려사』병지 주현군 조의 동계 주진군 현황

부대 단위 지명	도령	낭장	별장	교위	대정	행군	초군	좌군	우군	영새		소계	공장 (工匠)	전장 (田匠)	투화 (投化)	성천군 (姓川軍)	사공 (沙工)
	인	인	인	인	인	인	대	대	대	대	인	대	경(梗)	경(梗)	경(梗)	대	대
안변	1	2	4	12	27	675	8	8	8	3	5	27	1				
서곡현			1	2	3	75		1	2	1		4	1				
문산현					(1)	(25)			1			1	1				
위산현				1	(4)	(100)		2	1	1		4	1				
익곡현				1	(3)	(75)		1	1	1		3					
철원수					(2)	(50)		1	1			2					
응천 공소					(2)	46		1				1					
고산현			1	3	7	175	2	2	2	1		7					
학포현			1	2	4	100	2	1	1	1		5					
압융수				1	2	50		1	1		7	2					
상음현				1	2	50		1	1	1		3					
화등수					(2)	(50)		1	1		5	2					
복령향				1	2	50		1	1	1		3					
화 주	1	3	7	13	32	800	10	10	8	4		32	1				
고 주	1	3	7	15	32	800	(11)1	(11)1	8	2		(32) 12		1	1		
의 주	1		3	7	16	400	5	5	4	2		16	1				
문 주	1	2	4	9	22	550	6	8	5	1		20	1				
장 주	1	2	4	9	(23)33	(575)825	6	8	6	3		23				4	
정 주	1	4	8	16	37	925	14	13	6	4		37					
덕 주	1	2	4	8	20	500	9	9	4		66	22					
원흥진	1	2	5	13	29	725	9	9	4	4		26					4
영인진	1	1	3	7	16	400	4	6	4	2		16					
요덕진	1	1	8	9	20	500	8	4	6	2		20	1				
진명현	1		2	6	11	275	5		2	1		8		1			
장평진	1		2	6	13	325	5	5	2	1		13					
용진진	1		2	4	10	250	2	4	2	2		10	1				
영흥진	1		2	5	11	275	4	4	3	2		13					
정변진	1			5	11	275	4	3	4		40	11					
운림진				1	3	75		2	1	1		4					
영풍진			1	2	5	125		2	2	1		5					
애수진			1	2	6	150		3	2	1		6	1				
금양현			2	4	10	250	4	3	3	1		11					
고성현			1	4	9	225	1	1	3	2		7					
간성현			1	5	10	250	4	4	2	1		11					
익령현			3	3	9	225	4	2	4	1		11					
명 주			5	10	23	575	8	8	8	4		28	1				
삼척현			1	8	16	400	4	4	9	1		18	1				
울진현			1	3	8	200	2	2	3	1		8					
계	16	22	84	198	459 (463)	11,521 (11,571)	131 (141)	149 (150)	125	55	123	453 (473)	12	2	1	4	4

한편, 동계에는 백정, 신기, 보반이, 북계에는 공장, 전장, 투화 등이 보이지 않은 것은『고려사』병지 주현군 조가 기록상으로 완전치 않기 때문에서였을 것이다. 별무반과 관련 있었을 신기, 보반이 북계에만 한정 설치되었을 가능성은 희박하고 병력 규모 면에서 북계 주진군의 가장 큰 부분을 구성한 백정(군)이 동계에 존재하지 않았을 것으로 보기는 어렵다.[114] 일종의 특수부대라 할 수 있는 동계의 공장, 전장, 투화, 생천군, 사공 또한 북계에도 설치되어 있었을 것이다. 즉 공장은 동계의 여러 주진에서 확인되는 등 일반적으로 설치되는 면모를 보이고 있어 북계에도 이러한 유의 부대가 있었을 것이고, 전장은 상대적으로 적은 주진에서 보이나, 그것의 설치가 동계라는 지역의 특수성과 관련되는 측면은 없어, 북계의 일부 주진에도 전장 부대가 두어졌을 것으로 추정된다.

사공의 경우 원흥진에서만 보이는데, 그것은 원흥진도부서와 관련 있었을 것이다. 양계 지역의 도부서로는 동계 지역의 진명도부서鎭溟都部署, 원흥도부서元興都部署와 북계 지역의 통주도부서通州都部署, 압강도부서鴨江都部署가 해당되기에,[115] 사공 부대는 원흥진 외에도 진명현, 북계 지역의 통주와 의주에도 설치되었을 가능성이 크다고 하겠다. 그리고 투화는 여진인의 귀화 부대일 것인데, 투화 부대가 고주에만 보이기는 해도 여진인의 투화는 빈발한데다가 투화 지역이 특정 주진에 한정되지 않은 데서, 동계의 다른 주진은 물론이요 북계의 주진들에도 그 부대가 설치되었을 가능성은 배제할 수 없다. 마지막으로 화주의 생천군은 그 실체가 전혀 파악되지 않고 있어 여타의 지역에 설치되었는지 여부를 추정조차 할 수 없다.

특수·보조적 성격의 그리고 병력수 면에서도 적은 신기·보반과 공장·전장·투화·생천군·사공을 제외한다면, 주진군의 구성은 기본적으로 초군, 좌군, 우군, 보창

---

114 이선제 상서문(『문종실록』권4, 문종 즉위년 10월 경진)에는 '식목형지안' 문서를 토대로 하여 북계 41주진(성)의 군액 상황을 총괄적으로 언급한 내용이 있는데, 이에 의하자면 북계의 백정군은 2,895隊, 70,960인에 이를 정도로 규모가 방대했다. 이기백(「高麗 兩界의 州鎭軍」, 앞의 책, 1968, 252쪽)은 동계 주진군에 백정군이 보이지 않는 것을 기록의 누락에서 비롯된 것으로 보았다.

115 김남규,「高麗의 水軍制度」『高麗軍制史』(육군본부 편), 육군본부, 1983 ; 이창섭,「高麗 前期 水軍의 運營」『사총』60, 2005 참조.

(영새), 백정군으로 되어 있었다. 그리고 초군, 좌군, 우군, 보창(영새), 백정 부대의 군사는 성격상 크게 초군·좌군·우군·보창(영새) 부대의 군사와 배정 부대의 군인으로 양분될 수 있다. 초군, 좌군, 우군, 보창(영새) 부대의 군사는 행군으로 함께 묶여 파악되는데다가 도령에서 대정까지의 지휘관들에 의해 직접적으로 통솔되는데 비해 백정 부대의 군인은 그렇지 못한 점은 이를 뒷받침해주고 있다. 이선제의 상서문에 인용된 식목형지안 문서의 기록 방식에서도 보듯, 초군, 좌군, 우군, 보창은 각각 대수가 기록된 후에 이들 병종에 소속된 군인의 총합[合軍]이 기재되는데 비해, 백정 부대는 이와 별도로 대수와 총합이 기록되었다. 이선제가 식목형지안 문서를 토대로 북계 41주진(성)의 군액 상황을 총괄적으로 언급한 내용에서도, 초군·좌군·우군·보창 소속의 군사는 백정 부대의 군인과 달리 '초맹장상장교군사抄猛將相將校軍士', '좌맹장상장교군사左猛將相將校軍士', '우맹장상장교군사右猛將相將校軍士', '보창장상장교군사保昌將相將校軍士' 식으로 하여 병종 별로 장상·장교와 함께 파악되고 있다. 이처럼 초군·좌군·우군·보창(영새) 소속의 군사는 크게 보아 같은 범주로 묶이면서 백정군과 구분되는 존재였다.

후술하듯 초군·좌군·우군·보창(영새) 소속의 군사는 남도 주현의 보승·정용군에 상응하는 전업적 군인으로, 백정의 신분·계층으로 신역 수행의 차원에서 복무하는 백정군과는 이질적이었다. 곧 이들은 백정군과 구분되는 이른바 '정호군丁戶軍'이었다. 그런데 초군·좌군·우군·보창 소속의 군사는 전업적 군인인 점에서 동질적이었으나 그 안에는 큰 차이가 존재했다. 주진 거주의 군인이냐 양계로 방수하러 온 군사이냐의 구분이 그것이다.

2군 6위의 보승·정용군은 전업적 군인이었을 주현의 보승·정용군의 번상으로 구성되고 이들 가운데 일부가 양계 주진에서 방수의 임무를 수행한다고 할 때,[116] 초군, 좌군, 우군, 보창(영새) 소속의 군인들 중에는 2군 6위 소속의 군인들이 포함된다. 초군은 정용이기도 하고 보승과 보창의 명칭이 유사한 점에서, 주현군의 보승·정용군

---

116 2군 6위의 보승·정용군이 양계 주진에의 방수 임무를 수행한 점과 관련해서는 정경현, 『高麗前期 二軍六衛制研究』, 서울대 국사학과 박사학위논문, 1992 ; 홍원기, 앞의 책, 2001 참조. 防戍軍人, 州鎭入居軍人은 이러한 군인에 해당할 것이다.

에 상응하는 주진군의 그것은 각각 보창(영새)과 초군에 소속된 군사였을 것이고, 이들은 주현의 보승·정용군과 마찬가지로 해당 주진인으로 전업적 군인이었을 것이다. 이와 관련하여 영주寧州(안북부)의 향리 직임을 수행하였던 송자청이 그곳의 정용제감대정精勇弟監隊正이 된 점은 참고가 된다.[117] 향리층인 그는 해당 지역의 정용 곧 초군의 지휘관이 된 것인데, 그가 취임한 대정 직임은, 지휘부의 구성을 검토하는 부분에서 다루어지듯이, 중앙무관의 관직이 아니라 재지인으로 채워지는 직임이었다. 이는 정용(초군)의 군사가 해당 지역인으로 구성되었음을 시사한다. 왜냐하면 해당 주진의 재지세력으로 구성된 지휘부가 통솔하였을 부대는 중앙에서 파견된 것이 아니라 해당 주진의 군인으로 이루어진 부대가 될 것이기 때문이다.

보창(영새)과 초군 소속의 군사가 주진인으로 구성된, 달리 말해, 주현군의 보승·정용군에 상당하는 존재라고 할 때, 좌군과 우군 소속의 군사는 주진 지역에 입거하는 군인이었을 가능성이 높다고 하겠다. 곧 이들은 주로 2군 6위의 보승·정용군으로 이루어졌을 것이다. 달리 보면, 좌군·우군의 군사는 남도 주현의 보승·정용군으로 충당되는 셈이 된다.

이러한 맥락에서 서경 지역 지방군 구성의 특수성을 바라볼 필요가 있다. 서경에는 북계와 동계의 여타 주진과 달리 초군·좌군·우군·보창(영새) 가운데서 좌군과 우군 부대가 설치되지 않았다. 정용과 보창(잡군) 부대만이 두어진 것이다.[118] 서경의 경우 중앙 정부의 행정 기구와 비견되는 독립적인 행정 기구인 분사分司를 두고 이것의 직임자를 서경인으로 충원한 데서[119] 유추할 때, 서경의 주진군은 여타 주진과 달리 재지인으로만 구성되었을 것이고, 이로 인해 좌군과 우군 부대가 부재했을 것이다.

요컨대, 주진군의 군인은 크게 보아 하위 지배 세력인 전업적 군인과 신역의 수행 차원에서의 농민병으로 구성되었다고 할 수 있다. 신분·계층적인 측면에서 말하자면, 주진군은 정호군과 백정군으로 이루어진 셈이다. 그리고 전업적 군인은 해당 주

---

117 김용선, 『역주 고려묘지명집성』(제4판), 한림대학교출판부, 2006의 「宋子淸墓誌銘」.
118 『고려사』 권83, 지37, 병3, 주현군, 북계, "西京 精勇一領內 都領別將一人 左右府別將各二人 校尉十人 隊正二十人 旗頭行軍并九百七十人 保昌雜軍十九隊內 行首行軍并九百三十一人 海軍一隊內 行首一人 行軍四十九人 元定兩班軍閑人雜類 都計九千五百七十二丁".
119 강옥엽, 「高麗時代의 西京制度」『國史館論叢』92, 2000 참조.

진인 외에도 방수하러 온 중앙군으로 이원적으로 구성되었다.

마지막으로 주진군의 병력 규모를 보자면, 〈표 2-8〉을 참고할 때 북계의 병력 수는 대략 지휘관이 2,650명 내외, 지휘관과 군인(초군, 좌군, 우군, 보창)을 합한 것이 대략 39,870명 내지 40,670명, 신기·보반이 2,000명 내외, 백정이 61,000명 내외였을 것이다. 식목형지안에는 북계의 백정군이 70,960명으로 기재되어 있는데, 이 숫자가 실제에 가까울 것으로 추정된다. 다음으로 동계의 병력 수는 〈표 2-9〉에 따르면 장교가 780명 내외,

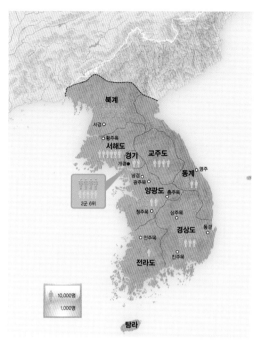

고려의 군사조직

초군, 좌군, 우군, 영새군이 대략 11,521명 내지 11,571명, 공장, 전장, 투화, 생천군, 사공 등의 특수 군인이 약간 명이다. 이에 더하여 기록이 누락되었을 신기, 보반, 백정 등의 병력수가 고려되어야 한다. 그러므로 양계 주진군 전체의 규모는 대략 14만여 명 정도로 추산된다. 식목형지안에 따르면 그것은 이보다 좀 더 늘어날 수 있다.[120]

(2) 지휘부 방면

주진군의 지휘 체계를 살펴보자면, 먼저 전업적 군인으로 구성되어 기간 부대로 기능했을 초군, 좌군, 우군, 보창(영새) 부대의 지휘 체계는 주진에 따라 다소간의 차이가 있지만 대략 도령(중랑장)-중랑장-낭장-별장-교위-대정의 체계로 요약할 수 있다.[121] 지휘 체계의 정점에는 도령이 존재했는데, 가장 직임이 높은 자가 이에 임명되

---

120 이기백,「高麗 兩界의 州鎭軍」, 앞의 책, 1968, 248~253쪽.
121 대정은 25명의 行軍으로 구성된 최하 기본 단위 부대인 隊의 장이었고, 교위는 대략 대정 2명당 1명의 비율로 배치된 점에서 행군 50명 단위의 부대 조직의 장이었을 것으로 추정된다. 별장과

었다. 곧 이들 부대의 지휘 체계에 설치될 수 있는 가장 고위 관직은 중랑장이었기에, 중랑장이 복수일 경우 그 중 1명이 도령(중랑장)으로 선임되었고 중랑장이 1인일 경우 자동적으로 그는 도령(중랑장)이 되었을 것이다. 만일 중랑장이 없을 경우에는 같은 방식으로 낭장이 도령(낭장)으로 임명되었을 것이다.

『고려사』병지 주현군 조의 양계 지역 부분에서 도령이 없는 주진은 적지 않지만, 이는 기록의 누락에서 기인한 것으로 판단되고 있다. 『고려사』병지 주현군 조에는 인주와 맹주의 도령이 보이지 않고 있으나, 식목형지안에서 각각 도령중랑장과 도령 낭장의 존재가 확인되고 있다. 『고려사』병지 주현군조에는 보이지 않으나 『고려사』의 여타 기록에서 도령이 확인되는 지역들도 있다(인주, 의주, 연주, 평로진 등). 그리고 무엇보다 1174년(명종 4) 조위총의 난이 발생하였을 때 안북도호도령安北都護都領 강우문姜遇文 등의 34성 도령이 연주에 글을 보냈다는 기록[122]에서 주진마다 도령이 존재하였음은 비교적 뚜렷이 확인된다. 왜냐하면 34성은 조위총 난에 동조한 북계 주진 전체에 해당하기 때문이다.[123]

그런데 초군, 좌군, 우군, 보창(영새) 부대의 지휘 체계는 이원적으로 운영되었을 것이다. 초군, 좌군, 우군, 보창(영새) 부대의 군사는 해당 주진인으로 선발된 군인과 2군 6위 소속으로 주진에 파견된 군인(방수군인, 주진입거군인)으로 구성되었다고 하였는데, 지휘부 역시 해당 주진의 재지 세력으로 이루어진 지휘관과 2군 6위 소속으로 주진에 파견된 지휘관(방수지휘관)으로 이원적으로 구성되었을 것이다. 요컨대, 초군, 좌군, 우군, 보창(영새) 부대의 지휘 체계는 해당 주진의 토착인 지휘관이 해당 주진인으로 선발된 군인을, 중앙 무관 지휘관이 중앙에서 파견된 군사를 통솔하는 방식이었다고 하겠다.

먼저 주진의 재지 세력이 주진군 지휘부의 일부를 구성한 것은, 중앙 무인이 아닌 재지인이 도령의 직을 담당한 것에서 단적으로 뒷받침된다.[124] 도령은 재지인으로 중

낭장은 각각 100명과 200명 단위의 부대 조직의 장으로 추측되고 있으며, 낭장과 중랑장이 약 4대 1의 비율로 두어진 점에서 중랑장은 800명 단위의 부대장이었을 것이다(이기백, 「高麗 兩界의 州鎭軍」, 앞의 책, 1968, 254쪽 참조).

122 『고려사』권99, 열전12, 현덕수.

123 김갑동, 「고려시대의 都領」『한국중세사연구』3, 1996, 82쪽 참조.

124 양계 지역의 도령이 해당 주진의 토착 세력이었음은 다음 연구에서 검토되었다(김남규, 「明宗代

랑장-낭장-별장-교위-대정의 지휘 체계에서 최고위의 직임에 올라 있는 자가 겸임한 데서, 도령의 역할을 한 인사는 해당 주진군이 대정에서 시작하여 승진을 거듭하여 지휘 체계상의 최고위 직임에까지 다다랐을 것이다. 이는 중앙 무관이 아닌 재지인이 취임하는 대정에서 중랑장까지의 직임이 존재했음을 시사한다.

송자청의 사례는 이를 구체적으로 보여주고 있다. 그는 영주(안북도호부) 사람으로 그의 증조는 낭장을, 조부와 부친은 모두 호장을 역임했으며, 그 역시 향리의 직임, 즉 향읍鄕邑의 부서지역簿書之役을 담당했다. 그러다 1151년(의종 5) 병마사가 이 지역에 들어와 제감弟監을 선발할 당시, 그는 뛰어난 재능 덕택에 향리에서 영주의 정용제감대정精勇弟監隊正으로 개차改差되었고, 이후 승진을 거듭하여 조위총의 반란 당시에는 안북부의 낭장에까지 이르렀다.[125] 요컨대, 그는 영주의 향리 집안에서 출생하여 향리직을 수행했고 이후 이 지역 주진군의 지휘관으로 변모한 것이다. 그의 증조부가 역임한 낭장 역시 송자청을 포함한 이후의 삼대가 향리직을 잇따라 역임한 데서 중앙 무관직이 아니라 재지인으로 취임하는 직임이었을 것이다. 송자청 유의 인사가 승승장구할 경우 도령의 직임에까지 이르렀을 것이다.

조위총의 반란에 가담한 인사들 가운데 중랑장, 낭장으로 도령의 직임을 겸한 자들 외에도 대정에서 중랑장까지의 직임을 지닌 인물들을 드물지 않게 볼 수 있는데, 이들은 재지인으로 해당 관직에 취임한 자들이었을 것이다. 중앙의 무관으로 북계 주진에 방수하러 온 자들이 조위총의 반란에 적극적으로 가담했다고는 볼 수 없다. 왜냐하면 북계 주진의 조위총 난에의 가담은 중앙 정부가 북계 주진인의 결오桀驁함을 이유로 이곳을 토벌하려 한다는 조위총의 간계에 넘어간 데서 비롯되었기 때문이다.[126] 따라서 조위총 측에 동조한 북계 대다수 주진에서 확인되는 중랑장 이하 대정까지의 직임들은 재지인이 대유帶有한 것이라고 하겠다. 한편 한순韓恂과 다지多智는 모두 의주의 수졸戍卒 출신으로 각각 의주의 별장과 낭장에 올랐는데, 이 경우의 별장과 낭장

兩界 都領의 性格과 活動」『高麗兩界地方史研究』, 새문사, 1989, 114~115쪽 ; 김갑동, 앞의 논문, 1996, 82~83쪽).

125 김용선, 『역주 고려묘지명집성』(제4판), 한림대학교출판부, 2006의 「宋子淸墓誌銘」
126 『고려사』 권100, 열전13, 조위총.

역시 재지인으로 역임하는 직임이었다고 하겠다.[127] 한순과 다지는 의주인으로 주진군의 군사로 활동하다 이곳의 지휘부로 진입하는데 성공한 인물이었을 것이다.[128]

이렇다고 한다면, 주진군에서 중랑장 이하 대정까지의 직임은 방수하러 온 중앙 무관이 지닌 것, 곧 중앙 관직일 수도, 중앙 관직이 아니라 재지인으로 취임한 것일 수도 있다. 이들 직임은 외면적으로 동일하나 그 내부에는 큰 차이가 존재한 것이다.[129] 방수하러 온 중앙 무관과 구분되는 주진의 재지세력으로 이루어진 지휘관(직)은『고려사』식화지 녹봉 조에 적시된 주진장상장교록州鎭將相將校祿의[130] 수여 대상자였을 것이다. 해당 조에서 주진장상장교록은 문무반록文武班祿과 서경관록西京官祿 등과 구별되어 기재되었는데, 중랑장 이하 대정까지의 장상장교將相將校의 녹봉은 문무반록상의 제위諸衛의 해당 무관의 그것에 비해 꽤나 적다.[131] 중앙 무관이 양계에 방수하러 갔을 때 상대적으로 적은 녹봉을 받았다고도 볼 수 있지만, 상대적으로 힘겨운 임

---

127 『고려사』 권130, 열전43, 반역4, 한순.

128 물론 이러한 경우는 일반적이지 않았을 것이다. 2군 6위 소속의 군인이 장교로 승진하는 통로가 막혀 있지 않았듯이, 주진군의 재지인 군사가 그곳 사람으로 충원되는 장교직에 취임하는 것 또한 가능하였을 것이다.

129 이러한 이해 방식과 달리 조인성은 초군·좌군·우군·보창(영새) 부대(주진군)와 별도로 방수군과 그 지휘관이 있다고 보았다(조인성, 앞의 논문, 1981).

130 『고려사』 권80, 지34, 식화3, 녹봉, 州鎭將相將校祿, "睿宗十六年 十一月 定 四十石中郎將 三十三石郎將攝中郎將 二十石攝郎將或十八石 十八石別將 十四石校尉 九石隊正".

131 조인성, 앞의 논문, 1981. 양자의 수수 녹봉의 차이는 다음 표와 같다.

주진장상장교록과 무반록 비교

무반록(문종조)		주진장상장교록(예종조)		무반록(인종조)	
상장군	300石			상장군	300석
대장군	233石 5斗			대장군, 섭상장군	233석 5두
장군	200석			장군, 섭대장군	200석
중랑장	120석	중랑장	40석	중랑장, 섭장군	120석
낭장	86석 10두	낭장, 섭중랑장	33석	낭장, 섭중랑장	76석 10두
별장	46석 10두	섭랑장	20석	별장, 섭랑장	46석 10두
산원	33석 5두	별장	18석	섭별장	33석 5두
교위	23석 5두	교위	14석	교위	23석 5두
대정	16석 10두	대정	9석	대정	16석 10두

※ 이 표는 조인성, 앞의 본문, 1983, 151쪽의 〈표 7〉을 전재한 것이다.

무를 수행하면서 이전에 비해 훨씬 적은 녹봉을 받게 되었을 것으로 생각하기는 어렵다. 『고려사』, 식화지 녹봉 소의 서경권록이 서경 재지인으로 구성된 서경분사西京分司 관원들의 녹봉이었듯이,[132] 주진장상장교록은 주진인 장상·장교의 녹봉이었을 것이다. 그러하였기에 주진장상장교록은 동일 직임의 무반록에 비해 그 액수가 꽤나 적었던 것이다. 그리고 주진장상장교록만이 유독 예종대 정해진 점도 간과할 수 없는 부분이다. 문무반록, 권무관록, 동궁관록, 외관록 등 중앙 관인을 대상으로 한 녹봉은 모두 1076년(문종 30)에 정비되고 인종대 다시금 개혁되는데[133] 반해, 주진장상장교록은 1121년(예종 16)에 정해지고 있다.[134] 이는 주진장상장록의 대상자가 중앙 관인과 별 계통이었음을 시사한다.[135] 결국 문무반록상의 제위의 중랑장 이하 대정까지의 녹봉과 상이한 주진장상장교록은 재지인으로 주진군의 지휘진을 구성한 존재를 대상으로 했다고 하겠다. 이들 지휘관(직)은 '주진장상장교'라 칭해질 수 있을 것이다.

초군·좌군·우군·보창 부대의 군사는 물론이요 지휘관까지 이원적으로 구성되었을 것이기에, 실제의 지휘 체계는 '주진장상장교'가 해당 주진인으로 선발된 군인을, 방수 지휘관이 방수군을 통솔하는 방식으로 운영되었을 것으로 판단된다. 송자청이 재지인으로 구성되었을 부대인 정용(초군)의 대정이 된 사례에서 이러한 점은 뒷받침된다. 주진 지역이 외적 방어, 반란 가담 등에서 '주진장상장교'를 주축으로 독자적인 군사 행동을 활발히 할 수 있는 배경에는 바로 이러한 지휘 체계가 놓여 있었을 것이다. 그리고 '주진장상장교'와 이의 지휘를 받는 재지인 군사로 이루어진 계통은 지역 자위적 성격이 강한 것이었다.[136]

---

132 최정환, 『고려·조선시대 녹봉제 연구』, 경북대출판부, 1991 참조.

133 『고려사』 권80, 지34, 식화3, 녹봉.

134 州鎭將相將校祿이 이때 처음 제정되었는지, 혹은 개정되었는지 하는 점은 불명확하다.

135 주진장상장록의 대상자를 중앙 관인으로 보는 견해는, 예종대 주진장상장록의 제정이 당시 심각해진 여진의 양계 지역에 대한 군사적 위협의 증대와 관련되는 것으로 본 이해(이희덕, 「高麗 祿俸制의 研究」『李弘稙博士 回甲紀念 韓國史學論叢』, 1969)와도 배치된다. 여진의 위협에 대응한 적극적 조치가 양계 지역에 방수하러 간 지휘관의 녹봉 삭감으로 구현되었을 것이라는 점은 대단히 모순되기 때문이다. 이 문제는 예종대 주진장상장록의 제정이 중앙 관인이 아닌 주진의 재지 세력으로 이루어진 지휘관(직)을 대상으로 한 녹봉의 반사로 보면 해소될 수 있다.

136 주진군제에서의 지역 자위력의 제도적 활용은 최승로의 시무책에서 그 문제의식의 단초가 보인다. 그는 시무책에서 京軍의 防戍 勞役을 면제하고 군량 수송의 비용을 절감하는 차원에서 변경

이들 '주진장상장교'는 일품군의 장교와 달리 현임 향리의 겸임직이 아니라 전임직이었다. 국경 지대에서 전업적 군인으로 구성된 부대의 지휘관이 전임으로 해당 직임을 담당했을 것임은 쉽사리 짐작된다. 송자청이 향리에서 대정으로 개차된 것에서도 '주진장상장교'가 전임직이었음을 알 수 있다. '주진장상장교'를 대상으로 했을 녹봉의 사여 또한 이들이 전임으로 해당 역할을 수행한 점을 시사한다. 그리고 이처럼 '주진장상장교'직은 전임직으로 향리직과 별도로 존재했기에, '주진장상장교'는 이들을 배출할 수 있는 주진 내의 신분·계층에서 충원되었을 것이다.[137] 이러한 신분·계층은 주진장상장교층으로 상정해 볼 수 있는데, 이들은 향리층에 비견될 수 있는 존재라고 하겠다.[138]

도령은 재지인으로 중랑장-낭장-별장-교위-대정이라는 지휘 체계에서 최고위의 직임에 올라 있는 자가 겸임한 데서 '주진장상장교'의 정점에 위치한 존재였고, 그러한 면에서 향리직 가운데 수호장에 비견될 수 있다. 그리고 도령은 초군·좌군·우군·보창(영새) 부대의 지휘 체계상의 정점에 위치해 있었기에, 초군·좌군·우군·보창(영새) 부대의 지휘 체계는 '주진장상장교'와 '방수지휘관'에 의한 것으로 이원적으로 운영되면서도 재지인 도령에 의해 총괄되는 모양새를 노정했다고 할 수 있다.[139]

다음은 백정군의 지휘 체계에 관해서이다. 그것은 기록상으로 확인되지 않고 있어 존재 여부조차 확실치 않다. 하지만 백정군의 규모가 방대한 점에서 지휘부가 설치되었을 가능성은 크다고 하겠다. 그 지휘부는 백정군에 상당하는 주현군 내 일품군의 장교진과 마찬가지로 현임 향리들의 겸직 방식으로 구성되었을 것으로 추측된다.

지역의 토착민[土人] 가운데 무예에 능한 자들을 선발하여 방수에 충당하고 또한 偏將을 선발하여 이들을 통솔케 할 것을 건의하였다(『고려사』 권82, 지36, 병2, 진수). 최승로의 의견과 달리 중앙군은 여전히 방수의 임무를 수행했지만, 토착민으로 구성된 군사와 편장은 경군과 더불어 주진군의 중추를 구성했다. 토착민 내에서 선발한 군사와 편장은 보창(영새)·초군과 그 지휘부에 연결될 수 있다.

137 韓恂과 多智의 사례에서 엿보이듯이,(『고려사』 권130, 열전43, 반역4, 한순) 초군과 보창의 군사가 지휘관으로 승진하는 경우도 있었을 것이나, 이는 일반적이지 않았을 것이다.

138 주진장상장교층과 향리층은 명목상 구분되면서도 실제로는 상호 중첩적이었을 것이다. 『고려사』 권99, 열전12, 현덕수 참조. 앞서 소개한 '송자청묘지명'도 이에 해당하는 기록이라 할 수 있다.

139 도령과 방수지휘관 사이에 실질적인 상하 관계가 형성되지는 못했을 것이다.

주진군 내 지휘체계를 계통별로 살펴보자면 이상과 같다. 그런데 이러한 주진군 전체를 통할힌 사람은 주에서는 방어사防禦使였고 진의 경우에는 진장이었다. 방어사와 진장은 각각 문관과 무관으로 임명되었는데, 주와 진의 지방관으로서 민정을 관장함과 동시에 군정도 총괄하였을 것이다. 이들은 초군·좌군·우군·보창(영새) 부대 지휘 체계의 정점에 위치한 도령보다 상위에서, 그리고 백정군을 통솔한 향리층 상위에서 군정을 총괄한 것이다. 그리고 각 주진 단위의 주진군은 군사 지휘체계상의 보다 상위에 위치한 분도장군分道將軍의 통솔을 받았을 것이다. 당시 양계 지역에는 수개의 주진들로 구성된 분도들이 설치되었고, 각 분도 내의 거점 주에는 (방수)장군이 두어졌다. 이 분도장군은 분도 전체를 군사적으로 총괄하였을 것인 바, 군사 지휘체계상 개별 주진 상위에 위치하게 되는 것이다. 마지막으로 분도장군 상위에 병마사가 존재하고 있었다. 병마사는 북계와 동계 각각에 파견되어, 각 지대에 소속된 주진군 전체의 최고사령관으로서의 역할을 수행했다.[140]

3) 주진군의 역할

주진군의 최대 임무는 국방이었다. 주진군은 국경 지대인 양계에 설치된 점에서, 양계 이북 방면에서의 침입을 방어하는 것이 그들의 주된 임무였다. 고려가 거란, 여진, 몽골 등의 침입을 받았을 때 이를 효율적으로 격퇴할 수 있었던 것은 기본적으로 주진군의 활약 덕분이었다.

주진군은 각 주진의 '치소가 위치한 성' 곧 주진성에 거주하면서 해당 주진을 방어하고 있었다. 주진성은 남도의 '치소가 위치한 성'과 마찬가지로 산성이었지만 일반적으로 성의 규모가 남도의 그것보다 컸고, 일부는 평산성이기도 하였다.[141] 주진성의 이러한 입지적 특성은 방어에 초점을 맞추면서도 서주싱의 역할을 병행해야 하는데

---

140 이기백, 「高麗 兩界의 州鎮軍」, 앞의 책, 1968, 256~259쪽. 방수장군과 관련해서는 조인성, 앞의 논문, 1983 참조.
141 주진 지역의 평산성은 조선시대의 일반적인 평산성과 달리 기본적으로 산성이면서 평지 부분을 성내에 일부 포함한 것이었다.

서 기인하는 바였다.[142] 주진군을 포함한 주진 거주자는 일반적으로 주진성 내에서 생활하였을 것인데, 다음 기록은 이러한 점을 잘 보여주고 있다.

> 동로병마사東路兵馬使가 아뢰기를 "장주長州는 지대가 높고 험하며 성 안에 우물이 없으니 바라건대 남문南門 밖 평지에 목책을 설치하고 민인을 옮겨 살게 하되 위급할 시에는 성안으로 들어가게 하소서"라고 하니 이를 따랐다.[143]

위의 기록에서 장주는 장주성을 의미하는데, 우물이 없는 등의 예외적인 경우에 한해 성 밖 평지에 목책을 설치하고 그곳에 주민들을 거주케 한 점으로 보아, 주진 지역의 사람들은 일반적으로 주진성 내에 거주하였다고 볼 수 있다.

주진 지역에서는 일반인들까지 성내에 거주해야 한 데서, 주진군 역시 그곳에 입거하였을 것임은 분명하다. 초군·좌군·우군·보창(영새)은 물론이요, 백정군 또한 주진성 안에 거주했을 것이다. 이들 주진성은 '치소가 위치한 성'이었기에, 성 내에는 지방관아 및 향리관청인 읍사가 설치되어 있었고, 지방관과 향리 또한 주진성 내에서 생활했을 것이다. 이렇다고 한다면, 초군·좌군·우군·보창(영새) 군사, 백정군, 초군 부대 등의 지휘관, 백정군을 통솔하였을 향리들, 주진군 전체를 행정적·군사적으로 통할하는 지방관 모두가 주진성에 거주하면서 이를 군사적 거점으로 하여 해당 주진을 방어한 셈이다.

주진성은 기본적으로 산성 형태인 까닭에 방어에 효과적이었다. 방어 효과를 극대화하기 위해 성에는 여러 방어 시설들과 무기들이 준비되어 있었다. 적의 동태를 파악하기 위한 망루의 설치를 비롯하여 포차砲車, 대우포大于浦, 철환鐵絚 등의 무기를 구비한 것이 그 예이다.[144] 그리고 주진성 중심의 방어를 보완하는 차원에서 주진성

---

142 최종석, 앞의 논문, 2007. 남도의 '치소가 위치한 성'은 일반적으로 거주성으로서의 역할을 하지 못했지만, 주진성에는 지역민의 일상적인 거주처가 자리하고 있었다. 이러한 이유에서 주진성의 규모는 상대적으로 컸으며, 성내에 보다 많은 택지를 조성하기 위해 주진성은 평산성의 형태를 지니곤 했다.
143 『고려사절요』 권4, 문종 8년 8월.
144 조인성, 앞의 논문, 1983, 171~175쪽 참고.

바깥에 여러 수戍들이 설치되었다. 이 수는 전방초소로서의 기능을 수행하였던 일종의 기지로서 적군의 농태를 탐지하여 본성에 통보하고 적의 소규모 침입을 격퇴하는 등, 본성인 주진성과 유기적으로 연계되면서 주진의 탄탄한 방어체계를 구축하는데 큰 역할을 수행했다.

주진군의 주된 전술은 주진성을 거점으로 하여 방어하는 것을 기본으로 했다. 그러면서도 적이 허점을 노출하면 기습적으로 성문을 열고 출격하여 공세적으로 적을 격퇴하곤 했다. 그리고 일차적으로는 각 주진(성)을 단위로 하여 외침을 막아내고자 했다. 물론 상황에 따라서는 인근 주진군이 공격을 받는 혹은 공격 대상인 주진성에 집결하여 외적의 침입을 합동으로 방어하기도 했다.[145]

주진군은 당시 양계에 광범하게 존재하고 있던 둔전을 경작하였던 것으로 이해되고 있다. 여기에서 거두어들인 조세는 군수에 충당하는 것이 원칙이었다. 이들 둔전의 경작은 주로 백정군에 의해 이루어졌을 것이다. 백정군도 유사시에 전투에 동원되었을 것이나, 평시에는 둔전 경작 등을 비롯하여 각종 공역 활동에 투입되었을 것이다.[146]

3. 지역 사회의 자위력을 활용한 지역방어체제[147]

1) 지역 사회 자위력의 구현 양상

고려전기에는 지역공동체 단위의 성城에 거점을 둔 방어 기능을 위해 지역공동체의 자위적 군사기능이 상당부분 유지되고 있었고, 이와 맞물려 고려 국가의 전쟁방식은 자위공동체 단위의 수성전과 유격전에 의존한 지역 방어를 기본으로 하고 중앙정부 직속의 중앙군이 적의 주력 부대를 상대하는 양상이었다는 것이 규명된 바 있

---

145 이기백, 「高麗 兩界의 州鎭軍」, 앞의 책, 1968 참조.
146 이기백, 「高麗 兩界의 州鎭軍」, 앞의 책, 1968, 265~267쪽 참조. 전투 동원이건 공역 활동이건 이들 백정군의 일차적 통솔은 지휘관을 겸직하였을 향리에 의해 이루어지고 있었을 것이다.
147 이 부분은 최종석, 앞의 논문, 2011b에 의거하여 서술되었다.

다.[148] 고려전기의 지역방어는 지역사회의 자위력을 활용하여 운영되고 있던 것이다.

그런데 고려전기의 지역방어는 특히 지방군제의 성립 이후로는 그것을 토대로 하면서 시대성을 노정한 방식으로 작동되고 있었다. 곧 당시의 지역방어는 기본적으로 지역사회의 자위적 역량을 제도 내로 흡수·활용한 지방군에[149] 의해 이루어졌다고 할 수 있다. 여기서는 지역방어에 있어서 지역사회 자위력이 구현되는 양상을 구체적으로 살펴보도록 하겠다. 특히 그러한 양상을 상대적으로 잘 보여준다고 판단되는, 조위총 난 당시 북계 주진의 자위적·군사적 움직임을 위주로 하여 서술한다.

1174년(명종 4) 9월 서경유수 병부상서 조위총은 당시 집권자인 정중부와 이의방의 토벌을 명분으로 하여 서경에서 반란을 일으켰다.[150] 조위총 난의 발생 직후 자비령(절령) 이북의 40여 주진이 호응했는데, 이는 연주延州를 제외한 북계 주진의 거의 대다수가 참여한 규모였다.[151]

북계 40여 주진의 조위총 난에의 이러한 가담은 해당 주진의 재지인에 의해 이루어진 것이다. 달리 말해, 북계 주진에 파견된 지방관 및 방수군을 포함한 방수 지휘관은 조위총의 난에 참여하지 않았을 것이다. 북계 주진이 재지인을 위주로 조위총에 호응했음은, 북계 주진의 조위총 난에의 가담이 중앙 정부가 북계 주진(인)을 토벌할 것이라는 조위총의 간계에 넘어간 데서 비롯된 데서 알 수 있다. 곧 조위총은 서경에서 반란을 일으키면서 양계 주진들에 격문을 띄워, 중방重房이 북계 주진(인)의 거셈[걸오桀驁]을 이유로 이들 지역을 토벌하러 이미 대규모 군사를 동원했으니, 자신의 편에 가담할 것을 설득했다. 이에 넘어간 자비령 이북의 거의 모든 북계 주진은 일종의 자위 차원에서 반란에 합세했다.[152]

---

148 노명호, 『고려국가와 집단의식』, 서울대출판문화원, 2009 중 'Ⅱ. 지역자위공동체의식과 국가체제' 참조.

149 최종석, 앞의 논문, 2011a 참조.

150 『고려사절요』 권12, 명종 4년 9월.

151 『고려사』 권99, 열전12, 현덕수, "明宗四年 趙位寵起兵西京 岊嶺以北皆應之 德秀與其父都領覃胤 謂州將曰……遂與(延: 필자)州將 望闕拜 連呼萬歲 閉城固守".

152 『고려사절요』 권12, 명종 4년 9월, "西京留守兵部尙書趙位寵起兵 謀討鄭仲夫李義方 檄召東北兩界 諸城曰 側聞上京重房議曰 近北界諸城 率多桀驁 宜往攻討 兵已大發 其可安坐自就誅戮 宜各糾合兵 馬 速赴西京 於是 岊嶺以北四十餘城 皆應之". 이러한 사실은 安北都護都領 姜遇文이 34성의 도령

중앙 정부의 북계 지역에 대한 군사 행동의 실제 여부를 떠나, 북계 주진은 중앙군의 해당 지역민에 대한 토벌을 사실로 믿고 이에 대응하여 자구·자위의 차원에서 반란에 참여했었기에, 중앙으로부터 이곳에 파견되어 온 자들이 이러한 성격의 반란에 참여하지 않았을 것임은 비교적 확실하다.

주진인의 조위총 반란 동조는 재지인 중에서도 재지 세력의 주도로 이루어지고 있었다. 특히 주진 토착인으로 주진군 지휘관에 임명된 인사들이 주도자로 두드러지게 활약하였음이 주목된다. 이러한 점은 반란이 발생한 지 얼마 지나지 않은 1174년(명종 4) 10월에 북계 주진 가운데 유독 조위총 측에 가담하지 않은 연주를 대상으로 하여 안북도호도령安北都護都領 강우문姜遇文이 34성城의 도령 등과 연명으로 이곳의 장리將吏들에게 편지를 보내 회유한 사실에서[153] 단적으로 드러난다.

주진군의 지휘부 내에는 토착인으로 장교직임을 수행하는 '주진장상장교'가 존재하여 해당 주진인에서 선발된 군인을 지휘했을 것인데, 도령은 토착인으로 '주진장상장교'의 정점에 위치한 존재였다. 반란에 가담한 북계 주진들에서 도령이 군사 조직의 리더로 활동했음은, 도령을 정점으로 한 '주진장상장교'가 반란의 주축으로 기능했음을 시사할 것이다. 그리고 '주진장상장교' 외에 향리층 또한 반란의 주도 세력으로 활약했다. 향리층의 경우 군사제도 면에서는 일부 직임자가 백정군의 장교를 겸하는 수준에서 그 역할이 제한되었을 터이지만, 실제적으로는 제도의 테두리를 넘어 군사적 리더의 역할을 수행했을 것이다. 한편 반란 참여를 거부하고 반란군의 공세에 자위적 방어력으로 맞선 연주와 같은 주진에서도 마찬가지여서, 이곳의 항전 주도세력 역시 도령을 정점으로 하는 '주진장상장교'와 백정군 장교에 한정되지 않았을 향리층이었을 것이다.[154]

과 함께 연주에 보낸 致書에서도 확인되는 바이다. 『고려사』 권99, 열전12, 현덕수, "安北都護都領姜遇文 與二十四城都領 致書延州將吏曰 上京將發大兵 討北藩諸城 諸城實無罪 故西京趙尙書惻然 欲救吾等 徵召士馬 而貴城獨不至 何也 若有異謀不從者 當赤其族 宜率兵赴西京 使無後悔".

153 『고려사절요』 권12, 명종 4년 10월.

154 이러한 지역공동체적 자위 활동은 『고려사』, 『고려사절요』 등에 기재된 것이 모두 중앙에서 파견된 문무 관리들을 중심으로 한 것이어서 기록상으로 극히 제한적으로 확인됨에도 불구하고(노명호, 「고려시대 지역자위공동체」, 『韓國古代中世 地方制度의 諸問題』, 집문당, 2004, 171쪽), 그 윤곽이 어느 정도나마 드러나고 있다.

조위총 난 당시 북계 주진의 자위적·군사적 움직임을 보다 구체적으로 서술해 보도록 하겠다. 우선 연주의 사례에서 볼 수 있듯이, 반란 참여를 거부하고 반란군의 공세에 맞선 주진에서도 도령을 정점으로 한 '주진장상장교'가 자위적 활동의 주축으로 활약했다. 곧 연주의 도령인 현담윤玄覃胤과 그의 아들인 현덕수玄德秀가 중심이 되어 주군장州軍將으로 칭해지는 '주진장상장교'를 설득하여 반란 세력에 저항토록 했다.[155] 또한 반란에 가담한 주진들의 도령이 연명으로 연주의 장리將吏에게 편지를 보내 반란 참여를 회유한다든지,[156] 연주에서 반란군에의 항전을 이끄는 인물들 가운데 하나인 현덕수가 적의 공세로 인한 지역민의 동요를 차단하기 위해 맹주 장리 명의의 격문을 조작한다든지 하는 것은,[157] '주진장상장교'와 향리의 합칭이었을 장리가 반란이건 항전이건 간에 그 주도 세력으로 활동한 사회적 환경에서 나올 수 있는 조치였을 것이다.

이밖에도 처음에는 반란에 가담했다가 이후 국가에 귀순하여 반란군에 맞서 싸운 안북부 지역의 몇몇 인사들을 대상으로 한 국가의 관직 제수에서, 그 대상자가 안북호장安北戶長 노문유魯文腴와 안북도령安北都領 송자청宋子清, 문신로文臣老, 강우문 등인 점은 주목된다.[158] 강우문은 안북부가 조위총 편에 붙었을 당시 안북도호도령이었던 점에서 '주진장상장교' 가운데 가장 상위에 위치한 인물이었을 것이고, 송자청은 묘지명 기록에 따를 때 당시 낭장이었을 것이며,[159] 문신로 또한 '주진장상장교'였을 것

---

155 『고려사절요』 권12, 명종 4년 9월, "獨延州都領玄覃胤及子德秀 謂州軍將曰 昔契丹蕭遜寧侵我 列城竝降 而獨我州 屹然固守 功載王府 今位寵包藏禍心 旅拒王命 天地所不容 苟懷忠義 可忍從命 遂與州將 向闕羅拜 連呼萬歲 乃閉城固守". 여기서의 주군장(州軍將)이 '주진장상장교'였을 것임은 재지 세력인 도령 부자가 이들을 대상으로 조위총의 난에 가담하지 않도록 설득해야 한 사실과 북계 주진의 조위총 측에의 가담이 자위 차원에서 이루어진 점에서 뒷받침된다. 아울러 현담윤 부자가 이들을 설득하는 논리로, 거란 침입 때 해당 주가 다른 곳과 달리 항복하지 않고 성을 고수한 공적이 있었음을 상기시키는 식의 지역적 특수성을 동원한데서도, 이러한 점을 엿볼 수 있다.
156 『고려사』 권99, 열전12, 현덕수.
157 『고려사절요』 권12, 명종 4년 10월.
158 『고려사절요』 권12, 명종 5년 8월.
159 송자청은 조위총 난 당시 안북부의 낭장이었다가 1175년(명종 5)에 중랑장이 되었다[김용선, 『고려묘지명집성』(제4판), 한림대학교 출판부, 2006의 「宋子淸墓誌銘」].『고려사절요』에는 1175년 8월에 그가 강우문, 문신로와 더불어 職과 賞을 받았다고 기록되어 있는데, 당시 송자청이 제수받은 관직은 중랑장이었을 것이다.

이다.

결국 안북부 지역에서는 도령 강우문을 정점으로 한 '주진장상장교층'이 반란군에의 참여 내지 저항이라는 군사 활동을 주도한 것이다.[160] 또한 안북호장 노문유가 조위총 측에 저항하여 안북부성을 고수했다는 공로로 인해 국가로부터 합문지후의 직임을 제수받은 데에서,[161] 호장을 정점으로 한 향리층 또한 지역 사회의 군사적 리더의 역할을 수행했음을 엿볼 수 있다.[162]

이처럼 주진에서의 자위적 활동이 '주진장상장교층'과 향리층에 의해 주도되고 있었던 까닭에, 조위총은 주진의 추호酋豪 내지 토호土豪라 불리는 이들 세력을 대상으로 관직 제수 등의 방식을 통해 적극적으로 회유하고자 했다.[163] 특히나 양계 주진 지역의 도령은 주진군을 통솔하는 '주진장상장교'의 정점에 위치하여 군사력 동원 면에서 가장 비중 있는 존재인 데서 핵심적인 포섭 대상자였을 것이다. 달리 말해, 주진 내에서 조위총으로부터 관직을 수여받은 이들의 중심에는 도령이 자리했을 것이다. 그 실례들 가운데 하나로 선주宣州의 도령낭장 의유義儒가 조위총의 임명을 받아 장군이 된 것을 꼽을 수 있겠다.[164]

개별 주진의 조위총 반란에의 참여 내지 저항이 '주진장상장교'와 향리층의 집단적이고 자발적인 의사에 따라 결정되다 보니, 반란의 전개에 따른 상황 변화 등으로 인해 반란에 가담 내지 저항한 재지 세력의 집단적 의사에 균열이 발생할 수 있었다. 그리고 이러한 갈등으로 인해 정치적 향배가 달라지곤 하였다. 선주의 경우 초반에는 반란에 참여했지만, 조위총 세력이 열세에 처해질 무렵 선주의 향공진사鄕貢進士인 방

---

160 연주 지역을 회유하기 위해 이곳에 편지를 보낸 雲州郎將 君禹도 운주 도령 밑에서 활동한 '주진 장상장교'의 일원이었을 것이다. 『고려사절요』 권12, 명종 4년 10월, "雲州郎將君禹 遣邊孟齋書 諭延州曰 西京差使員 率四十餘城及諸寺院僧雜軍萬餘 欲侵貴城 宜愼思之 其速赴김".

161 『고려사절요』 권12, 명종 5년 8월.

162 고종대 의주적의 난 당시 북계의 일부 주진은 성공적으로 반란군을 방어했고 이 공로로 인해 해당 주진의 '州吏'들이 국가로부터 관직을 제수받은 사실도 같은 맥락에서 이해될 수 있다. 『고려사』 권22, 세가22, 고종 6년 10월 신사. "以北界諸城 多爲義州賊所陷 唯安北都護府與龜州延州成州 堅壁固守 賜州吏衆職 有差".

163 『고려사』 권100, 열전13, 방서란 ; 『고려사절요』 권12, 명종 6년 3월.

164 『고려사절요』 권12, 명종 6년 12월.

서란房瑞鸞이 그의 형 방효진房孝珍과 방득령房得齡과 함께 은밀히 선주인을 설득하여 국가에 귀순하게 되었다. 이 과정에서 방씨 형제는 국가에의 귀순을 반대하는 선주의 도령낭장으로 조위총에 의해 장군으로 임명된 의유를 제거하고 자신들의 의사를 관철했다.

선주의 소식을 접한 의주인 또한 조위총이 임명한 장군 경작(본래 의주의 도령이었을 것) 등을 죽이고 선주와 뜻을 같이 했다.[165] 방서란은 선주의 향공진사였고 그의 형 방득령은 공로를 인정받아 그곳의 호장으로 임명된 점에서, 선주에서는 현임 향리 내지 향리 출신이 주도가 되어 도령을 제압하고 정치적 향방을 바꾸어 놓는 사건이 발생했다고 할 수 있다. 최소한으로 말할 수 있는 점은 선주에서는 일부 향리층과 '주진장상장교'의 정점에 위치한 도령 사이에 정치적 향방을 둘러싼 갈등이 존재한 사실이다. 선주와 정치적 입장을 같이 한 의주의 움직임 역시 이와 질적으로 다르지 않았을 것이다.[166]

한편, 반란이건 항전이건 간에 자위적 활동이 '주진장상장교'와 향리층의 주도 하에 이루어지고 있었다는 것은, '주진장상장교'의 지휘를 받고 있는 해당 주진인으로 구성된 군인 및 향리층에 의해 통솔되었을 백정군이 반란 내지 저항의 과정에서 자위적 방어력의 근간으로 활약했을 것임을 시사한다. 이들이 동원되지 않았다면, 조위총 반란에의 가담도, 반란군에의 저항도 가능하지 않았을 것이다.

조위총의 난 당시 북계 주진의 자위적 움직임에서 확인할 수 있는 바는, 지역 자위적 차원의 반란 내지 저항이 기본적으로 주진군 제도 내에서 주진 토착인을 지휘관과 군사로 활용된 지점을 바탕으로 하여 이루어진 점이라 할 수 있다. 그런데 이러한 검

---

165 『고려사』 권100, 열전13, 방서란.

166 麟州에서도 그와 같은 성격의 사건이 발생하였다. 조위총 세력이 진압되기 몇 달 전인 1176년 (명종 6) 3월 인주의 재지 세력이었을 康夫, 祿升, 鄭臣 등은 그곳의 防守將軍을 살해한 후 얼마 지나지 않아 義州分道[장군]과 [의주]防禦判官을 죽이고는 조위총 측에 가담했다. 그러자 인주의 都領郎將인 洪德은 이에 반발하여 강부 등과 심각한 갈등을 겪었고 종국에는 이들을 제거하기에 이르렀다(『고려사절요』 권12, 명종 6년 3월). 강부 등은 단지 '인주인'으로만 기록되어 있어 정확한 신분·계층적 위상이 확인되지는 않으나 중앙의 문무관을 살해하고 도령과 대립하고 있는 점에서 재지 세력이었을 것으로 추정된다. 인주에서 발생한 사건에서도 정치적 향배를 둘러싼 강부 등의 재지 세력과 도령 사이의 대립·갈등이 보인다고 하겠다.

토 결과는 다소 구조적 접근으로 도출된 것인 바, 특정 주진을 사례로 한 분석을 통해 보다 구체화될 필요가 있다. 연주는 그러한 사례에 부합할 수 있다.

조위총의 반란 직후인 1174년(명종 4) 9월 자비령 이북의 북계 주진들이 조위총 측에 일방적으로 쏠리는 와중에, 연주만은 다른 정치적 선택을 했다. 도령인 현담윤과 그의 아들인 현덕수는[167] '주진장상장교'였을 주군장州軍將을 설득하여 연주가 반란에 가담하는 것을 막았다. 연주 지역의 반란군에의 저항은 도령을 위시로 한 '주진장상장교'를 중심으로 하여 결정되었다.

연주의 이러한 결정은 이곳이 반란군의 공격 대상이 되는 것을 수반하였다. 다음 달 (10월) 조위총은 연주인에게 편지를 보내 현담윤, 현덕수 등의 말을 듣지 말고 자신의 편에 설 것을 회유하고 협박했다. 이에 연주의 '성중城中'은 특별한 직위가 없는 현덕수를 권행병마대사權行兵馬臺事로 추대하는 것으로 답을 대신하였다. '성중'은 재지세력과 그의 지휘를 받는 지역민이었을 것이다. 조위총이 다시금 편지를 보내 연주를 공격할 것이라 위협하자 연주인의 동요가 있었는데, 현덕수는 앞서 언급한 바와 같은 기지를 발휘하여 동요를 잠재웠다. 이때 현덕수는 연주 부사副使 최박문崔博文과 판관判官 안지언安之彦, 김공유金公裕 등과 더불어 군대를 나누어 여러 성문을 수비했다.

당시 병마사가 연주로 오다 운주인에게 살해되는 일이 발생하였으며 분대감찰어사分臺監察御史 임탁재林擢材와 (병마)녹사 이당취李唐就가 이곳에 몸을 의탁하자, 연주인은 현덕수의 아우 선지별감용호군장군宣旨別監龍虎軍將軍 현이후玄利厚를 권행병마사사權行兵馬使事로, 현덕수를 권감창사사權監倉使事로, 이당취를 이전대로 병마녹사로 삼았으며, 부서들을 개편하고 수비를 강화했다.

여기서 주목되는 바는 첫째, 연주인이 살해된 병마사를 대신하여 자체적으로 현덕수의 형제기도 한 현이후를 권행병마사사權行兵馬使事로, 현덕수를 권감창사사權監倉使事로 삼고 이당취의 병마녹사의 관직을 인준한 사실이다.[168] 곧 연주인은 주진 상위

---

167 당시 현덕수는 '주진장상장교'가 아니었고 어렸을 때 연주에 分道將軍으로 온 金稚圭의 후원으로 상경하여 공부하고 과거도 여러 차례 치렀으나 급제하지는 못하고 병으로 인해 연주에 돌아온 상태였다. 그는 상경하여 중앙 관인의 길을 지향하였으나 아직 뜻을 성취하지 못한 도령의 자식이었던 셈이다.

168 중앙의 감찰어사로 북계에 파견된 分臺監察御史 임탁재 또한 이당취와 마찬가지로 해당 관직이

의 중간통치기구인 병마사 기구의 장관 등을 자체적으로 선임하고 또한 북계 내 분도分道인 운중도雲中道의 감창사를 임명한 것이다. 그리고 연주인은 이러한 인사 조치와 동반하여 부서들을 개편하였는데(역치부서易置部署), 여기서의 부서는 인사 조치의 성격을 감안할 때 주 차원의 기왕의 부서가 아니라 북계 차원의 통치기구인 병마사, 분도 기구 등의 중간통치기구였을 것이다. 연주를 제외하고 북계 전全지역이 반란군에 가담한 상황에서, 북계 전체 및 연주가 포함된 분도를 관할하는 관직·관서 체계는 연주를 거점으로 존속하였고, 무엇보다 중요한 사실은 연주인이 자율적으로 이를 유지·운영한 점일 것이다. 둘째, 지역민에 의해 권행병마대사로 추대된 현덕수가 중앙에서 파견된 지방 관원들과 역할을 분담하면서 방어를 책임진 사실이다. 연주는 친정부적인 정치적 선택을 한 까닭에, 연주성 내에는 부사와 판관 등의 지방관원이 활동하였고 이에 그치지 않고 북계 병마사 기구 내의 병마록사 및 중앙의 감찰어사로 북계에 파견된 분대감찰어사 등의 움직임이 눈에 띄고 있다. 이들 다양한 지위의 중앙관원이 연주성 내에 운집되어 있었음에도, 재지세력은 지역 방어의 한 축을 담당하고 있었던 것이다. 더욱이 연주인이 자율적으로 중간통치기구를 구성한 점을 고려할 때, 연주의 재지세력은 중앙에서 파견된 중앙관원을 도와 지역 방어의 한 축을 담당하는 수준을 넘어 오히려 선도의 역할을 수행하였다고도 볼 수 있겠다.

조위총 측에 가담한 주진들의 도령 및 운주 낭장의 잇따른 회유에도 불구하고 연주가 반란에 동참하지 않자, 반란군은 연주를 몇 차례 공격했다. 하지만 연주의 성공적 군사 활동으로 인해 공략은 모두 실패로 귀결되었다(1174년 10월). 동년 11월에 반란군은 다시금 연주를 대대적으로 공격했으나 이 또한 실패했다. 기록상으로는 현이후, 현덕수, 이당취, 임탁재, 고용지가 방어 측면에서 주도적 역할을 수행한 것으로 되어 있다. 그 중에서도 현덕수가 두드러진 활약을 했으며 중앙 무관이었을 고용지와 이당취가 현덕수의 명령을 받는 처지에 있음을 보여주는 사례가 확인되고 있다. 그 후 1175년(명종 5) 2월에 조위총 측에 가담한 주진의 군사가 연주를 다시 공격했으나, 현덕수가 중심이 되어 이를 격퇴했다.

인정되었을 것이다. 분대감찰어사에 관해서는 변태섭, 「高麗兩界의 支配組織」『高麗政治制度史硏究』, 일조각, 1971, 224-225쪽 참조.

한편 반란군의 공세를 방어하는 과정에서 도령인 현담윤의 움직임이 보이지 않는데, 이는 기록상의 편중으로 인한 것이었으리라 생각된다. 곧 현담윤은 도령으로서 방어 상의 중요한 역할을 담당했을 것이다. 이와 관련하여 1175년(명종 5) 초반 금金의 파견 장수인 고라高羅가 군대를 인솔하여 연주 지경에 와서 주둔하는 일이 벌어져 '성중'이 크게 동요했을 때에, 현담윤이 금군의 진영에 가서 고라를 설득하여 군대를 돌려보낸 사례가 주목된다. 곧 성내의 인사들 가운데 현담윤이 대표가 되어 해당 현안을 해결했던 것이다.

현담윤과 현덕수는 재지인으로 연주 지역이 반란군에의 저항을 결정하는 데 주도적 역할을 했을 뿐만 아니라 반란군의 공격에 대한 방어 과정에서도 주요한 역할을 수행했다. 이러한 공로로 인해 중앙 정부에서는 연주 도령인 현담윤을 장군으로 삼고 그대로 연주에 거주하도록 했고, 현덕수를 내시지후內侍祗候로 임명했다. 곧 중앙 정부는 이들 모두에게 경관직을 제수한 것이다. 다만 현덕수와 달리 현담윤은 일종의 유향품관留鄕品官의 처지에 있게 된 듯하다.

연주의 사례는 반란에 가담한 주진과 분명 다르다. 북계 지역에서 연주만이 친정부적 선택을 한 사정에서, 이곳에는 해당 주의 지방관원, 주진 상위의 중간통치기구의 관원, 중앙정부에서 특파된 관원 등이 존재하면서 연주 지역의 방어에서 나름의 역할을 수행하였다. 이들 중앙관인들의 활동이 지역사회의 자위적 움직임과 어우러지면서, 연주의 사례는 여타 주진과 달리 복합적인 양상을 노정하였다. 그러한 복잡한 상황에서도 주목되는 바는 연주 지역의 방어가 원천적으로 해당 지역사회를 기반으로 한 점이다. 중앙정부 측의 기록이었음에도 불구하고, 반란군에 대한 저항이 도령을 위시로 한 '주진장상장교'를 중심으로 하여 결정되었으며, '주진장상장교'를 포함한 재지세력을 중추로 하였을 '연주인' 내지 '성중'이 저항 지휘부의 결성을 주도하고 주진 상위의 관서 체계를 자율적으로 구성·운영한 사실이 확인되는 점은 이를 잘 말해 줄 것이다.[169] 이러한 면모는 연주의 사례가 반란측 주진과 다른 속에서도 공통적인 것이라고 할 수 있다. 또한 이곳 사례에서는 항전을 주도한 재지세력이 주진 상위의 중

---

169 고려전기에 중앙 세력이 개입된 지역 방어는 기본적으로 연주의 사례와 같이 해당 지역사회가 방어의 원천으로 작용하였을 것으로 생각된다.

간통치기구의 직임을 활용하는 특수한 면모도 노정하였지만, 여타의 주진에서와 마찬가지로 지역공동체 차원의 자위력은 기본적으로 지방군제를 매개로 구현되고 있었다.

조위총의 반란이 제압된 이후로도 그 여파라 할 수 있게 제한적이나마 '주진장상장교'에 의한 반란 움직임이 존재했다. 가령 서적西賊의 경우,[170] 조위총 반란의 세력이 주진성인 40여 성을 거점으로 한 것과 달리,[171] 성 밖에서 활동하는 데서 차이점을 노정하고는 있으나, '주진장상장교'가 주도자로 활동했음이 엿보이고 있어 주목된다.[172]

또한 1177년(명종 7) 정주靜州에서도 도령을 주모자로 한 반란이 있었다. 즉 동년 3월 무렵 정주중랑장 김순부金純富가 낭장郎將 용순用純을 살해하려고 해 용순이 개경으로 도피하자, 김순부 등은 정중부의 사위이기도 한 사신 왕규王珪를 인질로 삼아 중앙 정부에 용순을 주살할 것을 요구하는 일이 발생했다.[173] 이후 4월에는 의주와 정주에서 반란이 일어났고,[174] 정주의 반란은 12월에 진압되었다. 당시 서북면병마사 최우청崔遇淸은 정주인을 회유하여 도령 순부와 낭장 김숭金崇을 제거했다.[175] 중랑장 김순부金純富는 도령 순부純夫와 동일 인물이었을 것이고, 순부와 정치적으로 함께한 낭장 김숭 역시 '주진장상장교'였을 것이다. 정주인에 대한 병마사의 회유가 있던 점에서, 당초 정주인은 도령과 낭장이 주도한 반란에 동조했을 것이다. 그러므로 정주의 반란은 도령을 정점으로 한 '주진장상장교'가 주도하고 주의 주민[州人]이 가담하는 식으로 전개되었을 것이다.

양계 그 중에서도 북계 지역에서는 조위총의 반란 이후로도 반란으로 돌변할 수 있는 가능성을 내재한 주진장상장교층과 향리층이 주도하는 자위적 움직임이 있었다고, 그러한 배경에서 명종은 동왕 8년 양계 주진의 상장上長, 곧 상호장 및 도령을 궁궐로

---

170 서적은 조위총 세력의 잔당이었다(『고려사』 권19, 세가19, 명종 7년 5월 임술).
171 조위총의 난에서 보이는 북계 40여 성은 후술하듯 해당 주진의 '치소가 위치한 성', 곧 주진성이었다.
172 '西賊首'라 칭해진 낭장 金旦은 '주진장상장교'였을 것이다. 『고려사』 권19, 세가19, 명종 7년 7월 경술. "西賊首郎將金旦請降 下制曲赦 仍遣中使往諭之".
173 『고려사절요』 권12, 명종 7년 3월.
174 『고려사』 권19, 세가19, 명종 7년 4월.
175 『고려사절요』 권12, 명종 7년 12월.

불러들여 선물로써 회유하고자 하였을 것이다.[176] 1196년(명종 26) 11월 국왕이 북계 주진의 도령 등을 팔관회에 참여하도록 한 깃도[177] 같은 의도에서 이루어진 조치였을 것이다. 특히 후자의 조치에서 당시 도령을 정점으로 한 '주진장상장교'가 자위적 군사 움직임에서는 보다 주도적으로 활동했음을 엿볼 수 있다.

조위총의 난 당시 북계 주진의 움직임 및 그 이후 한동안 이곳의 동태는 분명 일상적인 모습으로 간주될 수 없다. 그렇지만 이러한 양상은 우발적인 것이라기보다는 제도와 구조에서 비롯되는 것을 골간으로 하면서 시기의 차이를 포함한 여러 사정들이 작용하여 만들어낸 변수를 외형으로 하면서 이루어진 것이라고 할 수 있다. 따라서 자위적 움직임이 활성화되었을 때의 양상은 이 시기와 합치된다고 말할 수는 없어도 궤를 달리 하지 않았을 것임은 예상 가능하다. 또한 자위적 활동이 특별히 표면화되지 않은 때에라도 조위총의 난 당시와 같은 움직임이 구현될 수 있는 구조적 토대는 구비되어 있었다고 하겠다.

동계 지역은 북계와 다르지 않았을 것인데, 문제는 남도 지역이다. 관련 기록이 희소한데다가 그마저도 매우 소략하기 때문이다. 남도 지역의 지역 자위적 움직임이 양계에 비해 상대적으로 눈에 띄지 않는다고 할지라도, 이것은 그러한 활동이 지역적 특성상 상대적으로 기록화될 계기가 적었던 데서 비롯되었을 것이다. 왜냐하면 앞서 본 양계 지역의 지역 자위적 역량은 남도 지역으로부터 이식되었을 것이기 때문이다.

양계의 주진은 고려 국가가 여진 거주지였던 곳을 군사력을 동원하여 개척한 후 설치한 지방행정 단위이다. 그리하여 신개척 지역에 설치된 이들 양계의 주진은 국가적 사민 조치를 통해 남도 지역으로부터 충원된 사람들로 그 구성원을 채웠다. 성종대 이전까지 이곳의 방어는 전적으로 중앙에 의존하여, 중앙정부에서 파견된 군대가 주진 지역의 방어를 온전히 책임졌다. 곧 당시까지 이곳에서의 지역 자위적 움직임은 포착되지 않은 셈이다. 그러다 이전과 달리 주진 토착인으로 구성된 군사와 지휘관 ('주진장상장교')이 주진군의 중추를 구성하게 되었다. 이러한 변화는 이곳에서도 지역 자위적 역량이 갖추어지게 된 현실을 배경으로 하였을 것이다. 한편 양계 주진에는

---

176 『고려사절요』 권12, 명종 8년 11월.
177 『고려사』 권20, 세가20, 명종 26년 11월 기축.

남도 지역과 비교할 수 없을 정도로 국가 차원의 행정적·군사적 조치가 관철된 점을 감안할 때, 이곳의 지역 자위적 역량은 국가가 부식한 것이라기보다는 지역사회 내에서 생성된 것이 분명할 것이다. 남도 지역인의 사민이야말로 지역 자위적 전통이 신개척 지역으로까지 확산되는데 결정적 계기로 작용하였을 것이다. 결국 조위총 난에서 보이는 바와 같은 양계 주진의 자위적 움직임은 국가 지배력의 강한 관철에도 불구하고 사민을 계기로 이식된 지역 자위적 역량을 주진군제 내로 끌어들인 조치를 배경으로 하여 이루어지고 있었을 것이다. 양계 주진의 자위적 움직임을 이와 같이 이해한다고 할 때, 남도 군현의 자위적 역량은 적어도 양계 주진에 못지않았을 것이다.

주현군제에서 또한 지역 자위력은 활용되고 있었다. 즉 고려 국가는 주현군 제도에서 해당 지역에서 전문적으로 군사력을 제공해 왔을 세력을 전업적 군인인 보승·정용군으로 활용·편제하여 주현군의 근간으로 삼은 데다가, 호족층 주도의 지역민에 대한 군사적 조직화의 전통을 계승하여 현임 향리들 가운데 일부를 일반 민인들로 구성되었을 일품군의 장교로 충원하였다.[178]

그럼에도 남도 지역에서 지역자위적 움직임이 양계에 비해 상대적으로 눈에 띄지 않은 것은 역량이 아닌 노출 정도의 차이에서 비롯되었다고 할 수 있다. 이러한 점을 고려하면서 제한된 수준에서나마 남도 지역의 지역자위적 양상을 검토한다. 먼저 지역자위적 움직임을 보여주는 사례를 살펴보자면,

> 경주별초군慶州別抄軍이 영주永州와 평소부터 사이가 좋지 못했다. 이 달에 운문적雲門賊 및 부인사符仁寺와 동화사桐華寺의 승도를 이끌고 영주를 공격했다. 영주인 이극인 李克仁과 견수堅守 등이 정예를 이끌고 갑자기 성을 나와 대전하니 경주인이 패주했다.[179]

이것은 고려 신종대 영주인 이극인과 견수 등이 운문적 등과 함께 이루어진 경주 별초군의 공격을 성공적으로 막아낸 사실을 말해주고 있다. 이극인과 견수 등은 영주성을 근거로 방어하다가 기회를 틈타 성외로 진출하여 공격적으로 적을 제압한 듯하다.

---

178 김당택, 앞의 논문, 1983 ; 노명호, 앞의 논문, 2004 ; 최종석, 앞의 논문, 2011a 참조.
179 『고려사』 권21, 세가21, 신종 5년 10월.

여기서 주목해야 할 것은 방어 주체인 이극인과 견수 등이 영주인(永州人)으로 기록 된 점이다. 이는 이들이 중앙 정부에서 파견한 문무관이 아니라 영주 지역민임을 시사한다. 지역 방어를 주도한 점이라든가 당시의 향촌 지배 질서를 감안할 때, 이들은 지역민 중에서도 향리 세력이었을 것으로 판단된다.[180] 그렇다고 한다면, 해당 사례는 영주 지역의 향리 세력이 주도가 되어 지역공동체의 자위력을 바탕으로 경주 별초군의 침략을 막아낸 것이라 할 수 있다.

여기서는 향리 주도의 자위적 활동이 적시되고 있지 않으나, 무인집권 당시에 그러한 모습을 보여주는 사례

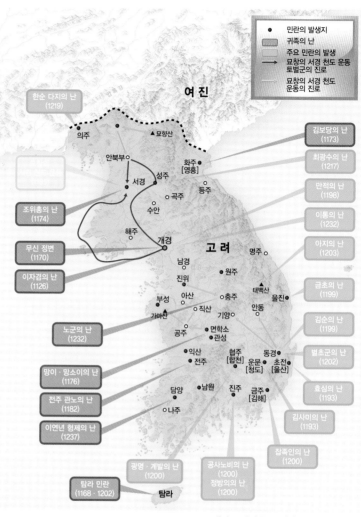

12세기 고려의 주요 민란
『미래를 여는 한국의 역사』 2, 183쪽을 재작성.

들을 찾을 수 있으며,[181] 대몽전쟁 시기에도 그러한 것들은 발견된다.[182] 특히 강화 천도 이

---

180 『세종실록』 지리지에 영천군의 토성으로 '李'가 기록된 점도 이극인이 이곳의 향리였을 것임을 뒷받침해주고 있다. 견수의 '견'은 성씨가 아니었을 것인 바, 그의 성씨 또한 영천군의 토성인 皇甫, 申, 李, 尹 가운데 하나였을 것으로 추측된다.

181 『고려사』 권57, 지11, 지리2, 경산부, 관성현, "明宗十二年 縣吏民執縣令洪彦幽之 有司奏除官號" ; 『고려사』57, 지11 지리2 나주목 창평현, "諺傳 縣吏卓自寶 有制南賊之功 升爲縣令".

182 대표적인 것이 온수군에서의 다음과 같은 사례이다. 『고려사』 권23, 세가23, 고종 23년 9월 정

후로의 몽골과의 기나긴 전쟁은 전국적으로 지역공동체들의 방어전에 사실상 의존했으며 지방민들을 기반으로 하는 그러한 방어전이 향리층에 의해 지휘되었음을 주목할 필요가 있다.[183]

제도 면에서는 일품군의 장교를 겸한 일부 향리가 해당 군대를 통솔할 수 있을 뿐, 주현군의 근간이라고 할 수 있는 보승·정용군을 향리층이 지휘하지는 못했을 것이다. 하지만 지방제도와 지방 군제 모두 기본적으로 호족층의 해당 지역에 대한 행정적·군사적 지배 등이 공인·통제되는 방향에서 성립되었을 것이라는 점을 고려할 때, 호장층과 같은 상급 향리층 등은 제도의 울타리를 넘어 보승·정용군을 포함한 해당 지역의 주현군에 대한 군사적 리더로서의 역할을 수행했을 것이다. 곧 남도 지역에서의 향리 주도의 자위적 움직임 또한 북계 지역에서와 같이 일반적으로 지방군 조직을 군사적 기반으로 했을 것으로 추측된다. 물론 향리층이 동원했을 군사적 기반은 반드시 주현군 조직으로만 제한되지는 않았을 것이다.

이러한 지역사회의 자위공동체로서의 전통은 14세기 이후에는 해체되어 갔지만, 계림부(경주)나 나주 등과 같은 일부 지역에서는 14세기까지도 자위공동체로서의 전통이 잔존했다. 가령 1379년(우왕 5) 대규모 왜구가 계림부를 공략할 당시, 수호장首戸長인 이유가 중심이 되어 지역민과 함께 계림부성을 지켜낸 사례는 그 일례라 할 수 있다.[184]

2) 개별 군현 단위의 방어방식

고려전기 당시의 지역 방어는 개별 지역의 공동체적 자위력에 기본적으로 의존했기에, 이것과 맞물려 개별 군현이 방어 단위가 되고 있었다. 곧 그것은 다수 군현들로 구성된 광역 범위를 단위로 하여 그 안에서 적절한 방어 거점을 토대로 해서가 아니라, 주현과 속현을 망라한 개별 군현을 방어의 단위로 하여 이루어졌다.

사, "蒙兵圍溫水郡 郡吏玄呂等 開門出戰 大敗之 斬首二級 中矢石死者 二百餘人 所獲兵仗 甚多 王以其郡城隍神 有密祐之功 加封神號 以呂爲郡戸長".

183 노명호, 앞의 책, 2009, 41~42쪽 ; 최종석, 「대몽항쟁·원간섭기 山城海島入保策의 시행과 治所城 위상의 변화」, 『震檀學報』 105, 2008 참조.

184 노명호, 앞의 책, 2009, 31~33쪽.

이러한 점을 확인하고자 우선 조선 문종대 예문관제학이었던 이선제의 다음 언설을 주목하려고 한다. 이것은 고려진기 북계 지역에서 개별 주진을 단위로 한 방어 체계가 운영된 실상을 말해 주고 있다.

예문관제학 이선제가 상서하였다. 그 첫째는 이러하였다. "신이 일찍이 서북 지방의 익군翼軍의 제도를 보고 그윽이 마음에 유감이 있었습니다. 그러나 경략經略한 것이 오래인데, 지금 고려의 식목형지안式目形止案을 가지고 그 여러 성城의 방비하는 제도를 상고하니, 중국의 제위諸衛의 법과 약간 합치하므로, 우선 몇 고을의 군사 제도를 들어서 헌의獻議합니다. 귀주성龜州城은……귀주龜州는 바로 지금의 정주定州입니다. 영주성寧州城은……영주寧州는 바로 지금의 안주安州입니다. 맹주성猛州城은……맹주猛州는 바로 지금의 맹산孟山입니다. 인주성麟州城은……인주麟州는 바로 지금의 인산麟山입니다. 여러 성城이 아울러 41개이었는데……이것이 전조前朝가 성할 때에 서북 지방의 군사 액수의 대략입니다. 하나의 성城 안에 사使·부사副使·판관判官·법조法曹가 있었으니, 이것은 민사民事를 다스리던 관리였으며, 방수장군防戍將軍과 중랑장中郞將·낭장郞將·교위校尉·대정隊正이 있었으니, 이것은 군무軍務를 다스리던 임무였습니다. 그러므로 각각 통속統屬이 있어서 부오部伍가 엄정하여, 일이 있으면 장수를 임명하여 군사를 내보내어 적이 오는 것을 감당하고, 각각 읍성邑城을 지켜 패몰敗沒하는 일이 드물었습니다. 원나라 군사가 여러 차례 침벌하기에 이른 후에야 능히 지탱하지 못하고 사졸이 살육되거나 약탈되어 거의 없어졌습니다. 말년에 이르러 홍군紅軍이 난입하니, 승여乘輿가 파천播遷하고 중외가 잔멸하였습니다.……[185]

위의 기록에 따르면, 귀주성, 영주성, 맹주성, 인주성을 포함한 북계 41성은 해당 주진의 방어 거점으로 기능하였고, 이들 성 각각을 토대로 주진의 방어가 이루어지고 있었다. "각각 읍성을 지켜 패몰하는 일이 드물었습니다[各守邑城 鮮有敗沒]"라는 기록에서,[186] 이 점이 단적으로 뒷받침되고 있다.

---

185 『문종실록』 권4, 문종 즉위년 10월 경진.
186 여기서의 읍성은 귀주성, 영주성, 맹주성, 인주성을 포함한 북계 41성을 지칭한다. 읍성은 고려시

개별 주진을 단위로 한 방어가 가능한 이유들 가운데 하나는 주진마다 방어 거점으로서의 성이 구비되어 있었기 때문이었다. 귀주성, 영주성, 맹주성, 인주성을 포함한 북계 41성이 개별 주진에서 그러한 기능을 하는 성이었다. 이들 성은 해당 주진의 '치소가 위치한 성'으로 행정적이고 군사·방어적인 역할을 하고 있었다.

이것들은 기본적으로 산성 형태인데서 알 수 있듯이 방어 측면에서 뛰어났다.[187] 또한 이들 41성은 '치소가 위치한 성'이었기에 당연히 주진의 중심부에 자리하고 있어 접근성 면에서 탁월할 수밖에 없었고 그러한 까닭에 지역민에게 있어 상시적, 안정적인 방어처로 기능할 수 있었다. 더욱이 이들 성은 거주성의 역할도 했던 데서 상시적 방어처로서의 면모를 뚜렷이 지닌다고 할 수 있다.[188]

개별 주진에 이들 성을 토대로 방어를 수행할 군사 조직이 갖추어져 있는 점 또한 그러한 방식의 방어가 가능한 데 있어 한몫하고 있었다. 북계 지역에는 주진마다 주진군이 조직되어 있었다. 주진군 조직은 크게 보아 전업 군인으로 구성되었을 초군, 좌군, 우군, 보창 부대와 백정 농민으로 이루어진 백정 부대로 되어 있었는데, 주진군 조직의 근간을 이루는 초군, 좌군, 우군, 보창 부대는 군사와 지휘부 방면 모두에서 해당 주진인과 중앙에서 방수하러 온 자로 이원적으로 구성되었으며, 해당 주진인으로 이루어진 백정군의 경우 현임 향리들이 겸직 방식으로 지휘부를 구성한 듯하다. 이러한 주진군의 구성 방식은 고려 국가가 개별 주진 단위의 자위력을 제도적으로 활용하는 것을 기본으로 하면서 중앙에서 파견한 군사력을 이에 부가하고자 한 데서 성립된 것이었다.[189] 특히 주진군제에서의 지역 자위력의 제도적 활용은 변경 지역의 방

대의 용어가 아니라 이선제가 활동한 당시의 '치소가 위치한 성'을 지칭하는 공식 용어였다. 이들 북계 41성이 해당 주진의 '치소가 위치한 성'인 까닭에, 이선제는 읍성이라는 용어를 가지고 이들 성을 지칭했던 것이다.

187 사회과학원 고고학연구소, 『고구려의 성곽』(조선고고학전서27), 진인진, 2009 ; 사회과학원 고고학연구소, 『고려의 성곽』(조선고고학전서45), 진인진, 2009 ; 서일범, 「徐熙가 築城한 城郭과 淸川江 以北 防禦體系」『徐熙와 高麗의 高句麗 繼承意識』, 학연문화사, 1999 ; 최종석, 앞의 논문, 2007 참고. 주진성들 가운데 성벽의 일부가 평지에까지 걸쳐 있는 평산성도 일부 있었다. 그러한 경우에도 성내 중심부는 평지가 아닌 산지에 자리하고 있어, 이러한 평산성이 여타의 산성과 입지 면에서 다른 바는 없었다.

188 이기백, 「高麗 兩界의 州鎭軍」, 앞의 책, 1968 ; 최종석, 앞의 논문, 2007 참조.

189 이기백, 「高麗 兩界의 州鎭軍」, 앞의 책, 1968 ; 최종석, 앞의 논문, 2011a 참조.

어를 기본적으로 해당 지역의 토인土人에게 맡기고자 하는 최승로의 방안[190]과 맥을 같이한 것이다. 주진 지역에서의 이러한 식의 주진군 조직의 구성은 지역 사회의 자위력을 활용하면서 개별 군현 단위의 방어 조직을 구축할 수 있는 사회적 여건에서 성립 가능한 것이다.

북계 지역의 개별 주진을 단위로 한 방어방식은[191] 원활하게 작동되다 몽골의 침략 이후 붕괴되었다고 하였는데 실제로도 그러하였다. 1231년(고종 18) 몽골의 1차 침략 당시에도 이들 주진성을 군사적 거점으로 한 방어 방식은 예전대로 실행되었다. 하지만 예전과 달리 그러한 방식은 몽골의 침입에 효과를 발휘하지 못했다. 그리하여 고종 19년(1232)의 강화 천도 이후로는 산성해도입보책의 시행과 맞물려 주진성을 대신하여 치소로부터 멀리 떨어지면서 방어 측면에만 초점을 맞춘 산성 내지 섬을 방어 거점으로 하는 새로운 방식이 집행되었다.[192]

결국 북계 지역에서는 몽골의 1차 침입으로 인해 전례의 방식이 한계를 노출하기 전까지는 개별 주진의 성, 정확히는 '치소가 위치한 성'(주진성)을 단위로 하는 방어 체계가 작동되어 온 것이다. 그런데 문제는 북계 이외의 지역에서도 이러한 방어 방식이 실행되어 왔는지 하는 점이다. 지역차가 있어 구체적인 양상은 다를 수 있지만 질적인 면에서 동일한 방어 방식이 운영되었는지 하는 점이 논점이 될 것이다. 북계 이외의 지역의 경우 '식목형지안' 문서를 전거로 한 이선제의 언설과 같은 유의 기록이 없기 때문에 어떠한 방어 방식이 시행되었는지 하는 점은 상대적으로 명확하지 않다. 동계 신개척 지역에서는 북계에서와 같은 방어 방식이 운용되었을 것이기에, 방어 방식의 실상을 파악하는 것과 관련하여 문제가 되는 지역은 동계의 기존 영역과 남도 지역으로 구성된 구래의 영역이 될 것이다. 그런데 이들 지역에서의 방어 방식

---

190 최승로의 시무책에는 경군의 防戍 노역을 면제하고 군량 수송의 비용을 절감하는 차원에서 변경 지역의 土人 가운데 무예에 능한 자들을 선발하여 방수에 충당하고 또한 偏將을 선발하여 이들을 통솔케 하는 방안이 있었다(『고려사』 권82, 지36, 병2, 진수).

191 평시에는 이러했고, 침략을 당하거나 침공 목표가 된 주진에는 중앙으로부터의 장수와 군사가 증파되었다.

192 윤용혁, 「高麗의 海島入保策과 蒙古의 戰略變化: 麗蒙戰爭 전개의 一樣相」 『歷史敎育』 32, 1982 ; 최종석, 앞의 논문, 2008 ; 강재광, 「對蒙戰爭期 崔氏政權의 海島入保策과 戰略海島」 『軍史』 66, 2008 참조.

은 북계 지역과 구체적인 양상에서 상이할 수 있지만 질적인 측면에서는 다르지 않은 듯하다.

우선 기존 방어 방식의 변질을 웅변하는 산성해도입보책의 시행이 북계 지역에 한정되는 것이 아니라 전국을 대상으로 한 점은[193] 이를 방증하고 있다. 산성해도입보책의 시행 이후 동계의 기존 영역을 포함한 남도 지역에서도 그 이전과 달리 섬 및 중심지로부터 멀리 떨어지면서 험준한 곳에 위치한 산성이 방어처로 대두하였는데,[194] 이는 새로운 현상이었다.

몽골 침입 이전에는 신개척 지역에 한정되지 않고 군현 중심부에 자리한 성이 방어 거점으로 기능하고 있었다. 『고려사』와 『고려사절요』에서 몽골 침입 이전 시기를 대상으로 하여 외적 방어의 거점 혹은 반란군의 군사 거점으로 기능한 성 사례들을 추출하여 분석할 때, 수다한 해당 사례들 가운데 거의 대부분이 군현 중심지의 성, 구체적으로는 '치소가 위치한 성'인 점은[195] 이를 웅변하고 있다. 또한 이와 관련된 사실로 몽골 침입 이후부터 방어·군사 거점으로서 빈출되는 '산성' 용례가 그 이전에는 보이지 않는 점도 주목된다.

이러한 현상은 고려전기에 지역 방어가 '치소가 위치한 성'을 거점으로 하여 이루어진 사실과 직결되었을 것이다. '치소가 위치한 성'은 입지 면에서 산성이긴 하나 당시 자료에는 '산성'이 아니라 '읍호+성' 등의 용어로 기록되었던 탓에, '치소가 위치한 성'을 중심으로 하여 방어가 이루어진다면, 성을 사이에 둔 공방 사례에서 '산성' 용어가 기록될 여지는 없게 된다. 이외에도 몽골의 침략 이전까지 전국에 걸쳐 축성이 '치소가 위치한 성'의 축조에 집중된 점도 같은 맥락에서 이해되어야 한다. 곧 당시 군현 내의 방어 거점이 '치소가 위치한 성'을 토대로 한 탓에, 축성 사업은 그러한

---

193 몇몇 사례들을 제시하면 다음과 같다. 『고려사절요』 권16, 고종 19년 6월, "分遣使于諸道 徙民山城海島"; 『고려사』 권24, 세가24, 고종 40년 7월 갑신, "北界兵馬使報 蒙兵渡鴨綠江 卽移牒五道按察及三道巡問使 督領居民 入保山城海島"; 『고려사』 권24, 세가24, 고종 42년 3월 병오, "諸道郡縣入保山城海島者 悉令出陸".

194 이와 관련하여 최종석, 앞의 논문, 2008, 57~58쪽에 기재된 〈표 3〉 입보 산성의 입지적 특징 사례' 참조. 이들 산성은 일반적으로 당시 치소로부터 멀리 떨어진 곳, 매우 험준하고 산속 깊숙한 곳, 비고가 높은 곳에 위치하고 있었다(유재춘, 『韓國 中世築城史 研究』, 경인문화사, 2003 참조).

195 최종석, 앞의 논문, 2007, 79~83쪽의 〈표 2-5〉와 〈표 2-6〉 참조.

성의 축조에 집중되었던 것이다.[196]

이러한 사실은 몽골 침입 이전에 기존 영역에서도 북계에서와도 같은 방어 방식이 운영되었고 그러한 배경에서 새로운 방어 방책인 '산성해도입보책'이 전국에 걸쳐 적용되었음을 시사한다.

몽골 침입 이전 기존 영역에서도 개별 군현을 단위로 하는 방어 방식이 운영되었음은, 기존 영역에서도 북계에서와 같이 군현 중심지에 위치하면서 안정적인 방어 거점으로 기능할 수 있는 성이 구비·활용된 데서 뒷받침된다. 이와 관련하여 환가현과 팔조음부곡의 사례가 우선적으로 눈길을 끈다.

①-1 동북면병마사가 아뢰기를 "환가현豢猳縣은 일찍이 무자년에 동번해적東藩海賊에게 공격을 받아 남녀 100여 인이 살상되었고 금년 봄 또 산불이 나서 성보와 창고 그리고 민거民居에까지 번져 불탔습니다. 거듭 화란을 당하여 민인들이 편히 살 수 없사오니 청컨대 성을 옮겨 쌓아 해적의 요충을 막게 하옵소서"라고 하니 조詔하여 (성을) 양촌陽村에 옮기도록 했으니, 구성舊城 남쪽 2,000여 보 지점이다.[197]

①-2 환가현은 본래 고구려의 저수혈현猪迏穴縣이다. 오사압烏斯押이라고도 한다. 신라 경덕왕이 지금 이름으로 고쳐 고성군高城郡의 영현領縣으로 삼았다. 고려에 이르러 그대로 소속시켰으며 문종대에 현치縣治를 양촌陽村으로 옮기고 해적 방어의 요충지로 삼았다.[198]

② 도병마사가 아뢰기를 "팔조음부곡八助音部曲은 성이 해안가 평지에 위치하고 있어 누차 동로 해적의 침입을 받아 민인들이 편안히 살 수 없사오니 청컨대 그 성을 옮

---

196 최종석, 앞의 논문, 2006.

197 『고려사』 권8, 세가8, 문종 18년 7월 정묘, "東北面兵馬使奏 豢猳縣 曾於戊子年 被東藩海賊攻劫 殺傷男女百餘人 今春又有山火 延燒城堡倉庫及民居 再經禍亂 民不安居 請徙城之 以扼海賊之衝 詔 移于陽村 在舊城南二千餘步".

198 『고려사』 권58, 지12, 지리3, 동계, 高城縣, "豢猳縣 本高勾麗 猪迏穴縣 一云 烏斯押 新羅景德王 改今名 爲高城郡領縣 至高麗 仍屬 文宗朝 移縣治于陽村 以扼海賊之衝".

기계 하소서"라고 하니, 제制를 내려 이를 따랐다.[199]

①은 1048년(문종 2)의 동여진 해적의 침입과 1048년(문종 18)의 산불이라는 잇따른 참화로 인해 환가현 민인들이 불안해하자 이를 해소하기 위해 동년에 현치 곧 군현 중심지를 타처로 옮기는 사례이다. ①-2의 양촌으로의 현치 이동이 곧 ①-1의 양촌으로의 '사성徙城'인 점에서, 옮겨진 '성'이란 '치소가 위치한 성'이었을 것이고, 이설된 성의 위치를 설명하는데 기준으로 기능한 구성舊城은 이동 이전에 치소가 위치한 곳이다고 할 수 있다.[200]

②는 문종대 팔조음부곡 지역의 안보를 위해 성을 옮기는 사례이다. 팔조음부곡이 성과 동일시되는 언설을 고려할 때, 성의 이설은 단지 부곡 지역 내의 일개 성의 이축이 아니라 부곡 중심지의 이동을 의미했을 것이다.[201] 그리고 이러한 언설 방식이 가능한 까닭은 팔조음부곡의 읍사邑司가 이 성 내에 있었기 때문일 것이다.

환가현은 고성현의 속현으로 동계의 기존 영역에 위치했다. 팔조음부곡은 동해안에 위치했음이 분명하나 정확한 위치는 미상이다. 하지만 그것은 『신증동국여지승람』 권21, 경상도, 경주부, 고적 항목에 기재된 팔조부곡八助部曲과 동일한 지역으로 판단된다. 팔조부곡은 팔조음부곡에서 '음' 자가 탈락한 것인데다가 경주부의 동쪽 45리 지점에 위치하여 동해 연안에 자리했을 것이기 때문이다.

①과 ②의 기록에 따르자면, 이들 두 지역 모두에는 중심지의 성이 방어처로서 갖추어져 있었으며 보다 안전한 곳으로 중심지를 이동할 때에 성의 축조가 동반되고 있었다. 치소의 이동과 동반된 축성은 양계 신개척 지역에서의 '치읍축성'을 떠올리게 하는 대목으로, 이들 지역은 반드시 중심지에 성을 갖추고 있어야 했음을 시사한다.

---

199 『고려사』 권9, 세가9, 문종 32년 9월 갑오, "都兵馬使奏 八助音部曲 城在海濱平地 屢被東路海賊來 侵 民不安居 請徙其城 制從之".

200 靖宗 7년에는 "城東路豢猳縣一百六十八間"(『고려사』 권82, 지36, 병2, 성보, 정종 7년)이라 하여 환가현성의 축조 기록이 보이는데, (1)-1의 舊城은 이 환가현성이었을 것이다.

201 이와 관련하여 다음 기록이 주목된다. 『고려사절요』 권4, 문종 8년 8월, "東路兵馬使奏 長州 地高 且險 城中無井 乞令設柵南門外平地 徙民居之 有急 入城 從之". 여기서 장주(長州)는 권역 전체가 아니라 실제적으로는 '치소가 위치한 성'인 장주성을 의미했는데, 마찬가지의 기록 방식인 (2)에서 또한 팔조음부곡은 사실상 팔조음부곡성을 뜻했을 것이다.

이들 지역이 이러한 입지의 성을 구비해야 한 이유를 보자면, 이들 성은 인근 지역까지를 아우르는 광역의 방어·입보처로 활용되기 위한 것이 아니라, 기록에서 읽을 수 있듯이, 해당 지역의 방어처로 필요해서 설치된 것이었다.

여기서 주목해야 할 대목은 이들 지역이 속현과 부곡이라는 사실이다. 달리 말해, 속현과 부곡 지역에서까지도 개별 지역을 단위로 한 방어가 이루어진 사실이다. 물론 중심지에 입지한 성을 거점으로 한 개별 지역 단위의 방어가 특별한 속현과 부곡에 한정된 일이라고 볼 수도 있다. 그렇지만 이들 지역 사례에서 그러한 점을 읽어내기란 어렵다. 이들 사례가 『고려사』에 기록된 계기를 보면, 이것들은 방어 방식이 남달라서 아니라 동여진의 침략으로 인해 치소(중심지)를 이동해야 하는 '특별한' 사정으로 인해 우발적으로 『고려사』에 기재된 것이다.

우발적 계기 덕택에, 이곳 중심지에 입지한 성의 존재 및 이를 거점으로 한 방어가 기록상으로 드러날 수 있었던 것이다. 1232년(고종 19) 방어처로서의 처인성處仁城의 노출[202] 또한 마찬가지로 이해될 수 있다. 우발적으로 드러난 속현과 부곡의 이와 같은 방어 사례는 실제로는 여타의 기존 영역에서도 이들 지역에서와 같은 방어 방식이 운영되었을 것임을 시사한다고 할 수 있는데, 축성 기록은 이 점을 좀 더 분명히 말해 주고 있다.

축성 기록은 거의 대부분 『고려사』 병지 성보 조에 실려 있는데, 동계의 기존 영역에서는 등주, 명주, 삼척현, 금양현, 울진현, 익령현, 간성현, 상음현, 파천현, 환가현 지역이,[203] 남도 지역에서는 청하현, 흥해군, 영일현, 울주, 장기현, 동래군, 김해부, 경

---

202 『고려사』 권23, 세가23, 고종 19년 12월 ; 『고려사』 권103, 열전16, 김윤후.
203 『고려사』 권82, 지36, 병2, 성보, 정종 2년, "築西京王城及鐵甕三陟通德等城" ; 『고려사』 권82, 지36, 병2, 성보, 목종 8년, "城金壤縣 七百六十八間 門六" ; 『고려사절요』 권2, 목종 9년, "城登州龜城龍津鎭" ; 『고려사』 권82, 지36, 병2, 성보, 목종 10년, "城興化鎭嘉珍 又城翼嶺縣 三百四十八間 門四" ; 『고려사』 권82, 지36, 병2, 성보, 목종 11년, "城登州 六百二間 門十四水口二" ; 『고려사』 권82, 지36, 병2, 성보, 현종 3년, "城慶州長州金壤 又城弓兀山" ; 『고려사』 권82, 지36, 병2, 성보, 현종 16년, "城霜陰縣" ; 『고려사절요』 권4, 덕종 1년 1월, "遂城朔州寧仁鎭派川等縣 備之" ; 『고려사』 권82, 지36, 병2, 성보, 덕종 2년, "城安戎鎭杆城縣" ; 『고려사』 권82, 지36, 병2, 성보, 덕종 3년, "修溟州城" ; 『고려사』 권82, 지36, 병2, 성보, 정종 7년, "城東路豢猳縣一百六十八間" ; 『고려사』 권82, 지36, 병2, 성보, 선종 8년, "兵馬使奏 安邊都護府境內霜陰縣 最爲邊也要害 乞築城壘 以防外寇制可".

처인성(경기 용인)

주 지역이 축성이 확인되는 지역이다.[204] 이들 지역 축성으로부터 어떠한 의미를 읽어내기에 앞서 짚고 가야 할 사실은, 첫째, 『고려사』 병지 성보 조에 기재된 것을 중심으로 하는 이들 축성 사례 거의가 지역 사회 차원에서 이루어진 상사常事가 아니라 특정 목적에서 이루어진 국가적 사업이었을 것이라는 점이다. 그러므로 기록상으로 축성이 보이지 않는 지역에서 성이 부재한 것도 아니요, 지역 사회 차원의 축성이 행해지지 않은 것도 아닌 셈이 된다. 가령 동평현 지역에서도, 축성 기록이 확인되는 동해·동남해안의 인근 군현에서와 마찬가지로, 11세기 초엽에 중심지의 성을 수축했음이 고고학적으로 확인되고 있다.[205]

둘째, 축성 기록들의 대부분을 차지하는, '명주성溟州城', '함종성咸從城'과 같은 '읍호+성'의 축조와 "성진명현城鎭溟縣"과 같은 '성+읍호' 사례가 해당 군현의 '치소가

---

204 『고려사』 권82, 지36, 병2, 성보, 현종 2년, "城淸河興海迎日蔚州長鬐";『고려사』 권82, 지36, 병2, 성보, 현종 3년, "城慶州·長州·金襄 又城弓兀山";『고려사』 권82, 지36, 병2, 성보, 현종 12년, "修東萊郡城";『고려사』 권82, 지36, 병2, 성보, 정종 6년, "城金海府".

205 '치소가 위치한 성'인 동평현성이 그 무렵 수축되었음은 고고학적 발굴 결과를 통해 뒷받침되고 있다. 나동욱·최정혜,『堂甘洞城址Ⅰ』, 부산광역시립박물관, 1996 ; 최정혜,「東平縣城址의 築造時期에 대한 考察」『博物館研究論集』10, 부산대박물관, 2003 참조.

위치한 성'의 축조를 의미한 점이다.[206] 달리 말해, 이들 지역의 축성은 군현 중심지에 자리한 성의 축조인 것이었다. 이들 두 사항을 감안하여 기존 영역에서의 축성 사례들을 독해하자면, 축성 기록에서 보이는 이들 군현은 동해·동남해안 지역에 대한 동여진 침략의 성행으로 인해 여타 지역과 달리 국가적 차원에서의 축성이 집중된 곳이었으며 이곳에 축조된 성은 군현 중심지에 위치한 것이 될 것이다.

그런데 축성 지역을 보면, 이들 가운데 다수는 속현 지역이었다. 상음현, 파천현, 환가현 그리고 청하현, 흥해군, 영일현, 장기현, 동래군 등이 축성 당시 그러했다. 또한 축성 지역의 분포에서도, 당시의 축성은 동해안 일대를 광역적으로 분할한 범위를 단위로 하여 방어 거점으로 축조된 것이라고 보기도 어렵다. 오히려 축성 사례들은 다음과 같이 이해하는 것이 자연스럽다. 곧 주현과 속현의 구분없이 군현 내의 중심지에 위치한 성을 군사 거점으로 하여 개별 군현 단위의 방어가 이루어지고 있었고 종종 지역사회 차원의 축성이 행해졌으며, 이 와중에 어떠한 사정이 있어 국가적 차원의 축성이 필요한 지역에 한해서 그러한 성격의 축성은 단행된 것이다. 앞서 언급한 바와 같이, 발굴 자료를 참고할 때 동래군과 가까운 거리에 위치한 동평현 중심지의 성(동평현성)은 지역사회 차원에서였을 것이기는 하나 동래군성이 국가 차원에서 수축될 무렵에 마찬가지로 수축되었다. 이는 인접한 동래군, 동평현 모두가 각각 중심지의 성을 토대로 방어막을 구축하였음을 뜻한다.

중심지에 위치한 성을 토대로 한 개별 군현 단위의 방어 방식이 동·동남해안 지역에 한정되지 않았음은 물론이다. 이 지역은 해로를 통한 동여진의 침입으로 인해 증·수축 형태의 국가적 축성이 단행된 곳이어서 기록상으로 그러한 방어 방식이 어느 정도 노출되었을 따름이지, 여타의 기존 영역에서도 마찬가지의 방식이 시행되고 있었다. 이러한 점은 『동국여지승람』의 고적 항목에 군현 중심지에 위치한 수많은 성들이 기재된 점에서 뒷받침되고 있다.

『동국여지승람』에는 편찬 당시에 활용 중인 성이 성곽 항목에 기재되어 있는데, 읍

---

206 '읍호+성'이 해당 군현의 '치소가 위치한 성'을 의미했음은 최종석, 「고려시기 治所城의 분포와 공간적 특징」 『歷史敎育』 95, 2005, 179~190쪽 참조. 그리고 '성+읍호'는 '읍호+성'의 축조를 뜻했다. 이와 관련하여 최종석, 앞의 논문, 2006, 91~93쪽 참조.

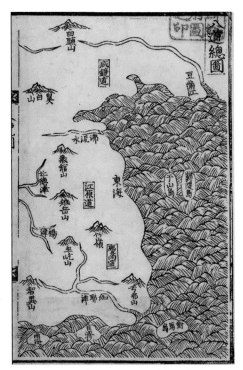

「신증동국여지승람」(규장각한국학연구원)

성이 일반적으로 설치된 경상·전라·충청·강원도의 연해 군현을 제외하고는, 일부 군현에 한해 성곽 항목에 산성 내지 읍성이 기재되고 있을 따름이다. 오히려 다수 군현에는 성곽 항목 자체가 보이지 않고 있다. 곧 이들 지역에는 편찬 당시에 활용 중인 성이 존재하지 않은 것이다. 당시 복수의 군현들을 포괄하는 광역을 단위로 하여 방어·입보가 이루어지다 보니,[207] 방어·입보의 거점으로 기능한 성은 일부 군현에 한정 설치된 것이었다. 그런데『동국여지승람』의 고적 항목에는 조선 초기 당시에는 폐기·방기되고 있으나 군현 중심지에 위치한 성이 상당수 기재되어 있다.[208] 그리고 이러한 유의 성이『동국여지승람』의 고적 항목에는 누락되어 있으나 후대의 지리서인『대동지지』에서 추가로 확인되는 지역도 드물지 않다.

요컨대,『동국여지승람』과 같은 조선시대 지리서를 통해 보았을 때, 조선 초기 당시에 활용 중인 성이 부재한 지역들 대부분에도 과거에는 군현 중심지의 성이 존재하고 활용되었던 것이다. 한편 기록상으로 이러한 유의 성을 확인할 수 없는 지역이 희소하게나마 있지만, 이러한 지역의 경우에도 현지 조사 기록을 통해 볼 때 그와 같은 성이 구비되었음은 대체로 확인 가능하다. 한편 조선시대 지리서에 고적으로 기재된

---

207 이와 관련하여 유재춘, 앞의 책, 2003 ; 최종석, 앞의 논문, 2007 참고.

208 『신증동국여지승람』은 성종대에 편찬된『동국여지승람』을 중종대 증수하여 간행한 것이다.『동국여지승람』은 현존하지 않으나,『신증동국여지승람』이『동국여지승람』을 토대로 일부 증보한 것이고 그러한 것은 '신증'으로 구별되고 있어,『동국여지승람』의 기재 내용은 파악 가능하다. 이들 城에 관한 내용은『동국여지승람』편찬 때부터 기록된 것이었고, 그러했기에 해당 기록은 조선초기의 상황을 보여준다고 하겠다.

성 자료를 참고하면, 속현에도 그러한 유의 성이 존재했음을 알 수 있다.

이렇다고 할 때 몽골 침입 이전 기존 영역의 방어 방식 또한 양계 신개척 지역과 다름없이 개별 군현을 단위로 그곳 중심지의 성을 거점으로 한 방어이게 된다. 다만 한 가지 풀어야 할 문제는 『동국여지승람』 등에 고적으로 기재된 그러한 유의 성이 언제 고적으로 전락했는지 하는 점이다. 기록상으로는 변화의 시점이 포착되지 않는다. 조선 초기 이전에 방기되었을 것이라는 분명하면서도 막연한 판단만이 가능할 뿐이다. 다만 이러한 유의 성이 일반적으로 고려시대 이전에 폐기되었을 것으로 생각되지 않는다. 이들 성에 대한 지표 내지 발굴 조사 보고서에 따르면, 거의 대부분은 고대에 축조된 것이다. 만약 이들 성이 일반적으로 고려 이전에 폐기되었다면, 『동국여지승람』을 편찬한 때를 기준으로 할 때 이것들은 500년 이상 방치된 셈이 되어서, 고적 항목에조차 기재되기도 어려웠을 것이다.

『동국여지승람』 고적 항목에의 기재 내용이 성 이름의 소개에 그치는 것이 아니라 성의 둘레라든가 우물의 개수 등 비교적 상세한 것에까지 미치는 데에서도, 이러한 유의 성은 그렇게까지 오래 전에 고적으로 전락되지 않았음을 알 수 있다. 또한 고대에는 중심지에 축조된 이러한 유의 성 외에도 군현 내에 다수의 성이 존재했지만[209] 『동국여지승람』의 고적 항목에는 중심지에 자리한 성이 여타의 성에 비해 상대적으로 높은 비중으로 기재되어 있는 점 역시도, 이러한 유의 성이 보다 늦은 시기까지 활용되었음을 시사한다. 결국 이들 성은 일반적으로 고려시대에 폐기·방기되었을 것인데, 방어 방식의 개편 양상을 고려할 때 대몽전쟁기와 원간섭기를 경과하면서 그러한 현상이 발생했을 것으로 판단된다.[210]

요컨대, 고려전기 기존 영역의 방어 방식 또한 개별 군현을 단위로 그곳 중심지의 성을 거점으로 한 방어였다고 할 수 있다.

---

209 그러한 면모의 일단은 강종훈, 「대구·경북 지역 삼국시대 신라 城址의 조사 및 연구」『大丘史學』 77, 2004에서 잘 보인다.

210 각종 지표·발굴 보고서 등을 통해서도 이들 성이 어느 시기까지 활용되었는지를 파악해 볼 수 있다. 현재 수준에서 보고서들을 통해 정확한 판단을 내리기에는 부족한 점이 없지 않으나, 고고학적 보고서는 군현 중심지에 위치한 이러한 유의 성이 고려시대에 들어서도 여전히 활용된 경향을 말해주고 있다.

제3절

수군의 설치와 운용

---

1. 고려초 수군의 설치와 정비

1) 태봉의 수군

태조대의 수군 전력은 궁예 정권의 그것을 승계한 것으로 이해되는 바, 먼저 태봉
의 수군을 살펴보겠다.

궁예 정권의 수군 보유는 송악과 패서 지방까지 진출함으로써 연해 지역을 장악하
게 된 것을 계기로 하고 있었을 것이다. 그 시점은 궁예의 영역 확장의 과정을 고려
할 때 896년 전후였을 것이다.[211] 송악 일대와 패서 지방에는 해상 무역을 통해 부를
축적한 세력이 다수 존재했기 때문에, 이들의 보유 선단의 수군으로의 편성을 통해서
수군은 건설·운용되었을 것이다.[212] 특히, 태봉의 수군 활동이 사실상 왕건을 중심으
로 하여 이루어진 점을 감안할 때, 왕건 가문의 귀부는 수군의 창설·강화에 분수령으
로 작용했을 것이다. 왕건의 선세先世들이 해외 무역을 중심으로 한 상업 활동에 종사
한 데서, 그의 수군 활동은 출신 기반을 활용하여 이루어지고 있었다고 이해되고 있

---

211 이창섭(앞의 논문, 2005, 15쪽)은 894년 즈음에 궁예가 최초로 수군을 보유하게 되었다고 보았다.
212 이기동, 「羅末麗初 南中國 여러 나라와의 交涉」 『歷史學報』 155, 1997 ; 이창섭, 앞의 논문, 2005.

다.[213]

태봉의 수군 규모는 정확히 알 수 없지만, 그 대략은 짐작해 볼 수 있다. 이와 관련하여 다음의 기록이 참고된다.

> ① 건화乾化 4년 갑술(914)에 궁예 역시 수군 장수의 지위가 낮아 적을 위압할 수가 없다고 생각하여, 태조를 시중 직에서 해임하고 다시 수군을 통솔하게 했다. 태조는 정주貞州 포구로 가서 전함 70여 척을 수리하여 군사 2천 명을 싣고 나주에 이르렀다.[214]
> ② (914년)왕건은 전함 백여 척을 더 건조했는데, 그 중 큰 배 10여 척은 각각 사방이 16보요 그 위에 누로樓櫓를 세웠으며 말이 달릴 만할 정도였다. 그는 군사 3천여 명을 거느리고 군량을 싣고는 나주로 갔다.[215]

914년 한 해에 70여 척의 전함을 수리하고 100여 척을 조선하고 있음에서, 그 이후로 궁예 정권은 최소 170여 척의 전함을 보유한 셈이 된다. 그리고 70여 척과 100여 척의 배에는 각각 2천명과 3천명의 병사가 승선하고 있음에서, 궁예 정권은 최소한 5천 명 정도의 수군을 갖추고 있었으리라 추측된다. 다만 이들 병력은 유사시에 수군으로 동원될 수 있는 인원, 곧 전투에 투입되는 선단을 구성하는 인원을 의미하는 것이지, 고정된 병종으로서의 수군의 인원을 지칭하는 것은 아니었을 것이다.[216]

'해군대장군海軍大將軍'[217]과 그 '부장副將',[218] 그리고 '백강장군百江將軍'[219] 등의 사례로 볼 때, 궁예 정권의 수군은 직제 면에서 독자적인 편제를 가지고 있었다고 할 수

---

213 박한설,「王建世系의 貿易活動에 對하여-그들의 出身究明을 中心으로-」『사총』10, 1965.
214 『고려사』 권1, 세가1, 태조 즉위 이전 건화 4년, "四年甲戌 裔又謂 水軍帥賤不足以威敵 乃解太祖侍中 使復領水軍 就貞州浦口 理戰艦七十餘艘 載兵士二千人 往至羅州".
215 『고려사』 권1, 세가1, 태조 즉위 이전 건화 4년, "太祖增治舟舸百餘艘 大船十數 各方十六步 上起樓櫓 可以馳馬 領軍三千餘人 載粮餉 往羅州".
216 이창섭, 앞의 논문, 2005, 16~21쪽. 그는 또한 당시 전투에 동원된 인원이 전투를 주업으로 삼는 군인이었다고 확언하기 어렵다고 했다. 곧 후삼국 통일 전쟁이라는 전시 상황에서 그러한 인원이 동원될 수 있다고 보았다.
217 『고려사』 권1, 세가1, 태조 즉위 이전 개평 3년.
218 『고려사』 권1, 세가1, 태조 즉위 이전 건화 3년.
219 『삼국사기』 권50, 열전10, 궁예 건화 4년.

있다. 하지만 913년 왕건이 시중에 임명되어 소환되었을 때, 수군의 업무가 부장 김언金言 등에게 위임되면서도 정벌 사안은 반드시 태조의 명령을 따라 집행되도록 한 점에서, 태봉 수군의 직제는 어느 정도 항구성을 지닌 정비된 체제로 확정되어 있는 것이 아니었을 것이다. 사안이 발생하면 그에 따라 관직을 설치하는 방식의 임시적인 직제 운영이 이루어졌을 것으로 이해되고 있다.

궁예 정권의 수군은 제도적으로 불완전하기는 하나 독자적 편제를 갖추고 있으면서 후백제군과의 전투에서 많은 공을 세우는 등 상당한 역량을 축적했다. 고려 수군은 이러한 태봉 수군의 전력을 계승하여 성립된 것이다.[220]

2) 고려초기의 수군

기록상으로는 고려 건국 이후 그 이전보다 수군 활동이 활발하지 못한 듯하다. 하지만 그것은 실상의 반영이라기보다는, 태조 즉위 이전의 『고려사』 기록이 태조의 활동에 초점을 맞추고 있다 보니 왕건 주도의 수군 활동이 부각된 데서 비롯된 것이라고 판단된다.

주지하듯이 고려 건국 이후로도 후삼국 분립 상황은 변함없었고 서해와 남해의 제해권을 둘러싼 치열한 쟁탈이 계속되고 있었기에, 수군의 필요성은 여전하였고 태봉 시절의 전투력은 보존되었을 것이다. 당시 고려 중앙군의 편제가 마군, 보군, 해군, 내군으로 구분되고 있던 데서, 해군은 보군 등과 마찬가지로 독자적 위상을 확보하고 있었다고 하겠다.[221]

그렇다고는 하나 여전히 수군 제도가 확립되었다고 보기는 어렵다. 수군을 거느리고 경략에 나선 주장主將의 직함이 도통대장군都統大將軍[222]과 같이 수군의 상설직이 아닌 점 등에서, 당시의 수군 제도는 이전 시기와 마찬가지로 사안이 발생하면 그에 적합한 관직을 설치하는 임시적 성격의 것이었다고 예상된다.[223]

---

220 김남규, 앞의 논문, 1983, 205쪽.
221 이창섭, 앞의 논문, 2005, 21~22쪽.
222 『고려사』 권92, 열전5, 유검필.
223 한편 고려 건국 직후에 단행된 대대적인 인사 조치에서 都航司令과 都航司卿의 존재가 보이고 있어(『고려사』 권1, 세가1, 태조 1년 6월 신유), 중앙 관부인 도항사가 당시 설치되었음을 알 수 있

고도의 기동성을 지닌 마군을 위주로 한 중앙군은 후삼국 통일 이후 찾아온 평화로 인해 비용 절감의 차원에서 부병 위주로 개편되었을 것이다.[224] 같은 맥락에서 싱대직으로 비용이 많이 들고 또한 이전과 같이 후백제와 제해권을 두고 다투어야 하는 상황이 사라짐으로 말미암아 수군도 축소의 방향으로 재편성되었을 것이다. 관련 기록이 사실상 전무한 실정이기에, 중앙군으로서의 수군이 어떻게 재편되면서 확립해갔는지 하는 점은 알 수 없다. 다만 중앙군으로서의 수군은 성종대 6위가 확립될 때 함께 정비되었을 것으로 추측된다.[225]

수군 제도의 정비·확립 이후 고려의 중앙군에는 전업 군인으로서의 해군이 존재하고 있었다. 곧 『고려사』 식화지 전시과 조에서 다음과 같은 판문을 볼 수 있다.

> (문종)23년 10월에 판하기를 "군인으로서 연로하고 몸에 병이 있는 자는 자손·친족으로 대신할 것을 허락하고, 자손·친족이 없는 자는 나이가 70살이 될 때까지 감문위監門衛에 한속閑屬시키고 70살이 넘으면 단지 구분전口分田 5결만 분급하고 나머지 토지는 회수하라. 해군에 있어서도 역시 이 판례에 의거하라"고 했다.[226]

문종대에 이미 전시 분급 대상자로서 해군이 존재한 것이다. 이는 당시 중앙군에 수군으로 이루어진 병종이 있었음을 시사한다. 이와 관련하여 6위 가운데 하나인 천우위에 소속된 해령海領이 급전 대상자로 전문 군인인 해군이라고 이해되고 있다.[227]

다. 관부명으로 보아, 그것은 수군과 어떤 연관을 갖고 있는 듯하다. 하지만 1178년(명종 8) 서경 관제의 개정 시에 도항사가 공조工曹에 속하고 있던 점에서(『고려사』 권77, 지31, 백관2, 외직, 서경유수관), 도항사는 군사 관계의 직무를 관장하는 관서라고 생각되지 않는다. 김남규, 앞의 논문, 1983, 206~207쪽.

224 홍승기, 「高麗初期 中央軍의 組織과 役割-京軍의 성격」 『고려군제사』(육군본부 편), 육군본부, 1983, 39쪽.

225 이창섭, 앞의 논문, 2005, 22~23쪽.

226 『고려사』 권78, 지32, 식화1, 전제, 전시과, 문종 23년 10월, "判 軍人年老身病者 許令子孫親族代之 無子孫親族者 年滿七十 閑屬監門衛 七十後 只給口分田五結 收餘田 至於海軍 亦依此例".

227 이기백, 「高麗 軍人考」, 앞의 책, 1968 ; 홍원기, 앞의 책, 2001 ; 정경현, 앞의 논문, 1992. 한편 이혜옥(「고려 전기의 軍役制-保勝·精勇을 중심으로-」『국사관논총』, 국사편찬위원회, 1993)은 『고려도경』 권12, 仗衛2에 보이는 龍虎下海軍 사례를 근거로 하여 해군이 해령과 감문군을 포함한 諸衛의 특수군을 의미하는 것으로 추정하였다.

다만 중앙군으로서의 해군이 천우위千牛衛 소속의 해령으로 한정되는 지의 여부는 분명치 않다.

한편 해령은 1령에 불과하여 2군 6위 전체가 45령인 점을 감안할 때 그 비중이 매우 작다고 할 수 있다. 그리고 1령은 1,000명으로 구성되고 있기에, 당시 해군의 규모는 후삼국기에 비해 감축된 것이어서, 수군의 필요성과 위상이 그 당시에 비해 하락하였다고 할 수 있다.[228]

2. 도부서제도와 수군[229]

1) 양계 지역의 도부서

고려시대 지방의 연해 수군은 도부서都部署를 중심으로 운용되었다. 도부서는 오대와 송에서는 군관직軍官職의 칭호로 사용되었으며, 요에서는 군관직의 칭호뿐만 아니라 특수 집단인 알로타幹魯朶의 관직명으로도, 금金에서도 한때 군관직명으로 쓰여졌다. 이러한 중국의 도부서제도가 고려에 도입·변용됨으로서 선병船兵도부서 제도가 성립되었다.

양계 지역에는 네 곳에 도부서가 설치된 듯하다. 동계 지역의 진명도부서鎭溟都部署와 원흥도부서元興都部署, 그리고 북계 지역의 통주도부서通州都部署와 압강도부서鴨江都部署가 그것이다. 이들 도부서는 공히 선병도부서로 판단되고 있다. 그것의 임무를 적시한 기록은 없지만, 관련 기록들을 통해 볼 때 그것은 수군을 통솔하여 해상으로부터의 침구에 대처하는 것을 주 임무로 한 듯싶다.

먼저 이들 기구의 설치 시점에 관해서이다. 진명도부서의 경우 창설 시기는 그 존재가 처음으로 확인되는 1015년(현종 6)[230]을 하한으로 하고, 진명현(신설 당시는 원

---

228 이창섭, 앞의 논문, 2005, 24쪽.
229 이하의 내용은 김남규, 앞의 논문, 1983에 주로 의거하였다.
230 『고려사』 권4, 현종 6년 3월.

산현(園山縣)이 신설되는, 곧 '치읍축성'[231]이 이루어지는 1005년(목종 8)[232]을 상한으로 할 것이다. 현종 즉위년(1009)에 과선(戈船) 75척을 만들어 진명구(鎭溟口)에 정박시켜 동북 해적을 방어하도록 한 기록을[233] 고려할 때, 설치 시점의 하한은 1009년까지 올라갈 수 있다. 왜냐하면 대규모라 할 수 있는 75척의 과선을 진명구에 정박하도록 한 것은, 이곳에 이를 통어·관리할 수 있는 수군 관서 즉 선병도부서가 이미 설치되어 있거나 해당 관서의 설치가 함께 이루어져야 하는 것을 의미하기 때문이다. 따라서 진명도부서의 설치 시점은 1005년부터 1009년까지의 기간 내로 좁혀질 것이다.

원흥도부서는 1049년(문종 3) 10월 경에는 이미 설치되어 있었음이 확인된다. 그러하기에 1049년이 그것의 설치 시점의 하한이 될 수 있다.[234] 그리고 이곳에 '치읍축성'이 단행된 시점이 1044년(정종 10)이기에,[235] 그 상한은 1044년이 되어야 할 것이다.

다음으로 북계 지역에 설치된 통주도부서는 통주의 '치읍축성'이 이루어진 996년(성종 15)[236]을 설치 시기의 상한으로 하고, 기록상으로 그 존재가 확인되는 1019년(현종 10)[237]을 그 하한으로 하였을 것이다. 압강도부서의 경우 다음의 의종 즉위년의 유일 사례가 참고된다.

> 어사대에서 상주하기를 "압강도부서 부사(副使)인 윤수언(尹粹彦) 및 병선 11척에 승선한 군졸 209인이 익사했는 바, 병마사가 지휘를 제대로 하지 못해 이렇게 된 것이오니 그를 처벌하시기 바랍니다" 하니 왕이 이를 좇았다.[238]

이 기사에 의거할 때, 압강도부서가 1146년(의종 즉위년) 이전에 설치되었음은 명

231 이와 관련하여 최종석, 앞의 논문, 2006 참조.
232 『고려사』 권82, 지36, 병2, 성보, 목종 8년.
233 『고려사』 권82, 지36, 병2, 진수, 현종 즉위년.
234 『고려사』 권7, 문종 4년 1월 기축.
235 『고려사』 권82, 지36, 병2, 성보, 정종 10년.
236 『고려사』 권82, 지36, 병2, 성보, 성종 15년.
237 『고려사』 권4, 세가4, 현종 10년 3월 계해.
238 『고려사』 권17, 세가17, 의종 즉위년 11월 갑오, "御史臺奏 鴨江都部署副使尹粹彦及兵船十一艘軍卒二百九人溺死 兵馬使不能指揮 以致於此 請罪之 從之".

백하다. 하지만 구체적 설치 시점은 가늠할 수 없다. 다만 1039년(정종 5) 큰 비로 인해 압강의 물이 범람하여 병선 70여 척이 유실되었다는 점[239]으로 미루어, 당시 압록강에는 70여 척 이상의 대규모 병선단이 배치되어 있었고 이를 관장할 수군 전담관서로서의 압강병선도부서가 이미 설치되어 있었다고 짐작해 볼 수 있다.

양계 도부서의 직관은 해당 사례가 비교적 풍부한 동계 소속의 도부서를 통해 어느 정도 파악할 수 있다. 기록상으로 진명도부서에는 도부서사都部署使와 도부서부사가, 원흥도부서에는 도부서사와 도부서판관都部署判官이 두어졌음이 확인된다. 진명도부서와 원흥도부서 각각에도 판관직과 부사직이 설치되었다고 보아야 하기에, 이들 도부서에는 도부서사, 도부서부사, 도부서판관의 직관이 설정되어 있었을 것이다. 이는 북계의 도부서들에도 해당되는 바일 것이다. 그리고 도부서사와 도부서부사는 각각 6품관직과 7품관직으로 이해되고 있다. 그런데 이들 관직 이외의 것이 존재하였는지의 여부와, 그러하였다면 해당 관직은 무엇이었는지 하는 점 등은 현재 알 수 없다.

도부서의 관직명은 도부서-부부서-도부서판관에서 도부서사-도부서부사-도부서판관 식으로 개정된 듯하다. 관직명이 도부서-부부서-도부서판관으로 사용된 명백한 시기는 1019년(현종 10)까지이고, 도부서사-도부서부사-도부서판관 식의 직제가 기록상 처음으로 확인되는 때는 1050년(문종 4)이다. 결국 도부서 관직명의 개칭은 1019년부터 1050년까지의 어느 때에 이루어졌을 것이다.[240]

도부서와 병마사의 관계는 도부서가 소속 지역 병마사의 지휘·감독 하에 있었다는 것으로 요약할 수 있다. 곧 진명도부서와 원흥도부서는 동계병마사의 지휘·감독을 받았을 것이고, 마찬가지로 통주도부서와 압강도부서는 북계병마사의 지휘·감독 하에 있었을 것이다.

마지막으로 양계 지역 도부서의 설치 목적과 임무를 살펴보고자 한다. 동계의 도부서는 현종대부터 예종 초반에 이르는 시기에 걸쳐 빈번하게 고려의 동해안을 침입한

---

[239] 『고려사』 권53, 지7, 오행1, 水.

[240] 1047년(문종 1) 大蕃兵馬使를 行營兵馬使로 개칭한 점으로 미루어, 도부서 관직명의 개정도 이와 함께 이루어졌을 것이라는 추측이 제기된 바 있다(김남규, 앞의 논문, 1983, 229쪽의 각주 81).

동여진 해적과 관련하여 누차 기록으로 남겨진 점에서, 이들 기구는 동여진 해적에 대비하기 위한 수군 전담관서의 필요성이 대두로 인해 설치된 것이라고 할 수 있다.

이와 달리 북계의 도부서는 해상의 침입으로부터 연안을 방비하기 위해 설치된 것은 아닌 듯하다. 이 방면으로의 해상 침입이 매우 드문 점을 고려할 때 그러하다. 압강도부서는 북방 국가와의 전쟁이 발발했을 때 적군의 압록강 도하를 저지하려는 것을 그 설치 목적으로 하고 있었을 것이다. 그리고 압강도부서의 설치 목적이 적의 도하를 저지하는 것이라고 해도, 압강도부서는 독자적으로 그 임무를 수행하기 보다는 강변을 방어하는 지상군을 지원하는 식으로 그 기능을 발휘하였을 것이다. 통주도부서 역시 요충지인 강동 6주 일대의 지상군을 지원하는 것이 그것의 설치 목적이면서 해당 임무였을 것으로 추측된다.

2) 동남해도부서

동남해선병도부서東南海船兵都部署 혹은 동남도도부서東南道都部署라고도 칭해진 동남해도부서東南海都部署는 양계의 도부서들과 마찬가지로 수군을 관장하는 관서였다. 동남해도부서의 본영은 『경상도지리지』 등의 지리서에 의하자면, 처음에는 경주에 설치되어 있다가 1078년(문종 32년) 금주(김해)로 이치移置되었다고 판단된다.[241] 그것은 양계의 도부서들과 달리 오도五道 지역에 설치된 것이었다.

『경상도지리지』에는 동남해도부서가 939년(태조 22)에 설치되었다고 하나, 당시의 상황을 고려할 때 이것은 믿기 어렵다. 『고려사』 기록에 의할 때 동남해도부서가 처음으로 확인되는 시기는 1049년(문종 3) 11월이다.[242] 분명한 사실은 그것이 1049년 이전에 설치되었다고 하는 정도이다. 현재 설치 시점을 보다 정확히 논급하기는 어려운 실정이다. 다만 현종대에 동여진 해적의 줄볼로 인해 경주를 포함하여 경상도 연해 지역의 '치소가 위치한 성'이 빈번히 수축되고 있었음에서,[243] 이 무렵에 동남해도

---

241 『경상도지리지』의 慶州府와 金海都護府條.
242 『고려사』 권7, 문종 3년 11월 무오.
243 최종식, 앞의 논문, 2007 참조.

부서가 설치되었다고 추측해 볼 수 있을 따름이다.

동남해도부서의 본영이 경주 내지 김해 지역에 자리한 데서 알 수 있듯이, 그것의 직무는 후방 해역의 경비였을 것이다. 그리고 이 해역에 도래하는 외국인과 외국 선박에 대한 단속 및 조처도 그 임무에 포함되었을 것이다. 이러한 임무를 수행하고 있었기에, 동남해도부서는 대규모의 수군 전력을 보유할 필요는 없었을 것이다. 한편 이것에는 본연의 임무와 별개의 것이 부가되기도 했다. 곧 동남해도부서에는 안찰사 등의 담당 직사인 지방 뇌옥의 검찰, 지방관의 감독과 같은 임무가 부과되기도 했다. 그리고 어떤 기간에는 동남해도부서가 안찰사의 직임을 겸대 내지 대행하기도 했다고 추측되고 있다.

동남해도부서는, 국경 지대인 양계의 도부서들이 외적과의 전투를 주 임무로 하는 것과 달리, 후방에 위치하면서 해상 경비를 주 임무로 하였을 것인데, '동남해'를 관할하는 명칭으로 볼 때 포괄 범위가 매우 광범위한 듯싶다. 더욱이 후방 해역의 경비를 담당하는 수군 관서로 동남해선병도부서 이외의 것은 기록상으로 찾아지지 않는 점에서, 동남해선병도부서는 해안 경비가 요구되는 후방의 전全 해역을 관할 구역으로 하고 있었을 것이다. 곧 공식적 차원에서 그것은 경상도는 물론이요 전라도, 나아가 양광도 연해의 전부 또는 일부까지를 관할 범위로 하고 있었을 것이다. 그렇지만 본영이 경주 내지 김해에 설치되어 있었으며 이곳과 근접한 일본에 대한 방비가 동남해선병도부서의 주요 임무들 가운데 하나였을 터이므로, 그것의 실제적인 활동 범위는 경상도 연해 일대로 제한되어 있었을 것이다.

마지막으로 동남해도부서의 직제를 검토해 보도록 하겠다. 기록상으로 해당 관서에는 도부서(도부서사)가 두어졌다. 도부서판관도 두어졌을 가능성이 높다. 따라서 도부서부사도 설치되었을 것이다. 그리고 동남해 도부서사와 동남해 도부서부사는 각각 5품과 6품관직이었을 것이다. 동남해 도부서사는 양계 도부서사보다 품계가 높은 셈인데, 이는 동남해도부서가 방물의 진공이나 표류민의 송환과 같은 일로 일본 지방관이 파견하는 사자에 대한 대응을 포함하여 왕래하는 외인外人 및 외선外船에 대한 조치를 주요 직무로 하는 데서 기인하였을 것이다.

해적의 침입을 막고 감시하거나 외래인·외선 관련 사무를 담당하는 도부서의 창설은 어느 정도의 항구성과 정비된 체계를 갖춘 수군제도의 성립을 의미한다고 할 수 있다. 하지만 도부서는 관할 영역 내의 수군 활동 전체를 관장하지 못했을 것으로 짐작되고 있다. 품계로 볼 때 그러한 것이다. 즉 양계 지역 도부서사의 품계는 6품을 넘지 못하는데, 서반에서 이 품계는 낭장에 해당한다. 중앙군 소속 낭장이 200명 정도의 병력을 거느린 점에서, 도부서사가 이보다 월등히 많은 병력과 함선을 지휘했다고 보기는 어렵다. 동남해도부서사의 경우 대개 5품관직이었지만, 이는 앞서 본 바와 같이 보다 대규모의 전력을 지휘해서라기보다는 직무의 특수성에서 말미암고 있었다. 따라서 각각의 도부서는 관할하는 병력과 함선으로 동계와 북계, 동남해 전체 해역을 지키고 담당 업무를 전담했다고 볼 수 없다. 달리 말해, 고려의 양계와 동남해 지방에 있어 수군 활동은 도부서, 병마사의 직속부대, 각 지역의 주진군이나 주현군이 상황에 따라 각기 담당했을 것으로 추정되고 있다.[244]

---

244 이창섭, 앞의 논문, 2005, 22~26쪽. 또한 그는 도부서 관할 지역의 경우 도부서가 모든 수군을 지휘·통제하지 못했고, 수군의 소속, 수군 운용의 주체는 일관되지 않았기에 체계가 정연하지 못했다고 보았다.

제4절

군의 지휘체계

1. 군령기구로서의 중추원

조선 초기 관료들이 이해한 고려시대 군령 체계는 국왕을 정점으로 하여 발명권자 發命權者인 재상, 발병권자發兵權者인 추밀, 그리고 장병권자掌兵權者인 무관의 상하 관계로 체계화되어 있었다. 추밀은 중추원의 고관이기에, 중추원이 발병 업무를 담당했음은 분명하다. 그런데 문제는 중추원이 발병 업무를 담당하게 된 시점이다. 신설 당시부터 그러했는지, 아니면 일정 기간이 경과한 이후에 발병 업무를 관장하게 되었는지가 문제의 핵심인 것이다.

이것은 고려 초기에는 병부보다 우위에 있는 중요한 군사 기구였으나 성종대 이후로 확인되지 않는 (순)군부의 소관 업무가 어느 관부로 이관되었는지 하는 점과도 관련된다. 달리 말하면, 순군부가 담당했을 군령 업무가 성종대에 중추원으로 이관되었는지 여부가 문제의 핵심이 될 것이다.

『고려사』 백관지에 따르면, 중추원은 출납, 숙위, 군기의 정사를 관장했으며 그것의 설치는 991년(성종 10) 송나라에 사신으로 갔다 온 병관시랑 한언공韓彦恭이 왕에게 송나라의 추밀원이 곧 우리 조정의 직숙원리直宿員吏의 직이라고 보고·건의한 것을 계기로 하여 이루어지고 있었다.[245] 기록에 의하면, 설립 당시 중추원은 송의 추밀원제를 본따서 고려 초기의 '직숙원리의 직'이 개편된 것이 된다. 달리 말하면, 이때 중추원이 군기의 정사를 담당한 점은 확인되지 않는다. 중추원 설립 이후로도 상당 기간 동안 그것이 군기의 정사를 관장한 면모는 기록상으로 전혀 확인되지 않고 있다.

고려 후기에 이르러서야 그러한 점은 확인된다. 고려 후기 이전에 있어 『고려사』에 보이는 중추원의 구체적 업무는 궁내의 공물貢物, 내부문서內府 文書의 보존, 봉작封爵·입부立府의 의전, 죄수의 사면, 군목청책軍目請冊의 보유, 그리고 궁내 숙위자의 점검, 국가 제사의 여제관與祭官의 차정差定, 연등·팔관회 행사의 관장 등으로, 중추원이 궁중 내부內府의 모든 일을 관장하고 의주儀註·전장典章 등 예식에 관여하여 예사禮司와 같은 직무를 행사했음을 보여준다.[246] 이렇다고 한다면 조선 초기 관료들이 이해한 고려시대 군령 체계에서 중추원이 발병 업무를 담당한 시기는 고려 후기에 해당할 것이다.[247]

하지만 고려 후기 이전에 중추원이 군사 기구로서의 성격이 없었다고 단정하기는 어렵다. 무엇보다 고려 초기 병부보다 중요한 군사적 기능을 수행한 순군부의 존재 때문이다. (순)군부가 담당했을 군령 업무를 넘겨받은 관부가 중추원 외에 명확히 존재했다면, 설립 당초부터 중추원이 군사 업무를 담당했을 가능성을 배제할 수 있지만, 실제로는 그러하지 않고 있다. 또한 성종대 이후 (순)군부의 (군령)기능이 병부에 통합된 것으로 볼만한 기록상의 근거도 없다. 따라서 (순)군부가 폐지된 이후 그 기능이 타 기관으로 이관되지도 국왕에게 귀속되지도 않은 한,[248] 중추원이 설립 직후부터

---

245 『고려사』 권76, 지30, 백관1, 밀직사, "掌出納宿衛軍機之政 成宗十年 兵官侍郎韓彦恭 使宋還奏 宋樞密院 卽我朝直宿員吏之職 於是 始置中樞院".

246 박용운, 「高麗의 中樞院硏究」 『韓國史硏究』 12, 1976 ; 변태섭, 「高麗의 中樞院」 『震檀學報』 41, 1976.

247 중추원의 담당 업무는 시간의 경과에 따라 확대되어, 설치 초기에는 국왕의 신변 보호와 왕명 출납만이었다가 추밀원으로의 개칭 이후 軍機의 관장에까지 미쳤다고 본 견해도 있다(이정훈, 「고려전기 중추원의 설치와 職掌의 변화」 『東方學志』 134, 2006).

248 순군부의 계통을 잇는 기구를 중방으로 보는 견해(이기백, 「高麗 京軍考」, 앞의 책, 1968)가 있으나, 이는 구체적인 근거를 토대로 하기보다는 순군부를 호족 연합적 기구라는 전제에서 순군부가 그와 유사한 성격의 중방으로 이어졌다고 본 데서 착안되었다. 순군부를 호족 연합적 기구로 볼 수 없는 점과 관련해서는 앞서 논급한 바 있다.

왕명 출납이나 숙위만이 아니라 군령 업무 마저도 담당했을 가능성은 적지 않을 것이다.[249] 이러한 가능성을 염두에 두고 고려전기 중추원의 군사 기구로서의 측면을 살펴보고자 한다.[250]

고려 중추원의 모델이 된 송의 추밀원은 군사 기무를 주관하는 최고 기관으로서, 군국기무·병방兵防·변비邊備·융마戎馬의 정령政令을 담당했고, 밀명을 출납했으며, 시위 제반직과 내외 금병의 초모·열시·선보·둔수·상벌의 일을 모두 관장하여 중서성과 더불어 동서 2부라 칭해졌다. 상서성에 병부가 설치되었다고는 하나 그 주요한 직권은 이미 추밀원에 모두 소속되었고, 병부는 다만 군사에 관련되는 구체적인 업무만 관장했을 뿐이었다. 송 추밀원의 주된 기능이 군국 기무를 관장한 점은 고려가 추밀원을 모델로 하여 중추원을 설치할 당시 어떤 식으로든 영향을 끼쳤을 것이다. 물론 송조에서와 달리 군국 기무의 관장은 중추원의 주된 기능이 아니었을 것이다. 왕명 출납과 숙위의 관장이 보다 일차적인 담당 업무였을 것이다. 그러한 이유에서 중추원의 설치는 추밀원제의 수용을 통한 '직숙원리의 직'의 개편으로 표방되었을 것이다.

당대에는 병부가 군사 업무를 처리하는 중추 기구였고, 군대의 동원이나 지휘 등의 군령권은 황제가 친히 장악하고 있었기 때문에, 군령 업무를 담당한 기구는 별도로 존재하지 않았다. 고려의 3성 6부제는 이러한 성격의 당제를 수용한 것인 바, 군령 업무를 담당할 별도의 기구는 구비되지 못했을 것이고, 이러한 여건에서 중추원은 송의 추밀원 제도를 받아들여 고려 초기 (순)군부가 담당했을 군령 업무를 관장하게 되었다고 추정된다.

중추원은 설치 이후 시간의 경과에 따라 직제가 계속 확장되었다. 곧 대외적으로는 거란·여진과의 계속적인 긴장 관계가, 대내적으로는 왕위 계승과 관련한 불안정한 정세 등이 중추원의 군사적 기능을 더욱 확장시키는 계기로 작용하였을 것이고, 이에 따라 중추원의 조직도 확대되었다. 사, 부사, 직학사 외에 지사, 동지사의 증원은 그러한 것이었다. 그리고 중추원의 기능과 조직의 확대는 위상의 제고와 관련되었을 것이

---

249 이러한 견해가 확인되는 논저들은 다음과 같다. 송인주, 『고려시대 친위군 연구』, 일조각, 2007 ; 전경숙, 『고려전기 군사기구 연구』, 숙명여대 박사학위논문, 2007 ; 권영국, 앞의 논문, 2009 ; 류주희, 「고려전기 중추원의 설치와 그 성격」 『역사와 현실』 73, 2009.
250 이하의 서술은 권영국, 앞의 논문, 2009와 류주희, 앞의 논문, 2009에 주로 의거했다.

다. 중추원의 고관인 추밀이 중서문하성의 재신과 더불어 정책 협의를 해나갔던 측면은 이 점을 잘 대변해 준다. 한편 문종대의 관제에 따르면 중추원의 직제는 추밀과 승선의 이원적 구성으로 규정되었는데, 추밀은 국정뿐만 아니라 군사 기무를 담당했을 것인데 비해, 승선은 왕명 출납과 숙위를 관장했을 것이다.

2. 병부와 군정업무

태조 이래의 병부는 982년(성종 1)에 병관兵官으로 개편되었다. 당시 내사문하성(이후 중서문하성으로 개칭)과 어사도성御事都省(이후 상서성으로 개칭) 및 어사御事 6관의 3성 6부제의 골격이 갖추어졌다. 병부가 개칭된 병관은 어사도성의 하부 조직으로 선관選官·민관民官·형관刑官·예관禮官·공관工官과 함께 6관을 구성하고 있었다. 병관에는 어사·시랑·낭중·원외랑 등의 관원이 두어졌으며, 속사로서 고조庫曹가 설치되었다.[251] 그렇지만 982년 당시에 모든 관원이 임명되었는지는 의문시되고 있다. 이후 995년(성종 14) 어사성이 상서성으로 개칭되어, 어사도성은 상서도성으로, 어사 6관은 상서 6부로 바뀌는 변화가 있었다. 또한 속사인 고조도 상서고부尚書庫部로 개칭되었다. 이는 명실공히 3성 6부제의 완성을 의미할 것인데, 이때 병관은 병부로 개칭되고 상서도성 아래에 위치하게 되었다.[252]

성종대 3성 6부로 대표되는 육전 체제의 본격적 수용은 병부의 지위에 커다란 변화를 야기했다. 그동안 광평성, 내봉성 등의 정무 기구와 병렬적인 위치에 있으면서 재부宰府로 기능해 온 병부가, 3성 6부의 도입으로 상서성(어사도성) 아래 6부의 하나로 편제된 것이다. 이는 신라 이래의 전통적인 관제가 3성 6부를 중심으로 하는 중국식 관제로 개편되면서 나타난 변화였다.[253]

그런데 서열과 속사의 설치에서 고려의 병부는 당제와 차이가 있었다. 당의 상서성

---

251 『고려사』 권76, 지30, 백관1, 병조, "後稱兵官 有御事侍郎郎中員外郎 其屬有庫曹".
252 변태섭, 「중앙의 통치기구」 『한국사 13(고려 전기의 정치구조)』, 국사편찬위원회, 1993.
253 권영국, 앞의 논문, 2007.

은 상서도성이 중심에 위치하고, 도성의 동쪽에는 이부·호부·예부의 3행이, 서쪽에는 병부·형부·공부의 3행이 위치하여, 이부·병부가 전행, 호부·형부가 중행, 예부·공부가 후행이 되었다. 6부의 서열은 당나라 무후 광택光宅 원년(684) 9월에 주례周禮 6관에 준하여 이·호·예·병·형·공의 순서가 개정·규정된 이후 청조에 이르기까지 그대로 계승되었다.

당에서의 병부가 이부, 호부, 예부 다음인 것과 달리, 고려에서 그것은 이부 다음이었다. 고려에서는 당과 달리 전행, 중행, 후행의 순서로 6부의 서열이 정해져, 이부 다음은 병부였다. 이는 신라시대에 군사 업무가 일반 정무와 분리되면서 최초의 관부로 설치된 병부가 이후로도 계속 중요한 위치를 차지해 온 전통의 반영이었다. 그리고 그것은 고려 6부제의 특징들 가운데 하나였다. 한편 속사의 경우 당제에는 본사本司인 병부를 비롯하여 직방職方·가부駕部·고부庫部 등의 속사가 설치되었지만, 고려에서는 본사인 병부 이외에 고조(이후 고부)만이 설치되었을 뿐이었다.[254]

이후 1011년(현종 2)에는 6부의 다른 속사들과 함께 상서고부도 폐지되었다. 속사의 폐지는 3성 6부제의 도입으로 점차 시寺와 감監 등의 하부 기구가 정비되면서 그동안 6부가 담당해 오던 업무의 일부가 시나 감으로 이관되는 것과 관련이 있었다. 구체적으로 고부의 폐지는 무기의 제조를 담당했을 군기감 및 무기 이외의 의장 관련 물품을 관장했을 위위시의 등장과 관련되었을 것이다. 군기감은 995년(성종 14) 이후부터 목종 이전까지의 기간 동안에 설치되었을 것으로 추측되고, 위위시는 태조대의 내군이 960년(광종 11)에 장위부로 되었다가 후에 사위부라 칭해졌고 다시 995년에 위위시로 고쳐진 것이다. 이들 기구가 고부의 기존 업무를 수행하게 되면서 고부는 폐지되었을 것이다.[255]

이후 문종대 병부의 관제는 여타 중앙 정치 기구와 마찬가지로 제도적으로 정립되었다. 재신이 겸직하는 판사判事-상서(1인)-타관他官이 겸직하는 지부사知部事(1인)-시랑(2인)-낭중(2인)-원외랑(2인)의 관직 체계가 갖추어졌고, 이속吏屬으로는 주사主事 2인, 영사令史 2인, 서령사書令史 2인, 기관記官 12인이 두어졌다. 이러한 체계로

---

254 변태섭, 앞의 논문, 1993 ; 권영국, 「고려전기 군정·군령기구의 정비」『역사와 현실』 73, 2009.
255 권영국, 앞의 논문, 2007.

병부 조직은 완비되었다.

마지막으로 병부를 기능을 살펴보도록 하겠다. 백관지에 따르면, 병부는 무선武選, 군무軍務, 의위儀衛, 우역의 정사를 관장했다고 했는데, 각각의 기능을 보다 구체화하 자면 이러하다.

무선은 일반 군인과 구분되는 무관들의 인사에 관계되는 일로서, 병부는 인사 자료 인 정안政案을 작성·관리하고 이것을 토대로 무관들을 평가하여 승출陞黜 대상자를 왕에게 보고했다. 다음으로 군무는 군사력의 효과적인 운영과 직결되는 것으로, 군액 의 파악 및 축성·둔전에 대한 업무가 해당된다. 이들 가운데 중요한 것은 군액의 파 악으로, 그것은 선군도감과의 연계 하에 이루어졌다. 선군도감은 지방의 향리·지방 관과 함께 군역 담당자층의 선발과 확보에 관여한 데 비해, 병부는 선군도감에 의해 확보된 군역 대상자들의 자료를 중심으로 하면서도 각 지방의 여건 등을 고려하여 군 역 담당자를 선정하고 군액의 유지를 목적으로 하여 군적을 관리했다.

의위는 왕이 직접 참여하는 국내외적 행사에서 왕을 보호하고 그 권위를 높이기 위 한 의장대와 의장 무기에 대한 관리를 지칭하는 것이다. 우역은 역참驛站과 마정馬政 을 포괄한 업무로 공역서供驛署와 전목사典牧司에서 작성한 문서를 보관·관리하는 것 이다. 군사적 변란이 있어났을 경우 신속 정확한 군사적 연락과 군사력을 동원하는 일도 담당했다.[256]

3. 최고 지휘관의 합좌와 중방

1) 중방의 설치

중방重房은 2군 6위의 상·대장군이 모여 군사 문제를 회의하던 기구이다. 그것은 고대와 조선시대, 그리고 제도적으로 고려가 영향을 많이 받은 당·송대에서도 찾아

---

256 전경숙, 「고려 전기의 兵部」 『숙명한국사론』 3, 2003.

볼 수 없는 기구이다.[257] 또한 고려에는 중방 외에도 동일한 무직武職(계급) 성원들로 구성된 방房이 설치·운영되고 있었다. 기록상으로 분명히 확인되는 것은 장군방, 낭장방, 산원방, 교위방이고,[258] 대정방도 존재하였을 것으로 판단되고 있다.[259]

중방의 설치 시점은 분명치 않다. 이와 관련해서는 다음과 같은 기록이 있을 뿐이다.

> 목종穆宗 5년에 6위의 직원職員들을 갖추었다. 그 후 응양군鷹揚軍과 용호군龍虎軍의 2군을 설치했는데, 2군은 6위 상위에 두었다. 그 뒤에 또 중방重房을 설치하고 2군과 6위의 상장군上將軍과 대장군들이 모두 여기에 모이게 했다.[260]

위의 『고려사』 백관지에 중방의 정확한 설치 시점이 적시되고 있지 않다. 다만 중방이 1002년(목종 5) 이후의 어느 시점에 설치된 점만은 분명하다. 그 구체적 시기는 현종대일 것으로 일반적으로 이해되고 있다.[261]

응양군과 용호군의 설치가 현종대 이루어졌을 것이므로, 이 무렵에 중방 또한 두어졌을 것이라는 점이다. 연구자에 따라서는 보다 구체적인 시기가 제안되었다. 1011년(현종 2) 설과 1012~1014년 사이의 설이 그것이다. 전자의 견해는 1011년이 거란의 2차 침략으로 인해 군사제도의 정비가 요구되고 도병마사제都兵馬使制가 시행되며 중추원이 다시 설치되는 시기인 점을 근거로 한다. 후자는, 1012년은 무반들에게 민감한 문제일 수 있는 절도사 제도의 폐지가 이루어지는 와중에 거란의 친조 요구를 거부하면서 양국의 관계가 더 악화된 시기였기에, 이러한 상황에서 무반들을 배려하여 군사력을 강화하기 위해 중방이 1012년 이후에 설치되었을 것으로 보았다. 그리

---

257 김대중, 「高麗前期 重房體制의 成立」 『國史館論叢』 61, 1995, 25쪽.
258 『고려사』 권129, 열전42, 반역3, 최충헌 부 최이, "又以私田七百餘結 屬諸衛散員及校尉房 以市恩" ; 『고려사』 권101, 열전14, 송저, "今重房制事 將軍房沮之 將軍出議 卽將房沮之 互相矛盾 政令之發 民不適從".
259 이기백, 「高麗 京軍考」, 앞의 책, 1968, 74쪽.
260 『고려사』 권77, 지31, 백관2, 서반, "穆宗五年 備置六衛職員 後置鷹揚龍虎二軍 在六衛之上 後又設重房 使二軍六衛上大將軍 皆會焉".
261 김상기, 「高麗武人政治機構考」 『東方文化交流史論攷』, 乙酉文化社, 1948 ; 김대중, 앞의 논문, 1995 ; 전경숙, 『고려전기 군사기구 연구』, 숙명여대 박사학위논문, 2007.

고 그 하한을 중방을 매개로 이루어졌을 상장군 김훈·최질의 난이 발생한 1014년으로 판단했다.[262]

중방의 구성원은 기록대로 2군과 6위의 상·대장군이었다. 상·대장군은 2군과 6위에 각각 1인씩 두어졌기에, 중방은 총 16명의 상·대장군을 구성원으로 하고 있었다. 중방 회의는 상·대장군의 의무이자 그들만이 지니는 권리였고, 상·대장군이 되면 의무적으로 중방의 구성원이 되었을 것이다.[263]

한편, 중방과 같이 소속 부대를 초월하여 동일 계급의 구성원으로 이루어진 장군방, 낭장방, 산원방, 교위방, 대정방(추정)의 설치 시점 역시도 분명치 않다. 이들 방은 기록상으로는 무인집권기 이후로 찾아지고 있다. 그렇지만 기록이 부재한다고 해도 장군방 이하의 방들 역시 중방과 같은 시기에 설치되었을 것으로 이해되고 있다. 이러한 이해는, 이들 역시 중방과 동일하게 계급적 성격을 띤 합의 기구라는 점에서, 유독 중방만이 현종대에 설치되었다고 보기 어렵다는 판단에 근거한다. 또한 현종대 무인의 역할이 증대되면서 국가는 무인들의 권리를 신장시켜 주어야 했고, 이러한 배경에서 합의 기구인 방들이 설치되었다고 하였다.[264]

중방은 독자적인 관아를 갖추고 있었다. 1383년(우왕 9) 10월 중방 공해公廨가 개축되었다. 중수된 건축물은 대청大廳 3칸, 서청西廳 3칸, 누고樓庫 3칸, 남랑南廊 9칸, 문門 1칸의 규모였다.[265] 중방이 독자적 공해를 갖춘 시기는 분명치 않지만 현종대일 가능성이 높고, 적어도 중방의 기능이 확대된 명종대에는 독자적인 관아가 갖추어져

---

262 전경숙, 앞의 논문, 2007, 124~126쪽.

263 김대중, 앞의 논문, 1995, 28쪽.

264 김대중, 앞의 논문, 1995, 29쪽. 이기백은 장군방 이하의 방들이 무인란 이전부터 존재하고 있었을 것으로 막연히 추측했다(이기백, 「高麗 京軍考」, 앞의 책, 1968, 74쪽). 이와 달리 고려전기에는 장군방 이하가 존재하지 않았다고 보는 견해도 있다. 장군방 이하의 것들은 무인란에 적극 참여한 하위 무반들이 자신들의 의지를 관철하기 위해 상위 무반들의 회의소인 중방을 본받아 설치한 것으로 이해한 것이다. 그리고 장군 이하 대정에 이르는 무관들은 중방과 같은 별도의 회의처를 갖지 않고 숙직을 위해 마련된 곳에서 회합했을 것으로 보았다(전경숙, 앞의 논문, 2007, 126~129쪽).

265 『牧隱文藁』 권6, 記, 「重房新作公廨記」, "洪武癸亥冬十月初吉 鷹揚護軍裴矩 來致其班主密直崔公之言曰 吾重房修造記 敢煩先生 乃出功載 大廳三間 西廳三間 樓庫三間 南廊九間 門一間 塗墍丹膜 外繚墙垣 亦一大役也".

있었을 것이다.[266] 한편 중방은 토지를 지급받아 필요한 경비를 조달했는데,[267] 이는 다른 무반제방武班諸房도 마찬가지였을 것이다.[268]

2) 중방의 설치목적과 역할

중방 설치의 목적은 중앙 정부의 입장에서 보자면 군사적 업무를 효율적으로 운용하려는데 있었다. 또한 고려 정부는 중방의 설치를 통해 계급 구조의 종속 관계에서 오는 권력 집중의 측면을 계급별로 의사를 묻는 방식으로 다소 분산시키려 했다. 각 방은 기본적으로 중방을 정점으로 한 상하 통속 관계로 연계되었을 것이지만, 각 계급의 합의는 군사 업무의 수행에 크게 걸림돌이 되지 않는다면 무시되기 어려웠을 것이다. 이러한 환경에서 상·대장군의 독단적 업무 추진은 제도적으로 제약되었다고 하겠다.[269] 그리고 고려의 군사 체계는 군사권의 한 곳으로의 집중을 막아 군사력의 남용을 방지하고 있음에서, 상·대장군 16명이 모여 협의하는 중방의 설치는 이들 서로간의 견제를 통해 군사적 안정을 도모하고자 하는 목적에서 이루어진 측면이 있었다.

다음으로는 설치 목적과도 긴밀히 관련된 중방의 역할에 관해서이다. 2군 6위의 상·대장군들은 중방에서 군사 문제를 회의했을 것이다. 고려의 무반은 법제적으로 군사적 실권을 소유한 자로서 군대를 인솔하는 권한인 장병권을 가지고 있었다. 상·대장군은 무반의 최상층으로 중방에 모여 군사 업무를 총괄적으로 논의하였으며, 군인을 지휘하는 군대의 대표자로서 재추와 함께 군사 회의에 참여하였을 것이다.[270]

---

266 김대중, 앞의 논문, 1995, 29쪽.
267 『고려사절요』 권20, 충렬왕 4년 4월. 전경숙, 앞의 논문, 2007, 129~130쪽 참조.
268 『고려사』 권129, 열전42, 반역3, 최충헌 부 최이, "又以私田七百餘結 屬諸衛散員及校尉房 以市恩".
269 김대중, 앞의 논문, 1995, 29~32쪽. 그는 또한 고려 정부의 중방 설치의 목적이 문·무반 신분을 고정화하는데 있다고 했다. 곧 중방 설치는 무관들의 문반직 겸대에 따른 신분의 전환을 꾀하려는 움직임을 차단하는 의미가 있다고 본 것이다.
270 전경숙, 앞의 논문, 2007, 130~135쪽 참조. 그는 고려전기 군령이 시위군을 통솔하는 중추원과 2군 6위를 통솔하는 상·대장군(중방)으로 나뉘어 이원적으로 운영되었고, 그리고 이러한 구조에서 중추원과 중방 사이의 갈등이 있었다고 보았다. 하지만 중추원이 시위군을 통솔하였다는 점은 명확치 않은 바, 군령이 이원적으로 운영되었다는 주장은 논란의 여지가 있다.

끝으로 중방의 합의 방식에 대해 간단히 언급해 보겠다. 구체적인 증거는 없어도 그것은 만장일치제였을 것으로 일반적으로 이해되고 있다. 장군방에는 모임의 장인 방주房主와 실무를 담당한 장무掌務가 있었는데,[271] 중방에도 동일 혹은 유사한 직책이 있었을 것이다. 상장군 8인 가운데 가장 상위 서열에 위치한 응양군의 상장군이 방주(혹은 이와 유사한 직책)가 되어 중방 회의를 주재하면서 만장일치의 합의를 도출해 냈을 것이다. 중방과 달리 장군방 이하의 무반제방의 경우 소속 인원이 적지 않아, 만장일치에 의한 합의 방식은 현실적으로 곤란했을 것으로 판단되고 있다.[272]

---

271 『정종실록』 권5, 2년 7월 을축, "罷將軍房 前朝舊制 立將軍房 有房主掌務之員 有會坐回坐之禮 其 有新除將軍者 則爲房主掌務者 必考其族屬 察其心行 以行會坐回坐之禮 然後新除者得行其任".
272 김대중, 앞의 논문, 1995, 36쪽.

제3장

군사제도의
기본구조와 운영

제1절 군인의 충원과 군역

제2절 관방시설과 성곽

제3절 군의 운영과 관리

제4절 역(驛)의 운영과 마정(馬政)

제1절

군인의 충원과 군역

1. 전업적 군인과 군역

1) 전업적 군인의 확보와 군적(軍籍)

2군 6위의 중앙 군사 조직에 소속된 군인은 개경 거주의 전업 군인과 주현에 거주하면서 정기적으로 번상하는 전업 군인으로 구성되었다. 2군 6위의 중앙 군사 조직의 안정적 운영을 위해서는 국가가 전업적 군인 자원을 파악하고 확보하는 작업이 필수불가결했다. 이와 관련하여 먼저 고려해야 할 것은 이들을 기재한 장적帳籍이다.

『고려사』 성종 7년 10월의 다음 기사에 나오는 군적은 전업적 군인을 등재한 장적에 관한 가장 이른 시기의 기록이다.

> 왕은 책봉을 받은 후 교형絞刑 이하의 죄수들을 사면하고 문반으로 벼슬한 지 오래된 자는 개복改服하게 하고, 무반으로 연로하고 자손이 없으면서 계묘년(943)부터 군적軍籍에 등재된 자는 모두 향리鄕里로 돌려보내며, 양반에게는 모두 은혜를 더 베풀었다.[1]

---

1 『고려사』 권3, 세가3, 성종 7년 10월.

계묘년, 곧 태조 26년이면서 혜종 즉위년인 943년에 이미 군적이 존재하였음은 분명한데, 문제는 이 군적의 성격이다. 이것은 전업적 군인을 대상으로 한 장적이었던 듯싶다. 이 군적은 940년(태조 23) 전국민을 대상으로 하는 군역제 정비의 토대 위에서 작성된 것으로도 볼 수 있으나,[2] 그렇게 보기는 어려울 듯하다. 이 군적이 의무 군인이 아니라 전업적 군인을 대상으로 한 장적이었을 것임은 다음과 같은 이유에서이다.

위 『고려사』 기록은 국왕의 책봉을 기념하기 위해 문무 양반들에게 행한 은전에 관한 것이다. 곧 양반 관료층에게 일률적으로 은혜를 베풀면서 동시에, 특정 문무관에게 별도의 혜택을 부여하는 것이 위 기록의 골자이다. 추가적 혜택의 대상자인 특정 문무관이란 문관들 중에서는 벼슬한 지 오래된[從仕年深] 인사가, 무관들 중에서는 연로하고 자손이 없으면서 계묘년(943)부터 군적에 등재된 자가 해당한다. 계묘년의 군적은 무관(무반)과 관련되기에, 이를 국역 부담 차원에서 의무적으로 군역을 부담하는 자를 기재한 것으로 보기는 어렵다.

그렇다고 하여 그것을 무반의 적籍으로 간주해서도 곤란하다. 군인은 문무반과 구별되었으며 군적은 양반의 장적과 구별되었기 때문이다.[3] 군적의 존재가 확인되는 943년은 988년(성종 7)을 기준으로 40년 이상을 거슬러 올라가며 전업적 군인들 가운데 대정 이상의 무관직으로 승진하는 자도 드물지 않았을 것이라는 점을 고려할 때, 계묘년의 군적은 전업적 군인을 대상으로 한 장적일 것이다. 이렇다고 한다면, 988년 당시 무관들 가운데 추가적 혜택을 받은 무관이란 943년에 전업적 군인을 대상으로 한 군적에 올라 있다 이후 무관으로 승진한 자인데다가 연로하고 자손이 없으면서 여전히 현직에 복무한 인사였을 것이다. 당시 국왕은 이들에게 특혜를 부여하여 향리로 돌아가 여생을 편안히 보내게 했고 현직에 복무하는 것에 준하는 경제적 대우를 보장해 주었을 것이다.[4]

---

2 권영국, 「고려 전기 軍役制의 성격과 운영」 『國史館論叢』 87, 1999, 7쪽.
3 이기백, 「高麗 軍人考」 『高麗兵制史研究』, 일조각, 1968, 107~108쪽 참고.
4 홍승기(「高麗 初期 中央軍의 組織과 役割−京軍의 性格」 『高麗軍制史』(육군본부 편), 육군본부, 1983, 25~26쪽)는 이 조치를 무관으로 군적에 등록되어 있는 사람의 일부를 풀어주는 것으로 보았다. 즉 본시는 무반이었지만 현재는 군인 신분으로 떨어져 있는 사람들에게 군인 신분에서 벗어나게 하는 조치였다고 본 것이다.

적어도 943년에는 전업적 군인을 대상으로 한 장적이 구비된 셈이다. 곧 943년에 이미 전업적 군인을 파악하고 이들의 명단을 작성·확보한 상태였다고 말할 수 있다. 그리고 전업적 군인에 대한 파악이 943년 이전에 이미 이루어졌음은 비교적 분명하다.[5] 이와 관련하여 940년(태조 23) 역분전役分田 분급의 기록이 주목된다.

> 처음으로 역분전을 정했다. 후삼국을 통합할 때의 조신朝臣과 군사軍士들에게 관계官階를 논하지 않고 그 사람의 성행性行의 선악과 공로의 대소에 따라 역분전을 차등 있게 분급했다.[6]

역분전 분급 대상으로 조신과 구분되는 군사는 전업적 군인이었을 것이다. 일반 농민들 가운데 차출된 군인이 전시과의 전신인 역분전을 분급받았을 것으로 보기는 어렵다. 당연히 위의 군사는 무관과 관련이 없었다. 무관은 조신에 포함되었기 때문이다. 전업적 군인이 역분전의 분급 대상자임을 고려할 때, 적어도 940년에는 이들에 대한 체계적인 파악이 이루어졌음을 알 수 있다. 추측을 하자면, 940년에 전업적 군인에 대한 체계적 파악이 이루어지면서 이를 토대로 하여 943년에 전업적 군인을 대상으로 한 군적이 작성되었던 듯싶다.

당시의 전업적 군인은 태조(국왕) 친위군을 비롯한 중앙 직속의 군사였고 여기에는 무장 공신 세력 휘하의 사병적 군사도 포함되어 있었을 것인데, 바로 이들이 군적에 등재되었을 것이다. 당시에는 아직 지방에 거주하면서 번상하는 전업 군인이 제도적으로 존재하지 않았기에, 개경에 거주하면서 중앙군을 구성하였을 군사들이 군적 등록자로 한정되었을 것이다.[7]

943년의 군적 작성 이후 한 동안 중앙군 구성원의 변화가 작지 않아, 군적을 고쳐 작성해야 하는 요구는 충만하였다고 하겠다. 특히 성종대에 그러하였을 것이다.

---

5 다만 관련 기록이 없어 그러한 유의 장적이 작성되었는지의 유무는 확인할 길이 없다.
6 『고려사』 권78, 지32, 식화1, 전제, 전시과, 태조 23년.
7 홍승기(앞의 논문, 1983, 23~27쪽)는 고려 건국 시부터 태봉의 유산으로 수도에 군호가 있었다고 보았다. 이들은 중앙군으로 후삼국 통일 이전부터 수조권을 분급받아 오고 있었고, 군적은 바로 이들을 대상으로 한 것이라고 파악했다.

무장 공신 세력 휘하의 사병적 군사들은, 광종대를 경과하면서 대다수의 무장 공신이 숙청되는 상황에서, 일부가 도태·제거되고 남은 자들은 국왕의 보다 직접적 통제 하에 놓이게 되었을 것이다. 한편으로는 광종대에 국왕 친위군의 대대적 확충이 이루어지고 있었다. 경종대 들어서 친위군의 감원이 단행되었지만, 그 폭은 크지 않아 광종대 대거 증원된 시위군은 사실상 유지되었을 것이다.[8]

성종대에는 이러한 여건에서 개경 거주의 전업적 군인의 수를 줄이면서 동시에 이들을 새로운 중앙 군사조직인 6위 속에 편제하는 조치가 이루어졌고, 이와 아울러 지방에 거주하는 전업적 군인으로 번상하여 6위를 구성했을 보승·정용군이 제도적으로 갖추어지게 되었다.

이러한 변화상을 고려할 때, 성종대에 군적의 대대적인 수보 작업이 시도되었을 가능성은 매우 높다고 하겠다. 광종대에도 그러한 작업이 이루어졌을 가능성은 충분히 예상해 볼 수 있다.

전업적 군인을 대상으로 한 장적의 수보 작업은 등재자의 변화 상황을 반영하면서 정기적으로 이루어지지는 않은 듯하다. 즉 그러한 작업은 간헐적으로 시행된 듯싶다. 이는 다음 기록을 통해 엿볼 수 있다.

> 병부에서 아뢰기를 "군반軍班氏族의 적籍을 작성한 지가 오래 되어 좀이 먹고 낡아졌습니다. 이로 말미암아 군액軍額이 정확하지 못하오니 옛 규정에 의거하여 장적帳籍을 고쳐 만들기를 바랍니다"라고 하니 왕이 이를 좇았다.[9]

여기서의 군반은 전업적 군인을 배출하는 하위 신분층이었고 군반씨족이란 전업적 군인의 씨족을 지칭했을 것이라는 데서, 1064년(문종 18)에 이미 전업적 군인 신분층이라 할 수 있는 군반(씨족)의 장적은 구비되어 있었다고 하겠다. 그것은 이미 오래 전에 작성되어 온 것이다 보니, 당시 개수 작업이 결정되었다. 그런데 개수 작업의 필요성을 설득하는데 있어, 장적이 작성된 지가 오래되었다는 사실만이 환기될 뿐, 몇 년

---

8 『고려사』 권93, 열전6, 최승로 참조.
9 『고려사』 권8, 세가8, 문종 18년 윤5월 신미.

군반씨족이 언급된 『고려사』의 부분

을 단위로 하여 장적이 작성되어야 하는데 그렇지 못했다는 언급은 제기되지 않는 데서, 군반 장적의 수정 보완 작업이 단속적으로 이루어져 왔을 것임을 읽을 수 있다.

'군반씨족의 장적'이라는 명칭에서 유추할 수 있듯이, 그것은 씨족을 단위로 하여 작성되었다. 그런데 『고려사』 병지 문종 23년 10월 판문에는 전업 군인으로 판단되는 군인이 연로하고 병이 있는 경우 그의 자손과 친족이 그의 군역을 대행한다고 되어 있다.[10] 그러므로 씨족이란 군인의 역을 승계할 수 있는 그의 자손과 친족을 지칭했을 것이다. 그러한 자손·친족이란 당시의 습속상 군인 본인을 중심으로 한 양측적兩側的 혈족이었을 것이다.[11] 따라서 군반씨족의 장적에는 군인 본인과 그의 양측적 자손·친족이 기재되었을 것이다.[12]

군반씨족의 장적은 다름 아닌 군적으로 군호의 적장과 실질적으로 다르지 않다고 할 수 있다.[13] 국가가 군적을 작성한 목적은 군액의 확보를 위해 그 승계자를 국가에서 파악·장악하고자 한 데에 있었다. 그렇지만 이는 국가 차원에서 보았을 때 그러하고, 그러한 형식의 군적의 작성은, 기득권을 중시하는 신분 질서 속에서 전업적 군인의 직을 혈족 내에서 자체적으로 승계할 수 있는 일종의 권한이 국가의 정책으로 포용된 데서 비롯되었을 것이다.

---

10 『고려사』 권81, 지35, 병1, 병제, 문종 23년 10월, "判 軍人年老身病者 許令子孫親族代之 無子孫親族者 年滿七十 開屬監門衛 至於海軍 亦依此例".

11 이와 관련하여 노명호 「高麗時代의 親族組織」『國史館論叢』3, 1989 참조.

12 군반씨족의 장적에 관해서는 이기백, 「高麗 軍役考」『高麗兵制史硏究』, 일조각, 1968을 참고하였다.

13 이기백은 군반씨족의 籍과 군호의 적이 실질적으로 동일한 것이면서도 전자에는 군반에 속한 씨족이란 뜻으로 사회적 신분에 대한 관심이 표면에 나타나 있는 반면, 후자에는 법제적인 단위호가 중요하게 다루어져 있다고 보았다(이기백, 「高麗 軍役考」, 앞의 책, 1968, 143쪽).

2) 전업적 군인직의 세습과 선군(選軍)

전업적 군인을 확보하는 방식은 기본적으로 세습과 선군이었다. 양자는 상호 보완적이었다. 세습이 원활하게 이루어지지 못하여 발생하게 되는 궐액은 선군을 통해 보충하였다. 그리고 선발되어 입속한 군인의 역은 그의 자손·친족에 의해 세습되었다. 이 문제를 좀 더 구체적으로 살펴보도록 하겠다.

전업적 군인의 역은 기본적으로 세습되고 있었다. 군인에게 분급된 전정의 수수授受 원칙에 의거할 때, 전업적 군인은 원칙적으로 20세부터 60세까지 복무했을 것이다. 일반적으로 60세가 된 군인은 퇴역을 하고 그의 자손·친족이 그 군역을 승계했을 것이다. 군액이 고정되어 있었기에, 퇴역 군인의 자손과 친족들 가운데 1인만이 그의 역을 승계했을 것이고, 승계의 우선 순위는 적자嫡子, 적손嫡孫, 동모제同母弟, 서손庶孫 순으로,[14] 곧 퇴역할 군인을 기준으로 양측적 계보 선상에서 촌수가 가까운 순으로 정해졌을 것이다. 군역의 세습 시에 전정의 수수가 수반되었음은 물론이다.[15]

하지만 몸에 병이 있는 군인의 경우 60세 이전이라도 자손·친족에게 군역을 승계토록 할 수 있었다. 기록이 없어 60세 이전에 퇴역하는 군인의 비중은 알 수 없으나, 이러한 경우는 드물지 않았을 것이다. 한편 원칙상의 퇴역 연령인 60세보다 입역 연령인 20세가 관철되는 경우가 훨씬 적었을 것이다. 왜냐하면 군역의 세습 시점이 세습인이 아니라 퇴역하는 군인인 피세습인을 중심으로 결정되었기 때문이다. 따라서 실제 입역 연령은 편차가 클 수밖에 없었을 것이다.

이처럼 전업적인 군인의 역은 기본적으로 세습되었고, 이러한 군역의 세습은 군인 신분, 혹은 군인 계급을 사회적으로 고정시키는 결과를 가져왔다.

---

14 『고려사』 권84, 지38, 형법1, 공식, 호혼, 정종 12년, "判 諸田丁連立 無嫡子 則嫡孫 無嫡孫 則同母弟 無同母弟 則庶孫 無男孫 則女孫".

15 『고려사』 권78, 지32, 식화1, 전제, 서, "高麗田制 大抵倣唐制 括墾田數 分膏堉 自文武百官 至府兵閑人 莫不科授 又隨科給樵採地 謂之田柴科 身沒並納之於公 唯府兵 年滿二十始受 六十而還 有子孫親戚 則遞田丁 無者籍監門衛 七十後 給口分田 收餘田 無後身死者及戰亡者妻 亦皆給口分田 又有功蔭田柴 亦隨科以給傳子孫 又有公廨田柴給莊宅宮院百司州縣館驛 皆有差後又以官吏祿薄 給畿縣祿科田 其踏驗損實租稅貢賦之制 并附于後".

군역의 세습과 관련하여 한 가지 염두에 두어야 할 것은 그것이 국가의 정책적 노력의 산물로만 볼 수 없다는 점이다. 오히려 군역의 세습은 국가 정책의 결과라기보다는 기득권을 중시하는 신분 질서라는 환경 속에서 전업적 군인을 안정적으로 확보하고자 하는 국가의 노력이었다고 할 수 있다. 당시 고려 국가가 정책적으로 의식했을 신분 질서란 골품제적 신분 질서를 대체하면서 나말여초 시기에 대두한 기득권을 중시하는 신분·계층적 질서였을 것이다.[16] 기득권을 중시하는 신분 질서 하에서 전업적 군인의 역은 자체적으로 세습되고 있었기에, 국가 차원에서 이에 직접적으로 개입하지 않았을 뿐만 아니라 개입할 여지도 없었을 것이다.

다만 자체적으로 승계가 이루어지지 않았을 경우에 한해 사후적인 국가 차원의 조치가 시행되었다. 가령 국가는 늙고 병이 있어 담당한 역을 감당하기 어려움에도 불구하고 군역을 세습할만한 자손, 친족이 없는 군인을 70세까지 한처에 소속시키면서[17] 형식적으로나마 군역을 수행하도록 했다. 군역을 수행하는 형식을 갖추게 했으니, 국가가 이들의 군인전을 70세까지 회수하지 않았음은 물론이다.[18] 국가는 이들이 70세가 넘으면 퇴역시켰지만 전정 대신 구분전을 분급하여 생계를 보장해 주었다.[19] 이처럼 전업적 군인의 역의 승계가 원활하지 못하여 국가의 사후적 개입이 이루어지는 경우에도, 국가의 정책적 조치는 전업적 군인이 보유하고 있던 기득권을 최대한 보장하는 방향으로 집행되고 있었다.

군역을 승계할 자손·친족의 부재 혹은 군인의 도망 등으로 인해 군액에 결원이 발생하면, 기본적으로 선군을 통해 부족분이 보충되었다. 곧 일정한 군액을 설정해 놓고 부족분이 생기면 선군을 통해 이를 채워나간 것이다. 선군이 이러한 방식으로 이루어지다 보니, 그것은 정기적으로 시행되는 것이 아니라, 결원을 보충해야 할 필요

---

16 노명호, 「羅末麗初 豪族勢力의 경제적 기반과 田柴科體制의 성립」, 『震檀學報』 74, 1993 ; 최종석, 「고려초기의 官階 수여양상과 광종대 文散階 도입의 배경」, 『역사와 현실』 67, 2008.

17 개경과 지방에 거주하는 전업적 군인은 각각 감문위와 2·3품군에 소속되었을 것이다.

18 『고려사』 권81, 지35, 병1, 병제, 문종 23년 10월 "判, 軍人年老身病者 許令子孫親族代之 無子孫親族者 年滿七十 開屬監門衛 至於海軍 亦依此例" ; 『고려사』 78, 지32, 식화1, 전제, 전시과, 문종 23년 10월 "判 軍人年老身病者 許令子孫親族代之 無子孫親族者 年滿七十 開屬監門衛 七十後 只給口分田五結 收餘田 至於海軍 亦依此例".

19 『고려사』 권78, 지32, 식화1, 전제, 서.

가 발생할 시에 그때그때 수요를 충족시키는 차원에서 이루어졌다.

선군은 기본적으로 부족한 군액을 채우려는 목적에서 이루어졌지만, 군액이 고정되기 전인 국초에는 정치적 목적 등에서 선군이 단행되기도 했다. 이러한 사실은 광종대에 관한 다음 기록에서 단적으로 확인된다.

> 우리 조정의 시위 군졸은 태조대에는 다만 궁성을 숙위할 뿐이어서 그 수가 많지 않았다. 광종이 참소를 믿고 장군과 재상을 주책誅責하면서, 의혹하는 마음이 저절로 생겨 (시위) 군졸을 증원했던 바 주군州郡에서 풍채 있는 자를 선발하여 입시하게 하고는 이들 모두 궁중 주방에서 식사하게 했다. 당시 의론議論은 이를 번잡하기만 하고 무익하다 했다. 경종대에 이르러 비록 약간 감원했으나 오늘날[성종 초년]에 이르기까지 그 수는 아직도 많다.[20]

광종은 왕권의 강화와 무장 공신 세력의 숙청을 위해 친위군을 확충했고, 이를 위해 대규모적인 선군이 단행된 것이다. 한편 정국이 안정되고 전업적 군인의 수효가 정해졌을 성종대 이후로는 궐액을 충보하는 것 이외의 선군은 쉽사리 찾아지지 않는다.

부족한 군액을 그때그때 보충하는 방식으로 선군이 이루어졌기에, 선군의 규모는 일반적으로 작았을 것이다. 다만 현종대 거란과의 전쟁으로 인해 다수의 군인 사상자가 발생하게 되면서, 이를 보충하는 대대적 선군이 이루어지기도 했을 것이다. 정종대의 대규모 선군에서 이를 짐작해 볼 수 있다.

> 다음과 같이 공시했다.……근래 전란을 겪으면서 정인丁人들이 많이 부족하여 정인들이 하던 천역賤役을 녹관祿官과 육십六十이 대신하게 했다. 이 영역領役이 매우 힘들어 서로 회피한 까닭에 오위伍尉와 대정隊正들은 이를 감당할 수 없다.……지금 나라가 태평하고 사람들이 옛날과 같게 되었으니 마땅히 영領마다 1·2백 명씩 보충해야 할 것이다. 경중京中의 5부 방리의 경우 각 사司에서 공무를 보는 영사領史, 주사主事, 기

---

20 『고려사』 권93, 열전6, 최승로.

관記官과 유음품관有蔭品官의 자식, 그리고 역役이 있는 천구賤口를 제외하고는 그 밖의 양반 및 내외內外 백정白丁의 아들로서 15세 이상 50세 이하를 뽑아 보충하기로 한다. 선군별감選軍別監은 전과 같이 전정田丁을 연립케 하고 그 영領 내에 십장十將과 육십六十에 결원이 생기면 타인은 제외하고 모두 다 영내의 정인丁人으로 녹용하고 중금中禁, 도지都知, 백갑白甲을 별도로 차정하는 것 역시 정인으로 그렇게 하는 것이 마땅하다.[21]

위의 1045년(정종 11)의 조치는 2군 6위 소속 군인의 궐액을 충보하는 것으로, 전란을 거치면서 발생한 극심한 군액 부족의 사태를 해결코자 영領마다 1·2백 명씩을 선군하는 사업이었다. 당시 국가는 나라가 안정되고 인구도 예전 수준으로 회복되었다는 판단 하에 전란 이후 시행되어야 했으나 사정이 여의치 않아 미루어 오던 선군 작업을 단행한 것이다.

2군 6위가 45령으로 구성된 점을 고려할 때, 당시의 선군 규모는 산술적으로 4,500·9,000명에 달할 정도로 대규모적이었다고 할 수 있다. 그리고 2군 6위 소속의 군인은 개경 거주이냐 지방 거주이냐의 차이가 있지만 모두 전업적 군인이었음을 고려했을 때,[22] 당시의 선군은 전업적 군인의 대대적인 충보였다고 할 수 있다.

전업적 군인의 보충은 요청될 때마다 선군을 통해 이루어지고 있었기에, 선군 업무를 담당하는 기구가 필요했다. 그러한 기구가 선군이었다.[23] 선군사는 전란으로 인해 군사의 수효가 크게 감소한 현종대에 설치되었을 것이고,[24] 그 이후로 선군 업무를 담당했을 것이다. 물론 선군사가 설치되기 전에도 군인의 간선(선군)은 이루어지고 있었기에, 해당 업무를 다루는 관부는 존재하였을 것이다. 다만 그것은 선군을 전담하는 관부는 아니었을 것이다. 이렇다고 본다면, 선군사 설치의 의미는 이전 시기와 달

---

21 『고려사』 권81, 지35, 병1, 병제, 정종 11년 5월.
22 최종석, 「고려전기 保勝·精勇軍의 성격과 지방군 구성에 대한 재검토」 『역사와 담론』 58, 2011a 참조.
23 군인의 簡選도, 이를 담당하는 관부도 선군이었던 바, 이하에서는 혼란을 피하기 위해 관부는 選軍司로 표기할 것이다.
24 전경숙, 『고려전기 군사기구 연구』, 숙명여대 박사학위논문, 2007, 51~64쪽 참조.

리 선군 업무를 전담하는 기구를 갖추게 된 것이라고 할 수 있다. 또한 선군사의 설치는 전담 관부를 설치할 정도로 당시 선군의 필요성이 증대되었음을 시사한다.

선군사는 선군청選軍廳이라 불리는 독립 청사를 보유했다. 선군사의 수장은 선군별감이었는데, 별감사別監使라고도 칭해지고 있었다. 또한 선군사選軍使로도 지칭된 듯하다. 선군별감은 겸직이었을 것이고, 선군사에는 기사記事라 불리는 하급 관리가 배속되어 있었다.

1252년(고종 39)에는 한인과 백정을 점열하여 각 영의 군대에 충당하는 작업을 수행한 충실도감充實都監이 설치되었다.[25] 충실도감의 임무는 선군사와 별반 다르지 않았을 것이다. 충실도감의 설치로 인한 그것과 기왕의 선군사와의 관계 및 양자의 업무 분담의 실제 등은 분명치 않다. 충실도감이 설치된 시기가 몽골과의 전쟁이 치열하게 전개되던 와중이었던 점을 고려할 때, 그것은 원활한 전쟁 수행을 위한 임시적 필요에서 설치되었을 것으로 추정된다.

선군사에서 이루어진 선군의 내용을 보다 구체적으로 살피자면, 선군은 앞서 언급한 바와 같이 군액의 보충이 요구될 때마다 이루어지고 있었다. 선군 대상자의 자격은 '장용壯勇'이라고 할 수 있을 것이지만, 장용한 자가 선군 대상의 충분조건은 아니었을 것이다. 왜냐하면 전업적 군인은 하위 지배층에 해당했기에, 기본적으로 이에 부합하는 신분·계층을 대상으로 하여 선군이 이루어졌을 것이기 때문이다. 기본적으로 하위 지배층 가운데 장용한 자를 전업적 군인으로 선발했을 것이고, 여의치 않을 경우 선군 대상의 신분·계층을 확대했을 것이다(가령 백정층). 한편 장용한 자를 선발하고자 한 데서 국가는 가능한 한 젊은 장정을 뽑고자 하였을 것으로 집작된다. 앞서 인용한 1045년(정종 11) 5월의 게방揭榜에서 알 수 있듯이, 15세에서 50세까지의 정인丁人을 모집단으로 하여 이들 가운데 젊고 장용한 자가 우선적으로 선택되었을 것이다.

마지막으로 선군의 절차에 관해서이다. 선군의 책임자는 선군별감이었고, 그 지휘 하에 점군사點軍使 등이 각지에 파견되어 선군의 임무를 수행했을 것이다. 또한 안렴

---

25 『고려사』 권81, 지35, 병1, 병제, 고종 39년 8월, "設充實都監 點閱閑人自丁 充補各領軍隊".

사, 수령 등도 선군 업무에 협조했을 것이다. 선군의 절차는 개경 거주의 전업 군인을 선발하느냐 주현에 거주하면서 정기적으로 번상하는 전업 군인을 충보하느냐에 따라 다소 상이했을 것으로 예상되지만, 그 구체적인 면모는 파악되지 않는다. 다만 지방 거주자로 개경 거주의 전업 군인으로 선발된 자는 상경을 해야 했고 그 후 다시금 부대 배치를 위한 선군의 절차를 밟았던 듯하다. 선군된 자들 가운데 출중한 자는 공학군, 견룡군, 내순검군 등의 금군禁軍으로 뽑혔을 것이고,[26] 특별한 경우이기는 하나 대정으로 곧 바로 임명되기도 했을 것이다.[27]

3) 군역의 경제 기반

전업적 군인이 짊어지는 군역에 대한 대가로 군인전이 지급되었다. 군인은 군인전에서의 조租를 가지고 식량·피복·무기를 장만했고, 가족의 생활을 영위하였다. 전업적 군인은 개경 거주자와 주현에 거주하면서 정기적으로 번상하는 자로 구성되었을 것이기에, 이와 맞물려 계통을 달리하는 군인전이 구분 지급되었다. 다시 말해, 2군 6위의 중앙군 가운데 보승·정용군을 제외한 군인(개경 거주의 전업 군인)에게는 전시과 규정에 따른 군인전이, 주현의 보승·정용군으로 정기적으로 번상하여 중앙군의 보승·정용군을 구성하는 군인에게는 족정·반정 계열의 군인전이 분급되었다.[28]

전시과 계통의 군인전은 개경 거주의 중앙군에게 분급되는 것으로 940년(태조 23) 군사에게 지급된 역분전을 모태로 한다.[29] 이들은 976년(경종 1) 시정 전시과에서 '미

---

26 금군으로 선발된 군인도 기본적으로는 2군 6위에 소속된 개경 거주의 전업군인이었을 것이다. 금군을 2군 6위와 별개의 군사 조직으로 보기도 하나(송인주, 『고려시대 친위군 연구』, 일조각, 2007), 견룡직이 2군 6위의 관직을 본품 관직으로 하여 겸직으로 운용된 점에서 볼 때(김보광, 「고려시대 牽龍의 운영과 무반관직」『歷史敎育』 117, 2011), 별개의 군사 조직으로 보기는 어려울 것이다. 곧 2군 6위 조직의 군인과 軍官 가운데 일부가 각각 금군 조직의 군인과 군관을 겸했을 것이다. 김종수는 이와 다른 맥락에서이기는 하나 별개의 금군의 존재를 부정한 바 있다(김종수, 「高麗時期 府兵制의 運營과 그 原則」『歷史敎育』 73, 2000 참조).

27 이상의 선군 관련 서술은 이기백, 앞의 책, 1968의 「高麗 軍人考」와 「高麗 軍役考」에 주로 의거하였다.

28 오일순, 「高麗前期 部曲民에 관한 一試論」『學林』 7, 1985 ; 권영국, 앞의 논문, 1999, 24쪽.

29 이 이전부터 개경 거주의 군인을 대상으로 토지를 지급해 오다 역분전 제도를 통해 기존의 토지

급차년과등자未及此年科等者'로 15결의 토지를 분급받은 듯하다.[30] 이후 개경 거주의 전업 군인은 998년(목종 1) 개정전시과에서 마군이냐 보군이냐에 따라 각각 23결(17과)과 20결(18과)의 토지를 받았다. 이전에 비해 분급 액수가 다소 늘어났으며 병종에 따라 토지를 차등 지급한 대목이 눈에 띈다. 1034년(덕종 3)에도 군인에게 분급되는 전시과에 변화가 있었다고 생각되나, 구체적인 내용은 확인되지 않고 있다.

1076년(문종 30)의 경정전시과에서 군인에게 지급되는 토지는 마군, 역보군, 감문군에 따라 각각 25결(15과), 22결(16과), 20결(17과)로 차등 분급되었다. 목종대와 비교할 때 문종대 군인에 대한 토지 분급에서 주목되는 점은 마군과 보군 모두에게 2결씩 토지를 더 지급한 것 및 새로이 감문군에게 토지를 분급한 사실이다.

감문군 외의 마군·역보군이 특정 부대가 아니라 병종인 점에서, 감문군 역시 일종의 병종이라고 판단된다. 달리 말해, 문종 전시과에서 보이는 감문군은 6위 가운데 하나인 감문위 소속의 군인이 아니었을 것이다. 이것의 실체와 관련하여 1046년(문종 즉위)의 조치, 즉 경군(개경 거주 전업 군인)으로 노부모를 봉양해야 하는 처지에 있는 자들을 한시적으로 감문에 이속시켰다가 부모 사망 후에 다시 본역에 배속시킨 규정, 그리고 경군 가운데 늙고 병이 있어 담당해야 하는 역을 감당하기 어려움에도 불구하고 군역을 세습할만한 자손·친족이 없는 자를 대상으로 하여 70세까지 감문위에 이속시켜 형식적으로나마 군역을 수행하게 한 1069년(문종 23)의 조치를 주목할 필요가 있다.

경정전시과 시행 이후로 감문군이라 하여 20결을 받는 군인은, 본래는 마군 내지 역보군으로 분류되어 25결 내지 22결을 받았을 것이나 부모 봉양 내지 본인의 노쇠와 질병 등으로 인해 감문위에 이속되어 군역을 형식적으로나마 수행한 자라고 할 수 있다. 본래부터 6위의 감문위에 소속된 군인은 병종에 따라 25결 내지 22결을 분급받았을 것이다.

결국, 마군, 역보군과 함께 열거된 감문군에의 토지 지급은 1046년(문종 즉위)과 1069년(문종 23)의 조치 등을 반영하여 노부모의 봉양 등을 이유로 감문에 이속된 채

분급 방식을 재정비했을 가능성을 배제할 수 없다.

30 천관우, 「閑人考」『社會科學』 2, 1958, 28쪽.

형식적으로나마 군역을 수행하는 이들을 대상으로 하여 '본역' 수행 때보다는 상대적으로 적은 토지를 지급하기 위한 차원에서 이루어진 조치였다고 하겠다.[31]

　문무 관료와 더불어 전시과를 분급받은 개경 거주의 전업 군인과 달리 지방 거주의 전업 군인, 곧 보승·정용군을 대상으로 해서는 전시과와 다른 계통의 토지가 지급되었으니, 그것은 족정足丁·반정半丁 계통의 군인전, 곧 군인호정전軍人戶田이었다. 보승·정용군에게 지급되었을 족정·반정 계열의 토지는 향리, 기인, 역리 등의 지방 유력 세력에게 분급되는 것으로, 그 액수가 전시과 계열의 군인전보다 적은 17결 내지 8결이었다.[32] 곧 족정·반정 계열의 군인전은 족정의 경우 17결, 반정의 경우 8결이 분급된 것이다. 그리고 보승·정용군에게 분급된 군인전은, 전시과 계열의 토지가 수조지였던 것과 달리, 군인호의 소유지 위에 면조권을 부여받은 토지였다. 그러하였던 까닭에 규정된 액수에 미달하는 토지를 소유한 보승·정용의 군호는 소유 토지에 한해 면조의 혜택을 누렸을 것이다.[33]

================

31　문종 30년(1076) 이전에는 감문으로 이속되더라도 이전과 같은 액수의 토지가 분급되었을 것이다.

32　오일순의 연구에 따르면, 개인에게 분급된 토지는 役口之分田[役分口分之名田]과 足半之丁田[戶別之丁田]으로 구분되고, 이 중 전자는 후자와 달리 전시과 계열의 토지로 족정·반정으로 作丁되어 운영되지 않는다고 했다. 또한 1023년(현종 14) 의창조규(『고려사』 권80, 지34, 식화3, 상평의 창, 현종 14년 윤9월)에서 개인에게 분급된 토지이면서 의창조율을 달리하는 兩班田과 軍其人戶丁은 각각 役口之分田과 足半之丁田에 해당되고, 기인과 함께 규정된 군인은 지방의 보승·정용군이었다고 하였다. 이에 관해서는 오일순, 앞의 논문, 1985 ; 오일순, 「高麗前期 足丁의 성격과 그 변화」『한국 고대·중세의 지배체제와 농민』, 지식산업사, 1997 참조.

33　오일순, 앞의 논문, 1997, 228~232쪽 ; 권영국, 앞의 논문, 1999, 24~25쪽. 이와 관련하여 강진철의 연구도 참고된다. 그는 중앙군의 군역이 전체 농민층을 대상으로 하는 것이 아니라 군역을 부담할 수 있는 충분한 경제적 기반을 갖춘 부농을 대상으로 하여 우선적으로 부과되었고 군역 복무의 대가·보수로서 전시과 계열의 토지인 군인전이 지급되었다고 보았다. 그러면서도 군인전 분급은 전업적 군인이 아니라 번상 농민을 대상으로 한 까닭에, 그 방식은 기본적으로 해당 군인들이 농민으로서 소유해 오던 토지[民田]에 대한 면세권의 지급으로 이해했다. 또한 전시과 규정상의 군인전의 급전액은 최상한으로서의 의미를 갖는 것이고 농민인 군인의 보유 소유지가 일반적으로 영세했기에, 극히 소수의 경우를 제외하고는 규정액에 훨씬 미달하는 것이 당시의 실정이었다고 보았다(강진철, 『高麗土地制度史硏究』, 고려대학교 출판부, 1980, 109~134쪽 참조). 중앙 군인을 모두 번상 농민으로 간주하는 것이나 이들에게 분급된 토지를 일률적으로 전시과 계열의 토지로 본 것은 재고의 여지가 크나, 자기 소유지에 대해 면세권이 지급되었다고 본 견해 및 실제로 면조 혜택을 받는 토지는 일반적으로 규정액에 미달하였을 것이라 파악한 점은 시사하는 바가 크다고 하겠다.

족·반정 계열 군인전의 분급은 주현에 거주하면서 정기적으로 번상하는 전업 군인(보승·정용군)을 대상으로 하고 있었기에, 전시과 계열의 토지와 달리 성종대 이후에야 지급되었을 것이다. 이들에게 토지를 분급하는 초기에는 분급 대상자인 보승·정용군이 대개 17결 이상의 토지를 보유하고 있었기에 족정이 분급된 듯하다. 이들의 군역은 군인전과 더불어 세습되어 갔고, 후대에 국가는 이들을 추후에 보승·정용군으로 선군된 자들과 구분하여 원정족정元定足丁으로 인식한 듯하다.[34]

보승·정용군의 군역을 승계할 자손·친족의 부재 및 전쟁 등으로 기존 군인의 사상 그리고 군역의 고역화로 인한 군인의 도망 등의 각종 원인으로 인해, 보승·정용군의 궐액은 발생하게 되고 그리고 이에 따른 충보가 이루어져야 했다. 그런데 시기가 경과할수록 보승·정용군을 배출할만한 신분·계층(정호층) 내에서만 그러한 자원을 충원하기는 어렵게 되었다. 그리하여 점차 백정층에서 보승·정용군을 선발하는 경우가 많아졌을 것이다. 백정층은 일반적으로 정호층에 비해 토지 소유 규모가 열세였기에, 국가는 8결 가량의 토지를 보유한 백정층 가운데 보승·정용군을 선발하여 이들에게 반정(8결)의 토지에 대한 면조 혜택을 부여한 듯싶다. 이러한 이유에서 족정인 17결의 절반 정도에 해당하는 토지를 군인전으로 분급받는 보승·정용군이 존재했을 것이다.[35]

전업적 군인이 짊어지는 군역에 대한 대가로 지급된 군인전은 군역과 더불어 전정연립의 원리에 따라 자손·친족 가운데 1인에게 세습되었다. 곧 군역을 세습한 자가 군인전 또한 승계했다. 이러한 군역과 군인전을 결합한 형식의 연립제 운영의 목적은, 군역의 수행과 그 대가로서의 토지가 결합되어 있는 상황에서, 가능한 한 자손이나 친족에게 군역을 계승하게 함으로써 군역과 토지를 분리시키지 않고 군역 부담층을 안정적으로 확보하고자 한 것이었다. 아울러 군역을 수행하는 특정 계층이 어느 정도 고정되고 또한 그것이 가능한 사회 환경에서, 국가가 이러한 현실을 용인·활용하면서 군역과 군인전을 제도적으로 운영하게 된 결과는 군역과 군인전을 결합시켜

---

34 권영국, 앞의 논문, 1999.
35 권영국은 고려 전기의 군역 징발이 경제적 토대를 매개로 했고, 족정, 반정은 군역부담자가 소유한 전정의 크기에 따른 구분으로서 그 차이에 따라 군역의 내용이 결정되었을 것으로 보았다(권영국, 앞의 논문, 1999, 25~26쪽).

세습하는 방식으로 구현된 것이 아니었을까 판단된다.

일반인에게서 군역을 징발하는 문제로 넘어가기에 앞서, 전업적 군인이 짊어진 군역의 내용을 언급하도록 하겠다. 이것은 앞서 다룬 바 있는 군인의 역할과 중복되기에, 그 요점만을 열거한다.

전업적 군인이 담당한 군역으로 우선적으로 시위 임무를 들 수 있다. 이것은 왕이 출어出御하는 의식에 장위仗衛하고 그 행차에 호가하는 것[扈駕儀衛]과 외국 사신을 영송하는 것으로 대별될 수 있다. 다음으로 경찰의 임무를 이들이 짊어진 군역으로 꼽을 수 있다. 그리고 적군 침입 시의 출정과 국경 지대인 양계 지역에로의 방수 또한 전업적 군인의 군역에 해당하였을 것이다. 또한 이들은 비전투시에 심심치 않게 역역에 동원되었다.[36]

이들 군역의 내용 가운데 시위와 경찰의 임무는 개경 거주의 전업 군인에게, 출정과 방수의 임무는 주현 거주의 전업 군인(보승·정용)에게 집중적으로 부과되었다고 판단된다. 역역의 부과에는 별 다른 차이가 없었을 것이다. 한편 주현 거주의 전업 군인은 번상하여 중앙군의 보승·정용군을 구성했을 것이기에, 이들에게는 번상의 의무가 있었다고 할 수 있다. 그리고 이들은 비번 시에 해당 지역의 경찰과 방위의 임무를 수행했을 것이다.

2. 군역의 징발

고려 전기 군역의 주축은 아무래도 전업적 군인이 부담하는 것이라고 할 수 있다. 2군 6위 소속의 군인 모두 전업적 군인이었을 뿐만 아니라 지방군의 중심인 보승·정용군 역시 전업적 군인이었을 것이기에, 전업적 군인이 짊어진 군역이 압도적으로 높은 사회적 비중을 차지할 수밖에 없었을 것이다. 그렇다고는 하나 일반인들 가운데 군인을 징발하여 이들에게 군역을 부담하는 것 또한 간과할 수 없는 부분이다. 그리하여 여기서는 군역 징발을 검토하도록 하겠다. 구체적인 서술 방식은 기왕의 견해를

---

36 이기백, 「高麗 軍役考」, 앞의 책, 1968, 132~141쪽.

비판적으로 재구성하는 식이 될 것이다.

전 영토의 민인(농민)을 대상으로 하는 군역 징발의 체제는 통일 이후에야 갖추어졌을 터이지만, 군역의 징발이라는 현상을 기준으로 하자면, 후삼국의 통일 이전에도 나름의 조치는 취해졌을 것이다. 고려는 후삼국 전쟁을 수행할 당시 중앙 직속의 전업적 군인 외에도 귀부 호족들 휘하의 병력들을 동원했을 뿐만 아니라 행정력을 동원하여 일반인들을 징발했을 것이다. 병력 징발과 관련해서는, 다소의 과장이 있겠지만 934년(태조 17)의 조서 가운데 "이로 말미암아 남자는 모두 군대로 나가게 되고 여자까지도 부역에 동원되었다"[37]라고 한 구절이 시사적이다.

후삼국의 통일 이후 본격적인 군역 징발의 체제가 갖추어져 갔을 것인데, 기존 연구에 따르면 그 과정은 다음과 같이 설명된다.[38] 후삼국 통일 이후 몇 해 지나지 않은 940년(태조 23)에 이루어진 주·부·군·현의 칭호 개정은,[39] 지방제도의 정비가 군역뿐만 아니라 모든 세역제稅役制의 정비의 전제가 되고 있음에서, 군역제 정비의 측면에서도 주목된다. 태조 26년 혹은 혜종 즉위년(943)의 군적 작성은 940년의 군현제 정비를 토대로 이루어진 것이었다.

후삼국 통일 후 중앙 집권화가 진전됨에 따라 국가는 호족들 휘하에 있어 왔던 군사력을 회수하여 군적에 올리고 국가의 군대로 귀속시키고자 했다. 혜종대의 군적 작성은 이러한 집권화 과정에서 중앙 정부가 지방 호족으로부터 징병권을 회수한 조치였을 것이다. 정종대 30만이나 되는 대규모 광군의 조직은 앞선 시기에 있던 군적 작성을 토대로 한 것이라고 할 수 있다. 다만 지방군 조직이 아직 정비되지 않은 상태여서, 광군에 대한 지휘권은 여전히 지방 호족들에게 위임되어져 있었을 것이다. 광종대에 이르러 지방 호족의 수중에 있던 군사력은 중앙으로 완전히 귀속되었다.

성종대 들어 983년(성종 2)에는 지방관을 파견하고 지방의 이직吏職을 개혁했으며, 주부군현관역州府郡縣舘驛에 대한 공해전公廨田이 지급되었다.[40] 특히 수부군현의 정수

---

37 『고려사』 권2, 세가2, 태조 17년 5월 을사.
38 권영국, 앞의 논문, 1999, 7~11쪽.
39 『고려사』 권2, 세가2, 태조 23년 3월, "改州府郡縣號".
40 『고려사』 권78, 지32, 식화1, 전제, 공해전시, 성종 2년 6월, "定州府郡縣舘驛田……".

丁數에 따른 공해전 지급에 있어 정수에 따른 군현 등급의 결정은 태조대 이래 광종대 걸쳐 계속되어 온 호구 조사와 양전이 어느 정도 마무리되었음을 의미했다. 군역을 비롯한 각종 세역의 징수는 이러한 군현별 정수를 토대로 했을 것이기에, 983년의 지방관 파견과 정수에 따른 군현의 등급 구분은 군역제 정비 과정에서 중요한 의미를 지닌다고 할 수 있다.

984년(성종 3)에는 군인의 복색이 제정되고, 987년(성종 6)에는 지방 호족의 잔존 군사력에 대한 완전한 무장 해제를 의미했을 지방 주현의 병기를 회수하여 농기구를 주조하는 조치가 취해졌다. 다음 해(988)에는 군역제 정비가 일단락되는 획기적인 조치가 이루어졌다. 그것은 군역제 정비의 성과를 총괄하는 새로운 군적의 작성이었다.[41] 988년(성종 7)의 이러한 조치는 통일 후 과도기적으로 운영되던 군역제 하에서 사실상 군역의 징발대상이 될 수 없는 자들로서 군적에 올라있던 자들을 귀향시키고 새로이 군적을 작성한 것이었다.

후삼국 통일 이후 신라와 백제 지역을 포함한 전국민을 대상으로 하는 지배 체제가 성종대에 정비됨에 따라, 통일 이후 계속되어 온 군역제 정비는 일단락되었다고 할 수 있다. 988년에 군사력의 충원 제도인 군역제가 완비됨에 따라, 이후 중앙과 지방의 군사 조직의 정비가 이루어지게 되었다. 990년(성종 9) 6위의 모체가 되는 좌우군영의 설치와 이후 6위 체제를 중심으로 하는 중앙군과 지방군 조직의 정비가 그러한 것이었다.

군역제 정비에 대한 이상의 성과를 비판적으로 재구성하면서 군역 징발 체제의 완비 과정을 다시 구성해 보겠다. 기왕의 연구 성과에서 문제로 지적할 수 있는 점은 대략 세 가지이다. 첫째는 군역 징발 체제의 완비 과정에 있어 고려적인 특징이 잘 보이지 않는 점이다. 즉 중앙집권 체제의 강화·확립으로 인한 국가의 일반 민인에 대한 장악 그리고 이를 배경으로 한 일반 민인의 군역 징발 체제로의 포섭이라는 구도는 고려시대적인 특질을 보여준다고 말하기 어렵다. 기왕의 연구는 군역제 정비의 토대로 군현제 개편의 성과를 주목하고 있지만, 정작 고려시대 군현제가 갖는 시대성

---

41 『고려사』 권3, 세가3, 성종 7년 10월.

을 고려한 흔적은 잘 보이지 않는다. 군현제 정비를 지방에 대한 중앙 권력 침투의 확대 과정으로 보는 이해가 대표적이다. 하지만 고려시대 군현제(정비)는 타 시대와 구분되는 시대적 특징-재지 지배층의 해당 지역에 대한 지배의 포섭과 공인-을 노정하고 있다.[42] 이러한 점을 감안할 때, 군현제와 밀접하게 관련되었을 군역 징발 체제 역시 시대적 특질을 지니고 있었을 가능성은 높고, 그것의 완비 과정에 대한 검토는 이러한 측면을 포착하는 것이 되어야 할 것이다.

둘째는 국왕 책봉에 따른 은전 조치를 담고 있는 『고려사』 성종 7년 기록[43]에 대한 부정확한 이해이다. 이 기록에서 확인되는 943년의 군적을 민인 전체를 대상으로 하여 군역 부과 차원에서 징발된 군인을 등재한 장적으로 본다든지, 988년(성종 7) 당시의 무관들 가운데 연로하고 자손이 없으면서 계묘년(943)부터 군적에 등재된 자를 귀향시킨 조치를 통일 후 과도기적으로 운영되던 군역제 하에서 사실상 군역의 징발 대상이 될 수 없는 자들로서 군적에 올라있던 자들을 귀향시키고 새로이 군적을 작성한 것으로 이해한다든지 하는 것 등이 그러하다.

988년(성종 7)의 일부 무인들을 귀향한 조치는 앞서 언급한 바와 같이 국왕의 책봉에 따른 양반 관료들에게 행한 은전의 일환이었다. 이를 부적격자의 제거 조치라든가, 최승로의 시무책과 연관지어 광종대 증원된 시위군의 감축으로 보아서는[44] 곤란할 것이다. 동일한 이유에서 988년에 군역제 정비의 성과를 총괄하는 새로운 군적의 작성이 이루어졌다는 주장 역시 설득력이 부족하다. 더욱이 성종 7년의 기록에서 새로운 군적의 작성을 시사하는 내용 또한 발견하기 어렵다. 한편 943년의 군적은 앞서 논급한 바와 같이 군역 부과 차원에서 징발된 군인을 등재한 장적으로 보기도 어렵다.

군역 징발 체제의 완비 과정과 관련한 기록이 매우 미미한 상황이다 보니, 이를 명확하게 설명하는 것은 불가능하다. 다만 그 개략을 다음과 같이 제시해 볼 수 있다. 군역 징발 체제의 완비는 기존의 연구에서 밝힌 바와 같이 성종대에 이루어졌을 것이

---

42 채웅석, 『高麗時代의 國家와 地方社會-'本貫制'의 施行과 地方支配秩序-』, 서울대학교출판부, 2000 ; 윤경진, 『高麗 郡縣制의 構造와 運營』, 서울대 국사학과 박사학위논문, 2000a ; 노명호, 「고려시대 지역자위공동체」『韓國古代中世 地方制度의 諸問題』, 집문당, 2004 참조.
43 『고려사』 권3, 세가3, 성종 7년 10월.
44 홍원기, 『高麗前期 軍制研究』, 혜안, 2001.

다. 하지만 완비된 군역 징발 체제의 내용은, 국가가 지방 호족 휘하의 군사력을 완전히 회수·장악하여 민인들 전체를 대상으로 하여 행정·군사적 목적에서 군역을 징발하는 체제라기보다는, 지역사회에서 형성되어 온 자율적·기득권적 질서를 용인·수용하면서[45] 국가 차원에서 군역 징발 체제를 구축한 것이었다고 하겠다.

군역 징발의 체제와 밀접하게 관련되었을 지방제의 정비 과정을 보자면, 그것은 호족층이 해당 지역사회의 지배와 자위를 주도하는 질서를 부정하는 것이 아니라 이를 포용·공인하는 것이었다. 성종대 지방관 파견은, 호족층의 후신인 향리층이 해당 지역을 지배하는 것을 토대로 하면서 지방관이 부임하는 지역의 향리층을 포함하여 관할 지역들의 향리층을 상위에서 통제하는 것을 목적으로 한 것이었다. 이러한 성종대의 지방제도는 현종대 이래 시행된 주현·속현 제도와 질적인 차이가 없는 것이었다.[46]

983년(성종 2) 지방관 파견과 더불어 취해진 향리직 개편과 지방 관청에의 공해전 지급 역시 호족들의 통치 기구를 일원화하고 공인하면서 중앙 정부와 차별화하는 조치였다. 주부군현의 정수丁數에 따른 공해전 지급을 중앙 지배력의 강화 조치로만 볼 수는 없다. 즉 성종대 정수에 따른 공해전 지급은 당시의 지방 행정 구획이 강역 그리고 이와 부수되어 토지와 인구의 측면에서 편차가 컸던 현실을 배경으로 하여 이루어진 것이었는데, 지방 행정 구획에 있어서의 이러한 편차는 그 단위가 나말여초에 성립·재편된 지역사회를 토대로 하여 구획되었기에 비롯된 것이었다.[47] 983년(성종 2)에 제정된 규정을 보면, 같은 등급의 지방행정 단위라도 1천 정丁 이상에서 20정 이하까지 8등급으로 나뉘어 분포할 수 있고, 정을 기준으로 한 그 크기의 차이는 같은 등급의 행정 단위라도 최대 50배 이상의 차이가 날 수 있었다.

고려 정부는 지역사회의 전래의 질서를 포용·공인하는 속에서 국가 운영을 도모했기에, 지방 행정 구획 간의 극심한 편차를 개정하는 방식이 아니라 이를 인정·기반하

---

45 이러한 질서에 관해서는 노명호, 앞의 논문, 1993 ; 채웅석, 앞의 책, 2000 ; 최종석, 앞의 논문, 2008 참조.

46 이와 관련하여 윤경진, 앞의 논문, 2000a 참조.

47 이와 관련하여 최종석, 「고려전기 築城의 특징과 治所城의 형성」『震檀學報』102, 2006, 114~117쪽 참조.

면서 지방제도를 운영하고자 한 것이다.[48] 지방제도 정비의 방향과 성격이 이러하였던 점을 고려할 때, 군역 징발 체제의 완비는 지위를 목적으로 지역사회 차원에서 운영되어 온 병력의 동원·운영을 국가 차원으로 포섭·공인하는 것의 완료를 의미한다고 할 수 있다. 이러한 성격의 군역 징발 체제의 완비는 지방제도의 개편과 궤를 같이 하면서 성종대에 이루어졌을 것이다.

군역 징발 체제의 완비 과정과 관련하여 적籍의 작성을 주목할 필요가 있다.[49] 고려 초기에는 행정 구역의 신설과 무관한 '치읍置邑' 조치가 취해지고 있었는데, 이것은 해당 지역이 고려 국가의 지배 질서 속에 정식으로 편입되는 조치였을 것으로 이해되고 있다. '치읍' 당시 국가는 나말여초 동안 재편된 지역사회 내의 질서를 파악·편제하고 지역사회의 자치적 부문을 상당 부분 허용하는 선에서 타협하고 그 역량을 활용했다고 이해되고 있다. 이러하였을 '치읍'은 적籍의 작성을 토대로 하여 이루어지고 있었다. 적의 작성 과정에서 본관 소유자층과 비소유자층을 구분했고, 직역 부여 여부를 기준으로 하여 정호와 백정을 계서적으로 구분했다. 정호의 경우 같은 지역 내에서도 직역의 종류와 지위의 고하에 따라서 차이가 났을 뿐만 아니라 지역간의 계서적 차이도 존재했다. 백정의 경우에도 본관의 격에 따라 사회적 지위에 있어 차등이 존재했다. 여기서 한 가지 간과하지 말아야 할 것은, 적의 작성 시에 반영되는 여러 차등 등이 국가의 행정적 차원에서 일방적으로 부과된 것이라기보다는 지역사회 내에서 자율적으로 형성되어 온 것이라는 점이다.

이러한 성격의 '치읍' 및 적의 작성은 고려 국가가 지역사회들에서 징발하고 동원할 병력 자원을 파악·확보하는 것과 직접적으로 연관되었을 것이다. 적의 작성이 지역사회 내의 자율적·기득권적 질서를 수렴하면서 이루어졌듯이, 징발하고 동원할 병력 자원의 확보 역시 마찬가지의 방식으로 성립되었을 것이다.

'치읍'의 시기는 『고려사』 지리지에 등장하는 '고려초'로 이해되고 있는데, '고려초'는 특정한 시점이 아니라 군현에 따라 상이한 것이었다. 다만 '치읍'이 완전히 마

---

48 채웅석, 앞의 책, 2000 ; 윤경진, 앞의 논문, 2000a ; 노명호, 앞의 논문, 2004 참조.
49 이하의 置邑 및 籍의 작성 관련한 서술은 濱中昇, 「高麗前期の量田制について」 『朝鮮學報』 109, 1983 ; 채웅석, 앞의 책, 2000을 참고하였다.

무리된 시기는 995년(성종 14)으로 추정되고 있다. 군역 징발의 체제 역시도 전국에 걸쳐 일률적으로 갖추어지지 않고 시차를 두면서 이루어졌고, 전국에 걸쳐 그것이 마무리된 시기는 성종대였을 것이다.

군역 징발의 체제가 완비되었을 995년(성종 14) 이후로는 중앙 정부가 전국의 민인들에 대한 파악을 바탕으로 하여 군역의 징발이 이루어질 수 있었을 것이다. 그렇다고는 하나 그것이 국가의 행정적, 군사적 의사에 따른 일방 통행식의 관철을 의미하는 것은 아니었다. 앞서 언급한 바와 같이, 성종대 이후로도 군역 징발은 그 과정에서 지역사회 내의 자율적 질서가 고려되었으며 향리층의 협조 하에서 이루어졌을 것이다.

군역 징발의 체제가 완비되었을 당시에 아직 광군은 주현군 내의 품군으로 전환되지 않았기에, 한동안 군역 징발의 대상은 광군이었을 것이다. 주현군의 주축을 구성한 보승·정용군은 995년(성종 14)에 편성되었으나, 품군은 이보다 늦은 현종대에 성립되었을 것이기에 그러하다. 보승·정용군은 전업적 군인이었기에 신역의 부과 차원에서 군역을 징발하는 대상에 해당되지 않았을 것이기에, 이에 부합하는 대상은 광군, 이후에는 품군이 되었을 것이다. 한편 광군의 경우 호족(향리)을 매개로 하여 국가의 징발 체제에 간접적으로 포섭되어 온 구래의 질서가 결부되어 있었을 것이기에, 광군을 대상으로 해서는 군역의 징발 체제가 온전히 작동되기는 어려웠을 것이다. 따라서 완비된 군역 징발의 체제가 제대로 작동되기 위해서는 광군이 품군으로 전환되는 때를 기다려야 했을 것이다.[50]

---

50 참고적으로 이들 품군을 대상으로 하여 부과된 군역은 품군의 역할에서 언급한 바와 같이 역역, 지역 방어 등이 해당되었을 것이다.

제2절

관방시설과 성곽

1. 방어적 군사 거점으로서의 '치소성'[51]

몽골의 침입을 겪으면서 방어 방식이 개편되기 전까지는 주로 개별 군현을 단위로 한 방어가 이루어졌으며, 방어 거점은 해당 군현의 '치소가 위치한 성'이었다.[52] 여기서는 고려 전기 '치소가 위치한 성'이 방어 거점으로 기능한 점을 구체적 사례들에 의거하여 살펴보고자 한다. 이와 관련하여 아래의 기록을 우선적으로 검토해 보도록 하겠다.

> 예문관제학 이선제가 상서했다. 그 첫째는 이러했다. "신이 일찍이 서북 지방의 익군翼軍의 제도를 보고 그윽이 마음에 유감이 있었습니다. 그러나 경략經略한 것이 오래인데, 지금 고려의 식목형지안式目形止案을 가지고 그 여러 성城의 방비하는 제도를 상고하니, 중국의 제위諸衛의 법과 약간 합치하므로, 우선 몇 고을의 군사 제도를 들어서 헌의獻議합니다. 귀주성龜州城은 ……귀주龜州는 바로 지금의 정주定州입니다. 영주성寧州城은……영주寧州는 바로 지금의 안주安州입니다. 맹주성猛州城은……맹주猛州는

---

51 본 항은 기본적으로 최종석, 『고려시대 '治所城' 연구』, 서울대 국사학과 박사학위논문, 2007, 78~84쪽에 의거하여 작성되었다.

52 최종석, 「고려전기 지역방어체계의 시대적 특징」, 『사림』 40, 2011b 참조.

바로 지금의 맹산孟山입니다. 인주성麟州城은……인주麟州는 바로 지금의 인산麟山입니다. 여러 성城이 아울러 41개이었는데……이것이 전조前朝가 성할 때에 서북 지방의 군사 액수의 대략입니다. 하나의 성城 안에 사使·부사副使·판관判官·법조法曹가 있었으니, 이것은 민사民事를 다스리던 관리였으며, 방수장군防戍將軍과 중랑장中郎將·낭장郞將·교위校尉·대정隊正이 있었으니, 이것은 군무軍務를 다스리던 임무였습니다. 그러므로 각각 통속統屬이 있어서 부오部伍가 엄정하여, 일이 있으면 장수를 임명하여 군사를 내보내어 적이 오는 것을 감당하고, 각각 읍성邑城을 지켜 패몰敗沒하는 일이 드물었습니다. 원나라 군사가 여러 차례 침벌하기에 이른 후에야 능히 지탱하지 못하고 사졸이 살육되거나 약탈되어 거의 없어졌습니다. 말년에 이르러 홍군紅軍이 난입하니, 승여乘輿가 파천播遷하고 중외가 잔멸했습니다.……[53]

위의 기록은 1450년(문종 즉위년) 10월에 예문관제학 이선제가 올린 상서 가운데 일부이다. 그는 북방 방어체계의 정비를 건의하면서 '고려식목형지안북계군액高麗式目形止案北界軍額'의 일부를 인용하고 있다. 여기서 외적 방어와 관련하여 주목되는 점은 다음과 같다. '치소가 위치한 성'인 북계 41성이[54] 방어의 주축으로 기능하였고, 이들 성 각각을 토대로 방어가 이루어지고 있었으며, 유사시에는 중앙으로부터 해당 '치소가 위치한 성'에 장수와 군사가 파견되었다. 그리고 몽골의 침략 이전까지는 이들 '치소가 위치한 성'을 중심으로 방어가 원활하게 이루어지고 있었다. 이들 북계 41성이 사실상 북계의 모든 주진(성)에 해당하는 사실도 중요하다.

'고려식목형지안북계군액' 및 북계 지역의 방어 체계를 소개한 위의 인용문에 따르자면, 고려 전기 북계 지역에서는 '치소가 위치한 성' 각각이 해당 군현의 방어 거점으로 기능한 것이다. 하지만 실제로 그러하였는지 그리고 타 지역에서도 '치소가 위

---

53 『문종실록』 권4, 문종 즉위년 10월 경진.
54 龜州城·寧州城·猛州城·麟州城을 포함한 북계 41성 내에 使·副使·判官·法曹 등의 민사를 다스리는 외관을 둔 점에서, 이들 성이 '치소가 위치한 성'이었음은 분명하다. 그리고 이선제가 이들 성을 邑城으로 인식한 점도 이러한 점을 뒷받침해주고 있다. 읍성은 고려시대의 용어가 아니라 이선제가 활동한 당시의 '치소가 위치한 성'을 지칭하는 공식 용어였다. 이들 북계 41성이 해당 주진의 '치소가 위치한 성'인 까닭에, 이선제는 읍성이라는 용어를 가지고 이들 성을 지칭했던 것이다.

치한 성'이 방어 거점으로 기능했는지 하는 점은 추가적인 검토가 요구된다. 이에 『고려사』와 『고려사절요』에서 성이 군사적 거점으로 기능한 기록들을 종합적으로 검토하여,[55] 고려 전기 방어 측면에서 '치소가 위치한 성'의 역할을 좀 더 분명히 하고자 한다.

성이 군사적 거점으로 기능한 기록은 성명城名이 구체적으로 언급된 것과 막연히 '성'으로 기재된 것으로 구분되는 바, 〈표 3-1〉에서는 전자의 사례들을 정리했다.[56]

〈표 3-1〉 군사적 거점으로 활용된 성 사례(Ⅰ)

성(城)	관련 상황	시기	전거
통주성(通州城)	대규모 중앙군이 통주성 밖에 주둔	1010년 (현종 1) 11월	절요3
영주성(寧州城)	거란군의 영주성 공격	1015년 (현종 6) 9월	고려사4, 세가4
정주관성(定州關城) 선덕관성(宣德關城)	여진족이 두 관성으로 난입	1104년 (숙종 9)	고려사96, 열전, 윤관
정주성(定州城)	정주성 밖에서 여진과 싸워서 패배	1104년 2월	고려사12, 세가12
영주성(英州城)	여진병이 영주성 남쪽에 주둔, 영주성을 방어 거점으로 하여 수성	1108년 (예종 3) 1월	절요7
웅주성(雄州城)	여진병 수만이 웅주성 포위	1108년 2월	절요7
영주성(英州城)	여진병이 영주성 밖에 주둔	1108년 3월	고려사12, 세가12
웅주성(雄州城)	여진병이 웅주성 포위	1108년 4월	고려사12, 세가12
웅주성(雄州城)	여진병이 웅주성 공격	1108년 5월	절요7
길주성(吉州城)	여진병이 길주성 포위	1109년 (예종 4) 5월	절요7
강릉성(江陵城)	민란을 진압하러 온 중앙군이 설복(設伏)하는 성	1194년 (명종 24) 2월	고려사20, 세가20
영덕성(寧德城)	거란 유종의 영덕성 도륙	1216년 (고종 3) 8월	고려사22, 세가22

---

55 후삼국을 통일한 이후부터 몽골 침략이 있기 전까지를 검토 기간으로 할 것이다.
56 방어 거점으로 기능하여 외적의 공격을 받은 성의 사례뿐만 아니라, 방어 거점과 군사 주둔지로 활용되어 해당 성 인근에서 전투가 벌어지거나 외적이 인근에 주둔한 사례들, 그리고 외적이 근거했던 성에 관한 사례를 표에 포함시켰다.

연주성(延州城)	거란 유종을 격퇴하기 위해 중앙에서 파견된 군대가 웅거할 곳으로 연주성이 지목	1216년 9월	절요14
위주성(渭州城)	삼군(三軍)이 위주성 밖에서 거란 유종과 싸워 패배	1216년 10월	절요14
(박)주성[[博]州城]	거란 유종과 (박)주성의 문밖에서 싸웠고, (박)주성 안에서 병사를 휴식시킴	1216년 10월	절요14
화맹순덕사성 (和猛順德四城)	몽골과 동진군이 화맹순덕사성을 공파	1218년 (고종 5) 12월	고려사22, 세가22
강동성(江東城)	거란 유종이 강동성을 거점으로 하여 항거	1218년 9월	절요15
진명성(鎭溟城)	몽골과 동진군이 진명성 밖에 주둔	1219년 (고종 6) 8월	절요15
화주성(和州城)	중앙에서 파견한 장수가 성 안 사람들과 함께 화주성 고수	1227년 (고종 14) 11월	고려사22 세가22

※ 절요는 『고려사절요』의 약칭임

〈표 3-1〉에서 보듯 숙종대 여진족이 난입한 정주관성과 선덕관성을 제외하고는 군현 내에서 '치소가 위치한 성'을 특칭한 '읍호+성'이 군사·방어의 거점으로 기능하고 있었다. 즉 1218년(고종 5)의 화맹순덕사성[57]을 제외하면, 성명은 모두 '치소가 위치한 성'을 지칭하고 있었다.[58] 화맹순덕사성 또한 화주성, 맹주성, 순주성, 덕주성을 통칭한 것이기에,[59] 두 관성을 제외하면 군사적 거점으로 활용한 성은 한결같이 '치소가 위치한 성'인 셈이 된다.

한편, 관성이 침략당한 바 있는 정주와 선덕진에서도 해당 지역의 '치소가 위치한 성'은 방어의 거점이었다고 판단된다. 정주와 선덕진은 동북 최북단에 위치한 지역으로 장성이 통과하고 있었다. 장성의 중간 중간에는 관(關)이 두어졌고,[60] 동계 지역 경우

---

57 『고려사』 권22, 세가22, 고종 5년 12월 기해.

58 명종대 江陵城은 읍호와 관련 있는 성으로 명주성의 별칭이었을 것이다. 강릉부라는 읍명은 충렬왕 34년 이후 사용되지만(『고려사』 권58, 지12 지리3, 명주), 인종대 江陵侯라는 봉작명이 보이는 점(『고려사』 권17, 세가17, 인종 21년 6월 임자)으로 보아, 강릉은 명주의 別號로 사용되었다고 하겠다. 지명 별호가 봉작명으로 사용되었음은 우태련, 「高麗初 地名別號의 制定과 그 運用(中)(下)」 『慶北史學』 11·12, 1988·1989 참조.

59 李仁老의 『破閑集』 중에는 그가 1204년(신종 7)에 맹주에 부임한 것을 '僕出守孟城'이라고 기록하고 있다. 따라서 맹성이 맹주성의 약칭이었음은 비교적 분명하다.

60 양계 지역에는 靜州關, 義州關, 定戎關, 昌州關, 延州關, 淸塞關, 平虜關, 定州關, 宣德關, 元興關 등이 설치되었다. 이와 관련하여 추명엽, 「高麗前期 關·津·渡의 기능과 商稅」 『國史館論叢』 104, 국사편찬위원회, 2004, 141~143쪽 참조.

정주관과 선덕관 및 원흥관이 설치되었다.[61] 관성은 장성의 일부로서 장성을 토대로 한 선형방어를 위한 구조물이었다. 그런 까닭에 관성은 그것이 설치된 지역의 방어와 직접적으로 관련되지 않았다. 이러한 지역의 방어는 다른 지역과 마찬가지로 '치소가 위치한 성'을 토대로 이루어지고 있었을 것이다. 이는 관(성)을 설치한 주진에도 '치소가 위치한 성'이 축조되어 있었음을 통해 뒷받침된다. 아울러 이선제의 언급에서도 보듯, 관의 유무와 상관없이 양계 지역의 '치소가 위치한 성'은 해당 주진의 방어 거점으로 기능하고 있었다.

이상으로 성이 군사·방어 거점으로 활용된 사례 가운데 성명을 구체적으로 적시한 것을 검토했다. 그 결과 이들 성 거의가 '치소가 위치한 성'이었음을 확인할 수 있었다. 다음으로 검토하게 될 막연히 '성'이라 기재된 사례들 역시 '치소가 위치한 성'이 군사·방어 거점으로 활용된 점을 보여주고 있다.

구체적인 성명 없이 단지 '성'으로 기록된 것은 글의 맥락 속에서 성의 실체를 파악할 수 있다. 다음 세 사례를 통해 이 점을 예시해 보고자 한다.

> ① 동여진 고지문高之問 등이 바다를 건너와 삼척현의 임원수臨遠戍를 공격하자, 수장守將 하주려河周呂가 병사를 이끌고 성을 나왔다[率兵出城].[62]
>
> ② 영주寧州와 연주延州가 조위총趙位寵에게 붙지 않고 굳게 그 성을 지켰다[固守其城].[63]
>
> ③ 거란주契丹主가 친히 보명과 기병 40만을 이끌고 의군천병義軍天兵이라 칭하고 압록강을 건너와 흥화진興化鎭을 포위했다. 순검사형부낭중巡檢使刑部郎中 양규楊規가 진사호부낭중鎭使戶部郎中 정성鄭成과 부사장작주부副使將作注簿 이수화李守和 그리고 판관늠희령判官廩犧令 장호張顥와 더불어 농성하여 굳게 지켰다[嬰城固守].[64]

61 『고려사』 권58, 지12, 지리3, 동계, "前此 朔方道 以都連浦 爲界 築長城 置定州宣德元興三關門".
62 『고려사』 권7, 세가7, 문종 6월 6월 기묘.
63 『고려사절요』 권12, 명종 5년 8월.
64 『고려사절요』 권3, 현종 원년 11월 신묘.

①은 동여진이 삼척현의 임원수를 공격하자 수장인 하주려가 병사를 이끌고 성을 나온 사실을 전하고 있다. 여기서 성은 임원수의 성, 즉 임원수성臨遠戍城을 가리키고 있었다. ②의 '그 성[其城]'에서 '그[其]'는 영주와 연주를 지칭함이 분명하다. 따라서 '그 성'은 영주의 성과 연주의 성을 뜻했을 것이다. 그리고 ③의 '거란군이 흥화진을 포위한 상태에서 농성하여 굳게 지켰다[嬰城固守]'는 기록에서 해당 성은 흥화진의 성을 가리켰을 것이다. ②처럼 '성' 앞에 '그'라는 지칭어가 없어도 문맥 속에서 '성'이 흥화진의 성을 가리키고 있음은 비교적 명확하다.

한편 ②와 ③의 '성'과 같이 '군현의 성'을 의미하는 것은 해당 지역의 '치소가 위치한 성'이었다고 판단된다. "또 순주順州를 침략하니 장군將軍 원봉元奉이 달아났다. 이 날 고창군古昌郡에서 견훤이 장수를 보내 순주順州를 함락하고 인호를 약탈해 갔다고 아뢰니 왕이 곧 순주로 행차하여 그 성[其城]을 수축하고 장군 원봉을 벌주었다"[65] 라는 기사에서 수축된 '기성其城'은 문맥상 '순주順州의 성'을 지칭하였는데, 다른 기록에 따르면[66] 그것은 순주성이었다. 이 밖에 '읍호+성'이 군현 내에서 '치소가 위치한 성'을 특칭하고, '성+읍호'가 다름 아닌 '치소가 위치한 성'의 축조임을 고려할 때, 문맥상 '군현의 성'을 지칭하는 '성'은 해당 지역의 '치소가 위치한 성'을 의미한다고 하겠다.

이상의 논의에 의거하여 '성'만 기록된 사례에서 방어·군사 거점으로 활용된 성을 정리한 것이 〈표 3-2〉이다.

〈표 3-2〉 군사적 거점으로 활용된 성 사례(Ⅱ)

성	관련 기록	시기	전거
흥화진성 (興化鎮城)	(거란군 : 필자)圍興化鎮…嬰城固守	1010년 (현종 1) 11월	절요3
통주성(通州城)	(거란군 : 필자)至通州 城中皆懼…(中郎 將崔質 등) 閉門固守 衆心乃一	1010년 11월	절요3
통주성(通州城)	洪叔 昔在通州 丹兵來攻 城垂陷 固守不下	1010년 11월	고려사78, 식화1, 전제

---

65 『고려사』 권1, 세가1, 태조 13년 정월 병술.
66 『삼국사기』 권50, 열전10, 견훤.

곽주성(郭州城)	丹兵入郭州…(防禦使 趙成裕은 도주, 右拾遺乘里仁 등 사망 : 필자) 城遂陷	1010년 12월	절요3
안북도호부성(安北都護府城)	丹兵 至淸水江 安北都護府使工部侍郎朴暹 棄城遁 州民皆潰	1010년 12월	고려사4, 세가4
서경성(西京城)		1010년 12월	절요3
임원수성(臨遠戍城)	東女眞高之問等 航海來攻三陟縣臨遠戍 守將河周呂率兵出城	1052년(문종 6) 6월	고려사7, 세가7
서경성(西京城)	金富軾會諸軍 攻西京 城陷 趙匡自焚死	1136년(인종 14) 2월	고려사16, 세가16
연주성(延州城)	(조위총의 난 당시 : 필자)呂嶺以北四十餘城 皆應之 獨延州都領玄覃胤及子德秀…遂與州將 向闕羅拜 連呼萬歲 乃閉城固守	1174년(명종 4) 9월	절요12
의주성(宜州城)	(두경승 : 필자)比至宜州 金朴升列車城門 以拒之 景升又選銳 攻拔其城	1174년 10월	절요12
맹주성(孟州城) 덕주성(德州城)	(두경승 : 필자)前至孟州 敵兵據險拒之 與李義旼石磷等 共擊破之 斬首四百 孟德二州兵 亦棄城走	1174년 10월	절요12
서경성(西京城)	(이의방 : 필자) 至大同江 位寵 收散兵 復守城 義方 屯兵城外 留月餘 苦寒不能戰 復爲西兵所敗	1174년 10월	절요12
영주성(寧州城) 연주성(延州城)	以寧延二州 不附位寵 固守其城	1175년(명종 5) 8월	절요12
전주성(全州城)	全州旗頭竹同等作亂…竹同等六人 嘯聚官奴及群不逞者 逐大有于山寺 燒澤民等十餘家 吏皆逃竄 乃劫判官高孝升 易置州吏…於是 發道內兵討之 賊閉城固守	1182년(명종 12)	절요12
영주성(永州城)	(慶州別抄軍 : 필자)攻永州 永州人李克仁堅守等 率精銳 突出戰 與戰 慶州人敗走	1202년(신종 5) 10월	고려사21, 세가21
의주성(宜州城)	宣州防戍將軍趙敦朴樊等 棄城而還 流于島	1217년(고종 4) 12월	고려사22, 세가22
서경성(西京城)	時(崔 : 필자)俞恭好侵漁 士卒離叛 有卒崔光秀 不肯行 竪蠹召集軍士 還向西京 俞恭倉黃失措 成醉臥不省 光秀遂據城作亂	1217년	고려사121, 열전, 정의(鄭顗)
안북도호부성(安北都護府城)	(朔州分道將軍 黃龍弼 : 필자)巡至安北都護府 適義州逆卒 來攻其城	1219년(고종 6) 10월	절요15
안북도호부성(安北都護府城)	義州賊 攻安北都護府 城中將士 出戰 斬賊朴蘇等八十餘級	1219년 11월	고려사22, 세가22

※ 절요는 『고려사절요』의 약칭임.

위 표는 외적 방어의 거점 혹은 반란군의 군사 거점이 되는 '성'을 정리한 것이다.

여기서도 임원수성을 제외하고 성을 사이에 둔 공방은 모두 '치소가 위치한 성'을 대상으로 하고 있었다. 이러한 결과는 앞서 성명을 구체적으로 언급한 사례에서 얻은 바와 일치한다.

고려 전기에 방어 · 군사 거점으로서 기능한 성 사례들을 분석한 결과에서 보이듯, 이러한 성들은 거의 대부분 '치소가 위치한 성'이었다. 아울러 다음 두 가지 사실 또한 고려 전기에 '치소가 위치한 성'이 군사 · 방어 거점으로 기능했음을 뒷받침해 주고 있다.

첫째, 대몽전쟁시기 이후부터 방어 · 군사 거점으로서 산성이 빈출되고 있는 데 반해 그 이전에는 그러한 사례가 전혀 보이지 않는 점이다. '치소가 위치한 성'은 산성이긴 하나 자료에는 '산성'이 아니라 '읍호+성' 등의 용어로 기록되었다. 따라서 '치소가 위치한 성' 중심으로 방어가 이루어질 때, 자연히 성을 사이에 둔 공방 사례에서 '산성'이 기록될 여지는 사라지게 될 것이다. 둘째, 몽골 침략 이전까지 축성이 '치소가 위치한 성'의 축조에 집중된 사실이다. 몽골의 침략이 있기 전까지 매우 많은 축성이 행해지고 있었지만, 이 가운데 극소수를 제외하고는 모두 '치소가 위치한 성'을 쌓는 것이었다.[67] 당시 '치소가 위치한 성'을 토대로 방어가 이루어지고 있었기에, 축성은 '치소가 위치한 성'의 축조에 집중되었을 것이다. 이로써 몽골 침략 이전에 방어 거점으로 기능한 성은 대개 '치소가 위치한 성'임이 확인되었는데, 이러한 검토 결과는 전술한 이선제의 언급과 일치한다고 할 수 있다.

2. 산성과 장성의 역할

1) 산성[68]

산성은 고려 전기에 별다른 역할을 하지 못했다. 당시 '치소가 위치한 성'이 방어

---

67 최종석, 앞의 논문, 2006, 90~97쪽 참조.
68 해당 내용은 기본적으로 최종석, 「대몽항쟁 · 원간섭기 山城海島入保策의 시행과 治所城 위상의 변화」『震檀學報』105, 2008에 의거하여 작성되었다.

거점으로 기능하면서 산성을 활용한 방어는 사실상 이루어지지 않았다. 하지만 몽골의 침입 이후 산성과 '치소가 위치한 성'의 역할이 뒤바뀌게 되었다. 강화 천도 이후 주된 방어처가 '치소가 위치한 성'에서 산성으로 이동한 것이다. 이러한 사실을 구체적 사례들을 중심으로 살펴보고자 한다.

『고려사절요』와 『고려사』에서 산성에 관한 사례를 정리한 〈표 3-3〉을 보면, 강화 천도 이후 산성이 기록에서 본격적으로 확인되고 있음을 볼 수 있다.

〈표 3-3〉 고려시기 산성(山城) 사례

산성	시기	기록
오산성(烏山城)	919년 (태조 2) 8월	改烏山城 爲禮山縣 遣大相哀宣洪儒 安集流民 五百餘戶(節)
배산성(拜山城)	927년 (태조 10) 8월	修拜山城 命正朝悌宣 領兵二隊 戍之(節)
삼년산성(三年山城)	928년 (태조 11) 7월	自將擊三年山城 不克 遂幸靑州(世)
일모산성(一牟山城)	932년 (태조 15) 7월	王南征一牟山城(節)
일모산성(一牟山城)	932년	復攻一牟山城 破之(世)
혜산성(槥山城)	933년 (태조 16) 5월	王遣使謂曰……今聞百濟 劫掠槥山城 阿弗鎭等處 如或侵及新羅國都 卿宜往救(節)
(공험진)산성[(公嶮鎭)山城]	1111년 (예종 6)	公嶮鎭 睿宗三年築城置鎭 爲防禦使 六年築山城(志)
산성(山城)	1232년 (고종 19) 6월	分遣使于諸道 徙民山城海島(節)
산성	1236년 (고종 23) 6월	分遣諸道山城防護別監(節)
산성	1243년 (고종 30) 2월	又遣各道山城兼勸農別監 凡三十七人 名爲勸農 實乃備禦也(節)
산성	1252년 (고종 39) 7월	分遣諸山城防護別監(節)
산성	1253년 (고종 40) 7월	北界兵馬使報 蒙兵渡鴨綠江 卽移牒五道按察及三道巡問使 督領居民入保山城海島(世)
양산성(椋山城)	1253년 8월	蒙古兵陷西海道椋山城 是城四面壁立 唯一徑僅通人馬 防護別監權世侯 恃險縱酒 不爲備 且有慢語(節)
동주산성(東州山城)	1253년 8월	蒙兵陷東州山城(節)

천룡산성(天龍山城)	1253년 10월	李峴與蒙兵攻天龍山城 黃驪縣令鄭臣旦 防護別監 趙邦彦 出降(節)
충주산성(忠州山城)	1254년 (고종 41) 2월	以忠州山城別監郎將金允侯 爲監門衛攝上將軍 (節)
산성	1254년 2월	遣使諸道 審山城海島避難之處 量給土田(節)
충주산성(忠州山城)	1254년 9월	車羅大攻忠州山城 風雨暴作 城中人抽精銳 奮擊 之 車羅大解圍 遂南下(節)
상주산성(尙州山城)	1254년 10월	車羅大攻尙州山城 黃嶺寺僧洪之 射殺一官人 士 卒死者過半 遂解圍而退(節)
산성·공산성(公山城)	1255년 (고종 42) 3월	諸道郡縣 入保山城海島者 悉令出陸 時公山城入 保民 飢死者甚衆 老弱塡壑 至有繫兒於樹而去者 (節)
입암산성(笠巖山城)	1256년 (고종 43) 3월	李廣 宋君斐 趣靈光 約分道擊之 蒙兵知而有備 廣 還入島 君斐保笠巖山城 城中強壯 悉投於敵 唯老 幼在 一日君斐 佯出羸弱數人於城外 以示之 蒙兵 以爲糧盡 引兵至城下 君斐率精銳 奮擊敗之 殺傷 甚多(節)
(충주)산성[(忠州)山城]	1256년 4월	蒙兵 屠忠州城 又攻山城 官吏老弱 恐不能拒 登月 嶽神祠 忽雲霧 風雨雷雹俱作 蒙兵以爲神助 不攻 而退(節)
광복산성(廣福山城)	1258년 (고종 45) 9월	廣福山城避難吏民 殺防護別監柳邦才 降於蒙兵 (節)
삼척산성(三陟山城)	고종대	蒙兵之侵 沆以三陟山城未固 欲徙之 郡人以銀瓶 三十遺璥 請不徙 璥却不受 乃遺千遇 千遇受之 言 於沆 得不徙 璥謂沆曰 三陟山城徙 關利害尤重 邑 人安土重遷 嘗餽我銀幣 我不敢受 今而不徙 何也 沆以千遇賣己 追所賂 流之海島(節)
산성	고종대	後爲安東都護副使 時巡問使宋國瞻 移牒於碩 令 修山城 又牒與判官申著同議(列)
산성	1270년 (원종 11) 5월	惟茂 憤怒 莫知所爲 分遣諸道水路防護使 及山城 別監 聚保人民 將以拒命(節)
산성	1271년 (원종 12) 4월	三別抄 寇金州 防護將軍朴保 奔入山城 賊縱火摽 掠(節)
산성	1290년 (충렬왕 16) 10월	徙婦人老弱 于江華 令州郡 入保山城海島(世)
원주산성(原州山城)	1291년 (충렬왕 17) 4월	原州山城防護別監卜奎 獻俘五十八人(節)
충주산성(忠州山城)	1291년 4월	谷州別將康平起等 獻所獲賊馬鞍等物 忠州山城別 監 遣人報破賊 且獻馘四十級(節)

교주산성(交州山城)	1291년 5월	交州山城別監報 哈丹賊後至者三千騎 遇鐵嶺 屯于交州(世)
청주산성(淸州山城)	1292년 (충렬왕 18) 4월	下旨 慶尙道管城安邑利山等縣 頃因避賊 于淸州山城 民失農業 宜與中道 並蠲貢賦(志)
(광주)산성[(廣州)山城]	1361년 (공민왕 10) 11월	駕次廣州 吏民皆登山城 惟州官在(世)
산성	1377년 (우왕 3) 2월	以知密直司事趙希古 爲全羅道都兵馬使 與衣馬各道要衝 皆置防護 以遏流民 修築沿海州郡山城(列)
산성	1377년 7월	遣使諸道 修築山城(節)
산성	1377년 7월	開城府狀曰……其四定遼軍馬對敵事則曰 嚴器械謹烽燧 馬兵步卒各持所能軍器 養兵靜守 如有彼敵 兩班百姓公私賤隷僧俗勿論 悉皆調發力戰 勢如難濟 各入山城 堅壁固守 乘間伺隙 四出攻之(志)
외방산성(外方山城)	1377년	開城府狀曰……其三 外方山城修補事則曰 唐鑑以高麗因山爲城 爲上策也 山城相近之地 隨宜修葺 使之烽燧相望 攻戰相救可也(志)
산성	1378년 (우왕 4) 12월	憲府上疏曰……諸道州郡山城 國家往往遣使修築多發軍丁 不日畢功 旋即崩毁 其弊甚巨 請自今勿復遣使 令守令徵發傍郡軍丁 農隙修葺 若未畢 則停待明年 以爲年例(節)
남원산성(南原山城)	1380년 (우왕 6) 9월	倭攻南原山城 不克(節)
(김해부)산성[(金海府)山城]	1381년 (우왕 7) 6월	倭船五十艘寇金海府 圍山城 元帥南秩擊却之(節)
산성	1382년 (우왕 8) 7월	以張夏 爲各道山城巡審使(列)
합주산성(陜州山城)	1383년 (우왕 9) 4월	陜州山城火 延燒軍粮一千三百碩(志)
한양산성(漢陽山城)	1388년 (우왕 14) 3월	禑有境內 遂如西海道 寧妃與崔瑩 從之 徙世子及諸妃于漢陽山城 命贊成事禹玄寶 留守京城 名爲西巡海州白沙亭 實欲攻遼也(節)
산성	1390년 (공양왕 2)	楊廣道觀察使報 倭賊入寇 議修山城(世)

※ (世), (志), (列)은 각각 『고려사』 세가, 지, 열전을, (節)은 『고려사절요』를 약칭한 것이다.

〈표 3-3〉을 통해 알 수 있듯이, 산성 용례가 보이는 빈도는 시기별로 뚜렷하다.

1232년(고종 19) 강화 천도를 추진하면서 민인들을 산성과 해도海島로 입보入保하게 한 이후부터, 산성 사례는 기록상으로 본격적으로 확인되고 있다.

그 이전에 산성 용례는 드물게 확인될 뿐이다. 태조대에는 산성 용례가 상대적으로 빈번히 보이나, 933년(태조 16) 혜산성 사례 이후로 매우 오랜 기간 동안 해당 용례는 사서에서 확인되지 않는다. 즉, 1111년(예종 6) (공험진)산성의 축조 기록을 제외하고는, 933년부터 1232년까지 근 300년 동안 산성 용례가 기록상으로 나타나지 않은 것이다.

그런데 강화천도 이전에 산성 용례가 기록에서 거의 보이지 않았다고 해서, 이 기간 동안 산지에 축조된 성이라는 '산성'[69]이 없거나 드물게 존재하였다고 생각해서는 곤란하다. 용례상으로 강화천도 이후에 출현하는 산성들 가운데 이 시기에 신축된 것은 드물었다.[70] 대개는 이전 시기부터 있어 왔으나 활용되지 않고 있던 산성이 이용된 것이다. 더욱이 '치소가 위치한 성'은 산지에 자리한 점에서 분명 '산성'이었기에, 강화천도 이전에 '산성'이 존재하지 않거나 드물게 있었다고 볼 수는 없다.

그럼에도 강화천도 이전에 산성 용례가 기록 면에서 거의 확인되지 않은 까닭은, 무엇보다 그 당시 기록상의 성들 가운데 거의 대부분이 '치소가 위치한 성'이었기 때문이다. 고려전기에 '치소가 위치한 성'을 중심으로 한 지역방어체계가 운영된 탓에,[71] 축성은 '치소가 위치한 성의' 축조에 집중되었고 외적 방어의 거점 혹은 반란군의 군사 거점으로 기능한 성은 거의가 '치소가 위치한 성'에 해당되었다.[72] 이러한 이유에서 기록상으로 '치소가 위치한 성' 이외의 성이 등장할 여지는 거의 없게 되는데, 이렇게 되면 산성 용례는 사서에 등장하기가 어렵게 된다. 왜냐하면 '치소가 위치한 성'은 산성 용례로 기록되지 않기 때문이다. 현종대 거란이 침입해 왔을 때와 고종 초반 거란 유종이 침략했을 때에, '읍호+성'과 문맥상 '치소가 위치한 성'을 지칭했을 '성' 사례는 적지 않게 확인되나,[73] 당시 '산성' 사례가 전혀 등장하지 않은 점은 이를

---

69 여기서 '山城'은 현재 우리의 관념인 산에 위치한 성을 지칭한다.
70 이와 관련하여 유재춘,『韓國 中世築城史 硏究』, 경인문화사, 2003, 18~46쪽 참조.
71 최종석, 앞의 논문, 2011b.
72 최종석, 앞의 논문, 2006 ; 최종석, 앞의 논문, 2007.
73 최종석, 앞의 논문, 2007, 79~83쪽의 〈표 2-5〉와 〈표 2-6〉 참조.

충주산성(충북 충주)

명확히 입증해주고 있다.[74]

그런데 위 표에서 보듯, 산성 용례들은 꾸준히 출현하고 있었다. 양산성, 동주산성, 천룡산성, 충주산성, 상주산성, 공산성, 입암산성, 광복산성, 삼척산성 등은 대몽전쟁기 동안에 확인되는 산성 용례들이다. 이들 산성은 '치소가 위치한 성'과 상이한 것으로, 산성해도입보책의 시행과 맞물려 구체적으로 확인되는 입보용 산성이었다. 대몽전쟁기에 입보 용도로 활용된 산성은 이들 성에 한정되지 않는다. 『신증동국여지승람』 등에서 설악산성[75], 한양산성[76], 요전산성[77]이 찾아지고, 『고려사』와 『고려사절요』

74 한편 강화 천도 이전 시기 내에서 933년(태조 16) 이전과 그 이후는 산성 사례의 빈도가 상이한 것처럼 보이나 실제로는 그렇지 않다. 태조대 산성의 거의 대부분은 '치소가 위치한 성'을 표현한 용어였다. 즉 오산성, 삼년산성, 일모산성은 '읍호+성' 사례에 해당된다. 이 성들은 오산현성, 삼년산군성, 일모산군성과 동일한 것으로, '현', '군' 등의 읍격이 생략된 '치소가 위치한 성' 용례였다. 오직 933년의 혜산성만이 산성으로 판단된다. 결국, 강화 천도 이전에는 태조대이건 그 이후이건 상관없이 산성은 기록상 거의 출현하지 않았고, 또한 그러할 사회적 조건도 갖추어지지 않은 것이다.

75 『신증동국여지승람』 권44, 강원도, 양양도호부, 불우, 낙산사.

76 『신증동국여지승람』 권10, 경기도, 용인현, 고적, 처인성, "高麗高宗時 遷都江華 元帝怒 遣兵問狀……撒歹不聽 抵漢陽山城 拔之 次至處仁城".

77 『動安居士集』 권1, 行錄, 望武陵島行, "越癸丑秋 因避胡寇 一方會守眞珠府蓼田山城".

에서는 산성으로 기록되지 않았지만 '치소가 위치한 성'과 무관한 '산성'으로 입보처로 활용된 달보성[78], 기암성[79], 금강성[80], 한계성[81] 등[82]의 입보 산성이 확인된다.

그리고 몽골측 기록인 『원고려기사』에서도 입보 산성 사례들이 드물지 않게 보인다. 즉 1235년(고종22)에 구월산성[83]이, 1253년(고종 40)에 화산성, 삼각산성, 천룡성[84] 등의 입보 산성이 찾아진다. 이밖에도 천룡성과 같이 읍명邑名과 무관한 성인, 1236년(고종23)·1237년(고종 24)의 귀신성·금동성[85]과 1255년(고종 42)부터 1257년(고종 44)까지의 현봉성·진원성·갑향성·옥과성[86] 등이 치소와 무관한 성으로 입보 산성이었을 것으로 추정된다.

이처럼 고려 전기 '치소가 위치한 성' 중심의 방어체제 속에서 기록에서 거의 보이지 않던 산성 사례들이 강화 천도 이후로는 대거 확인되고 있었다. 이들 산성은 강화 천도 이후 입보처로 활용되면서 사서에 본격적으로 등장하였다.

다음으로 강화 천도 이후 대두한 이들 입보 산성의 입지적 특성을 살펴보도록 하겠다. 이와 관련하여 양산성에 대한 다음 기록이 우선적으로 눈길을 끈다.

> 몽골군이 서해도西海道 양산성椋山城을 함락시켰다. 이 성은 사면이 절벽이고 오직 한 갈래 길이 있어 겨우 인마가 통과할 뿐이었다. 방호별감防護別監 권세후權世侯는 험한

---

78 『고려사』 권24, 세가24, 고종 45년 12월 무술, "達甫城民 執防護別監鄭琪等 投蒙古兵".
79 『고려사』 권24, 세가24, 고종 46년 1월 정미, "蒙古攻成州歧嚴城 夜別抄率城中人與戰 大敗之".
80 『고려사』 권24, 세가24, 고종 46년 1월, "東眞寇金剛城 遣別抄三千人 救之".
81 『고려사절요』 권17, 고종 46년 2월, "登和州等諸城叛民 自稱官人 引蒙人來攻寒溪城 防護別監安洪敏 率夜別抄出擊 盡殲之".
82 기암성, 금강성, 한계성이 '산성'이었음은 뒤에서 설명할 것이다. 달보성의 경우 관련 기록이 충분치 못해 '산성' 여부 및 어떠한 입지적 특성을 지니는지 등을 알 수 없으나, 방호별감이 파견된 점으로 미루어 같은 조치가 취해진 다른 입보용 (산)성과 별다른 차이가 없었을 것이다.
83 『원고려기사』, 태종 7년, "命將唐古拔都魯 與福源同領兵高麗 攻拔龍崗縣鳳州海州洞州九月山城慈州等處".
84 『원고려기사』, 헌종 3년, "命宗王耶虎 與洪福源 同領軍征高麗 攻拔禾山城東州春州三角山城楊根城天龍城等處". 天龍城은 『고려사』의 天龍山城과 동일한 것이었음이 분명하다.
85 『원고려기사』, 태종 8년·9년, "攻拔歸信城金山城金洞城".
86 『원고려기사』, 헌종 5년·6년·7년, "連歲 攻拔光州安城忠州玄鳳珍原甲向王果等城".

것을 믿고 술만 마시고 방비하지 않았고 또한 거만한 말까지 했다.[87]

위의 1253년(고종 40) 기사에서 볼 수 있듯이, 입보 산성인 양산성은 인마人馬의 통행조차 쉽지 않은 험준한 곳에 위치하고 있었다. 이러한 입지적 특성은 해당 성이 피난과 방어에 초점을 맞춰 축조·활용되었던 데서 비롯되었다고 하겠다.

현재 확인 가능한 입보 산성 사례들의 입지적 특징을 정리한 것이 〈표 3-4〉이고, 〈그림 3-1〉과 〈그림 3-2〉는 몇몇 입보 산성의 형세도이다.[88]

〈표 3-4〉 입보 산성의 입지적 특징 사례

입보 산성	입지적 특징
성주(成州) 기암성(歧巖城)	성주성(成州城)으로부터 먼 곳에 위치. 성주성(흘골산성)과 기암성은 각각 조선시기 치소로부터 서북쪽 2리와 북 30리 지점에 위치.
설악산성(雪嶽山城) [권금성(權金城)]	1253년(고종 40) 설악산에 축조. 산정에 입지하여 매우 험준하였음. 고려 '치소가 위치한 성'으로부터 멀리 떨어져 있음.
한계성(寒溪城)	강원도 영서지역에서 영동지역으로 이어지는 한계령으로 오르는 길목에 위치. 해발 700~1200m에 이르는 곳의 계곡 양편을 둘러싼 산성. 산성의 둘레는 1800m 정도로 측량됨. 하지만 이 길이에는 성벽을 쌓지 않은 북쪽 부분을 포함하고 있지 않아 실제의 둘레는 이 보다 큼. 이 성은 치소로부터 꽤 먼 곳에 위치해 있음.
금강성(金剛城)	금강산의 만폭동(萬瀑洞) 부근에 있는 성곽으로 산속 깊숙한 곳에 위치. 치소로부터 멀리 떨어져 있음.
동주산성(東州山城)	조선 초의 고석성(孤石城)으로 비정. 조선 초기 당시의 치소로부터 동남쪽으로 30리 떨어져 있어, 고려시기에도 치소로부터 먼 거리에 위치하였을 것으로 추정.
충주산성(忠州山城)	월악산(月嶽山)에 소재한 내외 이중성의 덕주산성(德周山城) 가운데 상덕주사(上德周寺) 부근의 것. 월악산의 최고봉에서 남쪽으로 이어진 해발 960.4m의 봉우리에서 남쪽에 생긴 깊은 골짜기를 에워싼 성. 사방이 높고 험준한 산줄기와 천연 암반으로 가로막히고 오직 남쪽으로 계곡이 형성된 지형을 이용하여 성을 구축했고, 성의 전체 둘레는 4km에 달함. 충주 경계에 있어 치소로부터 먼 곳에 위치.

---

87 『고려사절요』 권17, 고종 40년 8월.
88 〈그림 3-1〉과 〈그림 3-2〉는 각각 유재춘, 앞의 책, 2003, 407쪽과 398쪽에서 轉載한 것이다.

상주산성(尙州山城)	조선 초의 백화산성(白華山城)으로 비정. 내외 이중성으로 전체 길이가 20km나 되는 매우 큰 성. 치소로부터 멀리 떨어져 있음.
입암산성(笠巖山城)	해발 687m의 입암산을 중심으로 현재 전북 정읍군 입암면 하부리(下富里)와 전남 장성군 북하면(北下面) 신성리(新城里)의 두 군에 걸쳐 위치. 둘레가 대략 15km에 달하는 보기 드문 대성으로 험준하며 조선시기 정읍현의 치소로부터 25리 떨어진 지점에 위치. 이 성은 전라도 지역의 가장 대표적인 입보처로, 주변 군현에서 다수의 이민(吏民)이 피난하여 들어와 있었을 것으로 추정.
천룡산성(天龍山城)	충북 중원군 노은면(老隱面)과 앙성면(仰城面)에 걸친 보련산(寶蓮山) 정상에 소재한 성. 해당 군현의 치소로부터 먼 곳에 위치.
공산성(公山城)	대구의 공산성으로, 해발 1192m 팔공산 정상에 위치. 둘레가 2.3km인 작지 않은 석성으로 험준하여 피난지로서 적합한 산성. 조선시기 대구 도호부의 치소로부터 30리 떨어진 지점에 위치.
구월산성(九月山城)	황해도 은율현의 구월산성으로 비정. 구월산성은 조선시기 은율현의 치소로부터 10리 지점에 위치. 성의 둘레는 14386척. 성 안에 좌우 창고가 있어, 문화·신천·안악은 좌창에, 은률·풍천·송화·장연·장련은 우창에 속하고 있는 바에서 보듯, 유사시에 인근 여러 군현민이 이 성으로 입보하고 있었음.
삼각산성(三角山城)	『고려사』에 보이는 중흥산성[重(中)興(山)城], 또는 한양산성임. 중흥산성은 한양부의 치소와 멀리 떨어져 있음. 조선 선조대에 천연의 요새로 평가받고 있는 데서 유추할 수 있듯이 험준한 곳에 입지. 성의 둘레는 큰 편임.
원주산성(原州山城) [치악성(雉岳城)]	현재의 영원산성(鴿原山城)임. 원주시 판부면 금대리 영원사 뒷편의 산능성을 따라 석축된 성. 주봉인 970m 고지를 중심으로 좌우의 능선을 따라 축조되었는데, 절벽에 가까운 급경사지로 되어 있어서 접근이 어려운 험지. 치소로부터 먼 곳에 위치.

〈표 3-4〉에 정리된 입보 산성 사례들 입지적 특징에 따르면, 이러한 유의 산성은 일반적으로 당시 치소로부터 멀리 떨어진 곳, 매우 험준하고 산속 깊숙한 곳, 비고比高가 높은 곳에 위치하였다. 또한 그것은 '치소가 위치한 성'과 비교할 때 대개 규모가 컸다. 이러한 특징들은 방어 용도에 집중하면서 인근 군현들의 거주인을 한꺼번에 수용할 수 있는 규모의 성을 입보·방어처로 선택한 데서 기인한 것이었다.

그리고 이러한 점은 몽골의 침입을 계기로 구축된 산성의 특징을 밝힌 다음과 같은 연구결과에서도 뒷받침되고 있다. 즉 그러한 산성은 대개 피난성이 강한 특징을 지니고 있어, 이 때문에 대체로 ① 매우 험준하고 비고가 높은 입지를 선택하였으며, ② 단애 지대가 많은 험준한 지대여서 전 성벽선 가운데 한정된 구역에만 축성하는 사례가 많고, 이로 인해 산성 구축의 공역이 매우 적게 들었으며, ③ 축성 방식에 있어서 계획성이 떨어지며, 석축이 허술하며, ④ 대개 타*여장*의 구분이 없는 낮은 평녀장平女墻을 택하고 있으며, ⑤ 규모에 있어서 이전에 활용되어 온 것들에 비해 훨씬 대형이라는 공통된 특징을 가지고 있다.[89]

입지적 특성의 측면에서 보이는 바와 같이 '치소가 위치한 성'과 뚜렷이 구분되는 입보 산성의 출현은 다음과 같은 의미가 있다고 판단된다. 우선적으로 방어처가 '치소가 위치한 성'에서 입보 산성으로 변화한 점이 주목되어야 할 것이다. 이외에 방어처가 지니는 의미 내지 방어처를 선택하는 사회적 기준이 변화한 점 또한 지적되어야 할 것이다. 입보 산성이 군현의 중심지 내지 민인의 거주지와 동떨어진 높고 험준한 산에 자리한 사실은, 당시 입보·방어처 선택이 외적의 침입을 효과적으로 피하고 막아낼 수 있는 지 여부에 초점을 맞춘 데서 비롯되었음을 시사한다. 입보 산성의 방어처로의 선택은, 고려전기 '치소가 위치한 성'은 군사 방어적 측면뿐만 아니라 지역공동체의 자위 거점이며 향리층의 지방 지배 거점인 요인 등이 복합적으로 고려되어 방어처가 된 것과는 사뭇 다르다. 따라서 입보 산성의 본격적 활용은 군사 방어의 측면뿐만 아니라 정치·사회적 요인을 복합적으로 고려하면서 방어처를 선택하는 기존 방식을 탈피하여 군사적 측면만을 중시하여 방어처를 선택하였음을 의미한다고 하겠다.

다음으로 입보 산성은, '치소가 위치한 성'이 개별 군현 단위의 방어 거점으로 작용한 것과[90] 달리, 복수의 군현을 포괄하는 광역을 대상으로 한 방어·입보처로 기능한 데서, 그것의 등장 의미가 도출될 수 있다. 즉 입보 산성의 출현은, 지역방어체제의 측면에서 보자면, 다수 군현들로 구성된 광역 범위를 단위로 하여 그 안에서 적절한 방어 거점을 토대로 하는 체계가 개별 군현을 방어의 단위로 한 방식을 대체하였음을 의미할 것이다.

마지막으로 입보 산성의 대두는 방어처 선택이 국가 주도로 이루어지고 있었음을

---

89 유재춘, 위의 책, 2003 참조.
90 최종석, 앞의 논문, 2011b.

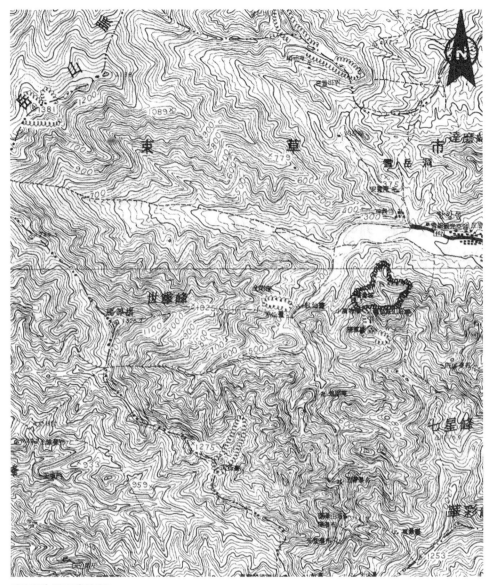

설악산성(=권금성) 형세도

의미한다. '치소가 위치한 성'은 지역공동체의 자위와 지배의 거점이었고, 국가는 이
러한 성을 방어처로 삼았기에, 방어처 선택에 국가 주도의 측면은 매우 약하였다. 이
와 달리 입보 산성(해도)의 선택은 국가 주도로 이루어지고 있었으며, 입보책의 시행
또한 국가에 의해 추진되었다. 국가는 입보처에 방호별감 등을 파견하여 입보한 지역

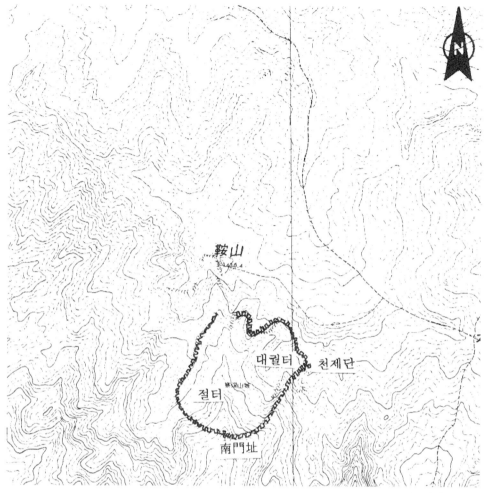

한계(산)성 형세도

인을 지휘·통제하였고 입보해야 할 산성(해도)을 지정해 준 것이다. 이 과정에서 국가는 산성(해도) 입보를 주저하는 민인들을 강제로 입보시키거나 처벌하곤 하였으며, 입보를 집행하는 중앙 관원과 지역공동체 사이에 갈등이 빚어지기도 하였다. 또한 입보처는 대개 지역공동체의 삶의 터전으로부터 멀리 떨어져 있어 입보한 사람들은 여러 경제적 곤란을 겪어야 했는데, 국가는 산성해도입보책의 주체로서 이러한 문제를 해결해야 하는 책임을 부여받고 있었다.

이렇듯 강화천도 이후로 입보·방어처로서 산성(해도)이 본격적으로 활용된 현상은 단지 방어처의 변화에 그치는 것이 아니라, 방어처 선택의 사회적 기준 변경 및 방어처 선택의 주체 변화 등을 내포하고 있었다.

입보용 산성은 원간섭기에 들어서도 여전히 활용되었다. 이러한 사실은 대몽전쟁기 동안 시행된 산성해도입보책이 원간섭기에도 존속된 데서 단적으로 뒷받침된다. 곧 고려정부는 카단(哈丹)의 침입에 대응하여 산성해도입보책을 시행하였다. 그렇지만 산성해도입보책은 원간섭기 후반으로 갈수록 점차 유명무실화되어 갔다고 판단되는 바, 입보용 산성의 활용 역시 부진하였을 것이다.[91]

그 이후의 상황은 다음과 같이 간략히 정리해 볼 수 있다. 공민왕대와 우왕 초반에는 성 일반이 폐기 방기되어져 있던 데서, 산성 역시도 마찬가지의 상황에 처해져 있었다고 할 수 있다. 그러다 1377년(우왕 3) 축성책이 채택되고 이 이후로 축성은 단행되었다. 1377년(우왕 3)을 분기점으로 한 축성은 기존의 산성을 수축하는 것 위주로 전개되었고 (평지)읍성의 축조는 매우 제한적으로 이루어졌던 바, 산성은 다시금 본격적으로 활용되었다고 할 수 있다. 다만 당시에 산성은 군사·방어의 측면에서 큰 역할을 하지는 못하였다. 산성을 포함한 성곽에 배치된 군사의 수효가 미미한 사실은 그 단면을 보여준다고 할 수 있다. 남도의 경우 산성은 주요 방어처라 할 수 있는 연해 지대의 수소戍所를 보조하는 수준의 역할을 하였으며, 동·서북면 지역의 경우에도, 연변 지대에 설치된 구자 위주의 방어가 이루어지는 속에서, 광역단위로 분포하면서 동원된 병력의 한시적 입보처로 기능하는 정도에 그치고 있었다.[92]

2) 장성

고려의 국경 지대는 태조 이래로의 북진 정책의 산물이었다. 국경 지대인 양계, 그 중에서도 신개척 지역에는 주진이 새로이 설치되었고, 주진의 신치新置와 동반하여 해당 주진의 '치소가 위치한 성'(주진성)이 축조되었다.[93] 주진성의 민호들은 사민을

---

91 최종석, 앞의 논문, 2008 참조.
92 최종석, 「고려말기 지역방어체제와 그 시대성」『역사와 현실』 85, 2012 참조.
93 최종석, 앞의 논문, 2006, 참조.

통하여 보충되었고, 주진성 주변에는 수戍가 설치되었으며, 성외지역城外地域에는 촌村이 형성되었다.[94] 새로이 개척된 영역에의 주진(성) 설치는 고려의 영역 확장의 방식이었고, 그리고 이들 주진(성)은 영외의 적, 곧 거란과 여진족의 침입을 방어하는 군사 거점으로 기능했다.

현종대에 거란의 침략이 서북 지역을 중심으로 수차례 이어지자, 고려의 주진 지역은 큰 변화를 맞이하게 되었다. 장기간에 걸친 전쟁으로 대규모의 전사자, 전쟁 포로가 발생하자, 주진 지역의 인구 감소와 인구 유출은 가중되었다. 또한 성곽 파괴와 거란의 압록강 이동 지역 점거로 군사적 거점을 재편해야 하는 필요성이 대두했다. 종전 후 고려는 개경 이북 지역에 사민을 단행하여 전사자, 전쟁 포로로 유출된 이 일대 인구를 보충하고자 했다. 또한 중요 거점에 주진성을 축조하여 거란의 압록강 이동 지역 진출에 대응했다. 그러나 거란과의 대규모 전쟁은 기존의 주진성 편제를 근본적으로 위협하는 문제였다.[95]

현종 사후 덕종이 즉위하면서 고려는 근본적으로 새로운 체제 변화를 모색했다. 덕종의 즉위 이후 고려는 왕가도王可道를 비롯한 대거란 강경론자들의 정국 주도 하에서 거란과의 관계가 경색되어 거란과 외교적 마찰을 겪고 있었다.[96] 이러한 상황 하에서 고려 조정은 1033년(덕종 2) 8월에 유소柳韶를 총책임자로 삼아 압록강 하구로부터 동해에 이르는 지역에 관성을 축조했다.[97] 장성은 압록강 입해처入海處로부터 위원威遠, 흥화興化, 정주靜州, 영해寧海, 영덕寧德, 영삭寧朔, 운주雲州, 안수安水, 청새淸塞, 평로平虜, 영원寧遠, 정융定戎, 맹주孟州, 삭주朔州, 요덕耀德, 정변靜邊, 화주和州 등의 주진성을 거쳐 동해에 이르는 구간에 석성石城 또는 토성土城으로 연결되어 축조되었다. 총 길이는 1천여 리이고, 높이와 두께는 각각 25척이다. 주요 교통로가 통과하는 장성의 지점에는 관문이 설치되었으며, 관문을 비롯한 요해처의 방비를 위해 망대望臺, 보사堡子, 수 등의 방어시설이 보조적으로 구축되었다.[98]

94 송용덕, 「高麗前期 國境地域의 州鎭城編制」『韓國史論』51, 서울대학교 국사학과, 2005.
95 송용덕, 앞의 논문, 2005.
96 박종기, 「11세기 고려의 대외관계와 정국운영론의 추이」『역사와 현실』30, 1998, 156~159쪽.
97 『고려사절요』권4, 덕종 2년 8월.
98 최희림, 「천리장성의 축성상 특징과 그 군사적 거점인 진성에 대하여(1)」『력사과학』1983-3, 사

장성의 구축은 다분히 거란과의 관계를 의식한 상황에서 진행된 것이었다. 장성은 1033년(덕종 2)부터 1044년(정종 10)까지 순차적으로 축조되었다. 거란과 접경하고 있는 압록강 하구 지역에서부터 장성의 축조가 시작되었다. 즉 장성 축조의 제1단계 구간은 압록강 하구부터 송령松嶺까지의 지역으로 이 지역은 거란의 보주保州와 직접적으로 접경하고 있었다. 이와 같은 고려의 장성 구축에 대해서 거란도 민감한 반응을 보여 정주 지역을 일시 침공하거나 장성 축조에 대해서 고려 측에 항의하기도 했다.

1033년 8월에 축조가 시작된 장성은 1035년(정종 1) 9월경에는 이미 서북로 송령松嶺[99] 동쪽 지역에 대한 축성이 진행되었다.[100] 이것은 압록강 하구 지역에서 연장되어 축조된 관성으로, 거란의 보주를 방어하기 위한 시설인 압록강 하구 지역에의 관성과 달리, 대여진적 측면을 함께 지니고 있었다. 추후 동해에까지 이르는 구간 역시 마찬가지의 의미를 지니고 있었다고 하겠다.

관방의 설치라는 군사적인 목적에 의해 축조된 장성은 고려의 국경 지역을 경계대境界帶의 성격이 강한 주진성 편제에서 상대적으로 경계선적인 장성 체제로 전환하는 역할을 했다.[101] 지역 거점에 축성되면서 개별 주진 단위로 운영되었던 주진성은 치폐가 비교적 자유로웠다. 따라서 고려는 국제 관계에 따라 새로운 지역에 신속하게 주진성을 구축할 수 있었다. 그러나 국토를 서에서 동으로 가로지르는 장성은 군사적으로는 일차적인 방어선이었지만 동시에 고려 스스로 규정한 북방 진출의 한계선으로 작용하기도 했다. 국제 정세에 따라 유연하게 변동할 수 있는 주진성 편제 대신 고정된 장성을 중심으로 하는 장성 체제가 고려의 국경 지역에 새롭게 자리잡은 것이다.

이와 같은 변화는 고려 전기 북진 정책의 변화와도 밀접한 관련을 지니고 있었다. 거란과의 전면전으로 인하여 고려의 북방 정책은 현실적으로 한계에 봉착했다. 그리하여 고려 조정은 장성을 구축하여 북진정책의 결실이었던 신개척 지역 일대를 안정

회과학원 력사연구소, 1986, 40~41쪽.

99 松嶺은 의주 동쪽의 금강산(송산)으로 비정된다. 리창언, 『고려유적연구』, 사회과학출판사, 2002, 280쪽.

100 『고려사』 권6, 세가6, 정종 1년 9월, "是月 築長城於西北路松嶺東 以扼邊寇之衝".

101 이재범, 「麗遼戰爭과 高麗의 防禦體系」『한국군사사연구』3, 1999 ; 신안식, 「高麗前期의 北方政策과 城郭體制」『歷史教育』89, 2004 ; 송용덕, 앞의 논문, 2005 참조.

천리장성(신의주 토성, ⓒ정창현)

적으로 보호·확보하고자 하였다.[102]

한편, 장성 축조 이후의 방어 방식과 관련하여 간과할 수 없는 사실은 장성이 기존의 방어 방식에 질적인 변화를 유발하지 못한 점이다. 양계 지역을 포함한 고려 영내의 방어 방식은 장성 축조 이후로도 여전히 '치소가 위치한 성'을 토대로 하고 있었다. 장성은 일차적인 저지선의 역할을 하였을 터이지만, 고려 조정은 천리장성을 토대로 하여 외적의 침입에 대비한 방어 체계를 구축하지는 않았다. 몽골의 1차 침입시 천리장성은 별다른 역할을 하지 못했고 전투는 여전히 '치소가 위치한 성'을 둘러싸고 전개되었다.[103]

---

102 장성 구축과 관련한 이상의 서술은 송용덕, 앞의 논문, 2005에 의거하였다.
103 몽골의 1차 침입 시 고려의 방어가 '치소가 위치한 성'을 토대로 이루어지고 있었음은 최종석, 앞의 논문, 2008 참조.

제3절

군의 운영과 관리

1. 군율, 군기, 군례

군율과 군기는 군대를 유지하는데 필수적인 요소이다. 군율은 전투는 물론이고, 평상시 군 내부의 범죄와 처벌에 필요하다. 또한 군기는 군대 내부의 사기와 상명하복의 규율을 유지하는데 긴요하다. 그런 점에서 군율은 군기 유지의 한 요소라고 할 수있다. 군기가 유지되지 않는 군대는 전투에서 패배할 가능성이 크다. 군대는 군기를유지하기 위해 일반 사회보다 강한 규율을 요구한다.

고려시대에는 법전 자체가 간행되지 않았다.[104] 따라서 군율이 체계적으로 정리되어있는 편이 아니었다. 이 점은 당률唐律에서 군율이 하나의 편목으로 나뉘어져 있지 않은 것[105]과 비슷하다. 요컨대 군율 자체가 독립적으로 존재하지 않았다. 그럼에도 군율적인 내용은『당률소의』천흥擅興 등에 모아져 있다. 중국에서 군율이 독자적으로 정립되는 것은 송대에 들어와서의 일이다. 거란과의 전쟁으로 송은 군법을 더욱 체계화하여『무경총요武經總要』에 수록했다.[106]

---

104 1392년(공양왕 4) 2월에 정몽주는 신정률(新定律)을 올렸지만, 이것이 법전의 형태로 편찬되지는 않았다.

105 한용근,『高麗律』, 서경문화사, 1999, 276쪽.

106 齋藤忠和,「北宋の軍法にいて」『中國近世の法制と社會』, 京都大學校人文科學硏究所, 1992, 229쪽.

고려의 경우에는 처음부터 군율이 있었던 것이 아니었기 때문에, 지휘관의 자의적인 처벌 등이 이루어졌을 것이다. 후삼국 사이에 전쟁이 치열해지면서 군 내부의 처벌은 항상 존재했을 것이기 때문이다. 예를 들어 견훤이 오어곡성烏於谷城을 쳐서 함락시켰을 때, 당시 고려측 장군인 양지楊志·명식明式 등 6명이 항복을 했었다. 그러자 태조 왕건은 군사들을 구정毬庭에 모아놓고 그들 6명의 처자를 조리 돌리고, 저자에서 처형했었다.[107]

태조는 적에게 항복한 장수들의 가족을 공개적으로 사형에 처함으로써 군인들에게 경고의 효과를 노

『무경총요』 행군수지(ⓒ규장각한국학연구원)

렸다. 원래 당률에서는 싸우지 않고 항복하거나 나라를 배반하고 적에게 도망친 자는 목베어 죽이도록 규정했다. 또한 정벌하러 갈 때 적에게 이를 알리는 사람은 목을 베이고 처자들은 유형流刑 2천리에 처하도록 했던 것이다.[108] 따라서 태조의 조치는 당률을 직접 적용한 것이 아니지만, 연좌라는 적용 원리의 측면에서 유사하다고 할 수 있다.[109] 물론 당률보다 가혹한 처벌이라는 점에서 태조의 조치는 자의적인 것임에 분명하다.

이러한 국왕이나 지휘관의 자의적 처벌은 당시 군대 편성과 관계가 깊었다. 태조의 군대에는 자신의 친위군과 함께, 각 지역에서 귀부한 지역 세력의 군인들이 포함되

---

107 『고려사』 권1, 세가1, 태조 11년 11월.
108 『당률소의』 권16, 擅興(中華書局, 北京, 1983, 307쪽).
109 윤훈표, 「高麗時代 軍律의 構造와 그 性格」『사학연구』69, 2002.

어 있었다. 이들은 스스로 독립적인 성격을 강하게 지녔다. 따라서 각 지휘관들은 자신의 부대에 대한 전결권을 가지는 경향이 있었다. 이를 극복하기 위해서는 일률적인 명령과 훈련의 체계화가 필요했다. 그렇지만 지역 세력의 자율권을 어느 정도 인정하던 고려 정부의 입장에서는 이를 추진하기가 쉽지 않았다. 따라서 일률적인 군율을 만들 여지는 매우 부족했다.

요와의 전쟁은 이러한 상황을 바꾸어 놓는 계기가 되었다. 특히, 1010년(현종 1) 제2차 전쟁은 개경의 함락과 현종의 피난, 많은 병력 손실 등과 같은 심각한 상황을 초래했다. 당시 강조康兆는 30만의 대군을 거느리고 출정했지만, 패배로 인해 병력 손실이 컸다.

이러한 대규모 군 동원에는 전체적인 훈련과 규율 체계에 대한 문제가 제기되지 않을 수 없었다. 원활한 명령이 집행되기 위한 군율 제정이 필요한 상황이 된 것이다. 이것과 관련해 군 조직이 우선 개편되었다. 즉 1011년(현종 2)에 광군도감光軍都監이 광군사光軍司로 다시 돌아간 것이다.[110] 이 조치는 군대 동원 체계를 다시 정비한다는 의미를 지닌다. 동원 체계의 정비는 군기를 확립하기 위한 군율 제정을 요구한다. 그 결과 1011년(현종 2)부터 1018년(현종 9) 사이에 고려 정부는 군대를 운영하는 법령[行師之令]을 정하게 된다.[111]

그 내용을 간략히 정리하면 다음과 같다.

① 훈련에 오지 않는 사람 : 척장脊杖 15대

② 두 번 훈련 불참자, 진격할 때 대오를 잃은 자, 유언비어 날포자, 병장기를 분실한 자, 대정隊正 이하로 군령을 전달하지 않거나 행하지 않은 자, 상관을 구출하지 못한 자, 적에게 계획을 누설하는 자 : 척장 20대

③ 동원시간에 늦은 사람, 도망하려고 전투에 임하지 않은 자, 장수의 지휘를 따르지 않은 자, 병장기 등을 적 수중에 버려둔 자, 전투 중에 자기 부대가 아니라고 구하지 않은 자, 다른 사람의 활과 칼을 빼앗고 다른 사람에 벤 수급首級을 다투는 자, 장군·장교로 군진軍陣에 임해 싸우지 않거나 군중軍中으로 도망하여 들어오거나, 항

---

110 『고려사』 권77, 지2, 백관.
111 『고려사』 권85, 지2, 형법, 군율, 예종 1년 1월.

복하자고 말한 자, 진을 치고도 막지 못한 자 : 참형

④ 적에게 투항한 자 : 집을 몰수하고 처와 아이들을 노비로 삼음

⑤ 적이 스스로 항복했는데도 알리지 않고 죽인 자 : 참형

이 군율은 여진 정벌을 앞두고 예종대 약간 수정되었다. 즉 맨 마지막 ⑤의 법이 참형을 고쳐서 장杖 20대로 고쳐지게 된 것이다. 이미 일년 전에 도병마사는 여진 정벌에서 군령이 엄하지 않았기 때문에 장수들이 최선을 다해 싸우지 않았다는 점을 지적하면서 군율의 재정비 문제를 제기했었다. 이때 인용된 것이 위의 현종대 군율이다.

우선 현종대 만들어진 위 군율은 시기적으로 2차 요와의 전쟁이 끝난 뒤 3차 전쟁을 앞두고 만들어진 것이다. 그러므로 군율은 처음부터 한꺼번에 만들어진 것이 아니라, 일정한 시차를 두고 정리되었다고 볼 수 있다. 또한 이 율들은 특정한 국가의 것을 그대로 빌려 온 것이 아닌 기존 형법과 전투 경험 등을 참조한 결과물이다.[112]

그렇지만, 위 군율들이 모두 고려만의 독창적인 것만은 아닐 것이다. 예를 들면『당률소의』에는 집합과 교열에 시간을 지키지 못한 자는 장 100이고, 3일을 넘기면 1등을 더하라고 했다. 또한 성을 지키는 경우에 장군이 지키지 못하고 포기하거나 수비를 하지 않아 적에게 넘기는 자는 목을 베라고 했다. 또한 장수 이하 진에 임하여 나아가 물러가는 경우에 병장기를 버리거나 적에게 가서 항복하는 경우에는 목을 베도록 했던 것이다.[113] 이런 법들은 고려률과 똑같지는 않지만 원리상으로는 유사하다. 군대를 움직이는 원리는 비슷하기 때문에 군율 역시 비슷하게 정해질 수 있었겠지만, 당률이 참조가 되었을 가능성을 무시하긴 어렵다.

이처럼 고려 초기 정해진 군율은 조문의 수가 적고 간략하면서, 처벌의 수위 역시 크게 높지 않았고 상황에 따라 군율의 적용은 자의적으로 이루어질 수 있었다. 예를 들어 예종 당시 윤관이 여진을 정벌할 때 김준金晙은 좌군판관左軍判官이었다. 전투에

---

112 윤훈표, 「高麗時代 軍律의 構造와 그 性格」『사학연구』69, 2002. 위 군율이 척장을 근거로 하여 송률(宋律)을 본받았다는 입장도 있다(한용근, 『고려율』, 경인문화사, 1999 ; 이정훈, 「고려시대 지배체제의 변화와 중국율의 수용」『고려시대의 형법과 형정(한국사론 33)』, 국사편찬위원회, 2002).

113 『당률소의』권16, 천홍(中華書局, 北京, 1983, 307쪽).

서 패배하자 윤관은 화가 나서 군졸들을 죽이려 했다. 이 때 김준은 패전의 책임이 지병마사 임언林彦이 군율을 어긴 것에 있다고 항의했다. 윤관이 항의를 받아들여 이들을 놓아주었던 것이다.[114] 임언이 어긴 군율이 어떤 것인지 내용이 분명치 않다. 윤관은 군율을 임언이 아닌 일반 군졸들에게 적용하려 했다가, 항의로 인해 이를 철회했던 것이다. 이것은 지휘관에 따라 군율이 자의적으로 적용될 수 있음을 보여준다.

이러한 자의성은 무신정권의 성립 이후부터 더욱 심해졌을 것으로 보인다. 무신정권은 각 지휘관에 소속된 군졸들의 사병화를 진전시켰다. 잘 알려졌듯이, 이 시기 문객門客, 가동家僮, 악소惡少, 사사死士, 용사勇士, 장사壯士 등으로 불리는 사람들이 사병의 공급원이었다.[115] 유력한 무신들은 이들을 거느리고 있었고, 따라서 그들에 대한 처벌 역시 자의적으로 이루어질 수밖에 없었다.

군율의 적용은 이와 같은 맥락이었다. 최충헌에 뒤를 이은 집권자 최이는 몽골 침략으로 인해 강화도로 궁궐을 옮길 것을 결정했다. 그는 개경 주민들이 주저하는 것을 알고, 기일을 정해 떠날 것을 알렸다. 이때 기일 내로 떠나지 않는 사람은 군법으로 처리한다고 알렸던 것이다.[116]

사실 천도하면서 개경 주민에 대한 군법 적용은 상식에서 벗어나는 일이었다. 원래의 입법 취지를 따르지 않았기 때문이다. 그는 군법의 가혹한 이미지를 활용하려 했다. 반면에 비슷한 시기 동북면에서 쳐들어온 동진군에게 패배한 병마사들에게는 관직을 철회하거나 섬으로 유배를 보내는 가벼운 형벌을 받았다.[117] 이처럼 권력자의 자의적인 처벌이 이루어지면서 군율은 정상적으로 운영되지 않게 되었다.

그에 따라 원간섭기에 들어와서는 본래의 군율에 정한 처리 대신에, 은銀을 징수하는 형태로 변화하게 된다.[118] 일종의 벌금형과 비슷하게 된 것이다. 아울러 처벌자들이 지닌 전정田丁을 몰수했다. 따라서 군율에 따른 처벌은 미약해졌으며, 제대로 운영되지 못했다고 볼 수 있다. 이 시기 대체적으로 전쟁이 적었으며, 또한 권문세가들과 연

---

114 『고려사』 권97, 열전10, 김준.
115 박용운, 『고려시대사』(수정·증보판), 일지사, 2008, 494쪽.
116 『고려사』 권129, 열전42, 반역3, 최충헌 부 최이.
117 『고려사』 권22, 세가22, 고종 14년 9월 임오 ; 『고려사』 권22, 세가22, 고종 14년 11월 계사.
118 윤훈표, 「高麗時代 軍律의 構造와 그 性格」 『사학연구』 69, 2002.

계된 사병적 성격의 군인들에 대한 처벌이 쉽지 않았기 때문이었다.

군율에 따른 처벌이 다시 적용되기 시작한 것은 고려말 홍건적과 왜구의 침입 때문이었다. 전국적인 전쟁은 고려 정부의 위기의식을 부채질했다. 그에 따라 계속적인 군대 동원과 전투가 이루어졌으며, 군율 적용에 대한 필요성이 증가했다. 공민왕은 최영崔瑩을 양광·전라도 왜적체복사楊廣全羅道倭賊體覆使로 임명하고 적을 막지 못한 자는 안렴사 이하 모두를 군법으로 처리하라고 명령했다.[119] 공민왕은 왜적에 대한 방어가 심각한 문제로 떠오르는 가운데, 각 지역의 방어를 책임지는 지휘관의 처벌 수위를 높이려 했던 것이다. 이것은 당시 해안 지역의 수령들이 방어를 맡도록 했던 일과 관계가 있다. 수령들이 군지휘관을 겸하도록 했기 때문이다.

1365년(공민왕 14) 군율의 적용은 익군의 조직과 함께 부각되었다. 왜구 침입에 대한 정부의 위기의식이 그만큼 고조되었다는 뜻이다. 익군에는 동원 가능한 모든 인적 자원이 편성되었고, 평상시에 농사를 짓다가 비상시 출동하도록 했다. 이 때 출정하지 않고 도망가거나 이를 숨겨주거나 유인한 사람들은 군율로 처리하도록 했던 것이다.[120] 여기에 적용된 군율은 아마도 현종대의 것으로 보이지만, 구체적인 내용은 확인되지 않는다.

왜구의 침구가 거세지면서, 군 동원에서 도피하는 사람들에게 대한 군율 적용이 이루어졌다. 예를 들어 1388년(우왕 14)에는 진포鎭浦 지역에 왜선 80여 척이 정박하고, 인근 지역을 진입했다. 우왕은 전라도·양광도의 군인들을 소집하면서 병을 핑계삼아 자신이 아닌 다른 사람을 내보내는 사람을 모두 징발하라고 명했다. 이 과정에서 도피하는 사람은 군법으로 처단하고 재산을 몰수하라고 했던 것이다.[121]

총제적인 동원 체제의 구축으로 말미암아 군율의 적용 대상이 더욱 넓어졌다. 1377년(우왕 3) 고려 정부는 각 도의 승려들을 모집하여 전함을 건조했다. 당시 정부는 경산京山에서 300명, 양광도 1,000명, 교주·서해·평양 등에서 500명씩을 모집하려 했다. 이 때 동원 명령을 기피하는 승려들에게는 군율로 처벌하도록 했다.[122] 이처

---

119 『고려사』 권39, 세가39, 공민왕 7년 4월 신사.
120 『고려사』 권81, 지35, 병1, 병제, 공민왕 14년 12월.
121 『고려사』 권137, 열전50, 신우5, 우왕 14년 8월 갑술.
122 『고려사』 권133, 열전46, 신우1, 우왕 3년 3월.

럼 과거에 예외적이던 승려까지 군율의 적용 대상이 되었다.

이후 군율 적용은 왜구 방어 책임 문제로 더욱 부각되었다. 조준 등이 1388년(우왕 14)에 올린 사헌부 상소에서는 왜구 방어의 책임이 수군 만호와 각도 원수에게 있음을 강조하면서, 이들이 지역의 성보城堡나 주·군州郡을 잃게 되면 군법을 적용하도록 했다.[123] 이 조치는 조준이 1382년(우왕 8) 체복사體覆使로 나갔던 경험에서 근거했을 것이다. 그는 당시 도통사 최영의 추천으로 체복사로 나가 군지휘관들을 감독했다. 조준은 현지에서 왜구에게 진격하지 않은 경상도 도순문사 이거인李居仁의 죄를 논하고, 병마사 유익환俞益桓을 죽였다.[124] 그가 적용한 법은 적과 싸우지 않은 자에 대한 군율의 처벌 조항이라 할 수 있다.

이와 같이 고려시대 군율은 국가적인 전쟁이 있을 때에 체계화되면서 적용되었다. 그러나 독자적인 형법의 형태로 체계화되지는 않았다. 이것은 고려왕조의 성립 이후 군대의 지역성과 개별성을 어떻게 극복할 것에 달린 문제였다. 그런 면에서 고려시대에는 출발부터 지역의 독자적 세력에 의존한 성격을 완전히 탈피하기 어려웠다. 군대 동원과 훈련, 그리고 방어 체계 등에서의 지역 의존성은 각 부대의 사병적 성격을 지탱하게 하는 힘이었다. 그에 따라 군율의 체계화 이전에 지휘관의 자율성에 맡길 수밖에 없는 측면이 존재했던 것이다.

한편, 군기를 확립하기 위한 방식은 군대의 질서를 상징하는 군례軍禮에서도 찾아볼 수 있다. 전근대 사회 질서가 의례로 나타나듯이, 군대에서는 이를 위한 의례가 필요했다. 그 성격은 군 내부의 계급 질서를 평소에 확인시켜주거나, 또는 군 내부의 단결을 위한 사회적 상징성을 부각시키는 것에 있었다.

우선 군대의 출정식 같은 경우는 대표적 군례 중에 하나였다. 『고려사』 예지에는 '장수를 보내 출정하는 의례'에 대해 이렇게 말한다.[125] 첫째 대사大祀·태묘太廟에 제

---

123 『고려사』 권82, 지36, 병3, 선군, 우왕 14년 8월.
124 김인호, 「고려말기 조준의 정치활동과 그 지향」『동북아역사의 제문제』, 백산출판사, 2003, 80쪽. 당시 조준은 전법판서의 관직으로 체복사에 임명되었다. 그의 품계는 정3품이었는데, 도순문사인 이거인은 밀직부사였기에 종2품이었다. 따라서 낮은 관품의 조준이 이거인을 직접 처벌하기는 어려웠을 것이다.
125 『고려사』 권64, 지18, 예6, 군례, 遣將出征儀.

사를 지닌 후에 큰 도끼를 지휘관에게 준다. 이
때도 국왕이 직접 조상을 모신 경령전景靈殿에
제사한다.

둘째, 출정 전날에는 상사국尙舍局이 국왕과
원수·부원수의 자리 등을 배치한다.

셋째, 출정하는 날에는 의장대가 대궐 뜰에
정렬하고, 추밀관과 국왕의 시신侍臣들이 자리
를 잡는다. 원수, 부원수는 군복을 입고 휘하 참
모들을 데리고 대궐문 밖에서 북쪽으로 향한다.
국왕이 강사포를 입고 나오면 의장대는 만세를
부르고 두 번 절한다. 의식을 주재하는 관리가 각
관료들을 자신의 위치로 서게 한 후에, 원수와
부원수에게 어명을 전달하는 의식을 거행한다.

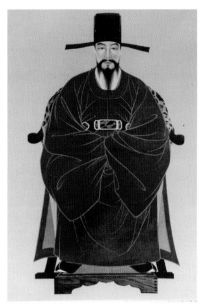

윤관 초상(한국학중앙연구원)

넷째, 관리가 원수를 인도해 왕의 옆으로 가게 한 후에 전쟁에 대한 여러 전략을 말
하게 한다. 상장군이 큰 도끼를 왕에게 전달하면, 국왕은 이를 원수에게 주게 된다.
원수는 이를 받아서 서쪽 층계로 내려간 후에 정문으로 나간다.

다섯째, 관리가 참모와 지휘관급을 인도해서 대궐로 들어가 인사시킨 후에, 국왕
이하 차례로 퇴장하는 의식을 거행한다. 이것이 끝나면 군령식軍令式에 따라 즉시 행
군을 개시하는 것이다.

이와 같은 출정 의식은 국왕이 지휘관에게 전쟁에 대한 모든 권한을 위임하고, 그에
따른 권위를 인정한다는 상징성을 지닌다. 국왕이 부여하는 큰 도끼인 부월斧鉞이 이를
나타내 준다. 또한 이 의식은 지휘관 이하 모든 군인들이 국왕에게 충성을 바치는 존
재임을 다시 한번 상기시켜 주는 역할도 하게 된다. 물론 대사·태묘·경령전에 대한
제사는 출정의 성공을 땅과 조상신들에게 기원하여, 국왕 이하 모든 사람들을 하나로
묶어주는 일도 하게 될 것이다.

출정 의식이 언제부터 거행되었는지는 알 수 없지만, 오래전부터 내려오던 출정 관
습을 국가에서 수용하여 의례로 체계화했을 것이다. 1107년(예종 2) 윤관을 원수로

최윤의 묘지명(국립중앙박물관)
해주최씨 가문으로 『상정고금예문』을 지었다.

한 여진정벌군의 출정 시에는 국왕이 서경의 위봉루威鳳樓에 앉아 지휘관들과 장병들의 인사를 받았다. 이때 국왕은 윤관에게 큰 도끼를 내려주었다.[126]

이 내용은 이때 처음 기록이 남게 되었기 때문에 『고려사』 예지에 수록되었을 것이다. 간략한 기록이긴 하지만, 앞서 말한 일반 출정 의식과 약간의 차이가 있다. 국왕이 서경에 있는 위봉루에 올라가 인사를 받는 장면이 그렇다. 일반 의식에는 개경의 궁궐 내부에서 이루어지고 있기 때문이다. 당시 여진 정벌을 위한 총동원체제를 발동했는데, 예종은 이미 10월에 윤관을 원수로 임명하고, 실제 출정식은 12월에 거행했다. 그 사이에 국왕은 윤관의 출정 부대와 같이 서경까지 진군했던 것이다. 서경은 왕실의 배후지로 국왕이 순행해야 하는 중요한 곳이다. 현재 『고려사』의 일반적 출정 의식은 이후 의종대에 편찬된 『상정고금례詳定古今禮』에 수록되었던 내용일 것으로 보인다. 이때에는 출정 의식이 체계화되지 않았을까 한다.

이를 보여주는 사례로 무신집권기에 금산왕자金山王子가 9만명의 병력으로 고려에 침입해 왔을 때, 정숙첨鄭叔瞻이 원수가 되어 출정식을 거행했던 사실을 들 수 있다. 당시 국왕이 숭문전에서 나오자, 정숙첨 등은 군복 차림으로 휘하 군인들을 데리고 뜰에서 의식을 거행했다. 국왕인 고종은 직접 그에게 큰 도끼를 주었다.[127] 이때에는 궁궐에서 의식을 거행했는데, 규정된 의례를 거행했을 것이다.

그 밖의 군례로는 자세한 것으로 '회군하는 의식[師還儀]'이 있다. 이 의례 역시 출정식과 비슷한 형태로 치러진다. 특징적인 것은 출정한 원수가 소속부대와 위병들을

---

126 『고려사』 권64, 지18, 예6, 군례, 견장출정의, 예종 2년 10월.
127 『고려사』 권103, 열전16, 조충.

지휘하여 개선 노래와 연주를 하면서 광화문까지 행진하는 것이다. 이 때 출정과 반대로 원수는 국왕에게 큰 도끼를 다시 바치는 의식을 거행한다. 나서의 의례는 대체로 출정식과 유사하다.

윤관의 여진 정벌군이 돌아와서 개선식을 거행하기에 앞서 미리 위병들을 보내 이들을 맞이한 후에, 동쪽 교외에서 위로연을 열어주었다. 당시 윤관 등은 경령전에서 복명하고 큰 도끼를 반납했다.[128]

한편 군례로 편재된 것에는 '일식과 월식을 멎게 하는 의식', '12월 큰 액막이굿[人儺禮]을 하는 의식'이『고려사』예지에 들어가 있다. 이 의례들은 군대와 직접 관계가 없는 의식처럼 보이는 것들이다. 실제로 일식, 월식을 멎게 하는 의식에는 군과 관련 있는 내용이 별로 보이지 않는다. 다만, 이 때 국왕은 장군들을 여기에 참석시켰다. 그런데 세종대의 의례를 보게 되면, 역시 일식에 대한 의례가 군례로 들어가 있다.[129] 실제 내용을 보면 병조가 여러 위衛의 군인들을 배열하여 시위하도록 했다.

아울러 12월의 액막이굿에서는 고려시대에도 귀신을 쫓는 방상씨가 등장한다. 그런데 방상씨는 오른손에 창, 왼손에는 방패를 들고 나오며, 당시 북을 두드리고 피리를 부는 고각군鼓角軍 역시 20명이 동원되고 있다. 이들의 행위가 전투와 비슷하게 이루어지는 것은 세종대 의례에서 확인된다.

이런 면에서 양자의 의례는 군례에 넣었던 모양이다. 군례는 이처럼 고려시대에 만들어진 것이 조선시대에도 계승되었다. 그러나 세종대에는 출정과 회군의식이 따로 오례의五禮儀 속에 편재되지 않았다.

2. 무예와 훈련

전투에 돌입할 때에는 군대의 무예와 훈련이 필수적이다. 훈련이 집단적인 것이라면, 무예는 훈련이나 전쟁에 참여할 전사들에게 요구되는 기술이다. 원래 무예는 개

128『고려사』권64, 지18, 예6, 군례, 견장출정의, 예종 3년 4월 기축.
129『세종실록』오례, 군례 의식.

인이 상대방을 공격하거나 자신을 방어하기 위한 기술로 발전되어 왔다. 개인의 뛰어난 무예는 화약 무기가 발전되기 이전까지 전투의 승패를 결정지을 수 있는 요소였다. 그러나 무예는 단기간에 익히는 것이 불가능하다. 따라서 전사들은 일찍부터 무예를 단련했으며, 이는 고려시대에도 마찬가지였을 것이다.

전투에 필요한 무예는 여러 종류가 있을 것이다. 대표적으로는 말타기, 활쏘기, 칼·창 등과 같은 무기 다루기, 그리고 신체를 이용한 무술 등이 모두 포함될 것이다. 조금 더 범주를 넓히면, 몸의 체력을 뒷받침하는 달리기와 힘을 쓰는 것도 무예와 직접 관련이 된다. 이런 무예 익히기는 전쟁이 일상이었던 삼국시대에 어느 정도 체계화되었을 것이다. 그러나 고려시대 무예의 구체적인 모습을 볼 수 있는 자료는 많지 않다. 또한 무예는 각 개인들이 익혔기 때문에 이를 집단적으로 교육하는 곳이 별로 없다. 국가가 병사들에게 체계적으로 무예를 익히는 시스템을 갖지 않았기 때문이다.

고려시대 기록에 등장하는 대표적인 무예는 택견과 유사했을 수박手搏이었다. 수박은 삼국시대에도 존재했으며, 화랑도들도 익혔던 것이다.[130] 또한 일찍부터 들어왔을 격구擊毬 역시 무예 속에 포함시킬 수 있을 것이다. 수박에 대한 기록은 주로 무신들이 권력을 장악한 무신집권기 이후에 등장한다. 특히 무신들이 보현원이란 절에서 봉기하기 직전에 수박을 겨루는 수박희手搏戲가 있었다.

당시 의종은 보현원에 가기 위해 성을 출발하면서 주변 사람들과 술자리를 만들었다. 그는 주변 사람들에게 이곳이 군인들을 훈련시킬 수 있는 곳이라고 하면서 오병수박희五兵手搏戲를 하도록 했다.[131] 의종은 무신들의 불평을 잠재우기 위해 이를 시켰다. 그는 수박희에서 이긴 사람에게 포상을 하려 했다. 그러나 당시 대장군 이소응이 체력이 약해 다른 사람과 수박희를 하다가 이기지 못하고 달아났다. 그 때 문신인 한뢰가 이소응의 뺨을 때렸고, 이것은 의종을 호위하던 무신들의 큰 불만을 산 사건이 되었다.

이 때 오병수박희는 두 사람이 겨루는 경기였음을 알 수 있다. 또한 이 경기는 의종이 의도와 이름으로 보아서, 당시 군대 내부에서 보편적으로 이루어졌던 것일 수 있

---

130 전덕재, 「신라화랑도의 무예와 수박」『한국고대사연구』38, 2005.
131 『고려사』권128, 열전41, 반역2, 정중부.

다. 요컨대 개인적으로 익힌 수박을 경
기로 만들었을 때에는 그에 따른 규칙
이 어느 정도 체계화되었을 것이다. 또
한 수박을 겨루는 것만이 아니라, 이를
익히도록 하는 훈련도 있었을 것이다.
이름 앞에 '오병' 즉 고려군의 전체 편
제를 붙였다는 점이 이를 뒷받침한다.

수박에 관한 자료가 이때 많이 등장
하는 이유는 권력자로 출세한 무신 장
교들이 대개 수박을 잘했기 때문이다.
대표적 인물로는 종과 비슷한 낮은 신
분에서 출세했던 이의민李義旼을 들
수 있다. 그는 수박을 잘 했기 때문에

수박도(안악 3호분)

의종의 사랑을 받았다. 의종은 그를 대정(정9품)에서 별장(정7품)으로 승진시켰다.[132]

그의 수박 실력에 대해서는 다음과 같은 일화가 전한다.

> 이의민이 두경승과 함께 중서성에 앉아서 자랑하기를, "아무가 자기 힘을 자랑하기에
> 내가 한번 쳐서 넘어뜨리기를 이와 같이 하였네." 하면서 주먹으로 기둥을 치니, 서까
> 래가 다 흔들렸다. 그러자 두경승이 대답하기를, "어느 때의 일인데, 내가 맨주먹으로
> 힘껏 쥐고 휘두르니 사람들이 다 흩어져 달아났다." 하면서 주먹으로 벽을 치니 주먹
> 이 벽을 뚫고 나갔다.[133]

이를 쓴 이제현은 무신집권기 고위직인 재상에 있는 집권자들이 이러한 힘 자랑하
는 것을 부정적 시각에서 쓴 것이다. 그러나 우리가 주목하는 것은 수박이란 무예가
지니는 힘이 적지 않음이다. 이 시기 이의민처럼 수박을 잘해서 출세했던 인물이 많

---

132 『고려사』 권128, 열전41, 반역2, 이의민.
133 이제현, 『역옹패설』 전집2.

았다. 그는 키가 컸고 힘도 강했기 때문에, 자신이 살던 경주에서 형들과 함께 폭력배로 활동했다. 이 과정에서 그는 수박을 배웠을 것이다.

그런데 당시 무신들 중에는 수박을 천시하는 경우가 있었다. 앞서 나온 두경승은 원래 공학군이라는 국왕을 지키는 금군에 있었다. 그는 수박을 하는 사람들을 모은 대열에 속해 있었다. 그러나 장인인 상장군 문유보文儒寶가 그에게 "수박이란 천한 기술이니 장사壯士가 할 일이 아니다."라고 충고했다.[134] 이후로부터 두경승은 그 대열에 끼지 않았다. 두경승 역시 이의민처럼 수박으로 출세하려 했는데, 장인의 충고로 이를 그만둔 것이다. 따라서 고위 무관이 되려는 사람은 수박을 하는 것을 천하게 생각했다. 아마도 이런 인식은 고위 지휘관의 역할이 힘으로 상대방을 제압하는 것에 있지 않다는 점에서 나왔다. 즉 수박은 평범한 병사들이나 하는 무술이라고 보았다.

그렇다고 무신들이 이후 수박을 하지 않았던 것은 아니다. 무신 집권자들 가운데 대표격인 최충헌은 손님을 초대하여 연회를 벌이면서 중방重房에서 힘 센 병사들을 선발하여 수박을 시켰다.[135] 여기서 이긴 사람은 그 자리에서 바로 교위校尉·대정隊正의 하급 장교직을 받았다. 아마도 의종 때에도 실시했던 수박희였을 것이다. 이후 1342년 충혜왕이 상춘정이라는 정자에서 수박희를 보았다는 기록으로 보아, 이후에도 계속 되었다.

수박 이외에 무예의 범주로 들어가는 것은 격구擊毬였다. 이것은 요즘의 폴로처럼 말 위에서 하는 경기이며, 기마술과 민첩함을 익힐 수 있었다. 특히 말을 타는 신기군의 경우는 격구를 하는 경우가 많았다. 1110년 예종은 신기군의 격구를 검열한 후에 성적에 따라 상품을 나누어 주었다.[136] 격구는 페르시아 지방에서 시작되어 중국을 거쳐 수입되었다. 이 경기는 기병이 있었기 때문에 일찍부터 성행했을 것으로 보인다. 따라서 고려시대 동안 격구는 인기 있는 스포츠였다. 특히 국왕 가운데 의종의 경우에는 스스로 격구를 즐겼다. 그는 국왕이 된 직후에 앞으로 격구를 못하게 된 것을 아쉬워하면서, 공을 가져다가 기술을 보여주었다. 그런데 주변 사람들 중에서 아무도

---

134 『고려사』 권100, 열전13, 두경승.
135 『고려사』 권129, 열전42, 반역3, 최충헌.
136 『고려사』 권13, 세가13, 예종 5년 9월 기묘.

의종에게 격구를 당해낼 수 없었다고 한다.[137] 국왕 자신이 격구를 즐길 정도면, 당시 많은 사람들이 이를 즐겼다고 할 수 있다.

격구는 고려시대 동안 왕실 주변에서 계속되었다. 이 경기는 문반과 무반을 가리지 않고 말을 가진 지배층 모두에게 인기가 있었다. 공민왕은 감찰사監察司의 녹사임에도 금주령을 위반했다가 적발당한 최종崔宗에게 장기를 보이라고 명했다.[138] 최종은 공민왕 앞에서 격구를 했고, 공민왕은 잘하는 것을 보고 그의 죄를 면제시켜 주었다. 당시 격구가 일반 관료까지 널리 퍼져 있음을 보여주는 사례다.

특히 국왕 뿐만 아니라 무신집권기의 권력자였던 최이崔怡 역시 격구를 좋아했다. 그런데 격구를 하는 과정에서 군사 훈련이 병행되었다. 최이는 자신의 집 앞에 격구장을 건설했다.[139] 이 과정에서 그는 처음에는 주변 가옥 1백여 채를 빼앗아 격구장 터를 잡았다. 격구장은 동서 너비가 수백 보로 바둑판처럼 평탄하게 건설했다. 이후에는 더 많은 집을 허물어 격구장의 너비를 넓혔다.

최이는 격구가 있을 때마다 먼지가 나지 않도록 동네 사람들에게 물을 뿌리게 했다. 그곳에서 최이는 마별초馬別抄들에게 격구를 하게 하고, 자신은 고위 재상이나 원로들을 모아 연회를 하면서 구경했다. 이때 격구 뿐만 아니라 창쓰기, 말달리기, 활쏘기까지 이 곳에서 했다. 어떤 경우에는 5~6일 동안 계속해서 열었다. 물론 최이는 재능 있는 경우에는 벼슬을 상으로 주었다. 최이는 이런 행사를 자신의 권위를 과시하고, 나아가 자신을 보위하는 마별초 등의 군사력을 강화시키기 위해 실시했을 것이다. 만약 이를 체계화시켰을 할 경우에는 무신을 선발하는 무과 시험이 될 수도 있었다. 결국 무예를 익히는 것은 집단적이기 보다 개인적이며, 체계적인 교육 과정보다는 개별적인 전수가 이루어졌을 가능성이 크다. 단, 활쏘기나 칼, 창을 쓰는 무술은 보다 집단적인 연마가 이루어졌을 수 있다.

한편 최우는 이 행사에서 마별초를 5군으로 나누어 전투 연습을 시켰다. 이때에는 사람과 말이 넘어져 사상자가 다수 생겼다고 한다. 따라서 연습은 실제 전투를 연상

---

137 『고려사』 권17, 세가17, 의종 1년 5월 정해.
138 『고려사』 권38, 세가38, 공민왕 1년 6월 정미.
139 『고려사』 권129, 열전43, 반역3, 최충헌 부 최이.

「무예도보통지」 격구(규장각한국학연구원)

시킬 만큼 격렬하게 진행되었던 모양이다. 이 훈련이 끝난 이후에 최이는 이들 부대에게 사냥을 시켰다.

사실 사냥은 고대 이래 군사 훈련의 일환이었다. 중국 고대 이후 순수巡狩는 천자가 제후의 영지를 돌아다니는 것이지만, 이 과정에서 사냥이 포함되었다. 사냥한 짐승들은 제사의 제물이 되었으며, 이를 통해 천자는 사람들을 해치는 맹수를 없애준다는 공공성을 발휘할 수 있었다.

그런데 사냥을 할 때에는 짐승을 몰이하는 몰이패와 사냥꾼과의 협동 작업이 필요하다. 이들 패거리간의 상호 협조가 유기적으로 이루어져야 짐승을 많이 잡을 수 있다. 이 과정에서 사냥패거리들은 지휘와 상황 변화에 대한 대처 능력, 체력, 달리기와 말타기, 활쏘기나 창던지기 같은 무기 사용에 익숙해지는 것이다. 결국 사냥은 그 과정에서 실제 전투에 응용할 수 있는 진법 훈련의 기초를 익힐 수 있는 수단이 된다.

또한 개별적으로는 무예를 단련시키는 기회가 되었다. 예컨대 한희유韓希愈는 가주(평안남도 박천 일대, 嘉州)의 아전으로 말타기와 활쏘기를 잘했다. 그가 지역 사람들과 불을 놓는 사냥을 한 적이 있었다. 한희유는 당시 말을 몰아 불 속으로 드나드는 일을 날아다니는 듯 했다. 사람들이 이를 감탄하자, 그는 "대장부가 적군의 진을 무너뜨리고 돌격하는 일에 죽음도 두려워하지 않는데 이것쯤에 놀랄 일이 있겠는가."라고 반문했다고 한다.[140] 이 얘기는 일반인들이 사냥을 훈련 수단으로 이용하고 있음을 보여주는 사례이다.

모든 사냥이 그러한 것은 아니며, 국왕 등이 오락으로 즐기는 경우가 더 많았다. 충

---

140 『고려사』 권104, 열전17, 한희유.

렬왕의 경우는 대표적인 경우였다.

그러나 사냥을 실시하는 정도로는 군대를 제대로 연습시킬 수 없었다. 대규모의 군대가 전투에 나갈 때에는 여러 가지 훈련이 필요하다. 훈련은 행군, 숙영부터 시작하여 전투에 쓰이는 진법, 깃발이나 징 등의 신호를 식별하여 움직이는 법, 특별한 무기 사용법, 군사들간의 일체감 형성 등과 같이 다양한 부분이 요구되었다.

고려시대 군인들은 지역별로 징발되었다. 따라서 이들은 자신이 속한 부대의 개별 지휘관의 통제에는 익숙하지만, 다른 곳에서 선발된 군인들과는 평소에 훈련을 같이 하는 시간이 없었을 것이다. 이런 면이 실제 전투에서 개별 분산적인 행동으로 이어질 수 있었다. 따라서 전투에 출전하기 위해서는 한 군데에서 이들을 모아 훈련할 필요가 있었던 것이다.

1176년(명종 6) 12월 대장군 정세유鄭世猷 등이 남부 지역의 반란을 토벌하는 사령관으로 임명되었다. 그는 개경의 개국사 정문 앞에서 한 달이 넘도록 훈련을 한 뒤에 출발했다.[141] 이 경우 각 부대가 지휘체계에 맞추어 움직이는 훈련이 중심이 되었을 것이다.

특별한 목적을 위해 진압군을 편성한 후에는 진법을 구사하는 훈련이 이루어져야 했다. 따라서 지휘관들은 병법을 알고 있어야 했다. 원래 병법서들은 산직장상散職將相 2명이 배치된 창고에 보관되었다.[142] 이곳에는 각종 병서가 있었을 것이며, 좋은 판본의 책들이었다. 예컨대 1091년(선종 8) 당시 송은 고려가 소장한 좋은 판본의 서적을 베껴서 보내달라고 요청했다. 그 중에 하나가 위魏 무제가 편찬한『병서접요兵書接要』라는 병서였다. 또한 대표적 병서인『손오병법孫吳兵法』의 경우에는 1123년에 죽은 이자량李資諒이 항상 이 책을 읽고 토론했다고 한다. 아울러 선종(1084~1094년) 때 시중 벼슬을 지낸 휴홍柳洪은『병가비결兵家秘訣』에 정통하여 국가 정책 결정에 활용했다.[143] 이처럼 병서가 고려시대에도 널리 보급되었을 것이다.

특히 1040년(정종 6) 변경을 맡은 서북로 병마사는『김해병서金海兵書』가 전략 전

---

141 『고려사』권19, 세가19, 명종 6년 12월 계사.
142 『고려사』권83, 지87, 병3, 간수군.
143 『고려사』권97, 열전10, 유인저.

술에 요긴한 책이기 때문에 각 지역의 군대 주둔지에 이를 보급하도록 건의했다.[144] 고려 정부에서 건의를 받아들여 추진했기 때문에, 이 책이 지역 부대의 전술 습득에 활용되었을 가능성이 크다. 다만 현재 이 책의 내용을 알 수 없으며, 어느 정도로 응용되었는지 알 수 없다.

병서를 보관하던 창고가 1217년(고종 4) 거란족들이 개경 선의문까지 치고 들어오던 당시에 노략질 당했다.[145] 선의문은 개경을 둘러싼 나성의 왼쪽 부분에 자리 잡은 성문이다. 이때 어사대는 상소를 올려 역대로 내려오던 병서들을 적들에게 빼앗겼다고 했다. 병서 보관 창고가 선의문 근처에 있었을 가능성이 있다.

무신들이 병서를 본격적으로 보게 된 것은 아무래도 1390년(공양왕 2) 무과 시험에서 병서를 통해 사람들을 뽑기 시작한 이후였을 것이다. 병서는 조선왕조 성립 이후에 보다 본격적으로 보급되었다. 그럼에도 병서가 고려시대 군대 훈련에 이용되었을 것이라는 점은 변하지 않는다.

고려 정부는 군사 훈련이 평소에 이루어져야 함을 잘 알고 있었다. 이를 뒷받침하는 명분은 유교 경전이었다. 『논어』의 "가르치지 않은 백성으로 싸우게 하면, 이것은 백성을 버리는 것이다."[146]라는 대목이 가장 흔하게 인용되었다. 즉 군사 훈련 없이 출전하면, 전투에 반드시 지게 된다는 뜻이다. 1039년(정종 5) 정종은 이 말을 인용하면서, 사신을 지방으로 파견하여 용맹한 사람들을 뽑아 활쏘기, 말타기 훈련을 하도록 했다.[147] 특히 이 말은 고려말 훈련 체계의 개혁을 모색하는 가운데 당시 고려군의 상태를 나타내는 것으로 자주 인용되었다.[148]

문종은 국왕이 되자 시중 최제안 등의 건의를 받아들여 편제 훈련을 새롭게 실시했다. 그것은 병서에 나오는 것처럼 전 부대원의 30%를 기군奇軍으로 운영한다는 원칙이었다. 원래 병력 운용은 적을 상대하는 정군正軍과, 유격 및 예비대로 운영할 기군으로 나뉜다. 진법이나 상황에 따라 두 개의 편제가 유연하게 변하도록 평소에 훈련

---

144 『고려사』 권81, 지35, 병1, 병제, 오군.
145 『고려사』 권103, 열전16, 조충.
146 『논어』 권13, 자로, "子曰 以不教民戰 是謂棄之".
147 『고려사』 권81, 지35, 병1, 병제.
148 윤훈표, 「여말선초 군사훈련체계의 개편」 『군사』 53, 2004.

이 필요했다. 문종은 중앙의 6위군의 각 부대에서 200명을 선발하여 선봉군으로 조직하도록 했다.[149]

한편 중앙에서의 군사 훈련은 8월에 이루어졌다. 여기에는 문반과 남반 관료들까지 개경 시외에 모여 주로 활쏘기와 말타기를 연습했다. 원래 군사훈련은 9월에 이루어졌던 것이 관례로 보인다. 태조는 훈요 10조에서 매년 가을에 무예가 뛰어난 사람을 뽑아 버슬을 올려주라고 했다. 현종대에는 9월에 사열하거나, 또는 장교들을 선발하는 시험을 보았다.[150] 이처럼 농번기가 지나 추수가 끝난 이후에 군사 훈련과 사열이 이루어졌다.

중앙과 각 지역에서는 사열이 군사 훈련에 이용되었다. 지방의 주현군에는 사신을 보내어 병진兵陣을 연습시켰다.[151] 사열의 기간이 10일인 사례가 있기 때문에, 이 시기 훈련이 같이 이루졌음을 알 수 있다.[152]

사열이 이루어지는 것은 큰 공간이 필요했다. 통상적으로는 궁궐 밖이나 개경 교외에서 이루어졌다. 그런데 고려말 염흥방은 열병식을 궁궐 마당에서 하기로 예정했다.[153] 그러자 그의 매부인 대사헌 임헌이 이를 재상들의 회의에 안건으로 올려버렸다. 임헌은 이곳이 선왕들이 대조회大朝會를 하던 곳이며, 또한 국왕의 위패를 모신 경령전景靈殿 근처이기 때문에 군인들이 말을 달릴 수 없는 장소라는 점을 반대 이유로 들었다.

반면에 염흥방은 이 장소가 공민왕이 오군五軍을 열병했던 관례가 있다는 점으로 반박했다. 또한 군사 훈련은 사헌부 역시 큰 관심을 가져야 하는 사안임을 강조했다. 이 시기 왜구 침입 등으로 인한 군사 훈련의 필요성이 크게 요구되는 시점이었다. 당시 열병식은 우왕 11년(1385) 1월에 이루어졌던 것으로 보인다.[154]

한편 군대는 편제에 따른 훈련이 필요했다. 문종은 1050년(문종 4) 10월 도병마사

149 『고려사』 권81, 지35, 병1, 병제.
150 『고려사』 권81, 지35, 병1, 병제.
151 『고려사』 권81, 지35, 병1, 병제, 예종 원년 정월.
152 『고려사』 권81, 지35, 병1, 병제, 명종 18년 10월.
153 『고려사』 권126, 열전39, 간신2, 염흥방.
154 『고려사』 권135, 열전48, 우왕 11년 1월 계해.

인 왕총지王龍之의 건의에 따라 농한기를 이용한 훈련을 실시했다. 훈련 내용은 북을 울리고 깃발 들고 움직이는 절차와 기병들의 연습이었다. 기병들에게는 선병대를 뽑아 달리고 쫓는 것을 연습하게 하였다. 의미 있는 것은 어사대와 병부, 6위에게 훈련과 사열의 책임을 맡겼다는 점이다.[155] 그것은 개별적이고 분산적인 훈련을 국가가 이전보다 확실하게 장악하겠다는 의지를 보여준다.

또한 새로운 병기가 만들어지면, 그에 따른 훈련이 필요했다. 예컨대 1040년(정종 6)에 만들어진 수질구궁노繡質九弓弩의 경우에도 마찬가지였을 것이다. 수질구궁노는 한꺼번에 9개의 화살을 쏠 수 있는 무기로 추정된다. 이 무기는 1069년(문종 23)에 개경 북쪽 교외에서 활쏘기 연습을 한 것으로 기록되어 있지만,[156] 그 이전에도 훈련을 했을 것이다. 새로운 무기를 개발했더라도 여기에 익숙하지 않으면 전쟁에서 이 무기의 쓸모가 없어지기 때문이다.

1093년(선종 10) 도병마사는 박원작이 만든 천균노千鈞弩의 연습이 오랫동안 폐지되었다고 하면서, 올해부터 다시 옛 법대로 연습시킬 것을 건의했다.[157] 이것은 과거 규례에 천균노의 연습이 규정되어 있었는데, 당시 제대로 실천이 되지 않고 있음을 보여준다.

군사 훈련은 외적의 침략이 예상되거나 대규모 원정이 구상될 때 이전보다 강화되게 마련이다. 대표적인 경우가 숙종대 윤관의 건의로 생긴 별무반이다. 잘 알려졌듯이 별무반은 여진과의 전쟁을 대비하기 위해 만들어졌다. 별무반은 기병인 신기군, 보병인 신보군과 도탕跳盪(돌격대), 경궁梗弓, 정노精弩, 발화군發火軍 등과 같은 병종에 따른 부대로 구성되었다. 별무반에는 20세 이상의 동원 가능한 사람들을 모두 배속시켰기 때문에 훈련이 필요했다. 윤관은 계속적으로 훈련을 강조했다.[158]

이후 군사 훈련 체계의 변화가 있었을 것으로 보이는 것은 고려말 우왕 때였다. 우왕은 즉위한 이후 도총도감都摠都監, 방어도감 등의 설립과 총력 동원과 연관된 방어

---

155 『고려사』 권81, 지35, 병1, 병제.
156 『고려사』 권81, 지35, 병1, 병제.
157 『고려사』 권81, 지35, 병1, 병제.
158 『고려사』 권96, 열전9, 윤관.

서희 묘(경기 이천)

체계를 만드는 것에 주력했다. 특히 우왕은 3년 7월에 올라온 개혁 방안을 통해 익군
제翼軍制를 실시하게 되었다. 익군제는 관료들을 품계에 따라 천호千戶, 백호百戶, 통
주統主로 임명하여 통솔을 맡긴 것이다.[159] 즉 고위 관료가 아니면 군인으로 동원되어
야 했다. 또한 서리와 노비들은 연호군烟戶軍으로 삼아서 각기 원하는 것에 따라 활과
화살, 창, 검 중에서 한 가지를 갖추게 한다. 그리고 5인이 화로와 절구, 도끼, 낫 등을
갖추어 전투에 임하도록 했다. 이 조치는 전국적인 군인 편제로 전환시킴과 동시에,
고려말 떠돌아다니거나 다른 사람의 노비가 되는 유이민流移民 문제를 해결하기 위한
것이었다.[160]

　중요한 것은 이 때 훈련의 책임을 천호, 백호, 통주들이 담당하도록 바꾼 점이다.
이들이 군사 동원과 훈련까지 모든 책임을 지도록 했다. 문제는 각 익군의 두목이 자

---

159 『고려사』 권81, 지35, 병1, 병제, 우왕 4년 12월.
160 윤훈표, 『여말선초 군제개혁 연구』, 혜안, 2000, 127쪽.

기 휘하에 있는 군인들을 사적으로 부리고, 조세 등의 부담을 이들에게 물리는 문제가 발생했다. 이로 인해 익군제 자체가 폐지되었다.

우왕 3년 10월에 만들어진 화통도감火㷁都監은 화약 무기의 개발로 설치되었다. 따라서 이곳에 소속된 화통방사군火㷁放射軍의 경우에는 화포를 쏘는 새로운 훈련이 필요했을 것이다. 신 무기의 도입에 따른 훈련이다.

우왕은 무예도감武藝都監도 만들었다. 이 도감은 1384년(우왕 10)에 중랑장이던 곽해룡郭海龍의 건의로 설립되었다.[161] 이 도감 역시 왜구 침입을 막기 위한 훈련을 하기 위해 만들어졌을 것이다. 실제로 만들어진 다음해 우왕은 마암馬巖에서 강무講武를 관찰했다. 이 때 그는 훈련이 부족하다는 이유로 무예도감을 맡았던 성중용과 이빈에게 채찍으로 치는 징벌을 가했다. 당시 군인들은 실전 훈련을 했는데, 부상자가 많이 생겼기 때문이다.[162] 부상자가 많이 생기는 현실은 군사들의 훈련이 제대로 이루어지지 못하고 있음을 보여준다. 비록 무예도감을 만들었지만, 그 성과가 미미했다고 볼 수 있다. 그 이유는 군사 동원과 훈련 등을 체계화하지 못했고, 각 지휘관들에게 맡겨져 있던 상태를 극복하지 못했던 점에 있었다. 따라서 이후의 군사 훈련 체계를 확립하는 것은 조선왕조의 성립 이후 중요한 과제로 남겨지게 되었다. 정도전의 진법陳法 저술은 이와 같은 문제 의식의 산물이다.

3. 군량과 군수

군수의 보급은 군대를 유지하는 가장 중요한 문제 중에 하나다. 군대 유지에는 군인들의 식량, 피복, 무기뿐만 아니라, 말과 같은 운송수단과 각종 장비를 운용하는 비용도 필요하다. 원래 피복과 개인 무기, 그리고 담당할 방어처까지 오가는 비용은 군인개인들의 부담이었지만, 방어처나 전쟁터에서의 식량은 국가에서 지급해야 했다.[163]

---

161 『고려사』 권77, 지31, 백관2, 제사도감각색.
162 『고려사』 권135, 열전48, 우왕 11년 1월 계해.
163 이기백, 『高麗兵制史硏究』, 일조각, 1968 참조.

우선 고려의 통치 조직에는 전쟁에 대비하여 국가 차원에서 비축하는 군량과 중앙군 운영에 필요한 군수를 총괄적으로 맡았던 기구가 없었다. 중앙의 군수를 맡았던 기관은 용문창龍門倉으로 추정되고 있다.[164] 용문창은 개경 선의문 밖에 있었던 창고로 이를 맡은 군인으로, 장교 2명, 산직장상散職將相 2명, 군인 15명으로 다른 창고보다 배정 인원이 상대적으로 많았다.[165] 문종 18년에는 이곳 용문창에서 6차례나 인주, 용주, 위원진 등지로 미곡을 옮겨 군량으로 활용했다. 이처럼 용문창은 주로 군량을 보관하는 창고였으며, 그 재원이 군수로 활용되었다.

중앙군의 군량 조달은 용문창에서 주로 담당했는데, 각 지역의 주현군 등은 해당 지역의 보관된 조세를 이용했을 것이다. 예컨대 고려 초부터 왕실에서 중시한 서경의 경우에는 제1차 거란 침입 당시 수비 여부를 둘러싼 논쟁이 있었다. 이 논쟁은 소손녕이 80만 대군을 끌고 왔다면서 고려측에 항복을 요구했을 당시에 벌어졌다.[166] 당시 성종은 서경의 창고를 열어 백성들에게 쌀을 마음대로 가져가게 하고, 남은 것이 많기 때문에 적군에게 이용될 것을 염려하여 대동강 물에 버리게 했다. 그만큼 서경에 축적된 식량이 많았으며, 이것은 아군의 지역 방어를 위한 군량으로도 사용될 자원이었다.

당시 서희는 이것을 반대하면서, 식량이 충분하면 서경성을 지킬 수 있다고 주장했다. 지역의 거점성 등에서는 일반 수요와 군량을 따로 구분하지 않았다. 특히, 양계 지방의 경우에는 조세를 군수에 충당했다. 이 때 양계의 각 주진에는 이를 보관하는 창고가 따로 있었다.[167] 예컨대 1043년(문종 9) 백령진白翎鎭의 경우는 큰 화재로 성문 200칸과 창고 50여 칸이 불탔다.[168] 이때의 창고는 조세를 보관했는데 군수로 이용되기도 했다.

그렇다면 군인들에게 실제 필요한 식량 수요는 어느 정도였을까? 『고려사』에서는 직접 이를 규정한 자료는 보이지 않는다. 단, 추정할 수 있는 근거가 없는 것은 아니

---

164 안병우, 『高麗前期의 財政構造』, 서울대출판부, 2002, 161~162쪽.
165 『고려사』 권83, 지37, 병3, 간수군.
166 『고려사절요』 권2, 성종 12년 10월.
167 안병우, 앞의 책, 169쪽.
168 『고려사』 권53, 지7, 오행1, 화, 정종 9년 정월 을유.

다. 후대이긴 하지만, 1274년(원종 15) 삼별초반란을 진압한 몽골과 고려군이 제주도에 머물러 있었다. 고려정부는 이들 1,400명에게 7개월분 식량과 말의 사료비로 2,904석을 먼저 지급하였다. 따라서 말 등의 사료비까지 국가가 부담했다. 이것은 몽골의 요구에 따른 것이므로, 고려시대 동안 모두 그래왔던 것은 아닐 수 있다.

그런데 이 때 일본 원정에 필요한 배를 제작하기 위해 장인과 인부 30,500명이 동원되었다. 당시 고려정부는 한 사람에게 세 끼 식량으로 석 달 동안 총 34,312.5석을 주어야 하는 것으로 계산했다.[169] 전함 건조라는 노동과 군량이 같은 액수로 지급된다는 법은 없다. 그러나 이를 같은 차원에서 본다면, 군인들에게 지급되는 것과 비슷하게 계산될 것으로 보인다. 이를 계산하면 1인에게 한 달에 0.375석의 곡식이 지급되는 셈이다.

중앙군 중에서 금군에게는 식사가 제공되었다.

> 인종 13년(1135) 서경이 반란을 일으키자 함유일咸有一은 서리로 종군하여 공을 세워 선군選軍의 기사記事가 되었다. 밤낮으로 각고의 노력을 하며 공적인 일에 힘쓰고 개인 일은 생각도 하지 않았다. 집은 가난하여 늘 옷은 해지고 신발은 구멍이 났다. 그 때 금군禁軍의 주식廚食이 규정과 같지 않으니 군사들이 의논하여 말하길, "만약 해진 옷 입은 기사記事가 식사를 맡는다면 반드시 이렇지는 않을 것이다."라고 했다.[170]

이때 당시 금군들은 규정된 식사를 제대로 지급받지 못하여, 공정하게 일을 맡아줄 인물을 찾고 있었다. 서리 함유일은 이 일에 추천되었다. 이처럼 식사량은 일정한 규정이 있었다. 제대로 급식되지 않았던 점이 문제였을 것이다. 그 분량은 위의 군량 지급량과 큰 차이가 없었을 것이다.

군량을 확보하는 방법은 세금을 걷거나, 또는 둔전 경영 등이었다. 특히 군수 수요가 많은 양계 지역에서는 둔전이 일찍부터 발전하였다. 물론 양계 지역은 민전에서도 조세를 거둬 군수에 이용했다. 그러나 특히 둔전은 직접 해당 지역에서 농사를 지어

---

169 『고려사』 권27, 세가27, 원종 15년 2월 갑자.
170 『고려사』 권99, 열전12 , 함유일.

군량을 조달하는 점에서 매력적이었다. 왜냐하면 운반에 따른 비용이 적어지기 때문이다. 양계에 거주하는 모든 장정丁이 주진군에 소속되어 있었고, 이들이 생산한 곡식은 군수에 충당되었다.[171] 양계 지역의 생산량은 정확히 알 수 없다. 다만, 1283년(충렬왕 9) 동계의 간성干城지역 출신인 송번宋蕃이 원에 들어가, 동계와 서계 지역에서는 4만석을 얻을 수 있고, 이를 일본정벌군의 군량으로 충당케 하라는 권유를 했었다.[172] 따라서 4만석 정도가 생산량의 대략적인 규모였을 것이다.

정종 때 동로둔전사東路屯田司가 있었던 것을 보면,[173] 양계 지역에는 이들 둔전을 관리하는 기구들이 설치되어 있었음을 알 수 있다. 이 동로둔전사는 동계 지역을 관리했을 것이므로, 북계지역은 북로둔전사가 있었다고 보아야 한다. 이 때 둔전사가 동여진의 요청에 따라 농경용 소를 주었던 것으로 미루어 보아, 아마도 소, 종자, 농기구 같은 것도 관리했음을 알 수 있다. 물론 둔전은 양계 지역만 있었던 것은 아니었다. 숙종은 각 주, 부, 군, 현들이 각기 5결의 둔전을 경작하도록 조치했다.[174] 이런 조치는 농업을 장려하면서 군수 재정의 확보를 위한 것이었다.

뒤이어 숙종은 주진州鎮의 둔전군 1대隊에 전지 1결씩을 지급하고, 밭 1결에서는 1석 9두 5승, 논 1결에서는 3석을 거두어 들이게 했다.[175] 이를 통해 둔전 경영에 대한 체계화를 꾀했다. 이는 이전까지 둔전에서 거두는 수확에 대한 기준이 마련되어 있지 않았던 것에서 발생했던 문제점을 개선했던 것으로 보인다. 여기에서도 10결 이상에서 20석 이상의 수확을 한 색원色員은 포상하도록 했다.

둔전 경영은 해당 지역의 방어나 행정을 맡은 인물들이 담당했다. 1049년(문종 3) 12월 동복로 병마사의 보고에 따르면, 영흥진永興鎮의 군사 성후成厚 등 320여 명이 병마사에게 건의문을 올렸다.[176] 건의문에는 진장鎮將 상사직장尙舍直長 정작염丁作鹽이 성을 수축하고 전투 기구들을 잘 갖추었으며, 황무지를 개간해 1년 동안 2백여 곡

---

171 안병우, 앞의 책, 177쪽.
172 『고려사절요』 권20, 충렬왕 9년 4월.
173 『고려사』 권6, 세가6, 정종 8년 4월 임인.
174 『고려사』 권79, 지33, 식화2, 농상, 숙종 4년 4월.
175 『고려사』 권82, 병2, 둔전, 숙종 8년.
176 『고려사』 권79, 지33, 식화2, 농상, 문종 3년 12월.

을 수확했다고 한다. 결국 그들은 정작염의 재직 기간이 만료되었지만, 계속 근무를 해달라는 요청하였다. 정작염의 경우를 볼 때, 둔전 경영은 주진州鎮의 방어 책임자가 수행하는 것을 알 수 있다.

몽골과의 전쟁이 끝나면서, 1272년(원종 13) 당시 왕세자였던 왕심王諶은 각 도에 사신 3명을 파견하여 군량이 생산되는 토지를 돌아보게 했다.[177] 오랜 전쟁이 종료된 이후에 둔전에 대한 점검이 이루어진 것이다. 몽골과의 전쟁은 둔전 지역에 대해서도 상당한 피해를 입혔을 것이다. 특히, 산성이나 해도로의 입보책은 둔전 경작의 부실을 불러 일으켰다. 강화도에 새로 만들어진 둔전과 같은 곳을 제외하고, 상당수의 둔전이 제대로 경영되지 못했음이 분명하다. 왕세자의 조치는 이를 재검검하기 위한 것이었다.

고려 정부는 몽골의 일본 정벌에 따라 많은 군수 자원을 필요로 했다. 전함 건조는 물론이고, 원정에 필요한 군량, 마초 등의 마련은 고려 정부에게 큰 부담이 되었다. 충렬왕 당시 일본 원정에서 지출한 군량은 123,560여 석이었다.[178] 그럼에도 원은 군량 20만석을 요구하기도 했다. 그러나 고려 정부는 군량 이외에도 전함 건조 등과 같은 부담을 지고 있었다. 결국 모자란 군량은 거둬서 보충해야 했다. 군량 이외에 말, 그리고 사료 등도 필요할 때마다 거둬야 했다. 거뒀던 대상은 일반민뿐만 아니었다. 1271년(원종 12) 고려 정부는 몽골군의 장기 주둔으로 말먹이를 처음에는 일반 민호에게 거뒀다가, 뒤에는 관리들의 관품에 따라 차등을 주어 내도록 했다.[179] 국가 재정이 부실한 탓이었다.

따라서 이 경향은 고려 말에 들어와 더욱 빈발해졌으며, 거둬들이는 양까지 적지 않게 되었다. 마침내 1376년(우왕 2) 9월에 만성적인 적자에 시달리던 고려 정부가 다음과 같은 조치를 내놓았다,

도평의사가 각 도의 군수품이 며칠 동안 쓸 것도 없다 하여 각 도에 있는 품관과 연호

---

177 『고려사』 권82, 지36, 병2, 둔전, 원종 13년 5월.
178 『고려사절요』 권20, 충렬왕 8년 4월.
179 『고려사』 권79, 지33, 식화2, 과렴, 원종 12년 11월.

각 리에서 물자를 차등 있게 거두어서 군용에 보충하게 했다. 재추가 제의하기를 "근래에 출정으로 인하여 군량이 아주 적어졌으니 마땅히 서울 지방의 품관과 대소 각호에서 군량을 차등 있게 내기로 하되 양부兩府 이하 통헌通憲 이상은 백미 넉 섬, 3~4품은 석 섬, 5~6품은 두 섬, 7~8품은 한 섬, 권무權務는 열 말, 산직 향리는 열 말, 백성, 공사 노복은 그 호의 크고 작은 것을 고려하여 쌀을 거둘 것이다."라고 했다.[180]

이미 권세가들이 양계 지역의 둔전까지 자신의 토지로 만들었기 때문에 더욱 재원 염출이 어려운 상황이었다. 따라서 전에 면세였던 사찰의 사사전寺社田의 조세 일부까지 징수하게 되었다. 여기에는 증가한 왜구 침입에 따른 방어 비용의 증가가 가장 큰 이유가 될 것이다. 그 결과 1387년(우왕 13)에는 사전私田의 조세 절반은 군량으로 보충하게 될 정도가 문제가 심각하게 되었다.[181] 그에 따라 고려 말에는 계속해서 둔전 확대론이 등장했다. 양계 지역의 경우에는 새롭게 개간한 토지를 모두 군수로 돌리도록 하자는 요구까지 나올 지경이었다.[182] 이상과 같이 둔전이 고려 말 내내 군량 확보로 인해 문제로 부각되었다.

군수 문제에는 군량뿐만 아니라 무기와 군복의 보급 등도 포함된다. 1052년(문종 6) 3월 문종은 동북로의 주진에서 변방을 지키는 군사들이 가뭄으로 인한 기근으로 고통받는 것에 대해 병마감창사兵馬監倉使, 수령관首領官을 각 도에 보내 구제하라고 지시하면서, 또한 옷을 보내주었다.[183] 그 뒤에도 문종은 겨울옷을 동북 변방의 방수군들에게 보내주기도 했다. 특히 1064년(문종 18)에는 두꺼운 두루마기, 바지, 털모자 각각 1천 벌을 서북 변방 경비군 중 빈곤한 사람에게 나누어 주었다.[184] 그리고 넉달 뒤에도 두꺼운 옷과 털관, 신 등을 빈곤한 병졸들에게 보급했다.

이 때 이를 맡았던 곳이 정포고征袍庫였다. 그러나 고려 정부가 모든 병사들에게 옷을 지급했던 것은 아니었다. 주로 경제적으로 어려운 사람들이 일차적인 보급 대상이

---

180 『고려사』 권82, 지36, 병2, 둔전, 신우 2년 9월.
181 『고려사』 권82, 지36, 병2, 둔전, 신우 13년 11월.
182 『고려사』 권82, 지36, 병2, 둔전, 신우 5년 1월.
183 『고려사』 권81, 지35, 병1, 병제, 문종 6년 3월.
184 『고려사』 권81, 지35, 병1, 병제, 문종 18년 8월.

었다. 아울러 옷의 보관 등은 정포고에서 담당했을 것이다. 뒤이어 1084년(선종 원년) 11월에 추위가 심하자 건명고乾明庫에 있는 베 1천 필을 내어, 정포도감征袍都監에 명령하여 웃옷과 바지를 만들어서 나누어 주도록 했다.[185] 건명고는 국가 창고 중에 하나이지만,[186] 이곳에는 곡식보다는 주로 베를 보관했던 모양이다. 정포도감은 군대 의복을 담당하는 곳으로 이때 만들어졌다. 도감은 임시기관이기 때문에, 이후로도 계속 존재했는지 여부는 알 수 없다. 정포도감이 기록상으로는 선종 때만 등장하기 때문이다. 대개 의복 문제는 병졸들 개개인에게 맡겨졌다.

무기의 경우, 개인의 것이 아닌 특수한 것들은 국가가 제작하였다. 1032년(덕종 1)에 박원작은 혁차革車, 수질노繡質弩, 노등석포雷騰石砲 등을 제작했다. 이와 함께, 우노牛弩 8개와 24종의 병기를 국경에 배치하려 했다.[187] 이 조치는 중앙 정부가 국경 방어의 무기까지 보급하여, 지역의 자율적 방어에 간섭을 하게 된 것으로 볼 수 있다. 무기 체계의 변화가 어떤 식으로든 전술상의 변화를 불러 일으키기 마련이다. 요컨대 신 무기의 보급은 무기를 활용하는 새로운 전술을 적용해야 하며, 새로운 훈련 체계를 요구하게 된다.

중앙 정부에서는 그 외에 따른 소모적인 병기들도 보급해야 했다. 1047년(문종 1) 위위시衛尉寺는 규정에 따라 노수전弩手箭 6만개, 차노전車弩箭 3만개를 서북로 병마소兵馬所에 보낼 것을 요청했다.[188] 서북로 병마소는 병마사가 파견된 지휘소일 것이다. 이곳에 창고를 두고 군수물자를 비축하였다고 생각한다.

위위시의 요청에서 주목되는 것은 '규정에 따른다'는 점이다. 이 말은 정기적으로 위와 같은 분량을 중앙 정부에서 병마소에 보급했다는 뜻이다. 각각의 특수한 노弩에 들어가는 화살인데, 중앙 정부에서는 이를 제작하여 매년 보급하는 것을 규례로 삼았을 것이다. 물론 실제로 이 규례에 따라 정부가 쇠뇌의 화살 보급을 매년 실시하지 않았기 때문에, 위와 같은 문제가 제기되었다.

---

185 『고려사』 권81, 지35, 병1, 병제, 선종 원년 11월.
186 이 창고는 왕궁의 殿으로 추정되는 乾明殿의 창고로 추정된다(안병우, 앞의 책, 2002, 164쪽).
187 『고려사』 권81, 지35, 병1, 병제, 덕종 원년 3월.
188 『고려사』 권81, 지35, 병1, 병제, 문종 원년 2월.

군기시軍器寺는 이러한 무기를 만드는 기관이었다.[189] 원래 목종 때에는 군기감이라고 불렀다. 당시 제도를 정비하면서 무기를 전담할 중앙 부서를 만들었던 것이다. 군기감의 등장은 무기 제작의 일정한 규격과 통일성을 요구했을 지도 모른다. 이 군기감은 충선왕 때 축소되어 없어졌다가, 1356년(공민왕 5)에 다시 복구되었다. 이후 이름이 군기시로 바뀌었는데, 공양왕대 조준의 건의로 확대되었다. 왜구의 침입에 따른 무기 제작 수요가 많아졌기 때문이다. 이곳 군기감에는 피갑장皮甲匠을 비롯한 13종류의 장인들이 소속되어 있었다. 이들이 제작한 무기들은 활, 화살, 갑옷, 칼, 창, 깃발 등이었다.[190] 군기감의 경우는 서경에 따로 설치되어 있었다.[191] 이는 고려초 이래 서경 중시에 의거해서 유수관을 둔 결과이다.

이렇게 제작된 무기는 궁궐부터 시작하여 여러 곳의 창고에 보관되었다. 대궐의 경우에는 어고에 이를 보관했다. 최충헌이 집권했을 때, 동생인 최충수의 사병들과의 전투에서 어고御庫의 대각노大角弩를 가지고 비오듯이 화살을 쏘았다는[192] 점이 이를 뒷받침한다. 또한 1255년(고종 42) 화재가 난 궁노도감弓弩都監 병기 창고, 1161년(의종 15) 불이 났던 선덕진宣德鎭의 병기 창고[193] 등은 무기를 보관했던 것의 사례를 보여준다. 화재의 경우로 동경(경주), 화주 등이 확인되고 있으므로, 각 지역의 병기창고가 조세를 보관하는 것이 아닌 곳에 별도로 있었음을 알 수 있다. 따라서 이곳에는 중앙 정부나 자체 제작된 무기를 보관하였다.

이처럼 군수는 다양한 방식으로 이뤄졌다. 결국 고려 정부에서는 군수 보급 체계를 일원화된 방식으로 만들지 못했다. 고려의 국가 운영 방식이 각 지역에 대한 자율성을 인정하는 가운데 만들어졌기 때문이다. 다만, 특수한 무기 제작과 보급은 중앙 정부의 몫이었다. 따라서 이 방식은 고려말 홍건적과 왜구의 침략을 겪으면서, 새롭게 보강해야 할 문제로 등장했다.

---

189 『고려사』 권76, 지30, 백관1, 군기시.
190 안병우, 앞의 책, 2002, 163쪽.
191 『고려사』 권80, 지34, 식화3, 녹봉, 서경관록.
192 『고려사』 권129, 열전42, 반역3, 최충헌.
193 『고려사』 권53, 지7, 오행1, 화.

제4절

역(驛)의 운영과 마정(馬政)

1. 22역도제(驛道制)와 지역공동체적 역 운영[194]

1) 22역도제의 성립과정과 운영

후삼국시대 고려는 후백제와의 치열한 전투를 통하여 영역을 확장해 나갔으며, 그 판도 내에서 개경을 중심으로 하는 역로망이 형성되었다. 이는 후백제와의 전쟁 수행에 있어서 대규모 군대의 이동을 지원하거나 개경과 변방과의 긴급한 군사적 연락을 위해서 필수적이었으며, 신라 왕실과 소백산맥 이남의 호족 세력들에 대한 영향력을 강화하기 위해서도 중요했다. 고려는 붕괴되었던 신라의 역로망을 재건하는 동시에 새로운 역들을 설치했으며, 후삼국 통일 이후에도 그러한 작업은 계속되었다.

당시 신라의 5통[195] 중에서 경주로부터 의성·안동·죽령·충주 등을 거쳐 개경 방면으로 이어졌던 교통로는 고려에 의해 우선적으로 역로로 재편성되었을 것이다. 이와 함께 양계 방면으로 새로이 개척된 주진을 따라 연결되는 교통로도 역로망으로 편제되었다. 그리하여 후삼국 통일 직후 고려는 그 판도 내에서 개경을 중심으로 하는 전

---

194 본 항의 서술은 정요근, 『高麗·朝鮮初의 驛路網과 驛制 硏究』, 서울대 국사학과 박사학위논문, 2008 중 '1장 고려전기 驛路網의 형성과 지역공동체적 驛 운영'에 의거했다.
195 5통에 관해서는 한정훈, 「신라통일기 육상교통망과 五通」 『역사와 세계』 27, 2003 참조.

국적인 역로망 운영 체계를 갖추게 되었다.

국초의 역로망 상에 위치한 역들은 이전 시기부터 이어져 내려오던 곳과 신설된 것으로 구분할 수 있다. 전자의 경우는 통일신라의 역이 그대로 고려에 이어진 것이다. 통일신라의 역제가 경주를 중심으로 운영되고 있었던 사실과 한반도 남부 지역은 후삼국 통일 전쟁으로 인한 혼란이 비교적 적었다는 점에서, 그 지역에는 고려로 그대로 이어진 역들이 상당수 있었을 것이다. 반면에 후자의 경우에는 고려초 개경 중심의 역로망을 구축하는 과정에서 적당한 위치에 호구를 사민徙民하여 역을 신설하거나 역 이외의 다른 행정 구획을 역으로 재편하면서 설치되기도 했다.

후삼국통일 이후 전국의 역로망은 개경과 각지의 대읍을 연결하는 주요 직로를 따라 몇 개의 역도驛道로 편성되어 조정에서 파견된 제도순관諸道巡官에 의해 관리되었다.[196] 순관의 임무는 과중한 역역驛役에 시달리는 역리 이하 역역 담당층이 역으로부터 이탈하지 않고 역역을 성실히 수행하도록 해서 역로의 소통을 원활히 하는 데에 있었다. 즉 역로망의 확고한 통제와 관리는 중앙 집권을 강화하기 위한 필수적인 조건 중 하나였으므로, 고려는 전국의 역들을 교통로에 따라 각 역도로 구분하여 순관으로 하여금 다스리게 했다. 그런데 국초의 순관 모두가 중앙 정부로부터 직접 파견된 인원은 아니었을 것이다. 개경 근방이나 북방의 주요 역도의 순관에는 중앙에서 파견된 인물이 임명되었을 것이다. 하지만 상대적으로 중요도가 떨어지는 남방의 역로에는 지역 출신 인물이 순관에 임명되는 경우가 적지 않았을 것이다.

후삼국통일 이후에도 한동안 전국의 역들은 중앙 정부에 의해 일원적인 법제적 기반 하에 편제되지 못했다. 당시 역로망 운영이 제도적으로 미비한 가운데, 각 역은 지방 유력자들의 횡포에다가 왕명을 빙자한 특권 이용자들의 횡포가 부가되는 상황에 처해 있었다.[197] 후삼국 통일기를 거치면서 고려의 전국적인 역로망이 어느 정도 구축되었다고는 하지만, 역로망을 안정적으로 유지할 수 있는 제도적 운영 기반을 갖추는 작업은 아직까지 완료되지 않았을 것이다.

중앙 정부에 의한 일원적인 역로망 편제는 대체로 성종~현종 연간(981~1031)에

---

196 『고려사』 권77, 지31, 백관2, 외직, 館驛使.
197 『고려사』 권93, 열전6, 최승로.

이루어졌다. 이 시기에 이르면 고려의 역로망은 각 지방으로 더욱 확장되어 중소 군현으로 연결되는 소로들까지 거의 포괄할 정도로 짜임새를 갖추게 되었다. 역의 신설·폐지·통폐합을 통해 지역별 역로망이 정비되었다. 거란의 위협이 증대되었던 성종대에는 개경 이북 방면에서의 안정적인 역로망 운영을 우선시하는 조치들이 강조되어 역로의 대외적·군사적 성격이 보다 중시되었다. 대·중·소로에 따른 역의 규모별 분류는 주로 토지 지급과 같은 역의 재정적인 측면과 관련되었으며, 역역 담당층의 인원 규정과 관련해서는 일반 군현과 마찬가지로 정丁의 많고 적음에 따른 분류가 이루어졌다.

거란의 침입이 종식된 1019년(현종 10) 이후에는 이전 시기 대외적·군사적 기능 중심의 역로망 운영으로부터 벗어나 중앙과 외방간의 실질적인 중간 전달 체계로서의 역로망의 기능을 강화하는 정책들이 본격적으로 시행되었다. 역역 담당층의 인원을 안정적으로 확보하기 위하여 그들에 대한 신분적 규제를 강화했다. 제도순관의 관역사館驛使로의 개명,[198] 공역서供驛署의 역할 강화, 청교도관역사靑郊道館驛使를 경유하는 공첩公貼의 외방 전송 체계 수립,[199] 역로망의 재편 등은 그 대표적 조치들이라할 수 있다. 그리하여 이 시기에 고려 정부는 개경 이남 지방까지를 포괄하는 전국적인 역로망 운영 체제를 제도적으로 정비했으며, 이후 22역도驛道 525역으로 일컬어지는 전국적인 역로망의 기틀을 확립할 수 있었다.

성종~현종 연간 역로망 정비의 과정에서 거란과의 군사적 긴장 관계와 무력 충돌의 발발은 역로망 운영에 있어서 전국적으로 균등한 구조의 편성보다는, 개경 이북방면의 중시라는 결과를 가져오게 되었다. 비록 대·중·소로나 정의 많고 적음에 따른 역의 규모별 분류가 이루어졌다 하더라도, 규모가 큰 대로역은 대부분 서북 및 동북 방면에 집중되었다. 같은 대로역이라고 하더라도 북방의 역들은 남방의 역들에 비하여 더 많은 토지와 인호를 지급받았다. 강동 6주의 축성이 완료되는 996년(성종 15)에서 장주長州에서 축성이 이루어졌던 1012년(현종 3) 사이에 제정된 것으로 여겨지는 이른바 '6과科 체제'의 경우 개경과 양계 방면을 잇는 역로 상에 위치한 역 149

---

198 『고려사』 권77, 지31, 백관2, 외직, 관역사, 현종 19년.
199 『고려사』 권82, 병2, 참역, 현종 23년.

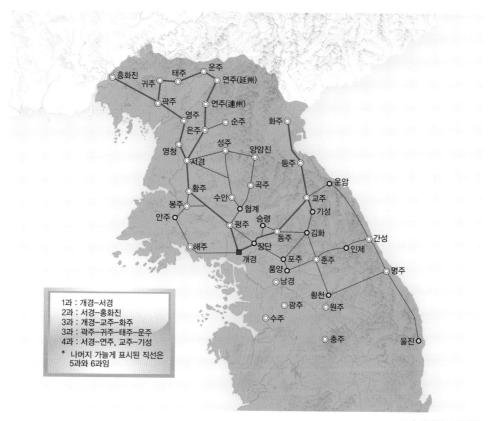

6과 체제의 편성지역

곳을 6등급으로 구분하여 정호丁戶를 배정한 것이었다.[200] 이 체제에서는 서북 방면 직로 상에 위치한 역들이 가장 중시되고 동북 방면 직로 상의 역들은 다음으로 중시 되었다. 거란의 침입으로 인한 국가적 비상 상황 속에서 기존의 대·중·소로의 구분 보다 세분화된 6과 체제의 편성이 시도된 것이다.

하지만 기존의 대·중·소로역 구분이 6과 체제로 대체된 것은 아니었다. 문종대에 도 여전히 대·중·소로의 구분에 근거한 공수전조 수취 법제가 확인되고 있는 점으로 보아,[201] 성종대 제정된 대·중·소로의 분류에 따른 토지 지급은 이후에도 계속되었다. 따라서 6과 체제는 그 기준이 정호의 많고 적음에 있었으므로, 각 역에서 실질적으로

---

200 『고려사』 권82, 병2, 참역.
201 『고려사』 권78, 식화1, 조세, 문종 2년 12월.

역역을 담당할 수 있는 인원을 안정적으로 확보하기 위한 법제로 이해할 수 있다. 곧 대·중·소로의 구분이 공수전의 지급이나 전조 수취 등과 같이 공적 기구로서 역의 전반적인 재정과 관련된 분류였다면, 6과의 편성은 실질적으로 역역을 담당할 인원 및 그들에게 제공할 토지와 연결하여 파악된 체제였다. 이러한 6과 체제는 11세기 중반 거란과의 관계가 안정화된 이후 그 실질적인 효력을 제대로 발휘하지 못하는 사문화된 법제로 남았을 가능성이 높다.

6과 체제와 마찬가지로 22역도[202] 역시 그 성립 시기가 적시되어 있지 않다. 하지만 고려 전기 새로이 영토로 개척되는 양계 북단 역들의 사례를 통해 22역도의 성립 시기를 파악할 수 있다. 『고려사』에 실린 것과 같은 22역도 체제는 1117년(예종 12)에서 1136년(인종 14) 사이, 즉 12세기 전반에 완성된 것으로 보이지만, 그 상한은 11세기 중반 1061년(문종 15)까지도 올려 잡을 수 있다. 그러나 22역도 체제가 11세기 중반 이후 완성되었다고 하더라도, 그것은 국초로부터 성종~현종대의 역로망 운영 체제의 정비를 거치면서 점진적으로 이루어진 과정의 결과였다. 특히 개경 이남 지역에 위치한 역도 편제의 경우에서는 통일신라시기 지방 편제의 흔적이 보이기도 하며, 후삼국시대의 지역적 상황이 그대로 반영되어 있는 사례도 다수 확인되고 있다. 따라서 22역도의 편제는 통일신라시기 지방 편제의 전통 속에서 국초 이래 본격화되는 역로망 정비의 산물로 이해할 수 있다.

22역도 상에 있어서 기본적으로 각 역도는 역도 내의 대읍과 개경을 연결하는 직로를 중심으로 편성되었다. 대체로 그 직로는 육로를 의미하는 것이지만, 한강이나 낙동강과 같이 개경을 왕래하는 데에 유리한 지형을 지닌 수운의 여건도 반영되었다. 또한 각 역도의 직로, 혹은 직로 상의 대읍으로부터 주변의 여러 군현으로도 조밀하게 역로망이 구축되었다. 이는 역로망이 대외적으로 거란과 여진이라는 잠재적인 두 외부 세력에 효과적으로 대처하고, 대내적으로 개경과 외방 군현 사이의 연결뿐만 아니라 계수관제 및 주·속현 간의 행정 체계를 원활히 지원하기 위한 방향으로 편제되었음을 보여주고 있다.

---

202 『고려사』 권82, 병2, 참역.

〈부도 2〉22역도의 분포

· ㅡ 는 각 역도 사이의 경계
· 고려의 525역 중 적어도 한 곳 이상의 역이 위치한 고을임을 지도상에 가져하
　였으며, ◈ 는 3경, ◉ 는 제수관, ○ 는 주현,
· 각 고을간 연결하는 ㅡ, ╲ 는 〈대동여지도〉, 〈신증동국여지승람〉 등에서 확인되
　는 역의 위치를 근거로 구성한 역로를 표시한 것일 뿐, 당시에 존재했던
　모든 역상 교통로를 의미하는 것은 아님.
· ( )안의 숫자는 해당 고을에 위치한 역의 수이며, 숫자가 없는 고을은 위치한
　역이 1곳.

고려전기 22역도

22역도의 각 역도는 그 입지에 따라 특징적인 측면들이 뚜렷하게 나타나고 있다. 개경 근방의 역도나 양계 방면으로 향하는 직로 상에 위치한 역도는 대체로 관할 하에 있는 역의 명칭으로 역도명을 삼았다. 남방 역도들의 명칭은 그 지역에 위치한 대읍의 명호에서 따온 경우가 많았다. 또한 역 이용 수요가 높아 상대적으로 중시되었던 역도는 소속 역의 숫자를 적게 하거나 개별 역의 규모를 크게 하여 그 수요를 감당하게 했다.

지역별 역도 편성에 있어서 개경 인근의 경우에는 개경과 각 방면을 연결하는 직로를 중심으로 역도가 설정되었다. 양계의 경우에는 거란·서여진·동여진 등 외부 세력이 존재하는 각 방면에 각기 별도의 역도를 설정하고, 변방의 주진에는 거의 모든 곳에 역을 설치하는 등 대외적·군사적 측면이 우선적으로 고려되었다. 이와 달리 남방의 경우에는 각 역도의 중심에 위치한 대읍으로부터 주변 중소 규모의 군현을 방사형으로 연결하는 역로망이 부각되는 등, 대읍을 중심으로 편성된 계수관제나 주·속현간의 행정 체계를 지원하기 위한 모습을 취하고 있었다. 또한 한강이나 낙동강과 같이 개경과의 왕래에 유용하게 이용될 수 있는 수로 역시 역도 편성에 중요한 고려 대상이 되었다.

역의 입지 설정에는 군현 사이의 거리나 해당 교통로가 지니는 지형적 특성, 인구와 물산의 분포 등과 같은 다양한 요소가 반영되었다. 따라서 역의 위치는 주요 교통로 상에 특수한 목적을 위해 설치된 관關·진津·도渡의 위치와 반드시 일치하지는 않았다. 또한 그 설치 목적과 기능에 있어서도 양자 사이에는 기본적인 차이가 있었기 때문에, 관·진·도와 인접한 역의 경우에도 관·진·도와 상이한 명칭이 붙여져, 역이이들 시설과 명백히 구분되는 단위임을 나타냈다.

22역도를 각 역도를 연결하는 전국적인 관점에서 보면, 개경을 중심으로 하여 전국의 각 방면으로 연결되는 역로망으로 표현할 수 있다. 개경으로부터 각 지역의 대읍을 연결하는 직로는 개경을 중심으로 'X'자 형태로 편성되어 있었다. 이러한 역로망으로 표현되는 고려의 주요 교통로는 당시 대규모 군대의 이동이나 외관의 파견 경로와도 일치했다. 이러한 사실은 역도의 편성이 교통로의 실제 이용 상황에 기초하여 이루어졌음을 시사한다. 그 중에서도 특히 국왕의 행차나 사신의 왕래 등이 가장

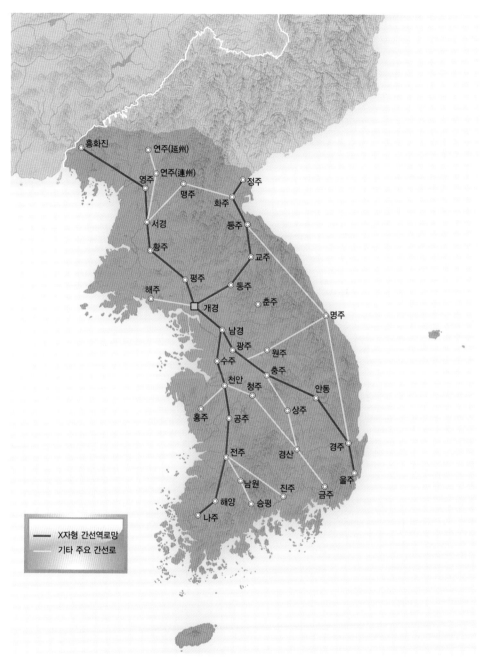

흥화진

연주(延州)

연주(連州)

영주

정주

맹주

화주

서경

동주

황주

교주

평주

동주

해주

개경

춘주

명주

남경

광주

원주

수주

충주

천안

청주

안동

홍주

공주

상주

전주

경산

경주

남원

진주

울주

해양

승평

금주

나주

X자형 간선역로망
기타 주요 간선로

고려 전기 간선 역로망

활발했던 개경과 서경 사이의 직로가 역로망으로 가장 중시되었다. 그 외 거란 침입 시 현종이 이용했던 개경 남경 공주 나주 간 교통로, 묘청의 난을 토벌했던 김부식의 부대와 조위총의 무리를 토벌했던 두경승의 부대가 이용했던 서경 연주 간 교통로, 두경승의 부대 및 강동성의 거란적을 토벌하기 위해 몽골군이 이용했던 서경 맹주 화주 간 교통로, 그리고 계립령로 등은 22역도 가운데에서도 역로망이 잘 정비되어 있었다.

하지만 역로망은 고정 불변한 것이 아니라 정치적 상황이나 여러 요인들로 인하여 그 성쇠와 변천이 있기도 하였다. 가령 남경의 설치로 인해 11세기 중·후반에 들어서 삼국시대 이래 한반도 중서부의 핵심 교통로로 기능했던 장단도로가 임진도로에 그 임무를 넘겨준 사실은 그 대표적 사례라 할 수 있다.

고려 전기 각 지역에 파견되었던 외방 사신의 관할 구역을 역도의 편성단위와 비교하면, 개경 이남의 경우 성종대 10도의 편제나 이후 무문사撫問使·출추사出推使·안무사[203] 등 왕명 사신의 파견을 통한 지방 감찰에서는 11세기까지도 여전히 국초 이래 개경을 중심으로 재편된 주요 교통로를 통하여 행정 단위나 외관의 파견 단위가 설정되었다. 이러한 사실은 고려 전기 왕명 사행의 파견 경로가 22역도로 표현되는 고려 역로망의 역도별 주요 교통로와 밀접한 관련을 맺고 있었으며, 역도 체계가 외방 사신에 대한 지원 업무를 수행하는데 중요한 역할을 했음을 의미했다. 곧 외방 사신의 파견 단위 설정에는 자연지리적 경계와 더불어 역도로 표현되는 교통로의 조건이 고려되었다.

반면 양계 방면의 경우 전통적인 지역 단위 구분을 기반으로 역도의 편제가 이루어졌다. 이러한 편제는 해당 지역에 대한 원활한 통제를 위한 것이었다. 또한 변방에서 발생할 수 있는 긴급한 상황에 보다 효율적으로 대처하기 위한 목적도 있었다. 곧 양계에서는 외적의 침입에 대비하여 국경 지방의 역로망을 효율적으로 관리하는 것이 무엇보다 중요했기에, 역로망의 편성을 병마사의 통제 아래 두어 행정 체계의 일관성을 부여했다.

---

203 『고려사』 권77, 지31, 백관2, 외직, 安撫使.

2) 지역공동체적 역 운영

역의 상당수는 통일신라기의 것이 고려에 계승된 것이다. 그리고 역역 담당층 역시 대부분 그대로 계승되었다. 그러나 신라 말기의 사회 혼란으로 인해 중앙 정부로부터 확실한 안전을 보장받지 못했기 때문에 지역공동체적인 기반에 의존하지 않으면 안되었다. 역역 담당층의 공동체적 모습은 고려가 후삼국을 통일한 이후에도 꽤 오랫동안 지속되었다. 고려는 후삼국 통일과 함께 개경을 중심으로 역로망을 정비하면서 많은 인원들을 새로운 역역 담당층으로 충원해야 했다. 이 시기 역명자逆命者를 역에 이주시킨 조치는 이와 같이 부족한 역역 담당층의 인원을 공급하기 위한 측면에서 이해할 수 있다. 역명자 이주의 경우에도 공동체 단위의 집단 이주가 이루어졌을 것으로 생각된다.

이처럼 개별 역은 영역적인 면이나 수취 체제의 면, 그리고 행정 체계의 면 등에서는 일반 군현의 하부 단위로 존재하여 상위 군현의 영향으로부터 자유로울 수 없었지만, 신라 말기 이래의 지역공동체적 성격을 근간으로 하는 독자적인 행정 단위로 자리했다.

개별 역에 거주하며 명령의 전달이나 사객의 접대 등과 같은 핵심적인 업무를 맡았던 역역 담당층은 역정호驛丁戶였는데, 이들의 확보는 역로망의 안정적인 운영을 위해서 필수적이었다. 고려전기 역역 담당층 확보의 기본 원칙은 개별 역 내부에서 부족한 인원을 자체적으로 모집하여 역역의 핵심 담당층인 정호층의 숫자를 안정적으로 확보하는 것이었다.

곧 역역 담당층 내부의 신분적 분화를 최소화하면서 역역 담당의 주류를 이루는 역정호를 역 내부에서 자체적으로 재생산했다. 일단 역의 상층 신분인 역장驛長 이하 역리들도 역정호의 일원으로 파악되었으며, 역정호의 부족 인원은 역의 백정으로부터 충원되었다. 또한 역역 담당층의 역 내부 자체 충원을 위하여 역역 담당층에 대한 신분적 규제가 강조되기도 했다. 이와 같은 정호층의 확보 방식은 신라 말기 이래 역이 지닌 지역공동체적 성격이 고려시대에도 계속 유지되었던 것과 밀접한 관련을 맺고 있었다. 또한 역의 거주자와 군현인 사이의 자녀를 모두 역에 소속시키거나[204] 역역 담당층이 승려가 되는 것을 금지하는 조치[205] 역시 역의 공동체적 기반을 유지시키면서 역역 담당층을 역에 긴박시키기 위한 국가 권력의 필요성에서 기인한 것이다.

역에 거주하는 인원들은 크게 역리, 역정호驛丁戶, 역백정驛白丁, 역노비驛奴婢의 네 부류로 분류될 수 있다. 역리층은 역정호층의 상층부를 구성했으며, 그 중 최상급 역리에 대해서는 역장이라는 칭호가 붙여졌다. 역장은 역의 최상급 지위를 가지고 있었기 때문에 그의 직무는 일반 군현 호장의 그것과 대체로 동일했을 것이다. 역장은 국가로부터 장전長田이라는 명목으로 2결의 토지를 지급받았는데,[206] 이 토지는 직역에 대한 대가라기보다는 직무 수행에 필요한 재원 조달을 위해 설정된 것이었다.

고려시대 각 군현의 읍치에 읍사邑司가 구성되어 향리들이 문서 행정 등의 자치적인 행정 사무를 담당했던[207] 것처럼, 개별 역에도 역사驛司가 설치되어 역장을 중심으로 해서 역리들이 각종 업무를 담당했다. 역리층의 구체적인 직무로는 대체로 관역사館驛使 등 상급 외관에 대한 보좌, 역사의 행정 및 사신에 대한 접대와 안내, 입마立馬의 책임, 역마의 사용과 명령의 전달 및 공물 운반 등에 대한 관리 감독, 역역 담당층에 대한 호구 조사와 부세 수취 등에 관련된 사무였을 것이다. 한편 일반 역정호층의 직무 역시 역리층의 그것과 유사했을 것인데, 대략 역리의 지휘 통솔 아래 실무 노역을 담당하는 형태를 취했을 것이다. 하지만 입마立馬에 대한 관리·감독은 일반 역정호층의 직무와 구분되는 역리층의 대표적인 권리이자 의무였다.

역리층은 직역에 대한 대가로 국가로부터 얼마간의 토지를 지급받았다. 역장층은 자신이 수여받은 무산계에 따라 토지를 지급받았을 것으로 추측된다. 역리의 경우 입마역을 담당하였기 때문에 입마의 비용을 충당하기 위한 마위전을 지급받았을 것이다. 이들의 직역 수행에 대한 경제적 대가는 수조권의 분급이라는 형식으로 주어졌으며, 경작할 토지가 없는 인원은 국가로부터 경작 토지를 지급받았을 가능성도 있다.

---

204 『고려사』 권84, 형법1, 공식, 호혼.
205 『고려사』 권85, 형법2, 금령.
206 『고려사』 권78, 식화1, 공해전시, 성종 2년 6월.
207 윤경진, 「古文書 자료를 통해 본 高麗의 地方行政體系」 『한국문화』 25, 2000b 참조.

역리를 포함한 역정호층의 직역은 전정연립의 원칙에 의해 상속되었다. 따라서 역리나 역정호의 직역을 세습하지 못한 자제나 친족들은 역백정의 신분을 지니면서 역정호층을 보충하기 위한 모집단이 되었을 것이다.

역리나 역정호층은 일반 군현의 향리 및 정호층에 비해서 신분적 차별을 받았다.[208] 이러한 역역 담당층에 대한 국가의 차별 대우는 그들을 신분적으로 역에 긴박시켜 국가가 직접 필요로 하는 명령 전달과 사신 접대, 공물 운반 등 역의 고유한 기능을 안정적으로 수행하게 하는 것에 근본적인 이유가 있었다.

역의 백정의 경우 직역을 수행하지 않았지만 역정호층의 부족한 인원을 메워주는 모집단의 역할을 했다. 역백정은 직역 수행의 대가로 일정량의 토지에 수조권을 지급받았던 역정호층과는 달리, 사실상 국가에 조세를 납부하는 주체였다. 그 외 개별 역의 최하층에는 노비층이 존재했다. 개별 역에는 역노비가 소수 존재했다. 이들은 조선 전기의 경우처럼 급주急走나 전운傳運 등 역역의 핵심 업무를 담당했던 것이 아니라 역사에서의 허드렛일이나 급주 및 전운에서의 보조 역할을 수행했을 것이다.

영역적인 면이나 수취 체제의 면에서 역은 일반 군현의 하부 단위로 편성되었다. 다시 말해 역은 영역 단위의 측면에서는 주현과 속현을 망라한 일반 군현의 하부 단위로 존재했고, 수취의 측면에서는 군현의 간섭과 통제 하에 놓여 있었다. 그러면서도 역은 그 자신이 위치하고 있는 군현, 즉 상위 군현과는 별도의 행정 단위로 취급되었다. 이는 역이 국가의 공적 교통 통신 기능을 전담하는 단위라는 점에서 기인하는 것이다. 실제로도 역은 독자적인 행정 단위로서 필수적인 요소들인 역역 담당층의 자체적인 재생산 구조, 역의 행정과 일반 역역을 전담하는 역리 및 역정호층의 편성, 역역 담당층에 대한 신분적 차별의 법제화, 공수전 등의 토지 확보 및 역창의 존재를 통한 독자적인 재정 운영의 모습 등을 갖추고 있었다.

각 역도에는 중앙에서 관역사가 파견되었다. 관역사는 관할 역도에 소속된 역들이 정상적으로 기능하여 역로망이 안정적으로 유지될 수 있도록 하는 것을 주 임무로 했다. 그것을 위하여 관역사는 관할 역에 거주하는 역역 담당층의 생계를 안정시키고

---

208 김난옥, 「高麗時代 驛人의 社會身分에 관한 硏究」『韓國學報』 70, 1993 참조.

역 이용자의 불법적인 이용을 감시했으며, 관할 역을 경유하는 사객들을 직접 영접하거나 수행하기도 했다.

관역사의 권한이나 기능 및 관할 범위 등은 도나 계수관, 주속현 관계 등 군현제적인 행정 체계와는 구별되는 독자성을 갖추고 있어 그 자율성을 존중받았다. 이와 같이 개별 역이 상위 군현의 통제 하에 있으면서도 국초 이래의 지역공동체적 기반에 근거한 자율성이나, 관역사에 의한 각 역도의 독자적 운영이 강조되었던 것은 역로망을 군현제적인 행정 단위의 영향력으로부터 최대한 분리시켜 역의 기능이 원활하게 작동하도록 하기 위해서였다. 이러한 장치의 마련은 국초 이래 외방에서의 변란 가능성과 외적의 위협에 대처하여 역로망을 안정적으로 운영하고자 하는 역사적 경험을 겪으면서 제도화된 것이다. 그러므로 이는 역로망 기능의 극대화를 위하여 개별 역과 역도의 자율성을 존중했던 고려 전기 역로망 운영의 특징적인 모습을 잘 보여주고 있다.

2. 마정[209]

고려의 마정 조직은 크게 중앙과 지방으로 나누어 볼 수 있다. 우선 중앙에 있어서는 병부兵部·대복시大僕寺(사복사司僕司)·전목사典牧司·공역서供驛署·상승국尙乘局(봉거서奉車署) 등의 관아가 마정에 직간접적으로 관여했던 것으로 보인다. 이러한 관아들은 국초부터 마정을 합리적으로 운영하기 위하여 끊임없이 개편되었으며, 또한 그러한 과정에서 각 관아의 관장 업무의 한계가 명백해지는 한편으로 조직 체계가 정비되었다.

국초의 중앙 조직은 사료의 부족으로 인해 그 상세한 내용은 알 수 없지만, 아마도 태조 때에는 신라시대의 마정 기관이었던 승부乘府(사어부司馭府)[210]와 태봉 때 설치된 비룡성飛龍省[211] 가운데 그 어느 것을 참고하여 마정을 담당한 기구를 설치했을 것이

---

209 본 항의 서술은 남도영, 『韓國馬政史』, 마사박물관, 1996 중 '제4편 고려시대의 마정'에 의거했다.
210 『삼국사기』권38, 지7, 직관 상, 승부.
211 『삼국사기』권50, 열전10, 궁예.

다. 태봉의 관부 대부분은 고려에 승계된 데서, 아마도 그 초창기에 있어서는 비룡성이 설치되지 않았는가 한다. 이밖에 병부를 설치해서 우역 등 마정에 관한 사무를 관장케 함으로써, 당시 마정 조직은 어느 정도 구비되어 있었다고 할 수 있다.

이러한 과도기적 조직은 983년(성종 2)과 995년(성종 14)의 2회에 걸쳐 큰 개편이 이루어졌다. 이로써 병부 이외에 전목사, 상승국, 공역서 등의 관아가 새로 설치되고 또한 비룡성(혹은 승부, 사어부)이 대복시로 개칭되어, 마침내 고려적인 중앙 마정 조직의 기초가 확립되었다. 아울러 마정상의 각 직무도 각 관아에서 분담하게 되었다. 곧 대복시는 여마輿馬 및 구목廐牧에 관한 것을, 전목사는 각 목장의 우마에 관한 것을, 상승국은 내구內廐에 관한 것을 각각 관장하고, 새로이 설치된 공역서는 종래 병부에서 담당하였던 제도정로諸道程路에 관한 사무를 분담했다. 이 관아는 역마의 관리, 포마鋪馬의 기발起發 등을 그 주된 소관 사항으로 했기 때문에 교통·통신·군사의 측면에서 매우 중요했다.

이러한 개편 과정에서 병부가 사실상 마정 실무 기관으로서의 기능을 상실한 점은 주목되는 바이다. 즉 마정 조직에 있어 실무를 맡은 하층 기관이 설치됨으로써 병부는 실무 기관에서 정책 기관으로 개편된 것이다.

이후 마정 조직은 목종 연간의 제2차 개혁으로 내구를 맡았던 상승국의 직제를 정함으로써 상당한 진전을 보게 되었다.[212] 하지만 이와 같은 강구책에도 불구하고 아직도 조직 면에서 미비한 점이 있었다. 그리하여 문종 연간에 재차 개편이 단행되어 각 관아의 관장 사항 및 관직 정원수가 정해졌다. 이로써 중앙 조직의 정비가 완결되었다.

문종 이후에 마정 관련 조직은 몇 차례 크고 작은 개편이 있다가 1308년(충선왕 즉위)에 이르러 큰 변화를 겪게 되었다. 곧 대복시는 사복시로 개칭되는 동시에 상승국, 전목사, 제목감諸牧監 등의 기구들을 병합하여 그 관장 사항을 모두 이관받아 마정의 실무를 총괄하게 되었다.[213] 사복시가 마정의 주무 관아가 된 셈이다. 그 이듬해에는 사복시에서 봉거서가 독립되었다. 그렇게 변화된 마정 관련 조직은 고려 말까지 지속되었으며 조선시대 마정 조직의 바탕이 되었다.

---

212 『고려사』 권77, 지31, 백관2, 봉거서.
213 『고려사』 권76, 지30, 백관1, 사복시.

다음으로 지방의 마정 조직에 관해서이다. 이것은 전국 각지에 설치되었던 목장을 단위로 하여 이루어졌다. 각 목장에는 목감牧監(목감직牧監直)과 노자奴子(후에는 목자牧子)를 배치해서 직접 마필을 기르게 하고 또 간수군看守軍인 장교와 군인을 배치해서 목장을 간수토록 했다. 지방 조직도 중앙 조직의 개편과 때를 같이 해서 정비되었을 것으로 여겨지고, 특히 주목되는 바는 이민족의 침입을 계기로 하여 조직의 정비가 촉진된 점이다.

지방 기구는 중앙 조직과 마찬가지로 처음에는 신라·태봉의 제도를 참작하여 정비되었을 것이다. 이후 1025년(현종 16) 거란의 침입이 있게 되자, 군비 강화를 위한 정책들의 추진 과정에서 구래의 조직이 대대적으로 개편된 결과 고려적인 지방의 마정 조직의 기초는 완성되었다. 즉 1025년의 개편으로 인해 목감이 말을 기르는데 있어 청초절靑草節(5~9월)에는 노자 1명이 대마大馬 4필을 키우는 것을 책임으로 하는 형태로 운영되었다.[214] 또한 각 목장에는 장교·군인 등을 배정하여 목장을 간수하도록 했다.[215] 목감의 지위는 권무직으로서 최하층의 관직이었다. 노자는 4필의 마필을 목양케 하여 자식생산孳息生産토록 했는데, 이것은 상당한 고역이었을 것이다. 그 밖의 각종 국가적 책무가 부과되었을 것으로 여겨진다.

1071년(문종 25)에 이르러서는 해도 목장에 대한 새로운 규정이 제정됨으로써 도리島吏들은 마정 운영의 책임을 지게 되었다. 이로써 지방의 마정 조직이 강화되었다.[216]

마정 조직은 원간섭기에 이르러 개편되었다. 원은 고려로부터 마필을 얻기 위하여 1273년(원종 14)부터 마정 운영을 간섭하기 시작했다. 1275년(충렬왕 1)에는 각 섬에 있는 목장의 우마에 대한 점열을 강화했다. 특히 1276년(충렬왕 2)에는 탐라도에 목마장을 설치하고 원의 마필 사육 전문가인 목호牧胡를 파견하여 목마를 관할하게 했다. 이리하여 지방의 마정 조직은 원에 예속되어 목장마를 원에 보내기 위한 수탈 기관으로 바뀌게 되었고, 이러한 관계는 고려 말까지 계속되었다. 그리하여 종래 말 목

---

214 『고려사』 권82, 지36, 병2, 마정, 현종 16년.
215 『고려사』 권83, 지37, 병3, 간수군.
216 『고려사』 권82, 지36, 병2, 마정, 문종 25년.

양에 종사하던 노자는 원의 목호를 따서 목자牧子라고 개칭되었다. 이로써 그 신분은 차츰 양민으로 바뀌어 조서시대에는 이른바 '신양여천'이란 계층으로 일컬어졌다.

지방 마정 조직의 단위인 목장은 『고려사』 권82, 병지2, 마정 조에서 10개소가 확인되는데, 이를 정리하면 다음과 같다.

〈표 3-5〉『고려사』 권82, 병지2 마정 조의 목장

구분	목장명	소재지	현 소재지
①	용양(龍驤)	황주(黃州)	황주군
②	농서(隴西)	동주(洞州)	서흥군
③	은천(銀川)	백주(白州)	연백군
④	양란(羊欄)	개성(開城)	개성시
⑤	좌목(左牧)	정주(貞州)	개풍군
⑥	회인(懷仁)	청주(清州)	청주시
⑦	상자원(常慈院)	견주(見州)	양주군
⑧	엽호현(葉戶峴)	광주(廣州)	광주군
⑨	강음(江陰)	강음(江陰)	금천군(金川郡)
⑩	동주(東州)	철원(鐵原)	철원군

이들 목장들은 모두 육지에만 분포해 있었고 또한 개경을 중심으로 하여 경기, 황해, 충청, 강원도에만 설치되어 있었다. 그 수가 10개로만 되어 있는 점은 의문이다. 실제로는 육지 이외에 해도에도 수많은 목장이 있었을 것이다. 그러므로 내륙과 해도를 망라하여 각지에 수많은 목장이 있었다고 할 수 있다. 마정 조에서 확인되는 '10개 목장' 기록은, 아마도 고려 태조가 태봉에서 일어나 아직 통일을 이룩하기 전, 다시 말해 태봉의 영역이 경기, 강원, 황해, 충청 일부에 미치고 있었을 때 존재하고 있던 목장 이름만을 소개한 것으로 판단된다. 아마도 고려시대에는 약 160개에 달하는 목장이 있었을 것으로 추산된다.

마지막으로 마정 관리책에 대해 검토해 보도록 하겠다. 마필은 역의 역마驛馬, 국방의 전마戰馬, 외교의 증송물贈送物로 사용되었고, 이밖에 식육용, 무역용, 승마용, 상사용賞賜用, 격구용擊毬用 등으로 이용되었다. 이러한 수요에 대비하기 위한 마필 공급

책은 당시 사회가 안고 있는 매우 큰 문제 가운데 하나였다. 이에 말 사육을 목적으로 목장의 건설과 마초馬草(마료馬料)의 준비를 서두르지 않으면 안 되었다.

건국 초부터 중앙에는 대복시(사복시), 전목사 등의 마정 실무 전문 기관이 설치되었다. 지방에는 목감(목감직)이 배치되어 그의 지휘 감독 밑에 각 목장의 목자들로 하여금 말 사육에 직접 종사하도록 했다. 그 후 역대의 위정자들은 마정을 보다 효율적으로 관리하기 위한 정책을 마련하고자 끊임없이 노력했다.

1025년(현종 16)에는 말 기르는 방책에 획기적인 조치가 있었다. 즉 목감 밑에 각 목장에서 종사하고 있던 노자들의 직책 한계를 명시하였으며 말 기르는 방법을 규정했다. 이리하여 노자들로 하여금 청묘절에 대마 4필을 사육하여 자식孶息을 얻는 것을 그 직책으로 삼게 했다. 사육 방법에 있어서 마료는 계절에 따라 종류와 양에 차이를 두어 동기인 황초절黃草節(10~4월)에는 하루 한 필의 말에 말두末豆(법말法末) 3승, 실두實豆 3승을, 그리고 춘하기인 청초절(5~9월)에는 말두(두말豆末) 3승을 먹이도록 했다.[217]

이후 1071년(문종 25)에는 제도諸島 목장에 대한 규정을 강화하여, 실질적으로 지방 목장에 종사하는 자들의 직책 한계(보상 규정)를 확립했다. 곧 각 섬의 목장에서 말을 기르는데 잘 돌보지 않아서 죽게 한 자는 이를 도리島吏가 과죄하게 했다. 또 늙거나 잃어버린 주·진 관마는 공수둔전의 수입으로써 그것을 대신하여 변상 또는 매입토록 함으로써 보충하게 했다. 그리고 1145년(인종 23)에는 서북 국경 지대의 중요성을 인정했음인지 서북면의 여러 주·진의 관마가 늙거나 죽으면 관마보官馬寶 및 기타 모든 비용과 공수둔전의 잡위雜位의 수입으로 사서 보충케 하고 가난한 백성들에게는 거두지 못하게 했다.

이와 같은 여러 정책들이 수행된 후 마침내 1159년(의종 13)에는 전목사의 주청으로 전국 목장의 축마 요식料式이 규정되었다.[218] 이리하여 고려적인 목장 관리책이 확립되었으며 말 기르는 방법은 과학성을 가지게 되었다. 한편 마료는 마필의 종류·성격과 계절을 배려해서 그 품종과 양을 달리하게 되었다.

---

217 『고려사』 권82, 지36, 병2, 마정, 현종 16년.
218 『고려사』 권82, 지36, 병2, 마정, 의종 13년.

<표 3-6> 축마료식(畜馬料式)

마필 종류		계절	마료량	합계
①	전마(戰馬)	황초절	패(稗) 1두, 두(豆) 2승, 말두(末豆) 4승	1두 6승
		청초절	패 1두, 말두 3승	1두 3승
②	잡마(雜馬)	황초절	패 4승, 두 2승, 말두 3승	9승
		청초절	패 3승, 말두 2승	5승
③	빈마(牝馬)	황초절	패 1승, 두 2승, 말두 3승	1두 5승
		청초절	패 1승, 말두 3승	1두 3승
④	2세구(歲駒)	황초절	패 4승, 두 2승	6승
		청초절	패 3승, 두 2승	5승
⑤	파부마(把父馬)		가패(加稗) 3승, 두 2승	5승
⑥	전구역라 (典廐役騾)	황초절	패 1두 5승, 실두(實豆)·말두 각 3승	2두 1승
		청초절	패 1두 5승, 말두 3승	1두 8승
⑦	대복시(大僕寺) 별입마(別立馬)	황초절	패 1두 3승, 실두 3승, 말두 4승	2두
		청초절	패 1두 3승, 말두 4승	1두 7승
⑧	낙타(駱駝)	황초절	패 5두, 두 2두, 염(鹽) 5홉	7두 5홉
		청초절	패 2두, 두 9승, 염 3홉	2두 9승 3홉
⑨	여라(驢騾)	황초절	패 6승, 두 2승, 말두 3승	1두 1승
		청초절	패 6승, 말두 3승	9승
⑩	상승국(尙乘局) 어마(御馬)	황초절	전미(田米) 3승, 실두 3승, 말두 3승	9승
		청초절	전미 5승, 말두 5승	1두
⑪	건마(件馬)	황초절	전미 3승, 실두 3승, 말두 3승	9승
		청초절	전미 3승, 말두 3승	6승
⑫	역라(役騾)	황초절	패 1두, 실두 2승, 말두 3승	1두 5승
		청초절	패 1두, 말두 3승	1두 3승
⑬	상립마(常立馬)	황초절	패 1두, 실두 3승, 말두 4승	1두 7승
		청초절	패 1두, 말두 4승	1두 4승
⑭	건우(件牛)	황초절	패 6승, 두 2승	8승
		청초절	패 4승, 말두 2승	6승

⑮	독우(犢牛)	황초절	패 4승, 두 2승	6승
		청초절	패 3승, 말두 2승	5승
⑯	대우(大牛)		패 8승, 실두 3승, 황초(黃草) 7속	

즉 당시에 규정된 말 1필의 1일 마료를 정리하면 〈표 3-6〉과 같다. 앞의 표에서 보듯, 전마, 잡마, 낙타, 건마, 나騾, 빈마, 상립마, 파부마, 여驢 등 10여 종에 대한 마료는 패稗, 두豆, 전미田米, 염鹽 등이었고, 그 중에서도 패와 두가 가장 중요했다.

그리고 이러한 마료를 양적인 면에서만 산출한다면, 평균적으로 말 한 필이 하루에 약 1두 5승 2홉을 소비한 셈이었다. 1025년(현종 16)과 1159년(의종 13)에 두 차례에 걸쳐 마료의 규정이 이루어진 것도 전목사가 과학적 토대 위에서 예산을 편성함으로써 전국 목장을 통할하였던 사실을 의미할 것이다.

그러다 원간섭기에 이르러서부터 몽골적인 마필 관리 방식의 영향을 받게 되었다. 즉 1273년(원종 14)부터 비롯된 원의 간섭은 1275년(충렬왕 1)에 이르러 경상·전라도에 중앙 관리를 파견하여 각 섬의 목마를 점열케 하는[219] 한편 1276년(충렬왕 2)에는 제주 목장을 건설하여 몽골의 목호를 파견하여 목마 사업을 적극 관할케 하기에 이르렀다. 그리고 1288년(충렬왕 14)에는 마축자장별감馬畜滋長別監을 두어 각 섬에 있는 목장의 말 기르고 바치는 일을 맡게 하여 원의 조정에 바치는 예물을 충당하게 했다.[220]

말의 종류는 외래종인 호마胡馬와 본래종의 두 종류가 있었는데, 향마(과하마)의 질은 그다지 좋지 않았다. 외래종인 호마의 경우, 몽골마·달단마, 서역마, 중국마 등의 대마·중마였다. 아마도 국초부터 마종을 개량하는 문제는 위정자들의 주요한 관심사가 되었던 듯하다. 특히 대마(호마)의 생산에 힘썼던 것으로 보이는데, 1025년(현종 16) 지방 목장의 관리 규정을 세웠을 때 대마에 대한 외양 규정만을 정한 데서 이러한 사실이 확인된다.

마필을 번식시키기 위하여 국초부터 마조馬祖, 선목先牧, 마사馬社, 마보馬步에 대한

---

219 『고려사』 권82, 지36, 병2, 마정, 충렬왕 원년 7월.
220 『고려사』 권82, 지36, 병2, 마정, 충렬왕 14년 2월

제도를 만들어 매년 마조는 중춘仲春에, 선목은 중하仲夏에, 마사는 중추仲秋에, 마보는 중동仲冬에 각각 제사를 지냈다.[221] 또한 양마를 확보하고자 마의馬醫를 두어 마필의 위생 관리에 힘쓰도록 했다.

---

221 『고려사』 권63, 지17, 예5, 길례, 소사, 先牧馬社馬步.

제4장

요, 여진과의 전쟁과 고려의 전략전술 체제의 변화

제1절 거란의 성장과 고려의 대응

제2절 고려–요 전쟁의 진행과 그 결과

제3절 고려와 여진의 충돌

제4절 별무반의 창설과 고려–여진 전쟁

제1절

거란의 성장과 고려의 대응

1. 거란의 팽창정책

거란이라는 이름은 북위의 역사서인 『위서魏書』에서 보이기 시작하는데 대략 4세기 경부터 중국과 교류를 시작한 것 같다. 이들의 기원은 분명하지 않다. 퉁구스족으로 보는 견해도 있고, 선비계, 선비족과 몽골족의 혼혈, 몽골족 계열로 보는 견해도 있다.[1] 처음에 이들은 흉노족의 일파로 알려진 우문부에 속해 있었다. 4세기 경 선비족인 모용부가 우문부와 단부를 격파했다. 이때 우문부의 잔존세력이 거란과 고막해庫莫奚이다. 이들은 현재의 내몽고 동쪽, 요하 상류 지역인 송막松漠 지방으로 이주했다. 서기 388년 북위 도무제가 고막해족을 토벌하면서 고막해의 영향에서 벗어나 독자적인 세력을 구축하기 시작했다. 5세기 경에는 돌궐과 고구려의 공격을 받아 요하 서쪽으로 남하 요하의 지류인 시라무렌(Sira-Muren, 황하, 西喇木倫, 西拉木倫)[2] 유역에서 생활했다.

거란인의 초상

---

1 김위현, 『거란사회문화사론』, 경인문화사, 2004, 200~201쪽.
2 무렌은 몽고어로 강이라는 의미이다.

7세기까지 거란족은 국가를 형성하지 못하고 8개의 부족으로 나뉘어 유목생활을 영위하고 있었다. 시라무렌 지역은 자연환경적으로 보면 유목시역에 속하지만 북방의 유목세력과 남방의 농경세력이 접촉하는 3각지대이기도 하다.[3] 그러나 바로 남쪽에 농경문화 지대를 갖추고 있었던 만큼 한족, 발해족의 영향을 받아 차츰 농경에 손대기 시작했다. 한편으로 유목민족에게 농경지역이 인접해 있다는 것은 약탈지가 가까이 있다는 의미도 되었다. 따라서 한족에게 거란족은 유목민족 중에서도 가장 사나운 종족으로 인식되었다.

① 거란의 조상은 막고해와 종족은 다르나 같은 무리다異種而同類. 모용선비에게 망해서 함께 송막 지방에 숨어 살았다. 그 뒤에 차츰 커져서 황룡黃龍(조양) 북쪽 수백 리 되는 곳에 산다. 그들의 풍속은 대개 말갈과 비슷하다. 도둑질을 좋아한다. 부모가 죽었을 때 슬피 우는 자는 씩씩하지 못하다고 한다. 다만 그 시체를 산꼭대기 나무 위에 놓아두고 3년을 지난 뒤에 비로소 그 뼈를 거두어다가 불태워 버린다. 이때 술을 땅에 부으면서 빌기를 '겨울날에도 따뜻한 음식을 드시옵고, 만일 내가 사냥을 하게 되거든 나로 하여금 돼지와 사슴을 많이 잡게 해주시옵소서' 한다. <u>그들은 무례하고 사납고 시끄럽기가 모든 오랑캐들 중에서 가장 심하다.</u>[4]

② 그 땅은 장안에서 곧장 동북방 5천 리 남짓 떨어져 있다. 동쪽은 고려에 이르고 서쪽은 해奚이며 남쪽은 영주營州(조양)이고 북쪽은 말갈 및 실위室韋로서, 냉경산冷陘山에 의지하여 스스로 방어하며 산다. 활로 사냥하며 거처는 고정된 곳이 없다. 그들의 군장은 대하大賀씨이며 날랜 군사가 4만 명이 있고 여덟 부락으로 나뉘어져 있다. 돌궐에 신하로 복속되어 사근俟斤 관직을 받는다. 무릇 군사를 일으켜 전쟁을 치를 때는 곧 모든 부락이 빠짐 없이 모이고, 수렵을 할 때는 부락마다 스스로 행한

3 이재성, 「동몽고사(4-10C) 신연구의 전제-고막해에 대한 재인식과 거란사의 시대구분-」『동국사학』(창립오십주년기념특집호), 1996, 1쪽.
4 『수서』 권84, 열전49, 북적, 거란.
  이효형, 『高麗前期의 北方認識 : 발해·거란·여진 인식 비교』, 선인, 2006, 69쪽.

다. 해와 더불어 평화롭지 않으며 싸움에서 불리하면 번번히 선비산에 숨어들어 수비한다. 풍속은 돌궐과 대략 같다.[5]

위의 인용문에서 알 수 있듯이 7세기 초까지 거란은 사납기는 했지만 그리 강력한 부족은 아니었다. 돌궐에 예속되고, 이웃부족인 해족보다도 세력이 약했다. 그러나 629년 당태종이 동돌궐을 멸망시키자 거란과 해족은 돌궐의 지배에서 벗어나기 위해 당에게 복속했다. 당태종이 고구려를 공격할 때는 거란과 해족도 종군했다. 당태종은 이때 복속한 거란 추장 굴가窟哥에게 당나라 황실의 성인 이씨 성을 하사하고, 이 지역을 송막도독부로 삼았다. 송막도독부의 중심지는 현재의 요양성 조양인 영주였다.

이 무렵 거란족도 정치적으로 성장하여 8부족의 연맹을 구성한다. 수장인 칸可汗은 3년마다 교대로 선출했다. 696년 측천무후 시대가 되자 거란을 비롯한 동북 지역의 여러 민족에 대한 당의 통치가 가혹해졌다. 굴가의 손자인 송막도독 이진충은 반란을 일으켜, 당의 절도사를 살해하고, 무상가한無上可汗으로 즉위했다. 거란군은 토벌 나온 당군을 격파하고 하북성의 절반을 점령했지만 내분과 돌궐족의 배후공격으로 1년 만에 패망했다. 그러나 이 사건으로 거란의 군사적 능력을 확실히 과시했다.

이진충의 반란사건은 발해 건국의 결정적 계기가 되었다. 당왕조의 세력이 쇠약해지고, 거란이 반란을 일으킨 틈을 타 고구려와 말갈의 유민은 걸걸중상(대조영의 부친)과 대조영의 지휘 아래 단합하여 영주를 점령하고 당과 거란군을 격파했다. 그러나 당과 거란군이 합세하여 다시 반격해 오자 대조영은 주민을 이끌고 동쪽으로 이주하여 발해를 건국했다.[6]

이후 10세기까지 거란은 계속해서 당의 지배를 받았다. 그러나 907년 당이 멸망하고, 중국에 5대 10국의 혼란기로 접어들면서 거란의 정치질서도 변하기 시작했다.

5대 10국이란 907년부터 960년 송나라의 건국까지 54년 간의 혼란기를 말한다. 이 시기에 양자강 이북에서는 다섯 왕조가 양자강 이남에서는 10개의 독립국이 명멸했다.

---

5 『신당서』 권219, 열전144, 북적, 거란전.
6 왕순례 저, 송기호 역, 『발해의 역사』, 한림대학 아시아문화연구소, 1987, 54~56쪽.

구분	왕조	존속기간	수도
5대	후량	907~923	개봉-낙양
	후당	923~936	낙양
	후진	936~946	개봉
	후한	947~950	개봉
	후주	951~959	개봉
10국	오	902~937	양주
	남당	937~975	금릉
	전촉	907~925	성도
	후촉	934~965	성도
	남한	917~971	광동
	초	907~978	형주
	오월	907~978	항주
	민	909~946	복주
	형남	924~963	강릉
	북한	951~979	진양

※ 국방부 군사편찬연구소, 『고려시대 군사전략』, 2006, 33쪽에서 인용.

이 15개의 왕조 중 남당을 제외하고는 모두가 당나라의 절도사 출신 장군들이 세운 국가였다. 병사들도 내지의 한족보다 변방의 이민족들이 다수를 이루었으며, 절도사도 한족이 아닌 이민족출신들이 많았다. 이것은 내지 한족의 세력이 급속히 약화된 사실을 암시하는데, 이 기회를 틈 타 변방의 이민족들이 자립하기 시작했다. 이중에서 제일 강력하면서 위협적인 세력이 거란이었다.

거란의 통일과 성장을 주도한 사람이 질라부迭喇部 출신인 야율아보기耶律阿保機(재위 916~926)이다.[7] 9척 장신에 300근이 넘는 활을 사용했다는 아보기는 900년을 전

---

7 야율아보기의 원이름은 츄에리이다. 아보기의 원음은 아부치로 약탈자라는 뜻이다.

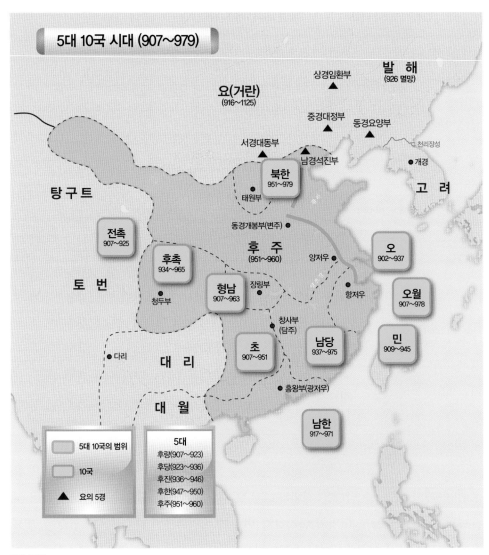

5대 10국

후해서 주변의 부족인 소황실위小皇室韋, 월올越兀, 오고烏古 비사월比沙狨, 육해六奚를 굴복시켰다.[8]

901년 질라부의 본부이리근本部夷离堇이 되어 질라부의 병권과 주변 부족에 대한

──────────
8 이하 거란의 성장과정에 대한 내용은 김위현, 앞의 책, 2004, 206~208쪽.

토벌권을 장악한 그는 902년에는 대질렬부이리근人迭烈府夷离堇으로 제수되어, 군사 40만을 동원할 정도의 대세력을 형성했다.[9] 이때부터 그는 공격목표를 주변 민족에서 중원으로 전환했다.

당시 당에서 거란족을 견제하는 임무를 지닌 사람은 현재의 베이징을 근거지로 한 유주절도사幽州節度使 유인공劉仁恭이었다. 유인공은 거란의 세력을 억제하기 위해 매년 가을이 되면 목초지를 불태워서 겨울 동안 말들을 먹일 풀을 소진시켜 버리는 가혹한 방법을 썼다. 이로 인해 유인공과 거란족 사이에는 분쟁이 끊이지 않았다. 야율아보기는 904년 유인공을 패퇴시키고, 905년에는 유인공의 라이벌인 하동절도사 이극용李克用과 운주의 맹약을 맺어 유주세력을 확실히 제압하고, 막북 지역의 강자로 등극했다.[10]

그는 약탈전쟁을 행하면서 많은 수의 부족을 송막 지방으로 이주시켰고, 5대 10국의 전란을 피해 만리장성 이북으로 도망쳐 오는 한인을 받아들였다. 이 이주민 집단은 야율아보기의 경제력과 군사력을 성장시키는데 커다란 기반이 되었다.

아보기의 활약으로 거란은 동으로는 퉁그스족의 주거지인 만주, 북쪽으로는 유목민의 땅인 몽골리아, 그리고 서쪽으로는 상업도시 국가가 번성한 동투르키스탄을 속국으로 편입하는 강대한 국가가 되었다. 이 커다란 전과는 필연적으로 아보기의 정치적 지위를 강화시켰다.

당나라가 멸망하던 907년에 야율아보기는 칸으로 즉위했다. 칸은 원래 임기제였지만 야율아보기는 9년간 칸직을 계속했다. 이에 대한 부족들의 반발이 거세지자 916년에 아보기는 8부대인을 연회로 초청하여 모두 살해했다. 그리고 요를 건국하고, 자신이 텡글리칸(천황제)으로 즉위했다.

부족과 형제들의 반란을 진압하고, 내부적 통일을 달성한 그는 외정으로 눈을 돌렸

---

9 이 40만 병력설에는 의문이 있다. 그러나 거국적인 병력을 통솔하는 권력을 획득한 것은 분명하다.
10 운중회맹은 야율아보기와 이극용이 형제의 맹약을 맺고, 서로 군을 원조하기로 동맹한 사건이다. 그런데 이 기사의 내용이 사료마다 조금씩 다르고, 연도에 대해서도『신당서』는 천우 원년(904),『요사』는 천우 2년, 오대사와 자치통감에서는 천우 4년이라고 하는 등 설이 다르다. 이 때문에 이 기사의 신뢰성에 회의를 품는 학자들도 많다(김재만,『거란민족발전사의 연구』, 독서신문출판사, 1974, 30~31쪽).

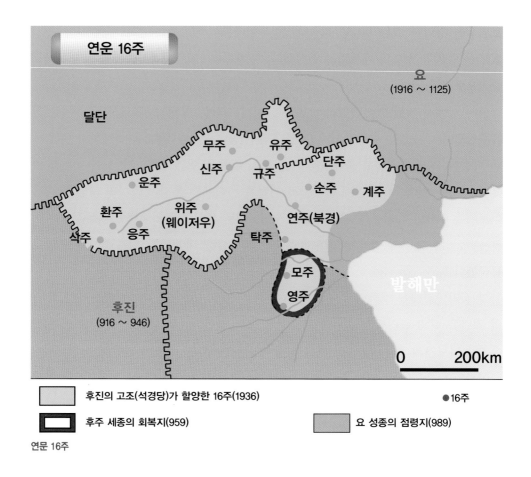

연문 16주

다. 924년에서 926년 사이에 야율아보기는 연국燕國(유주, 현재의 베이징)의 유인공劉
仁恭·유수광劉守光 부자를 공격하고, 후량後梁과 진晉(후당)과의 다툼을 틈타 난하灤河
유역의 평주平州·난주灤州·영주營州 등 여러 주를 빼앗아 중국진출의 발판을 구축했
다. 926년 12월 그는 군대를 동쪽으로 돌려 발해를 급습, 926년 1월에 발해를 멸망
시켰다. 야율아보기는 이 원정에서 돌아오는 길에 사망하는데, 둘째 아들 야율덕광이
황후의 지원을 받아 동단국 왕으로 재임 중이던 큰 형 돌욕을 몰아내고, 황위를 계승
했다. 이 사람이 태종이다.

　거란이 부족체제를 탈피하고 제국으로 거듭나는 동안 중국은 더욱 깊은 혼란으로
빠져들었다. 5대10국 중 거란과 국경을 마주하던 나라는 이극용의 아들 이존욱이 세

운 후당이었다. 이존욱이 죽자 이극용의 양자 이사원(명종)이 왕위를 계승했고, 명종이 죽자 명종의 앙자 이종기기 반란을 일으켜, 제위를 찬탈했다. 이종가는 명종의 사위며 하동절도사로 진양(산서성 태원)을 근거로 하고 있던 석경당과 사이가 벌어졌다. 석경당은 반란을 일으켰지만 이종가의 대군에게 진양을 포위당했다. 위기에 몰린 석경당은 거란에 사신을 보내 원조를 청한다. 거란 태종은 원조의 대가로 거란에 대해 신하의 예로 대할 것, 해마다 조공을 바칠 것, 연운 16주의 할양을 요구했다.[11] 석경당이 이를 수락하자 태종은 바로 5만의 기병을 보내 후당군을 몰아냈다. 여세를 몰아 석경당은 후당의 수도 낙양을 공략하고, 후진을 건국했다(후진 고조). 석경당은 연운 16주를 할양하고 거란에게 신하로 칭하면서 매년 비단 30만필을 보냈다. 942년 석경당이 죽고 새로 즉위한 소제少帝가 신하의 예를 거부하고 반거란정책으로 전환하자 태종은 후진을 공격하여 946년에 멸망시켰고, 국호도 대요大遼로 바꾸었다.[12]

연운 16주의 상실은 중국인에게 커다란 충격을 주었다. 중화사상에 입각한 민족적 자존심도 손상을 입었지만, 더욱 중요한 문제는 장성 안쪽으로 거란의 영토가 파고듦으로써 북방민족의 중원진출을 저지할 방어선이 사라졌다는 것이다. 현재의 베이징 일대인 유주는 만리장성이 지나는 곳으로 이 산맥은 외적의 침입에서 화북 평야를 방어하는 유일한 자연방어선이었다. 이 산맥과 장성선 이남 지역을 거란족에게 장악당하고, 장성선 상의 전략적 요지인 여러 관문을 지배당하고 있다는 것은, 중국의 국토 방위상 중대한 결함이었다. 역으로 거란 측에게는 중국의 내지 진출을 보장해 주는 확실한 교두보였다.

결국 연운 16주를 중심으로 후당을 이은 후진, 후주는 거란과 지속적으로 대립했고, 후주의 뒤를 이어 천하를 통일한 송나라에서도 거란으로부터 연운 16주를 탈환하는 것을 최우선의 정책으로 삼게 되었다.

---

11 현재의 베이징을 중심으로 하는 幽州·薊州·瀛州·莫州·涿州·檀州·順州·新州·嬀州·儒州·武州의 11주와, 현재의 大同 지방의 雲州·寰州·應州·朔州·蔚州의 5주.
12 거란의 국호는 여러 번 변했다. 태종이 '대요'라는 국명을 세웠지만 성종이 즉위하면서 다시 거란으로 바꾸었다. 고려-거란 전쟁기에는 거의 거란이라는 국호를 사용했다.

2. 고려의 대 거란정책과 전쟁준비

1) 발해의 멸망과 고려의 대응

거란은 연운16주를 확보하면서 송나라와 대적하게 되었다. 그러나 거란이 본격적인 팽창정책을 추구하려면 동쪽의 발해와 여진, 고려를 안정시켜야 했다. 거란은 인구와 국력이 충분치 않아서 동쪽과 서쪽 두 개의 전선을 모두 감당할 수가 없었다. 서진을 하면 동쪽에 있는 발해와 해족의 태도가 걱정되었다. 동쪽의 발해를 먼저 평정하자면 서쪽의 중국에게 등을 내어주게 된다.[13] 거란은 주변 민족의 상황과 정세에 따라 동쪽과 서쪽을 번갈아 치면서 지그재그 식으로 영역을 확장해 나갔다. 그러다가 923년 후당을 세운 이존욱(이극용의 아들)과 화의를 맺음으로써 동쪽 지역 공략에 주력할 수 있게 되었다. 하지만 이때도 야율아보기는 서쪽의 토혼吐渾, 당항黨項을 먼저 평정하고, 바로 군대를 동쪽으로 돌려 발해를 급습했다.

한편, 야율아보기의 즉위 이후로 거란이 위협이 점점 현실화되자 발해는 거란의 위협에 대처하기 위해 신라와의 외교관계를 강화했다.[14] 그러나 이미 한반도는 후삼국시대로 돌입한 뒤라 신라는 도움을 줄 수 없었다. 915년 거란 태조는 군대를 끌고 압록강 일대까지 진출했는데, 이때 고려(궁예)와 신라가 각기 사신을 보내 보검과 공물을 바쳤다고 한다. 이것이 고려가 거란과 접촉한 최초의 기사이다.[15] 이어 918년에 다시

---

13 『신오대사』권72, 四夷附錄 제1, "然自此頗窺中國之志 患女眞渤海等在其後 欲擊渤海 懼中國乘其虛". 송기호, 「발해 멸망기의 대외관계-거란·후삼국과의 관계를 중심으로-」『한국사론』17, 서울대학교 국사학과, 1987, 74~75쪽 ; 김기섭, 「발해 멸망과정과 원인」『한국고대사연구』50, 2008. 6, 108쪽. 이러한 전략적 판단이 새로운 생각은 아니었다. 4세기 선비족인 모용씨가 이미 똑같은 전략을 채택한 사례가 있다(『삼국사기』권18, 고구려본기6), 17세기 정묘호란과 병자호란 역시 같은 전략적 구도에서 나온 것이다.

14 발해가 신라에 최초로 사신을 파견한 시기는 911년설, 925년설(김육불), 924년 5월 직전(酒寄雅志)설 등이 있다. 911년 설은 한규철과 송기호가 지지하고 있다(한규철, 「신라와 발해의 정치적 교섭과정」『한국사연구』43, 1983, 150쪽, 송기호, 앞의 논문, 1987, 66쪽).

15 『요사』권1 태조본기 상, 태조 9년 10월 무신, 이 기사에서 고려라는 명칭을 사용했는데, 당시는 왕건이 고려를 건국하기 이전이었다. 그래서 이 기사는 편찬 상의 오류로서 태조 9년 10월의 기록이 잘못 전제된 것이라고 보는 견해가 많다(송기호, 앞의 논문, 1987, 54쪽). 그러나 태봉-고려로 이어지는 국명은 단기간에 여러 번 명칭이 변하고, 『요사』가 거란이 망한 뒤 오래된 후에 편찬된

고려에서 사신을 보낸 사실이 『요사』에 나타나 있다.[16]

후삼국과 거란과의 외교관계에 대한 기록이 매우 소략하지만 고려나 신라 모두 거란을 경원하면서도 발해를 도우려는 생각은 하지 않았던 것이 분명하다. 반면 거란은 고려와의 우호관계에 더욱 적극적이었다. 신속한 발해공략을 위해서는 발해를 외교적으로 고립시킬 필요가 있었다.[17] 발해 멸망 후에도 거란이 중국으로 진출하기 위해서는 고려와의 관계를 돈독히 하여 동쪽 국경에 대한 근심을 덜어야 할 필요가 있었다. 이런 사정으로 고려와 거란과의 초기 관계는 결코 적대적이지 않았다.

922년 거란 사절이 낙타와 말, 모포를 가지고 고려를 방문했다. 고려는 이들을 적대시 하지 않았을 뿐 아니라 925년에 답례사절을 파견했다. 다음 해인 926년에도 연이어 사절을 보냈다. 하필 이 때는 발해가 멸망하던 해여서 이 사절이 발해 멸망을 축하하기 위해 파견한 사신으로 이해하는 경우도 있다. 그러나 이들이 발해가 멸망한 지 36일 뒤에 거란에 도착하는 것으로 봐서 이들은 거란의 발해 공격을 인지하기 전에 고려를 떠났던 것이 분명하며, 거란의 발해 정복을 축하하기 위한 사절까지는 아니었다.[18] 어쨌든 고려가 거란에 2년 연속 해서 사신을 파견하고 있었다는 사실은 고려가 거란과의 우호관계를 위해 노력하고 있었음을 말해 준다.

그렇다고 후삼국 국가들이 거란에게 특별한 수준의 동맹이나 직접적 도움을 바랐던 것은 아니라고 보인다. 신라는 이미 후삼국 패권 경쟁에서 탈락하고 있었고,[19] 고

기록이라 편찬자들이 통념적으로 이해하는 국명을 사용했을 가능성도 있다. 그래서 이 기록을 신뢰하는 입장도 있다(송기호, 앞의 논문, 1987, 55쪽, 한규철, 「후삼국시대 고려와 거란관계」, 6쪽, 김재만 앞의 책, 1974, 31~32쪽).

16 『요사』 권1, 태조 9년 10월 무신, 태조 神册 3년 2월. 915년과 918년은 모두 고려가 건국하기 전 태봉국 즉 궁예의 집권기이다. 그래서 고려에서 사신을 파견했다는 『요사』의 기록을 허구로 파악하거나 후백제를 지칭한다고 보는 견해도 있다(강대량(강진철), 「高麗初期의 對契丹關係」『史海』 1, 1948, 이용범 「高麗와 契丹과의 關係」 『東洋學』 7, 日野開三郎, 『小高句麗國の研究』, (日野開三郎, 東洋史學論集 8), 三一書房, 425쪽) 그러나 이 시기 태봉의 국명이 자주 바뀌었고 단명했고, 『요사』가 요나라가 망한 뒤 200년 후에 편찬되었다는 사실을 감안하면 『요사』를 편찬할 때 보편적으로 이해할 수 있는 고려라는 명칭으로 정리했을 가능성은 충분하다고 생각된다. 이외 태봉도 잠시 고려라는 명칭을 사용했고, 궁예가 대외적으로는 국명을 고려로 지칭했을 가능성 등이 언급되었다(이 문제에 대한 여러 설의 정리는 송기호, 앞의 논문, 1987, 55~56쪽이 참조된다).

17 서성호, 「고려 태조대 대 거란정책의 추이와 성격」『역사와 현실』 34, 1999, 23~24쪽.

18 서성호, 앞의 논문, 1999, 25쪽.

19 이 시기의 신라와 거란과의 통교에 대해 보다 적극적으로 해석하는 견해도 있다. 신라는 급박한 자신의 위기를 타개하기 위해 중원 왕조 및 거란과 유대를 더욱 강화했다는 것이다. 그래서 발해와

려와 후백제는 양국의 대결을 정점으로 달하는 시기였던 만큼 북방의 새로운 강적과 괜한 트러블을 일으키고 싶지도 않았을 것이다. 전체적으로 보면 고려와 후백제는 거란보다는 중국 본토의 왕조인 후당, 오월과의 교류에 더욱 적극적이었다.

이러한 견해에 반대하는 해석도 있다. 후삼국의 치열한 대결양상이 고려가 거란외교에 적극적으로 나서게 한 직접적 배경이었다는 해석이다. 925년 10월 조물성 전투를 기점으로 고려는 후백제에 크게 밀리게 된다. 후백제에 대한 군사적 열세를 만회하기 위해 고려는 거란 외교에 적극적이 되었다는 것이다.[20] 그러나 후술하겠지만, 나중에 송나라와 여진이 거란의 침공 위협을 제기할 때도 고려는 이를 무시했을 정도로 고려는 거란을 상당히 먼 나라라고 인식하고 있었다. 그러므로 발해까지 건재하고 있던 당시에 고려가 거란으로부터 어떤 현실적 도움을 끌어내기를 기대했다고 보기는 어려울 듯 하다. 오히려 이런 거란관이 발해 멸망 후 고려가 거란 적대 정책으로 쉽게 전환할 수 있는 원인이 되었다고 보는 것이 타당하다고 생각된다.

926년 발해 멸망 직후 고려 사신이 거란에 내방하는 것에서도 알 수 있듯이 거란의 기습공격과 발해의 급작스런 멸망은 고려도 전혀 예상하지 못한 사건이었다. 그런데 발해의 멸망이 뜻하지 않게 고려에게는 커다란 행운으로 작용했다. 발해의 유민들이 고려로 귀순하기 시작했기 때문이다.

발해 유민의 고려 유입은 발해가 멸망하기 직전부터 이루어지고 있었다.[21] 925년 9

거란의 대결이 심각하게 전개되던 925년에도 거란에 사행을 파견했고, 심지어는 거란의 발해 총공격에 참여해서 거란 태조로부터 포상을 받기까지 했다고 한다(『요사』 권70, 屬國表 天顯 1년 2월 ; 서성호, 앞의 논문, 1999, 21쪽). 신라의 참전이 명분을 세우기 위한 소수 병력의 파견이라고 보는 견해도 있지만,(김재만, 앞의 책, 1974, 107쪽, 송기호, 앞의 논문, 1987, 72쪽) 당시 후삼국의 정세를 보면 신라의 파병이 가능했다고는 생각되지 않는다. 『요사』나 『금사』를 보면 고려와 신라를 명확하게 구분하지 못하는 사례가 종종 있다. 오늘날 주변국들이 한국을 조선으로 기억하고 사용하는 것처럼 거란족이나 여진족들도 신라를 한국을 지칭하는 통칭으로 사용했기 때문이다. 이렇게 보면 거란 태조의 신라 포상 기사는 신라가 파병한 군대가 아니라 후삼국의 혼란기를 맞아 대동강 이북에서 만주쪽에 거주하던 소수 고려인 집단의 참전기사가 확대해석된 것이 분명하다.

20 서성호, 앞의 논문, 1999, 26쪽. 한규철은 이 의미를 더 강조하여 조물성 전투를 기점으로 왕건은 이전의 자주적 외교 태도를 포기하고 저자세, 비주권적 외교로 변신한다고 했다(한규철, 앞의 책, 1994, 150쪽).

21 거란군이 출정한 날이 925년 12월 14일, 발해의 수도 홀한성을 함락한 날은 926년 1월 26일이었다. 그런데 거란의 군대가 출정도 하기 전부터 발해의 고위층들이 고려로 망명하고 있다. 그 원인은 알려지지 않았다. 이 무렵 발해 내부에 커다란 정치적 변혁이 발생했을 가능성도 있고, 이것이

월 발해의 장군 신덕 일행 500여 명이 고려로 귀순했다. 4일 후에는 대화균大和鈞, 균료사정均老司政 대원균大元鈞, 공부경工部卿 대복모大福暮, 좌우위左右衛 장군 대심리大審理 등이 백성 1백 호와 함께 고려로 들어왔다. 12월에도 좌수위 소장 모두간 등이 백성 1천호와 함께 귀순했다. 이후로 발해 유민의 유입이 끊이지 않았다.[22]

태조 연간(921-938)에 고려로 들어온 발해 유민의 수는 최소한 10만이 넘었을 것으로 추정된다. 『고려사』에 기록된 발해 유민의 귀순기사를 분석해서 발해 유민의 수를 31,873명으로 추산한 연구도 있다.[23] 그러나 이 수는 1호는 5구로 1부락은 10호, 수백, 수만은 1백, 1만으로 책정하여 추산한 수치로서 지나치게 축소한 감이 있다. 더욱이 유민수가 기록되지 않은 내투인도 있고, 문헌에 기록되지 않은 유민은 더욱 많았을 것이다. 934년 7월 발해 세자 대광현大光顯을 따라온 백성만 수 만명이 넘었다고 한다.

이들 유민 중에는 군대도 있었다. 대광현 집단 중에도 관료와 군인이 포함되어 있었다. 대광현의 경우 고려는 그에게 왕씨 성을 주고 황해도 백주에 집단적으로 거주하게 했다. 아마 다른 유민 집단도 집단적으로 거주하게 했을 것이다. 훗날 거란 전쟁 때 발해유민들이 북변 및 서경성 전투에서 관군 못지않은 커다란 역할을 하는 것을 보면 이들의 군사력은 양적으로나 질적으로나 상당한 수준이었다고 보인다.

더욱이 후삼국 시대는 지방에 대한 장악력이 떨어지다 보니 획득한 영토에 비해 동원하는 군사력은 많지 않았다. 견훤의 경우 유명한 그의 철기병은 3천에서 5천 정도였다. 왕건의 경우는 그가 거느린 군대가 좀 더 자세하게 기록되어 있는데, 개국공신인 신숭겸, 왕건 휘하 최고의 장수로 주요 원정과 전쟁에 참전했던 유금필, 박수경 등 대부분의 장수가 평산 출신이었다. 왕건에게 귀순한 대표적인 지방 호족인 김순식, 능달, 경준 등등 지방의 유력 호족들은 왕건의 원정에는 참여하지 않고 지역의 치안을 유지하거나 후백제군이 해당 지역을 침공했을 때나 지역방위를 위해 출전하는 정도였다. 이들이 직접 참전하게 되는 것은 후백제와의 최후의 전투였던 일리천 전투나 되어서였는데, 일리천 전투에서 고려군의 병력은 태조의 직속병력이 43,000명, 강릉

발해의 갑작스런 멸망의 원인이었다고 보는 견해도 있다(김기섭, 앞의 논문, 2008, 115쪽).
22 『고려사』 권1, 세가1, 태조 8년 9월 병신 경자, 12월 무자.
23 한규철, 「고려 내투 내왕 여진인 – 발해유민과 관련하여 –」 『부대사학』 25·26합집, 1994, 9쪽.

에서 온 김순식과 여러 호족들의 후원병력이 약 4만이었다.

이런 상황에서 발해 유민의 집단적 유입은 고려의 군사력 증진에 엄청난 도움이 되었다. 고려가 발해 유민을 후삼국의 쟁패전에 바로 투입했다는 증거는 없다. 그러나 이들을 대 후백제 전선에 참전시키지 않았다고 하더라도 이들을 북변 방어에 돌리고, 북방에 배치한 수비대를 빼내는 것만으로도 고려에는 엄청난 도움이 되었다.

고려는 후백제와 결전을 벌이는 와중에도 북방개척과 여진족의 방어를 위해 주력군을 북쪽 국경에 파견해야 했다. 그렇게 해서 파견한 장수가 유금필과 3천의 병력이었다.[24] 925년 발해 유민이 유입되면서 고려는 유금필 부대를 남부전선으로 되돌릴 수 있었다. 전선으로 복귀한 부대는 유금필 부대는 연산과 임존성을 탈환하고, 2차 조물성 전투에서 고려가 승리하는데 결정적인 역할을 하면서 고려와 후백제간의 전황을 역전시켰다.

이처럼 발해 유민의 유입이 고려의 전력에 커다란 도움이 되자 고려는 거란에 대한 태도에 발해 유민의 입장을 투영하지 않을 수 없게 되었다. 그 결과 고려는 거란을 원수의 나라로 단정하게 된다.[25] 937년부터 942년까지 거란은 3차례나 사절단을 파견했지만, 고려는 갑자기 태도를 돌변해서 응답하지 않았다. 942년에 30명의 거란 사신단이 낙타 50필을 거느리고 내방하자 사신을 섬에 유배시키고, 낙타를 만부교 아래 묶어서 굶겨죽이는 만부교 사건을 일으켜 거란과의 국교를 단절한다.

2) 고려의 북진 시도와 북방방어체제의 강화

만부교 사건 이후 고려는 실질적인 방어조치도 확대했다. 발해멸망을 기점으로 북방의 축성사업에도 변화가 발생했다. 이전에는 축성지역이 평양과 함종, 용강 등 대동강 유역과 안북, 운남 등 청천강 유역에 집중되었다.[26] 그러나 발해 멸망 후에는 이

---

24 『고려사』권92, 열전5, 유금필.
25 이때 거란단교의 의도에 대해서 북방개척과 발해 유민을 선무하기 위한 것(강대량, 앞의 논문, 1948), 고구려의 강역을 회복하려는 의도(이용범, 앞의 논문, 1977), 거란이 후백제와 통교한 것에 대한 보복(한규철, 앞의 책, 1994, 236쪽), 고려가 후진의 책봉을 받은 것에 보답하기 위한 것(김재만, 앞의 논문, 1983, 191쪽) 등의 해석이 있다.
26 윤무병, 「고려북계지리고」『역사학보』5, 1953, 서성호, 앞의 논문, 1999, 30~31쪽.

전에 중간 공백으로 남겨진 곳을 축성하거나 기존 축성 지역을 증축하는 형태로 축성 시업이 비뀌었디. 증축의 대표적인 사례가 청친강변의 요충지인 인북부(안주)이다.[27] 신축한 지역은 평안남도 중동부 지역에 집중되었다. 이러한 축성 지역의 변화는 거란의 성장과 발해의 멸망이라는 사건을 크게 의식한 것임은 분명하다.

〈표 4-2〉 태조 대 축성지역

국 왕	연 대	축 성 지	역 도	비 고
태조	2년	용강현	흥교도	
		서경(평양)	흥교도, 운중도,파령도	
	3년	함종현	흥교도	
		골암성	위치 미상	
	4년	운남현	운중도	
	5년	서경		재성 축성
	8년	성주	운중도	
		진국성(숙천)	흥교도	
	12년	안정진	흥교도	
		영청진	흥교도	
		안수진(조양진, 연주)	운중도	
		흥덕진(운주)	운중도	
	13년	안북부	흥화도, 흥교도	
		조양진	운중도	
		마산(안수진)	운중도	
		연주성	운중도	
	17년	통해현	미상	미상
	18년	숙주	흥교도	
	20년	순주	운중도	
	21년	영청현	흥교도	
		양암진	운중도	
		서경		나성
		용강	흥교도	
		평원	흥교도	
	22년	숙주	흥교도	
		대안주	운중도	
	23년	은주	운중도	

※ 출처 : 신안식,「고려전기의 북방정책과 성곽체제」『역사교육』80, 2004, 72쪽.

---

27 인북은 태조 3년에 처음 축성되있다. 빌해 멸망 후인 태조 11년(928)과 태조 13년(930)에 새차 증축되었다.

이 축성사업을 고려의 북방정책과 연관시켜 이전의 진취적인 정책이 소극적 형태로 바뀐 것이라고 보는 견해도 있다.[28] 그러나 축성지역을 근거로 진취적, 소극적 태도를 구분하는 것은 곤란하다고 생각된다. 전술적 관점에서 보면 2선, 3선의 방어지역을 강화하는 정책을 소극적 태도라고 단정할 수는 없기 때문이다. 북방통치의 근거지인 서경의 방어를 위해서라도 청천강 이북 지역으로 영토와 성을 확대할 필요가 있었다.[29]

고려가 북방으로 진출하기 위해서도 중간 거점의 강화는 꼭 필요했다. 중간 거점의 보완 없이 1선의 요새만 밀어올리는 방식은 있을 수 없기 때문이다. 먼저 국경선상의 요새를 축성하고, 다음으로 중간 거점을 강화하고, 이를 토대로 다시 국경선 이북으로의 진출을 시도하는 것이 당연하고 합리적인 방법이다. 발해의 멸망이라는 갑작스러운 사태가 이 수순을 촉발시켰을 뿐이다. 더욱이 이 때의 축성사업이 거란의 침공만을 대비한 축성이었다고 볼 수도 없다. 고려의 입장에서 보면 거란의 팽창과 발해의 멸망은 대동강 이북 지역에 일종의 무정부, 혼란상태를 야기할 우려가 높았다.

이것은 고려가 대동강 이북으로 진출할 수 있는 호기를 제공하는 동시에 발해 유민과 여진족의 남하를 야기할 수 있는 사태였다. 이 두 사태에 모두 대응하기 위해서 즉 대동강 이북으로 진출하기 위해서나 유민들의 남하나 침략을 대비하기 위해서도 중간거점과 2선, 3선의 강화는 반드시 필요했다. 그 결과 광종-경종대에도 축성지역이 가주, 위주, 운주, 태천, 안삭진, 안융진, 동북면의 화주 등, 양계의 요지와 요새지역으로 축성사업이 지속되었다.

만부교 사건으로 거란과의 국교를 단절한 후 태조 왕건은 천복 연간(936-943)에 후진을 통해 고려를 방문한 서역승려 말라를 통해 고려와 후진이 거란을 협공하자는 제안까지 했다.[30] 당시 고려의 정세와 전국적인 동원체제조차 갖추지 못했던 군사적 형편으로 볼 때 왕건이 진심으로 이런 제안을 했는 지에 대해서는 의문의 여지가 있다.[31] 그러나 이런 제안까지 했다는 것은 고려의 대거란 정책의 방향이 확고해졌음을

---

28 윤무병, 앞의 논문, 502~504, 서성호, 앞의 논문, 1999, 31쪽.
29 신안식, 앞의 논문, 2004, 74쪽.
30 『자치통감』 권285, 後晉紀6, 齊王 下, 開運 2년(945) 11월 무술.
31 이 점에 대해서는 학자들도 의견이 갈리고 있다. 이 주장의 진위에 대한 여러 견해는 서성호, 앞의 논문, 1999, 32쪽 참조.

것이다. 그리하여 훈요10조에서는 거란을 금수의 나라로 규정하고, 의관과 제도를 본받지 말라고 함으로써 반거란정책이 국시로 정착했다.[32] 훈요십조는 다음과 같다.

① 우리나라의 대업은 부처님의 호위덕분이다. 그러니 불교를 장려하라
② 모든 절은 도선이 도참설에 따라 개창한 것이다 함부로 짓지 마라
③ 왕위는 적장자에게 물려준다
④ 당의 문물과 예악을 따르되 구차스럽게 같게 할 필요는 없다. 거란의 짐승의 나라이 므로 제도를 본받지 마라
⑤ 평양은 우리나라 지맥의 근본이 되니 1년에 100일은 머물도록 하라
⑥ 연등회와 팔관회를 성대히 하라
⑦ 신하의 의견을 존중하고 백성의 부역 경감하라
⑧ 차령산맥 이남과 공주강 밖은 지세가 나쁘고 인심도 그러하다
⑨ 제후와 관료들의 녹봉은 공평하게 하라
⑩ 옛일을 거울삼아 오늘을 경계하라

고려의 노골적인 적대정책에 대해 거란은 별다른 대응은 하지 않았다. 그 이유는 940년 경부터 거란의 후원을 받던 후진이 거란에 대해 적대정책으로 돌아섰기 때문이다. 후진의 결의가 대단해서 전쟁이 일진일퇴의 공방전 형태로 바뀌었다. 946년에 마침내 거란은 후진을 정복했지만, 태종이 947년에 사망하면서 이번에는 거란 정국이 내전에 빠졌다. 태종의 뒤를 이은 세종과 목종이 모두 시해되었다.[33] 반면 중국에서는 후진의 뒤를 이은 후주가 거란과의 전쟁에서 선전했고, 후주의 절도사였던 조광윤이 송을 건국하고 중국을 통일하자 거란에 대해서 더더욱 강경하게 나왔다. 979년에 송은 거란의 지원을 받던 북한을 멸망시켰다. 거란의 경종이 직접 반격에 나섰으

---

32 943년 거란과 후진이 전쟁에 돌입하자 고려는 노골적으로 후진을 지지하여 후진의 승리를 축하하는 사절을 파견하기까지 했다(『고려사절요』 권2, 혜종 원년) 후진의 출제는 예전에 왕건이 거란 협공을 제안했던 일을 상기하고 고려에 사신을 파견하는데, 혜종 당시의 불안정한 국내정세로 인해 군사동맹은 실패한다.
33 김재만, 『거란 고려 관계사 연구』, 국학자료원, 1999, 48-49쪽.

나 패전하여 사망하고 만다.[34]

이런 와중에도 거란이 고려 침공을 준비 중이라는 첩보가 계속 들어왔다. 947년 경 최언위의 아들로 거란에서 관료생활을 하던 최광윤이 거란의 침공위험을 알리는 비밀서신을 보내왔다.[35] 놀란 고려는 거란의 침공에 대비하여 광군사를 설립하고 30만의 광군을 확보했다. 후주, 송과의 국교도 강화해서 양국은 서로 빈번하게 사신을 주고 받았다. 광종은 광덕이라는 독자 연호를 사용하다가 후주와 송의 연호를 번갈아 사용하기도 했다.

그러나 거란의 내분이 계속되고, 중국의 반격이 성공한 것이 거란에 대한 고려의 경계심을 완화시켰다. 게다가 거란과 고려 사이에 위치한 요녕 일대에 동란국, 정안국, 후발해 등이 세워지면서 다시 완충지대가 형성되었다.[36]

982년 거란의 성종聖宗이 즉위하면서 거란의 내정은 빠르게 안정을 되찾았다. 거란은 국가체제를 정비하고 다시 중원을 넘보기 시작했으며, 송은 송대로 거란에게 빼앗긴 연운16주의 탈환을 추진하면서 양국의 긴장이 높아졌다. 하지만 고려는 거란에 대한 경계심이 크게 완화되었고, 국제 정세의 변화를 인식하지 못했다. 그 증거가 985년(성종 4) 5월에 있었던 송과의 거란공격 논의에서 보여준 고려의 태도이다. 연운 16주의 탈환을 추진하던 송나라는 감찰어사 한국화를 보내 거란에 대한 연합공격을 제의했다. 이 공세는 송 태종이 친정에 나섰을 정도로 송의 국력을 기울인 대공세였다. 그만큼 고려의 참전에 대한 요구도 강경했다. 하지만 고려 성종이 시간을 끌면서 출병을 거부했다. 한국화는 위협도 하고, 이해관계를 설득하며 권유하다가 성종으로부터 군사를 출동시키겠다는 약속을 받고서야 돌아갔으나 고려는 끝내 출병하지 않았다.[37]

---

34 김재만, 앞의 책, 1999, 59쪽.
35 최광윤은 후진에 유학생으로 갔다가 거란의 포로가 되었다. 거란은 그의 재능을 높이 사서 관료로 등용했다(『고려사』 권92, 열전5, 최언위).
36 이용범, 「遼代 東京道의 渤海遺民」 『史叢』 17·18합, 1973 ; 이효형, 『발해유민사연구』, 혜안, 2007 ; 한규철, 「발해부흥국 '후발해' 연구;연구동향과 형성과정을 중심으로」 『국사관논총』 62, 1995 ; 김위현, 「발해유민과 후발해 및 대발해국」 『고구려연구』 6, 1999 ; 김위현, 「요대 발해 부흥운동의 성격」 『명대논문집』 11, 1978 ; 한규철, 「발해유민의 부흥운동」 『한국사 10』(국사편찬위원회 편), 국사편찬위원회, 1996 ; 三上次男, 「高麗と定安國」 『東方學報』 11-1, 1980.
37 『고려사』 권3, 세가3, 성종 4년 5월.

여기서 한국화가 양국의 이해관계를 따져 권유하기도 했다는 내용을 주목할 필요가 있다. 송나라는 출병이 고려에게도 이로운 것이라고 생각했다. 거란이 중원을 침공하려면 고려 침공은 필연적이었기 때문이다. 실제로 거란은 984년과 986년에 이미 2차례의 여진정복전을 감행했고, 이 과정에서 정안국이 멸망했다. 거란측 사료에 의하면 거란은 이 2번의 원정 때 고려까지도 한 번에 점령하려는 계획을 세우고 출병준비까지 했었다고 한다.[38]

그러나 고려는 이 출병에 대단히 회의적이었다. 국초에 지녔던 거란에 대한 경각심은 사라져 있었다. 한국화의 출병 요구에 대해 고려는 "거란은 요해遼海 밖에 위치해 있고 우리와의 사이에 두 강이 막혀 있어 상통할 길이 없다."고 속으로 생각하고 있었다.[39] 984년과 986년 거란의 여진정복의 여파로 여진인들이 고려의 경내로 들어왔다. 거란군도 이들을 추격해 고려 국경에 진입했다. 그러나 이때도 고려는 거란과 여진은 오랜 숙적이고, 여진인을 추격하다 보니 고려로 들어왔다는 거란의 말을 그대로 신뢰하는 실수를 저질렀다.[40]

오히려 고려는 거란이 여진을 공격하는 틈을 이용해 평북 지역의 여진족을 토벌하고 압록강으로 진출하려고 했다. 984년 거란의 여진공격이 시작되자마자 고려는 바로 이겸의를 파견해서 압록강에 장성을 쌓았다. 그러나 여진족의 반격으로 고려군은 대패하고 이겸의가 포로가 되었다. 이 사건은 고려의 군사제도가 아직 거란과 전면전을 감행할 만큼 준비되어 있지 않았다는 증거이기도 하다.[41] 고려가 송나라의 제안을

---

38 『요사』권10, 본기10, 성종 통화원년 10월 ;『요사』권10, 본기10, 성종 통화3년 7월 갑진 :『요사』권10, 본기10, 성종 통화3년 8월 계유. 국방부 군사편찬연구소,『고려시대 군사전략』, 2006, 84쪽.
39 『고려사』권3, 세가3, 성종 4년 5월.
40 『고려사』권3, 세가3, 성종 4년 5월.
41 『고려사』에 991년에 압록강 유역의 여진족을 축출하고 백누산을 경계로 정했다는 기사가 있다 ("逐鴨綠江外女眞於白頭山外居之".
『고려사』권3, 세가3, 성종 10년 10월). 이것을 984년 이겸의 실패 후 다시 공세를 취해 991년에는 압록강 유역을 탈환했다는 기사로 볼 수도 있다. 하지만 나중에 소손녕의 침공 기사를 보면 고려는 993년까지도 압록강 지역을 확보하지 못했던 것이 분명하다. 그렇다면 이 기사의 의미는 무엇일까? 그런데 조선시대도 백두산 북쪽은 서만주가 아닌 간도 지역으로 간주되었다는 사실을 중시할 필요가 있다. 그렇다면 위 기사의 의미는 압록강 유역에 사는 여진족들을 단순히 북쪽으로 밀어냈다는 의미가 아니라 동만주 즉 간도지역으로 보냈다는 의미로 해석할 수 있다. 즉 압록강

거절하고, 거란의 침공 위협을 애써 무시했던 데는 이런 현실적인 사정도 적지 않게 작용했다고 생각된다.

3. 거란과 고려의 군사체제 비교

1) 거란의 군사제도와 전술

(1) 거란군의 편제와 병력

거란의 병제는 유목민족 특유의 병민일치를 기초로 한다. 징집연령은 15세부터 50세까지였다.[42] 『요사』 병위지를 기초로 거란군의 편제를 살펴보면 거란군은 크게 금군에 해당하는 금위제군禁衛諸軍과 부족군, 향병(이민족군)으로 구성되었다.

금위제군은 거란의 최정예군으로 어장친군御帳親軍과 궁위기군宮衛騎軍으로 나뉜다. 어장친군은 황실에 직속된 군대로 전국에서 뛰어난 전사를 뽑아 편성했다. 어장친군은 다시 황제의 직속부대와 황후의 직속부대로 나뉜다. 이것은 거란의 부족적 전통에 따라 황제의 부족과 황후의 부족이 달랐기 때문이다.[43] 황제 직속부대를 피실군皮室軍, 황후 직속부대를 속산군屬珊軍이라고 했다. 피실군은 30만으로 남·북·좌·우·황의 5개 부대로 구성되고, 속산군은 20만 명에 2개 부대로 구성되었다.

궁위기군은 황제의 호위부대이다. 이들은 12궁 1부에 배속되었다. 이들은 거란민과 이민족군의 혼성부대였다. 군사는 정정正丁, 번한전정蕃漢轉丁, 기군騎軍 또는 기병의 3부류로 분류했다. 이중 정정과 기군은 거란족, 번한전정은 한족 또는 점령지에서 충당한 병력이라고 생각된다. 병력은 정정이 16만, 번한전정이 24만 8천, 기군 10만 1천이었다. 이들은 갑옷과 무기를 완비하고, 훈련을 철저히 받은 최정예군대였다. 황

유역을 탈환했던 것은 아니고, 평북 지역으로 밀려드는 여진 유민들을 받아줄 수 없으므로 백두산 북쪽 즉 생여진이 살던 간도지역으로 보내려고 했던 것이라고 생각된다.
42 『요사』 권34, 지4, 병위지 상, 병제, "凡民年十五以上, 五十以下 隷兵籍".
43 황제의 부족은 야율씨였고, 황후의 부족은 술율씨였다. 두 부족은 각기 말과 소를 토템으로 했다.

실에 직속되어 유사시 소집명령을 받으면 다른 부대의 징집과 편성에 상관없이 바로 수도로 집결했다. 따라서 이들은 늘 선투태세를 갖추고 있어야 했다.

부족군은 거란의 여러 부족에 속한 부대이다. 부족군은 대수령부족군人首領部族軍 과 중부족군衆部族軍이 있다. 대수령부족군은 왕족인 친왕과 대신이 거느리는 부대이다. 각왕의 명칭에 따라 태자군, 위왕군, 영강왕군 등의 명칭으로 불렀다. 이들은 친병(친병)적인 군대로 원정이 있거나 중요한 전쟁이 있으면 자발적으로 자신들의 부족군을 내 놓아 이들을 지원하는 관습이 있었다. 무장은 자비로 갖추었다고 한다. 이때 파견하는 병력의 규모는 1천에서 수백 명이었다. 하는데, 부족군의 규모가 1천에서 수백 명 사이였다는 설도 있다. 그리고 국가에서 정식으로 요청을 하면 3천에서 5천까지도 병력을 차출했다.

중부족군은 대수령부족에 속하지 않는 기타 부족군을 말한다. 전성기에 거란의 부족은 남부 16부, 북부 28개부가 있었다. 이들의 병력은 알 수 없다. 여기까지가 거란족이 속하는 군대이다. 거란의 영내에는 피정복민들도 다수 살고 있었는데, 이들은 거란군과는 별도의 군대로 편성되었다. 그것이 향정이다.

향정은 오경을[44] 중심으로 편성된 지역군이다. 이곳에 거주하는 거란인은 거의 궁위기군이나 부족군에 속하고 향정에 속하는 사람은 한족, 해족, 발해인이 주를 이루었다. 이 중 한족의 수가 제일 많고, 다음이 발해유민이었다. 이들의 총수는 약 100만이었다.[45]

한편 이상의 군대와는 별도로 속국군이 있었다. 속국군은 말 그대로 거란의 직접지배는 받지 않지만 사대관계로 예속된 국가에서 징발하는 군대이다. 『요사』병위지에 기록된 속국은 무려 59개국으로 사신을 보내 병력을 징발하거나 황제가 조서를 내려 징발하고, 불응하는 국가는 토벌했다고 한다. 그러나 이런 기록은 과장일 가능성이 높다. 더욱이 속국으로 기록된 나라를 보면 돌궐, 대식, 서하, 토곡혼, 토번(티벳), 말갈, 여진, 서해西奚, 오손 등 국가명, 민족명, 지역, 부족명이 혼재되어 있다. 신라와 고려까지도 들어가 있다. 그러나 고려와 신라는 속국도 아니었으며, 거란에게

---

44 오경은 상경 임황부, 중경 대정부, 동경 요양부, 남경 석진부, 서경 대동부이다.
45 오경향정의 총수는 본문에는 1,107,300명, 서문에는 1,032,800명으로 기록되어 있다.

군대를 보낸 적도 없다. 이런 사정은 속국으로 기록된 여러 나라도 마찬가지여서 속국군은 상당히 형식적인 기록이었다고 보인다.

이상이 『요사』에 기록된 거란의 군제와 군세이다. 그러나 여기서 병력 수에 대해서는 의문을 제기하는 경우가 많다. 우선 같은 『요사』에서도 병위지와 영위지에 기록한 병력수와 호구수가 큰 차이가 난다. 대체로 병위지의 수치는 영위지의 2배이다. [46] 『요사』와 『송사』의 기록도 큰 차이가 있다. 『요사』의 기록에 의하면 피실군과 속산군의 병력은 각각 30만과 20만이다. 그런데 『송사』 송기宋琪 전에는 전혀 다른 수치가 언급되어 있다.[47]

〈표 4-3〉 요사와 송사의 거란군 병력비교

병　　　종	송사 송기전의 병력수
피　실　군	3만
속　산　군	2만
대　수　령　군	1000-500
해족 등의 별족	1만 여
발　해　등	1만 여
부근민족 실위, 여진 당한	매부 1천여기
토번 사타 등 10여 주군 부락의 한병	2만

---

46 김재만, 앞의 책, 1974, 138~139쪽.

47 송기는 유주 출신으로 유주를 지키던 조연수의 종사관으로 거란의 침공을 직접 경험했던 인물이다. 그래서 변방의 부족과 병마, 지형에 대해 잘 알고 깊이 연구했다고 한다. 『송사』 권264, 열전 23, 宋琪에 다음과 같은 그의 상소가 실려 있다. "晉末 契丹主頭下兵謂之大帳 有皮室兵約三萬 皆精甲也 爲爪牙 國母述律氏頭下 謂之屬珊 屬珊有衆二萬 乃阿保機之牙將 當是時半已老矣 南來時 量分借得三五千騎 述律常留余兵爲部族根本 其諸大首領有太子 · 偉王 · 永康 · 南北王 · 於越 · 麻答 · 五押等 於越 謂其國舅也 大者千餘騎 次者數百騎 皆私甲也 別族則有奚 · ロ 勝兵亦萬餘人 少馬多步 奚 其王名阿保得者 昔年犯闕時 令送劉琦 · 崔廷勳屯河 · 洛者也 又有渤海首領大捨利高模翰步騎萬餘人 並恣發左衽 竊爲契丹之飾 復有近界尉厥裡 · 室韋 · 女眞 · 黨項亦被脅屬 每部不過千餘騎 其三部落 吐渾 · 沙陀 泊幽州管内 · 雁門已北十餘州軍部落漢兵合二萬餘衆 此是石晉割以賂蕃之地也 蕃漢諸族 其數可見矣 每蕃部南侵 其衆不啻十萬".

송기는 또 언급하기를 중국을 침략할 때마다 병력이 10만을 넘지 않았다고 한다.[48] 위의 기록으로 거란군의 총수를 파악하기는 어렵다. 그러나 비교 가능한 피실군과 속산군의 병력을 보면 송기가 추산한 피실군 3만, 속산군은 2만은 각각 30만, 20만이라고 서술한 『요사』 병위지의 수치에 비해 정확히 1/10이다.

또 송나라 신종 때 거란에서 항복한 이신輔은 거란의 병력수가 126,000여기라고 보고 했으며, 거란군의 총수가 30만 미만이며 전쟁에 동원할 수 있는 병력은 10만 미만이라는 기록도 있다.[49]

이상 중국측 기록들은 세부적인 수치에서는 차이가 있지만, 거란군의 총병력은 30만이 넘지 않으며, 원정에 동원할 수 있는 최대 병력은 잘해야 10만이라는 것으로 귀결된다. 『요사』의 기록은 거란의 중국 점령에 대한 일종의 변명으로 의도적으로 거란의 군세를 강조하는 경향이 있다. 반면 『송사』의 기록은 송이 멸망한 후 송의 소극적인 대외정책을 비판하고, 새외민족에 대한 강경론을 주장하던 입장에서 서술된 것인 만큼 『요사』와는 반대로 의도적으로 거란의 군세를 약화시켰을 가능성이 있다. 이처럼 양측의 기록은 모두 의문을 낳게 하지만, 위 기록은 거란의 군세의 상한선과 하한선을 보여주고 있다. 이런 입장에서 보면 일반적으로 사서에 등장하는 거란군의 군세, 예를 들면 902년 야율아보기가 하동과 하북지방을 공략할 때 40만을 인솔했다는 기록이나 917년 유주의 유씨가를 공격할 때 50만, 100만을 동원했다는 묘사는 과장된 것임이 분명하다.

2) 거란군의 전투방식

(1) 약탈전쟁과 정복전쟁

거란군의 병민일치적 특성은[50] 일상의 생활이 곧 전술연마이며 군사훈련이었다는

---

48 『송사』 권264, 열전23, 송기.
49 김재만, 앞의 책, 1974, 136쪽. 한편 일인 학자인 송정등은 전쟁에서 사용할 수 있는 거란군은 10~12만, 국군 편제상 정규군으로 간주할 수 있는 병력은 10만 내외일 것이라고 추산하기도 했다(松井等, 「契丹の國軍編制及び戰術」『滿鮮地理歷史研究報告 第4』) 19쪽 ; 김재만, 앞의 책, 1974, 134쪽).
50 이재범은 거란의 특징은 병민일치와 군정일치라고 표현했다. 중국에서는 이것을 전민족총체전략

거란의 도자기
안장과 물병 모양으로 만든 도자기.
유목민족인 거란의 사회상을 보여준다.

것이다. 이들은 평소에는 유목생활과 사냥, 소규모 약탈 전쟁을 통해 전술과 전투기술을 익혔다. 유목과 수렵, 훈련은 모두가 부족단위로 실시했기 때문에 그 자체가 하나의 정치단위이자 군사조직이 되었고 동원도 쉽고 용이했다. 그래서 『요사』에서는 이들의 삶을 하루도 병영을 세우지 않는 날이 없고 하루도 위衛 즉 군 편제 하에서 생활하지 않는 날이 없다고 표현했다.[51]

이러한 부족단위의 군대는 형제, 부자, 친척이 함께 대오를 형성하게 되므로 상급자와 하급자가 혈연관계로 형성되어 인간관계가 밀접하고, 위험에 처했을 때는 서로 구하고자 하는 응집력과 전투력이 고도화될 수 있었다.[52] 그러나 병민일치라고 해도 전 부족을 전쟁에 동원할 수는 없었다. 전쟁이 발발하면 가능한 건장한 병사를 징발하고, 노약자는 향토방위에 투입했다.[53]

병력을 동원할 때는 농업사회로 치면 농번기와 농한기에 해당하는 방목기와 정주기에 하는 전쟁을 엄격히 구분했다. 방목기인 3월에서 9월은 가축을 방목하며 생업에 종사해야 하는 시기이다. 이 시기에 수행하는 전쟁은 병력도 기병 6만 이하로 제한되었다. 보병이나 다른 기타 병력을 언급하지 않은 이유는 농번기의 전쟁은 짧은 범위의 약탈전쟁 또는 단기전만을 허용했기 때문이다. 원정범주도 300리 이내로 제한했고, 적국에 깊이 들어가거나 성을 공략하며 지구전을 벌이는 것, 장기적인 거주를 위해 숲을 벌목하거나 토지를 경작하는 것도 금지했다.[54]

이라고 정의하고 있다(이재범, 「여요전쟁시 고려와 요의 군사력 비교」『서희와 고려의 고구려 계승의식』, 고구려연구회, 1999, 188쪽).
51 『요사』 권31, 영위지.
52 이재범, 앞의 논문, 1999, 188쪽.
53 『요사』 권31, 營衛志 상, 궁위.
   김재만, 앞의 책, 1974, 134~135쪽.
54 『요사』 권34 병위지 상, 병제.
   안주섭, 『고려 거란전쟁』, 경인문화사, 2003, 80쪽.

본격적인 원정기간은 9월에서 12월 사이였다. 거란족의 입장에서 보면 이 기간은 방목과 이동을 하지 않고, 가축을 모아 정주 생활을 하므로 생업에서 자유로운 시기이다. 상대국도 유목민이든 농경민이든 일년의 수확을 모아 정주하는 시기이므로 약탈의 효과가 컸다. 방목이 다시 시작되는 시기는 대략 음력 2월-3월이었지만, 자신들의 거주지로 복귀하는 시간이 필요하므로 원정은 대략 12월에 마감했다.

이처럼 전쟁 수행기간이 제한되는 것이 거란군만이 아니라 유목민족의 치명적인 약점이었다. 병민일치 방식은 인구수에 비해 많은 군사를 양성할 수 있는 장점이 있지만, 방목기에는 반드시 생업에 복구시켜야 한다는 단점이 발생했다. 크고 중요한 전쟁일수록 전쟁기간은 더욱 엄수해야 했는데, 그만큼 대군을 필요로 하는 경우가 많기 때문이었다.

(나) 기병의 구성과 임무

거란군의 기본단위는 대隊였다. 1대는 500-700명으로 구성된다. 10대는 1도道가 되고, 10도가 1로路가 된다. 1로군의 병력은 5만-7만 정도이다.

정규 거란기병(정군)은 1명당 말 3필을 끌고 참전했다. 거기에 타초곡가정打草穀家丁 1명과 수영포가정守營鋪家丁 1명이 딸렸다. 정군은 전투를 담당하는 주 전투병이다. 이들이 소지하는 장비는 법으로 규정되어 있었는데, 철갑 9벌, 마갑, 활 4개, 화살 400발, 장창과 단창, 도끼, 철퇴[鐵推], 작은 깃발, 화도석火刀石 등을 갖추고, 말을 다룰 밧줄에 말먹이까지 준비해야 했다.[55]

철갑과 마갑, 장창은 중장갑을 갖추고, 전진을 돌파하는 충격작전에 대비한 장비이다. 단창, 도끼와 철퇴는 단병전투를 대비한 무기이다. 이 무기는 대상을 가리지 않고, 유용하게 사용할 수 있지만, 갑옷으로 무장한 적군 기병이나 중보병을 상대할 때 특별히 유용한 무기였다.

중장기병이면서도 경기병들의 주무기인 활과 화살을 충분히 준비하는 것도 눈여겨

---

55 『요사』 권34 병위지 상, 병제, 이하 거란군의 전술은 『요사』 권34, 병위지의 서술과 안주섭, 앞의 책, 2003, 75~87쪽 및 임용한, 『전쟁과 역사 2-거란 여진과의 전쟁』, 2004, 혜안, 53~68쪽을 참조했다.

볼만한 점이다. 중장기병과 경기병은 반드시 구분되는 것이 아니고, 전술적 필요와 목적에 따라 얼마든지 전환해서 사용할 수 있다.

활과 화살은 중장기병에 대한 경기병의 공격에 대항하기 위해서도 필요했다. 중장기병이 충격작전용 무기만을 갖추면 경기병의 공격에 속수무책이 된다. 경기병과 중장기병의 전투라고 하면 중장기병이 일방적으로 유리할 것 같지만 그렇지 않았다. 백병전이라면 갑옷을 입지 않은 경기병은 중장기병의 상대가 될 수 없다. 그러나 무거운 중장갑을 한 중장기병은 느리고 둔하기 때문에 경기병이 거리를 두고 움직이면 제압할 수가 없다. 반면에 유목민족의 최대 무기이자 장기인 복합활은 수십 미터 떨어진 거리에서도 갑옷을 충분히 관통할 수 있는 위력이 있었다. 그러므로 경기병의 공격에 대항하기 위해서는 중장기병도 반드시 활을 갖추어야 했다.

타초곡가정은 어의대로 풀이하면 말의 사료인 풀과 곡식조달, 즉 보급을 담당하는 병사라는 의미이다. 이들은 대개 경무장 기병이어서 타초곡기라고도 했다. 거란군은 현지조달 능력의 강화를 위해 식량과 마초를 공급하지 않고, 현지에서 조달하게 했다. 타초곡기는 매일 사방으로 돌아다니며 식량을 약탈하거나 사냥, 낚시까지도 했다. 전투가 벌어지면 이들은 경기병이나 기병 전투의 보조원으로 활약했다.

수영포가정은 말과 장비를 관리하는 사역병으로 추정된다. 정군과 말이 갑옷을 착용하기 위해서는 도움이 필요했다. 기병은 여러 필의 말과 장비를 보유하기 때문에 전투가 벌어질 때도 이들을 관리하고 수비할 병사가 필요했다.

이들은 모두 '가정家丁'이라는 명칭을 붙인 것으로 보아 국가에서 징발해서 배치하는 병사가 아니라 정군 기병과 같은 부락민이거나 가족, 사속 등으로 구성된 집단이었다고 추정된다.

거란군이 행군할 때는 본대인 호가군護駕軍과 선봉군으로 이분했다. 호가군은 정예병 3만으로 편성되었다. 선봉군은 원탐난자군과 선봉군, 본대의 연락을 담당하는 연락부대로 구성된다. 원탐난자군은 최선봉에서 활약하는 수색기병이다. 숙영지에서는 경계임무를 수행하기도 했다. 최정예의 병사로 선발했으며 10명 정도가 한 팀이 되었다. 이들은 본대의 앞과 뒤 20리 지점에서 활동했다. 야간에는 5-10리를 단위로 천천히 조심스럽게 움직였다. 말에서 내려 사람과 말의 소리를 탐지해서 상황을 판단하기도 했다.

한편 거란군은 진시에 병력을 3등급으로 나누어 제1등급은 최정예병으로 편성해서 완전한 장비를 지급하고 최후방에 배치했다. 2등급의 부대는 장비를 절반만 지급하여 2선에 배치하고, 최하등의 병사에게는 비무장이나 다를 바 없는 장비를 지급한 상태로 일선에서 적의 예봉을 막도록 했다. 그리하여 전투기술이 미비한 병사들은 자발적으로 열심히 기술을 연마하도록 했다.[56] 그러나 이 증언은 송나라 사람들의 목격담에 의한 것으로 이런 방식이 항상적으로 사용하는 방법이었다고 보기는 어려울 듯하다. 또 최하급의 군사를 최일선에 배치한다는 것은 공성전의 등성작전이나 굴착공사와 같은 어렵고 희생이 큰 작전에 동원하는 것을 의미한다고 보인다. 어쨌든 이러한 증언은 거란군이 상당히 거칠고 원색적인 방법으로 전력향상을 위해 노력했음을 말해주는데, 이런 방식도 유목민족의 생활과 투박한 생존과정에서 나온 것이라고 하겠다.

(3) 전투방식

거란과 같은 유목민족의 장기는 기병이다. 기병은 경기병과 중장기병이 있다. 경기병은 무장을 가볍게 하고 속도와 기동력을 주특기로 하는 병종이다. 이들의 주요 기능은 수색, 정찰, 연락이다. 전투시에는 교란, 양동 전술과 패주하는 적을 추격, 섬멸하는 섬멸전이 주 임무가 된다. 장갑이 약하므로 충격전술이나 백병전보다는 활을 주무기로 하는 장병전술을 위주로 한다.

중장기병은 기사와 말이 중무장을 한 기병으로 적진의 대형을 파괴하는 충격작전과 적의 중기병을 상대하는 것이 주임무였다.

둘 다 전투에서는 없어서는 안되는 병종이지만 굳이 비중을 가린다면 거란군의 전술은 속도를 활용하는 경기병 전술의 비중이 높았다. 거란군은 양동과 교란작전에 능했다.

일반적으로 기병을 활용하는 전투방식은 먼저 경기병대를 보내 활과 소규모 타격전으로 적을 교란하고, 지치게 한 뒤 적의 약한 곳을 발견하면 중장기병대를 출동시켜 적진을 타격하는 방식이었다. 중장기병대를 출동시킬 때는 적절한 타이밍과 위치

---

56 『요사습유』 권13.

선정, 집중력이 중요했다.

그러나 경기병의 비중을 높인 거란군은 이 전술에 개량을 가했다. 『요사』에 소개한 거란군의 대표적인 전술은 다음과 같다. 전투가 벌어지면 먼저 500~700명 단위로 구성된 1대를 출동시켰다. 적에게 근접했을 때 적진이 동요하고 전세가 유리하면 바로 전군이 일제히 돌격해서 승부를 낸다. 그렇지 않으면 무리하게 적진에 충돌하지 않고 후퇴한다. 그러면 다시 다른 부대가 연속해서 공격하고 후퇴한 부대는 휴식을 취했다. 소규모 부대가 릴레이식으로 사방에서 어지럽게 공격함으로써 적군에게 쉴 틈을 주지 않고, 끝내는 지치게 만드는 작전이었다.[57] 기병의 기동력 덕분에 거란군은 소수의 병력을 사용해서 다수의 병력을 쉴 새 없이 긴장하게 할 수 있었다. 거란군은 결코 서두르지 않고 적이 지칠 때까지 이 작전을 사용했다. 심할 때는 이런 공격을 2,3일을 계속 반복했다고 한다. 한족에 비해 인구가 부족한 거란군으로서는 소수로 다수를 상대하고, 전투병력의 손실을 줄일 수 있는 전술이었다.

드디어 적이 지치고, 약한 곳이 발견되면 즉시 부대가 집결해서 이곳을 치고 들어갔다. 교란과 기습의 효과를 높이기 위해 거란군은 두가지 보완을 했다.

하나는 연막전술이다. 바람이 적진을 향해 불 때면 타초곡기나 가정을 시켜 말 양쪽에 두 개의 빗자루를 매달고 달리면서 먼지를 일으켜 연막을 쳤다.[58] 이 전술은 새로운 것은 아니지만, 거란군의 배치와 이동상황, 주공격 지점을 가리는 것은 거란군의 전술에는 특히 커다란 도움이 되었다.

하나는 보다 본질적인 보완조치로 각 제대에 광범위한 재량권을 부여하는 것이다.

거란족의 말과 안장(김인호 등, 『미래를 여는 한국의 역사』 2, 66쪽)

---

57 『요사』 권34 병위지 상, 병제.
58 『요사』 권34, 지4, 병위지상, 병제.

거란군과 같은 전술에서는 순간적인 기회포착과 집중력이 생명이다. 그러나 중앙의 지휘관들은 전장의 상황을 바로 파악하기가 어렵다. 그렇다고 지휘계통을 밟아 보고 하고 다시 지휘관의 명령을 받아 움직여서는 이런 기회를 살릴 수 없다. 그래서 거란 군은 현장 지휘관에게 재량권을 부여해서 미리 자기 나라의 산천의 이름으로 신호를 정해 두었다가 현장에서 이 신호에 따라 신속히 집결해서 돌파했다. 기동력의 장점을 십분활용하는 공격법라고 할 수 있다. 이와 같은 기동전은 한쪽 방면의 공격부대가 전투에서 불리한 상황에 처했을 때, 다른 부대가 구원하는 방법으로도 이용되었다.[59]

수색기병인 원탐난자군도 이런 재량권을 보유하고 있었다. 수색 중에 적과 조우했 을 때 적이 소수이면 바로 공격하는 권한이 있었다. 적이 강하면 선봉군을 불러 쳤다. 선봉군도 감당할 수 없는 규모이면 본대를 기다렸다. 주수(主帥, 본대의 지휘관)는 적세 를 판단하고 대응하거나 우회를 결정했다.

거란군은 기동력을 살려 수색정찰, 공격과 교란, 수비에서 소규모 부대활용을 잘했 다. 대신에 단독행동은 철저히 금했다. 그러므로 반드시 5-10기를 단위로 하는 조를 편성해서 구성원 중 1명이 적을 추격할 경우는 나머지 조원도 반드시 함께 추격에 가 담해야 했다. 이를 위반한 자는 구성원 전원을 극형에 처했다. 이 덕분에 거란 기병들 은 개인행동을 삼가고 적과 맞서서 싸울 때는 서로 힘을 다해 목숨을 내걸고 싸웠다.[60]

(4) 공성전

거란군의 전술원칙은 병력손실을 최소화하고 최대한의 속도전을 펼치는 것이었다. 이것은 거란군의 장기인 기동력과 이동력을 십분 활용하는 동시에 이들의 단점인 인 구부족과 제한된 전쟁기간에 구애된 것이기도 했다.

그런데 거란군과 같이 속도전과 간접접근식 전술을 선호하는 군대에게 최대의 장 애가 공성전이었다. 공성전은 시간과 병력 모두에게 손실을 강요하기 때문이다.

---

59 『요사』 권34 병위지 상, 병제, "若陣南獲勝 陣北失利 主將在中 無以知之 則以本國四方山川爲號 聲 以相聞 得相救應".
60 『요사습유』 권13.
　이재범, 앞의 논문, 1999, 190쪽.

거란군은 전략-전술적으로 꼭 필요한 성이 아니면 공격을 자제하고 우회하는 전술을 썼다. 그렇다고 적의 요새를 모두 방치할 수는 없으므로 공격을 자제하는 대신에 성을 고립시키는 전술을 사용했다. 거란군은 먼저 성을 포위하고, 위장공격을 가해 성의 수비군이 지치게 만든다. 성 주변의 도로와 요충지를 차단하여 고립시키고, 다른 성의 구원병이 오는 것과 다른 성과 연락하는 것을 차단한다. 성을 포위할 때도 아주 소수의 병력을 배치했다. 야간에는 성문에 매복을 하고, 도로망을 차단했다. 성의 수비대가 병력에 우위가 있어도 거란의 기병을 따라잡지 못하고, 위장공격과 고립으로 지치면 더더욱이 거란군을 공격할 엄두를 내지 못했다. 이렇게 함으로써 거란군은 비록 성을 직접 함락하지 않아도 시간과 병력을 절약하면서 주요 거점을 제압하는 효과를 거둘 수 있었다.

어쩔 수 없이 성을 공략해야 하는 경우는 특별한 방법이 없었다. 해자를 메우고, 성벽을 공략해야 했다. 이때도 정예 전력을 보호하기 위해 참호를 메우거나 등성작전을 펼 때는 노약자나 본국 주현에서 징발한 한인부대를 동원했다.[61] 거란군은 초기에는 유목기병이 중심이었지만, 한족을 포용하게 되고 중국 본토로 진군해 들어감에 따라 농경민족을 채용한 보병을 양성하고, 공성전술도 다양하게 습득했다. 그리하여 공성전의 기본 장비인 운제, 충차, 포 등을 사용했으며, 갱도굴착, 토산 축조 등의 공성전술도 사용했다.

2) 고려의 군사제도와 전술

(1) 고려군의 병력과 전술 편제

거란전쟁기 고려의 군사력과 전술을 파악하는 데는 두 가지 애로가 있다. 전술과 전투방식을 보여주는 사료가 절대적으로 부족하고, 『고려사』에 기록되어 있는 2군6위, 주현군과 주진군, 병종에 대한 기록은 거의가 거란 전쟁 이후, 또는 고려후기의 기록이다. 더욱이 고려초기와 『고려사』를 기록한 조선 전기의 전술과 병종에는 큰 변

---

61 『요사』 권 34, 병위지.

화가 있었다고 보는 것이 일반적인 견해이다.

고려의 군시제도는 거란 전쟁 이전에는 주현군의 전신으로 보이는 광군과 6위 정도만 설치되어 있었다. 정종 때 조직한 광군은 30만명이었다고 한다.[62] 거란 전쟁기에 군사제도가 급속히 정비된다. 거란의 1차 침입 2년 후인 성종 14년에 주가 설치되는데, 이 시점에 맞춰 지방군도 주진군과 주현군으로 정비된 듯하다. 고려의 전성기를 기준으로 하면 중앙군인 2군 6위는 총45령으로 총원은 45,000명이다. 주현군과 주진군은 정용, 보승과 1~3품으로 구성되었다. 주현군은 『고려사』 병지에는 정용, 보승, 1품군의 총수만 기재되어 있는데, 48,237명이다.[63]

주진군은 서계가 61,000-71,000명 정도, 동계가 3만명 정도로 도합 14만명 정도된다. 이 중 약 70% 이상이 항상 북계에 배치되어 있었다. 이 기록으로 보면 국방의 중심은 여진과 대치하는 동계보다는 거란과 대면하는 서계에 집중되어 있음을 알 수 있다.[64]

이상의 편제는 행정적인 편제이다. 실제 전투에서는 전투 편제를 따르게 되었을 터인데, 현재 고려군의 전술편제에 대한 거의 유일한 단서는 고려와 후백제의 최후의 결전이었던 일리천 전투의 기록이다. 이 전투에서 고려군은 전군을 중군과 좌군과 우군으로 보이는 좌강, 우강의 3군으로 나누고, 3군을 지원하는 원병부대를 별도로 편성했다(표 4-4 참조).

고려군은 중군과 좌강, 우강으로 3군으로 편성했다. 이 3군 편성 자체는 고전적인 방법으로 특별한 의미를 부여할 수는 없다. 좌강, 우강, 중군 각각의 편제를 보면 3군은 각기 마군과 보군으로 편성되었다. 부대 명칭도 특이하게 마군은 모두 마군으로 불리는 반면, 보군은 지천군, 우천군, 천무군, 간천군과 같은 독립된 명칭을 지니고 있다.

---

62 고려 전기 고려의 군사제도와 편제에 대해서는 최종석이 앞에서 정리했으므로 여기에서는 상론하지 않겠다.

63 이기백, 「고려주현군고」 『고려병제사연구』, 일조각, 1968, 207쪽.

64 동계의 병력이 3만에 불과한 것은 기록누락이 있는 탓일 수도 있다. 『고려사』 기록에 동계에는 신기, 보반, 백정 등이 기록되어 있지 않다(이기백, 「고려양계의 주진군」 앞의 책, 1968, 252~253쪽).

편제	부대명	병력
좌강 (20,000)	마군	10,000
	보군:지천군(支天軍)	10,000
중군 (32,500)	마군	20,000
	보군:우천군(祐天軍)	1,000
	보군:천무군(天武軍)	1,000
	보군:간천군(杆天軍)	1,000
	제번경기(諸蕃勁騎)	9,500
우강 (20,000)	마군	10,000
	보천군(補天軍)	10,000
3군원병 (15,000)	기병	300
	제성군(諸城軍)	14,700

좌강과 우강은 구성과 병력이 동일하다. 총병력은 2만이며, 마군과 보군이 반반씩 차지했다. 반면에 중군은 좌군과 우군과 많이 다르다. 병력은 32,500명으로 좌군이나 우군보다 12,500명이 많다. 구성도 마군이 2만으로 좌우군의 마군을 합친 규모이다. 보군도 좌강과 우강의 보군은 각기 1만의 병력을 지닌 단일부대로 편성되었다. 하지만 중군의 보군은 우천군, 천무군, 간천군의 3부대로 나뉘어 있으며, 병력은 좌, 우강의 보군의 10%인 1,000명씩 밖에 되지 않는다. 이 특이한 편제 때문에 이들은 왕건의 호위를 맡은 친위군이었다고 보기도 한다.[65] 이외에 좌, 우강에는 없는 제번경기 9,500명이 별도로 소속되어 있다. 제번경기는 여러 번에서 온 정예 기병 부대라는 의미로 여진, 말갈 혹은 발해유민까지 포함한 이민족 기병부대라고 이해된다. 만약 마군을 기병이라고 보면 중군은 전체 90%가 기병이다. 이상 3군의 총병력은 72,500명, 이중 기병이 49,500명으로 전체의 68%이다.

이 외에 여러 성에서 온 부대가 있었다. 이들을 하나로 묶어서 3군의 원병으로 배치했다. 이 병력은 보군이 14,700명에 기병이 300명이었다. 이들을 합하면 고려군의

---

65 이기백, 「고려경군고」, 앞의 책, 1968, 51쪽.

총병력은 87,500명이다.

(2) 기병 위주의 전술과 운영

일리천 전투의 편제를 분석함에 있어서 기존의 연구에서는 모두 마군은 기병, 보군은 보병이라고 보았다. 용어상으로 보면 이런 추정은 타당해 보인다. 단 『고려사』에서는 기병을 지칭할 때는 마군보다는 마병을 더 많이 사용했고, 마군은 마군장군, 마군대장군 같은 직위의 명칭에 많이 사용했다.

그런데 일리천 전투의 마군을 기병이라고 본다면 기병의 비율이 근 70%로 기병의 비율이 너무 높다. 주현군의 기, 보병 비율은 기병 25% 정도이다.[66] 그래서 지금까지는 고려초기에는 기병의 비율이 높았다가, 전쟁의 위험이 줄어들고 고려가 안정기로 접어들면서 보병의 비율이 높아졌다고 이해하고 있다.[67]

이상의 견해는 『고려사』의 기록을 토대로 추정한 것이다. 하지만 전술적 상식과 맞지 않는 부분이 몇 가지 있다. 우선 평화기가 되어 기병이 줄고 보병이 많아졌다는 설명을 납득하기가 힘들다. 중앙군의 기능이 전투보다는 도성 숙위, 순찰 기능이 주가 되면서 보병이 중심이 되었다고 보는 견해도 있지만 도성순찰, 경찰 기능에도 기병의 효용은 중요하다. 평화기가 되어 군비가 느슨해지고, 훈련과 긴장이 떨어진다는 해석은 가능하겠지만 그것이 기병 축소와 보병 증가로 이어질 이유가 없다. 말을 관리하고 키우는 부담과 어려움 때문에 군마가 줄고 부실해지는 상황은 발생할 수 있겠다. 그러나 전근대의 신분제 사회에서 기병은 보병보다 지위와 대우가 높다. 998년(목종 1)에 제정한 개정전시과에서도 마군은 17과로 전23결을 받고, 보군은 최하급인 18과로 전20결을 받았다.[68] 기마는 신분, 부, 일상생활의 편리와도 관련되어서 군마의 양육과 훈련은 소홀히 할지더라도 승마와 말의 보유 자체를 포기하기란 쉽지 않다. 그

---

66 2군 6위도 보승 22,000명은 보병, 정용 11,000명은 기병이라는 견해를 따르면(이기백, 『고려병제사연구』, 60-74쪽) 보병과 기병의 비율이 정확히 2:1로 기병비율이 33% 정도가 된다. 그러나 정용과 보승을 기병과 보병으로 보기는 어렵다. 이 점은 다음 절에서 살펴보겠다.
67 홍승기, 「고려초기 중앙군의 조직과 역할-경군의 성격-」『한국군사사논문선집2-고려전기편』, 1998, 39~41쪽.
68 『고려사』 권78, 지32, 식화, 전제, 전시과, 목종 원년 12월 개정전시과.

러므로 군마의 부담이 싫어서 기병이 말을 버리고, 보병으로 전환한다고 보기는 어렵다. 즉 체제상에서 기병과 보병의 비율이 변했다고 보기는 힘들다.

또 기병과 보병의 비율을 바꾸려면 전술 자체를 개혁해야 한다. 하지만 어느 시대나 군비 해이와 전투력 약화는 군비부족, 병력 및 장비관리 체제의 해이, 훈련부족, 면역자의 증가와 병종별 군사들의 자질저하로 구현되는 것이지[69] 기병을 줄이고 보병을 늘리는 식으로 전술 자체를 바꾸는 것으로 구현되지는 않는다. 왜냐하면 전술체제란 주변국과의 전쟁을 가상으로 하는 것인데, 주변국가나 지형 등 전략적 상황은 변하지 않기 때문이다.

일리천 전투에서 마군과 보군의 비율과 편제 역시 전술적 상식으로는 이해하기 힘들다. 전투를 위해서는 다양한 병종이 필요하다. 기병도 장갑에 따라 중기병, 경기병이나 혹은 기능에 따라 궁기병, 창기병의 분류가 있으며, 보병의 경우 중보병, 경보병, 궁병과 노수, 공병, 수송대 등이 필요하다. 각 병종은 고유의 기능이 있으며, 전투란 여러 병종 간에 유기적인 협조 속에서 이루어진다. 기병이 강하다고 해서 혹은 평지 전투라고 해서 기병이 모든 것을 다 할 수 있는 것은 아니다. 그러므로 독립된 전투부대는 필요한 병종을 모아 자기완결적 체제를 갖추어야 전투부대로서 기능을 수행할 수 있다. 기존의 연구에서는 거의가 이 부분을 간과했다.

물론 마군이 기병이고 궁병, 중보병, 경보병, 공병 등을 아울러 보군으로 묶었다고 보면 이런 불합리를 해결할 수 있다. 하지만 이 경우에도 심각한 의문이 발생한다. 첫째 중군의 편성이 기형적이 된다. 기병 29,500명에 보병은 겨우 3,000명이 되는 셈이기 때문이다. 야전에서 보군의 중요한 역할의 하나가 방어이다. 전력이 열세인 후백제의 기병이 고려군의 심장부인 중군을 노릴 것은 당연한 이치이다. 기병으로 기병을 막는 법도 있지만, 기병 간의 전투는 난전으로 변할 가능성이 크기 때문에 안정된 방어벽을 구축하기 위해서는 보병이 반드시 필요하다. 그런데 무엇보다도 철저한 방어와 경호가 필요한 중군에 90%를 기병으로 채웠다는 것은 상식적으로 용납될 수가 없다.

---

69 문종조는 고려의 전성기이고 문물제도가 완비되는 시기였다. 군제에서도 괄목할만한 변화가 많았는데, 이 시기에도 마병과 보병의 훈련부족, 부자의 면역, 6위 군사의 빈민화와 도망 등의 문제가 지적되고 있다(『고려사』 권81, 지35, 병1, 병제, 병제사).

둘째, 마군을 기병, 보군을 보병으로 보면 기병의 비율이 너무 높은 것은 일단 차치하더라도 병종별 단위병력이 너무 크다는 문제가 발생한다. 1만이라는 병력은 후삼국기의 주요 전투에서 왕건이나 견훤이 거느렸던 병력보다도 많다. 이런 대규모 병력을 기병과 보병으로 분리해서 운영했다고 보기는 어렵다. 지휘체제도 마군과 보군이

고려시대의 말

제각각 대장군의 지휘를 받고 있어 마군과 보군을 통합 지휘하는 체제가 없다. 통신과 신호체제가 발달하지 않은 이 시대의 전쟁에서 기병과 보병이 이처럼 대규모로 편제되어 독자적인 지휘를 받고 있으면, 서로 간의 유기적인 협조와 엄호는 거의 불가능하다.

우리보다 병력운용규모가 훨씬 컸던 중국에서도 단위병종은 이렇게 대단위로 운용하지 않았다. 대표적인 사례로 당나라의 명장 이정李靖의 편제방식을 살펴보겠다. 이정은 당태종이 총애하던 무장이다. 당태종은 그의 개혁안을 수용하여 당군을 일신했다. 이정은 중국의 고유한 전통과 장점을 살려 중장기병 대신 보병과 경기병을 강화하여 중국군의 효율성을 극대화했다는 평을 받고 있다. 당나라는 이정의 전술을 채용해서 돌궐과 토번을 격파하고, 고구려 원정을 감행했다. 이후 그의 병서인 『이위공문대李衛公問對』는 무경칠서에도 포함되었고, 그가 고안한 육화진법은 화약무기가 등장하기 전까지 중국군의 편제와 전술에 기본이 될 정도로 큰 영향을 미쳤다. 이정의 병법은 어디까지나 중국의 병법이어서 고려군의 전술체제와는 다를 수 있다. 그러나 삼국통일기에 이정의 병법과 군제개혁이 소개, 수입된 흔적이 있다. 이정의 전술을 중장기병을 약화시키는 것이 아니라 보병과 경기병 전술을 강화하는 것이었기 때문에 서로 대립하고 있던 삼국의 입장에서는 이정의 병법을 적용할 소지와 동기가 충분했다. 후술하겠지만 거란과 대립했던 고려군도 이정과 마찬가지로 노대弩隊의 운영을 강화하고 노수`궁수와 보병의 전환운용전술을 사용했던 흔적이 있다. 이것만으로 고려군이 이정의 전술을 채택했다고 보기는 어렵지만, 고려군의 전술과 이정의 전술의 공통점을 지닐 수 있는 요소는 보여준다. 그러므로 이정 병법의 군의 편제규모와 병

종별 비율은 어느 정도 보편적인 전술적 원칙을 반영한다고 볼 수 있다.

이정의 병법에서 그는 2만의 군대를 가정했을 때 병력을 7군으로 나누었다. 7군은 중군, 좌우우후 2군, 좌우상 4군이다. 각 군마다 노수, 궁수, 마군, 도탕, 기병奇兵, 보조부대를 갖춘 완전한 편제를 갖추도록 했다. 예를 들어 중군의 경우 4천을 배당하고, 이중 2,800명을 전투병으로 편제한다. 나머지는 보급품(치중)을 지킨다. 전투병은 50명을 1대隊로 해서 총 56대로 구성한다. 병종별 비율은, 노수 400명, 궁수 400명, 마군 1,000명, 도탕 500명, 기병奇兵 500명이다.[70]

〈표 4-5〉 이정의 군별 병종 편제

구분	총병력	전투병	노수(%)	궁수	마군	도탕	기병	비고
중군	4000	2800	400	400	1000	500	500	
좌우 우후	2800	1900	300	300	500	400	400	좌우 각 1군 총2군
좌우상	2600	1850	250	300	500	400	400	좌우 각2군 총4군

〈표 4-6〉 이정의 군별, 병종별 병력분포

구분	총병력	전투병	노수	궁수	마군	도탕	기병
중군	4,000	2,800	400	400	1,000	500	500
좌우우후(2군)	5,600	5,600	600	600	1,000	400	400
좌우상(4군)	10,400	10,400	1,000	1,200	2,000	400	400
계	20,000	18,800	2,000	2,200	4,000	1,300	1,300

70『통전』권148, 병전, 병1, 立軍, "大唐衛公李靖兵法曰 諸大將出征 且約授兵二萬人 卽分爲七軍 如或少 臨時更定 大率十分之中 以三分爲奇兵 中軍四千人 內取戰兵二千八百人 五十人爲一隊 計五十六隊 戰兵內 弩手四百人 弓手四百人 馬軍千人 跳盪五百人 奇兵五百人 左右虞候各一軍 每軍各二千八百人 內各取戰兵千九百人 共計七十六隊 戰兵內 每軍弩手三百人 弓手三百人 馬軍五百人 跳盪四百人 奇兵四百人 左右廂各二軍 軍各二千六百人 各取戰兵千八百五十人 戰兵內 每軍弩手二百五十人 弓手三百人 馬軍五百人 跳盪四百人 奇兵四百人 馬步通計 總當萬四千 共二百八十隊當戰 餘六千人守輜重".

비율로 보면 전투병 중에서 노수가 11%, 궁수가 12%, 마군 즉 기병이 21%, 도탕 7%, 기병騎兵이 7%이다. 그런데 이 편제와 일리천 전투 시 고려군의 편제를 비교하면 기병 비율이 압도적인 것은 어떻게 이해할 수 있다고 해도, 만 명 단위로 기병과 보병을 나누어 운영한다는 것이 전술적 상식과 얼마나 동떨어져 있는가를 발견할 수 있다. 조금 후대의 사료지만 고려 주진군의 편제도 오히려 이정의 편제와 유사하다.

안북도호부의 경우 초군 16대 중 마병이 4대, 우군은 전체 4대 중 마병이 2대, 좌군은 전체 26대 중 마병 2대, 노병 2대로 구성되었다. 이외 위의 표에는 기재하지 않았지만 공병이나 사역부대로 추정되는 보창保昌, 백정 등이 별도로 대를 이루며 편성되어 있었다. 귀주도 비슷하다.

〈표 4-7〉 고려 주진군의 편제와 구성

지역	부대	구성	병력	병력에 포함된 특수병과
안북	초군	16대	400명	마병 4대
	우군	4대	200명	마병 1대
	좌군	26대	650명	마병 2대, 노병 2대
귀주	초군	24대	550명	마병 4대
	좌군	20대	500명	마병 4대, 노병 2대

※ 1대=25명.

위의 표에서 보이는 주진군의 마병과 노병의 비율은 이정의 병법과 비슷하다. 마병은 대략 20-25%, 노병은 10% 정도이다. 궁병, 도탕, 기병騎兵 등은 표에 나오지 않는다. 그 이유는 궁수는 별도의 대를 이루지 않고 일반 보병에 포함되었던 때문이라고 생각된다. 도탕, 기병騎兵 등은 전투 시 역할에 따른 분담이고, 궁수, 노수, 마병은 역할 개념도 포함되지만 장비를 기준으로 한 분류인데, 전투 편제는 비상시의 편제이고 관리가 중시되는 평시에는 후자의 분류방식을 더 중시했기 때문일 것이다.

이상의 사례들로 보면 일리천 전투의 마군을 기병과 동의어로 이해하는 것이 합당한 것인지 의문이 든다. 이런 의문을 뒷받침하는 또 하나의 증거는 이날의 기록에서 중군의 제번기병, 원군의 기병 300명과 같이 '기병'이라는 명칭이 별도로 사용되고 있다는 것이다. 이 두 기병은 비율이나 구성으로 보아 순수 기병부대임이 분명하다.

그렇다면 마군과 보군을 기병과 보병이 아니라 기병을 충분히 보유한 전투편제가 충실하고 전술수행 능력이 탁월한 부대를 마군, 기병이 부족하고 전투기능이 떨어지는 부대를 보군으로 구분했다는 추정도 가능하지 않을까 한다. 어쩌면 마군과 보군의 분류는 이정의 병법에서 전투병과 치중대, 수비병에 오히려 가깝거나 공격능력을 갖춘 공격부대와 공격 보조부대 혹은 수비부대의 차이로 이해할 수도 있다고 생각된다. 하필 마군과 보군이라는 명칭을 사용한 이유는 전투편제의 완결성과 공격능력을 가늠하는 데에 기병의 존재와 비중이 결정적이고 가시적인 기준이 되었기 때문이 아닐까 한다.

마군과 보군의 개념을 이렇게 이해한다면 고려 초기 주요 장군들이 모두 마군장군이었던 특이한 현상도 합리적인 설명이 가능하다. 태조 왕건을 추대한 4장군이 모두 마군장군이었으며, 태조의 주요 지휘관인 유금필, 능식 반대로 반란을 일으킨 이흔암, 환선길 등도 모두 마군장군이었다. 이 특이한 우연에 대해서 기병(마군)이 전투부대이며, 정예부대였기 때문이라는 견해도 제시되고 있지만, 앞서 살펴본 대로 기병만으로는 전투부대가 될 수 없다.

물론 이러한 견해는 아직은 추정에 불과하다. 일리천 전투에서 고려군이 극단적으로 기병을 강화하는 전술을 사용했을 가능성도 있다. 설사 그렇다고 해도 그와 같은 편제는 특수한 형태이며, 일반적인 전술 체제가 될 수는 없다는 점은 분명하다고 하겠다. 따라서 거란전쟁기 적어도 기병과 보병의 비율은 『고려사』에 기록에 기록된 편제와 기본적인 구조에서는 큰 차이가 없다고 보여진다. 다만 『고려사』 병지에 기록된 군제는 고려 중, 후기의 기록으로 거란전쟁과 여진전쟁의 경험을 통한 변화가 강하게 투영되어 있어서 보병과 기병 이외에 병종의 비중이나 역할은 판단하기 힘들다. 따라서 고려군의 전술과 병종은 고려-여진전쟁 편에서 상술하기로 하고, 여기서는 일반적인 전술적 특성을 거란과 대비해서 간단히 살펴보겠다.

삼국시대나 그 이후의 시대와 마찬가지로 고려군의 장기는 수성전이었다. 이것은 공성전을 회피하고, 빠른 기동과 전격전을 구사하는 거란에게는 상극적인 요소였다. 게다가 험한 지형과 추운 날씨는 거란의 진격속도와 현지조달을 더욱 어렵게 했다.

고려군의 장기가 거란군의 장기와 동일한 기병과 궁수였던 점도 주목할 필요가 있다. 거린군은 고려 정복에서 고려의 험한 지형과 견고한 산성을 장애요소로 지목했지만, 서로 간의 장기가 비슷했다는 사실도 간과할 수 없다. 거란전쟁에서 고려군과 거란군의 전투가 의외로 야전에서의 전투가 많았던 것은 이런 특징에 기인한 것이다. 거란군의 장기인 기동력과 이동능력은 고려의 험한 지형에 의해서도 제약되었지만, 보병이 중심인 송나라 군에 대해 누렸던 상대적 우월성 역시 고려에서는 상쇄당하게 되었다. 이것은 전쟁의 양상과 승패와 커다란 영향을 미쳤다.

제2절

고려-요 전쟁의 진행과 그 결과

1. 요의 1차 침공과 서희의 외교

1) 거란 전쟁의 발발과 초기 전황

거란은 두 차례의 여진정벌을 성공적으로 마무리했다. 985년 정안국을 멸망시키고, 991년에는 압록강 연안까지 진출하여 위구, 진화, 내원의 3성을 구축했다.

993년(성종 12) 8월 동경(요양) 유수 소손녕[71]이 이끄는 거란군이 요양을 출발해서 이해 10월에 압록강을 건넜다.[72] 거란군의 출병 소식은 거란군이 요양을 출발하기도

---

71 '손녕'은 字이고 원 이름은 恒德이다. 『요사』 열전에서 소항덕으로 기재되어 있다(『요사』 권88, 열전 18, 恒德). 그러나 일반적으로 소손녕으로 알려져 있고 『고려사』에서도 소손녕으로 기재하고 있어 소손녕이라고 표기했다.

72 동경(현재의 요양)에서 압록강까지 거란군의 이동로는 알 수 없다. 가능한 이동로는 3개로 추정된다. 안주섭은 병자호란 때 청나라군의 이동로였던 심양-조두-본계-초하구-통원보-봉황성 길을 이용했을 것으로 추정했다. 이 거리는 약 230km이다. 나머지 2개의 이동로는 ① 요양-조두-통원보-봉황성-보주, ② 새마집-봉황성-보주 이다. 그런데 이 길이 2개의 강과 17개의 하천을 도하하고, 14개의 고개, 23개소의 애로 지역을 통과해야 하는 코스였다(안주섭, 앞의 책, 2003, 95쪽 및 97쪽 지도 참조). 쉽지 않은 이동로이기는 하지만 230km를 주파하는데 3개월이나 소요되었다는 것은 유목민족의 이동력을 감안할 때 이해하기 힘들다. 이는 거란군의 이동이 정상적인 행군과정이 아니었음을 암시하는데, 이 점은 조금 후에 살펴보도록 하겠다.

73 『고려사』 권3, 세가3, 성종 12년 5월.

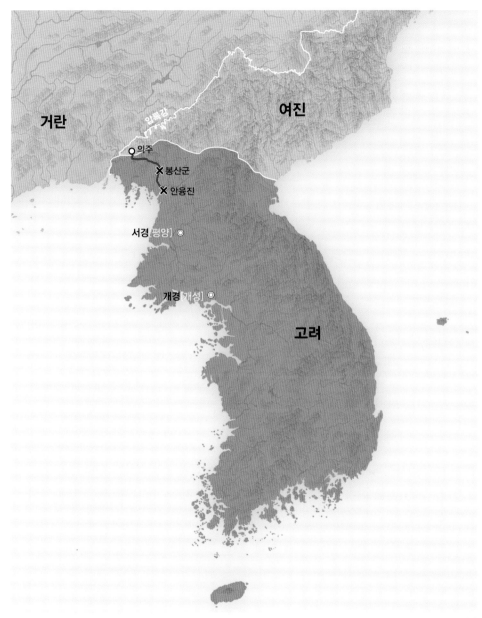

제1차 고려-요 전쟁

전인 5월에 여진족에 의해 고려에 전해졌다.[73] 그러나 고려 정부는 이 정보를 거란의
공격에 궁지에 몰린 여진족이 고려와 거란을 이간질하려는 계략이라고 생각하여 이

첩보를 믿지 않았다. 8월에 여진족이 다시 거란군의 공격을 통보하자 비로소 사태를 인식한 고려는 전국에 병마제정사兵馬濟定使를 파견했다.[74]

10월에 고려는 3군을 편성하고, 시중 박양유를 상군사, 내사시랑 서희를 중군사, 문하시랑 최량을 하군사로 임명하여 각기 상군, 중군, 하군을 지휘하게 했다. 3군은 북상하여 안북도호부(안주)에 집결하고 선발부대를 청천강 이북으로 북상시켰다. 한편 3군이 출발한 뒤에 성종은 친정을 결심하고, 자신도 출발하여 다음 달인 윤10월에 서경에 도착했다.[75]

안주에서 북상한 고려의 선발부대는 평안북도 구성 남쪽에 위치한 봉산에서 거란 군과 조우했다.[76] 최초의 회전에서 고려군은 대패하여 급사중 윤서안이 포로가 되었 다. 고려군 선봉대의 규모는 알 수 없지만 이 패전의 충격은 대단히 컸다. 소손녕은 이 전투 후 남진을 중단하고 항복을 요구하는 문서를 고려 조정에 보냈다. 고려는 이 몽전을 파견하여 화친을 요구했는데, 소손녕은 자신의 병력이 80만이라고 주장하며 왕이 직접 거란군 군영에 와서 항복하라고 요구했다.[77]

봉산전투의 패배와 소손녕의 협박에 고려 정부는 충격을 받았다. 서경에서 성종이 주재하는 대책회의가 개최되었는데, 왕이 친히 항복할 수는 없으니 대신이 군대를 이 끌고 가서 항복하자는 안과 서경 이북 땅을 떼어주고, 황주-절령 선을 국경으로 정하 자는 할지론이 등장했다. 성종은 할지론에 찬성하여 서경에 비축한 군량미를 백성에 게 나눠주고 그래도 남은 쌀은 대동강에 버리라는 조치까지 취하게 된다.[78]

할지론은 고려의 입장에서 보면 대단히 충격적인 양보였다. 서경은 고려에게 있어 서는 제2의 수도이자 왕실의 세력기반이었다. 고려의 역대 국왕들은 서경경영에 노력 을 기울여 왔다. 성종도 예외가 아니었다. 특히 전쟁 발발 3년 전인 성종 9년부터 성 종은 서경을 인후지지咽喉之地라고 표현하면서 매년 서경을 방문하여 교서를 반포하

---

74 『고려사』 권3, 세가3, 성종 12년 8월
75 『고려사』 권3, 세가3, 성종 12년 10월 ; 『고려사』 권3, 세가3, 성종 12년 윤10월.
76 『대동여지도』에서는 봉산성은 귀주 남쪽 25리 지점인 현재의 귀성시 기룡리로 비정하고 있다. 대 부분의 연구는 이 설을 따르고 있다(국방군사연구소, 『한민족전쟁통사2』, 1993, 33쪽).
77 『고려사』 권94, 열전7, 서희.
78 『고려사』 권94, 열전7, 서희.

기도 했다.[79] 따라서 서경 상실은 국토의 축소라는 문제 못지않게 왕실의 존재 기반 자체를 약화시키고, 정치혼란을 야기할 우려도 높았다.

그렇다면 고려는 왜 이렇게 쉽게 패배론에 빠졌던 것일까? 일단 거란군에 대한 정보부족으로 인해 소손녕의 80만 대군설에 겁을 먹었다고 볼 수 있다. 서경세력을 견제하고자 하는 친신라세력이나 개경세력의 주장이었다고 보는 견해도 있다.[80]

그러나 전술적 관점에서 보면 이런 주장에는 납득하기 어려운 점이 있다. 고려 정부가 거란군의 규모를 알지 못하고, 과대평가하고 있었던 것은 사실인 듯하지만, 선봉부대의 패전만으로 전의를 상실했다는 사실은 이해하기 어렵다. 삼국시대 이래 한국군의 전통적 전술은 산성에 의지해서 수성전을 벌이면서, 상대병력을 분산시키며 지연작전을 펼치고, 끊임없이 보급로와 후퇴로를 공격함으로써 적을 지치게 하는 것이었다. 그런데 당시 고려의 국경은 청천강을 넘지 못했던 상황이라 축성선도 청천강 이남에 집중되어 있었다. 그런데 윤서안의 선발부대는 이 축성선을 넘어 아직 성도 복구하지 못한 평북 지역까지 진출했다가 거란군에게 패배했다. 그들이 봉산까지 진출한 이유는 알 수 없지만 고려의 입장에서 보면 아직 제대로 된 전쟁은 시작도 하지 않은 셈이었다. 서희가 항복결정에 반대하면서 "한번 싸워본 후에 결정해도 늦지 않다"고 말한 것도 이런 사정을 대변한 것이다.

서경세력을 견제하려는 신라파 또는 개경세력의 음모라는 설도 받아들이기 힘들다. 서경을 거란에게 넘겨주고 자비령-절령 선을 국경으로 삼으면 개경도 당장 위태로워진다. 고려시대 전쟁사를 검토해 보면 고려의 주방어선은 강동육주를 포함한 평북 지방이었다. 평남 지역에서는 안북과 서경이 요새에 해당했지만, 평남지역은 평북 지역에 비해 요새들이 부족해서 이 두 성이 버텨도 교통로를 차단하거나 적군의 진격을 저지하지는 못했다.

안북이나 서경방어선이 돌파되면 남은 방어신은 자비령-절령 지역 밖에 없었다. 이것이 할지론이 등장한 결정적 이유이다. 어차피 청천강 방어선을 포기한다면 절령이 2차 방어선이 되기 때문이다.

---

79 하현강, 「고려서경고」 『역사학보』 35·36·합집, 1967, 333~334쪽.
80 하현강, 앞의 논문, 1967, 335쪽.

하지만 이 절령방어선은 그리 강하지 않았고, 고려후기까지도 이곳의 방어시설은 목책뿐이었다. 개경과는 하루, 이틀 거리에 불과해서 절령 방어선이 무너지면 개경 수비도 포기해야 한다. 1361년 홍건적의 침공 때, 절령 방어선은 목책으로 수비되고 있었으며, 겨우 5천의 철기병에게 돌파 당해 수비대와 주변에서 끌어 모은 3개주, 5개 군의 백성이 거의 전멸했다.[81] 절령방어선이 붕괴되자 고려는 바로 개경을 포기했다. 더욱이 소손녕의 침공 당시에는 개경의 성벽이라고는 궁성과 내성뿐이었다. 개경의 나성은 거란의 2차 침공 때 개경이 함락된 이후에야 축성되었다.[82]

이 두 가지 원인을 제외하면 고려정부가 할지론을 택한 진정한 이유는 고려 군사력의 미비에서 찾을 수 있다. 당시 고려의 군사력을 보여주는 통계는 없다. 심지어 3군의 병력조차 기록되어 있지 않다. 그러나 고려의 전성기 때에도 중앙군의 병력은 3만 정도였는데,[83] 앞서 살펴본 것처럼 당시 고려의 군사제도는 2군 6위제도조차 성립하기 이전이었다.

당시 고려군의 열악한 사정을 짐작하게 해 주는 요소가 병력동원과정이다. 거란의 침공이 알려지자 정부는 병마제정사를 파견하는데, 사신의 명칭을 병마를 고르게 배정한다는 뜻으로 붙였다는 것 자체가 이미 파악된 병력을 징병하는 것이 아니라 지방민을 설득하기 위해 노력하는 모습을 보이고 있다.

하지만 병력을 모으기에는 시간이 절대적으로 부족했다. 이후에 발생한 거란의 침입이나 고려후기 몽고전쟁의 사례를 보면, 지방제도가 충분히 정비되어 있는 상황에서도 전국에서 병력을 징발하여 북계 지역으로 진군하는 데는 최소한 1달 정도가 필요했다. 예를 들어 1216년 8월에 거란 유민이 침공했다. 고려는 즉시 3군을 조직했는데, 막상 고려군이 개경을 출발하여 개천 조양진에서 거란군과 조우한 것은 9월 중순이었다.[84] 1231년 몽고의 침공 때, 고려가 삼군지휘부를 조직하고 각도 군사의 징발을 명령한 때가 을유일, 3군이 출발한 것이 임진일로 이때는 일주일 밖에 소요되지

---

81 『고려사』 권39, 세가39, 공민왕2, 공민왕 10년 11월 기유 ; 『고려사』 권39, 세가39, 공민왕2, 공민왕 10년 11월 계해.
82 『고려사』 권5, 세가5, 현종 20년 8월 갑인.
83 서긍, 『고려도경』 권11 장위1.
84 『고려사』 권22, 세가22, 고종 3년 8월 ; 『고려사』 권22, 세가22, 고종 3년 9월.

않았다. 하지만 개경을 출발한 고려군이 안주에 도착한 것은 한 달이 지난 10월 중순 무렵이었다.[85]

개경에서 안주까지 가는데 한 달이나 걸렸다는 것은 상식적으로 납득하기 힘들다. 이것은 3군을 소집할 때 개경에 집결해서 올라가는 경우도 있지만 한편으로는 황해, 평안도의 현지 병력을 징발하면서 북상하고, 타 지역의 부대는 현지에서 합류하는 방법을 사용했기 때문이라고 보는 것이 타당하다. 실제로 1216년 거란 유민과의 전투 상황을 보면 경상도 안렴사 이적이 인솔하는 경상도 부대가 고려의 본대와 성주(평안도 성천)에서 합류하는 사례를 볼 수 있다.[86] 그래서 막상 군대가 안주에 집결해서 전투를 개시하는 데는 한 달이 걸렸던 것이다.

예외적인 사례는 1135년 묘청의 난 진압작전이다. 이때 고려의 3군은 1주일 만에 출발했다. 이때 이처럼 빠른 출동이 가능했던 이유는 당시 수도에 상주하는 군대가 3만 정도라고 할 정도로 2군6위제가 제대로 기능하고 있던 상황에서 중앙군을 신속하게 동원할 수 있었기 때문이라고 생각된다. 게다가 이때는 거란전쟁에 비해서는 많은 병력이 필요하지 않았다. 그것은 당시 고려군의 병력이 그렇지 많지 않았던 데서도 짐작할 수 있는데, 3군의 총병력은 알려지지 않았지만, 맨 처음 출발한 우군의 수는 겨우 2,000명이었다. 이상의 사례는 고려의 전성기에 중앙군이 위주로 출동할 때 필요한 시간이 1주일 정도, 전국에서 병력을 모아 전투태세를 갖추는 데는 최소한 한달이 걸렸다는 것을 보여준다.

하지만 겨우 12목에 목사를 파견하고 있던 993년에 2달의 시간으로는 충분한 병력을 확보하기가 어려웠다고 생각된다. 결국 3군의 주력에서는 중앙군과 과거 왕건의 친위무장들처럼 황해도 일대에 기반한 중앙집권층 휘하 병력의 비중이 높았다고 생각된다.

이것은 성종이 친히 서경까지 와서 친정을 시도했던 사정도 설명해 준다. 서경은 건국 이래 고려 왕실의 세력기반이어서 서경의 군사력과 왕실은 긴밀한 관련을 맺고 있었다. 1106년 숙종이 고려-여진전쟁을 준비할 때도 친히 서경에 몇 차례 행차해서 무사를 선발하는 사례를 볼 수 있다. 이것은 고려의 군사제도가 지역의 호족적 기반

85 『고려사』 권23, 세가23, 고종2, 고종 18년 8월, 『고려사』 권23, 세가23, 고종2, 고종 18년 9월.
86 이규보, 『동국이상국집』 권36, 「이적묘지명」; 『고려사』 권103, 열전16, 조충.

과 긴밀한 관계를 맺고 있기 때문이었다. 성종의 서경 행차는 서경의 군사를 직접 징발하고, 서경군에 대한 왕실의 지휘력을 손상시키지 않으려는 의도였다고 생각된다.

하지만 이것만으로는 성종의 친정을 다 이해하기는 힘들다. 우리 역사에서 국왕의 친정은 보기 힘든 사건이다. 삼국시대 초기와 후삼국 시대에는 국왕의 친정이 빈번했는데, 군사력에서 국왕의 직할부족이나 친위군의 비중이 높았기 때문이다. 그러나 집권적 국가체제가 정비되는 삼국시대 후기부터, 고려, 조선시대부터는 국왕의 친정은 거의 사라지거나 오히려 금기시되었다.

이때도 서희 이하 대신들은 성종의 친정에 반대하는 입장이었다. 더욱이 성종은 왕건이나 견훤과 달리 예전에 전쟁을 겪거나 군사적 업무를 수행해 본 적도, 능력을 검증받은 사실도 없다. 이런 상황에서 아무리 국왕이라도 자기 마음대로 친정을 감행할 수는 없었을 것이다. 그렇다면 성종이 서경군의 직접 징발에 이어 친정까지 시도한 이유는 지방군의 징발은 원활하지 않아, 고려의 전체 병력에서 시위군 내지는 친위군의 비중이 높았기 때문이라고 볼 수 있다.

그렇기 때문에 성종은 이 군대를 타인의 손에 맡기기가 불안할 수밖에 없었던 것이다. 게다가 만약 이 군대가 패배라도 한다면 고려 왕실과 중앙 귀족의 물리적 기반에 크게 손상을 입을 우려가 있었다. 그러므로 성종과 고려의 중신들이 소손녕의 허세에 동요하고 쉽게 할지론을 채택했던 것이다.

2) 서희의 전략과 강동 6주의 확보

서경에서 벌어진 조정회의는 할지론으로 귀결되었지만 서희가 항복을 강하게 반대했다. 서희는 처음부터 소손녕 군의 목적과 규모에 의문을 품었고, 소손녕의 전투의지가 확고하지 않다고 판단하고 있었다.

서희의 판단은 정확했다. 오늘날 남아 있는 사료로 검토해 보아도 소손녕군은 고려 정복전을 추진할 수 있는 상황이 아니었다.

먼저 소손녕의 병력이 80만이라는 것은 소손녕이 고려의 강화사절로 간 이몽전에게 한 이야기로 과장이 분명하다. 거란군 총병력이 80만이 되지 않았으며, 앞 장에서 살펴본 대로 연운16주를 빼앗고 중국 침공을 감행할 때도 동원한 병력이 10만 내외였다. 거란군은 기병 6만 이상을 동원할 때는 도통을 임명하게 되어 있지만, 소손녕 군에는 도통이 없었다.[87] 병력도 동경의 병력만 동원한 것이었다. 『요사』에 의하면 상경, 중경, 동경의 정적丁籍에 기록된 총수가 226,100명이었다.[88] 그러므로 그의 병력은 기병 6만 이하의 규모였음이 분명하며,[89] 삼경의 병정수를 고려하면 기병 6만을 조달하기도 어려웠다. 동경의 병력은 주로 한족과 발해민으로 구성되어 있었으므로 군대 수준도 거란의 주력기병에 비할 바가 아니었다.

소손녕의 고려 정복전을 불가능하게 한 보다 중요한 요인은 압록강 이북의 정세였다. 거란은 985년에 정안국을 멸망시켰다고 하지만 발해유민 세력을 완전히 제압한 것은 아니었다. 정안국이 멸망한 후 이 지역에는 다시 발해 유민이 세운 혹은 정안군의 잔속세력인 올야兀惹, 烏舍가 여전히 존속하고 있었다.[90] 그 이남 지역에는 생여진이 광범위하게 분포하고 있었다. 이처럼 압록강 이북 지역을 평정하지 못한 상태에서 고려 정복을 시도한다는 것은 상식적으로 불가능했다. 그 증거가 다음 해인 994년에 소손녕이 시도했던 올야 공격전이다.

(통화) 12년 8월 (소손녕을) 계성알력공신으로 삼았다. 도부서 화삭노和朔奴를 따라 올야를 토벌했다. 전투를 벌이기 전에 올야가 항복을 청했으나 항덕(소손녕)이 포로를 획득할 욕심으로 항복을 허락하지 않았다. 올야가 결사적으로 저항하여 성을 함락하지 못했다. 화삭노가 철수하려고 하자 항덕이 말하기를 "저들이 강하게 굴복하지 않아서 우리가 조서를 받아 토벌하러 왔는데, 아무 소득없이 귀환하면 여러 부에서 우리더러 뭐라고 말하겠소. (동남쪽으로) 깊이 들어가 포로를 많이 획득하면 헛되이 돌아가는 것보다는 낫지 않겠소"라고 했다. 화삭노가 마지 못해 동남의 여러 지역으로 진격해서

87 안주섭, 앞의 책, 2003, 80쪽.
88 『요사』 권36, 지6, 병위지 하, 오경향정, "三京丁籍可紀者二十二萬六千一百 藩漢轉戶爲多".
89 안주섭, 앞의 책, 2003, 102쪽. 안주섭은 이 군거에 기초해서 6만 이하라고 보았다. 그러나 6만은 기병만을 지칭한 숫자이므로 총동원 병력은 그 이상일 가능성도 있다.
90 양옥다는 올야와 정안국은 서로 다른 국가가 아니라 정안국의 다른 표현이라고 했다(梁玉多, 「올야·정안국과 연파」『경성대학교 인문학논총』13, 2008).

고려의 북쪽 변방까지 이르렀다. 귀환하려고 하니 길이 너무 멀고 식량이 두절되어 병사와 말들의 손실이 컸다. 이 죄로 인해 공신작위를 삭탈당했다.[91]

이 기사에서 알 수 있듯이 아직 압록강 이북 지역에서는 발해유민의 세력이 강하게 남아 있었다. 올야 점령에 실패했기 때문에 소손녕은 그 동남지역에 대해서는 약탈전쟁을 수행할 수밖에 없었다. 그나마 커다란 실패로 끝났는데, 위 기록에서는 단지 거리가 너무 멀고 식량이 떨어져 병마의 손실이 컸기 때문이라고 한다. 여기서 거리가 멀고, 식량이 떨어졌다는 사정을 지리적인 요인만으로 이해할 수는 없다. 올야와 여진족을 복속시키지 못한 채 적대 지역 깊숙이 들어가 약탈전쟁을 행하다 보니 보급이 원활치 못했던 것이다. 그래서 소손녕은 출정 직전에 받았던 공신작위를 박탈당하고 만다. 994년의 사정이 이러했다면 993년의 사정도 별반 다르지 않았을 것이다.

그렇다면 소손녕이 고려를 침공했던 이유는 무엇이었을까? 소손녕의 스스로 밝힌 침공 이유는 ① 자신들은 고구려의 영토를 계승했고 고려는 신라를 계승했는데, 고려가 자신들의 국경을 침탈했다. ② 자신들이 사방을 통일했는데, 고려가 귀부하지 않았다. ③ 고려가 백성을 돌보지 않아 천벌을 행하기 위해 왔다 ④ 자신들과 수교하지 않고 송과 사대한다 등이었다.[92] 『요사』에서는 고려가 귀부하지 않자 태후가 소손녕에게 명령을 내려 고려를 공격했다고 기록되어 있다.[93]

이 4가지 이유 중 ①은 요동의 영토에 대한 역사적 소유권과 고구려 계승론과 관련된 것이다. ②~④는 같은 논거에 기초한 주장으로 거란을 중국과 같은 황제국, 종주국으로 인정하느냐 않느냐의 문제이다.

그동안 우리 역사에서는 고려의 고구려 계승의식이라는 부분과 고려의 국토의식이라는 관점에서 소손녕이 제기한 거란의 고구려 계승론에 주목해 왔다. 그러나 이런 명

---

91 『요사』 권88, 열전18, 소항덕, "十二年八月 賜啓聖竭力功臣 從都部署和朔奴討兀惹 未戰 兀惹請降 恒德利其俘獲 不許 兀惹死戰 城不能拔 和朔奴議欲引退 恒德曰 以彼倔强 吾奉詔來討 無功而還 諸部 謂我何 若深入多獲 猶勝徒返 和朔奴不得已 進擊東南諸部 至高麗北鄙 比還 道遠糧絕 士馬死傷者衆 坐是削功臣號".

92 『고려사』 권94, 열전7, 서희.

93 『요사』 권88, 열전 18, 소항덕, "時高麗未附 恒德受詔 率兵拔其邊城 王治懼 上表請降".

분론적인 논제로 인해 전쟁을 일으켰다고 보기는 어렵다. 소손녕이 보급로의 단절과 희생까지도 각오하고 고려 침공을 단행했을 때는 그들이 주장하는 종주권보다 더욱 현실적인 이유가 필요하다.

전략적 구도에서 보면 거란의 단계적 전략은 발해 유민과 여진족을 제압하고, 다음으로 고려를 제압한 뒤에 중원으로 진출하는 것이었다. 983년 처음 여진정벌을 시도할 때 거란은 고려 정복까지 한 번에 시도하려고 생각하다가

서희의 동상(이천 설봉공원)

이 방안은 취소했다. 그 이유는 기록에 나와 있지 않지만, 994년 소손녕이 올야 정복에 실패하는 데서도 알 수 있듯이 여진정복만으로도 쉽지 않은 과제였기 때문임이 분명하다.

이 시점에서 거란이 우려하는 상황은 고려와 발해`여진족의 단결이었다. 이 점에 대해서는 송나라도 같은 생각을 하고 있었다. 985년 한국화가 송과 고려의 연합공격을 제안하러 왔을 때, 송측에서 강력하게 요구한 사안의 하나가 고려와 여진의 화해였다. 중국과 고려가 거란에 대해 협공을 실시하기 위해서는 고려와 여진의 화해 내지는 연합공격이 필수적이었기 때문이다.

결국 993년 소손녕의 침공 목적은 고려에 대한 탐색전인 동시에 고려와 여진, 올야국의 연합을 방지하는 것이 최대의 목적이었다고 할 수 있다. 소손녕이 송과의 수교를 트집잡고 자신들과의 교류를 요구한 것, 『요사』에서 이 침공의 목적이 고려가 귀부하지 않았기 때문이라고 한 것은 바로 이런 이유였다. 거란이 고려와 송의 외교관계를 문제 삼고 자신들에게 복속하기를 요구하는 데에는 송과 고려의 단절만이 아니라 고려와 여진의 단절까지도 포함하고 있었던 것이다.

이후의 상황전개를 보면 서희는 소손녕 군이 장기전을 수행할 수 없다는 사실과 당시의 국제관계와 거란의 전략구도를 명확히 파악했던 것이 분명하다. 하지만 성종과

고려의 관리들은 서희의 주장을 신뢰하지 않았다.

그런데 이때 고려의 대답을 기다리다가 조바심이 난 소손녕이 안융진 공략을 시도한다. 안융진은 안북 서북쪽 26km 지점에 위치한 작은 토성으로 광종 25년에 축성했다.[94] 위치로 보면 청천강 하류의 나루를 감제하는 요새였다. 고려의 진 중에서는 중급 수준의 기지로 1,200명 정도의 병력을 배치하는 곳이다.[95]

이때는 고려가 주진군 제도를 정비하기 이전이어서 수비대의 규모와 수준은 알 수 없다. 하지만 이 곳을 지킨 장수가 발해 왕자 대광현의 아들인 중랑장 대도수大道秀와 나중에 시중으로까지 승진하는 낭장 유방庾方이었던 것을 보면 고려의 정규군과 발해군 부대를 파견해서 이곳을 지켰던 것 같다. 그러나 그렇다고 하더라도 작은 토성에서 거란군을 저지했다는 것은 고무할 만한 일이었다. 자신감을 얻은 고려 정부는 할지론 논의를 중단하고 서희의 의견대로 소손녕과의 강화회담을 추진한다.

이 회담에서 소손녕은 거란이 고구려를 계승한 나라로서 고구려의 구 영토에 소유권이 있으니 고려의 북진정책을 중지할 것과 고려가 거란을 적대시하고 송과 교류하고 있는 것을 문제 삼았다. 이에 대해 서희는 고려는 고구려를 계승한 나라로서 이 계승관계를 따지면 거란의 동경(요양)도 우리 땅이라고 대답했다. 송과의 교류에 대해서는 여진이 중간에서 거란과의 교통을 차단해서 거란과 통교하지 못했다고 대답하고 거란과 고려가 남북에서 여진을 협공하자고 제안했다.[96]

이 회담은 고려가 고구려를 계승한 국가임을 분명히 하고, 고구려의 구토에 대한 영토의식을 보유하고 있었다는 사실을 확인하고, 국제적으로 추인을 받은 것으로서 역사적인 의미가 있다. 그러나 현실적, 전략적 관점에서 보면 회담의 진짜 포인트는 두 번째 논의에 있었다고 하겠다. 서희는 소손녕 군의 사정과 출병 목적을 파악하고, 거란과의 수교는 물론이고 고려와 거란이 남북에서 협공하자는 제안을 했다. 요동 정복을 마무리

---

94 『고려사』권58, 지12, 지리3, 안북대도호부, 안융진 ;『고려사』권82, 지36, 병2, 성보(城堡)조에 의하면 광종 21년에 쌓았다고 한다.

95 『고려사』권83, 지37 병3, 주현군. 여요 전쟁 이후의 기록이지만 안융진의 주둔 병력은 다음과 같다. 진장 1명, 낭장 1명, 별장 2명, 교위 4명, 대정 8명, 행군 2백 6명, 정용 2대, 좌군 3대, 보창 1대, 신기 11명, 보반 27명, 백정 33대. 이는 장교 15명에 병사 394명과 백정 825명에 해당한다.

96 『고려사』권94, 열전7, 서희.

하지 못해서 고전하고 있던 거란으로서는 고려와 여진의 동맹을 막았을 뿐 아니라 고려가 여진 공략에 적극 협조하겠다는 제인에 솔깃하지 않을 수 없었을 것이나.

소손녕은 이 회담에 크게 만족해서 낙타 10두, 말 100필, 양 1천마리, 비단 500필이란 상당한 선물을 전달하고 회군했다. 여진의 땅을 압록강을 경계로 나누자는 서희의 제안을 수락했다. 994년 소손녕의 올야 공격은 이 협정에 따라 시행된 것이 분명하다. 그리고 올야 공격이 성공하지 못했는데도 무리하게 고려 북쪽 국경까지 침투했던 것도 『요사』의 설명처럼 포로와 약탈물을 획득하기 위해서만이 아니라 남쪽에서 올라오는 고려군을 의식했기 때문일 가능성이 높다.

이후 고려는 송과 국교를 단절하고 거란의 연호를 사용하기 시작했다. 외교적 갈등이 일어날 때면 고려가 거란의 연호 사용을 거부하기도 하고, 송에 다시 사신을 파견하기도 했다. 그러나 거란이 멸망하는 1110년대까지 대체로 고려의 대중국 조공, 책봉관계는 거란을 중심으로 유지되었다.[97]

그렇지만 고려가 거란과의 외교관계 수립에 안심했던 것은 아니었다. 소손녕 회담을 기회로 994년과 995년 서희가 직접 압록강까지 출정해서 현재의 평안북도 지역을 확보했다. 이 지역을 흔히 강동6주라고 하는데, 흥화진(의주), 용주(용천), 귀주(구성), 통주(선천), 철주(철산), 곽주(곽산) 6개의 군을 말한다. 하지만 이때 고려가 획득한 땅은 여기에 그치지 않았다. 서희는 2년 동안 안주, 선주(선천), 곽주(곽산), 귀주, 맹주(철산), 장흥진, 귀화진, 흥화진, 안의진 등 압록강에서 청천강에 이르는 통로 상의 요지에 성을 쌓았으며, 그 외 지역에도 무려 29개 소에 성을 쌓거나 보강하여 북방방어선을 구축했다.[98]

서희가 이처럼 북방방어선 구축을 서두른 이유는 거란의 다음 목표가 고려라는 사실과 평안북도 지역의 전술적 중요성을 간파했기 때문이었다. 우리나라의 전쟁사를 보면 북방민족이 침공했을 때 최일선 방어선이 되어 주는 지역이 평안북도 지역이었다. 조선시대에도 방어망은 평북지역에 집중되어 있었다. 게다가 평북지역은 길이 험

---

97 김순자, 「고려 송 거란의 대륙질서 정립과정과 고려의 외교」 『명분과 실리 서희 외교론』, 이천시서희선생선양사업추진위원회, 2008, 117쪽.
98 안주섭, 앞의 책, 2003, 111쪽.

하고 산지가 많아 남으로 내려오는 길도 해안길과 내륙길 단 두 길로 제한되어 있다. 이 통로에 자리 잡은 요충들이 바로 강동6주였다.[99] 이후에 벌어진 거란과의 5차례의 전쟁에서 거란은 바로 이 방어선을 제대로 공략하지 못해 크게 고전했다. 일례로 압록강 교두보를 방어하는 흥화진은 단 한 번도 함락된 적이 없었다. 덕분에 거란군의 작전계획은 번번이 틀어지고 커다란 피해를 입곤 했다.

소손녕의 침공은 고려로서는 전혀 예기치 못하고 군사적 준비가 되어 있지 않은 상황에서 맞이한 위기였다. 그러나 서희의 탁월한 판단력에 의해서 고려에게는 전화위복의 기회가 되었다. 고려는 별다른 전투 없이 소손녕 군을 격퇴했을 뿐 아니라 차후 거란전쟁에서 커다란 역할을 하게 될 평안북도 지역을 쉽게 획득했다.

거란의 침략의도를 알아채고, 국가체제와 군사제도의 정비를 서두를 수 있는 시간을 벌었다는 것도 커다란 성과였다. 995년부터 고려는 기존의 12목을 12절도사 체제로 바꾸고, 10도제 정비와 지방제도 정비에 나서게 되었다. 반면에 거란으로서는 요동정복에 급급하여 전략적 안목과 고려의 내정에 대한 충분한 정보도 없이 군을 운영한 것이 큰 실수였다고 하겠다. 뒤늦게 자신들의 실수를 깨달은 거란은 고려에 강동6주의 반환을 요구했고, 이것을 고려 침공의 명분으로 삼았다.

2. 2차~6차 침공과 전쟁의 양상

1) 거란의 2차 침입

(1) 강조의 정변과 거란의 대공세

거란의 1차 침공(993년) 이후 고려는 송과는 공식적인 외교관계를 단절하고, 거란의 연호를 사용하게 되었다. 외교적으로 평화분위기가 조성되었는데, 이 평화는 1010년 거란의 성종이 전격적으로 고려 정벌을 선언함으로써 깨어지게 된다. 거란의

---

99 임용한, 앞의 책, 2004, 85쪽.

1차 침공은 탐색전에 가까운 것이었고, 이때부터 18년 간 고려와 거란은 본격적인 전쟁관계로 돌입하게 된다.

고려-거란관계의 갑작스러운 냉각은 원인이 명확하게 밝혀져 있지 않다. 다만 하나의 단서라면 양국의 정치상황에 다 급격한 변화가 있었다는 사실이다. 고려에서는 성종은 997년 10월에 사망하고 목종이 즉위했다.

이 왕위계승은 정치적으로 특별한 의미가 있다. 정종(3대)-광종(4대)은 태조의 3비인 신명왕후 유씨(충주 호족 유긍달의 딸)의 아들이다. 이 직계가 경종과 목종이다. 반면에 성종은 신정왕후 황보씨의 손자였다. 일찍이 태조는 6명의 왕후와 23인의 부인을 두었다. 제1비인 신혜왕후 류씨는 아들이 없었다. 2비인 정화왕후 오씨의 아들은 혜종이 되었지만 혜종이 요절하면서 왕위는 신명왕후 유씨(충주 호족 유긍달의 딸)의 아들들(정종, 광종)에게 넘어갔다. 그런데 광종의 아들인 경종이 일찍 사망하자 태조의 4비인 신정왕후 황보씨의 후손인 성종에게로 왕위가 넘어간 것이다.

하지만 이 양위가 급격한 정치적 변화를 야기하는 것은 아니었다. 신명왕후 류씨의 자손들과 신정왕후 황보씨의 자손들은 서로 간에 근친혼을 불사하는 긴밀한 혼인관계를 맺어왔다. 신정왕후 황보씨는 아들과 딸 하나를 두었는데, 딸은 자신의 이복형제인 광종과 결혼해서 대목왕후가 되었다. 아들 대종은 태조의 6비 정덕왕후 류씨의 딸과 결혼해서 아들 하나와 딸 둘을 두었다. 이 두 딸이 모두 경종의 왕비가 되었고,[100] 아들이 성종이 되었다.

이 구도로 보면 정종대부터 고려의 권력구조는 대체로 왕위는 충주가 기반인 신명왕후 류씨의 자손들이 차지하고, 황해도 호족세력을 대표하는 신정왕후 황보씨의 후손들이 왕비들을 제공하는 동맹세력으로 존재하는 형태였다고 하겠다. 성종의 즉위는 그동안 왕비족으로 존재하던 황보씨가 드디어 대권을 차지한 것을 의미한다. 하지만 황보씨의 영광은 오래가지 못했다. 성종이 사망하자 왕위는 다시 경종의 아들 목종에게로 환원되었다.

---

100 경종은 4명의 비를 두었다. 1비는 헌숙왕후 김씨(경순왕 김부의 딸), 2비는 헌의왕후 유씨(광종의 同腹弟인 文元大王 貞과 태조의 6비 정덕왕후 유씨의 소생)이다. 3비 헌애왕후와 4비 헌정왕후가 성종의 누이이다.

이 과정에서 류씨와 황보씨 계열 간에 어떠한 갈등이 있었는 지는 명확하지 않다. 하지만 신명왕후 계열과 신정왕후 계열 간의 길고도 애매한 동맹관계는 목종의 즉위 후에 표면화되기 시작한다. 그 대표적인 사례가 목종과 목종의 모친 천추태후(경종의 3비 헌애왕후) 및 김치양 세력과의 갈등이었다.

김치양은 동주洞州(현재의 황해도 서흥) 사람으로 천추태후의 외족이었다고 한다. 성종의 미움을 사서 유배되었다가 목종이 즉위하면서 복귀했다. 그는 천추태후와 사통했고, 태후의 지원을 받아 인사에 깊이 개입하여 그의 일당이 조정에 크게 증가했다. 마침내는 목종을 폐하고, 천추태후와 김치양 사이에서 난 아들을 왕으로 세우려는 음모를 꾸미게 된다.

이 사건은 우연히 발생한 정치적 음모가 아니라 왕위 계승을 둘러싼 신명왕후 계열과 신정왕후 계열 간의 대립이 내재해 있다고 보는 견해가 일반적이다.[101] 특히 김치양이 천추태후의 외족이고 동주인이었다는 데에 착안하여 이들의 결합은 황주 호족이었던 황보씨와 평산을 기반으로 한 옛 패강진 세력 넓게는 서경세력의 연합체였다고 보기도 한다.[102] 평산은 태조 왕건의 군사적 기반이라고 할 수 있을 정도로 중요한 친위무장을 배출한 지역이고, 서경은 태조가 재건한 도시로 전통적으로 고려 왕실의

---

101 李泰鎭,「金致陽亂의 성격-고려초 서경세력의 정치적 추이와 관련하여-」『한국사연구』17, 1977, 90쪽. 한편 김치양의 유배를 성종대 정치를 주도하던 유신들의 정치적 승리였다고 보는 견해도 있다(김당택,「서희와 성종대의 지배세력」『서희와 고려의 고구려 계승의식』, 고구려연구회, 1999).

102 이태진은 태조가 평양을 개척할 때 평주와 김치양의 본관인 동주인들이 대거 평양으로 사민되었다는 데에서 두 세력의 연결점을 찾았다. 특히 태조의 두 부인으로 서경에서 살았던 대서원부인과 소서원부인은 김치양과 본관이 같은 동주인 김행파의 딸이었는데, 김행파 역시 태조 5년 2차 사민 때 서경으로 이주했다. 이혜옥은 황주, 봉주, 해주, 배천, 염주민이 중심이 된 태조 원년의 1차 사민은 국방상의 필요에서, 태조 5년 평주와 동주민이 중심이 된 2차 사민은 정치적인 의미가 강한 것으로 보았다(李惠玉,「高麗初期 西京勢力에 대한 一考察」『韓國學報』26, 1982, 108~109쪽). 그런데 성종은 황보씨의 지원을 입어 즉위했지만 성종대에는 오히려 경주파가 득세하고, 서경세력이 위축되었다. 목종 즉위 후 황보씨가 중심이 되어 성종대 체제 전반에 대해 강하게 반발하게 된다. 대표적인 사례가 서경의 위상 상승으로 목종 원년 7월 서경을 호경으로 개호했던 점을 들었다. 호경은 주나라의 발상지로 옛 수도라는 권위를 지닌 칭호였다. 이태진은 이것이 목종대의 기사로 나와 있지만 이 정책의 추진자는 천추태후였을 것이라고 보았다. 이 무렵부터 동주 출신 김치양의 세력이 성장하기 시작한다(이태진, 앞의 논문, 1977, 96쪽).

기반이 되었던 도시였다.[103] 한마디로 이들은 건국기 고려의 기간세력으로 전통적인 권위를 지닌 세력이었다고 하겠다.

반면에 광종은 전통적인 공신세력을 대거 숙청하고, 과거제를 시행하면서 신진세력을 유입했다. 이 과정에서 경주 계열 유신들이 크게 부상했다. 성종과 목종도 지방에 학교를 건설하여 인재를 양성하고, 등용하려는 시도를 계속했다.

목종은 과거제를 정비하고, 문헌공도의 창시자로 유명한 유학자 최충을 등용했다. 목종 9년 4월에는 문관 6품 이상에게 신진 1명씩을 천거하게 하는 천거령을 내리기도 했다. 이런 시도들이 두드러진 성과를 보지는 못했지만, 전통세력이나 황보씨가 중심이 된 서경세력과 마찰을 일으킬 소지는 충분했다.[104]

목종과 김치양 세력의 갈등은 결국 강조의 난으로 폭발하게 된다. 목종 12년 김치양 세력에게 위기를 느낀 목종은 천추태후에 의해 북한산 신혈사로 유배되어 있던 대량원군(천추태후의 여동생인 헌정왕후가 태조 왕건과 경순왕의 큰아버지 김억렴의 딸인 신성왕후의 아들인 욱과 사통해서 낳은 아들)을 후계자로 삼기로 하고, 대량원군을 맞아오게 하는 한편, 김치양 제거를 위해 서북면 도순검사로 있던 강조를 불러들였다. 목종이 대량원군을 선택한 이유는 태조의 손자 중 유일한 생존자라는 것이었다. 그러나 개경으로 진입한 강조는 김치양 일당을 제거한데 이어 목종과 태후를 폐하고, 대량원군을 맞아들여 즉위시켰다. 이 왕이 현종이다. 이어 강조는 목종을 유배길인 경기도 적성에서 살해하고, 태후는 황주로 돌려보냈다.

모든 반정 기사가 그렇듯이 강조의 난에 관한 기록도 현종의 즉위를 정당화하기 위

---

103 河炫綱, 「高麗時代의 西京」『고려지방제도의 연구』(한국연구총서 32), 1977.
104 이 시기의 정치구도는 서경계와 비 서경계라는 구도를 일괄적으로 적용할 수 있을만큼 단순하지는 않다. 서경세력이라는 범주도 모호한 감이 있다. 그래서 목종 즉위기에 황보씨 세력이 분열했다고 보는 견해도 있고(이태진, 앞의 논문, 1977, 101~110쪽), 서경세력의 존재형태와 범주를 시기별로 나누어 정종대의 서경세력이 왕식렴이 중심이 된 평산세력이었다면, 광종의 숙청을 겪고 경종대에 다시 부활한 서경세력은 황보씨 계열이 주축이 된 외척적인 기반을 지닌 세력으로 봐야 한다는 견해도 있다(이혜옥, 앞의 논문, 131~132쪽)., 정치세력을 광종 대 이후 성장하는 경주계 유신들과 기타 신진세력으로 구분하고, 이들의 정치적 성향을 왕권에 대한 태도,(김당택, 「고려현종덕종대 대거란(요) 관계를 둘러싼 관리들 간의 갈등」『역사학연구』29, 호남사학회, 2007), 출사로(과거, 서리), 유학습득 여부에 따라 구분하는 견해도 제시되고 있다(김두향, 「고려 현종대 정치와 吏系 관료」『역사와 현실』55, 2005).

해 윤색된 감이 있어서 사건의 전말을 기록 그대로 믿기는 곤란하다. 특히 강조의 난이 발생하기 전부터 목종이 대량원군을 후계자로 세우려고 했다는 이야기나 강조가 목종의 부름을 받고 오다가 갑자기 반군으로 돌변하는 과정은 석연치 못한 부분이 있다. 그러나 사건의 진상이 무엇이든 현종의 즉위는 대거란관계에 파란을 일으키게 된다.

고려는 현종이 즉위하자 바로 거란에 사신을 보내 새 왕의 즉위를 알렸다. 물론 강조가 목종을 살해했다고 보고하지는 않았다. 그러나 무슨 경로에 의해서인지 이 사건은 거란에 알려졌고,[105] 거란 침공의 구실이 되었다.

(2) 거란 성종의 집권과 2차 침공

거란은 고려와의 동맹관계를 형성한 후 국력신장과 중원침공에 주력했다. 이 시기 거란은 유목국가의 한계를 깨닫고 점령지의 한족과 주변 민족을 정착시켜 농경지역을 확대하는 정책을 꾸준히 시행했다. 유민을 불러 모아 유휴지를 경작하고, 10년간 조세를 면제하고, 국가에서 농구와 농우를 지원하는 등 꾸준한 권농정책을 시행했다. 국력을 회복한 거란은 1004년에 중국 원정을 단행하여 1005년 하북성 전연(澶淵)까지 진군했다. 송나라는 거란과 굴욕적인 전연의 맹을 맺고 간신히 거란군을 철수시켰다. 이 협정은 송이 거란을 형님의 나라로 인정하고, 매년 10만 양의 은과 20만필의 비단을 바친다는 내용이었다.

전연의 맹이 성립한 후 고려와 거란관계는 더욱 긴밀해진다. 성종 14년에 성종은 거란어 습득을 위해 유학생을 파견했고, 혼인관계를 요청하기도 했다.[106] 혼인동맹을 성립하지 않았지만 이런 노력에 부응해서 거란은 성종을 국왕으로 책봉함으로써[107]

---

105 이 사정은 명확치 않다. 『고려사』에서는 여진의 밀고가 원인이었다고 보고 있다. 이 해 화주방어사로 있던 유종과 화주를 찾아온 여진 사절 95명을 살해한 사건이 발생했다. 이전에 유종과 하공진이 동여진을 공격했다가 패배한 적이 있었는데, 이 패배의 복수로 여진 사절을 살해했다는 것이다. 그러자 여진이 거란에 복수를 호소했다. 『고려사』에서는 이들이 강조시해사건을 밀고했다고 직접 언급하지는 않았지만, 이들의 호소를 들은 성종이 강조시해사건을 들먹이며 고려 침공을 결정했다고 하여 이들의 범인인 듯한 뉘앙스를 주고 있다(『고려사』 권4, 세가4, 현종 원년 5월 갑신).
106 『고려사』 권3, 세가3, 성종 14년.
107 『고려사』 권3, 세가3, 성종 15년.

새로운 종주국으로서의 권위를 세우고자 했다.

전연의 맹 이전에 고려는 송나라와는 공식적인 국교는 단절했지만 교류를 끊지는 않았다. 유학생이 파견되고, 송나라 과거에 급제하기도 했다.[108] 999년(목종 2)과 1003년(목종 6)에는 고려 거란의 강압에 의해 송과 교류가 어렵다는 사정을 진술하고, 거란을 견제해 줄 것을 요청하기도 했었다.[109] 하지만 전연의 맹 이후 고려와 거란의 사신교류는 더욱 빈번해 진 반면 송과의 교류기록은 나타나지 않는다. 목종 5년 2월 고려는 거란에 전연의 맹을 축하하는 사절을 보냈고,[110] 이해 7월에는 고려의 지리도를 거란에게 바치기까지 했다.[111] 송나라의 열세가 명백해지자 고려는 송과의 위험한 교류는 자제하고 거란과의 교류에 좀 더 치중했던 것 같다.[112]

1005년에는 보주에 거란과 고려의 무역소인 각장榷場이 설치되었다.[113] 이곳에서 거래된 상품과 교역규모는 알 수 없지만, 양국 간의 관계가 정치적 관계에서 경제적 관계로 보다 긴밀하게 확대된 사실을 보여준다.

이때까지의 과정으로 보면 고려-거란전쟁이 발발할 조짐이 보이지 않았다. 그런데 1009년 12월에 거란의 실권을 쥐고 있던 승천황태후가 사망했다. 12살에 즉위해서 그동안 태후의 섭정을 받았던 성종은 실권을 장악하자마자 바로 고려 침공을 시도한다. 4월에 태후의 장례가 끝나자 5월에 성종은 각 도에 조서를 내려 고려 정벌을 선포했다.[114]

거란의 갑작스런 전쟁 결정에 대해서 전연의 맹으로 송이 거란을 침공할 염려가 없

---

108 『고려사절요』 권2, 목종 원년 12월.
109 『고려사절요』 권2, 목종 2년 10월, 『자치통감장편』 권55 신종 함평 6년 8월 병술.
　　김재만, 앞의 책, 112~113쪽.
110 『요사』 권13, 성종기5, 통화 20년 2월.
111 『요사』 권13, 성종기5, 통화 20년 추7월.
112 이런 입장은 송나라도 마찬가지였다. 1010년 거란이 고려 출병을 통보하자 송나라 조정에서는 혹시나 고려가 원병을 요청할까 우려하여 고려의 사신이 오면 고려가 그동안 송나라에 조공하지 않았다는 이유로 불허하기로 했다. 그리고 고려 사신이 오면 지방관 차원에서 막고, 아예 중앙정부로 보고도 하지 못하게 했다(『속자치통감장편』 권74, 신종 大中祥符 3년 11월 ; 김재만, 앞의 책, 1974, 121쪽).
113 『요사』 권60, 식화 하, 통화 23년.
114 『요사』 권13, 성종 통화 28년 5월 병오.

어져서 다시 고려 침공에 주력할 수 있게 되었다는 견해가 있다.[115] 하지만 그것만으로는 고려-거란 전쟁의 전체적 구도를 설명하기가 곤란하다. 전략적으로 보면 거란의 궁극적인 목표는 고려가 아닌 송나라였다. 고려 침공은 어디까지나 중원 침공을 시도하기 전에 자신들의 배후를 안정시키기 위한 사전 정지작업에 해당하는 것이었다.

문제는 이 배후안정 작업을 외교적으로 시행하느냐, 군사적으로 시행하느냐는 것이었다. 성종의 침공결정은 지금까지 써온 외교적 방법을 버리고, 군사적 방법으로 전환한다는 의미였다. 그런데 이때까지 고려가 적극적인 반거란정책을 펼친 적이 없고 양국의 관계는 더욱 긴밀해져 가는 상황에서 굳이 강경책으로 전환할 필요가 있느냐는 의문이 생긴다. 실제로 거란 내부에서도 이런 반론이 제기되었다. 여기에는 고려는 성이 완고해서 정복하기가 쉽지 않다는 전술적인 이유도 포함되었다.[116]

그러나 성종의 침공의도는 강경했다. 거란은 1010년 7월 급사중 양병梁炳과 대장군 나율윤那律允을 고려에 파견해서 목종이 죽은 원인을 추궁했지만,[117] 이 사신의 파견은 침공을 위한 형식적 절차에 불과했다. 고려는 바로 다음 달인 8월과 9월에 계속해서 거란에 사신을 보내 출정결정의 철회를 요청했으나[118] 거란을 이를 거절하고 송나라에도 사신을 보내 출병소식을 알렸다. 고려는 11월에도 동지사를 파견해서 전쟁을 피해보려고 했으나 소용이 없었다.[119] 오히려 이 달에 거란의 장군 소응蕭凝이 와서 거란 성종이 친정한다는 사실까지 통보했다.

성종이 이처럼 고려 침공에 집착했던 이유는 명확하지 않지만 대략 두 가지 추정이 가능하다. 하나는 성종이 고려에 대한 견제를 외교적 수단만으로는 안심할 수 없다는 강경론을 진심으로 지지했다는 것이다. 두 번째는 자기 집권체제 특히 군사부분의 장

---

115 김재만, 앞의 책, 1974, 114쪽.

116 『요사』 권88, 열전 18, 소적열, "統和二十八年, 帝謂群臣曰 高麗康肇弑其君誦, 立誦族兄詢而相之, 大逆也. 宜發兵問其罪. 群臣皆曰可. 敵烈諫曰 國家連年征討, 士卒疲敝. 況陛下在諒陰; 年穀不登, 創痍未復. 島夷小國, 城壘完固. 勝不爲武 萬一失利, 恐貽後悔. 不如遣一介之使, 往問其故. 彼若伏罪則已; 不然, 俟服除歲豊, 擧兵未晚. 時令已下, 言雖不行, 識者韙之".

117 『고려사』 권4, 세가4, 현종 원년 7월.

118 『고려사』 권4, 세가3, 현종 원년 8월 정미; 『고려사』 권4, 세가3, 현종 원년 9월.

119 이외에도 고려는 여러 번 사신을 보내 강화를 요청하고 공식적인 외교관계를 지속했으나 거란은 받아들이지 않았다. 이 시기 사신파견 상황은 안주섭, 앞의 책, 2003, 118~119쪽.

악력을 확고히 하기 위해 전쟁을 벌였을 가능성이다.

거란의 군사제도는 독특해서 황주과 황후족의 군대가 별도로 존재히는, 군사적으로 보면 2개 부족의 연립적 성격을 띠었다. 승천황태후의 오랜 섭정도 이런 군사력에 힘입은 바가 컸을 것이다. 그렇기 때문에 오랫동안 황태후의 그늘 아래서 살아야 했고, 중원진출과 중국적 사회체제의 수용을 지향하던 성종에게 대규모 원정은 황제의 군사력을 확고히 해줄 가능성이 높다. 하지만 성종이 고려 원정에서 큰 피해를 입으면서 18년 간 전쟁을 지속하는 것을 보면, 처음 전쟁을 시작할 때는 이런 의도가 개입했다고 하더라도, 이것만으로 20년에 걸친 거란 전쟁의 원인을 다 설명하기는 어려울 듯하다. 따라서 이러한 요인은 부수적인 것이며, 현재로서는 고려에 대한 외교적 대응론과 군사적 대응론에서 군사적 대응론이 승리한 것이 침공결정의 주원인이라고 보는 것이 타당할 듯하다.

거란전쟁의 재발 원인으로 제기된 또 하나의 가설은 고려의 대거란 강경책이다. 강조의 정변이 대외정책으로 보면 반거란세력에 의한 친거란세력의 제거라고 보는 것이다. 목종과 김치양 세력은 친거란정책을 표방해 왔는데, 이들이 제거가 거란의 불안감을 증폭시켰다는 것이다.[120] 그러나 목종 때에도 송나라에 거란의 폭거를 호소하는 사절을 파견한 적도 있고, 목종과 김치양 세력은 적어도 국내정치에서는 심각하게 반목하는 사이였다. 물론 국내적으로 대립해도 외교노선은 같을 수도 있는 것이지만, 현재까지 드러난 증거로는 친거란세력과 반거란세력을 구분하고, 그들의 정책적 차이를 판별할 수 있는 근거를 찾기가 어렵다.[121]

---

120 김대연, 「고려 현종의 즉위와 거란의 침략원인」 『한국중세사연구』 22, 2007.
121 거란에 대한 강경론자와 온건론자의 구분은 현종대에는 비교적 명확하게 드러난다. 이에 강경론자와 온건론자를 추출, 범주화하여 이들의 특성을 규명하려는 연구가 시행되었다. 그리하여 강경론자와 온건론자를 과거출신과 이족출신으로 분류하거나(김두향) 왕권강화론자와 그에 반대하는 세력으로 분류하기도 했다(김당택, 앞의 논문, 2007). 이러한 구분을 목종대에 대입하여 적용할 수도 있겠다. 그러나 현종대의 강경론과 온건론이란 이미 전쟁이 발발한 상황 하에서의 논의라 이를 목종대에 그대로 적용하는 것이 타당한 지는 의문이다. 그리고 전쟁상황에서는 여러 가지 사정, 지역기반 등에 따라 개인과 집단의 이해가 다양하게 그리고 장기적인 정책이나 정치적 입장과 달리 일회적 대안으로 표출될 수 있다. 예를 들어 거란의 침입이 급박하다면 전쟁터가 되는 북방 지역의 호족은 중남부 호족에 비해 가능한 전쟁을 피하려는 태도를 보일 수 있다. 따라서 거란에 대한 강경과 온건이라는 기준으로 여러 정치세력을 일관되고 동일한 범주로 묶을 수

(3) 거란군의 진격과 개경 함락

거란 성종은 친정을 결심하고, 1010년 8월 북부재상인 소배압蕭排押을 도통으로 삼았다.[122] 소배압은 거란의 1차 침공을 지휘했던 동경유수 소손녕의 형이다. 거란의 병력은 40만이었다.

〈표 4-8〉 고려군 지휘부

이 름	관직	직 책
강조(康兆)	참지정사	행영도통사
안소광(安紹光)	검교상서 우복야 상장군	행영도병마사
최현민(崔賢敏)	소부감	좌군병마사
이방(李昉)	형부시랑	우군병마사
박충숙(朴忠淑)	예빈경	중군병마사
최사위(崔士威)	형부상서	통군사(統軍使)

거란의 침공통보를 받은 고려는 끝까지 외교적 해결책을 강구하는 한편 전쟁대비에 착수했다. 1010년 10월 고려는 참지정사 강조를 총사령관인 행영도통사로 삼고, 30만 병력을 주어 통주(평북 선천)에 주둔하게 했다.

양군의 병력은 그대로 믿기는 힘들다. 그러나 거란군이 황제의 친정이었던 점을 감안하면 최소한 15만 이상의 병력은 동원했다고 보인다. 다만 거란에서 고려까지 거리가 멀고, 중간 보급기지를 운영할 필요가 있었던 점을 감안하면 중간중간의 사역병까지 포함해서 전체 동원병력이 이 정도에 미쳤을 가능성이 있다.

고려의 경우도 광군의 총병력이 40만이라고 했다. 고려 전체 주진군과 주현군의 병력이 약 10만이었다. 그러므로 나머지 30만은 고려가 동원가능한 총병력을 의미하는 수라

있는 것인지가 먼저 해명되어야 한다. 그리고 관리로의 등용문의 차이나 정치론의 차이가 과연 대외정책에서 이처럼 동일한 태도로 연결될 수 있는 것인지, 양자의 개연성에 대해 앞으로 좀 더 명확한 이유가 제시되어야 할 것이다.

122 『요사』 권13, 성종 통화 28년 8월 정묘.
안주섭, 앞의 책, 2003, 118쪽.

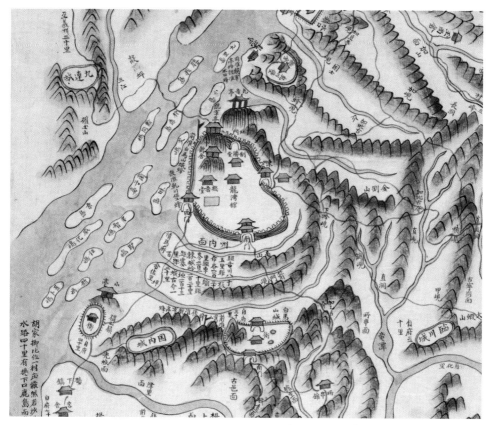

의주목과 백마산성(『해동지도』, 규장각한국학연구원)

고 보인다. 강조가 통주성으로 인솔하고 간 병력은 훨씬 적었다고 보아야 한다.

거란군은 11월 17일 경에 압록강을 건너 흥화진에 도착했다. 평안북도 지역을 통과하는 도로는 크게 두 길이 있다. 흥화진에서 통주(선천), 곽주(곽산)을 거쳐 안북(안주)에 이르는 해안길과 의주-귀주-태주-박주를 거쳐 안북에 도착하는 내륙길이다. 물론 중간이 이 두 길을 연결하는 사잇길이 있다. 이 두 길은 안북에서 만나 안북-숙주(숙천)-서경-황주-평산-개경으로 이어진다. 이 루트는 한반도 서북면의 대표적인 길로 후대에 벌어지는 몽골전쟁이나 병자호란 때도 이 루트가 그대로 사용되었다.

거란군이 남하할 때는 귀주를 통과하는 내륙길보다는 통주-곽주를 통과하는 해안길을 주로 이용했다. 이 길이 의주-귀주 간에 산지를 통과해야 하는 내륙길에 비해 평탄하고, 중간에 도시들도 많기 때문이다.

압록강을 도하한 거란군을 최초로 맞은 요새는 홍화진이었다. 홍화진은 강동6주의 하나로 1차 거란전쟁 종료 후 서희가 수축한 성의 하나이다. 홍화진의 위치에 대해서는 두 가지 설이 있다. 하나는 의주 남방 15km 지점에 위치한 백마산성(해발 410m)으로 보는 견해이다.[123] 성은 삼국시대의 성을 보완하여 축조한 것으로 백마산 봉우리를 감싸는 형태로 축성되었다. 북쪽은 높고, 남쪽은 낮은 형태이다. 외성과 내성으로 구성되었다. 홍화진과 백마산성을 연결시킬 구체적인 기록은 존재하지 않는다. 위치와 성의 역사에 의거한 위치비정이라고 할 수 있다. 백마산성은 의주에서 해안길과 내륙길로 이어지는 도로상에 위치하고 있고, 이런 전략적 위치로 인해 조선시대까지도 사용되었다. 조선후기에 임경업이 성을 크게 증수했으며, 병자호란 때도 격전지가 되었다. 성 안에는 우물이 30개가 넘을 정도로 물이 풍부해서 장기농성전에 유리했다.

두 번째 설은 평안북도 피현군 당후리의 쏙새산에 위치한 걸망성이라고 보는 견해이다. 이 설은 이께우치池內宏가 처음 제시했고,[124] 북한 학계에서는 정설이 되어 있다.[125] 걸망성은 백마산성에서 서남쪽 4km, 백마산의 줄기가 남쪽으로 흘러내려 형성된 지역으로 삼교천가에 솟은 봉우리에 위치했다. 성의 동, 남, 서 세 면은 삼교천이 흘러 자연해자를 형성하고 있다. 성은 내성과 외성으로 구성되어 있으며, 성벽은 둘레 2,840m에 높이는 2-3m이다. 성에는 7개의 문이 있는데, 동문과 성문은 좌우 성벽을 서로 어긋나게 쌓고 그 사이에 성문을 설치해서 옹성 역할을 하게 했다. 동문 안쪽에는 다시 105m가량의 반월형 겹성을 쌓아 성문의 방호를 강화했다.[126] 두 성은 근접한 위치에 있어서 어느 성으로 비정하든 전체 전황을 이해하는 데에는 별 차이가 없다.

---

123 국방부전사편찬위원회, 『여요전쟁사』, 1990 ; 국방부전사편찬연구소, 『고려시대 군사전략』, 60쪽·123쪽.

124 池內宏, 「高麗成宗期における女眞族ぴ契丹との關係」『滿鮮地理歷史研究報告 第4』, 東京大學, 1918.

125 홍화진성의 위치비정에 대한 북한학계의 논쟁과정은 서일범, 「서희가 구축한 성곽과 청천강 이북 방어체계」『서희와 고려의 고구려 계승의식』, 1999, 154~155쪽에 소개되어 있다.

126 서일범, 앞의 논문, 1999, 158쪽.

홍화진에는 홍화진부사 이수화와 서북면도순검사 양규가 지휘하는 고려의 정예군이 주둔하고 있었다. 서북면도순검사가 주둔했다는 사실은 이 지역 주현군만이 아니라 고려의 정예부대가 홍화진에 배치되어 있었다는 사실을 말해준다.

거란군은 11월 17일부터 23일까지 일주일간 성을 공격했으나 홍화진은 함락되지 않았다. 홍화진 전투는 강동6주의 탈환 이후 고려군의 전쟁 준비가 착실했으며, 거란군의 전력으로는 충분한 병력과 군비를 갖춘 고려의 성을 함락하기가 어렵다는 사실을 증명한 것이다.

거란군은 그들의 전술대로 홍화진 공략을 포기하고 남진했다. 그러나 홍화진이 건재함으로 인해 그들은 고려 침공의 전진기지라고 할 수 있는 무로대에 침공군의 절반인 20만을 주둔시켜야 했다. 무로대의 위치는 정확하지 않다. 의주 부근의 한 지역으로 거란군의 압록강 교두보에 해당하는 전진기지였다고 보인다. 그리고 나중에 양규가 소수의 병력으로 무로대를 공격해서 승리하는 것을 보면 이곳에 20만을 주둔시켰다는 말도 믿기 어렵다. 동경으로부터 무로대까지 운영한 병력이 20만이라는 의미가 와전된 것이 아닌가 한다. 결국 고려 영토로 진입한 거란군은 나머지 20만이 되는데, 이 수치는 황제의 친정시 거란이 동원하는 병력이 15만명 정도였다는 기록과도 어느 정도 일치한다.

(4) 통주성의 패전과 1차 방어선의 붕괴

홍화진을 통과한 거란군은 이틀 후에 통주에 도착했다. 이때 고려군은 두 부대로 분리되어 있었다. 해안길과 내륙길을 동시에 대비해야 했기 때문이다. 강조는 통주성에 주둔했고, 한 부대는 통군사 최사위의 인솔 아래 귀주성으로 진출했다. 그러나 최사위 부대는 귀주 북쪽에서 거란군에게 패배하고 말았다.[127]

거란군과 강조군이 조우한 통주성은 지형이나 전투 상황 묘사로 보아 통주 서북쪽 입구에 위치한 동림성이라고 추정된다. 고려군은 전통적인 수성전술을 사용하는 대신 야전으로 나와 거란군의 공세를 직접 차단하고자 했다.

---

127 『고려사』 권94, 열전 7, 최사위.

전투가 벌어진 통주성은 서쪽에는 산을 끼고 성 앞에는 세 개의 하천이 교차하고 있었다. 강조는 이 지형을 이용해서 부대를 세 방향으로 배치했다. 한 부대는 통주성 서쪽 고지에 배치해 통주성과 주력을 엄호하게 했다. 한 부대는 통주성 남문 바로 앞에 배치했다. 강조가 이끄는 중군은 삼수채에 진을 쳤는데, 이곳은 세 개의 하천이 Y자로 만나는 합류지점이었다.

고려군은 지형의 장점을 활용하여 유리한 위치를 점유했다. 중군은 배후는 통주성과 좌군에 의해, 좌우는 하천이 만들어 주는 자연방어선에 의해 보호받고 있었다. 특히 하천은 기동과 속도를 중시하는 거란군 기병의 활동을 크게 제약했다. 서쪽 고지에 주둔한 우군과 성 안에 주둔한 고려군은 방어력이 우수하고, 높은 곳에서 중군의 우측을 엄호할 수 있었다. 성문 앞에 배치한 좌군은 중군을 엄호하는 한편 만약의 경우 중군이 성 안으로 퇴각하는 것을 엄호할 수 있었다.[128]

첫날 전투는 거란군의 돌격과 고려군의 방어로 진행되었다. 고려군 지형의 이점을 활용하는 한편 거란 기병의 돌격을 막기 위해 검차를 동원했다. 검차는 수레 위에 방패를 설치하고, 앞쪽에 여러 자루의 창검을 꽂아 놓은 무기이다. 간단한 아이디어지만 기병을 저지하는 데는 가장 보편적이고 효과적인 무기였다.[129]

둘째날 전투에서 야율분노耶律盆奴가 이끄는 거란의 선봉부대와 상온詳穩 야율적로耶律敵魯의 우피실군이 삼수채의 보루를 공격해서 기습적으로 돌파했다.[130] 이때 강조는 사령부에서 바둑을 두고 있었다. 병사가 거란군이 보루를 돌파했다고 보고하자 강조는 "입 안의 음식과 같다. 적으면 안 되니 많이 들어오게 하라"고 말했다. 그러나 거란군은 강조가 있는 중앙부까지 신속하게 관통해 버렸다. 놀란 강조가 상황을 파악했을 때는 이미 중군의 중앙부까지 유린되고 있었다. 행영도병마부사 노정盧頲과 사

---

128 앞에는 물, 측면에는 산과 물, 배후에는 요새를 두는 강조군의 배치방식은 병서에서 기술한대로 고전적이고 완고한 수비형태였다. 임용한, 앞의 책, 2004, 123쪽.

129 검차를 고려군의 독특한 신무기로 이해하는 경우가 있다. 그러나 이것은 잘못된 견해이다. 검차의 기원은 명확하지 않지만 고대로부터 사용되었다. 기병에 대한 검차의 유용성은 척계광의 기효신서에서도 지적했다.

130 『고려사』 권127, 열전40, 반역1, 강조 ; 『요사』 권88, 열전18, 야율적록(『요사』에는 야율적로가 耶律的祿으로 표기되어 있다).

통주성–사진 우측 하단(『해동지도』 관서일로영애, 규장각한국학연구원)
통주성은 선천의 동림성이다.

재승 서숭(徐崧), 주부 노제(盧濟) 등이 전사하고, 강조와 행영도통부사 이현운(李鉉雲), 행
영도통판관 노전(盧戩), 감찰어사 노이(盧顗), 양경(楊景), 이성좌(李成佐)가 포로가 되었다.[131]
포로가 된 강조는 성종 앞에 끌려 갔으나 성종의 회유에도 불구하고 투항을 거부하다
가 살해당했다.

삼수채 전투에서 패전한 중군은 통주성으로 들어가지 못하고, 반대방향인 곽주쪽
으로 내몰렸다.[132] 이 정황으로 보면 거란군은 오늘날의 전격전의 원리와 동일하게 고
려군의 진지를 돌파한 기병 한 부대를 고려군의 배후로 돌려 중군이 통주성으로 퇴각
하는 퇴로까지 차단했던 것 같다.[133] 나머지 기병은 곽주쪽으로 몰아낸 고려군을 추격

---

131 『고려사』 권94, 열전7, 양규.
132 『고려사』 권94, 열전7, 양규.
133 임용한, 앞의 책, 2004, 128~129쪽.

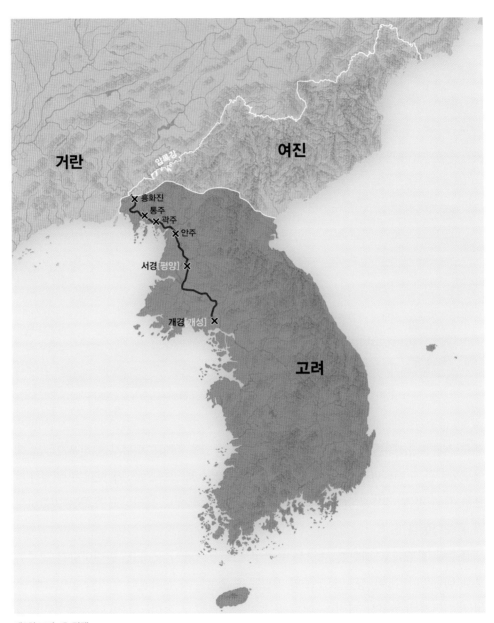

거란

여진

압록강

×흥화진
×통주
×곽주
×안주

서경[평양]×

개경[개성]×

고려

제2차 고려-요 전쟁

했다. 고려군은 사상자가 3만에 이를 정도로 거란의 기병에게 큰 피해를 입었고,[134] 다수의 군량과 갑옷, 장비를 빼앗겼다.[135]

거란군은 승세를 몰아 통주성을 공략했으나 고려 군민의 강력한 저항으로 함락에 실패했다. 흥화진과 통주성의 수성 성공과 강조의 패전은 고려와 거란군의 전력과 장점을 극명하게 보여준다. 강조는 고려군에게 유리한 전술을 포기하고, 야전에서 거란군과 대적하다가 대패하고 말았다. 그러나 강조의 패전을 이렇게 비난하는 것은 온당하지 않다. 청야전과 수성전 위주의 전략은 적군만이 아니라 고려 주민에게도 엄청난 피해와 고통을 야기한다. 그리고 고려군이 야전에서 약하고 수성전과 같은 수세적 방어전투에서만 강하다는 생각도 잘못된 것이다. 이후의 전투에서도 증명되지만 고려군은 삼국시대 이래 거란군에 못지않은 강력한 기병을 보유하고 있었고, 기마술과 궁술에서는 거란군이나 후대의 몽골군에게도 뒤지지 않는 역량을 보유하고 있었다. 그러므로 비슷한 규모와 전력의 군대라면 야전 역량에서 거란군에게 결코 뒤지지 않았다.

강조가 거란군의 진격을 허용하지 않고 야전에서 거란군을 저지하려고 한 행동은 국가와 국민의 피해를 최소화하기 위한 선택이었다. 강조가 비난받아야 한다면 야전을 택한 결정이 아니라 고려군은 유리한 지형에 포진했음에도 패전에 그치지 않고, 주력이 거의 궤멸당하는 섬멸전을 허용하고 말았다는 부분이다. 이 원인은 거란군의 전술과 능력에 대한 정보부족과 지휘부와 고려군의 실전능력 부족을 꼽을 수 있다. 거란군은 바로 5년 전에 송나라 원정을 단행했을 정도로 실전과 대병력의 운용 경험이 풍부한 군대였다. 반면에 고려군은 후삼국 통일 이후 대규모 실전을 경험한 적이 없었다.

특히, 대규모 병력을 동원했을 때 부대간의 전술적 협조능력이 떨어질 수 밖에 없었다. 이 문제를 해결하기 위해서는 대대적인 병력동원과 기동훈련이 필요하다. 하지만 이때까지 고려의 군사제도 정비과정을 보면, 고려군의 기동훈련은 지역 단위의 군대나 2군6위를 주축으로 하는 중앙군 단위의 훈련이나 겨우 가능했음이 분명하다. 그나마 최정예군을 구성하는 중앙군의 경우도 만족스러운 상황은 아니었다.

---

134 『고려사절요』 권3, 현종 원년 11월 을해.
135 『요사』 권115, 二國外記, 高麗, “右皮室詳穩耶律敵魯擒肇等 追奔數十里 獲所棄糧餉·鎧仗”.

편안한 환경에서 위대한 때를 생각하며 깊은 물가에 다달은 것처럼, 엷은 얼음을 밟은 것처럼 조심해야 된다는 것을 생각하지 않고 토목 사업을 광범히 일으켜 군인과 장정들에게 노력을 시키며 높은 누대를 건축하고 깊은 못을 파서 노는 장소를 만들었으며 민호들을 괴롭게 하여 사원을 지어 놓고 함부로 쓸데없는 일들을 했다. 이런 이들은 비록 신하들의 요구에 의한 것이라고는 하지마는 역시 나의 잘못이 아니겠는가! 그것은 다만 군인들의 원망을 일으켰을 뿐 아니라 또한 전체 백성들의 고난으로 되었다. 이러한 때에 만일 군대를 모아 훈련할 일이나 적국이 침입하고 우리가 정벌하여야 할 일들이 생긴다면 장차 어디서 용사를 구하며 어디서 사람을 얻겠는가? (중략) 나의 뜻을 군대 내에 선전할 것이며 모든 관청들에는 각각 6위 군영을 형성하고 직원과 장수들을 배치하여 군사들에게는 잡역을 면제하여 줄 것이다.[136]

이 기사는 1002년(목종 5) 5월 목종이 내린 교서의 일부분이다. 교서 말미에 있는 모든 관청이 6위의 군영을 조성하라는 문구로 보면 이 교서에서 언급하는 대로 토목공사에 동원되고 있는 군사는 6위의 병사들이었다. 군사들을 각종 사역에 동원하는 문제는 고려, 조선시대에 걸쳐 끊이지 않는 문제였지만, 이 기사의 내용으로 보면 이 때의 사역동원은 임시적인 사역의 수준을 벗어난 것임이 분명하다.

목종은 과도한 토목공사가 군인들의 원망을 야기했다고 하고, 이들을 위무하라고 명령하고 있다. 그 정도로 과도한 사역에 대한 6위 병사들의 불만이 높았다. 교서의 뉘앙스로 보면 어떤 형태든 집단적인 반발이 일어났을 가능성도 있다. 이 당시 6위의 수준과 상태에 대해서 더욱 주목되는 부분은 당장 관청별로 할당해서 6위의 군영을 마련하게 하고, 직원과 장수를 배치하라는 하라는 명령이다. 목종은 일종의 긴급조치를 내리고 있는데, 이 내용을 보면 이때까지도 6위가 시위군에 걸맞는 제대로 된 시설과 대우를 받지 못하고 있었음이 분명하다. 이런 상황에서 전술훈련이 제대로 이루어졌을 리가 없다.

바로 이 점을 위의 교서에서도 지적하고 있다. "만일 군대를 모아 훈련할 일이나

---

136 『고려사』 권3, 세가 3, 목종 5년 5월.

적국이 침입하고 우리가 정벌하여야 할 일들이 생긴다면 장차 어디서 용사를 구하며 어디서 사람을 얻겠는가?"라는 문구가 바로 그것이다.

이 교서를 내린 1002년은 고려가 송나라에 거란의 횡포를 호소하고 송나라의 도움을 요청하는 사신을 파견하고 있던 시절이다. 고려가 거란의 위험을 충분히 인식하고 있던 시기임에도 불구하고, 중앙군의 사정이 이 모양이었다.

이것은 고려의 국방대책이 외형적으로는 광군 설치와 같은 전국적인 군적 파악, 지방제도 정비와 군사동원체제의 정비, 축성과 지역단위의 방어체제의 강화 등에는 미치고

고려의 무인상(공민왕릉)

있었지만, 대열(大閱)과 같은 대규모 야전훈련이나 여러 지역에서 징발한 혼성부대로 구성된 대병력의 전술적 운용과 같은 수준에는 아직 미치지 못하고 있었음을 말해준다. 이때가 거란의 2차 침공이 발발하기 겨우 8년 전이었다. 그러니 이때부터 이러한 문제를 인식하고 시정하기 위해 노력했다고 가정하더라도 고려군의 수준을 향상시키는 데는 한계가 있을 수 밖에 없다.

『고려사』에서는 강조군의 패배를 강조의 자만과 방심 탓으로 돌리고 있지만, 고려군이 거란군의 기습돌파를 예측하고 대비하고 있었음에도 불구하고, 이를 허용했고, 좌군과 우군이 손 쓸 새도 없이 중군이 궤멸되었던 사정을 보면, 대병력의 운용과 전술훈련의 부족이 통주성 패전의 근본적인 원인이었다고 보는 것이 정당하다고 생각된다. 이런 양상은 이후의 전투 양상을 통해서도 증명된다. 거란 전쟁 초기에 고려군은 손발이 맞는 지역군이나 단위부대의 전투에서는 탁월한 능력을 발휘하는 반면 여러 부대의 혼성군으로 구성된 대단위 전투에서는 고전하는 경향을 보여준다. 그러나 전쟁 말기로 가면 고려군은 이런 약점을 극복하는 모습을 보여준다. 그 대표적인 사

사마교비(전남 나주)
고려 현종이 거란의 침입으로 남쪽으로 피난가다가 혜종의 고향인 나주에 머물렀다. 이 때 4마리 말이 끄는 수레를 타고 다리를 건넜다고 하여 사마교라 전한다고 한다. 이를 기념하기 위해 세운 비이다.

레가 귀주대첩이다.

강조의 패전은 고려군 전체에 커다란 동요를 일으켰다. 통주성은 사수했지만, 곽주성은 함락되고 말았다.[137] 거란군은 6천의 병력을 남겨두고 남하를 계속했다. 12월 8일에 안주성이 함락되고, 12월 10일에는 숙천이 떨어졌다. 곽주 이남부터 성들이 쉽게 함락되기 시작하는데, 강조가 과도하게 병력을 전진배치 하는 바람에 후방의 성들에는 병력이 충분하지 않았던 것 같다. 12월 10일 거란의 선발대가 서경에 도착하자 서경부유수 원종석은 항복을 결정했다. 그러나 마침 이날 동북면에서 지채문과 탁사정이 인솔하는 고려군 지원부대가 서경에 진입하여 항복파를 제압하고 서경을 장악했다. 이 외에도 몇 번의 우여곡절을 겪은 끝에 서경은 극적으로 보존되었다. 서경의 유지는 이 전쟁의 성패를 좌우하는 결정적 사건이 된다. 서경은 고려의 제2의 수도였고, 서북면 일대를 통치할 수 있는 거점도시였다. 거란군이 서경을 획득했더라면 군량과 휴식을 얻을 수 있을 뿐 아니라 서북면 일대를 장기점유 할 수 있는 통치거점을 확보할 수도 있었다.

12월 17일, 거란군은 서경을 방치하고 개경을 향해 진군하기 시작했다. 그런데 이날 또 하나의 결정적 사건이 발생했다. 흥화진에 있던 양규가 700명의 결사대와 통주의 패잔병 1천명의 병력으로 6천의 수비대가 지키던 곽주성을 기습하여 수비대를 전멸시키고, 성을 탈환했다. 곽주성의 함락으로 거란군은 청천강 이북 지역에 단 한 개의 근거지도 확보하지 못하게 되었다.

---

137 이 곽주성은 능한산성으로 추정되고 있다.

그러나 거란군은 적진 고립과 보급로의 단절이라는 악조건 속에서도 철군을 거부하고 남하를 계속했다. 이 결정은 고려군이 허를 찔렀다. 서경 이남에는 거란군을 막을 만한 요새와 병력이 전무했다. 2011년 1월 1일 어이없게 개경이 거란군에게 함락되었다. 수양제의 대군이 군량결핍과 함께 얼마나 쉽게 궤멸되었던가를 상기하면 거란군의 성공은 유목기병의 장점인 자생력과 현지조달능력이 얼마나 대단한 것인가를 보여주는 실례라고 하겠다.

현종은 거란군이 입성하기 직전에 개경을 포기하고 탈출했다. 현종 일행은 적성을 거쳐 한강 이북에서 간신히 거란군 추격대를 따돌리고, 광주(1011년 1월 1일), 천안을 거쳐 1월 12일에 나주에 도착했다.

(5) 거란군의 철수와 고려군의 반격

개경에 입성한 거란군은 개경을 약탈하고 궁궐과 대묘, 주요 건물을 모두 불살랐다. 개경에서 10일을 머무른 거란군은 1월 11일에 개경에서 약탈한 보물과 포로를 데리고 철군을 시작했다.

피난 중이던 현종은 12월 30일 경기도 양주에서 하공진과 고영기를 사신으로 보내 강화를 요청하고, 현종의 친조를 약속했다. 성종은 하공진와 고영기를 인질로 잡고 현종의 제안을 수락했다. 그러나 이것은 철군의 명분에 불과했다. 거란군이 비록 개경을 함락하기는 했지만 서경과 방어력이 우수하고, 거란과도 가까운 청천강 이북 지역의 요새를 하나도 확보하지 못한 것은 큰 타격이었다. 강동6주 지역을 확보했다면 거란군의 일부를 주둔시켜 거란의 영토를 압록강 이남으로 확장하고, 이를 교두보로 하여 고려의 영토를 지속적으로 잠식하거나 고려를 강하게 압박할 수 있었다. 그러나 이 지역의 확보에 실패함으로써 통치거점은 고사하고, 거란군의 철군로마저 위협받는 상황이 되어 버렸다. 게다가 거란군은 8월에 원정군을 편성한 뒤 개경까지 오는데 5개월이라는 시간을 소요했다. 유목민족의 특성상 2-3월까지는 병사들이 생업에 복귀해야 하는 사정을 감안하면 시간이 급박했다.

퇴각하는 거란군은 안북까지는 비교적 쉽게 진출했다. 그러나 청천강 이북으로 진출하면서 해안길로 되돌아 가지 못하고, 귀주를 지나는 내륙길로 우회했다. 그 이유는 두 가지로 추정할 수 있다. 첫째는 무리한 진격으로 거란군이 상당히 지치고 약화되었다는 것이다. 거란군은 11월부터 1월까지 혹한기에 산악이 많은 북부지방의 험로 300km를 왕복하는 강행군을 했다.[138] 이 시기 기온은 영하 10도에서 20도의 분포를 보이며 고지에서는 체감기온이 영하 50도 이하로 내려가기도 한다.[139] 해안길의 주요 성에는 양규 부대를 위시하여 앞서 배치된 고려군 주력이 잔존하고 있었다. 지친 거란군으로서는 그들이 부담스러울 수밖에 없었다.[140]

두 번째 이유는 거란군이 주요 군현의 공략에 실패하고, 과도하게 현지 조달에 의지하면서 이동하는 바람에 이미 약탈당하고 피폐해진 길을 되짚어 올라가기가 곤란해 졌다는 것이다. 게다가 새로운 루트로 이동하면서도 현지조달을 위해 거란군은 여러 갈래로 분산 이동해야 했다. 북쪽에 주둔하고 있던 고려군은 거란군의 약점을 파악하고 분산된 적들을 요격하기 시작했다.

거란의 회군길을 악몽으로 변했다. 거란측 사료에서도 회군길의 고난을 기술하고 있을 정도이다. 『요사』 고려전에 의하면 거란군이 회군을 시작하자 항복했던 성들이 다시 반란을 일으켰다. 설상가상으로 귀주 남쪽의 산지에서 거란군은 4일 간 큰 비를 만나, 다수의 말과 낙타가 피로와 병으로 죽었고, 갑주와 병장기를 버려야 했다.[141]

거란군이 피로하고 약화된 틈을 노려 귀주별장 김숙흥金淑興과 중랑장 보량保良이 거란군을 요격, 1만 명을 살해했다. 홍화진의 양규도 퇴각하는 거란군을 공격하기 시작했다. 먼저 그는 거란군의 교두보였던 무로대를 급습, 2천 명 이상을 죽였다. 이후 양규는 홍화진에서 귀주 사이의 지역으로 추정되는 이수梨樹와 석령石嶺, 여리참餘里站에서 거란군을 요격해서 계속된 승전을 거두고, 거란군이 납치해 가던 고려인을 구출했다.[142] 1월 28일 경 양규는 김숙흥 부대와 합류하여 애전艾田에서 거란군을 공격

---

138 거란군 이동로의 험준함에 대해서는 안주섭, 앞의 책, 2003, 121~122쪽, 140~141쪽에 자세히 분석되어 있다.

139 안주섭, 앞의 책, 2003, 55쪽 참조.

140 안주섭, 앞의 책, 2003, 140쪽.

141 『요사』 권115, 열전45, 二國外記, 高麗, "二十九年正月 班師 所降諸城復叛 至貴州南嶺谷 [四]大雨連日 霽乃得渡 馬駝皆疲乏 甲仗多遺棄". 이 기사의 '貴州'는 '龜州'의 오기이다.

142 고려시대의 지명 중에서도 고개, 작은 마을의 지명은 조선시대와 크게 다르고, 조선시대에 이미 기억이 끊어진 곳도 많다. 따라서 양규와 김숙흥이 싸운 이수, 석령, 여리참, 애전의 위치는 알 수

했다. 그러나 불행하게도 이 전투 직후 양규와 김숙흥 부대는 갑자기 나타난 거란의 본대에 포위되어 전사했다. 하지만 양규와 김숙흥의 분전은 놀라운 것이었다. 두 부대는 1월 17일부터 1월 28일까지 12일 동안 무려 7번의 전투를 벌여 3만 명 이상의 포로를 구출했다. 고려 정부는 이들의 공로를 기려 양규에게는 공부상서를 추증하고 유가족에게는 종신토록 매년 곡식 100석을 제공하게 했다. 김숙흥은 장군 칭호를 추증했으며, 노모에게 매년 곡식 50섬을 주었다. 현종 10년에는 두 사람을 공신 중에서도 최고의 영예인 삼한후벽상공신三韓後壁上功臣으로 추증했다.[143]

양규와 김숙흥의 활약은 대표적인 사례일 뿐이다. 그 외에도 많은 장병들이 거란군의 요격에 가담했던 것 같다. 12월 29일 흥화진사 정성은 압록강을 도하하는 거란군을 공격하여 대승리를 거두었다. 고려군만이 아니라 여진족들도 거란군의 공격에 가담했다. 송나라측 기록인『자치통감속편』에는 고려와 여진이 연합해서 거란군 태반을 죽였다는 언급이 있다.[144]

여기서 고려와 여진이 연합했다는 기록의 의미가 분명치 않다. 북계 지역에는 원래 상당수의 여진족이 거주하고 있었다. 강동육주를 개전한 이후에 모든 여진족들이 소개, 이동했을 리는 없다. 그러므로 강동육주의 방어전과 전투에 여진족들이 함께 참전했을 가능성은 충분하다. 그런데 여진족들은 압록강 북쪽, 옛 발해지역에는 더 넓게 분포하고 있었고, 이들도 거란에게 완전히 평정된 상태는 아니었다. 그러므로 압록강 이북 지역의 여진족이 거란군의 패배와 고려군의 분전에 고무되어 회군하는 거란군을 공격했을 가능성도 있다.

(6) 2차 전쟁의 평가와 영향

거란군은 개경은 점령하고, 현종의 친조 약속을 받아냈다. 형식적으로는 일단 침

없다. 뒤에 나올 흥화진사 정성진의 활동영역 역시 미상이다. 다만 전체 전황이나 활동범위로 보아 대체로 흥화진, 의주(보주), 귀주 사이의 지점임은 분명하다.

143 『고려사』 권94, 열전7, 양규.

144 『자치통감장편』 권74, 신종, 대중상부 3년 11월, "詢(현종)與女眞 合兵巨之 契丹大敗 帳族卒乘 孕有還者 官屬戰歿太半".
　　김재만, 앞의 책, 1974, 127쪽.

공의 목적을 달성한 것 같으나 거란군이 태반이 넘는 병사와 물자를 상실했고 할 정도로 처참한 실패였다. 『요사』와 송나라의 기록 모두 이 원정은 패전이었다고 기록하고 있다.

거란군은 고려 원정에 대병력과 최정예군을 동원했음에도 실패하고 말았다. 그 일차적인 이유는 거란의 1차 침공 이후 박차를 가했던 전쟁 준비와 고려군의 선전에서 찾아야 하겠다. 고려군은 통주성의 대회전에서는 실패했지만 그 이후로는 고려군의 장기를 살린 수성 전술과 후방기습 전술로 거란군에게 막대한 타격을 주었다. 특히 강동6주를 기반으로 하는 청천강 이북의 방어망은 전쟁의 성패에 결정적 영향을 미쳤다. 강동6주의 산성과 이곳에 배치한 강력한 수비대는 초반에 거란군의 진격을 성공적으로 저지하여 시간을 벌었고, 거란군의 피로를 가중시켰다. 이 덕분에 퇴각하는 거란군에 대한 요격작전도 대성공을 거둘 수 있었다.

고구려를 침공했던 수나라와 당나라 군과 비교하면 거란군의 위력과 진군속도는 놀라운 것이었다. 그 결과 개경을 점령할 수 있었다. 그러나 침공에 반대했던 소적열이 고려의 성루가 험하고 견고하다고 우려했던 바대로 거란군도 고려의 험한 산악지형과 혹한, 청야전술을 완전히 극복할 수는 없었다. 이 전쟁에 참전했던 야율요질耶律瑤質은 "청야전술로 인해 획득할 수 있는 물자가 없고, 병사들은 험하고 위험한 지형에 성을 쌓고 버티고 있어 공격해도 함락시킬 수가 없었다"고 회고했다.[145] 한마디로 고려의 지형과 방어전략을 얕보고 충분히 대비하지 않았던 것이 실패의 원인이었다.

또 하나의 이유는 고려를 침공한 후에 물자와 군량을 조달하고, 통치기반을 마련할 수 있는 전략거점에 대한 정보와 대비도 부족했다는 것이다. 1013년 성종은 뒤늦게 고려의 사정에 정통하다는 여진인을 불러 고려에 대한 정보를 얻고자 했다. 이 여진인은 여진의 지도자급 인물이었던 모양으로 3년 전에 고려에 사로잡혔는데, 고려에서 낭관직을 받아 생활했다고 한다. 그는 성종에게 개경 동쪽, 말로 7일이 걸리는 도시(화주의 안변도호부 ; 함흥부근으로 추정한다)[146]와 승주와 나주 남쪽에 있는 2개의 거점

---

145 『요사』 권88, 열전18, 야율요질, "淸野無所獲 其衆阻險而壘 攻之不下".
146 池內宏,「契丹聖宗の高麗征伐」; 김재만, 앞의 책, 1974, 141쪽.

을 알려 주고,[147] 이 도시에는 주변 고을에서 거둔 공물이 풍부히 쌓여 있다고 했다.[148] 하필 동쪽과 남쪽의 거점을 언급한 이유는 2차 침공 때 거란군이 동북면으로는 진출하지 못했고, 현종이 나주로 도망했던 사실 때문인 듯 하다. 그래서 동쪽과 나주 쪽의 도시를 알아본 것인데, 여진인이 이 도시들을 소개하면서 물자가 풍부하다는 사실을 강조했다는 사실에 주목할 필요가 있다.

아마도 거란은 2차 침공을 회고하고 분석하는 과정에서 이런 문제를 발견했던 것 같다. 고려는 읍마다 산성이 있어 작은 도시도 공략이 쉽지 않은 데다가 농본사회를 유지한 덕분에 지역적 자급성과 자족성이 강해서 한 도시를 점령해도 인근 지역에 미치는 영향이 미미했다. 그러므로 전쟁 기한에 쫓기는 거란군으로서는 제한된 시간에 효율적으로 고려 정복을 추진하기 위해서는 물자가 풍부한 전략거점을 찾아 목표를 정확히 설정하고, 선택과 집중의 묘를 발휘해야 했다.

2) 3차~5차 침공과 거란의 전략 변경

1014년 6월 거란 성종은 다시 고려 침공의 조서를 내렸다. 이때부터 1017년 1월까지 3차례의 침공이 시도되었다.[149] 이 전역의 경과를 보면 모두가 강동 6주 지역에서 진행되었다는 특징이 있다. 거란은 2차 침공의 경험으로 한 번에 고려를 함락시키기는 어렵다고 보고 우선 고려의 전략 거점인 강동6주를 확보하는 단계적인 전략을 구상했다. 이것은 침공 중간중간에도 거란이 끊임없이 사신을 보내 강동6주의 반환을 요구했던 것에서도 짐작할 수 있다.

1014년 10월 6일 거란군이 통주를 공격했다. 사령관인 도통은 소적열이었다. 병력

---

147 池內宏은 이 두 도시를 영암과 보성이라고 추정했다. 동북면의 도시를 안북도호부로 추정한 견해는 신뢰가 가지만 이 2도시는 추정하기가 쉽지 않다.

148 『요사』 권15, 성종기 6, 개태 2년 10월 병인.

149 기존의 연구에서는 소손녕의 침공을 1차, 성종의 친정을 2차, 귀주대첩이 발생했던 소배압의 침공을 3차로 규정하여 1014년부터 1017년까지 3차의 전쟁은 계산에 넣지 않았다. 거란전쟁을 6차로 구분한 것은 안주섭이 최초이다(안주섭, 앞의 책, 2003). 그러나 이 기간의 전쟁은 규모면에서나 내용면에서 엄밀한 침공이었다. 단지 사료가 부족해서 전쟁의 양상이 짧게 전해질 뿐이다. 그러므로 거란전쟁은 총 3차의 전쟁이 아니라 6차로 구분하는 것이 타당하다.

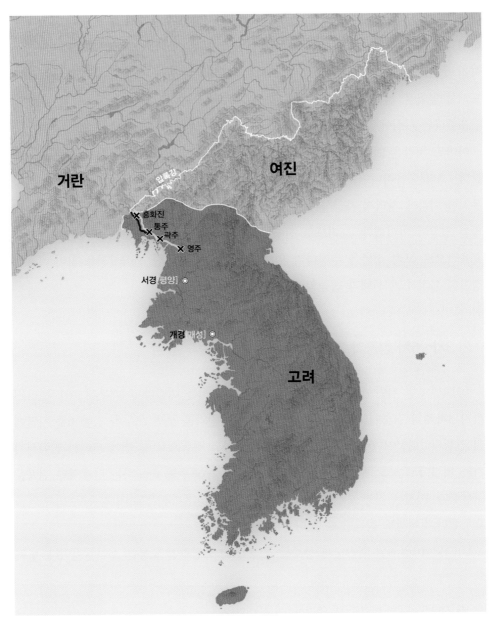

제3∼5차 고려-요 전쟁

규모는 알려지지 않았으나 도통을 임명한 것으로 보아 6만 이상이었음은 분명하다. 그러나 강동6주를 확보하기도 쉽지 않았다. 거란군이 통주로 진출하자 흥화진을 지키던 고려군 장수 정신용과 별장 주연이 거란군의 배후를 공격했다. 아마도 압록강변에서 거린군 수송대를 공격한 듯 하다. 이 전투에서 거란군 700여명이 사살되고, 많은 인원이 익사했다. 거란은 압록강 이북으로 후퇴한 뒤 1015년 1월에 다시 흥화진과 통주를 공격했으나 역시 성공하지 못했다.

강동6주 방어에 자신감을 얻은 고려는 강동6주의 반환을 요구하려 몇차례 고려에 사신으로 왔던 거란군 장수 야율행평을 억류하기까지 했다. 이에 4차 전쟁이 발발하게 된다.

거란의 4차 침공은 3차와 비슷하게 진행되었다. 1015년 9월 12일 거란군이 다시 통주로 진격했다. 그러자 흥화진을 지키던 정신용과 주연이 또 다시 압록강변으로 출동해 거란군 수송대를 공격했다. 하지만 이 전투에서 거란군의 역습을 받아 정신용, 주연을 위시해서 교위 양춘, 대의승 손간, 태사승 강승영 등 6명의 장수가 전사하는 큰 피해를 입었다.[150] 1016년 1월 고려 정부는 이들의 공을 기려 정신용에게는 상서우복야尙書右僕射 상주국上柱國을 추증하고, 그의 아들 정균백鄭均伯을 낭장으로 임명했다. 주연에게는 장군, 임억任億은 중랑장, 양춘楊春은 낭장, 손간孫簡을 상약봉어尙藥奉御, 강승영에게는 태사령을 추증했다.[151]

그러나 이런 피해에도 불구하고 흥화진은 함락되지 않았으며, 통주성도 공격을 견뎌냈다. 9월 20일 거란군은 통주성을 통과하여 청천강 남쪽의 영주(안북부)를 공격했으나 역시 공략하지 못하고 9월 23일에 철군했다. 이번에도 고려군은 후퇴하는 거란군을 추격했다. 지휘관은 1015년 1월 거란의 3차 침공 때 흥화진에서 거란군을 격퇴했던 고적여高積餘였다. 그러나 이번에도 역습을 당해 대장군 고적여와 장군 소충현蘇忠玄, 고연적高延迪, 산원 김극金克, 별장 광참光參이 전사하고 병마판관 왕좌王佐, 녹사 노현좌盧玄佐가 포로가 되었다.[152]

이 전쟁은 고려와 거란 양군의 한계와 교훈을 분명하게 보여준 전쟁이었다. 거란군은 여전히 단 한 개의 성도 함락시키지 못했는데, 공성기간은 통주성은 8일, 영주성은

---

150 『고려사』 권4, 현종 6년 9월 기미.
151 『고려사』 권4, 현종 7년 1월 을묘.
152 『고려사』 권4, 현종 6년 9월 기미.

겨우 3일이었다. 이것은 보통 한 개의 성을 1주일 이상 공격하지 않는다는 거란군의 야전원칙에 부합하는 것으로 거란군이 전략적 변경에도 불구하고, 막상 실전에서는 2차 침공 때와 똑같은 속전속결형 내지는 약탈형 전투방식을 답습하고 있음을 보여준다.

고려군은 고려군대로 수성전에는 성공했지만, 이전의 성공에 고무되어 예측가능한 행동 즉 보급로 습격과 회군하는 적을 공격하는 전술을 되풀이 한 것이 큰 실수였다고 하겠다.

한편, 일단 철군한 거란군은 병력을 크게 보충했다. 동경의 승려를 동원하여 병력에 충당하고, 상경과 중경의 정예병 5만 5천명을 보강했다. 이어 개시된 침략에서 거란군은 선화진과 정원진을 함락시키고 이곳에 성을 구축했다. 처음으로 압록강 이남에 확고한 기지를 확보한 것이다. 이어 1016년 1월 5일 야율세량과 소굴열이 이끄는 거란군이 곽주까지 진격해서 고려군 수만명을 살해했다. 이것이 3차-5차 전쟁 기간 중에 고려군이 당한 최대의 피해였다. 그러나 거란군은 여전히 안정적 거점을 확보하는 데는 실패한 것 같고, 고려는 굴하지 않았다. 오히려 이 해부터 거란의 연호를 버리고 송나라 연호를 다시 사용하기 시작했다.[153]

3-4차의 침공에도 고려가 굴복하지 않고 오히려 송과의 외교관계를 강화하자 거란 성종은 1017년 2월에 다시 고려침공을 명령한다. 5월 추밀사 소합탁을 도통으로 송나라 장군 출신인 한인행궁도부서 왕계충을 부관으로 임명하며 5차 침공을 개시했다. 8월 28일 거란인과 한인의 연합부대가 흥화진을 공격했다. 전투는 9일 동안 지속되었으나 고려군은 성을 지켜냈고, 고려군이 성 밖으로 출전하여 거란군에게 큰 피해를 입혔다. 이후 더 이상 전투가 벌어지지 않고 거란군이 철수해 버림으로써 5차 침공은 비교적 싱겁게 끝났다. 거란군의 갑작스런 철군에는 악천후와 같은 무슨 특별한 사정이 있었던 것 같은데, 정확한 이유는 알 수 없다.[154]

---

153 1015년 11월 고려는 민관시랑 곽원을 송나라에 보내 군사원조를 요청했다. 곽원은 다음 해 1월에 송황제의 조서를 가지고 귀환했는데, 송은 군사원조에 대해서는 일언반구 언급하지 않고 형식적인 인사로 답변했다.

154 안주섭, 앞의 책, 2003, 160쪽.

차수	시기	지휘관	병력	개요
3	1014.10~1015.01	도통 소적열	미상 (15만 이상)	흥화진, 통주 공격
4	1015.09~1016.01	도통 북부재상 유성 부관 추밀사 야율세량 도감 전전도점검 소굴열	미상 (15만 이상)	통주 영주 공격 곽주 함락
5	1017.08 (9일)	도통 추밀사 소합탁 부관 한인행궁도부서 왕계충 도감 전전도점검 소굴열	미상 (15만 이상)	흥화진 9일 공격 후 철군

3) 6차 침공과 귀주대첩

1014년부터 1017년까지 거의 매년 거란은 평안북도 지역을 침공했다. 그러면서도 빈번하게 사신을 보내 고려의 항복을 종용하는 전략을 구사했다. 그러나 고려는 굴하지 않았고, 거란은 강동6주의 장악은 고사하고 압록강 남쪽에 단 한군데의 전략적 요충을 확보하는 데도 실패했다. 자신감을 얻은 고려는 더욱 강경해졌고, 그동안 단교하다시피 했던 송나라와의 교류까지 재개했다.

이에 거란은 전략을 다시 수정하여 개경으로 목표로 하는 전면적인 공세를 기획한다. 1018년 9월 군마 조달을 위해 전국의 말을 징발했다. 10월에 동평군왕 소배압을 도통으로 전도점검殿前都檢 소허열을 부통, 동경유수 야율팔가를 도감으로 임명했다.[155] 병력은 고려로 진입한 병력이 10만이었는데, 황제의 직속군인 피실군이 주력이 되었지만, 회군 후에 전쟁에 참전한 발해장교들을 포상하는 기사가 있는 것으로 봐서[156] 발해인도 상당히 동원되었던 것 같다. 이들은 동경에 속한 발해인들이었을 것이다.

고려도 전쟁의 징후를 눈치채고 1018년에 들어서 대비를 계속했다. 5월 강감찬을 서경유수로 임명했는데, 이것은 거란의 내침을 대비하려는 조치가 분명하다. 강감찬은 1012년 동북명행영병마사로 국경방어에 종사한 경험이 있었다. 또 이 달부터 거

---

155 『요사』 권16, 본기16, 성종7, 개태 7년 10월 병진, "詔以東平郡王蕭排押爲都統 殿前都點檢蕭虛列爲副統 東京留守耶律八哥爲都監伐高麗 仍諭高麗守吏 能率衆自歸者 厚賞 堅壁相拒者 追悔無及".

156 『요사』 권16, 본기16, 성종7, 개태 7년 3월 기묘, "詔加征高麗有功渤海將校官".

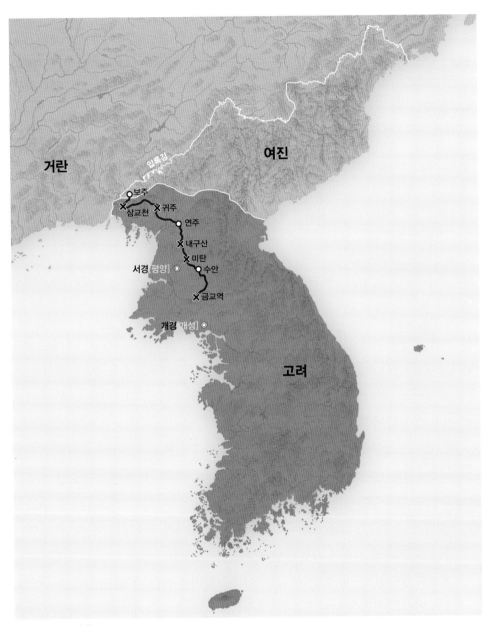

제6차 고려-요 전쟁

란전쟁의 유공자에 대한 포상도 대대적으로 착수했다. 5월에 1015년 5차 전쟁에서 공을 세운 여러 주진 장졸에게 벼슬을 높여주고, 전사자들에게 부의를 주고 벼슬을 추증했다.[157] 6월에는 변방을 지키는 유공자 449명에게 모두 한 자급을 올려주었다. 거란이 침공의사를 밝힌 10월 강감찬을 서북면행영도통사西北面行營都統使로 임명했으며, 12월 거란군이 고려 국경에 당도하자 강감찬을 상원수 대장군으로 강민첨을 부원수, 내사사인內史舍人 박종검林從儉과 병부 낭중 유참柳參을 판관으로 임명했다. 병력은 총 20만 8천3백 명이었다. 주력은 영주寧州(안주)에 두고 영주에서 흥화진 사이에 배치했다.

강감찬 초상

거란군은 6차 침공에서 과감한 전술변경을 꾀했다. 흥화진, 통주와 같이 그간 5차의 침공에서 반드시 공격하던 요새조차도 무시한 채 개경을 향해 급진격했다.『요사』에서 전국의 말을 징발했다는 기록을 특별히 수록한 것도 이 전술변화와 관련이 있다고 생각된다. 중간 요새를 회피하고 이제까지 볼 수 없던 과감한 기동전을 추구했기에 말도 특별히 많이 필요했을 것이다.

그러나 고려군도 거란군의 전략변화를 눈치챘던 것 같다. 흥화진을 공격하지 않고 통과하던 거란군은 흥화진 동쪽 현재의 삼교천으로 추정되는 하천에서 고려군의 매복, 기습에 걸려 커다란 피해를 입었다.[158] 고려사는 이 전투를 다음과 같이 묘사했다.

> (고려는) 기병 1만 2천 명을 선발하여 산중에 매복시키고 굵은 밧줄로 소가죽을 꿰어 성의 동편에 있는 대천(삼교천으로 추정됨) 물을 막고 대기하고 있다가 적들이 왔을 때 일시에 물을 터놓고 한편으로 복병이 돌격하여 대승리를 거두었다[159]

---

157 『고려사』 권4, 현종 9년 5월 임오.
158 『고려사』 권94, 열전7, 강감찬.
159 『고려사』 권94, 열전7, 강감찬.

정말로 앞의 기사처럼 수공이 가능했을 지는 의문의 여지가 있다. 게다가 당시가 한겨울이었다는 점을 감안하면 더욱 회의적이다. 그런데 위의 기록을 자세히 보면 적을 수장시켰다는 이야기는 없고, 물을 터 놓은 뒤에 복병이 돌격해서 대승리를 거두었다고 한다. 그렇다면 이때의 수공이 흔히 상상하듯 댐을 터트려 적을 익사시키는 수공이 아니라 얼어붙은 하천에 약간의 물을 흘려 보내 적을 양분하고, 분리된 적을 공격하는 방법으로 수공을 사용했을 가능성이 있을 것 같다.

거란군은 삼교천에서 큰 피해를 입었지만 진군을 중단하지 않았다. 남하하는 거란군을 쫓아 강민첨이 자주慈州 내구산에서 다시 큰 승리를 거두었다. 마탄馬灘(대동강으로 추정됨)을 도하할 때도 시랑 조원이 거란군을 습격하여 1만 여명을 살해했다.

거듭된 패배에도 불구하고 거란군은 진격을 늦추지 않았다. 오히려 이런 전투가 벌어지는 시간을 이용하여 거란군 본대는 추격하는 고려군의 사정권을 벗어났다. 강감찬은 병마판관 김종현에게 1만을 인솔하고 거란군을 따라잡으라는 특명을 내렸다. 거란군은 고려군을 따돌리고 1019년 1월 신은현(황해도 신계)까지 진출했다. 그러나 고려는 개경 주변 민가를 개경으로 소집하여 항전의지를 표명하고, 1월 3일에 은밀하게 금교역까지 진출한 척후기병 300여명을 포착하여 전멸시켰다. 결국 소배압은 개경을 눈 앞에 둔 지점에서 개경 공격을 포기하고 회군하게 된다.

철군하는 거란군은 이중의 곤경에 처했다. 북쪽에서는 강감찬이 인솔하는 고려군 주력이 거란군의 퇴로를 차단하려고 했다. 남쪽에서는 김종현 부대가 거란군을 추격했다. 거란군은 청천강을 도하한 뒤 자신들이 남하했던 해안길을 피해 귀주쪽으로 우회하여 북상했다. 그러나 고려군도 거란군을 탐지하여 1월 23일 연주와 위주 지역에서 거란군 500여명을 살해했다.

하지만 거란군 본대는 북상을 계속했다. 거란군은 개천에서 영변, 태천을 거쳐 귀주성 동쪽으로 진출했다. 강감찬이 이끄는 고려군 주력은 정주와 귀주 사이의 사잇길로 앞질러가 귀주성 남문 앞에서 포진했다.

1019년 2월 2일 귀주-태천 사이의 협곡을 빠져나와 귀주성 앞 평야에 도착한 거란군은 성 앞에서 대기하고 있던 고려군과 마주쳤다. 피할 수 없는 일전이 벌어졌다. 지형상으로는 거란군이 유리했다. 귀주성 앞 평야에 운천강이 흐르는데, 운천강은 귀

주성 앞에서 Y자로 갈라진다. 동쪽으로 흐르는 하천이 동문천, 서쪽으로 흐르는 하천
이 백석천이다.[160] 거란군은 동문천 동쪽 구릉이 시작되는 지점에 포진했고, 고려군 백
석천 서쪽에 있었다. 고려군이 거란군을 공격하려면 두 하천을 건너 비탈 위의 거란
군을 공격해야 했다. 모든 거란군 장수가 고려군이 하천을 건너 온 뒤에 공격하자고
제의했다. 그런데 도감 야율팔가가 반대했다. 고려군이 동문천을 뒤에 두게 되므로
배수진을 치고 결사적으로 싸우게 된다는 것이었다. 소배압은 야율팔가의 의견을 쫓
아 두 강 사이의 지점를 결전장으로 택했다.[161] 즉 양군이 모두 공평하게 하천을 하나
씩 건너 각자 배수진을 치고 싸우게 된 것이다.

　양군은 팽팽하게 맞섰다. 이때 대동강에서부터 거란군을 추격해 온 김종현 부대도
전장에 도착했다. 김종현 부대가 어느 길로 나타났는 지는 명확하지 않지만, 그들이

---

160 거란측 사료에 두 강은 茶河와 陀河라고 표기되었다.
161 『요사』 권 80, 열전 10, 야율팔가, "至開京 大掠而還 濟茶·陀二河 高麗追兵至 諸將皆欲使敵渡兩
　　河擊之 獨八哥以爲不可曰 敵若渡兩河 必殊死戰 乃危道也 不若擊於兩河之間 排押從之 戰敗績".

귀주대첩 기록화(전쟁기념관)

내내 거란군을 추격해 왔다는 사실을 감안하면 거란군이 행군해 온 태천-귀주로를 따라왔을 가능성이 높다. 마침 거란군은 두 강 사이로 진출해 있었으므로 거란군의 후미가 김종현 부대에게 완벽하게 노출되었다. 갑작스러운 김종현 부대의 출현으로 거란군은 크게 동요했다. 이때 갑자기 남쪽에서 강풍과 비가 몰아치면서 거란군쪽으로 불어닥쳤다. 사기가 오른 고려군은 이 기세를 타고 거란군 진영으로 돌격을 감행했다. 이 충돌에 거란군 전위는 붕괴되었고, 거란군은 건제를 상실하고, 북쪽으로 도주하기 시작했다. 이 기회를 놓치지 않고, 후위에 있던 강민첨이 인솔하는 유격군奇兵이 돌격하여 거란군을 섬멸했다. 석천石川(백석천?)에서 반령盤嶺까지 거란군의 시체가 들에 널렸고, 생포한 거란병과 노획한 말, 낙타, 갑주와 병기는 셀 수가 없었다. 살아 돌아간 거란군은 수천 명에 불과했다. 이 전투가 귀주대첩이다.

거란군은 지금까지 이렇게 비참한 패배를 당해 본 예가 없었다. 분노한 거란 성종은 소배압의 얼굴 가죽을 벗긴 후에 죽이겠다고 극언을 퍼부었다.[162] 그러나 소배압은 처형은 면했고, 귀주대첩의 충격으로 거란은 고려 정복을 포기했다. 이로써 26년간에 걸친 긴 전쟁이 종식되었다. 1020년부터 양국은 사신을 교환하고 평화를 회복했다.

---

162 『고려사』 권94, 열전7, 강감찬.

고려는 6년간 억류했던 거란 사신 지자리耶刺里와 1015년부터 억류해 온 야율행평을 돌려보냈고, 고려가 다시 거란의 번국으로 칭하고, 이전대로 공물을 보내겠다고 약속했다.[163] 종전과 양국 평화의 회복에 따라 이 해에만 3번이나 사신을 거란에 파견했는데, 4월에는 예부상서 양진과 형부시랑 한거화를 거란에 파견해 왕자 책봉을 보고했으며, 윤12월에는 거란 황제의 생일인 천령절千齡節 경축사절을 파견했다.

한편, 거란도 1021년 한 해 동안 3번이나 사절을 보냈다. 고려가 거란전쟁의 승리에도 불구하고 거란을 종주국으로 인정하는 사대관계를 회복한 것은 오늘날의 관점에서 보면 이상하게 보일 수도 있겠으나 당시의 관점과 내용에서 보면 양국 간에 평화적인 외교관계를 회복한다는 의미 정도에 불과했다. 애초에 거란은 고려가 송과의 교류를 완전히 끊지 않았고, 거란에 대해서도 명분상의 종주관계만을 유지하는 데에 불만을 품고 고려에 전쟁을 선포했던 것이다. 그러나 아무 것도 얻지 못하고 이전의 형식적인 관계를 인정하게 된 것이다. 고려는 거란 전쟁기에 다시 돈독해진 송나라와의 사신교류를 재개했고, 송나라 상인도 현종 3년 이후로 도래했다. 물론 송과 다시 사대관계를 맺지는 않았고, 연호도 거란의 연호를 보다 많이 사용하기는 했다.[164] 하지만 비공식적으로는 거란과 송의 연호를 병용해서 사용하기도 했다.[165] 이상의 사례들은 고려가 형식적 사대관계 속에서도 자주적이고 실리적인 외교노선을 운영해 나갔음을 보여주는 것이다.

3. 전쟁의 교훈과 결과

26년 간에 걸친 전쟁의 결과로 고려는 청천강 이북에서 압록강 중, 하류 사이 지역

---

163 『고려사』 권4, 현종 1, 현종 11년 2월 기유, 3월 계축.
164 김순자, 「고려, 송, 거란의 대륙질서 정립과정과 고려의 외교」 『명분과 실리 서희의 외교론』, 2008, 118쪽.
165 그러한 사례를 보여주는 것이 왕실 소유도서였던 『중광회사』에 찍은 인장의 문구이다(김상기, 『신편 고려시대사』 101쪽). 서긍도 『고려도경』에서 고려가 거란의 위협으로 마지못해 거란을 섬기게 되었고, 이것은 고려의 북쪽 국경에 거란이나 금이 존재하는 고려의 지정학적 사정 때문이라고 했다(서긍, 『고려도경』 권40, 正朔).

의주성 성문

에서 거란과 여진 세력을 확고하게 축출하고 이 지역을 영토로 확보하게 되었다.

거란은 고려 전쟁의 실패로 엄청난 국력 손실을 입었으며, 동쪽 국경을 안정시킨 후 서쪽(중원)으로 진군한다는 전략에 차질이 생겼다. 이후 거란은 더 이상 중원으로 진출하지 못하고 정체하게 된다. 1042년 거란의 흥종興宗(재위 1031~1055)은 송나라가 서쪽에서 일어난 탕구트족 대하人夏와의 전쟁에 전념하는 틈을 타서 전연의 맹을 깨고 황하 이남의 땅 10개현(관남 10현)을 할양할 것을 요구했다. 이 요구는 송의 외교적 노력에 의해 송나라가 매년 보내는 은과 비단을 10만씩 증가시켜 은 20만냥과 비단 30만필을 보내는 것으로 타결되었다.

이것이 거란의 마지막 중원진출 시도였다. 거란이 연운 16주에서 더 이상 서진하지 못한 데 대하여 거란이 성종 사후에 정치적 혼란과 내분이 발생하여 자멸했다고 보는 견해도 있지만, 고려 침공에 막대한 병력과 물자를 소비하고, 성공하지 못한 것이 가장 큰 원인이었다고 보아야 한다. 1042년 송나라는 대하의 침공을 저지하기에도 벅

찬 상황이었음에도 불구하고, 거란이 군사적 침공을 감행하지 못하고, 위협으로 땅을 얻으려고 했고, 상납액의 증가에 만족했다. 이것은 거란의 군사력 내지는 군사적 자신감이 크게 감소하고 있었음을 반증한다.

거란은 고려 정복에 실패함으로써 동진 정책에도 제동이 걸렸다. 고려 정복 이전에 발해와 서여진 지역을 확보하는 데는 성공했지만, 동여진에 대한 세력확장과 견제력은 한계에 부딪혔다. 이것이 12세기에 동여진이 결집하여 금나라를 세우고, 1125년 금이 거란(요)을 멸망시킬 수 있었던 중요한 요인이 되었다.

반면 고려는 거란에 대한 형식적 사대관계에도 불구하고, 국제적 위상이 크게 높아

흥국사 탑(개성)
강감찬 장군이 거란(요)를 물리치고 나라의 안녕을 위해 세운 탑이다.

졌다. 1019년(현종 10)에 철리국鐵利國, 동흑수국, 흑수말갈이 내조했는데, 이들은 기존의 동, 서 여진의 외곽에 있던 국가들이었다. 특히 철리국은 1021년 표문을 올려 귀부 의사를 밝혔고, 사대관계의 표시인 역법의 하사를 청원하기도 했다. 인접국인 여진과의 관계도 지배예속 관계가 강화되었다. 덕종, 정종대가 되면 고려의 장군, 향직을 수령한 추장, 사신이 전대와는 비교할 수 없게 폭증했다.[166]

고려는 건국 이래 최대의 외침에서 벗어났다. 그것도 사실상 국토에 대한 지배체제와 군사동원체제를 확립하지 못한 상태에서 맞이한 전란이었기에 그 의미는 더욱 크다고 하겠다. 이 과정에서 고려의 국가제제 정비 특히 지방제도의 정비가 괄목할만한 수준을 이루었다. 거란과의 총력전을 치르기 위해서 고려는 서둘러 군사동원체제를 확보해야 했고, 이 과정에서 지방제도 정비에 힘을 기울였다. 거란의 1차 침공(993)

---

166 추명엽, 「11세기 후반~12세기초 여진정벌문제와 정국동향」『한국사론』 45, 서울대 국사학과, 2001, 75~76쪽.

이 있었던 2년 후인 995년(성종 14년)에 12목을 12절도사제로 바꾸었고, 10도제를 시행했다.[167] 1005(목종 8)에는 관찰사, 도단련사, 단련사, 자사를 혁파하고, 12절도사, 4도호부, 동서, 북계 방어진사, 현령, 진장鎭將으로 개편했다.

거란전쟁이 본격화하는 현종대에 지방제도 정비는 더욱 박차를 가했다. 1012년(현종 3) 정월 12절도사를 혁파하고 5도호 75도 안무사를 설치했다. 1018년에 다시 4도호부 8목 56지주군사 28진장, 20현령의 구조로 완성된다. 이것은 지방제도사에서는 획기적인 사건으로서 아직 전국 군현에 수령을 파견하지는 못했지만, 군현편성의 골격은 조선시대까지도 군현제의 기본골격이 되었다. 또한 향리제도도 정비하여 주부 군현의 장정의 수에 따라 최상위 향리인 호장에서부터 최말단 향리까지 각 향리직책의 정원을 규정했다. 이외 향리의 직급에 따른 복장을 정하고, 수령의 근무규정을 만드는 등 지방에 대한 국가행정망의 정비에 커다란 발전이 있었다.

이런 조치들은 근본적으로는 중앙집권체제의 강화와 관련된 것이지만, 일단 거란전쟁을 앞두고 군사행정체제의 강화를 시도한 것이라고 보는 것이 정확하다고 생각된다. 또한 전시체제와 국가적 위기라는 현실이 지방민들이 국가행정체제의 확대에 대한 필요성을 인정하고, 수용하는 중요한 요인이 되었을 것이라는 점을 간과해서는 안될 것이다.

군인층의 성장 역시 주목해야 할 부분이다. 전란으로 인해 무반의 지위가 상승했다. 1014년 11월 1일 김훈과 최질이 6위의 군사를 동원하여 반란을 일으켜 정권을 장악했다. 김훈은 강조군이 통주성에 패전하여 거란군에게 추격당할 때 완항령에서 반격을 주도하여 고려군을 섬멸의 위기에서 구했던 전쟁영웅이었다. 이들이 반란을 일으킨 것은 전쟁에서 군공을 세운 무장들에게 문관직을 주지 않고 무관직만 주는 것

---

167 12목을 절도사제도로 바꾼 것과 10도제의 시행 목적을 초기에는 중앙집권체제의 강화를 위한 호족세력의 통제(천관우, 「한인고-고려초기 지방통제에 관한 일고찰-」『사회과학』2, 1958) 혹은 조정이라는 관점에서 주로 고찰했다(이순근, 「고려초 향리제의 성립과 실시」『김철준박사화갑기념논총』, 지식산업사, 1983, 228~229 ; 하현강, 「지방의 통치조직」『한국사』(국사편찬위원회 편) 국사편찬위원회, 2003, 164~165쪽). 그러나 성종 14년부터 지방제도 정비에 박차를 가하며 12절도사제도와 같이 민사적인 형태보다는 군사행정망의 확대가 진행되는 데는 거란의 침공이 결정적 계기가 되었다고 보아야 한다.

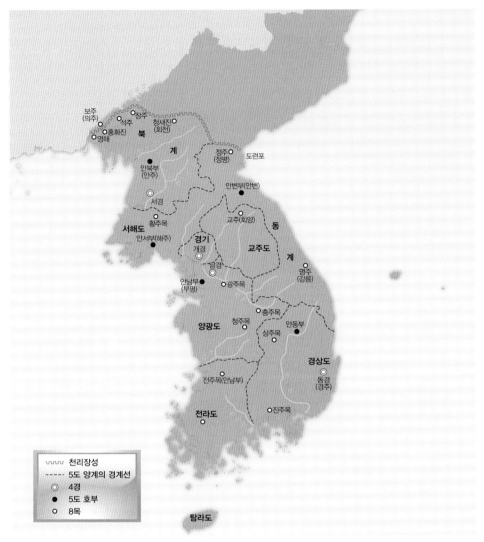

보주
(의주)
창주
석주
홍화진
영해
청새진
(회천)
북
계
정주
(정평)
도련포
안북부
(안주)
안변부(안변)
서경
서해도
황주목
안서부(해주)
경기
교주(회양)
동
개경
교주도
계
남경
명주
(강릉)
안남부
(부평)
광주목
충주목
양광도
청주목
안동부
상주목
경상도
진주목(안남부)
동경
(경주)
전라도
진주목

천리장성
5도 양계의 경계선
◉ 4경
● 5도 호부
○ 8목

탐라도

고려-요 전쟁 이후의 5도양계와 천리장성

에 대한 불만과 현종의 즉위에 공을 세운 권신 황보유의와 장연우 등이 전란으로 부
족해진 재정과 문관의 봉급에 충당하기 위해 군인의 영업전을 몰수한 것이 원인이었
다고 한다.[168]

---

168 『고려사』 권94, 열전7, 황보유의.

하지만 근본적으로는 김훈, 최질 등이 전공을 세운 무장들의 권력과 군부세력의 증가가 정권찬탈을 가능하게 한 힘이었다고 보아야 한다. 이것은 정권을 장악한 뒤 김훈이 6품 이상의 문관직을 무관이 겸임하도록 요구한데서도 드러난다.[169] 김훈 등은 1015년 3월 현종이 서경 장락궁에서 베푼 연회에서 왕가도 등이 이끄는 국왕파에 의해 처단됨으로써 김훈 정권은 겨우 5개월로 단명했다. 그러나 김훈 정권은 1170년에 시작된 무신정권의 등장을 예시하는 전조라고 할 수 있다. 그리하여 거란전쟁이 무신세력과 군인층을 성장시켰고, 이것이 무신정권의 배경이 되었다는 해석도 있다. 그러나 거란전쟁과 무신정권은 150년이란 시차가 있기 때문에 이 두 사건을 바로 연결시키기는 무리라고 생각된다. 따라서 사회적으로 보면 무신과 군인의 성장이라는 측면보다는 군공으로 인한 신진세력과 향리, 지방세력의 성장이라는 측면에 주목하는 것이 더욱 바람직하다고 생각된다.

전쟁 기간 동안 군공자에 대한 많은 포상이 이루어졌다. 1011년부터 1020년까지 『고려사』에 나타난 기록만 해도 14차례에 이른다. 특히 김훈의 난이 발발한 이후로 포상이 크게 증가하는데, 1015년부터 한번에 1만에서 수천, 수백명씩 집단적인 포상을 하기도 했다. 1015년 7월에 흥화진 전투에서 승리한 정신용, 임영함 등 무려 12,500명의 관등을 높여주거나 포상했다. 1019년에는 도병마사의 건의에 따라 거란전쟁 유공자 9472명의 관등과 직위를 한꺼번에 올려주기도 했다.[170]

이때 군공으로 포상을 받은 인물 중에는 정신용 같이 중앙에서 파견한 장수도 있지만 2차 전쟁 때 서경에서 전사한 서경 승 법언이나 통주에서 싸운 수암 등 지방 향리들도 많았다. 고려의 군사제도에서는 지방군의 장교를 향리층이 담당했기 때문에 전쟁기간 동안 지방지배층의 역할과 공로는 적지 않았을 것이다. 따라서 실제 군공 포상자는 『고려사』의 기록보다 훨씬 많았을 것이라고 예상된다.

---

169 『고려사』 권4, 현종 1, 현종 5년 11월. 이들은 현종에게 어사대의 폐지를 요구하여 성사시키기도 했다(『고려사』 권76, 지30, 백관, 사헌부). 그 이유는 잘 알 수 없지만, 행정경험이 일천한 무관들이 어사대의 감찰에 자주 걸려 불만이 쌓였거나 혹은 그것을 예상한 행동이 아니었을까 한다.
170 『고려사』 권81, 병1, 병제, 현종 10년 7월.

<표 4-10> 거란전쟁기 군공자 포상 사례

시 기	포 상 대 상	포 상 이 유
1011년 7월	서경 승 법언 수좌직 추증	서경 전투에서 전사
1014년 1월	광휴, 양일, 거정 등을 낭장임명	전투에서 공로(전투 내용은 미상)
1015년 7월	정신용 임영함 및 12,500명의 관등을 높이고 포상	흥화진 전투 등
1016년 1월	정신용, 주연 임억 양춘 등 포상	흥화진 전투 전사
1016년 1월	낭장 진명 등 74명 승진	변방 수비의 공로
1016년 2월	중랑장 채굉 이강 등 159명 1등급씩 승진	전투 공로
1016년 2월	장군 황호맹 등 39명 1등급씩 승진	전투 공로
1016년 7월	고적여 서긍 수암 등 3108명 관직 1등 승진	통주 전투의 전사자 및 공로자
1017년 7월	정보 이용봉 정조 임술광 등 30명 향직 1급씩 승진	변방 경비
1018년 5월 1018년 5월	좌윤 강윤봉 등 19명 관직 1등급 승진 여러 주진의 장졸의 벼슬 높임	전공 1015년 거란 침공시의 전공자
1018년 6월	장군 양악, 중랑장 함진 등 449명 벼슬 1등급 승진	변방 경비 유공
1019년 3월	통주 도부서 유백부 등 173명 전사자 벼슬 추증	전공자
1019년 10월	거란전쟁 유공자 9,472명의 관계와 직위를 올려줌	
1020년 3월	장군 팽홍패 등 10명 1등급 승진	국경경비 유공

이러한 군공 포상은 지방세력의 성장과 진출을 위한 중요한 디딤돌이 되었다고 보아야 할 것이다. 특히 위에서 언급한 바와 같이 거란 전쟁기에 고려의 지방제도와 향리제도가 크게 정비되어 체제를 갖추게 된다. 이 과정에서 지방향리 사회의 세력구도에도 여러 가지 변화가 발생했고, 거란전쟁의 군공과 기여도, 포상이 커다란 영향을

미쳤을 것이라는 사실은 의문의 여지가 없다.

거란전쟁은 사회, 문화적으로도 중요한 영향을 남겼다. 전쟁 기간 많은 거란인 포로들이 발생했다. 고려가 전쟁을 유리하게 끌고감에 따라 귀화하는 거란인도 많았다. 1123년에 송나라 사신 서긍이 고려를 방문했을 때도 고려군에서 복무하는 거란병을 볼 수 있었다.

> 영군낭장기병은 복식의 등급이 한결같지 않다. 대체로 자색 비단 전포戰袍를 입고 흰 고의白袴에 검은 짚신과 무늬 있는 비단으로 만든 두건에 구슬로 장식한 것은 모두 고려 사람이었다. 그리고 청록긴사대화전포靑綠緊絲大花戰袍(청록색 촘촘한 실로 짠 옷 감에 큰 꽃무늬가 있는 전포)를 입었으며, 바지가 자색·황색 또는 검은 빛인 것과, 머리를 깎고 두건이 길지 않으며 정수리에 딱 붙게 쓴 것은, 듣건데 거란의 항복한 군사들이라고 한다.[171]

또한 그는 거란의 포로가 수만 명이며, 항복자 중에서 10명 중 1명은 공장으로서 그들로 인해 고려의 그릇과 복식이 더욱 정교해졌다고 기록했다.[172]

물론 서긍의 방문시기는 거란전쟁 이후 100년이나 지난 뒤로서 그가 본 거란군 투항병이 거란전쟁 당시의 병사일 리는 없다. 그러나 거란전쟁 동안에도 거란군 포로와 투항병이 발생했을 것이고, 이와 비슷한 결과를 초래했을 것이라고 추정할 수 있다.

거란 전쟁은 고려의 특별한 문화유산인 대장경의 판각 사업의 계기도 되었다. 현종 2년에 시작한 초조대장경 사업은 현종이 나주로 피난했을 때 무상대불無上大佛에게 거란군의 퇴치를 기원하며 대장경 조판을 맹세했던 것이 계기가 되었다고 한다.[173] 이 대장경은 18년의 노력 끝에 완성되었으나 대구 부인사에 보관하다가 1232년 경 몽골군 2차 침공 때 소실되어서,[174] 현재 극소수의 판본이 국내와 일본에 약간 남아 있

---

171 서긍,『고려도경』권12, 仗衛2, 영군낭장기병.
172 서긍,『고려도경』권19 工技.
173『동국이상국집』권25, 大藏刻板君臣祈告文.
174 윤용혁,「몽골 침입에 대한 항쟁」『한국사 20』(국사편찬위원회 편), 1996, 199쪽.

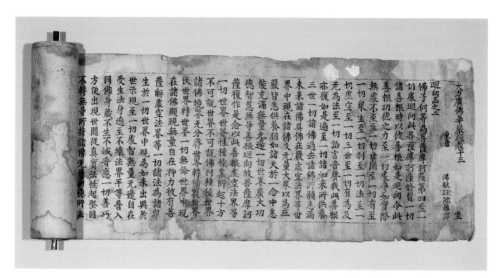

초조대장경 인쇄본(국립중앙박물관)

다. 그러나 이 대장경은 의천의 속장경과 세계적인 문화유산인 팔만대장경 판각 사업의 시원이 된 점에서 문화사와 불교사적 의의의 대단하다고 하겠다.

제3절

고려와 여진의 충돌

1. 완안부의 성장과 동북여진

1) 완안부의 성장

여진족은 퉁그스계의 종족으로 고대로부터 우리 민족과 이웃하며 교류가 가장 많았던 종족이다. 여진이라는 명칭이 중국 사료에 처음 등장하는 것은 5대 10국 시대로서 시기는 10, 11세기부터이다.[175] 『고려사』에는 비슷한 시기인 948년(정종 3) 9월조의 "동여진의 대광 소무개 등이 와서 말 700필과 방물을 바쳤다"는 기록이 처음이다. 하지만 이것은 문헌표기상의 등장이 그렇다는 것이다.

여진족의 선조는 중국측 사료에는 읍루, 숙신, 말갈 등으로도 표기되었는데, 고대로부터 한반도 북부에서 만주, 간도 지역에 폭넓게 분포했다.[176] 이들의 생업은 부족과

---

175 여진이라는 명칭이 가장 이른 기록은 오대사에 등장하는데(『구오대사』 권32, 후당장종본기, 동광 2년 9월 경술), 여진과 회골 황두 실위 등이 연합하여 거란을 침공했다는 기사이다(김위현, 「거란·고려간적여진문제」『명지사론』 9. 1998, 148쪽).

176 읍루, 숙신, 말갈, 여진 등의 명칭은 모두 여진족의 고유어를 음이나 의미를 따라 한자로 표기하는 과정에서 발생한 표기상의 차이에서 비롯했다. 여진은 발음을 한자로 기록한 것으로 숙신, 여진이 같은 어원에서 나왔다. 숙신의 중국어 발음은 Su-shen 이고 여진은 Dzurchin, Jurchin, Ju-sen이다. 즉 같은 의미의 여진어를 발음에 따라 서로 다른 한자로 표기한 것이다. 그 의미는 분명하지 않지만, 만주어어에서 동쪽이나 앞쪽을 뜻하는 Jul(Der) 또는 퉁구스어에서 남쪽이

근거지의 지역환경에 따라 농경, 수렵, 유목 등 다양한 생활을 영위했다. 농경생활을 알지 못하고 방목생활을 하는 부족도 있고, 두만강 유역과 함경도 일내의 여진은 농경생활의 비중이 높았다.[177]

오랫동안 여진족은 다양한 종족으로 분열되어 있었다. 698년 고구려 유민들이 발해를 건국하면서 여진인이 발해의 국민이 되었지만 여진사회의 기본단위는 여전히 부족이었다. 거란이 발해를 멸망시키면서 여진은 거란에 복속되었고, 거란으로부터 혹독한 탄압을 받았다. 이때 서만주 지역에 사는 비교적 개화된 부족을 숙여진熟女眞, 현재의 간도 지역에서 그 동북지역에 분포한 여진족을 생여진生女眞이라고 불렀다. 고려에서는 숙여진을 서여진 혹은 압록여진, 생여진을 동여진이라고 불렀다.『고려사』에 자주 등장하며 여진부족 중 가장 사납다는 흑수말갈黑水靺鞨도 이 동여진이다.[178]

생여진 사회는 상당히 미개했다. 부족사회라고 하지만 부족적 결속력도 약했다. 고려에서 두만강 유역의 여진을 30성 여진이라고 불렀을 정도로 잘게 나뉘어져 씨족 단위의 생활을 했다. 지역별로 많은 편차가 있었겠지만, 완안부完顏部와 같은 경우는

나 앞쪽을 의미하는 Jul과 사람을 의미하는 -chen 이 결합한 것으로 추정하고 있다. 만주와 한반도 사람을 중국에서는 동이(東夷)라고 불렀는데, 숙신과 여진이 동쪽 사람이라는 뜻이라고 본다면 중국에서 말하는 동이와도 같은 뜻이 된다. 조선(chosen)도 숙신(sh-shen), 여진(Jusen)과 발음이 유사해서 동쪽을 의미하는 말이라고 보는 견해도 있다. 한편 여진이라는 말이 주리진(朱理眞)에서 변한 말이라는 해석도 있다. 주리진 외에도 여정(女貞) 주리진(朱里眞) 노진(盧眞) 주아지(朱兒址) 주리선(朱里先), 철아적(徹兒赤) 선선(先先) 등으로 표기되었는데, 이 어원 역시 모두 Jul-chin에서 기원한 것이다. 중국에서는 일반적으로 여진이라는 표현보다는 여직을 더 선호하는데, 이 이유에 대해서『요사』와『금사』에서는 요나라 흥종의 휘가 종진(종진)이어서 여진을 여직이라고 고쳐 썼다고 한다. 그러나 이것은 후세에 와전된 것이다. 언어학적으로 보면 사람을 나타내는 chen에서 n이 탈락하여 chi로 변하면서 여진이 여직으로 표기되었던 것 같다(김구진, 「13C~17C 여진 사회의 연구」, 고려대학교 박사학위 논문, 1988, 33쪽 및 59쪽).

177 김구진,「윤관 9성의 범위와 조선 6진의 개척-여진 세력의 관계를 중심으로-」『사총』21, 1977, 207쪽.

178 국방부 군사편찬연구소,『고려시대 군사전략』, 2006, 148쪽 주3) 참조. 흑수는 현재의 흑룡강이다. 당시 여진인은 만주의 여러 강들이 흑수(Kara ; Hara)에 합류하는 것으로 생각하여 만주의 여러 강에 해란(해란 ; Hairan), 해랑(해랑 ; Hairan) 등의 명칭을 붙였다. 그리고 이 강 유역에 사는 사람들을 모두 흑수인이라고 했다(최규성,「북방민족과의 관계」『한국사 15』(국사편찬위원회 편), 국사편찬위원회, 1995, 321쪽).

간도 지역의 풍경
동여진의 중심지였던 간도 지방. 이곳은 구릉과 평야가 조화를 이루어 한국의 지형과 비슷하다.

부족 내부를 제어하는 통제장치가 없어 개인별, 가족간에 분쟁이 생기면 서로 직접적인 보복이 행해졌다. 철기조차도 없어서 주변 민족에게서 갑주를 구입하여 사용했다. 완안부가 세력을 확충하기 시작하는 11세기 경에야 비로소 철기제작 기술을 익히고 무기를 자급하게 되었다고 할 정도였다.[179]

　　고려는 서북지방의 숙여진과 동북지방의 생여진 모두와 국경을 접하고 있었다. 여진족이 국가를 형성하지 못하고 부족단위로 흩어져 있었기에 고려와 여진과의 관계도 복잡다단했다. 거란전쟁기에 고려는 서북 지역의 여진족을 압록강 이북으로 몰아내고, 평안도 지역을 확보했다. 이 사건으로 여진족과의 관계가 악화되었다. 거란전쟁

---

179 『금사』 권1, 본기1, 景祖, "生女直舊無鐵 鄰國有以甲冑來鬻者 傾貲厚買以與貿易 亦令昆弟族人皆售之 得鐵旣多 因之以修弓矢 備器械 兵勢稍振 前後願附者衆 斡泯水蒲察部 泰神忒保水完顏部 統門水溫迪痕部 神隱水完顏部 皆相繼來附".

기에 여진 해적이 준동하여 동해안의 여러 고을을 침략했다.[180] 멀리 일본까지 원정하는 경우도 있다. 여진족은 거란에 말과 병력을 세공하여 거란의 고려 성복에 자원하기도 했다. 그러나 그 와중에도 일부 여진족은 고려에 협력하기도 했다. 거란 전쟁 후 고려와 여진족의 관계는 주로 동북지역에서 진행되었는데, 이 시기 고려와 여진의 관계는 교역, 우호, 복속 관계로 나타나기도 하고, 대립, 갈등의 국면을 보여주기도 한다. 그러나 고려가 거란전쟁에서 승리한 이후 여진인들이 고려에 복속하고 고려의 관작이나 향직을 받는 비율이 크게 증가했다.

미개하고 분열되었던 생여진 사회에 변화가 발생하기 시작한 시점은 10세기 무렵이다. 고려와 거란의 문명이 여진사회로 흘러들었다. 거란의 가혹한 통치도 여진족의 자각을 일깨우는 데 일조했다. 거란은 이웃민족인 여진족을 가혹하게 대했다. 특히 여진지역을 순찰하는 거란 관원들의 횡포가 대단했다고 한다. 이들은 여진 마을에 도착하면 여진의 족장과 지배층, 심지어 거란으로부터 관직을 받은 인사들에게조차 처자나 딸을 바치라는 요구를 하고, 심한 수모를 주었다. 이것은 여진인들에게 커다란 충격을 주었다. 거란은 여진에게 많은 공물을 요구했는데, 마지막 황제인 천조제는 사치가 극심해서 여진에 대한 수탈도 극에 달했다. 이중에서도 매사냥을 위해 해동청이라는 매를 구해 바치는 공역이 몹시 힘들었다고 한다.

여진인들의 불만과 자각이 증가해 가는 가운데, 11세기 중반 이후로 거란 내부에 반란과 분열이 그치지 않았다. 더욱이 무능하고 포악한 천도제가 즉위하면서도부터 거란의 세력이 급속히 약화되기 시작했다. 이 틈을 이용해서 생여진 사회에는 변화와 통합의 기운이 발생하기 시작했다. 이 변화의 중심이 된 부족이 완안부였다.

완안부의 근거지는 송화강의 지류인 아십하阿什河 유역이었다. 현재의 하얼빈 남쪽 40km 지점에 위치한 아성시阿城市 일대이다. 금나라가 건국한 뒤에는 이곳을 상경上京 회령부會寧府라고 불렀다.

---

180 1005년(목종 8) 1월 동여진이 등주(안변)에 침입하여 주진의 마을 30여개소를 불사른 사건이 있었다. 1011년(현종 2)에는 동여진 전함 100척이 경주를 침공했다. 특히 동해상에 있던 울릉도 (우산국)은 여러 번 동여진에게 침공당해 육지로 도망한 주민들을 경북 영해 주민으로 편입하는 특별조치를 취하기도 했다(『고려사』 권4, 세가4, 현종13년 7월 병자).

미개한 부족이었던 완안부에 변화를 가져온 인물은 이곳으로 망명해 온 고려인이었다. 이 인물에 대한 기록은 『금사』와 『고려사』의 내용이 약간 다르다. 『고려사』에서는 그가 황해도 평산 출신인 김준金俊 또는 평산 출신 승려였던 김행지金幸之의 아들 김극수金克守였다고 한다.[181]

『금사』에서는 그의 이름이 김함보金函普이며, 형이 승려였다고 했다. 함보는 60세가 된 늦은 나이에 동생 보활리保活里와 함께 완안부로 왔으며, 함보는 복간수僕幹水 유역에 동생은 야라耶懶에 정착했다고 한다.

> 금나라의 시조의 이름은 함보이다. 처음에 고려에서 왔는데, 그때 나이가 이미 60여세였다. 형 아고내阿古迺는 불교를 신봉하여 함보와 함께 오고 싶어 하지 않았다. 그래서 함보에게 말하기를 '후세에 반드시 자손들이 서로 만나 살게 될 일이 있을 것이다. 나는 갈 수 없다'고 했다. 이에 함보는 동생 보활리와 함께 완안부로 왔다. 시조(함보)는 완안부 복간수 강변에 보활리는 야라에 거주했다.[182]

그런데 나중에 금나라 태조가 된 아골타는 호십문胡十門 세력을 흡수한 뒤 이들이 함보의 형 아고내의 후손이라고 주장했다. 위의 시조설화에서 함보의 동생 보활리가 야라에 거주했다고 한 것도 석토문石土門과 주고내迪古乃가 보활리의 후손이라고 하기 위해서였다. 즉 큰 형 아고내가 고려에 남아 훗날 후손들이 모두 만나게 되리라고 한 예언이 주변 부족의 통합으로 실현된 셈이 된다. 이것은 위의 시조설화 자체가 여진 부족의 결집과 여진 여러 부족들에 대한 아골타 일가의 통치권을 정당화하기 위해 만든 이야기라는 의문이 들게 한다.

이 뿐이 아니다 금나라가 요나라를 격파하고 서만주로 진출하기 위해서는 서만주의 여진인(숙여진)과 발해인을 포섭해야할 필요가 절실했다. 이에 아골타는 서만주로 진출한 다음에는 여진과 발해는 원래 한가족女直·渤海本同一家이라는 주장을 펼치며

---

181 『고려사』 권14, 세가14, 예종 10년 정월.
182 『금사』 권1, 본기1, 世紀, "金之始祖諱函普 初從高麗來 年已六十餘矣 兄阿古迺好佛 留高麗不肯從 曰 後世子孫必有能相聚者 吾不能去也 獨與弟保活里俱 始祖居完顔部僕幹水之涯 保活里居耶懶".

숙여진과 발해의 동참을 호소했다. 이 일체설을 뒷받침하기 위해 금나라는 여진부족의 기원에 내한 또 하나의 설화를 만들었다. 그것이 소위 여진 7부속설이다. 고대에 여진은 7부족으로 구성되었는데, 당나라 초기에는 흑수말갈黑水靺鞨과 속말말갈粟末靺鞨이라는 두 부족만 남았다는 것이다. 이중 흑수말갈은 흑룡강 유역에 분포한 생여진으로 연결된다. 속말말갈은 고구려에 귀부해서 대씨大氏 성을 얻었고, 이들이 발해를 건국했다고 했다.[183]

이처럼 여진족은 설화를 이용하여 주변 민족을 동족으로 둔갑시키는 방법을 서슴치 않았다. 그만큼 부족의 통합이 절실했기 때문이다. 금나라 시조의 고려 기원설도 이런 배경에서 출현한 것일 가능성이 없지 않다.

그러나 함보의 설화는 여진과 발해의 경우와 달리 같은 종족인 완안부 여진족의 일체성을 주장하기 위한 이야기이다. 이 목적을 위해서라면 고려인 시조설을 여진인 시조설로 둔갑시키면 시켰지, 왕족과 부족민의 괴리감을 유발하면서까지 이민족인 고려인을 자신들의 시조로 삼을 필요가 없었을 것 같다. 또한 완안부의 추장들은 금나라를 세우기 이전부터 자신들이 고려인의 후손이라고 말해 왔다.[184] 따라서 김씨 시조설은 상당한 근거가 있으며, 반대로 자신들이 이민족의 후손이라는 약점을 해결하기 위해 완안부의 주요 종족을 모두 고려인의 후손이자 일가로 변모시켰을 가능성이 더 높다고 생각된다.

함보가 완안부에 정착할 당시 완안부는 철기를 만들 줄도 모르고, 문서화된 법과 계약방식도 없던 사회였다. 종족 혹은 씨족간에 갈등이 생기면 사적인 복수가 횡행하는 야만적 상태였다. 함보는 마침 살인으로 야기된 두 씨족 간의 분쟁을 중재하고, 이참에 살인이나 상해사건이 발생하면 사적으로 보복하는 대신 노비와 우마로 보상하

---

183 『금사』 권1, 본기1, 世紀, "金之先 出靺鞨氏 靺鞨本號勿吉 勿吉 古肅愼地也 元魏時 勿吉有七部 曰 粟末部 曰伯咄部 曰安車骨部 曰拂涅部 曰號室部 曰黑水部 曰白山部 隋稱靺鞨 而七部並同 唐初 有 黑水靺鞨 粟末靺鞨 其五部無聞 粟末靺鞨始附高麗 姓大氏 李勣破高麗 粟末靺鞨保東牟山 後爲渤海 稱王 傳十餘世 有文字 禮樂 官府 制度 有五京 十五府 六十二州".

184 1109년 9성 반환을 요청하기 위해 고려에 온 여진 사신은 완안부 추장 영가와 우야소가 자신들은 고려인의 후손이므로 고려는 부모의 나라라고 말해왔다고 했다(『고려사절요』 권7, 예종 4년 6월).

는 법을 세웠다. 이 법이 여진사회에 보급되어서 살인자는 우마 30필을 보상한다는 법의 기원이 되었다. 김함보는 이 일을 계기로 샤먼으로 추정되는 완안부의 어떤 유력한 여인과 결혼했고, 완안부의 주민으로 편입되었다.[185] 이 일화는 함보가 완안부에 선진적인 사회운영체제를 보급하면서 완안부의 지도자로 부상했음을 말해준다.

완안부는 선진제도를 받아들여 조직적인 통치를 확대해 나갔다. 완안부와 여진사회에 변화가 보이기 시작하는 때는 10세기 말 김함보의 5대손인 석로(石魯 ; 헌제)부터였다. 그는 완안부 사람과 주변 부족의 저항을 극복하며, 법과 조직을 확대하고, 주변 부족을 회유하여 복속시키거나, 정복시켜 나갔다. 이 무렵부터 여진은 송과 본격적인 조공무역을 시작하고, 거란, 고려와도 활발하게 무역을 전개했다. 이들의 주요 상품은 말, 인삼, 모피, 사금, 진주 등이었고, 수입품은 생필품과 농기구, 곡식, 포목, 무기였다.

그의 아들인 오고내烏古迺는 1021년 생이다. 거란이 본격적으로 쇠퇴기에 접어들고, 여진에 대한 폭정은 극심해졌다. 오고내는 본격적으로 세력을 넓혀 주변의 5개 부족을 점령하고 그 장이 되었다. 그는 요나라 도종으로부터 태사太師 칭호를 받았고, 요나라의 압제를 피해 도망치는 서여진의 부족을 흡수 세력을 확대해 나갔다. 그는 야망을 지닌 인물로 아들 9명을 어릴 때부터 자립시켜 리더로 키웠다고 한다. 그의 기대대로 둘째 핵리발, 넷째 피라숙, 다섯째 영가가 차례로 완안부의 추장이 되었다. 핵리발은 온도부溫都部의 오춘烏春을 정복했는데, 이곳은 현재의 돈화 지방으로 추정되고 있다. 완안부는 확장을 계속하여 다음 영가 때에는 두만강 일대까지 진출하게 된다.[186]

---

185 『금사』권1, 본기1, 世紀, "始祖至完顔部 居久之 其部人嘗殺它族之人 由是兩族交惡 鬪鬨不能解 完顔部人謂始祖曰 若能爲部人解此怨 使兩族不相殺 部有賢女 年六十而未嫁 當以相配 仍爲同部 始祖曰 諾 遂自往諭之曰 殺一人而鬪不解 損傷益多 曷若止誅首亂者一人 部内以物納償汝 可以無鬪而且獲利焉 怨家從之 乃爲約曰 凡有殺傷人者 徵其家人口一 馬十偶 牸牛十 黃金六兩 與所殺傷之家 卽兩解 不得私鬪 曰謹如約 女直之俗 殺人償馬牛三十自此始 旣備償如約 部衆信服之".

186 김구진,「윤관 9성의 범위와 조선 6진의 개척-여진 세력의 관계를 중심으로-」『사총』21, 210쪽.

2) 동북 여진의 상황과 고려의 기미주

11세기까지 여진은 국가를 설립하지 못하고 부족단위로 분열되어 있었으므로 고려와의 관계도 일관성이 없었다. 군사 분야에서도 고려와 여진은 협력과 반목을 반복했다. 이 기원은 삼국시대부터 거슬러 올라간다. 협력과 교류라는 관점에서 보면 대당 전쟁에 말갈 정예병이 고구려 군대에 참전했으며, 신라의 9서당에도 말갈인(여진)으로 편성된 흑금서당이 있었다. 왕건의 일리천 전투에도 여진 경기勁騎 1만이 고려측 지원군으로 참전했다.

여진과 고려의 관계가 악화되었던 때는 거란전쟁기였다. 그러나 전쟁이 끝난 후 여진의 내투, 내왕이 증가하고, 고려에게서 관직을 받는 사람도 늘었다. 고려는 여진 추장들에게 등의 무산계와 향직鄕職을 제수하며 회유했다.[187] 여진족들과 조공 무역의 형식의 무역이 진행되기도 했다. 여진족이 가지고 오는 상품은 가축, 말, 모피류였고, 고려에서는 그 답례의 형식으로 직물, 식량, 농기구 등을 제공했다.

일부 여진인들을 아예 고려로 이주하기도 했다. 이런 행동을 고려에서는 내투來投라고 표기했는데, 이들에게 땅을 주어 정착을 유도했다. 성씨를 하사하는 경우도 있다.

그런데 이런 내투자들의 처리방식이 민족마다 달랐다. 거란족 내투자는 거란의 심기를 건드리지 않기 위해 개경 이남으로 내려 보냈다. 송과 발해의 내투자는 북계에 주로 배치했는데, 이곳은 거란과의 접경지대이다. 반면 여진족 내투자는 가능하면 여진족과의 접경지역에 정착시켜 살게 했다. 이것은 여진족으로 여진족을 막는다는 의미도 있었고,[188] 국경 주변의 여진족들을 회유, 복속시켜 친고려적인 여진세력을 확산시켜 간다는 의미도 있었다.

이런 목적 하에 시도된 정책이 기미주羈縻州라고 불리는 일종의 자치주 정책이었다. 문종 대에 창안한 정책으로 여진 촌락이 귀순하면 이 지역에 고려식 촌락명칭을

---

187 원래 문반에게는 문산계, 무반에게는 무산계를 지급하는 것이 원칙이다. 그러나 고려는 문무반에게 모두 문산계를 지급했다. 무산계는 여진 추장이나 귀화인과 같은 사람에게 지급하는 용도로 사용했다. 이때 여진족에게 지급한 무산계는 懷化將軍, 歸德將軍, 奉國將軍, 柔遠將軍, 平遠將軍 등이 있다. 향직은 大相, 正朝, 元尹, 中尹 등이었다(최규성, 앞의 논문, 1995, 321쪽).
188 江原正昭, 「高麗の州郡縣に關する一考察」『朝鮮學報』28, 1963.

여진 무사상

부여하고, 여진 추장을 도령都領으로 임명해 자치지역으로 인정해 주는 제도였다. 고려는 귀순주의 여진인들에게 고려식 이름을 하사하고, 관직을 주거나 승진시키고, 물품을 내려주었다. 이런 지역을 '화내化內'라고 했다. 고려는 화내의 해변가에 성을 쌓았는데, 무려 700리나 되었다. 이로써 고려의 영토는 천리장성 밖으로 확장되었다.[189] 이들 지역 내의 여진부족들은 부족간의 투쟁과 싸움이 금지되었고, 이를 위반하면 고려의 제재를 받았다. 그리고 이 지역 내에 고려의 관방과 성을 구축하는 것을 허용해야 했다. 이들은 자치를 했지만 거란과의 독자적인 통교는 인정되지 않았다.[190] 이들이 법을 어기거나 고려의 영향권에서 벗어나려고 하면 처벌했다. 이 방법을 사용하여 고려는 천리장성 밖의 여진지역에 대한 영향력을 확대해 나갔다. 나중에는 여진족 스스로가 기미주에서 한걸음 더 나가 고려의 주군으로 편입되기를 바라는 경우도 발생했다.[191] 고려는 이들 촌락에 파격적으로 주라는 호칭을 주어 영입했다. 문종 27년 경 무려 동여진의 총3,208호가 투항하여 11개 주를 설치했다.[192] 이것은 조선시대 세종의 사민정책으로 사민한 호수 3,200호와 맞먹는 규모이다.[193]

하지만 이와 같은 조선의 여진족 편입정책은 여진족 내부에서도 심각한 갈등을 낳았으며, 여진부족의 통합정책을 수행하던 완안부의 팽창정책과도 충돌했다. 반고려파

189 김구진, 앞의 논문, 1977, 209쪽.
190 김구진, 「공험진과 선춘령비」 『백산학보』 21, 1976, 65~67쪽.
191 『고려사』 권9, 세가9, 문종 27년 4월 병자, 『고려사』 권9, 세가9, 문종 27년 9월 갑진.
192 『고려사』 권9, 문종 27년 6월 무인.
193 김구진, 「공험진과 선춘령비」 『백산학보』 21, 1976, 56쪽 ; 최규성, 앞의 논문, 1995, 321쪽.

여진족들은 완안부의 세력을 끌어들여 이 지역의 친고려파 여진족을 제압하려고 했고, 이것이 고려와 여진의 군사적 충돌을 야기하게 된다.

2. 고려의 완안부 공격과 패전

1085년에 영가가 완안부의 추장이 되었다. 이때부터 완안부의 세력이 고려 쪽으로 남하를 시작했다. 고려가 완안부의 동향을 눈치채기 시작한 것은 1096년(숙종 1) 8월 경부터였다고 보인다. 이 해에 동여진 사절이 오자 고려 정부는 그들을 불러 여진의 사정을 물었다. 고려가 동여진의 동향에 관심을 기울인 이유는 이 해에 벌어진 소해리䔶解里 사건과 관련이 있어 보인다. 소해리는 요나라의 후족后族인데, 사냥을 나갔다가 부호들을 침탈했다는 죄목으로 요나라에게 쫓기게 된다. 그러나 소해리는 요나라의 토벌군을 계속 격파하며 여진 지역까지 도망쳤다. 요나라는 완안부 추장인 영가에게 부탁해서 간신히 그를 제거했는데, 이때 여진군을 이끈 사람이 나중에 금나라의 태조가 되는 아골타였다. 이 사건을 계기로 여진은 요군의 허약함을 알게 되었다고 하며, 『금사』에서는 이 때부터 고려에 사신을 보냈다고 한다.[194]

『고려사』에는 고려가 영가와 정식으로 교류한 기록이 1102년부터 남아 있다. 1102년 영가는 고려에 사신을 보냈다. 고려는 은장인을 보내달라는 영가의 요청을 수락하는 등 후대했다. 하지만 고려는 이미 완안부에 대해 경계상태였다. 이는 1001년(숙종 6)에 내린 숙종의 교서에서 잘 들어난다

> 내가 신기(왕위)를 맡은 이래로 늘 조심하여 북으로는 대요와 사귀고 남으로는 대송을 섬겨왔는데, 또 여진이 동쪽에서 강성하게 일어나고 있다. 군국이 일 중에서 백성을 편안하게 하는 것이 급선무이니 긴급하지 않은 역사를 없애 백성을 편안하게 하라[195]

---

194 추명엽, 앞의 논문, 2001, 105쪽.
195 『고려사』 권11, 세가11, 숙종 6년 8월.
    추명엽, 앞의 논문, 2001, 106쪽.

이때는 이미 완안부의 세력은 간도를 지나 갈라전曷懶甸까지 확대된 상태였다. 갈라전의 정확한 위치에 대해서는 여러 설이 있지만 간도에서 함경도 사이의 지역이라고 추정된다.

1103년 영가는 장수 석적탄石適歡을 파견하여 갈라전 경영에 착수한다. 그러나 영가가 급사하는 바람에 뒤를 이은 우야소가 정책을 계승했다. 석적탄은 갈라전으로 침공하여 완안부에 복속하기를 거부하는 여진 7성을 함락했다. 그렇게 되자 천리장성 밖 기미주를 포함한 여진사회에서도 내분이 발생했다. 완안부의 지배를 기피하여 고려로 붙고자 하는 세력도 있고, 반대로 완안부를 끌어들여 친고려파 여진족과 고려의 영향력을 제거하려는 세력도 발생했다.[196]

상황이 심상치 않게 돌아가자 고려는 마침 국내에 온 여진 추장으로서 고려에 적대적이던 여진 추장 허정許貞과 나불那弗을 억류하기도 했다.[197] 석적탄의 원정군은 반완안세력을 무력으로 격파했다. 패배한 반완안부와 친고려 세력이 고려의 국경 안으로 도주하자 석적탄은 천리장성의 관문인 정평까지 와서 고려로 도주한 여진인들을 송환하라고 요구했다. 이들 중 일부는 고려의 기미주 혹은 귀속주의 부락민들이었으므로 석적탄의 요구는 장성 밖 귀속주에 대한 고려의 지배권을 포기하라는 말과 다름이 없었다.

고려는 무력대응을 결심하고 1104년(숙종 9) 1월 군대를 동북면으로 파견했다. 지휘관은 문하시랑평장사 임간林幹이었다. 천리장성 밖으로 진군한 고려군은 여진군에게 패배하고 말았다. 병력의 태반을 잃었다고 할 정도로 커다란 패배였다.[198] 패전 소식을 들은 조정은 임간을 파면하고, 추밀원사 윤관과 김한충을 새로 파견했다. 3월 4일에 고려군은 다시 출격해서 여진군과 싸웠으나 이번에도 패전하고 말았다.

---

196 석적탄이 침공하자 오수(五水)의 갈라전 백성들이 고려로 내부했다(『금사』 권135, 열전73, 외국 하, 고려). 이 오수에 대해서는 함흥평야 일대로 보는 견해도 있고(池内宏, 津田左右吉, 稻葉岩吉) 두만강과 海蘭河 布爾略圖河 嘎呀河 訓春江을 뜻한다고 보는 견해도 있다(김구진, 앞의 논문, 211쪽).
197 『고려사』 권96, 열전9, 윤관.
198 『고려사』 권96, 열전9, 윤관 ; 『금사』 권135, 열전73, 외국 하, 고려.

윤관이 적과 접전하여 적병 30여 명을 죽였으나 사상당한 고려군도 반수 이상이나 되었으므로 사기가 떨치지 못했다. 그래서 겸손한 언사로 상화를 청하여 석과 맹약을 맺고 돌아왔다.[199]

여진 쪽 기록에 의하면 석적탄이 기병 500여 명을 거느리고, 고려군을 벽등수에서 막아 대파하고 벽등수까지 추격했다고 되어 있다.[200] 윤관의 강화조건은 석적탄이 요구한대로 고려로 도주한 여진족장 14명을 송환하고 양국의 국경을 을리골수와 갈라전활탑수로 정하는 것이었다. 석적탄은 또 삼잔수三潺水에 막부를 설치해 친고려파 수장에 대한 숙청을 단행했다.[201]

국경으로 정한 두 강의 위치는 알 수 없지만 고려가 여진 족장을 송환하고 완안부의 막부가 설립됨으로써 기미주와 귀순주에 대한 고려의 지배력과 권위에는 치명적인 손실을 입었다.

임간과 윤관의 연속된 패전은 여진족의 승리가 우연이 아님을 깨닫게 해주었다. 완안부의 주력군은 고려가 알고 있던 장성 바깥의 분열된 여진족의 군사력과는 수준이 달랐던 것이다. 이들을 상대하려면 새로운 군대가 필요했다.

---

199 『고려사』 권96, 열전9, 윤관.
200 『금사』 권135, 열전73, 외국 하, 고려.
201 『금사』에 의하면 처음 이 지역에 파견된 관원은 사갈이란 인물이었다. 그는 친고려파 인사에 대한 숙청을 가혹하게 했다. 이 소식을 들은 우야소는 사갈을 파면하고 다시 석적탄을 파견했다. 석적탄은 주요 인물들만 숙청하고 나머지 사람들은 불문에 붙여 인심을 회복했다.

제4절

별무반의 창설과 고려-여진 전쟁

1. 별무반의 창설과 전술체제의 변화

1) 여진의 군사력과 전술

윤관은 1104년 숙종에게 고려군이 여진족에게 패전한 이유가 '여진은 기병이고 아군은 보병'인 탓이었다고 해명했다.[202] 이 기술에 근거해서 여진은 기병이 주력이고, 고려군은 보병 위주였다는 해석이 유행했다. 그러나 이러한 해석은 중세의 전투방식과 전술운영에 대한 연구와 이해가 부족했던 탓이었다. 기병과 보병 간의 우열은 단순하게 비교할 수 있는 것이 아니며, 한 나라의 전술 편제를 기병과 보병의 문제로 단순하게 환원할 수 없다. 12세기에 고려가 상대하게 된 여진족의 전투력은 일반적으로 생각해 온 수준을 훨씬 상회하는 것이었다.

여진의 군제는 부족-부락을 군사단위로 하는 전형적인 병농일치의 군제였다. 자연부락을 기본단위로 해서 300호를 모극, 10모극을 1맹안이라고 했다. 모극은 족장 또는 족의 이름, 맹안은 천호 또는 천호장을 의미한다.[203] 1모극에서 100명, 1맹안에서 1,000명을 징집했다. 맹안과 모극의 장도 그대로 맹안, 모극이라고 불렀다. 이들은 부

---

202 『고려사』 권96, 열전9, 윤관.
203 국방부 군사편찬연구소, 『고려시대 군사전략』, 2006, 152쪽.

락의 추장들로서 평시에는 민간지도자이고, 전시에는 군사지휘관이 되었다. 이 직위는 세습되며, 무기와 식량은 모두 자비였다.

맹안-모극은 여진만의 독창적인 체제는 아니다. 거란, 몽고와 마찬가지로 유목민족, 부족단위의 사회의 전형적인 병농일치 제도라고 하겠다. 일반적으로 농업사회에서 구상하는 병농일치 제도는 농민 징집병의 군사적 능력이 크게 떨어진다는 것이 약점이다. 농한기의 군사적 훈련이라는 것이 생각처럼 시행하기가 쉽지 않고, 효율성도 극히 떨어지기 때문이다.

그러나 유목사회나 부족사회의 병농일치제도는 일반 생활이 곧 군사훈련이며, 사회조직이 바로 군사조직으로 전환할 수 있어서 우수한 병사와 군사적 조직력을 제공한다. 다만 이들의 군사적 잠재력을 발휘하려면 조직과 통합이 필요한데, 문화수준이 낮고, 분열되어 있어서 통합의 사회적 동기와 에너지를 제공하기가 쉽지 않다는 단점이 있다.

중국인들도 여진 군대의 비결은 그들의 거친 생존환경이라고 파악했다.

> 부락의 보오保伍와 기능은 모두 정예병이다. 게다가 땅은 좁고 산물도 박하다. 평안할 때는 힘들게 일해야 겨우 의식을 조달할 수 있다. 사변이 있으면 힘들여 싸워 포로를 얻고자 한다. 노동으로 근골을 단련하니 혹한과 더위를 이기고, 병사를 징발하여 군대를 파견할 때는 일가를 함께 보낸다. 이런 까닭에 장수는 용감하고 뜻이 하나가 되며, 병사는 정예하고, 힘이 고르다. 하루 아침에 봉기하여 군대가 되니 약한 것이 강한 것으로 변하고, 적은 수로 많은 수를 제어한다.[204]

한편, 고려측 기록에서는 여진군이 강한 비결을 "사람들의 기질은 강인하고 날쌔며 아이 때부터 활쏘기와 말타기를 익힌 결과 장성하면 강한 군사로 성장한다"고 진단했다. 여기에 더하여 여진지역에는 돼지와 소, 말이 풍요롭고, 말은 하루에 천리를 달릴

---

204 『금사』 권44, 지25, 兵, 금군, "部落保伍技皆銳兵 加之地狹産薄 無事苦耕可給衣食 有事苦戰可致俘獲 勞其筋骨以能寒暑 徵發調遣事同一家 是故將勇而志一 兵精而力齊 一旦奮起 變弱爲强 以寡制衆 用是道也".

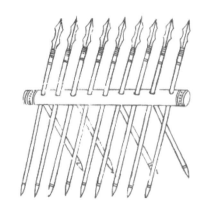

거마창

수 있을 만큼 준마가 많았다는 점도 들었다.[205] 여진지역은 거란, 몽고와 달리 유목지역은 아니고, 반농반목 지역이었지만, 목초지와 삼림이 풍부해서 좋은 말이 양산되었다. 말은 대송무역에서 여진의 주요 수출상품이었는데, 송나라에 수출하는 말이 매년 1만필이나 되었을 정도였다.[206]

여진족의 전술과 전투방식에 대해서는 사료가 매우 부족하다. 다만 거란군과 비교하면 보다 유목환경에 가까웠던 거란군이 기동력을 중시하는 경기병 위주의 전술을 발달시켰다. 반면 다양한 지형에 거주하며 농경의 비중이 높았던 여진군은 좀 더 정공법적인 전술을 택해서 중장기병과 경기병의 균형과 협력전술의 비중이 높았다.

여진군의 체제를 보면 500~700기를 1대로 한 거란군에 비해, 50기를 1대로 하고, 앞의 20기는 돌파용 타격무기를 장착한 중장기병으로, 뒤의 30기는 활로 무장한 경기병으로 구성했다. 적과 조우하면 후위에 있는 경기병 한두 명이 나가 적진 앞으로 움직이며 적의 약한 고리를 찾았다. 적의 약점을 찾으면, 중기병이 돌진하고, 경기병은 뒤에서 엄호사격을 했다. 그렇게 해서 적진에 균열이 생기면 전군이 총돌격을 했다.[207]

50기 소부대의 혼합 편성 방식은 거란군에 비해 부족한 기병의 수를 전술적으로 커버하고, 산악지형과 삼림지대 등 기동력을 살리기 힘든 지대에서 기병의 효용을 높이기 위한 방식이라고 볼 수 있다. 대신에 상대적으로 기병의 수가 적다는 약점을 커버하기 위해 거란군과 같은 현란한 기동전술 대신 중장기병의 돌파에 전술적 중심을 두었다. 이를 위하여 속도와 기동력을 포기하고 중장갑을 강화했다. 사람과 말이 갑

---

205 『고려사』 권14, 세가14, 예종10년 정월.
　　 국방부 군사편찬연구소, 『고려시대 군사전략』, 2006, 148쪽.
206 국방부 군사편찬연구소, 앞의 책, 2006, 149쪽 ; 추명엽, 「고려시기 해동인식과 해동천하」『한국사연구』129, 49쪽.
207 學研歷史群像編輯部, 『戰略戰術兵器事典中國中世·近代編』, 51쪽.

옷을 최대 3벌까지 껴입었다는 기록도 있다. 그리고 괴자마拐子馬라는 새로운 중장기 병제도를 고안해 냈다. 괴자마는 기마 세 필을 하나로 묶어 놀격시키는 방식이다. 이것은 수적으로 불리했던 여진의 중장기사들은 수적으로 자신들을 압도하는 거란이나 송군과 대면하면, 절대 물러서지 않겠다는 필사의 각오로 서로 몸을 묶고 적진을 향해 돌격했던 데서 기원한 듯하다. 각오를 더욱 군건히 하기 위해 괴자마의 뒤에는 보병이 거마창巨馬槍을 들고 따라갔다. 한 번 돌격하면 후퇴할 수 없게 하기 위해서였다.

말 세 필을 하나로 묶는다는 것은 삼두마차나 사두마차 같이 여러 필의 말이 마차를 끌 때와 같은 방식으로 연결했던 것 같다. 다만 좀 더 팽팽하게 연결했을 것이다. 이렇게 하면 돌파력을 좋아지지만 전투 중에 방향전환이 힘들고 한 마리가 쓰러지면 전체가 영향을 받는다는 약점이 있다. 송나라의 명장 악비는 바로 이 약점을 발견하고, 말의 다리를 쳐서 쓰러뜨리는 전술을 집중 훈련해서 대승을 거두기도 했다.

여진족의 또 하나의 장점은 용병술이었다. 『금서』에서는 여진의 용병술은 신과 같아서 거란과 송과 비교해서도 최고이며, 당세의 무적이었다고 극찬했다.[208]

거란군의 전술은 경기병의 의존도가 높았다. 반면 여진은 거란보다도 열악한 조건에서 성장했고, 기병의 편성에서 볼 수 있듯이 병사와 말의 수도 적었기 때문에 전투를 효율적으로 수행하기 위해서는 용병술과 전술을 다양하게 갈고 닦을 필요가 있었다. 여진 지역이 거란에 비해 유목성향이 적고 농경환경이 넓었던 것도 다양한 전술의 훈련에 도움이 되었던 것 같다. 거란의 요나라가 영역이 중국의 유목지대와 농경지대의 접경 지역에 머물렀던 반면 여진의 금나라는 내륙으로 진군, 북송을 멸망시킬 수 있었던 데는 양국의 전술 운용의 다양성도 요인이 되었다고 생각된다.

2) 별무반의 구조와 특징

(1) 별무반의 창설

1104년 12월 윤관은 여진의 세력이 생각보다 강하다는 사실을 솔직하게 보고하

---

208 『금사』 권44, 지25, 병, "金軍 養兵之法 金興 用兵如神 戰勝攻取 無敵當世".

윤관 동상(서울 중구 서소문공원)

고, 병졸과 군관을 휴식시켜 후일에 대비해야 한다고 건의했다. 이 말은 성급한 공격은 자제하고 먼저 군대의 질을 높인 후에 여진과 전쟁을 재개하자는 의미이다. 그리고 이 계획에 따라 별무반의 창설과 조직안을 제안했다.

숙종은 윤관의 제안을 받아들였고, 그 결과 별무반이 창설되었다. 별무반의 창설은 1105년 한 해 동안 급속하게 진행되었는데, 1105년이 가기 전에 별무반의 일부가 동북면에 실전 배치되기에 이른다. 한편 숙종은 숙종대로 군사들의 사열과 모병에 열심이었다. 숙종은 특히 서경에 자주 행차하여 무사를 사열하고 활쏘기 시합을 벌여 무사를 선발하기도 했다.

그러나 이해 10월 서경에서 돌아오는 길에 숙종이 급사했다.

숙종의 뒤를 이어 즉위한 예종은 여진정벌에 숙종만큼 열의를 보이지 않았다. 혹은 새로 즉위한 국왕이라는 사정 때문에 귀족세력들과 대결을 불사했던 숙종만한 정치적 권력을 지니지 못했을 가능성도 있다. 예종은 여진정벌 대신 서경의 궁궐신축을 추진했으며 여진 문제도 외교적으로 해결하려고 했다. 여진도 이러한 사정을 눈치채고 강화론을 제시했으며, 갈라전 지역에서 완안부 군대를 철군시켰다.[209]

그러나 이 철수가 완안부가 갈라전 지역에 대한 지배권의 포기를 의미하는 것은 아니었다. 오히려 완안부의 실력을 목도한 지역민들은 완안부의 지배를 통한 여진부족의 통합에 동참하게 되었던 것 같다. 1107년 국경의 정세를 탐지하던 고려의 군관이 여진의 동향이 수상하다는 보고를 올렸다. "여진이 강해져서 우리 국경 도시에 자주 침입하고 있으며 그 추장이 한 개의 바가지胡盧를 갈가마귀 꼬리雅尾에 달아서 각 부락으로 돌리면서 대사를 의논하고 있는데, 그들의 심중을 알 수 없다"는 내용이었다.

---

209 『고려사』 권12, 세가12, 예종1, 예종 원년 3월.

이에 고려 정부는 더 이상 망설이지 않고 여진정벌을 추진하게 된다.

(2) 별무반의 병종

별무반은 신기군神騎軍과 신보군神步軍, 항마군降魔軍으로 구성되었다. 이외에도 도탕跳蕩, 갱궁梗弓, 정노精弩, 발화發火 등의 병종이 있었다. 이러한 병종은 2군6위나 주현군의 조직에는 보이지 않지만 그것은 평상시 지역방어, 시위, 순찰 등을 담당하기 위해 만든 부대 편성과 전쟁을 감당하는 전투 편제가 다르기 때문이다. 고려의 대표적인 전투 편제는 5군五軍인데,[210] 별무반의 병종은 모두가 5군 편제에 있는 것으로 5군의 병종 중 석투石投, 대각大角, 철수鐵水, 강노剛弩가 빠진 것이다.

『고려사』에는 또 '특별한 호칭을 지닌 여러 병종'別號諸班이라는 항목이 있는데, 여기에는 5군의 병종에 사궁射弓이 추가되어 있다. 이 별호제반이 별무반을 말하는 것을 가능성이 없지는 않지만, 문구상으로 보면 고려시대에 존재한 여러 특별한 병종이라는 의미여서 별무반의 병종을 적기한 것은 아니라고 생각된다.

〈표 4-11〉『고려사』병지 오군, 별무반, 별호제반의 병종 비교

구분	오군	별무반	별호제반
병종	신기, 경궁, 정노 신보, 석투, 대각 철수, 발화, 도탕 강노	신기, 신보, 항마 도탕, 갱궁, 정노 발화	신기, 신보, 경궁 정노, 석투, 대각 철수, 강노, 도탕 사궁, 발화

이상의 기록을 토대로 별무반의 병종과 특성을 고찰해 보겠다.

가. 신기군

신기군은 기병이다. 신기군은 이때 처음 창설한 부대가 아니고, 별무반이 창설되기 전부터 존재했다. 문종 17년 2월 기사에 이미 신기군이 등장한다.[211] 『고려사』 주현군

---

210 이기백, 「고려군역고」 『고려병제사연구』, 136~138쪽.
211 『고려사』 권81 병지1, 병제 문종 17년 2월.

조에 기재된 주현별 병력현황에도 신기가 하나의 병종으로 편성되어 있다.

그런데 『고려사』에 기재된 주현군의 편제를 보면 기병에 마병과 신기군 2종이 있다. 이중 마병은 주현마다 보편적으로 존재하는 반면 신기군은 북계 지역에 한해 배치되어 있으며, 병력도 군현별로 소수가 배치되어 있다. 이것은 마병은 일반적인 기병부대이고 신기군은 특별한 기병부대임을 말해준다.

〈표 4-12〉 북계 군현의 신기군, 마병, 보반의 수

군현명	마병	신기	보반
삭주	150	45	600
창주	250	22	550
운주	250	33	없음
연주	200	26	없음
박주	400	49	25
가주	50	50	40
곽주	150	53	42
철주	200	32	29
영주	150	15	17
맹주	150	28	25
덕주	100	26	23
무주	50	35	없음
순주	150	40	20
위주	150	32	32
태주	200	22	39
성주	100	17	33
은주	50	34	59
숙주	200	39	50

위원진	100	27	24
정융진	250	33	10
영삭진	300	29	23
안의진	100	30	17
청새진	100	50	36
평로진	250	28	42
영원진	50	23	51
조양진	200	42	44
양암진	100	11	12
수덕진	50	10	없음
안융진	없음	11	27
통해현	없음	5	14
영청현	없음	28	9
함종현	없음	20	31
용강현	없음	35	40
계	4,450	980	1,964

※ 출처 : 『고려사』 권83 지37 병3 주현군.

신기군과 마병의 차이는 명확하지 않다. 일반적으로 기병에는 중장기병과 경기병이 있다. 중장기병은 사람과 말이 중장갑을 하고 충격작전을 전문으로 하는 부대이다. 경기병은 경장갑을 한 기병으로 기동력을 이용하여 정찰, 수색, 적진교란, 사격 등 다양한 작전을 수행한다.

하지만 신기군과 마병이 각각 중장기병과 경기병을 의미한다고 보기는 어렵다. 중장기병과 경기병은 모두 없어서는 안되는 병종이므로 신기군이 중장기병이라면 주현마다 배치가 되어 있어야 정상이다. 또한 신기군이 중장기병대라면 마병처럼 '1대隊' (50명) 단위로 병력이 구성되어야 한다. 그러나 신기군의 군현별 배치를 보면 11명, 5명, 27명 등으로 우수리가 많고 다양하다. 그리고 중장기병과 경기병은 서로 간에 전환이 불가능한 병종이 아니다. 중장기병도 상황과 임무에 따라 무장을 조절하여 경기병의 역할을 수행할 수 있었다. 다만 중장기병은 자신의 갑옷만이 아니라 마갑까지 자비로 마련해야 했는데, 이 비용이 만만치 않았다. 개인장비와 마갑까지 갖추려면 말도 최소한 2필 이상은 보유해야 했다. 그러므로 말이나 무장이 부족한 기병은 경기병이 될 수밖에 없었다.[212]

따라서 신기군은 기병 중에서도 특별히 선정된 정예 기병부대였고 생각된다. 신기군은 신분과 대우에서도 일반 병사와 달랐다. 여러 기록으로 유추해 보면 신기군은 양반 지배층으로 구성되는 부대였다.[213] 그것은 『고려사』 찬자가 별무반을 창설시 신기군에 문무 산관의 자제 이외에 서리, 상인, 노복까지 신기군에 편성했다는 사실을 중요한 특징으로 묘사하는 것으로도 증명이 된다.[214] 또한 이 기사에서는 주부군현민까지 신기군에 입대시켰다는 사실도 특별한 일로 언급하고 있다. 그렇다면 원래의 신기군은 개경, 혹은 개경과 개경 주변 고을의 무사들로 편성되며, 지방민 즉 지방의 지

---

212 문종 17년 2월조의 기록에 "여러 州鎭의 군사로서 戰馬 2과 이상으로 점검된 神騎班과 전투에 참전한 경력이 있는 보병반은 모두 고역을 면제하게 했다."는 기록이 있다. 여기서 말하는 2과가 정확히 몇 필을 말하는 지는 알 수 없다. 군마는 특별한 사육과 훈련, 자질이 필요했으므로 기병이 운용하는 말에는 군마와 駄馬(짐 싣는 말)의 2종이 있었다. 짐 싣는 말이 꼭 필요한 이유는 갑옷과 마갑의 무게가 만만치 않았기 때문이다. 아마도 이런 이유에서 몇 필이라고 하지 않고 과(科)라는 단위를 사용한 것 같다. 어떻든 위의 기사는 신기군마다 말의 보유수가 같지 않았음을 보여준다. 그런데 중장기병이 전투에서 제대로 역할을 수행하기 위해서는 최소한 군마와 태마를 각각 2필 이상은 보유해야 했다(고려사 권81, 지35, 병1, 병제, 병제사, 문종 17년 2월).

213 신기군이 양반 자제로 편성된 부대였다는 사실에 대해서는 기존의 연구도 모두 인정하고 있다. 그 근거의 하나로서 별무반의 여러 부대 중에서도 신기군이 특별한 대우를 받았다는 사실을 지적하기도 한다. 인종 5년에 왕은 개경과 서경의 신기군으로 격구시합을 벌이고, 물품을 하사하기도 했고(『고려사』 권15, 5년 5월 을미), 정6품~종7품 벼슬인 주부 조영인이 옷차림을 화려하게 하고 왕에게 신기군에 입속하기를 청원했다는 기사 등은 신기군이 왕의 각별한 관심을 받고 있으며, 벼슬과 부를 갖춘 인물이 신기군에 들어가고 있다는 사례라고 했다(김당택, 「별무반의 설치와 군제의 변화」 『고려군제사』(육군본부 편), 1983, 239쪽).

214 신기군이 양반 지배층으로 편성된 병종이라는 추정의 근거로서 기병이 되려면 상당한 경제적 능력이 필요하며, 이런 경제력을 갖춘 사람은 양반 지배층 밖에 없다는 주장도 있다. 그러나 이 논거는 적절치 않다고 생각된다. 왜냐하면 별무반의 편성 때도 그러했지만, 일반 백성과 노복, 승려 중에서도 말을 보유하고 신기군이 될 수 있는 사람이 없었던 것은 아니었다. 또한 주현군의 편제를 보면 신기군보다 훨씬 많은 마병이라는 기병부대가 있었다. 즉 신기군이 중앙에 살고 있는 양반 지배층 만의 병종이 될 수 있었던 이유는 양반층이어야만 기병이 될 수 있는 경제력을 보유했기 때문이 아니라 신기군 자체가 기병 중에서도 특별히 선발되고 구분된 부대였기 때문이다.

배층인 향리 자제의 입대도 제한되어 있었던 것 같다. 이것은 『고려사』 주현군 조에 북계 지역의 기병이 미병과 신기군으로 이원화 되어 있는 사실도 설명해 준다. 즉 마병은 지역 주민으로 편성한 기병이고, 신기군은 전력보강과 지역군대의 관리, 견제를 위해 중앙에서 파견한 특별한 기사대였다고 볼 수 있다.

신기군은 권위와 대우, 보상에서도 특별한 대우를 받았을 것이다. 신기군의 대우는 분명하지 않지만 신보군에게 토지를 지급하는 규정이 있으므로 신기군에게도 당연히 군전을 지급했을 것이다. 동시에 신기군은 특별한 정예 기병이기도 했다. 그것은 별무반에서 마병이라는 용어를 사용하지 않고 기병부대를 신기군으로 일원화한 사실에서 짐작할 수 있다. 우수한 기병이 되기 위해서는 좋은 말과 장비 이외에도 충분한 훈련여건과 시간이 필요했다. 따라서 중세 유럽의 기사 계층과 마찬가지로 정예 기병이 되기 위해서는 양반 자제가 훨씬 유리한 조건에 있었다. 그러나 이것은 일반적 조건이 그렇다는 것이다. 특별하고 우수한 무사는 양반 지배층 이외의 신분에서도 출현할 수는 있었다. 신기군의 신분적 배타성은 신기군의 최정예화에는 제약이 되고 있었다.

윤관이 별무반을 편성하면서 변화를 주었던 부분이 바로 이 부분이다. 기병의 최정예화를 위해 정예 기병이며, 지방에는 소수의 병력만을 배치하던 신기군을 대규모로 동원하여 별무반의 주력 기병부대로 편성하는 한편 중앙의 양반 자제만으로 구성하던 관례를 깨고, 입대 자격을 상인에서 노복, 주현민까지로 확대했다.

> 이때부터 비로소 별무반別武班을 만들기로 결정했다. 문무의 산관散官 서리史胥들로부터 상인, 노복奴僕, 주부군현민까지 포함해서 말이 있는 사람은 신기군神騎軍으로 삼았다.[215]

이 징발은 거국적이면서도 철저하게 행해졌다. 예종 원년 동계병마사 오연총이 상

---

215 『고려사』 권96, 열전9, 윤관. 이 기사는 문맥상으로 보면 신분을 가리지 않고 말이 있는 사람은 다 신기군으로 삼았다는 즉 국가에서 동원가능한 군마를 총동원해서 기병을 편성했다는 의미로 해석하기가 쉽다. 그러나 이 문장의 본 뜻은 당시에 기병이 되기 위해서는 자력으로 군마와 장비를 충당해야 했으므로 별무반에 지원하는 또는 징병 가능한 자원 중에서 신분을 가리지 않고 신기군으로 받아 주었다는 의미로 해석해야 한다.

소하여 부모 연력 70세 이상자와 외아들은 병력을 면제해 주고, 1호에서 3,4명이 입대했으면 1명을 감해주고, 정승과 고위관료의 아들은 자원자가 아니면 면제해 주자고 건의했다.[216] 이 기사는 별무반 창설 초기에는 정승과 고위관료의 아들까지도 예외를 두지 않고 소집했음을 말해준다. 그러나 오연총의 상소가 말해주듯이 숙종이 갑자기 사망하고 예종이 즉위하면서 여진정벌의 추진에 제동이 걸리고, 별무반의 징집방식이 약간 완화되었다. 그러나 이것이 별무반의 구성을 근본적으로 훼손한 것은 아니어서 별무반의 소집과 훈련은 계속되었다.

나. 신보군

신기군이 별무반 창설 이전부터 존재했던 병종인 반면 신보군이라는 명칭은 이전 기록에서 전혀 등장하지 않는다. 『고려사』 병지 문종 17년조의 기록에는 신기군과 대칭을 이루는 보병부대는 신보군이 아니라 보반步班으로 표기되어 있다. 『고려사』 주현군 조에도 신기군과 나란히 보반이 배치되어 있다. 이 보반 역시 신기군과 마찬가지로 북계 지역에만 편성되었다. 그런데 보반의 병력은 1,964명으로 980명인 신기군의 2배를 상회하지만 병력 배치를 보면 삭주와 창주에만 약 600명과 550명을 배치하고 그 이외 지역에는 거의 신기군과 비슷한 규모로 배치했다. 이를 보면 보반 역시 신기군과 마찬가지로 일반 보병과는 구분되거나 특별히 선발한 무사들로 채운 부대였다고 생각된다. 이 보반을 별무반을 창설하면서 신기군과 격을 맞추어 신보군으로 개칭했던 것이다.

보반을 신보군으로 개칭한 이유는 신기군과 마찬가지로 양반층의 젊은이들을 보반에 편제했기 때문이 아닌가 한다.

> 말이 없는 사람은 신보군神步軍과 도탕跳盪, 갱궁梗弓, 정노精弩, 발화發火 등으로 삼았다. 20세 이상의 남자로 과거에 급제하지 않은 사람은 모두 신보군에 속하게 했다.[217]

---

216 『고려사』 권81, 지35, 병1, 병제, 예종 원년 정월.
217 『고려사』 권96, 열전9, 윤관. 이 기사는 문맥상으로 보면 신분을 가리지 않고 말이 있는 사람은 다 신기군으로 삼았다는 즉 국가에서 동원가능한 군마를 총동원해서 기병을 편성했다는 의미로

이 기사에서 별무반을 편성하면서 과거에 급제하지 않은 20세 이하의 젊은이들을 신보군에 편제했다고 한다는 사실을 특별히 강조하고 있다. 이 젊은이들은 과거에 응시할 자격을 가진 양반, 향리, 상급군인 자제를 의미하는 것이라고 생각된다. 일반 평민이라면 '과거에 급제하지 않은'이라는 단서를 달 필요가 없기 때문이다. 이들은 무직자라 전시과 토지를 지급받지 못하므로 이들이 신보반에 입대하면 군전을 지급한다는 것을 유인조건으로 내걸었다.

> 4년에 신보반에 속한 벼슬 못 한 사람들로서 내외 친척의 토지를 받으려고 원하는 자는 그 토지가 다른 고을에 있더라도 이름이 본 읍에 속했으면 토지를 주되 악공樂工과 절도 죄를 범한 자와 양인인지 천인인지 분간 못 할 자에게는 주지 않기로 결정했다.[218]

위의 기사에서 악공과 같은 특정 직역 종사자, 범죄자, 양천불명자는 군전을 지급하지 않았다. 이것은 군전이 단순히 군복무에 대한 경제적 보상이 아니라 관직을 얻는다는 의미가 있었기 때문이다.

이상의 내용은 별무반을 편성하면서 양반층이 기피하던 보반步班에 양반 자제를 입대시켰다는 사실을 말해 준다. 물론 이 이전에는 양반, 향리층의 자제는 보반에는 전혀 입대하지 않았다고는 할 수 없고, 양반층의 보반 입대가 원칙적으로 금지되어 있었을 것 같지는 않다. 그러나 법적으로 명확히 규정되어 있지 않았다고 할 지라도 중앙과 지방의 사족, 향리층은 보병보다는 기병인 신기군이나 마병을 선호했을 것이 분명하고, 상위 계층들이 상대적으로 평민들의 비중이 높았을 보반을 기피했을 것이 분명하다. 보반은 하위 지배층이나 평민들로 구성하는 병종이라는 인식이 보편화되었을 것이다.

일반적으로 중세의 군제는 신분제적 구성을 띄는 경우가 대부분이었다. 지배층이

해석하기가 쉽다. 그러나 이 문장의 본 뜻은 당시에 기병이 되기 위해서는 자력으로 군마와 장비를 충당해야 했으므로 별무반에 지원하는 또는 징병 가능한 자원 중에서 신분을 가리지 않고 신기군에 편제했다는 의미로 해석해야 할 것이다.

218 『고려사』권81, 지35 병1, 병제, 예종 4년.

중장보병 복원모형

주로 기병을 구성했던 이유는 지배층의 경제력이 우월했기 때문이기도 하지만, 승마가 지배층의 권위와 특권의 중요한 상징이었기 때문이다. 따라서 양반, 향리 자제의 보병 입대가 원칙적으로 금지되어 있지는 않았다고 해도, 지배층 자제들이 서민과 함께 보병으로 편제되기를 기피했을 것이라는 사실은 충분히 짐작할 수 있다. 아마도 이들은 양반 자제 중에서도 신기군이 되기에는 능력이나 경제적 여건이 부족했던 인물들이었을 것이다.

그 결과 신보반은 양반부터 평민, 악공樂工, 양천불명자로 다양한 신분구성을 띠게 되었다. 심지어 전과자(절도범)도 포함된 부대가 되었다.[219] 이처럼 지배층의 자제들을 신분적으로 신기군의 하위 병종인 보반에 편제하게 됨에 따라 보반의 명칭을 신기군과 격을 맞추어 신보군이라고 개편했다고 보여진다. 동시에 이 역시 신기군과 마찬가지로 여기에는 우수한 무사와 자원으로 편성된 정예 보병이라는 의미도 함께 농축되었다. 이렇게 해서 신기군과 신보군 모두 신분을 무시하는 통합형 군대가 되었다. 다만 신기군은 하위 신분에게 문호를 개방하고 포용하는 방식으로, 반대로 신보군은 상위 신분의 젊은이를 강제로 충당하는 방식으로 진행된 것이 차이였다. 이처럼 기존의 신분제적 편성원리를 극복하고, 전국민을 대상으로 우수한 무사와 병사를 선발했다는 것이 별무반의 최대의 특징이자 역사적 의미였다고 하겠다.[220]

---

219 『고려사』 권81, 지35 병1, 병제, 예종 4년.
220 『고려사』의 찬자는 별무반에 대해 "별무반을 설치하여 산관, 서리로부터 상인, 천예, 승려까지 예속시켰다. 이는 비록 古制와 합치하는 것은 아니지만 그러나 한때 이를 써서 성과를 거두었음은 족히 일컬을 만한 것이 있다"고 평가했다(『고려사』 권81, 병1, 병제 서문). 이것은 별무반의 최대의 특징이 신분제적 편성원리를 초월한 데에 있다는 점을 지목한 것이다(김당택, 앞의 논문, 1983, 237~238쪽).

다. 항마군

항마군은 승려부대이다. 고려시대를 통해 사원은 군사력 또는 무사의 공급처로서 중요한 역할을 했다. 국초부터 국가의 통제력이 미치지 못하는 지역에 사원을 건립하고 치안을 담당시킨 사례가 있으며, 승도들이 국왕의 호종, 시위, 반란, 반란진압, 심지어는 암살에 동원되는 경우도 있었다.[221]

전시 동원 역시 이번이 처음은 아니었다. 거란의 2차 침공 당시 서경 부근 임원역에서 벌어진 전투에서 장군 지채문, 탁사정과 함께 승려 법언法言이 고려군 9천명을 인솔하고 출전해서 거란군 3천을 죽이는 승리를 거두었다.[222] 이날 전투에서 법언은 전사했고 현종은 그 공을 기려 수좌首座를 추증했다.[223] 이 법언이 개인적으로 참전한 것인지 승병 부대의 지휘관이었는 지는 분명하지 않다. 그러나 고려군의 지휘관으로 지채문, 탁사정, 법언이 나란히 기록되어 있고, 법언에게 특별히 관직을 추증하는 것을 보면 단지 개인의 무용으로 포상을 받았다고 보기는 어렵고, 승병부대의 지휘관으로 포상을 받은 것으로 이해하는 것이 타당할 듯하다.[224]

한편 서긍은 『고려도경』에서 재가화상在家和尙에 대해 기록하고 있는데, 재가화상은 집단을 이루어 살며, 전쟁이 터지면 조직적으로 동원되었다고 한다. 이들의 동원 역시 고려-여진전쟁 이전부터 행해졌다. 이들의 전투력은 상당했던 모양으로 고려가 거란전쟁에서 승리한 것은 이들의 공로였다는 말까지 돌고 있었다.

한편, 고려시대에는 사원에 소속한 농민 또는 특수한 집단인 수원승도隨院僧徒가 있었다. 이들이 서긍이 말한 재가화상과 동일한 집단인지는 명확하지 않다. 그러나 대

---

221 승려의 종군 사례는 무신정권기에 두드러지게 나타난다. 사원세력은 여러 정치집단과 관계를 맺고, 무신간의 각축전에서 주요한 군사력으로 활동했다. 명종 5년에는 남두의 반란을 진압하는 과정에서 병사들의 손실이 크자 승도를 징발하려고 했던 사례도 있다(『고려사』 권81, 지35, 병1, 명종 5년).
222 『고려사』 권94 열전7, 지채문 ; 『고려사절요』 권3, 현종 원년 12월.
223 『고려사』 권4, 세가 4, 현종 2년 7월.
224 고려시대에 승도를 전국적으로 조직하여 국가의 정규군으로 대외전투에 파견한 사례는 항마군이 최초였다는 견해도 있다(이승한, 「고려 숙종대 항마군 조직의 정치적 배경」 『역사학보』 137, 1쪽). 이 글에서는 임원역 전투에서 전사한 法言은 개인 자격으로 참전한 승려였다고 보았다.

체로 유사한 집단으로 이해하고 있는데,[225] 『고려사』 병지에서는 항마군으로 징발한 승도가 일반 승려가 아닌 수원승도였다고 추가설명을 달았다.

> 고려 초기에는 중앙과 지방의 사원에 모두 수원승도가 있어서 부역을 항상 군현 주민들과 같이 하고 생활이 안정된 자가 천여 명에 달했다. 매번 국가에서 군사를 모집할 때면 경외의 수원승도를 징발하여 각 군대에 나누어 소속시켰다.[226]

수원승도는 불도를 닦는 승려와는 구별되는 집단이었다. 다만 이들의 구체적인 존재형태와 신분에 대해서는 여러 해석이 있다. 초기에는 이들의 신분을 승려와는 구분되는 농민으로 보는 견해가 지배적이었다. 그래서 사원령과 같이 사원이 지배하는 장莊의 토지를 소작하는 사원의 예속농민, 또는 농노적 존재로 보기도 했고,[227] 일반 촌락민이지만 사원의 종교적, 사회적 기능과 경제력, 보寶 등과 연계되고, 요역의 부담을 피해 사원과 촌락의 영역에 걸쳐 살아가는 비승비속적 부류로 보는 견해[228], 요역을 피해 사원의 보호 밑으로 도피한 향리나 일반 백성으로 보는 견해[229], 사원이 보유한 군사력으로 보는 견해도 있다.[230]

그러나 최근에는 수원승도는 농민만이 아니라 일종의 하위승려로서 일반 승려만이 아니라 사원이 필요로 하는 다양한 기술자와 사원의 각종 업무를 담당하는 다양

---

225 서긍, 『선화봉사고려도경』 권18, 재가화상. 서긍은 이들이 승려가 아니라 범죄자들인데, 머리와 수염을 깎아 사람들이 재가화상이라고 부를 뿐이라고 했다. 이것은 당시 고려사회에서 와전된 이야기였거나 서긍 또는 서긍의 일행들이 추측한 이야기일 가능성이 높다. 재가화상의 정체에 대해서는 서긍의 진술을 그대로 수용하여 사원과는 무관한 부곡민과 같은 특수집단이었다는 설도 있고, 수원승도와 동일한 또는 유사하게 사원에 복속된 인물이었다고 보는 견해도 있는데, 현재는 후자의 경우로 보는 경우가 일반적이다.

226 『고려사』 권81 지35, 병1, 병제.

227 김형수, 「고려전기 사원전 경영과 수원승도」 『한국중세사연구』 2, 1995.

228 구산우, 「고려시기의 촌락과 사원-在家和尚, 隨院僧徒의 실체와 관련하여-」 『한국중세사연구』 13. 이 견해는 본질적으로는 수원승도를 피역한 농민으로 보는 견해에 근거하고 있다. 다만 수원승도의 문제를 피역과 농업사적 입장에서만이 아니라 촌락사적 입장에서 조명한 것이다.

229 李相瑄, 「高麗時代의 隨院僧徒에 대한 고찰」 『숭실사학』 2, 1984 ; 조희승, 「13-14세기 절간에 속민의 유형과 그들의 처지에 대하여」, 『력사과학』 1982-3.

230 임영정, 「조선초기의 사병」 『한국사론』 7, 국사편찬위원회, 1983.

승병장 영규대사 순절사적비(금산 보석사)
승병은 조선시대에도 국가의 중요한 전력이었다.

한 직종의 인물을 포함한 집단이었다고 보는 견해도 제기되고 있다.[231] 후자의 견해가 사실에 가깝다고 생각된다. 고려시대는 지방에 대한 국가의 직접적 지배력이 부족했다. 그러다 보니 사원은 서구 중세사회의 독립적인 사원령까지는 아니더라도, 장원을 갖추고, 경작농민과 각종 기능인과 기술자, 상인, 무승武僧을 갖추고 있었다. 수원승도는 이와 같은 구조의 산물이라고 생각된다. 또한 사원은 종단조직을 통해 전국적인 조직력을 갖추었고, 국가 운영과도 긴밀한 관계를 맺었다. 사원은 평화시에는 전략요충지,[232] 치안 불안지, 나루터, 육상 및 해상 교통의 요지[233] 등에서 여행객 보호, 지역

231 전영준, 「고려후기 공역승과 사원의 경영조직」 『한국사학보』 20, 2005, 92~93쪽.
232 전략요충지에 사원이 건립된 사례로는 개경 주변 덕수현의 토성 안에 건축된 흥왕사가 있다(박윤진, 「고려시대 개경 일대 사원의 군사적 정치적 성격」 『한국사학보』 3·4합집, 1998, 88~90쪽).
233 사원을 통해 교통로를 관할하는 대표적 사례가 고려시대의 원(院)이다. 고려시대에는 중요한 고갯길, 도로상에 사원이 원을 설치하고, 지역의 치안과 여객의 보호, 숙식까지 담당했다(이색, 『목은문고』, 권3, 기, 「자비령 나한당기」), 조선시대에는 이 기능을 국가에서 환원했다.

치안 업무 등을 대행하고, 국가의 주요한 사업이나 사원의 인력을 동원하여 노동력과 기술자를 제공하기도 했다.[234] 전란이 발생했을 때는 군대의 공급원으로 기능했다. 1104년 항마군의 징발은 이런 배경에서 이루어진 것이다. 그러나 전국적이고, 대규모적인 규모였다는 데에 항마군의 특징이었다고 보인다.

그러나 항마군은 항마군이라는 독자의 편제를 가지고 고려-여진전쟁에 참여한 것은 아니었다. 위에서 인용한 수원승도의 기사에 의하면 소집된 수원승도들은 여러 군에 나누어 소속시켰다고 했다. 하지만 이때 분속시키는 규모나 기준에 대해서는 언급이 없다. 여기서 말한 군을 3군이나 5군의 부대편성을 의미하는 것이라고 보고, 별무반의 신기군, 신보군 분류기준에 따라 말이 있는 사람은 신기군, 말이 없는 사람은 신보군 또는 재능에 따라 특수군의 병과별로 소속되었다고 이해하기도 한다.[235] 이러한 사례가 없지는 않았을 것이다. 묘청의 난 때 정부군에서 활약한 승려 관선이나 대몽전쟁의 영웅인 김윤후와 같이 승려 중에는 탁월한 장수와 무사의 자질을 지닌 인물도 많았다. 이런 인물들이 재능에 따라 신기군이나 신보군의 병사나 중견장교로 채용되는 사례는 엄연히 존재했을 것이다.

그러나 모든 승도가 뛰어난 무사는 아니며, 그들 중 대다수는 일반 농민과 다름 없는 사람들이었다. 소집에 응모한 집단의 크기와 성격에 따라 집단의 장기와 전투력도 큰 차이가 있었을 것이다. 그러므로 이들을 개별적으로 분속시키는 것은 대단히 번잡할 뿐 아니라 이들의 지휘체제까지 모두 새롭게 편성해야 하는 엄청난 작업이 필요해진다. 게다가 이것은 사원군이 원천적으로 보유하고 있는 조직력과 단결력이라는 장점을 훼손시키는 것이다. 반면에 항마군을 독립된 편제로 독립시킨다면 승군의 장점과 효율성은 최대한 발휘할 수 있다는 장점이 있지만, 승군을 독자의 군사력으로 조직한다는 위험이 따른다. 또는 종파나 지역간 갈등, 사원별 규모와 조직력의 차이 등으로 심하게 분열할 위험도 있었다.

따라서 항마군의 장점을 최대한 살리면서 단점을 커버하는 방안은 항마군의 최소

---

234 박윤진, 「고려시대 개경 일대 사원의 군사적 정치적 성격」『한국사학보』3·4합집, 1998 ; 전영준, 「고려후기 공역승과 사원의 경영조직」『한국사학보』20, 2005.

235 추만호, 「고려승군고」『남사정재각박사고희기념 동양학논총』, 고려원, 1984, 114~116쪽.

단위와 지휘체제를 유지하면서 제대별로 여러 군으로 배속하는 것이다. 그러므로 항마군으로 여러 군으로 분속시켰다는 기사는 개인적으로 특수한 무사나 특수한 소규모 집단을 선발하는 경우를 제외하고는 어느 정도 규모의 편제와 지휘체제를 유지한 채 배속시켰다는 의미로 해석해야 할 것이다. 다만 그 단위규모는 알 수 없는데, 사원의 규모도 제각각이었으므로 그 단위도 지역과 승군의 수준, 특성, 자체의 편제와 지휘체제의 규모에 따라 다양했다고 생각된다.

라. 도탕, 갱궁, 정노, 발화

도탕跳盪은 문자대로 해석하면 "뛰어들어 적을 쓸어 버린다"는 의미이다. 당제唐制에서 도탕은 원래 전공을 뜻하는 말이었다. 전공을 평가할 때 피차 간에 사격전을 개시하기 전에 기습적으로 적진에 돌격해서 방어시설을 무너트리거나 적진으로 뛰어들어 적을 붕괴시킨 공로를 도탕이라고 했다.[236] 이 도탕의 공은 모든 전공 중에서도 최고의 공로여서 포상도 제일 컸다.

여기에 기원해서 도탕이 병종을 의미할 때는 선봉, 돌격부대를 뜻하는 말이 되었다. 당나라 장군 이정李靖이 창안한 육화진법에 도탕대跳盪隊가 있었다. 이정의 병서인 『이위공문대』에 의하면 도탕대는 전원 기병으로 구성된 부대로 1군마다 15% 정도의 병력으로 구성되었다.[237]

하지만 별무반의 도탕은 보병이라는 특징이 있다. 이들은 보병 중에서도 돌격 내지

---

236 『당서』 권46, 지36, 백관1, 吏部, "一矢石未交 陷堅突衆 敵因而敗者 曰跳盪".
237 참고로 육화진법의 병력별 구성은 아래 표와 같다.

군	병종	노수	궁수	마군	도탕	유격병	치중병	합계
중군	대수	8	8	20	10	10	24	80
	인원수	400	400	1,000	500	500	1,200	4,000
전후좌우군	대수	20	24	40	32	32	60	208
	인원수	1,000	1,200	2,000	1,600	1,600	3,000	10,400
좌우 양우후군	대수	12	12	20	16	16	36	112
	인원수	600	1,200	1,000	800	800	1,800	5,600
총계	대수	40	44	80	58	58	120	400
	인원수	2,000	2,200	4,000	2,900	2,900	6,000	20,000

* 전후좌우군의 각군별 정원은 전체의 1/4씩이다. 좌우양우후군은 1/2이 각군별 정원이 된다.

는 공격을 담당하는 정예 보병부대라고 생각된다. 도탕을 보병에 편성한 이유는 평원이 많은 중국과 달리 산이 많고 자주 공성전을 감당해야 하는 우리나라의 형편상 보병 공격부대의 효용성이 더욱 높았기 때문이라고 생각된다. 이들의 수나 편제상의 비율은 알 수 없다.

갱궁과 정노는 각각 궁병弓兵과 노수弩手를 의미한다. 이들이 일반 궁병과 노수와 구분되는 특별한 강궁과 정밀한 노를 사용하는 부대였다고 볼 수도 있다. 『고려사』 병지의 별호제반조에 의하면 실제로 이들과 대비되는 병종으로 사궁射弓과 강노剛弩 라는 용어가 보인다.[238]

그런데 활은 크기가 달라도 제조법과 구조는 거의 같다. 단지 활의 크기와 장력에 의해서 위력과 사거리가 늘어날 뿐이다. 즉 원거리용 활이라고 해서 단거리에서 사용하지 못하거나 성능이 달라지는 것이 아니다. 그러므로 갱궁과 사궁이 구분된다면 이는 궁수부대 구성원의 능력과 훈련의 차이이지 그 이상의 의미가 있을 수는 없다. 따라서 갱궁은 원거리용 활이나 특별한 활을 사용하는 부대가 아니라 일반 궁수부대로서 명예심과 자긍심을 높이기 위해 '갱'자를 붙인 것이라고 보아야 한다.

이러한 추정을 가능하게 하는 또 하나의 근거는 『고려사』 병제에 등장하는 5군의 편제이다. 5군 편제는 고려-여진전쟁을 감행하던 고려 중기까지 사용되었다.[239] 별무반도 오군 체제를 사용했다. 그래서 오군 편제와 별무반의 편제와 아주 유사하다. 그런데 오군에는 갱궁은 있지만, 그 외에는 별도의 궁수와 노수부대가 없다. 만약 갱궁이 일반 궁수와 구분되는 활을 장비한 부대였다면 최소한 오군 편제에서는 일반적인

---

238 별무반의 병종에 대한 해석은 이기백에 의해 최초로 시도되었다. "갱궁은 강궁과 동의이므로 원거리용 특수궁을 쏘는 부대일 것이며, 이에 대하여 사궁은 보통 궁을 쏘는 부대일 것이며, 이에 대하여 사궁은 보통 궁을 쏘는 부대였다. 정노군이 정교한 노를 조작하는 부대라고 하면 강노군은 보다 강력한 노를 사용하는 부대가 아니었을까? 또 석투는 석전을 연상시키는 문자 그대로 돌을 던지는 부대였을 것이고, 대각군은 대각이라는 악기를 사용하는 일종의 군악대였음직하고, 도탕군은 돌격부대가 아니었을까? 발화군은 화공부대였음직 하고 철수는 알 수 없다"(이기백, 「고려별무반고」『김재원기념논총』, 1968, 38쪽) 이 해석은 이후의 연구자들에 의해 거의 그대로 수용되었다(조인성, 「별무반의 설치와 그 의의」『한국사 13』(국사편찬위원회 편), 국사편찬위원회, 2003, 359쪽).

239 오군 체제는 고려-여진전쟁이 끝난 뒤 40년이 채 못된 1140년(의종 3) 8월에 3군 체제로 바뀌었다(『고려사』 권81, 지35, 병1, 병제, 의종 3년 8월).

궁수 부대가 있어야 했을 것이다.

그런데 노의 경우는 활과 달라서 별무반에는 정노가 있고, 5군에는 정노와 강노가 동시에 존재한다. 그렇다면 정노는 정밀한 노, 강노는 강한 노를 사용하는 부대라고 볼 수 있을까?

활과 달리 노는 상당히 많은 종류가 있다. 개인이 사용하는 개인용 노, 연발식 노, 수성전에서 성벽에 고착시켜 놓고 사용하는 고정식 노, 수레에 실어서 사용하는 대형의 공성용 노 등 크기와 기능이 전혀 다른 노들이 존재한다. 하지만 일반 병사들이 사용하는 개인용 노를 정밀한 노와 덜 정밀한 노로 구분하기는 어렵다. 노의 구조상 정밀성 역시 활과 마찬가지로 노의 위력과 관련되는 것으로 같은 거리라면 보다 강력한 노가 정밀한 사격을 하기에도 유리했다. 그러므로 정노는 갱궁과 마찬가지로 우수한 노수부대를 상징하는 호칭이라고 생각된다.

정노가 일반 노수부대라면 강노는 대형노일 가능성이 높다. 대형노는 공성전과 수성전에서 모두 없어서는 안될 요긴한 무기였다.[240] 발화는 중국의 사서에서도 등장하지 않는 병종이다. 일반적으로 '발화'의 어의로 유추해서 화공부대로 보고 있다.[241] 화

---

240 정종 6년 10월 서북면 병마도감사 박원작이 繡質九弓弩를 만들어 바치자 왕이 이를 제작하여 변방의 진에 배치하도록 했다는 기록이 있다(『고려사』 권81, 지35, 병지, 정종 6년 10월). 이 수질구궁노의 정체는 모호하지만 9개의 활이라는 의미의 9궁이라는 표현을 쓴 것을 보아 대형노의 일종일 가능성이 높다. 이 대형노는 수레에 싣고 다녀야 한다는 의미에서 車弩라고도 불렀다. 중국에서는 대형노 중에서도 제일 크고 강력한 노를 3궁노라고 불렀으며, 소 8마리가 끄는 수레에 탑재한다는 의미에서 八牛弩라고도 불렀다. 박원작은 덕종 원년 3월에도 혁파, 수질노, 뇌등석포를 제작했다고 하는데, 수질노가 대형 기계인 혁차와 뇌등석포와 함께 언급되는 것도 수질노가 대형노라는 짐작을 굳게 한다. 이후로 남쪽 교외에서 수질구궁노의 사격 훈련이 정기적으로 시도되기도 했다(『고려사』 권81, 지35, 병지, 정종 30년 9월). 문종 2년에는 서북면에 개인용 노화살 6만 개와 차노 화살 3만 개를 만들어 보냈다는 기록도 있다. 이상의 기사로 미루어 보면 대형노가 고려에서 중요한 병기가 되었음이 분명하다. 따라서 이를 조작하는 전문병종도 분명히 창설되었을 것이다.

241 『기효신서』에 의하면 전투보조원으로 취사, 잡역 등을 담당하는 부대를 火兵이라고 했다. 우리말의 불목하니와 유사한 단어이다. 따라서 혹시 발화군이 화병과 같은 의미가 아닐까 하는 생각도 든다. 그러나 오군이나 별무반의 병종에는 전투에서 중요한 기간요원을 열거한 것이다. 치중대나 사역부대도 분명히 존재했겠지만 이들을 언급하지 않은 이유는 이런 병종은 일반 병사조달방법이나 사역징발로 해결할 수 있었기 때문이라고 생각된다. 따라서 발화는 화병과는 무관하다고 생각된다.

진시황 병마용의 노수

공은 공성전과 수성전에서 특히 중요한 역할을 했다.[242] 화공이 효과를 보기 위해서는 화력과 화염의 지속시간이 중요했다. 따라서 인화물질의 개발 및 조달, 혼합이 중요했으므로 별도의 전문부대가 필요했을 것이다.

별무반 창설기사에는 등장하지 않지만 오군 편제에는 등장하는 병종으로 석투, 대각, 철수가 있다. 석투는 말 그대로 돌팔매 부대이거나 아니면 투석기[石砲]를 다루는 부대라고 생각된다. 대각은 큰 각을 부르는 부대라는 의미로 군악대에 해당한다. 단 이 때의 음악은 행군, 훈련, 전투시에 통신과 신호 수단 역할을 했으므로, 오늘날의 통신대 역할도 겸하는 것이었다.

철수는 사서에서 용례를 찾기 힘든 용어이다. 번역하면 쇳물이라는 의미인데, 전쟁터에서 쇳물이 등장하는 경우를 찾아보면 성을 지킬 때 적의 공성구나 토굴에 쇳물을 부어 태우는 사례가 있다. 그러나 그렇다고 해서 이 임무만 맡은 병종을 별도로 두었다고 보기는 곤란하지 않은가 한다. 그런데 쇠를 녹이고 다루는 데는 전문적인 기술이 필요하고, 주로 대장간의 임무가 이것이다. 따라서 철수는 대장장이를 포함해서 병기를 제조, 수선하는 임무를 맡은 부대라고 볼 수 있을 듯 하다.

3) 별무반 전술적 특성과 의의

별무반을 창설한 이유는 고려전기에 확립한 군사제도가 유명무실해져서 새로운 군대가 필요해졌기 때문이라는 것이 지금까지의 정설이다. 그 근거로 고려-거란전쟁

---

242 1136년 묘청군은 서경에서 정부군을 상대로 2년이나 농성을 지속하고 있었다. 이 강고한 방어벽을 허무는데 결정적으로 기여한 사람이 윤관의 아들 윤언이가 시도한 화공이었다. 고려-여진전쟁에도 참전한 경험이 있던 윤언이는 투석기에 인화물질을 실어 발사하는 방법으로 서경성벽의 방어시설을 불태우고 무력화시켰다(『고려사』 권96, 열전9, 윤관 부 윤언이).

동안에 고려는 경군(2군6위)과 주현군만으로 전쟁을 수행했으며, 별무반과 같은 조직을 필요로 하지 않았다는 사실을 든다.[243] 고려전기의 군제가 무너진 이유에 대해서는 군인에게 지급해야할 군인전의 부족,[244] 권세가의 군인전 침탈, 군사의 역역동원, 고역으로 인한 군사들의 도망 등의 요인이 제시되었다.

전술적 요인에서는 기병의 부족이 심각한 문제로 대두했다. 윤관은 1104년 숙종에게 고려군이 여진족에게 패전한 이유가 '여진은 기병이고 아군은 보병'인 탓이었다고 해명했다.[245] 이 짧은 진술은 고려 군제사에서 매우 중요한 의미를 지니고 있다. 만약 윤관의 해명이 여진의 주력은 기병, 고려군의 주력은 보병이었다는 의미라면 이것은 고려 군제사에서 커다란 변화를 의미하는 것이기 때문이다.

고려초기만 해도 고려군에서 기병의 비중이 상당히 높았다. 고려와 후백제의 최후의 전투였던 일리천 전투에서 병력비율은 마군 4만에 보군 2만 3천명이었다. 이 마군을 모두 순수한 기병이라고 보기는 어렵지만, 편제상으로 전체 병력에서 기병이 차지하는 비율이 무려 63%나 되었다.[246] 그러나 12세기 초가 되면 여진은 기병이고, 고려군은 보병이라는 진술이 나오는 상황으로 변해 있다. 만약 이 변화가 사실이라면 이것은 전술적 변화에 의한 현상이라기보다는 고려 군제의 동요와 2군6위 체제의 해체

---

243 이기백, 앞의 논문, 1968, 196쪽.

244 6위의 군인들이 군인전을 제대로 받지 못하고 있다는 사실은 이미 정종 때부터 문제가 되고 있다 (『고려사』권81, 병1 정종 2년 7월). 군인전을 지급받는 경우도 군인이 서울에서 복무하는 동안 군인전의 경작, 조세 수송 등이 제대로 관리되지 않아 군인들은 생활에 곤란을 겪었다. 이에 예종 3년 7월 지방관들은 군인전에 우선적으로 경작인[佃戶]을 정해주고, 양곡 수송을 잘 처리하라는 명령을 내리기도 했다(『고려사』권79, 식화2 농상, 예종 3년 2월). 이처럼 군인전의 지급과 경작이 제대로 이루어지지 않고, 군인들을 공사에 동원하는 사례가 많아지면서 6위의 군인들조차도 역을 피해 도망하게 되었다. 이에 이미 문종조부터 부강한 자는 쉽게 군역을 회피하고, 가난하고 힘없는 자를 육위의 군사로 채용함으로써 이들이 다시 도망하는 악순환이 발생했다(『고려사』권81, 병1, 병제, 문종 25년 6월).

245 『고려사』권96, 열전9, 윤관.

246 일리천 전투의 병력구성에 대해서는 홍승기, 「고려초기 중앙군의 조직과 역할」『고려군제사』(육군본부 편), 육군본부, 1983, 29~34쪽, 대부분의 연구에서 마군을 기병으로 이해하고 있다. 그러나 기병의 비율이 60%나 된다는 것은 전술적 상식을 넘어선다. 일반적으로 기병은 종자와 보조전투원 등 2~3명이 필요하므로 마군 4만을 이들을 포함한 병력일 가능성이 높다. 그렇다고 하더라도 기병의 비율이 대단히 높다는 사실에는 변함이 없다.

와 관련된 현상이라고 보고 있다. 군인전의 부족에 의한 군인층의 빈곤화가 기병의 축소로 이어졌다는 것이다. 군마의 양성에는 훨씬 많은 비용과 부담이 필요하기 때문이다.

후삼국 시대의 전시체제에서 평화체제로 이행하면서 마군을 축소하게 되었다는 견해도 있다. 경군도 주 임무가 전투보다는 시위, 궁성수비로 바뀌게 됨에 따라 기병보다 보병이 중요하게 되었다는 것이다.[247] 기병에 국한된 것은 아니지만 시위군의 축소에는 정치적인 요인도 작용했다. 광종조의 대숙청 작업을 겪으면서 문무관료들은 강화된 경군이 국왕권의 전횡에 사용될 수 있다는 사실을 깨달았다. 광종의 정치를 강하게 비판했던 최승로의 상소에서도 시위군의 축소를 강력하게 요구했다. 이같은 경군의 축소와 정치적 비중의 약화가 결과적으로 기병의 쇠락을 야기하게 되었다고 볼 수도 있다. 별무반 편성에서 기병전력의 보강 즉 신기군의 증원이 가장 중요한 현안이 되었던 것도 이 시기 기병 쇠퇴의 하나의 반증이 된다고 한다.

그러나 군사사적 관점에서 보면 별무반의 결성 원인과 목적에 대해서는 다른 시각에서의 해석이 가능하다고 생각된다. 우선 별무반이 부실 내지는 무용해진 2군6위를 대체하기 위해 결성되었다는 견해부터 제고할 필요가 있다.

문종조부터 군사제도 운영상에서 여러 가지 문제가 발생하고 있는 것은 사실이다. 그러나 이런 현상만으로는 2군6위와 주현군이 기능을 상실했다는 적극적인 증거가 되지 못한다. 왜냐하면 군인전의 부족, 군사의 역역동원, 군사의 도망과 군액의 감소는 모든 시대의 군제 운영에서 항상적으로 발생하고 있는 부조리이기 때문이다.

실제로 2군6위는 고려 후기까지도 유지되고 있었다. 12세기 인물인 최충헌은 6위인 흥위위의 보승, 감문위, 용호군, 좌우위를 두루 거쳤다. 이외에도 묘지명에 의하면 고려후기인 공민왕 때까지도 흥위위보승호군, 좌우위보승장군, 천우위 해령별장, 좌우위 보승낭장, 좌우위 정용, 금오위 정용낭장, 감문위 참군사 등의 관직명을 발견할 수 있다.[248] 물론 묘지명에 등장하는 관직은 형식적인 것으로 6위와 관직은 유지되고

---

247 홍승기, 앞의 논문, 1983, 33~35쪽.
248 공민왕 대에 6위의 명칭이 발견되는 사례로 洪彬 묘지명(1354), 金台鉉 처 왕씨 묘지명(1358), 金光載 묘지명(1363) 등이 있다.

있지만, 군사적 기능은 상실했다고 볼 수는 있다. 하지만 2군과 6위의 체제가 존재하는 이상, 2군6위의 기능도 존재한다고 보는 것이 타당하다. 만약 2군6위가 유명무실화했다면 그것이 무용화했다는 보다 적극적인 증거가 제시되어야 할 것이다.

그간의 연구에서는 고려-여진전쟁을 수행하기 위해 별무반이라는 새로운 군대가 필요했다는 사실 자체가 경군의 무력화를 의미하는 증거라고 이해되어 왔다. 그러나 조선의 경우도 그랬지만 평소의 경군조직은 전투편제와는 다르다. 전면전이 발생하고, 대규모 징병이 이루어지면 일종의 직업군인이며 상급무사인 2군6위의 무사들은 전투편제인 오군 체제로 재편된 여러 단위부대로 나뉘어 들어갔다.

경군과 오군 체제의 관계를 보여주는 대표적인 사례가 최충헌의 경력이다. 그는 처음에는 서리직은 주부로 근무하다가 군인이 되고자 하여 6위의 하나인 흥위위興威衛의 보승산원保勝散員이 되었다. 1174(명종 4)년 조위총趙位寵의 난의 진압작전에 참전한 그는 특공부대라 할 수 있는 전봉별초戰鋒別抄의 도령都令으로 복무했다. 이 부대를 지휘하면 큰 전공을 세운 최충헌은 전쟁이 끝나자 흥위위로 복귀했는데, 전공을 인정받아 흥위위 별장으로 승진했다. 이후 용호군섭중랑장, 감문위섭대장군으로 승진했다.[249]

경군 조직이 유명무실화했다는 가장 결정적인 논거는 별무반이 기존의 법제와 관행을 무시하고 병사를 징집하고 있다는 것이다. 그러나 이것도 결코 이상한 일이 아니며, 기존의 군사제도가 무력해졌다는 증가가 되지 못한다. 어느 시대이건 전쟁은 총력전으로서 국가가 보유한 최대한의 전력을 가동할 필요가 있다. 거란전쟁 때는 이러한 조직이 필요 없었다는 견해가 있지만, 거란전쟁 당시에는 2군6위와 주현군의 조직 또한 완전하지 않았다. 또한 상식적으로 판단해도 거란전쟁기에 별무반과 같은 조직이 등장하지 않았다고 단언할 수도 없다.

거란전쟁기에 별무반과 같은 존재가 확인되지 않고, 『고려사』의 찬자도 별무반을 최초의 사례로 파악한 이유는 고려초기의 사료가 극도로 부족한 것이 하나의 이유가 될 것이다. 또 당시에는 지방행정망이 발달하지 않아 별무반과 같이 전국적이고 조직

---

249 「최충헌묘지명」(『조선금석총람(상)』, 아세아문화사, 1976).

적인 징병방식이 불가능했다. 그러나 신분과 직업을 고려하지 않은 총력적인 징발이라는 전시체제의 원리가 구현되지 않았다고 볼 수는 없다. 지역 단위, 특히 주 전쟁터가 되었던 황해도 이북 지역에서는 당연히 구현되었다고 보아야 할 것이기 때문이다.

다음으로 별무반의 편성에서 반드시 고려해야 할 사정이 하나 있다. 별무반이 우리나라의 전통적인 전쟁처럼 방어전쟁을 수행하기 위한 군대가 아니라 침공작전을 수행하는 공격부대였다는 사실이다. 공격장비가 훨씬 강화된 현대전에서도 공격군은 수비군에 비해 3~5배의 전력이 요구되며, 상대가 방어지역을 보강하고 공격에 대비하고 있을 때는 10배의 전력이 필요하다는 것이 일반적 교리이다. 당시 경군의 상태에 대해 우리는 정확한 정보를 알지 못한다. 유명무실까지는 아니더라도 창설 초기에 비해서는 상당히 부실해져 있거나 이완되어 있었다고 가정할 수도 있다. 그러나 경군이 체제가 완전한 전력을 갖추고 있었다고 할 지라도 정복작전을 수행하기 위해서는 별무반과 같은 새로운 군대가 필요했다. 기존의 고려군제는 방어중심과 현실 유지라는 전략 하에서 형성된 군제였기 때문에 공격적인 군제로 재편하기 위해서는 몇 배의 전력 강화가 요구되었다.

그것을 수행하기 위해서는 기존 군제의 운영방식과 신분제적 편성원리를 초월하는 총력체제가 필요했다. 고려 정부는 이 결단을 내렸고, 철저한 준비와 훈련을 감행했다.

여러 진과 부의 군인은 일년 내내 훈련을 시켰고, 또 승도를 선발해서 항마군으로 삼았다.[250]

이 외에도 별무반 창설 직후부터 고려-여진전쟁 이전까지 신기군, 도탕, 보승군을 소집하여 병진을 훈련하고, 사열하거나 각도에 사신을 보내 병진을 교련했다.

강군으로 거듭나기 위해 고려군은 군율을 새로 조정하여 군기도 강화했다. 이를 위하여 1106년(예종 1)에 도병마사의 건의에 따라 거란전쟁 시에 시행했던 군령을 다시 부활시켜 사용했다.[251]

250 『고려사』 권96, 열전9, 윤관.
251 『고려사』 권85, 지39 형법2, 군율 이 군령은 5개조로 그 내용은 아래와 같다. 단 5항의 처벌은

여기서 별무반이 약화된 기병 전력 보강 내지는 보병 위주로 재구성된 고려군의 체제를 다시 기병 중심으로 전환하려는 시도였다는 설명도 재고할 필요가 있다.

먼저 윤관이 말한 고려군은 보병이고, 여진군은 기병이라는 말의 의미를 재고할 필요가 있다. 윤관의 설명은『고려사』를 편찬하는 혹은 당대의 기록을 정리하는 과정에서 전후사정이 생략된 것이다. 윤관이 숙종에게 이렇게 단 한 마디로 패배의 원인을 정의했을 리가 없다. 만에 하나 윤관이 그렇게 단도직입적으로 말했더라도 그 말의 의미는 그동안 우리들이 해석해 온 방식대로 보병보다는 기병이 강하고 그렇기 때문에 다시 기병을 강화해야 한다는 의미일 수는 없다.

기병과 보병의 강약을 단순 비교하는 것은 전술적으로 무의미한 행위에 가깝다. 중국 병서에는 평지에서 기병이 보병의 5배 정도의 위력을 발휘한다는 해석도 있지만, 그것은 말 그대로 도식적 설명에 불과하다. 기병과 보병은 전술적 기능이 전혀 다르며, 전술적 기능은 지형, 작전형태와 목적에 따라 또 크게 달라진다. 무엇보다도 아주 특별한 지형에서 제한된 작전이 아닌 이상 기병이나 보병 단독으로는 제대로 된 전투를 수행하기가 어렵다. 특히 기병만으로 구성된 전투란 불가능하다. 기병은 공격만 가능할 뿐 수비가 불가능한 군대이기 때문이다.[252]

현종 때의 원안은 참형이었는데, 이때는 장20대로 수정했다(국방부 군사편찬연구소,『고려시대 군사전략』, 2006, 180~181쪽).
1. 1번 군사훈련에 응소하지 않은 자는 관직 고하를 불문하고 등에 장 15대를 친다.
2. 2번 훈련에 불참한 자와 전진 또는 퇴각 시 대오를 이탈한 자, 유언비어로 군사들을 현혹하는 자, 병장기를 떨어트리거나 분실한 자, 대정 이하 장교로 명령을 받기도 전하지 않았거나 전해 듣고도 불복한 자, 상관을 구원했으나 죽게 한 자, 군사기밀 누설자, 적이 아군 진지에 잠입한 것을 알고도 보고하지 않은자는 다 등 20대를 친다
3. 군 소집기일을 거긴 자, 도망칠 의도로 적과 싸우지 않거나 함부로 행동하는 자, 장수의 명령에 복종하지 않은 자, 병장기를 적중에 버린 자, 상관을 구원하지 않아 죽게 한 자, 전투 중에 위급한 이접 부대나 전우를 구원하지 않은 자, 동료 무기를 빼앗거나 전공을 가로채려는 자, 장군 장교로서 적과 싸우지 않거나 진중으로 도망쳐 오거나 투항하자고 말한 자 배치된 진지에서 적의 돌격을 막아내지 못한 자들은 모두 참형에 처한다.
4. 적에게 투항한 자는 가산을 몰수하고 부인과 자식을 처벌한다.
5. 항복한 적군을 보고하지 않고 함부로 죽인자는 장 20대에 처한다.
252 한스 델브뤼크,『병법사 3』(민경길 역), 한국학술정보(주), 2009, 134쪽, 기병의 유일한 수비법은 적의 공격부대와 맞받아 싸워 궤멸시키는 것이다. 그러나 이것은 의미상으로만 수비이지 전투형태로는 공격의 범주에 들어간다.

대방광불화엄경(경남 합천 해인사)
고려 숙종 3년인 1098년에 제작한 것이다.

　보병의 경우 기병이 없으면 기동, 정찰, 양동, 추격, 섬멸전에 큰 제약을 받기 때문에 규모가 큰 전쟁을 수행할 수 없다. 특히 기병과 보병이 균형을 갖춘 완전 편제된 군대와 야전에서 부딪혔을 때는 보병 간의 전력에서 우위를 차지한다고 해도 심각한 피해를 입게 될 것이다. 그러므로 1104년의 전투에서 고려군의 기병 비율이 전기와 달라졌다고 해도 국경선 밖으로 진군하는 작전을 수행하면서 전술적 능력을 상실할 정도로 보병 위주로 편제했다고 보기는 어렵다. 반대로 여진족이라고 해도 상식적으로 전체가 기병일 수는 없다.

　이처럼 고려군이고 여진족이고 기병과 보병 일변도의 편제는 있을 수가 없기 때문에 아군은 보병이고 적군은 기병이라는 윤관의 진술은 고려군과 여진군의 전체적 편제에 대한 증언일 수는 없다. 그렇다면 이것은 어느 특정한 또는 결정적인 전투상황에 대한 설명일 가능성이 높다. 그리고 이런 현상은 수치적으로 고려군과 여진군의 기병전력이 유사한 상황에서도 발생할 수 있다. 고려군의 기병전력이 우월했다고 해도 수세적 입장에 놓인 여진족이 유리한 지형에서 보강된 진지에 자리잡고 있고, 고려군의 보병은 수비에 불리한 평지에 놓여 있다면, 고려의 공격부대가 여진의 본진을 함몰하기 전에 여진 기병의 공격에 고려의 우익이나 본진이 돌파될 수도 있는 것이다. 따라서 고려군은 보병, 여진족은 기병이라는 윤관의 진술은 전후사정이 생략되어 이 부분만이 정리되면서 이와 같은 오해를 낳게 된 것이라고 보여진다.

지금까지 고찰한 바를 정리하면 별무반의 창설목적은 한 마디로 공격부대의 양성이라고 할 수 있다. 그리고 그 의미로는 여진족의 성장과 그것이 고려에 미칠 영향을 감지하고, 이 변화에 대해 전쟁을 불사하는 선제적 대응을 감행했다는 것이다. 그리고 방어적 전략 위에 수립된 고려의 군제가 이 목적에 맞지 않음을 깨닫고, 발빠른 개혁과 준비를 했다는 점을 들어야 한다. 더욱이 이 목적을 달성하기 위해 고려는 중세사회의 근본적인 운영원리인 군사제도의 신분제적 편성원리까지 포기했다는 점은 높이 사야할 것이다.[253]

2. 고려-여진전쟁과 9성의 구축

1105년 별무반의 일부는 동북면에 배치되었다. 여진족도 2천의 기병을 국경지역에 보강하면서 동북면에 전운이 감돌았다. 그러나 10월에 숙종이 서경에서 무사들을

---

253 별무반의 역사적 의의에 대하여 고려전기 군반씨족에 근거한 군제가 붕괴되고 "병농일치에 입각한 군사조직을 지향하는 과정에서 나타난 하나의 단계가 되었다"고 평가하는 견해도 있다(조인성, 앞의 논문, 2003, 361쪽). 이 견해는 별무반의 징병 대상이 주로 평민, 白丁들이었다는 입론에 근거한 것이다. 그런데 전술적 관점에서 보면 병농일치론에 근거한 농민 징병방식은 전통적인 균전사상이나 사회제도로서는 커다란 의미를 지니지만 군사적 역량과 기능성으로 보면 전문무사나 군인을 고용하여 편성한 군대, 군반씨족 같은 세습무사, 전문 군인층으로 편성한 군대에 비해 크게 떨어진다. 이것은 동서양을 통해 공통적인 현상이다. 델브뤼크는 서양 중세 카롤링 왕조의 사례를 들면서 이런 농민민병대는 군사적으로 전혀 무용하다고 했다. 카롤링 왕조의 앙겔-작센 지역에서는 고려의 경군과 유사하게 토지를 지급받는 세습군인층을 양성하는 군제를 시행했는데, 이들도 데인족과 같은 전사층으로 구성된 군대와 싸우면 10:1의 열세를 보였다고 한다(한스 델브뤼크, 앞의 책, 2009, 148쪽) 10:1이라는 표현에 과장이 있다고 해도 이런 차이를 감안한다면 군인전을 분급받고 복무하는 전문군인층이 몰락하거나 이들로 구성된 군대가 패배한 상황에서 농민병을 별무반에 충당하여 정복전쟁을 수행한다는 것은 불가능한 발상이라고 하겠다.

사열하고 돌아오는 길에 갑자기 사망했다. 예종이 새로 즉위하면서 고려-여진전쟁은 갑자기 추진력을 상실했다.

그 사정은 분명치 않지만, 숙종이 추진했던 정책들 중 귀족세력의 이해와 대립하는 점, 윤관을 필두로 숙종이 양성했던 신진세력이 별무반 지휘부의 중추를 형성하고 있었다는 것[254], 대규모 전쟁은 신진세력, 무사층의 성장을 초래할 수 밖에 없다는 등의 사정이 귀족세력들에게 전쟁 참여를 주저하게 했을 것이다. 예종은 별무반의 출정을 보류시키고, 국경의 대치상태를 외교적으로 해결하자고 했다. 1106년 1월 예종은 개경을 방문한 여진 사절을 파격적으로 대우했고, 완안부는 국경에 배치한 병력을 철수시켰다.

하지만 이 철군이 갈라전과 동북면 지역에 대한 완안부의 지배와 여진국가 건설 계획까지 포기한다는 의미는 아니었다. 오히려 고려가 완안부와 화친을 맺음에 따라 동북면과 기미주의 여진족들 사이에서는 완안부의 지원을 받아 고려의 지배를 벗어나

---

254 고려-여진전쟁의 주요 지휘관이었던 임언, 왕자지, 최홍정, 허재, 장문위 등은 숙종의 내시 출신이며, 모두가 숙종의 각별한 후원에 의해 출세했고, 신흥가문, 하급관료 출신들이라는 분석이 있다(정수아, 「윤관세력의 형성」 『진단학보』 66, 1988, 11~15쪽). 이러한 분석에 의거해서 고려-여진전쟁의 목적을 숙종이 추진한 왕권강화와 신법 개혁과 연결시켜 이해하는 경향이 있다(정수아 앞의 논문 및 추명엽, 앞의 논문, 2001). 전쟁이란 어느 하나의 원인으로 일어나지 않으며 언제나 정치, 경제, 사회적 환경과 복합적인 관련성을 지니게 된다. 그러나 그렇다고 해서 왕권강화와 개혁세력의 확보가 전쟁 자체의 목적이었다고 보는 것은 전쟁은 지나치게 음모론적인 분석으로 몰아갈 우려가 있다. 적어도 군의 지휘부가 국왕의 친위세력이었다는 것만으로는 이 원정의 목적이 정치적인 부분에 있었다고 보는 근거가 되지는 못한다. 일반 지휘권도 아니고 국력을 기울여 전쟁을 감행하는 전투부대의 지휘권은 절대적으로 신임할 수 있는 사람에게 맡기는 것이 동서고금의 정설이다. 이 때문에 전쟁의 성공이 정치, 사회적 변화를 초래하는 것도 어찌 보면 보편적인 현상이다. 그것이 이런 해석이 등장하는 원인이 되었던 것 같다. 그러나 전쟁은 설사 성공한다고 하더라도 엄청난 희생과 후유증을 낳는다. 따라서 아무리 그로 인해 국왕, 개혁세력 또는 집권층이 반사이익을 얻는다고 해도, 너무나 위험부담이 크고 잃는 것이 많다. 따라서 이런 요인들을 전쟁의 주원인이었다고 보는 해석은 신중할 필요가 있다. 고려-여진전쟁에 들인 고려의 노력과 거국적인 군사동원, 거란전쟁의 경험과 여진의 성장이라는 현실적 위험성을 감안하면 그러한 부분은 오히려 부수적, 복합적 요인으로 처리하는 것이 옳다. 한편 9성개척의 목적이 인구증가와 농경지 확대라는 고려사회의 내부적 필요에 의한 것이었다는 해석도 있다(김광수, 「고려전기 대여진교섭과 북방개척」 『동양학』 7, 1977). 그러나 농경지 확대의 필요성은 어느 시대나 상존하는 것이다. 만약 그것이 원인이라면 그러한 필요가 하필 여진전쟁이라는 방법으로 구현된 원인을 규명해야 한다. 그러나 당시 고려사회가 전쟁이 필요할 정도로 농경지 문제가 절박한 상황이었는지는 의문이다. 전쟁의 실패 후에도 그럴 정도의 심각한 징후는 보이지 않기 때문이다.

자는 운동이 더욱 힘을 얻게 되었던 것 같다. 1107년 윤10월 동북면의 여진족 사회에서 이상 조짐이 탐지되었다. "여진이 강해져서 우리 국경 마을을 자주 침입하고 있으며, 그 추장이 한 개의 바가지를 갈가마귀의 꼬리에 달아서 각 부락으로 돌리면서 대사를 의논하고 있는데, 그들의 심중을 알 수 없다"는 것이었다. 이 보고를 받은 고려 정부는 주저하던 고려-여진전쟁을 결행하게 된다.

원정군의 편성은 총사령관 윤관, 부사령관 오연총, 좌군병마사 문관文冠, 중군병마사는 김한충, 우군병마사는 김덕진金德珍이었다. 병력은 17만이었다. 대외적으로는 20만이라고 했고, 원정이 끝나고 세운 기념비에는 30만이라고 적었다. 이것은 과장일 수도 있고, 전쟁이 시간을 끌면서 동원병력, 특히 사역, 보급부대의 징발이 계속 늘어났기 때문이라고 볼 수도 있다. 17만이라고 해도 대단한 병력으로 원정군만이 아니라 사역과 수송을 위해 동원한 병력을 포함한 병력이었다고 생각된다. 전투를 담당한 순수한 별무반의 병력은 알 수 없다.

고려군의 작전방침은 속전속결이었다. 작전의 성공은 강력한 완안부의 병력이 출동하기 전에 동북면과 갈라전 지역을 신속하게 정복하고, 방어태세를 갖추는 데에 달려 있었다. 전통적으로 고려군의 장기는 수성전에 기초한 방어전술이었다. 이 전술은 특히 북방 기마민족과의 싸움에서 유효했다.

이를 위해서 고려군은 공격을 시작하기 전에 두가지 계략을 사용했다. 하나는 완안부에 대한 기만전술이었다. 고려는 군대를 출동시키기 전에 우야소의 즉위를 축하하는 축하사절을 완안부에 파견했다. 우야소가 화해의 조건으로 고려로 도망친 반완안부 세력의 송환을 요구하자 고려 사신은 이를 승낙하고, 고려의 국경에서 이들을 인수하라고 요구했다. 전쟁이 시작되어도 사신이 오고가는 동안 시간을 번다는 작전이었다. 우야소는 이 계략에 속아 사신을 파견했고, 자신이 직접 마기령 을적촌(위치 미상)이라는 곳까지 내려와 대기했다.

두 번째 계략은 동북면의 여진족장들을 대상으로 한 것이었다. 1107년 12월 3일 장춘역에 도착한 고려군은 주변의 여진 부락에 1102년에 고려에서 억류한 반고려파 여진족의 수장급인 허정과 나불을 석방하겠다고 제안했다. 마침 고려와 완안부의 화해가 성립하고, 고려로 망명한 반완안부 인사들의 송환결정까지 내려진 상황이라 여진의 족장들은 이 화해의 메시지를 의심없이 받아들였다.

고려는 허정과 나불의 송환기념식을 성대하게 개최했다. 장소는 장주 부근으로 천리장성의 안쪽이었다. 완안부의 사신인 아괄과 승곤 및 400명이 넘는 여진족 지도자가 연회에 참석했다. 고려군은 연회 중간에 이들을 급습해서 살해했다.

여진족이 지도자를 잃고 우왕좌왕 하는 사이에 고려군은 부대를 5군으로 나누어 신속하게 정복전을 개시했다.

〈표 4-13〉 고려의 여진 공격군 편제

지휘관	병 력	목표지점
윤관·오연총	53,000	정주대화문
문관	33,900	정주 홍화문
김한충	36,700	안륙수
김덕진	43,900	선덕진
양유송 등	2,600	도린포

보동음성保冬音城과 석성石城에서 여진족의 저항이 있었지만 고려군은 과감한 공격으로 빠르게 성을 함락시키며 전진했다. 고려군의 목표는 이위伊位라는 곳에 있다는 병목이라고 불리는 협곡이었다.

이위伊位의 경계선 지점에 연달아 산줄기가 있는바 그것이 동해안으로부터 불끈 솟아서 고려 북부 국경까지 뻗쳤는데 지세가 험준하고 수림이 무성하여 인마의 통행이 지극히 곤란했다. 그 사이에 단 하나의 오솔길이 있었는데 이것을 '병목'甁項이라고 하는바 그것은 단 한 구멍으로 출입하는 까닭에 그렇게 부르는 것이다. 그런데 공명심이 강한 사람들이 가끔 건의하기를 "단 한 줄기의 오솔길을 폐쇄하면 오랑캐(여진)의 통로가 끊어질 테니 바라건대 군사를 파견하여 그것을 평정하시라"고 했다.[255]

여진족의 저항을 격파하고 이위동(길주)까지 진출한 고려군은 이곳에서 여진족과

---

255 『고려사』 권96, 열전7, 윤관.

최후의 결전을 벌여 대승리를 거두었다. 적의 수급만 1,200명이었다고 한다. 이위 정복까지 걸린 시간은 한 달이 되지 않았다. 그 사이에 고려군은 135개의 촌락을 격파하고, 3,740명을 살해하고, 1,030명을 포로로 잡는 전과를 올렸다.

〈표 4-14〉 고려군의 전과

부대	격파한 촌락	살해	생포
본군	37	2,120	500
중군	35	380	230
좌군	31	950	
우군	32	290	300
계	135	3,740	1,030

전격적으로 목표지점 탈취에 성공한 고려군은 바로 식민을 위한 사민작업과 축성작업에 착수했다. 이때 축성한 지역이 동쪽은 화곶령(웅주), 북은 궁한이령(길주), 서쪽은 몽라골령(영주)이었다. 그리고 오림금촌(복주)에도 성을 쌓았다. 여기에 함주와 공험진까지 해서 이 시점에서 고려가 쌓은 성은 6성이다. 9성이 확정되는 것은 다음 해 여진의 1차 공세를 극복한 다음이었다. 그러나 편의상 9성이라고 부르기로 한다.

이어진 사민정책에 의해 함주, 영주, 웅주, 복주, 길주, 공험진의 6성에 6,466정호가 옮겨갔다.

〈표 4-15〉 제1차 6성의 이주민수

6성	이주한 군민 수
함주	병민 1,948정호
영주	병민 1,238정호
웅주	병민 1,436정호
길주	병민 680정호
복주	병민 532정호
공험진	병민 532정호
계	병민 6,466정호

이 기록에서 정호가 인정수를 말한 것인지 아니면 병사 1정을 배출하는 호를 말한 것인지 분명하지 않다. 만약 이것이 군인호를 지칭하고, 1가구 당 가족수를 5인을 본다면 이주민은 3만이 넘는다.

이후 지속적으로 추가 이주를 실시해서 총 호수가 6만 9천호에 달했다. 추가 이주가 이루어진 시기는 명확하지 않지만, 9성의 축성과 주민 이주 사업이 불과 1,2개월 사이에 진행되었다는 점에 주목할 필요가 있다. 1,2개월이라는 기간은 고려의 내지에서 주민을 선발해서 이주시키기에는 턱도 없이 부족한 시간이다. 더욱이 계절적으로도 혹한기인 한겨울이었다.

이 어려움은 조선의 사례와 비교해 보면 분명히 알 수 있다. 세종 17년 6월에 함경도 남쪽인 고원, 영흥, 문천, 의주, 안변 등지에서 500호를 뽑아 바로 윤관의 9성이 있던 길주와 경성에 이주시키려고 한 적이 있다. 그러나 주민들이 이주를 기피하여 도주하는 바람에 9월에 이주정책이 중단되었다. 세종 18년 10월에 이주 정책을 다시 추진해서 19년 봄에야 겨우 완료할 수 있었다.[256]

그러므로 이때의 이주와 축성은 이미 이 일대에 흩어져 거주하고 있던 고려인과 친고려계 여진족을 영주, 웅주, 길주와 같은 대읍으로 모아 편성한 것이라고 이해해야 할 것이다. 또 김한충의 열전에 의하면 윤관이 새 성을 빨리 축성하기 위해 내성을 헐어서 9성을 쌓게 했다고 한다.[257] 이것은 9성 지역에 이미 성이 있었고, 고려민을 이주시키면서 성을 확장했던 것을 말해준다.

9성의 위치에 대해서는 간도지역설과 길주 부근설 등의 논란이 있지만, 길주, 영주, 웅주 지역이라고 비정하면, 이 지역은 조선시대를 거쳐 지금까지도 이 지역의 주요 도시로서 여진족의 부락과 성이 축성되어 있었다. 다만 여진족들은 부족단위로 흩어져 있었으므로 거주 규모가 작고 성도 작았던 것이다. 고려군은 이 지역을 정복한 뒤 남쪽의 주민을 이주시켰다고 한다. 여기서 남쪽의 주민이란 앞에서 고찰한대로 중남

---

256 차용걸, 「함길 평안도에의 사민입거」 『한국사 22』(국사편찬위원회 편), 국사편찬위원회, 2003, 172쪽.

257 『고려사』 권95, 열전8, 김한충.

258 김구진은 2차 사민은 전적으로 중남부의 주민들을 이주시킨 것이라고 보았다. 그리고 세종 때의 인구와 사민수와 비교하여 이때의 사민정책의 규모를 비교했다. 그에 의하면 2차 사민의 규모

부 지역의 주민이라고 볼 수는 없다.[258] 이 일대에 흩어져 살던 주민과 고려 편에 붙은 여진족을 일차적으로 모집하고 추가적으로 천리장성 남쪽의 주민들을 소집했을 것이다. 천리장성 남쪽의 주민 중에는 완안부의 압박과 지배를 피해 고려 경내로 피신한 고려인과 여진족도 있었을 것이다. 고려는 여진족도 적극적으로 포섭해서 유력자에게는 관직을 하사하면서 동조세력을 규합했다.

또한 위의 이주 기록을 보면 이주민을 병민 즉 병과 민이라고 표현했다. 이것은 정착민 중에 병사들도 있었음을 의미한다. 애초에 고려-여진전쟁에 동원한 17만이라는 대군이 모두 전투병일 리는 없다. 전역을 따라온 사역병들도 일부는 정착민으로 전환했을 가능성도 있다.[259] 고려는 이들을 주요 거점으로 모아 대읍으로 재편한 것이다. 그리고 이곳을 방어 거점이자 통치거점으로 삼고자 했다.

이것은 고려-여진전쟁이 단순히 영토확장에 대한 의욕과 여진족의 침공위협을 제

윤관영정
파평 윤씨 종중 소유. 함경북도 만뢰사에 있던 영정을 모사한 것이라고 하나 확실하지 않다.

인 69,000호는 세종 14년의 인구통계(226,591호, 749,576명)와 비교하면 전국민의 1/2 내지는 1/3에 해당하는 엄청난 규모라고 했다. 이만한 규모의 사민이 이 짧은 기간에 이루어졌다는 사실에 대해서는 본인도 의문을 표시하면서도 이때의 사민이 대단한 규모였다는 사실을 보여주는 것이라고 했다. 더욱이 세종 때 4군6진의 개척을 위해 4차례에 걸쳐 이주시킨 인원이 3,200여 호에 26,000여명 정도였다는 점과 비교하면 9성의 사민수는 23배가 넘는다. 이것은 윤관의 9성이 4군6진의 영역을 넘어서는 광대한 지역임을 방증하는 것이라고 보았다(김구진, 앞의 논문, 1977, 226~227쪽). 그러나 김구진도 의문을 제기하고 있지만 전인구의 1/2 내지는 1/3을 단기간에 이주시킨다는 것은 절대적으로 불가능하다. 물론 세종 14년 당시 75만이라는 통계를 전국의 인구로 보기에는 문제가 있다. 그러나 9성의 사민수가 전체 인구에서 차지하는 비율이 훨씬 적다고 해도 세종 16년부터 31년까지 15년에 걸쳐 이주시킨 인구의 23배가 넘는 인원을 1달만에 이주시킨다는 것은 절대적으로 불가능한 일이다. 또한 김구진씨의 견해는 이 지역에 고려민이 한 명도 없었다는 가정에 근거하고 있다. 그러나 고려가 거란에 보낸 외교문서에서도 출병의 목적이 이 지역에 살던 백성을 보호하기 위해서라고 했다. 조선의 사민수보다 23배가 넘은 인구를 단기간에 모았다는 사실 자체가 이때의 이주정책이 중남부 주민의 집단 이주가 아니라 원래부터 이 지역에 산거하던 고려인과 여진족, 천리장성 남쪽의 거주민과 병사들을 집거시킨 것이라는 방증이라고 하겠다.

259 김구진은 1차 이주민은 전적으로 17만 가운데 포함된 농민병이라고 보고, 이들에게 국가에서 농기구와 우마를 주어 정착하게 한 둔전병일 것이라고 추정했다(김구진, 앞의 논문, 1977, 225쪽).

거한다는 군사적 관점에서만 행해진 것이 아님을 말해준다. 고려로서는 이 지역에 산거하며 직접, 간접으로 고려의 통치를 받아온 고려인과 고려계 여진족, 친고려파 여진족들을 보호할 필요와 의무가 있었다. 고려는 9성을 축성한 뒤 요나라에 이 전쟁의 정당성을 주장하는 표문(외교문서)를 보냈는데, 이 글에서 고려는 "여진의 궁한리는 곧 우리의 옛 영토이며, 그 거주민도 우리의 백성인데, 근래 (여진이) 변방을 침범하기를 그치지 않으므로 수복하여 성을 쌓았다"고 했다.[260] 이 말은 침공의 정당성을 주장하기 위한 억지가 아니라 사실을 반영하는 것이라고 보아야 할 것이다.

또한 영토확장은 군사적 정복만으로 가능한 일이 아니다. 주민의 이주와 장기거주라는 식민 과정이 필요하다. 장기적으로 보면 영토확장은 국익에 크게 보탬이 되는 사업이지만, 식민과정은 상당히 오랜 희생과 재정부담을 요구한다. 영토확장의 욕구는 어느 나라 어떤 정부에나 존재한다. 그럼에도 불구하고 막상 결행하기가 쉽지 않은 이유는 군사적 역량이 부족해서만이 아니라 이같은 장기적 부담을 감내하기가 쉽지 않기 때문이다. 따라서 1107년 고려가 9성 축조와 이주사업을 감행했던 데는 삼국시대부터 이어온 이 지역에 대한 인구적, 문화적 전통과 가깝게는 고려의 기미주 정책이 중요한 기반이 되었음을 놓쳐서는 안된다.

3. 9성 공방전과 철수

1) 여진의 신속한 반격과 9성 공방전의 전개

1108년 1월 말 고려군의 예상을 깨고 완안부의 여진군이 남하하여 반격에 나섰

---

260 『고려사절요』 권7, 예종 4년, 간의대부 김연의 건의.
261 『금사』에 의하면 고려가 기습적으로 9성을 확보하자 완안부에서는 9성을 포기하자는 것이 중론이었다고 한다. 그러나 우야소의 동생이며 훗날 금나라의 태조가 되는 아골타가 이 사태를 방치하면 완안부의 권위가 실추되어 갈라전만이 아니라 전 여진부족을 다 잃을 것이라고 하며 강력하게 주전론을 주장했다고 한다(『금사』 권135, 열전73, 외국 하, 고려). 이 기록은 사실일 수도 있지만, 아골타의 영웅화를 위해 아골타의 역할을 과장했을 가능성이 높다고 생각된다. 어느 쪽이

다.[261] 여진군 사령관은 우야소는 이 복동생인 오싸이(烏雅束)였다.[262] 1월부터 2월까지 벌어진 이 공세로 고려군은 공험진을 포기했고, 영주성과 웅주성이 포위되는 위기를 겪었지만, 수성전에 강한 전통을 살려 위기를 훌륭하게 극복해 냈다.

완안 여진군이 철군하자 고려는 방어선을 보완하기 위해 2월에 기존의 6성에 의주, 통태, 평융 3개의 성을 더 쌓았다. 이 3개의 성을 합쳐서 윤관의 9성이라고 부르게 되었다.[263] 이와 함께 주민 이주 정책에 박차를 가해 더 많은 주민을 이주시켜 9성을 채웠으며, 공험진의 선춘령에 비를 세워 국경을 삼았다.

척경입비도 모형

예종은 대업의 성공을 축하하여 윤관을 추충좌리평융척지진국공신(推忠佐理平戎拓地鎭國功臣)으로 책봉하고, 문하시중 판상서이부사(判尙書吏部事) 지군국중사(知軍國重事)로 임명했다. 오연총에게는 협모동덕치원공신(協謀同德致遠功臣)으로 책봉하고, 관직은 상

진실이든 이 기사는 완안부의 정부에서 주전론과 강화론을 둘러싼 고민이 있었음을 말해주며, 9성 지역의 신속한 점령과 주민이주, 방어체제 확립이라는 고려의 전략이 상황파악이 정확하고 매우 현실적인 전략이었다는 사실을 말해주고 있다.

262 『금사』 권65, 열전3, 始祖以下諸子.

263 『고려사절요』 권3, 예종 3년 3월. 이 9성의 명칭은 변동이 있다. 1109년 7월에 기록한 9성 철수 기사에는 선주와 평융이 빠지고 숭녕, 진양, 선화 3성이 들어가 있다. 이 차이에 대해 고려사의 찬자도 의문을 표시했지만 이유는 설명하지 못했다. 그런데 9성 중에도 함주, 길주, 웅주, 영주, 복수 등은 오늘날의 시군에 해당하는 거점 도시였지만, 통태진, 평융진 등은 군사기지로서 규모가 작다. 9성을 두고, 고려와 여진이 격전을 치루면서 이같은 군사거점은 변동할 소지가 있다. 또 고려가 점령했던 지역에 성과 진이 꼭 9개였으며, 이것이 1109년까지 변함없이 유지되었다고 보기도 어렵다. 9성 지역의, 변동은 이런 이유로 발생했다고 생각된다.

서좌복야尙書左僕射 참지정사參知政事로 삼았다.

4월에 윤관과 오연총은 개경으로 귀환했다. 그러나 완안부의 여진족은 끈질겼다. 4월 9일 개경에서 윤관과 오연총의 노고를 치하하는 개선축하 행사가 벌어졌는데, 이 전날인 4월 8일에 벌써 여진군은 9성 중에서도 규모가 가장 컸던 웅주성을 포위하고 있었다. 웅주성은 임언과 최홍정의 지휘 아래 27일 동안이나 포위전을 견뎌냈다. 고려군의 능력이 거의 한계에 도달했을 때 오연총이 이끄는 구원부대가 웅주성에 도착해서 여진족을 격퇴했다. 이 공으로 오연총은 다시 양구진국공신鑲寇鎭國功臣 칭호를 받았으며, 수사도 겸 연영전延英殿 태학사로 승진했다.[264]

2번에 걸친 탈환작전의 실패에도 불구하고 완안부는 공격을 포기하지 않았다. 그 이유는 『금사』에 기록된 대로 갈라전의 상실은 갈라전 뿐 아니라 완안부에 복속하기를 거부하는 여진부족의 반란을 야기할 위험이 다분했기 때문이다. 완안부는 완안부 대로 사력을 다해 9성 탈환에 몰입했다.

여진군 사령관 알색은 2번의 실패를 거울삼아 전략을 바꾸었다. 그는 대규모 병력을 동원한 직접적인 공격으로는 고려군이 지키는 성을 탈환할 수 없다는 사실을 자각하고, 게릴라전으로 전략을 전환했다. 그는 군을 10개군으로 나눈 뒤 번갈아 가며 치고 빠지는 전술로 고려군을 괴롭혔다.[265] 『고려사절요』에서는 "먼 곳에 있는 여러 추장을 이끌고 와서 해마다 공격했다"[266]고 했다. 완안부는 자신들의 영향력이 미치는 전 여진부족을 차례로 동원하여 쉬지 않고 고려군을 공격하는 전술을 사용했다.

2) 9성의 반환과 그 원인

1108년 7월 이후로 여진군은 전후방을 가리지 않고 9성 지역 곳곳에 출몰하면서 고려군을 괴롭혔다. 심지어는 9성의 최후방이라고 할 수 있는 함주와 선덕진도 여진군의 공격을 받았다. 이러한 게릴라전은 고려군에게 예상치 못한 타격을 주었다. 고

---

264 『고려사』 권96, 열전9, 오연총.
265 『금사』, 권71, 열전9, 알노.
266 『고려사절요』 권7, 예종 4년 7월.

려군의 약점이 취약한 보급선이었기 때문이다. 순찰 및 수송부대가 자주 공격을 당하면서 보급선이 끊기고 9성은 자주 고립되었다. 고립이 길어지고 피곤해지면 여진은 간간이 대군을 동원해서 성을 공격했다. 고려군의 분전으로 다행히 함락 당하는 성은 없었지만, 고려군의 전력은 서서히 소진되어 갔다.

『고려사』는 이 사정을 다음과 같이 묘사하고 있다.

> 성이 험하고 튼튼하여 쉽게 함락 당하지는 않았으나, 싸우고 지키느라 우리 군사의 손실 역시 많았다. 더구나 개척한 땅이 너무 넓어서, 9성이 서로의 거리가 요원하고, 골짜기와 동네가 깊고 멀어 적은 복병을 매복하여 왕래하는 사람을 노략질함이 잦았다.[267]

이 분석을 9성을 반환한 데 대한 핑계라고 폄하하는 견해도 있다. 그러나 당시의 사정을 분석해 보면 이 평가는 정확한 사실에 기반하고 있다. 금석문 자료에서도 당시 9성이 고립되고, 약간의 특수부대와 해로를 이용해 간간히 연락과 최소한의 보급이 유지되고 있었던 실상이 사실이었음을 전해주고 있다.[268]

그렇다면 왜 이와 같은 현상이 발생했던 것일까? 이 문제를 해명하려면 9성의 위치가 걸림돌이 된다. 9성의 위치에 대해서는 ① 함흥평야 주변이라는 설에서부터 ② 길주 주변설, ③ 두만강 유역설, ④ 두만강 북쪽 지역이라는 설이 다양하게 포진하고 있기 때문이다. 그런데 이 설 중 9성을 함흥 주변으로 본 이께우치의 설을 채용한다면 『고려사』의 분석은 핑계에 불과하다고 하겠다. 그러나 오늘날 이케우치의 설은 전혀 인정받지 못하고 있다.

나머지 3설의 경우는 어느 설을 채용하든지 간에 9성 간의 거리가 너무 멀다는 문제가 발생한다. 두만강 유역, 혹은 두만강 북쪽이라고 할 경우는 거론할 필요도 없다. 6만호의 인구와 9개의 거점으로 이 지역을 통치한다는 것은 나중에 이 지역에 설치된 조선의 행정조직과 비교해도 얼마나 듬성듬성한 배치인지 금세 깨달을 수 있다.

그런데 ②번 견해 조선시대 실학자들의 견해대로 9성을 함흥에서 길주 사이로 비정한

---

267 『고려사』 권96, 열전7, 윤관.
268 「李珷之墓誌」『朝鮮金石攷』(葛城末治), 아세아문화사, 1978.

다면 9성은 비교적 촘촘한 배치라고 할 수 있다. 그러나 이 경우는 지리적 거리보다 전략적 거리가 문제가 된다. 함흥에서 길주로 이어지는 길은 북쪽으로는 함경산맥과 개마고원을 두고, 가늘게 이어지는 동해안의 해안평야가 통로가 되어 있다. 이 통로는 외길인데다가 동남쪽을 바다로 막혀 있어서 북서쪽의 산악지대에서 가해지는 측면공격에 속수무책으로 노출된다. 9성의 위치를 ③, ④번 설에 따른다고 해도 기본적으로 함흥-길주 루트를 기반으로 해서 경계를 확장하는 것이기 때문에 이 사정은 달라지지 않는다. 상대적으로 9성 간의 거리와 보급선이 더 길어지기 때문에 이 문제는 더욱 심각해진다.

고려군이라고 이런 어려움을 예상하지 못했을 리는 없다. 그러나 이 지역의 지형에 대한 잘못된 정보가 이 문제에 대한 염려를 불식시켰다. 고려는 이 지역을 궁한리弓漢里 바깥을 잇는 길이 병목이라고 불리는 단 한줄기의 오솔길로서 이 길에 관문을 설치하면 여진족이 돌파할 방법이 없다고 믿었다.[269] 『고려사』에서는 이 지점을 병목이라고 불렀다. 병목의 정확한 위치는 알 수 없다. 조선시대에는 병목이 명천과 경성 사이에 있는 귀문관이라고 보았다.

> 『여지도서』 함경도 경성부 관애 - 병항판瓶項坂 관아의 남쪽 120리에 있다. 귀문관이라고도 한다. 긴 비탈이 끊어진 곳이 꽤 가파르고 험하다. 예전에 함경도에 병항새가 있다고 했는데 이곳을 가리키는 것인 듯하다.[270]

하지만 길주 이남에 위치한 마천령에서부터 길주-명천 지구대를 지나 경성으로 이어지는 칠보산 일대, 또는 개마고원과 장진호를 지나 두만강으로 이어지는 통로와 백두산 유역의 산악지대에는 병목으로 간주할만한 협곡이 수없이 존재하고 있다. 이러한 지형 때문에 아주 소규모의 게릴라 부대라면 몰라도 어느 정도 규모를 갖춘 정규군의 이동과 측면습격은 어렵다고 판단했던 것 같다. 하지만 그곳을 우회할 수 있는 소로들이 얼마든지 있었다.[271]

---

269 『고려사』 권96, 열전7, 윤관 ; 『고려사절요』 권7, 예종 4년.
270 『여지도서』(김우철 역주), 함경도 1, 흐름, 2009, 291쪽.
271 『고려사절요』 권7, 예종 4년.

함경북도 경성 남문
윤관이 쌓은 성은 토성이었는데, 조선시대에 석성으로 개축한 것이라고 전해진다.

　고려군의 피로가 누적되자 여진족은 다시 총공세로 나왔다. 이때 가장 유명한 전투가 길주성 포위전이다. 여진족은 130일 동안 넘게 길주성을 포위하고 공격했다. 9성 정복이 시작된 이래 최장 기간의 포위전이었다. 1108년 5월 오연총과 윤관이 번갈아 길주를 구원하기 위해 출동했지만 오연총은 여진군의 매복에 걸려 대패했고, 윤관은 진격이 저지되었다. 길주성은 외성이 함락되는 위기를 겪었지만 성 안에 내성을 새로 축조하여 최후의 공세를 극적으로 막아냈다.[272]

　길주성은 생존에 성공했지만, 고려는 당황했다. 고려의 구원부대는 중도에 패배하고, 저지되었다. 오랜 전쟁으로 병력 손실도 많았던 것도 이유의 하나였던 것 같다. 예종은 지원부대의 편성을 명령했지만 백성의 원성이 높아지면서 편성도 지지부진했다. 편성에 성공한다고 해도 보충병이 1년이 넘도록 준비하고, 훈련시킨 별무반의 수준을 맞추기란 어려웠다.

---

[272] 『고려사절요』 권7, 예종 4년.

여진족도 장기전에 지쳐가고 있었다. 오랜 공격에도 불구하고, 고려의 거점을 하나도 탈환하지 못했다. 여진의 기록에는 몇 개의 성을 탈환한 적이 있다고 기록되어 있지만, 그것은 과장이거나 작은 진이었던 것 같고, 길주, 웅주와 같은 거점 도시는 끝내 함락되지 않았다. 완안부가 고려와의 전쟁을 시작한 이유는 이제 막 자리잡기 시작한 완안부의 권위가 흔들릴 것을 우려해서였다. 그러나 전쟁이 장기화 되고 병력 손실이 커지면 9성 탈환에 성공한다고 해도 완안부의 힘은 약화될 것이다. 더욱이 여진의 최정예병을 동원해서 130일이나 소모했음에도 길주성 함락에 실패한 것은 큰 충격이었다. 여진은 고려 정복에 몰두하다가 전력을 소진해 버린 거란의 사례를 기억하고 있을 것이다. 결국 이 시점에서 우야소도 사신을 보내 고려에 강화를 제의하게 된다.

1109년 7월 고려는 여진 사신에게 9성의 환원결정을 통보했다. 고려군은 최홍정의 지휘 아래 9성을 헐고 철수했다. 상호간에 양보한 협정이었기에 철군은 우호적인 분위기에서 이루어졌다. 이로써 4년 간에 걸친 전쟁이 마무리 되었다.

윤관과 오연총은 개경으로 귀환 중에 해임되었다. 그러나 이것은 여론무마용이었고, 그들의 정치적 권위가 완전히 실추된 것은 아니었다. 다만 지휘부의 인물들은 거의가 참전당시에 이미 60대 전후의 노령들이어서 윤관과 오연총과 같이 전후에 단명하는 경우가 많았다. 중견 지휘부를 구성했던 내시 출신의 장수들은 이들보다는 젊었고, 척준경, 왕자지 등은 고위관료로 승진했다. 특히 척준경은 이자겸과 사돈을 맺으며 고려 최고의 무장으로 성장한다. 하지만 전체적으로 보면 숙종 때의 윤관의 성장과 같은[273] 획기적인 신장세와 활약은 보이지 못했다. 오히려 패전의 책임을 물어 숙종대에 양성한 윤관을 중심으로 한 신법 추진세력이 몰락하고 숙종의 개혁정책에 반대했던 김계방, 최사취, 고령신 등의 성장과 이자겸으로 대표되는 외척세력이 성장했다.

고려와의 전쟁을 끝낸 후 여진은 괄목할 만한 성장을 했다. 9성 반환 4년 후인 1113년 우야소가 죽자 동생 아골타가 뒤를 이었다. 다음 해인 1114년에 아골타는 거란을 향해 봉기했다. 아골타는 1115년 거란의 70만 대군을 격파하고, 금을 건국했다. 1122년 아골타는 거란을 멸망시켰고, 1127년 3월 아골타의 아들 태종이 북송을 멸

---

273 숙종과 윤관, 윤관세력에 대한 분석은 정수아, 앞의 논문, 1988.

덕산사(전남 곡성)
윤관과 오연총을 기리는 사당. 함경북도 경성에 있던 것을 1935년 현 위치로 옮겼다.

망시켰다. 고려와의 전쟁을 종료한 지 딱 18년 만이었다. 이로써 중국은 몽고가 일어나기까지 북쪽의 금과 남송의 대치상태로 지속된다.

그런데 여진은 금과의 전쟁을 시작하면서 고려를 침공하지는 않았다. 과거 선비족의 모용씨와 고구려, 거란, 17세기의 후금(청)과 같이 만주에서 흥기한 부족이 중원을 침공할 때는 먼저 고려나 조선을 치고 진출하는 동북아시아 국제정세의 공식처럼 되었다. 여진족이나 만주족은 중원으로 진출하기에는 인구가 적었다. 따라서 본거지를 거의 비워놓다 시피하고 중국과의 대결에 총력을 기울여야 했다. 그렇기 때문에 그들이 중원으로 서진할 때 동쪽에 위치한 한국에서 배후를 치고 들어올 가능성을 사전에 차단해야 했다.

그러나 여진은 이 과정이 없이 거란(요)와의 전쟁에 돌입했다. 여진정벌이 비록 성공하지 못했지만, 여진과의 전쟁을 방지하는 결과를 거두었던 것도 사실이다. 고려의 입장에서 보면 여진과의 전쟁을 통해 국제정세에 대한 정확한 인식을 지니게 되었던 것이 또 한번의 전쟁을 방지하는 효과를 가져왔다. 여진과 요의 전쟁은 여진전쟁 종결 후 바로 시작된다. 그러나 여진이 상당히 강력하며, 요는 이미 여진과의 전쟁을 감당할 수 없을 정도로 약화되었다는 사실을 고려는 인식하고 있었다. 1114년 아골타가 요에 선전포고를 하자 요는 고려에 사신을 파견해 고려가 동여진을 공격해 달라고 요청했다. 그러나 고려는 이를 거부했다. 전쟁 4개월 만에 여진은 대금 건국을 선포하는데, 고려는 상황을 냉정하게 파악하고 요나라의 원병 요청하고, 994년(성종 13)부터 120여년 간 사용하던 요나라의 연호를 버리고 간지로 대체하는 중대한 결정을 내렸다.[274] 요와 대금의 군사력을 정확히 파악했던 것이다.[275]

오히려 예종은 요와 금의 대립관계를 이용해서 금나라에 요청해서 요나라가 차지하고 있던 압록강변의 포주와 내원성을 요구했다. 금나라는 고려의 요청을 받고는 2성의 점유를 묵인했는데, 금은 요와의 결전을 앞두고 송나라 및 고려와는 동맹관계를 유지하게 되었다. 나중에 금이 요를 격파하자 고려는 금과의 현실적인 차이를 인정하고 금을 형의 나라로 받드는 형제는 맹약을 맺게 된다.

3) 고려-여진전쟁에 대한 역사적 평가

고려-여진전쟁에 대해 최초로 관심을 보인 연구자들은 의외로 일본인 학자들이었다. 1913년 쓰다津田左右吉가 윤관의 9성을 비정하는 최초의 연구를 내놓았으며,[276] 1922년에 이케우치池内宏,[277] 1931년 이나바稻葉岩吉의 연구[278]가 이어졌다. 일본인 학자들이 한국사 연구를 시작한 것이 1910년대였고, 경성제국대학과, 조선사 연구회를 중심으로 본격적인 연구가 개시된 것이 1930년대 이후였다. 따라서 1930년대까지도 연구

---

274 『고려사』 권14, 예종 11년 4월 신미.
　　 강은정, 「12세기 고려의 여진정벌과 대외관계의 변화」 『북악사론』 9, 2002, 193쪽.
275 한편 고려는 요와 여진 사이에 대결이 임박하자 송나라에 여러 번 사신을 파견하면서 송과의 관계개선을 꾀한다. 그러나 군사적으로 허약했던 송나라는 고려와의 관계에 별다른 목표나 의욕을 보이지 않았다. 다만 송나라는 금과 연결해서 요나라를 제압하기를 희망했고, 실제로 그렇게 되는데, 이때 고려가 송과 여진과의 관계를 중재해 주기를 희망했다(강은정, 앞의 논문, 2002).
276 津田左右吉, 「尹瓘征略地域考」 『朝鮮歷史地理』 2, 南蠻州鐵道株式會社, 1913.
277 池内宏, 「完顔氏の曷懶甸略と尹瓘の九城の役」 『滿鮮地理歷史研究報告』 9, 東京帝國大學文學部, 1922.
278 稻葉岩吉, 「高麗尹瓘九城考-特に英雄二州の維持に就て 上」 『史林』 16-1, 史學研究會, 1931.

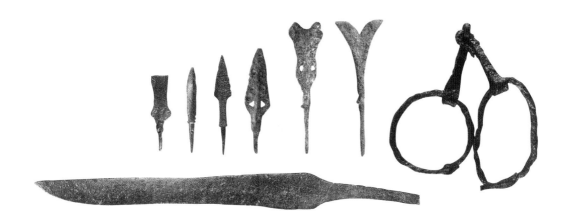

여진군의 무기(김인호 등, 『미래를 여는 한국의 역사』 2, 145쪽)

의 관심사도 기초 사료의 정리, 법전, 서지, 제도사적으로는 전제, 조세제도, 인문지리와 같은 기초적이고, 포괄적인 주제에 모아지고 있었다. 이런 시기에 일본 동양사학계의 최고 거물들이 9성을 주제로 3편이나 논문을 저술했다는 것은 괄목할만한 일이다. 이것은 일본인 연구자들이 윤관의 9성에 대해 비상한 관심을 가졌다는 사실을 암시한다.

다만 이들의 연구에 그들이 9성 문제에 관심을 보인 이유는 설명되어 있지 않다. 이들의 연구는 거의 9성의 위치 비정에 집중되어 있으며, 외형적으로는 문헌고증 방식에 의한 건조한 연구방식을 택하고 있다.[279]

그러나 일인 연구자들이 초기에 9성 문제에 높은 관심을 보인 이유는 쉽게 짐작할 수 있다. 후에 식민사학의 골격이 된 조선 역사의 정체성론과 민족성론은 이미 이들의 연구에 자리잡고 있었다. 정체성론과 민족성론의 골자는 조선 민족이 진취적 기상이 결여되었다는 것이었고, 그 유력한 증거의 하나가 조선 역사 동안 외국을 정복하고 영토를 확장하는 사례가 거의 없었다는 사실이었다. 그런데 이런 수장에 들어맞지 않는 사례 중의 하나가 고려–여진전쟁이었다. 쓰다와 이케우치와 같은 학자들은

---

279 그렇다고 해서 이들의 연구가 실증적, 합리적 논지를 유지하고 있다는 의미는 아니다. 실제 이들은 9성의 위치를 촌 하나하나를 지정할 정도로 구체적으로 비정했는데, 이 부분에서 논리의 비약과 전혀 근거 없는 유추를 사용하곤 했다.

한국사 연구를 비로소 시작하는 시점에서 벌써 이와 같은 사실은 간파하고, 9성 연구에 돌입했던 것이다. 연구자에 따라 약간의 차이는 있지만, 이들은 대부분 9성의 위치를 함흥 주변으로 보고 있다. 이것은 고려-여진전쟁이 "진취적 기상"이 발휘된 정복전이 아니라 국경 지역의 안정 내지는 국경 내부로 침투한 여진족을 몰아내고자 했던 시도에 불과하다는 사실을 의미하는 것이었다.

이러한 일인 학자들의 견해에 반대편에 섰던 인물이 신채호였다. 그는 우리 역사에 내재한 진취적 사건을 찾아내려고 했다. 그래서 선택된 사건이 칭제건원론과 금나라 정벌론을 폈던 묘청의 난과 윤관의 여진정벌이었다. 그러나 신채호가 여진정벌을 민족혼과 민족기상의 관점에서 이해하다 보니 여진정벌과 9성의 설치는 화랑=무신으로 이어지는 국풍의 진취적인 집단의 행동으로 이해하고, 9성의 반환결정은 사대주의에 물든 문신들의 행태였다고 해석했다.

신채호의 사대주의론은 한국 사회에 크나큰 영향을 끼쳤다. 그러나 신채호의 사론은 식민지 시대의 좌절을 극복하려는 노력과 치열한 문제의식의 산물로서 이해해야 한다. 그의 평가는 여러 부분에서 합리적, 사실적 기반을 결여하고 있다. 우선 무신=진취적, 문신=사대적이라는 도식 자체가 비합리적인 논거이며 사실과도 다르다. 여진정벌의 지휘부가 거의가 문관 출신인데서도 알 수 있듯이 고려사회는 문관과 무관의 구분이 확실하지 않았다.

9성의 반환으로 인해 고려는 모든 기미주를 잃게 되었고, 국가적 위신을 실추시킴으로써 건국 이래 적극적으로 추진해 온 고구려 고토회복이라는 과업 수행을 통한 북진정책이 끝내 좌절되고 말았다는 해석도 있다.[280] 결과론적으로 보면 이러한 평가도 가능하다. 그러나 이러한 해석의 근저에는 여전히 여진정벌의 실패와 9성반환은 의지의 문제로 이해하는 경향이 있다. 여진정벌의 실패는 안타까운 사건이지만, 그 실패는 사대주의나 군사적 역량, 준비의 부족 때문이 아니라 국제정세와 지리에 대한 잘못된 정보와 판단에 기인한 것이었다. 앞으로는 이러한 관점에서 고려-여진전쟁에 대한 냉정한 평가가 따라야 할 것이다.

---

280 최규성, 앞의 논문, 1995, 329쪽.

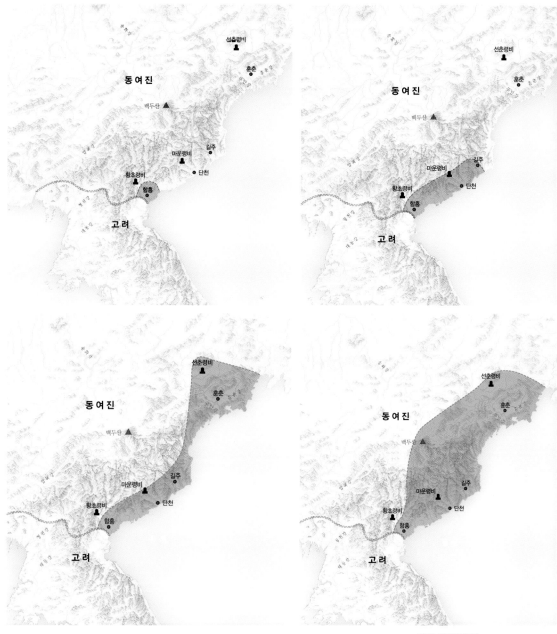

동북 9성의 위치

참고문헌
찾아보기

참고문헌

1. 사료

『고려도경(高麗圖經)』
『고려사절요(高麗史節要)』
『고려사(高麗史)』
『당률소의(唐律疏議)』
『당육전(唐六典)』
『동문선(東文選)』
『무경총요전집(武經總要前集)』
『문헌통고(文獻通考)』
『삼봉집(三峰集)』
『성종실록(成宗實錄)』
『세종실록(世宗實錄)』
『송형통(宋刑統)』
『신원사(新元史)』
『신증동국여지승람(新增東國輿地勝覽)』
『양촌집(陽村集)』
『영가지(永嘉誌)』
『원고려기사(元高麗紀事)』
『원사(元史)』
『정종실록(定宗實錄)』
『증보문헌비고(增補文獻備考)』
『태조실록(太祖實錄)』
『태종실록(太宗實錄)』
『팔번우동기(八幡愚童記)』
『포은집(圃隱集)』
『호정집(浩亭集)』
김용선 편, 『고려묘지명집성』(2판), 한림대학

교 출판부, 1993.

2. 단행본 (박사학위논문 포함)

강진철, 『고려토지제도사연구』, 고려대 출판부, 1980.
국방부 전사편찬연구소, 『왜구토벌사』, 1993.
국방부 전사편찬연구소, 『고려시대 군사전략』, 2006.
권영국, 『고려후기 군사제도 연구』, 서울대학교 박사학위논문, 1995.
김순규 편역, 『몽골군의 전략·전술』, 국방군사연구소, 1997.
김낙진, 『고려 禁軍 연구』, 서강대학교 박사학위논문, 2002.
김남규, 『고려양계지방사연구』, 새문사, 1989.
김당택 외, 『고려군제사』(육군본부 편), 육군본부, 1983.
김당택, 『고려의 무인정권』, 국학자료원, 1999.
김상기, 『신편 고려시대사』, 서울대출판부, 1985.
김순자, 『麗末鮮初 對元·明關係 硏究』, 延世大學校 博士學位論文, 2000.
김창현, 『고려후기 정방 연구』, 고려대 민족문화연구원, 1998
김혜원, 『高麗後期 藩王 硏究』, 이화여자대학교 박사학위논문, 1999.
나종우, 『한국중세대일교섭사연구』, 원광대출판국, 1996.
민현구, 『朝鮮初期의 軍事制度와 政治』, 韓國文化院, 1983.
박용운, 『수정·증보판 고려시대사』, 일지사, 2008.

박종기, 『高麗時代部曲制研究』, 서울대출판부, 1990.

방상현, 『조선초기 수군제도』, 민족문화사, 1991.

변태섭, 『高麗政治制度史研究』, 一潮閣, 1971.

송인주, 『고려시대 친위군 연구』, 일조각, 2007.

스기야마 마사아키 지음 · 임대희 외 옮김, 『몽골 세계제국』, 신서원, 1999.

안병우, 『고려전기의 재정구조』, 서울대출판부, 2002.

오붕근 외, 『조선수군사』, 사회과학출판사, 1991(1997, 백산자료원 재발행)

오종록, 『朝鮮初期 兩界의 軍事制度와 國防體制』, 고려대학교 박사학위논문, 1993.

유재성, 『대몽항쟁사』, 국방부 전사편찬위원회, 1988.

육군군사연구소, 『고려군제사』, 1983.

육군군사연구소, 『고려-몽골전쟁사』, 2007.

육군본부 편, 『고려군제사』, 육군본부, 1983.

육군본부 편, 『한국군제사-조선전기-』육군본부, 1968.

육군본부군사연구실, 『한국고대무기체계』, 1979.

윤용혁, 『高麗對蒙抗爭史研究』, 일지사, 1991.

윤용혁, 『고려 삼별초의 대몽항쟁』, 일지사, 2000.

윤훈표, 『여말선초 군제개혁의 추이』, 연세대학교 박사학위논문, 1996.

윤훈표, 『여말선초 군제개혁연구』 혜안, 2000.

이 영, 『잊혀진 전쟁 왜구』, 에피스테메, 2007.

이기백, 『高麗兵制史研究』, 일조각, 1968.

이기백, 『高麗史兵志譯註(一)』高麗史研究會, 1969.

임용한, 『전쟁과 역사 3 ; 전란의 시대』, 혜안, 2008.

임원빈 외, 『고려시대 수군관련 사료집』, 신서원, 2004.

장학근, 『조선시대 군사전략』, 국방부 군사편찬연구소, 2006.

장학근, 『朝鮮時代海洋防衛史』 창미사, 1988.

정순태, 『여몽연합군의 일본정벌』 김영사, 2007.

차용걸, 『고려말 조선전기 대왜관방사 연구』, 충남대학교 박사학위논문, 1988.

최선혜, 『朝鮮初期 留鄕品官 研究』, 서강대학교 박사학위논문, 1998.

최종석, 『고려시대 치소성연구』 서울대학교 박사학위논문, 2007.

패트리샤 버클리 에브리, 이동진 옮김, 『사진과 그림으로 보는 케임브리지 중국사』, 시공사, 2001.

하현강, 『한국중세사연구』, 일조각, 1988.

한용근, 『고려율』, 서경문화사, 1999.

허선도, 『朝鮮時代 火藥兵器史 研究』, 一潮閣, 1994,

홍영의, 『高麗末 新興儒臣의 成長과 政治運營論의 展開』, 국민대 박사학위논문, 2003.

홍영의, 『高麗末 政治史 研究』, 혜안 2005.

3. 논문

(1) 국내

강성문, 「조선초기 화기 방사군의 실상」『학예

지』 6, 1999.

고병익, 「麗代征東行省硏究(Ⅰ)·(Ⅱ)」『역사학보』 14·19, 1961·1962.

고석원, 「麗末鮮初의 對明外交」, 『白山學報』 23, 1977.

권영국, 「무인집권기 지방군제의 변화」『국사관논총』 31, 1992.

권영국, 「고려말 중앙군제의 변화」『사학연구』 47, 1994.

권영국, 「고려말 지방군제의 변화」『한국중세사연구』 1, 1994.

권영국, 「원 간섭기 고려 군제의 변화」『14세기 고려의 정치와 사회』, 민음사, 1994.

김광수, 「고려건국기 일국가의식의 이념적 기초」『고려사의 제문제』, 삼영사, 1986.

김광철, 「高麗 忠烈王代 政治勢力의 動向; 忠烈王 初期 政治勢力의 變化를 中心으로」『論文集』 7-1, 창원대, 1985.

김구진, 「公□鎭과 先春嶺碑」, 『白山學報』 21, 1976.

김구진, 「尹瓘 9城의 範圍와 朝鮮 6鎭의 開拓」, 『史叢』 21·22합집, 1977.

김구진, 「원대 요동지방의 고려군민」『이원순 교수 화갑기념 사학논총』, 1986.

김구진, 「여·원의 영토분쟁과 그 귀속문제-원대에 있어서 고려본토와 동녕부·쌍성총관부·탐라총관부의 분리정책을 중심으로」『국사관논총』 7, 1989.

김기섭, 「14세기 왜구의 동향과 고려의 대응」『한국민족문화』 9, 1997.

김남규, 「명종대 양계 도령의 성격과 활동」『고려양계지방사연구』, 새문사, 1989.

김당택, 「고려 문종~인종조 인주이씨의 정치

적 역할」『한국중세사회의 제문제』, 한국중세사학회, 2001.

김대중, 「고려 공민왕대 경군의 재건시도」『군사』 21, 1990.

김대중, 「고려 무인정권의 병제운영」『학예지』 2, 1991.

김대중, 「고려말·조선초 화약병기의 현황과 과제」『학예지』 9, 육사 박물관, 2002.

김보한, 「일본사에서 본 왜구의 발생과 소멸과정」『문화사학』 22, 한국문화사학회, 2004.

김보한, 「중세 려·일 관계와 왜구의 발생 원인」『왜구·위사 문제와 한일관계』, 경인문화사, 2005.

김보한, 「해양문화와 왜구의 소멸」『문화사학』 16, 2001.

김상기, 「요동정벌과 위화도 회군」『고려시대사』, 동국문화사, 1961.

김순자, 「고려말 동북면의 지방세력 연구」연세대 석사학위논문, 1987.

김위현, 「麗·元 日本征伐軍의 出征과 麗·元 關係」『국사관논총』 9, 1989.

김윤곤, 「삼별초정부의 대몽항전과 국내외 정세 변화」『한국중세사연구』 17, 2004.

김인호, 「고려말기 조준의 정치활동과 그 지향」『동북아역사의 제문제』, 백산출판사, 2003.

김인호, 「무인집권기 문신관료의 정치이념과 정책-명종 18년 조서와 봉사 10조의 검토를 중심으로-」『역사와 현실』 17, 1995.

김인호, 「원충갑의 삶과 역사적 위상」『원주 충렬사 연구』, 원주시, 2009.

김재명, 「고려시기의 군창」 『한국사연구』 89, 1995.

김종수, 「삼국~고려시기 군제 연구동향」 『군사』 53, 2004.

김창수, 「成衆愛馬考」 『동국사학』 9·10, 1966.

김철민, 「元의 日本征伐과 麗·元關係」 『건대사학』 3, 1973.

김태진, 「선초 총통위의 양상」 『소헌남도영박사화갑기념 사학논총』, 1984.

김호종, 「공민왕의 안동몽진에 관한 연구」 『안동문화』 창간호, 1980.

나종우, 「홍건적과 왜구」 『한국사』 20, 국사편찬위원회, 1994.

마종락, 「고려시대의 군인과 군인전」 『백산학보』 36, 1990.

문형진, 「동국병감에 나타난 전투현황과 전술형태분석」 『군사연구』 122집, 육군군사연구소, 2006.

민현구, 「辛旽의 執權과 그 政治的 성격(上)」 『歷史學報』 38, 1968.

민현구, 「오위체제의 확립과 중앙군제의 성립」 『한국군제사-조선전기』(육군본부 편), 육군본부, 1968.

민현구, 「鎭管體制의 確立과 朝鮮初期 地方軍의 成立」 『朝鮮初期의 軍事制度와 정치』, 『한국군제사 조선전기편』(육군본부 편), 육군본부, 1968.

민현구, 「고려후기의 군제」 『고려군제사』(육군본부 편), 육군본부, 1983.

민현구, 「朝鮮初期의 私兵」 『東洋學』 14 檀國大, 1984.

박 돈, 「高麗末 東寧府征伐에 대하여」 『中央史論』 4, 1985.

박종기, 「고려 말 왜구와 지방사회」 『한국중세사연구』 24, 2008.

박진훈, 「고려시대 개경 치안기구의 기능과 변천」 『한국사론』 33, 국사편찬위원회, 2002.

박한남, 「공민왕대 왜구침입과 우현보의 '상공민왕소'」 『군사』 34, 1997.

박형표, 「麗·蒙聯合軍의 東征과 그 顚末」 『사학연구』 21, 1969.

방동인, 「尹瓘九城再考」, 『白山學報』 21, 1976.

방동인, 「동녕부치폐소고」 『관동사학』 2, 1984.

방동인, 「여·원관계의 재검토-쌍성총관부와 동녕부를 중심으로」 『국사관논총』 17, 1990.

백남운, 「제11편 고려의 병제」 『조선봉건사회경제사 상』, 1937.

변동명, 「高麗 忠烈王代의 萬戶」 『歷史學報』 121, 1989.

서종태, 「고려후기 군수전에 대한 일고찰」 『고려말·조선초 토지제도의 제문제』 서강대 출판부, 1987.

송인주, 「원압제하 고려왕조의 군사조직과 그 성격」 『역사교육논집』 16, 1992.

송인주, 「고려시대의 견룡군」 『대구사학』 49, 1995.

송인주, 「공민왕대 군제개혁의 실태와 그 한계」 『한국중세사연구』 5, 1998.

신석호, 「여말선초의 왜구와 그 대책」 『국사상의 제문제』 3, 국사편찬위원회, 1959.

신안식, 「고려 중기의 별초군」 『건대사학』 7,

1989.

신재현, 「고려강화천도기 항몽사적 교훈 분석」 『군사연구』 122집, 육군군사연구소, 2006.

오일순, 「고려시대의 역제구조와 잡색역」 『국사관논총』 46, 1993.

오종록, 「朝鮮初期 兵馬節度使制의 成立과 運用(上)」 『震檀學報』 59, 1985.

오종록, 「고려말의 도순문사」 『진단학보』 62, 1986.

오종록, 「朝鮮初期의 邊鎭防衛와 兵馬僉使·萬戶」 『歷史學報』 123, 1989.

오종록, 「高麗後期의 軍事 指揮體系」 『國史館論叢』 24, 1991.

오종록, 「조선초기 양계의 익군체제와 국방」 『박영석화갑기념논총』, 1992.

위은숙, 「12세기 농업기술의 발전」 『부대사학』 12, 1988.

유영철, 「「高麗牒狀不審條條」의 재검토」 『한국중세사연구』 창간호, 1994

유창규, 「이성계의 군사적 기반」 『진단학보』 58, 1984.

윤무병, 「고려 북계지리고」 하, 『역사학보』 5, 1953.

윤무병, 「吉州城과 公嶮鎭」, 『歷史學報』 10, 1958.

윤용혁, 「고려의 해도입보책과 전략변화」 『역사교육』 32, 1982.

윤훈표, 「고려말 조선초기 병기의 제조 및 관리체계에 관한 연구-군제개편과 관련해서-」 『동방학지』 77·78·79 합집, 1993.

윤훈표, 「고려말 설장수의 축성론」 『한국사상

사학』 9, 1997.

윤훈표, 「고려시대 군제사 연구의 현황과 과제」 『군사』 34, 1997.

윤훈표, 「高麗時代 軍律의 構造와 그 性格」 『사학연구』 69, 2002.

윤훈표, 「고려시대 관료·군조직에서 규율과 복종」 『동방학지』 129, 2005.

이 영, 「'경인년 왜구'와 일본의 국내정세」 『국사관논총』 92, 2000.

이경희, 「고려말 왜구의 침입과 대왜정책의 일단면」 『부산여대사학』 10·11, 1993.

이기백, 「고려 양계의 주진군」 『고려병제사연구』, 일조각, 1968.

이기백, 「高麗 太祖時의 鎭에 대하여」 『歷史學報』 10, 1958 ; 이기백, 『高麗兵制史研究』, 일조각, 1968.

이기백, 「高麗末期의 翼軍」 『李弘稷博士回甲紀念韓國史學論叢』, 1969 ; 『高麗貴族社會의 形成』, 일조각, 1990.

이기백, 「한국의 전통사회와 병제」 『한국학보』 6, 1977 ; 『한국사학의 방향』, 1978.

이명희·장세옥, 「고려 말-조선 중기 전함개선과정에 관한 고찰」 『군사연구』 125집, 육군군사연구소, 2008.

이상국, 「고려시대 군호의 편제와 본관제」 『군사』 56, 2005.

이영동, 「忠勇衛考」 『육군3사관학교 논문집』 13, 1981.

이용주, 「恭愍王代의 子弟衛에 관한 小研究」 『素軒南都泳博士華甲紀念史學論叢』, 1984.

이은규, 「元의 日本征伐考察」 『호서사학』 1, 1972.

이익주, 「고려 충렬왕대의 정치상황과 정치세력」『한국사론』18, 1988.

이익주, 「고려 후기 정치체제의 변동과 정치세력의 추이」『한국사 5』(강만길 외 편), 한길사, 1994.

이재룡, 「조선전기의 수군」『한국사연구』5, 1970 :『조선초기사회구조연구』, 일조각, 1984.

이재룡, 「朝鮮初期의 翼軍」『崇田大論文集 人文科學篇』, 1982 :『朝鮮初期社會構造研究』, 일조각, 1984.

이재범, 「고려말 조선전기의 왜구와 사천」『군사』58, 2006.

이재범, 「여원연합군의 일본원정 경로에 대한 고찰」『군사연구』127집, 육군군사연구소, 2009.

이정신, 「쌍성총관부의 설립과 그 성격」『한국사학보』18, 2004.

이정신, 「원간섭기 동녕부의 존재형태」『한국중세사회사회의 제문제-金潤坤敎授定年紀念論叢』, 한국중세사학회, 2001.

이정훈, 「고려시대 지배체제의 변화와 중국율의 수용」『고려시대의 형법과 형정(한국사론 33)』, 국사편찬위원회, 2002.

이태진, 「예천개심사의 석탑기의 분석-고려 전기 향토의 일례-」『역사학보』53 · 54, 1972.

이태진, 「고려말 · 주선초의 사회변화」『진단학보』55, 1973.

이현종, 「왜구」『한국사 8(고려)』(국사편찬위원회 편), 국사편찬위원회, 1974.

임용한, 「14~15세기 喬桐의 군사적 기능과 그 변화」『인천학연구』3, 2004.

임용한, 「조선 건국기 수군개혁과 해상방어체제」『군사』72, 2009.

장득진, 「고려말 왜구침략기 '민'의 동향」『국사관논총』71, 1996.

전덕재, 「신라화랑도의 무예와 수박」『한국고대사연구』38, 2005.

정영현, 「고려 우왕대 왜구의 동향과 성격 변화」『역사와 세계』33, 효원사학회, 2008.

정하명, 「한국의 화기 발달과정」『군사』13, 1986.

조규태, 「최씨무인정권과 교정도감체제」『고려무인정권연구』, 서강대 출판부, 1995.

주채혁, 「몽골 · 고려사 연구의 재검토—몽골 · 고려사의 성격문제—」『국사관논총』8, 1989.

차용걸, 「고려말 왜구방수책으로서의 진수와 축성」『사학연구』38, 1984.

채웅석, 「12, 13세기 향촌사회의 변동과 '민'의 대응」『역사와 현실』3, 1990.

채웅석, 「여말선초 향촌사회의 변화와 埋香활동」『역사학보』173, 2002.

최근성, 「고려만호부에 관한 연구」『관동사학』3, 1998.

최일성, 「고려의 만호」『청대사림』4 · 5합, 1985.

최재석, 「원간섭초기 북방정책의 성과」『사학지』25, 1992.

최재석, 「고려말 동북면의 통치와 이성계 세력 성장-쌍성총관부 수복 이후를 중심으로」『사학지』26, 1993.

최재석, 「고려말 군제의 운용에 관하여-원 간섭기를 중심으로」『동서사학』1,

1995.

최종석, 「대몽항쟁 · 원간섭기 산성해도입보책의 시행과 치소성 위상의 변화」 『진단학보』 105, 2008.

최종택, 「麗末鮮初 地方品官의 成長 過程」 『學林』 15, 1993.

한영우, 「조선초기 상급서리와 그 지위」 『조선전기사회경제연구』, 1983.

한우근, 「麗末鮮初 巡軍硏究」 『진단학보』 22, 1961.

허선도, 「麗末鮮初 火器의 傳來와 發達」 『역사학보』 24, 1964 : 『朝鮮時代 火藥兵器史 硏究』, 一潮閣, 1994.

홍영의, 「공민왕 초기 개혁정치와 정치세력의 추이 (상 · 하)」 『사학연구』 42, 43 · 44합집, 1990 · 1992.

홍영의, 「공민왕의 반원정책과 염제신의 군사활동」 『군사』 23, 1991.

홍영의, 「고려말 신흥사대부의 군제인식 : 《고려사》병지에 보이는 개편안을 중심으로」 『군사』 32, 1996.

홍영의, 「고려말 군제개편안의 기본방향과 성격-공민왕 · 우왕대를 중심으로」 『군사』 45, 2002.

(2) 국외

江原正昭, 「高麗の州縣軍にする一考察」 『朝鮮學報』 28, 1963.

內藤雋輔, 「高麗兵制管見」 『靑丘學叢』 15 · 16, 1934.

武田幸男, 「高麗時代の口分田と永業田」 『社會經濟史學』 33-5, 1967.

王啓宗, 「元軍第1次征日考」 『大陸雜誌』 32-7, 1966.

王啓宗, 「元世祖招諭日本始末」 『大陸雜誌』 32-5, 1966.

王啓宗, 「元軍第2次征日考」 『大陸雜誌』 35-4, 1968.

齋藤忠和, 「北宋の軍法にいて」 『中國近世の法制と社會』, 京都大學校人文科學硏究所, 1992.

찾아보기

ㄱ

가부駕部 186
가은현 42
간성현 167
간수군看守軍 280
간천군 73, 75
갈라전 396, 428
감문監門 103
감문군監門軍 76, 103, 205
감문위監門衛 67, 105, 106, 109, 112, 113, 114, 121
감찰어사 154
감창사 154
갑향성 228
강감찬 365, 368
강길康吉 29
강노剛弩 397, 411
강도江都 123
강동 6주 268, 337, 338, 361, 362
강릉 35
강민첨 367, 368, 370
강부康夫 152
강선힐康瑄詰 22
강우문姜遇文 140, 149, 150
강원 14, 26
강원도 12
강유영康柔英 46
강윤행康允珩 50

강조 346, 350, 356
강조의 난 341
강주康州 37, 38, 40, 43
강주剛州 42
강주장군康州將軍 윤웅閏雄 22, 33
강화 천도 159, 163, 226, 228
개경 66, 75, 81, 103, 104, 107, 108
개심사 88
개심사석탑기 89, 93
개정군開定軍 33, 76
개정전시 68, 69
개정전시과 106
개정전시과 205
개지변皆知邊 43
갱궁梗弓 397, 410
거란 70, 87, 288, 303, 305, 373
거란 성종 344, 346, 361
거란 침입 71
(거란)태종 294
거란군 313
거란군의 전술 314
거란기병 311
거란병 378
거란을 멸망 432
거란의 병제 306
거란의 여진정벌 326, 335
거란의 여진정복 305
거란의 침입 280
거마창巨馬槍 395
거창 27
거창居昌 37
건마 284
걸망성 348

검강(黔剛) 50

검차 350

검포 12

격구擊毬 250, 251

견권堅權 46

견달見達 47

견룡군 204

견수堅守 158, 159

견술堅術 50

견주 12

견훤見萱 14, 15, 16, 20, 22, 25, 28, 34, 36, 38, 39, 40, 41, 45, 46

견훤군 42

경卿 50, 51

경계대境界帶 236

경계선적인 장성 체제 236

경군 103, 104, 105, 106, 107, 113, 121

경군京軍 75, 102

경기 118

경기 14, 26

경기병 311, 313

경북 예천군 88

경산부 27

경상도 17, 18, 19, 23, 26, 28, 32, 35, 37, 38, 42, 118

경위京位 3, 4

경정전시과 76, 103, 106, 205

경종景琮 24, 29, 31

경주 3, 10, 13, 17, 23, 27, 35, 40, 43, 44, 167, 179, 180

경주별초군慶州別抄軍 158, 159

경주부 166

계림부(경주) 160

계림부성 160

계립령 38, 42

계립령로 23, 38, 274

계수관제 270

계천季川 사람 29

고구려 2

고구려 계승의식 334

고라高羅 155

고려식목형지안북계군액高麗式目形止案北界 軍額 130, 216

고려-요 전쟁 70

고령 37

고막해庫莫奚 288

고부庫部 186

고사갈이성高思葛伊城 38

고성현 166

고용지 154

고울부 38

고울부高鬱府장군 능문能文 35

고조庫曹 185, 186

고주 136

고창군古昌郡 42

고창군 전투 42, 43, 44, 72

고창성 42

고흥 15

곡긍회曲矜會 50

곡성 15

골암진 33

골품 2, 3

골품 체제 10

골품제 2, 3

공관工官 185

공민왕 243, 251

공부 186

공산 전투 39, 40, 41

공산동수 38

공산성 227

공성전 315

공수둔전 282

공수시지公須柴地 100

공수전公須田 100, 277

공암 12

공역서供驛署 187, 268, 278

공장工匠 131, 136, 139

공주 25, 108

공주장군 홍기弘奇 18, 24

공직 31

공첩公貼 268

공학군 204

공해전 82

공험진 423, 427

공훤公萱 38, 46

과거제 78

과선戈船 177

곽해룡郭海龍 258

관계官階 78

관關 · 진津 · 도渡 272

관마 282

관마보官馬寶 282

관무(官茂) 46

관문 235

관반官班 86

관성 219, 235, 236

관역사館驛使 268, 276, 277

관원 106

관헌官憲 46

관흔 41

광군 209, 214, 317, 355

광군 58, 87, 88, 89, 90, 91, 92, 93, 96

광군도감光軍都監 88, 92, 93, 240

광군사光軍司 87, 91, 92, 93, 240, 304

광복산성 227

광세廣世 46

광양 15

광양만 14

광주 13, 18, 26

광주 진도군 20

(광평)시중 58

광평낭중 51

광평성廣評省 49, 50, 52, 59, 60, 61, 185

광평시랑廣評侍郎 열평 33, 58

괴양 13, 26

괴양~화령군化寧郡~상주로 연결되는 교통로
24

괴자마拐子馬 395

교두보 13

교위校尉 110, 139, 141, 144

교위방 110, 188, 189

교주도 116, 118

구례 15

구미 46

구분전 105, 200

구사군仇史郡 34

9성 424

9성의 위치 424, 429

9성의 환원 432

9시寺 67

구신숙장舊臣宿將 78

96각간角干 6

구월산성 228

구진具鎭 32

국원 16

국현國鉉 50

군기 238

군기감 186

군기인호정 107

군령 업무 182, 183, 184

군령 체계 183

군령권 184

군례軍禮 244

군무軍務 187

군반 197

군반 장적 198

군반씨족 64, 65, 77, 197

군반씨족설 113

군반씨족의 장적 198

군반씨족제 67

군반씨족제설 62, 64, 66

군부 58, 61, 79

군부경 58

군부軍部 57

군부령 58

군부전서軍簿典書 112

군사 196

군사도軍事道 118, 119

군수 258

군역 65, 66, 104, 105, 106, 121, 200, 205,
207, 208

군역 징발 체제 209, 210, 211, 214

군역제 210, 211

군율 238, 242

군인전 64, 65, 66, 103, 104, 106, 107, 125,

204, 207, 414

군인직 65

군인호 105

군인호정전軍人戶丁田 107, 206

군적 58, 65, 69, 194, 195, 196, 197, 198,
209, 210, 211, 355, 403

군현제 정비 211

군호軍戶 77, 198

군호제 77

굴가屈哥 290

궁예 11, 13, 16, 20, 21, 26, 29, 32, 34, 51,
52, 59, 76

궁예 정권 53, 60, 172, 173, 174

궁예군 19

궁예왕 77

궁예정권 49

궁원전 124

궁위기군 306

권감창사사權監倉使事 153

권무관록 143

권식權寔 50

권행병마대사 154

권행병마대사權行兵馬臺事 153

권행병마사사權行兵馬使事 153

귀신성 228

귀주대첩 370

귀주성 130, 161, 162, 368

귀평歸評 50

근장近仗 111

근장近仗 상 · 대장군 109

근장상 111

근종近宗 7

근품성 37, 38

금강성 228
금군禁軍 101, 204
금金 155
금동성 228
금산사 45
금성군 18, 26
금성金城 12
금양현 167
금오산성 46
금오위金吾衛 67, 109, 112, 113
금위제군禁衛諸軍 306
금주(김해) 179
김치규金稚圭 153
급가백일給暇百日 101
급주急走 277
긍준兢俊 46
기관記官 111
기두其豆 90
기미주 387, 426, 436
기병 313, 319, 392, 394, 413, 414, 417
기암성 228
기언奇言 46
기인其人 107, 206
기주基州 19, 41
기훤 11
길강충吉康忠 46
김경신金敬信 6
김공유金公裕 153
김균정金均貞 6, 7
김극종金克宗 46
김락 39
김명金明 6
김부金傳 38, 58

김숙흥金淑興 358
김양 6
김양상金良相 6
김언 20
김언규(金言規) 50
김언金言 174
김언승金彦昇 6
김예金銳 7
김예징 6
김요金□ 7
김우징 6, 7
김인金□ 50
김인훈金忍訓 18
김재원金材瑗 22
김제륭金悌隆 7
김주원 6
김준金晙 241
김지정金志貞 6
김철金鐵 46
김한충 390, 421, 424
김해 34, 180
김해 34
김해병서金海兵書 253
김해부 167
김행도金行濤 31, 50
김헌창金憲昌 6
김현金鉉 7
김훈金訓 71

ㄴ

나성奈城 16
나성羅城 43

나주 14, 17, 18, 20, 21, 23, 25, 28, 32, 34,
　　　41, 44, 71, 160
나주도대행대 32
나주도대행대시중羅州道大行臺侍中 32
나주성 21
낙타 284
남도 62, 158
남도 주현군 65
남도 지역 123, 157
남미질부南彌秩夫 43
남원 34
낭장 110, 139, 140, 141, 144
낭장 金旦 156
낭장 김숭金崇 156
낭장과 별장 101
낭장郎將 109, 156
낭장방 110, 188, 189
낭중郎中 50
내군 61, 75, 76
내군內軍 51, 79
내군內軍장군 75
내봉감內奉監 50
내봉경 51
내봉령 58
내봉리결內奉理決 50
내봉성內奉省 49, 50, 61, 185
내봉시랑 58
내사문하성 185
내순검군 204
내시지후內侍祗候 155
내의성內議省 49, 61
내천부內泉部 50
냉산 46

노대弩隊 132
노비안검법 78
노자奴子 280, 282
노포평老浦平 37
녹사 2인 111
녹읍민 7
능달能達 46
능식能植 30
능식能式 37
능준能駿 50, 51
능창能昌 21
능필能弼 46
능혜能惠 51

ㄷ

다인현多仁縣 90
다지多智 141
단림端林 35
달고達姑 46, 86
달고적達姑狄 34
달단마 284
달보성 228
당대등堂大等 86
당률소의 238, 241
당성 13, 17, 26
당제堂弟 식렴式廉 33
대 · 중 · 소로 268, 270
대각大角 397, 412
대광현大光顯 299
대도수大道秀 336
대도호 33
대동강 132

대등大等 82, 86

대량성 38, 40

대량성大良城 37

대로역 268

대마(호마) 284

대목군 39, 41, 43

대복시大僕寺 278, 279, 282

대수령부족군大首領部族軍 307

대아찬 흥종興宗 7

대야성 26, 27, 34, 35, 37

대요大遼 295

대우도大牛島 44

대우포大于浦 146

대장군 108, 111

대정隊正 90, 91, 100, 101, 109, 110, 132,
137, 139, 141, 142, 143, 144, 204

대정방 110, 188, 189

대형노 411

대흔大昕 7

덕진포德眞浦 20

도독 43

도독부 94

도령 137, 140, 144, 145, 150, 153, 154,
155, 156, 157

도령 강우문 151

도령都領 131, 388

도령랑장都領郎將 152

도령중랑장 140

도리島吏 280, 282

도병마사제都兵馬使制 188

도부서都部署 176, 180

도부서부사 180

도부서사-도부서부사-도부서판관 178

도부서사都部署使 178

도부서판관都部署判官 178, 180

도적 명귀明貴 20

도총도감都摠都監 256

도탕跳蕩 322, 397, 409

도통대장군都統大將軍 174

도항사(都航司) 50

도호부 94

도호부사都護府使 94

독기진禿岐鎭 40

돌산突山 37

동계 128, 131, 132, 136, 139, 145, 157,
164

동계병마사 178

동궁관록 143

동남도도부서東南道都部署 179

동남도초토사지아주제군사東南道招討使知牙
州諸軍事 31

동남해도부서東南海都部署 179

동남해 도부서사 180

동남해선병도부서東南海船兵都部署 179

동래군 167, 169

동래군성 169

동로둔전사東路屯田司 261

동북 해적 177

동서도솔東西兜率 43

동여진 167, 381

동여진 해적 166, 179

동여진의 침입 169

동주도 116

동주산성 227

동평현 168, 169

동평현성 168, 169

동화사桐華寺 39, 158
두경승 250
둔전 147, 187
등주 167

ㄹ

록승祿升 152
린주麟州 152

ㅁ

마군馬軍 73, 75, 103, 205, 317, 319, 321,
    322, 324, 413
마군장군馬軍將軍 30, 75
마군장군馬軍將軍 현경玄慶 54
마대馬隊 132
마보馬步 284
마사馬社 284
마성馬城 48
마위전 276
마의馬醫 285
마정馬政 187, 278, 279, 282
마조馬祖 284
마진 52, 59, 61
마축자장별감馬畜滋長別監 284
만부교 사건 300, 302
만장일치제 191
말갈 380
망군정인望軍丁人 109
망대望臺 235
망루 146
매곡 29, 31

매곡성 44
매곡성주 공직 29, 44
매곡성주昧谷城主 공직 24
맹주孟州 140, 235
맹주성 130, 161, 162
면조권 67
명주 12, 42, 167
명주의 장군 순식 35
명지성 40
명지성命旨城 장군 성달城達 35
목감牧監 280, 282
목감직牧監直 280
목마장 280
목자牧子 280, 281
목장 280
목형지안 139
목호牧胡 280, 284
몽골 침입 164, 165
몽골마 284
몽골의 침략 163, 216
묘청의 난 436
무경총요武經總要 238
무문사撫問使 274
무반록 143
무산계 276
무선武選 187
무예 247
무예도감武藝都監 258
무주武州 15, 27
무진주 15, 25
무태武泰 52, 59
문경 37
문무 48

문무반록文武班祿 142, 143

문산계 78

문소군 28

문소성 35

문신로文臣老 150

문유보文儒寶 250

물장성物藏省 50, 79

미륵향 90

미륵향도彌肋香徒 90

미리사 39

민관民官 185

민전民田 64

ㅂ

박수경朴守卿 36, 46

박영규朴英規 45

박원작 264

박인원朴仁遠 50

박지윤朴遲胤 12

반계수록 70

반정 83

반주班主 109, 112

발병 업무 182

발해 296, 365

발해 유민 299, 300

발해유민 333

발화發火 397, 411

방득령房得齡 152

방서란房瑞鸞 151

방수 208

방수군 14, 113, 148

방수군인 140

방수장군防守將軍 145, 152

방수지휘관 144

방어도감 256

방어사防禦使 145

방어판관防禦判官 152

방우邦祐 90

방주房主 191

방호별감 232

방효진房孝珍 152

배산성拜山城 38

배선백 7

배총규裵悤規 29

배현경 17

백강장군百舡將軍 173

백마산성 348

백서성(白書省) 50

110여 성 42

백정 101, 105, 132, 136, 139, 213, 277

백정 농민 162

백정 부대 137, 162

백정白丁 130, 131

백정군 137, 138, 139, 144, 146, 147, 149

백정층 207

백제 2

백주白州 33, 44

법가法駕 111

벽진군 35, 39

벽진군碧珍郡장군 양문良文 34

별감사別監使 203

별무반 136, 396, 401, 403, 410, 412, 415

별무반의 결성 원인 414

별무반의 창설목적 419

별장別將 109, 110, 139, 141, 144

별장방 110

병가비결兵家秘訣 253

병관兵官 185

병관시랑 한언공韓彦恭 182

병농일치 392, 393

병마감창사兵馬監倉使 263

병마록사 154

병마사 141, 145, 153, 156, 178, 181

병마사 기구 154

병마제정사兵馬濟定使 328, 330

병목 430

병민일치 310

병부兵部 49, 50, 51, 53, 54, 55, 59, 60, 82, 83, 86, 182, 183, 185, 186, 187, 278, 279

병부경兵部卿 58, 86

병부낭중兵部郎中 54

병부령 58, 59

병부와 순군부 50

병산瓶山 42

병서접요兵書接要 253

병조兵曹 53

보군 205

보군 73, 74, 75, 76, 205, 317, 319, 320, 324, 413

보군장군 75

보령 31

보반步班 131, 132, 136, 139

보병 392, 417

보성 15

보승保勝 64, 81, 83, 86, 87, 112, 116, 118, 119

보승 · 정용 65, 106

보승 · 정용군 65, 66, 98, 99, 100, 101, 102, 104, 105, 106, 107, 108, 120, 121, 122, 123, 129, 137, 138, 158, 160, 197, 204, 206, 207, 208, 214

보승군 96, 112, 120

보은 26

보은~상주 간 교통로 23

보자堡子 235

보창 132, 139, 143, 146

보창 부대 162

보창(영새) 136, 137, 138, 140, 145

보창(영새) 부대 144

보창保昌 131

보창장상장교군사保昌將相將校軍士 137

보천寶泉 79

보천군 73, 75

보현원 248

복지겸 17

본래종 284

봉거서奉車署 278, 279

봉주 33

부곡 167

부병제 63, 85

부병제설 62, 63, 64, 65, 67

부석사 23

부약 12

부양 51

부여 31

부위제府衛制 69, 81, 84

부인사符仁寺 158

부족군 306

북계 33, 128, 130, 131, 132, 136, 139, 141, 145, 148, 149, 150, 151, 152, 154,

155, 156, 157, 162, 163, 164, 165,
176
북계 41성 161, 162, 216
북계병마사 178
북미질부北彌秩夫 두 성 43
북번北蕃 46, 72
북원 11, 13, 16
북진 정책 234, 236
북진北鎮 76
분대감찰어사分臺監察御史 153, 154
분도分道 145, 154
분도장군分道將軍 145, 153
분사分司 138
비뇌성 13
비뇌역鼻腦驛 13
비룡성飛龍省 278
비순위備巡衛 113
비신장군 114
빈마 284

사공 139
사공沙工 131
4두품 2
사로국斯盧國 3
사민徙民 157, 158, 235, 267
사벌주 8, 9
사병司兵 82, 83
사복사司僕司 278
사복시 279
사史 111
사심관 100

삭방朔方 골암성 32
삭주朔州 235
산성 5, 162, 164, 170, 222, 226, 227
산성해도입보책 163, 164, 165, 227, 233
산원 110
산원방 110, 188, 189
산원散員 109
살내 39
삼각산성 228
삼군원병三軍援兵 46, 73
삼년산군 25
삼년성 40
삼번 교대제 123
3성省 67
3성 6부제 49, 60, 61, 185
삼순三順 46
30여 성 16
삼척산성 227
삼척현 167
상·대장군 111, 187, 189, 190
상대등 6
상령 112, 114
상립마 284
상보尙父 36, 58
상서고부尙書庫部 185, 186
상서도성 185
상서성 185
상승국尙乘局 278, 279
상음현 167, 169
상장군 71, 108, 109, 112, 191
상장군 김훈·최질의 난 189
상주 13, 18, 20, 23, 24, 27, 38
상주 사화진沙火鎮 20, 28

상주산성 227

상주수尙州帥 아자개 32

상호장 156

생여진生女眞 381, 383

생천군 131, 139

서경 132, 138

서경관록西京官祿 142, 143

서경분사西京分司 143

서경유수 병부상서 조위총 148

서긍 378, 405

서리 106

서북면병마사 최우청崔遇淸 156

서산西山 37

서여진 381

서역마 284

서적西賊 156

서천 31

서해도 118

서희 259, 328, 329, 336, 337, 348

석남사石南寺 16

석산石山 42

석투石投 397, 412

선관選官 185

선군選軍 65, 99, 105, 199, 200, 201, 202

선군도감 187

선군별감 203

선군사 202, 203

선군청選軍廳 203

선덕관성 218

선덕진 218

선목先牧 284

선병船兵도부서 제도 176

선장宣長 30

선종善宗 19

선주 151

선지별감용호군장군宣旨別監龍虎軍將軍 현이
　　　후玄利厚 153

선춘령 427

설악산성 227

성종 331

성주 긍준兢俊 37

성주 흥종興宗 40

성주장군 금용黔用 20

성주장군 홍술 42

성천 12

세달사 11

소국 2, 3

소목군小木郡 39

소배압蕭排押 346, 365, 368, 370

소손녕 326, 328, 333, 334, 336, 346

속국군 307

속말말갈粟末靺鞨 385

속산군屬珊軍 306, 308, 309

속현 119, 120, 122, 160, 167, 169

속현 81, 82, 96

손오병법孫吳兵法 253

손형孫逈 50

송령松嶺 236

송막松莫 288, 290, 293

송생松生 42

송악 77, 172

송악군 12

송을 건국 303

송자청 138, 141

수成 147, 235

수군 172, 174, 175, 176, 179, 181

수미강須彌康 35
수박手搏 248
수박희手搏戱 248
수성전 324
수안현 119
수영포가정守營鋪家丁 311, 312
수원승도隨院僧徒 405, 406, 408
수조권 65, 67
수졸戍卒 141
수호장首戶長 144, 160
숙신 380
숙여진熟女眞 381
숙종 396, 420, 432
순관 267
(순)군부 182, 184
순군낭중徇軍郎中 54
순군리 29
순군리循軍吏 24, 54
순군부 183
순군부 49, 51, 52, 53, 54, 55, 56, 57, 58, 59, 60, 61, 79
순군부경 51
순군부낭중 51
순군부徇軍部 49
순수巡狩 252
순주順州 42
순천 14, 15
순천만 14
술희述熙 46
숭겸崇謙 54
승도 405, 408
승려 406
승령 12

승병 405
승부乘府(사어부司馭府) 278
승선 185
시라무렌 288, 289
시랑侍郎 50
시무 28조 129
시무책 143
시중侍中 32, 50
시중 정문正門 6
식목형지안 131, 139, 140
식목형지안 문서 137, 163
신검 45, 46, 47, 48
신광진神光鎭 43
신기神騎 131, 132, 136, 139
신기군神騎軍 397, 399, 400, 403
신라 2
신보군神步軍 397, 401, 402
신보반 403, 404
신숭겸 16, 39
신양역천 281
신역 99
신일申一 50, 51
신진지배新進之輩 78
신채호 436
신호위神虎衛 67, 109, 112, 113
10도의 편제 274
13진鎭 19
12군軍 93, 94, 95
12절도사 95
십장十將 101
쌍기雙冀 78

ㅇ

아골타 384, 432
아불진阿弗鎭 44
아주 31, 32
아차阿次 29
아찬 김률金律 34
아찬 대렴大廉 6
악공樂工 403, 404
안동 34, 38
안동시 와룡면 42
안렴사 203
안무사 274
안북 33
안북도령安北都領 송자청宋子淸 150
안북도호도령安北都護都領 140, 149, 150
안북부 150, 151
안북부성 151
안북호장 노문유 151
안북호장安北戶長 노문유 150
안수安水 235
안융진 336
안찰사 108, 180
알로타斡魯朶 176
알찬 종희宗希 20
압강도부서鴨江都部署 136, 176, 177, 178
압강병선도부서 178
압록강 178
압해현 21
애노哀奴 8
애진哀珍 46
야율아보기耶律阿保機 291, 293, 294, 296, 309
양검良劒 35, 48

양계 62, 121, 126, 131, 137, 139, 140, 145, 147, 156, 157, 176, 234
양계 도부서 178
양계 도부서사 180
양광도 118
양규 349, 356, 358
양길梁吉 11, 13, 15, 16
양반 105
양산陽山 40, 41
양산성 227, 229
양주 12, 18
양천불명자 403, 404
양촌 166
양호養戶 65, 67, 125
어사도성御事都省 185
어사성 185
어사御事 6관 185
어진御珍 16
여驢 284
여수 15
여진 387, 392
여진의 군제 392
여진의 용병술 395
여진인 136
여진족 22, 380
여진족의 전술 394
역 267, 275, 277
역노비驛奴婢 276, 277
역도驛道 267, 270, 272, 274, 277
역령 112, 113
역로망 267, 268, 270, 272, 275, 278
역리 107, 206, 267, 276, 277
역리층 276

역백정驛白丁 276, 277
역보군 76, 205
역보군役步軍 103
역부役夫 123
역분전役分田 77, 196
역사驛司 276
역驛 100
역역驛役 267, 268, 275, 276, 277
역정호驛丁戶 275, 276
역정호층 276, 277
역참驛站 187
역창 277
연기 26
연산진燕山鎭 36, 37
연상筵上 86
연식連式 38
연운 16주 295, 304, 372
연주連珠 46, 140, 149, 150, 153, 154, 155
연주延州 148
연주 도령 155
연주 부사副使 최박문崔博文 153
연주성 154
연호군煙戶軍 257
염장 50
염주鹽州 33, 44
염해현 20
영슈 50
영기슈츼 8
영덕寧德 235
영동 27
영식寧朔 235
영산강 25
영새군 139

영새寧塞 131
영식令式 47
영안永安 42
영원寧遠 235
영유英儒 46
영주永州 158
영일현 167, 169
영주(안북도호부) 141
영주성 130, 158, 161, 162
영주寧州(안북부) 138
영준英俊 50
영직英直 46
영천 39
영해寧海 235
예관禮官 185
예부 186
예산 32
예산-아주-청주 32
예산현 36
예성강 44
예언倪言 50
예종 396, 420, 427
예천군 90
오伍 110
오군 체제 410
5군 73
5도 118
5도호부 94, 95
오도五道 179
5두품 2
오례의五禮儀 247
오병수박희 248
오산성烏山城 32

오어곡성 41

오어곡烏於谷 41

오연충 401, 421, 427, 431

오월국 20

오월吳越 15

오위 101

오위伍尉 109, 110

5통 266

옥과성 228

옹관고분사회 26

완산주 15, 25

완안부完顏部 381, 383, 384, 385, 389, 396,
　　　421, 426, 428

왕가도王可道 235

왕건 12, 16, 20, 21, 22, 29, 52, 64, 76, 172,
　　　174

왕경 3

왕경 6부 2, 4

왕경인 3, 4, 5

왕규王珪 156

왕렴王廉 46

왕륭 · 왕건 부자 12

왕산 39

왕순식王順式 46

왕신王信 36

왕심王諶 262

왕예王乂 46

왕충王忠 35

왕함윤王含允 46

왜구 160

외관록 143

외군外軍 102, 103, 104, 105, 106, 107, 121

외군(보승 · 정용군) 124

외방역군外方役軍 123

외위外位 3

요덕耀德 235

요인휘姚仁暉 50

요전산성 227

용강현 33

용검龍劍 48

용문창龍門倉 259

용순用純 156

용주龍州 28, 37, 38

용호군龍虎軍 67, 70, 71, 109, 111, 112,
　　　188

용호하해군龍虎下海軍 175

우강右綱 46, 73, 74

우군右軍 131, 132, 136, 137, 138, 139,
　　　140, 143, 144, 145, 146, 162

우련祐連 8

우맹장상장교군사右猛將相將校軍士 137

우문부 288

우봉又奉 47

우야소 421, 427, 432

우역 187, 279

우왕 243, 258

우천군 73, 75

운문적雲門賊 158

운주雲州 26, 30, 32, 44, 235

운주 낭장 154

운주낭장雲州郎將 군우君禹 151

운주 도령 151

운주 옥산玉山 40

운주 전투 44, 45

운중도雲中道 154

울오鬱烏 16

울주 167

울진현 167

웅주 17, 24, 26, 30, 31, 37

웅진 44

웅천주도독 6

원보 왕충王忠 40

원산현圓山縣 176

원외랑員外郞 50

원정족정元定足丁 207

원종元宗 8

원탐난자군 312, 315

원흥도부서元興都部署 136, 176, 177, 178

원흥진 136

위원威遠 235

위尉 110

위위시 186

유검필庾黔弼 30, 33, 36, 37, 40, 42, 44

유길권(劉吉權) 50

유내維內 86

유소柳韶 235

유형원 70

6과 체제 268, 269

6두품 2

6부部 3

6상서尙書 67

육십六十 101

육십령 34

육십현六十峴 27

6위 65, 66, 67, 69, 70, 74, 81, 83, 84, 92,
        101, 102, 112, 129, 175, 197, 317

육위교위六衛校尉 69

육위녹사 69

육위대정六衛隊正 69

육위장군六衛將軍 69

육위장사 69

육화진법 321, 409

윤관 242, 390, 392, 396, 401, 417, 421,
        424, 427, 431

윤관의 9성 423, 424, 426, 427, 434

윤관의 여진정벌 436

윤흥允興 형제 7

은녕殷寧 36

은술殷述 47

읍락집단 3

읍루 380

읍사邑司 82, 166

읍성 161, 169, 170

읍치 122, 276

응양군鷹揚軍 67, 70, 71, 109, 111, 112,
        188, 191

의성부 42

의위儀衛 187

의유 152

의주 140, 141, 156

의주분도義州分道 152

의주인 152

의주적의 난 151

의형대義刑臺 50

이겸의 305

2군 6위 62, 63, 64, 65, 67, 69, 70, 72, 74,
        75, 76, 79, 83, 98, 99, 101, 108,
        109, 110, 111, 112, 121, 137, 140,
        176, 187, 190, 194, 202, 204, 208,
        331, 353, 397, 415

2군6위 체제의 해체 413

이극인李克仁 158, 159

이달伊達 35
이당취 154
이부 186
2 · 3품 121
2 · 3품군 120, 123, 124, 125
李先齊 130, 131, 137, 160, 163, 216, 219
이소응 248
22역도 270, 274
22역도 체제 270
22역도驛道 525역 268
이원적 구성설 63, 65, 66, 67, 98
이위伊位 422
이의방 148
이정의 병법 322, 323
이제현 249
이찬 김식金式 7
이찬 김은거金隱居 6
이찬 양순良順 7
이찬 염상廉相 6
이홍 7
이흔암伊昕巖 24, 31
익군 243
익군제翼軍制 257
익령현 167
인물현 12
인일仁一 46
인주 140
인주성 130, 161, 162
인품人品 80
일길찬 대공大恭 5
일길찬 민합閔ㅁ 33
일길찬 신홍信弘 7
일길찬 홍필弘弼 7

일대삼최一代三崔 17
일리천 전투 72, 73, 74, 86, 317, 319, 324
일리천 전투 기록 75
일리천一利川 46
일모산군 25
일모산성 44
일본 180
일선 27
일선군一善郡 28, 43, 46
일어진 42
일품 116, 118, 119
일품군 120, 123, 125, 144, 158, 160
일품군 대정 124
임강 12
임명필林明弼 50
임상난林湘煖 50
임식林寔 50, 51
임실 34
임언林彦 242
임원수 220
임원수성臨遠戌城 220
임장부林長富 90
임적여林積璵 50
임존군 36
임존성 37
임진도로 274
임춘길林春吉 24, 54
임춘길 반란 사건 29, 31
임탁재林擢材 153, 154
임희林曦 50
입마立馬 276
입마역 276
입보 산성 228, 230, 231

입암산성 227

ㅈ

자비령 148, 153

잡류 106

잡마 284

장군 109, 110, 111

장군 경작 152

장군 관흔官昕 40

장군 길환吉奐 36

장군 능현能玄 35

장군 박술희朴述熙 45

장군 애선哀宣 35

장군 유문有文 40

장군 흔강昕康 47

장군방 109, 188, 189, 191

장기현 167, 169

장단도로 274

장무掌務 191

장병권 190

장병권자掌兵權者 182

장보고張保皐 7

장사長史 111

장성 235, 236

장성 축조 236, 237

장수 34

장수 윤선尹瑄 32

장위부掌衛部 79

장전長田 276

장주 146

장주성 146

재가화상在家和尙 405

재부宰府 49, 58, 185

재상 56

재신 185

재신宰臣 영경英景 38

재암성載巖城 장군 선필善弼 42

재추 190

저산도猪山島 44

저수봉猪首峯 42

저족 12

적의赤衣 20

적籍의 작성 213

전군佃軍 124

전라도 25, 118

전마 284

전목사典牧司 187, 278, 279, 282, 284

전시과 64, 66, 107, 114

전시과 계통의 군인전 204

전시과 토지 106

전연의 맹 342, 372

전운轉運 277

전이산轉尹山 37

전장田匠 131, 136, 139

전장과 녹읍 7

전정 4, 105, 106, 199, 200

전정세포田丁稅布 108

전정연립田丁連立 100, 207, 277

전정田丁 99, 105

전주 27, 34, 35, 48

절도사 94

절도사 제도 188

절령 330

절충부折衝府 63, 85

절충부별장 85

절충부별장 조영 84

정개政開 51

정군방정인正軍訪丁人 109

정기장군精騎將軍 금식黔式 20

정노精弩 397, 410, 411

정변靜邊 235

정부丁夫 123

정서대장군征西大將軍 유검필 36

정순貞順 46

정신鄭臣 152

정안국 326, 333

정안政案 187

정용精勇 64, 83, 112, 113, 116, 118, 119, 131

정용군 81, 86, 87, 96, 112, 120

정용제감대정精勇弟監隊正 138

정융定戎 235

정인丁人 100

정인호丁人戶 101

정조正朝 색상色湘 39

정주 20, 22, 156, 218

정주관성 218

정주靜州 156, 235

정주貞州 44

정주중랑장 김순부金純富 156

정중부 148, 156

정포고征袍庫 263

정포도감征袍都監 264

정호 213

정호군丁戶軍 137, 138

정호丁戶 101, 269

정호층 275

제감대정精勇弟監隊正 141

제감弟監 141

제도 82

제령부군인 101

제목감諸牧監 279

제위교위諸衛校尉 69

제위교위諸衛校尉 69

제위대정諸衛隊正 69

제위장군 69

조가전 125

조간助杆 46

조물군 36

조물성曹物城 35, 36

조물성 전투 37

조신 196

조위총 140, 150, 151, 152, 154, 156

조위총 난 148, 158

조위총 반란 149, 151, 152, 156

조위총의 반란 141, 153

조준 244

조치원 31

족足·반정半丁 67, 104, 107

족정 83

족정足丁·반정半丁 계통의 군인전 204, 206, 207

종희宗熙 46

좌강左綱 46, 73, 74

좌군左軍 131, 132, 136, 137, 138, 139, 140, 143, 144, 145, 146, 162

좌군과 우군 138

좌맹장상장교군사左猛將相將校軍士 137

좌우군영 84

좌우영 84

좌우위左右衛 67, 74, 84, 109, 112, 113

주·군·현 4
주·속현 간의 행정 체계 270
주목州牧 81
주진군 62, 121, 126, 128, 129, 130, 131,
  136, 138, 139, 140, 145, 146, 147,
  149, 151, 157, 162, 163, 181, 317
주진군 제도 152
주진군제 158
주진성 146, 156, 163, 234, 235
주진성 편제 235
주진입거군인 140
주진장상장교 143, 144, 149, 150, 151, 152,
  153, 155, 156, 157
주진장상장교록州鎭將相將校祿 142, 143
주진장상장교층 144, 151
주천酒泉 16
주현 64, 81, 82, 96, 119, 120, 122, 160,
  169
주현군 62, 66, 87, 89, 92, 94, 95, 104, 107,
  112, 116, 118, 119, 120, 121, 126,
  131, 138, 144, 181, 214, 317, 319
주현군 제도 96
주현군(품군) 93
주현군제 158
주현-속현 제도 119
주현제州縣制 93
죽동竹同 124
죽령竹嶺 18, 34, 41
죽령로 23, 41
죽주 11
준량俊良 46
중국마 284
중군中軍 46, 73, 74, 76

중랑장中郎將 109, 110, 111, 139, 140, 142,
  143, 144
중방 54, 109, 188, 189, 190
중방 공해 189
중방重房 148, 187
중부족군衆部族軍 307
중서문하성 185
중앙군 62, 63, 64, 65, 72, 73, 74, 75, 76,
  77, 78, 79, 81, 83, 84, 88, 90, 98,
  108, 112, 113, 129, 139, 149, 175,
  196, 204, 208
중장기병 311, 313
중추원 56, 183, 184, 188
중폐비사重幣卑辭 32
증성 20
지방 호족 56, 58, 72, 79
지방 호족층 84
지방군 87, 88, 138, 148, 208, 209
지방군제 148
지방민 3, 4
지방제의 정비 과정 212
지역공동체 9, 10, 147, 159
지역의 통주도부서通州都部署 176
지천군 73, 75
직명直明 42
직방職方 186
직역 99, 100, 106, 213
진각성珍閣省 50
진경秦勁 50
진골 2, 82
진골 귀족 5, 7
진두鎭頭 129
진례군進禮郡 22, 34

진명구鎭溟口 177

진명도부서鎭溟都部署 136, 176, 178

진명현 136, 176

진보성 34

진보성주眞寶城主 홍술 34

진수군鎭守軍 94, 95, 96

진원陳原 50

진원성 228

진장 145

진정秦靖 50

진주 14, 30

진첩津貼 101

진촌주眞村主 125

진호眞虎 37

징병권 209

철수鐵水 397, 412

철원 12, 18, 24, 29, 51

철환 146

청교도관역사靑郊道館驛使 268

청묘절 282

청새淸塞 235

청양 31

청주靑州 13, 17, 26, 29, 30, 36, 40, 43, 51, 52, 54

청주 영군장군領軍將軍 견금堅金 30

청주수淸州守인 파진찬波珍粲 진선陳瑄 30

청초절靑草節 280, 282

청하현 167, 169

청해진 7

초군抄軍 131, 136, 137, 138, 139, 140, 143, 144, 145, 146, 162

초맹장상장교군사抄猛將相將校軍士 137

초조대장경 378

초팔성草八城 40

촌류이삼품군村留二三品軍 102, 103, 104, 105, 106, 107, 121

촌장·촌정 125

촌주 3, 8

최광윤崔光胤 87

최문崔汶 50

최승로 69, 81, 129, 143, 163

최승우 17

최언위 17

최영崔瑩 243, 244

최우崔瑀 123, 251

최이崔怡 242, 251

최종崔宗 251

최질崔質 71

ㅊ

차촌주次村主 125

찰방사 108

창부倉部 50

채충순 102

처인성處仁城 167

천균노千鈞弩 256

천룡산성 227

천룡성 228

천무군 73, 75

천안부 43, 46

천우대장군 114

천우비신대장군 114

천우위 109, 112, 113, 114, 175

천우위千牛衛 67

철륵鐵勒 46, 86

최치원 17
추밀 56, 182, 185
추밀원 182, 184
추밀원제 183
추역군秋役軍 123
추향도椎香徒 90
축마 요식料式 282
축성 167, 169, 187
축성책 234
춘주도 116
출추사出推使 274
충실도감充實都監 203
충주 13, 26, 40
충주산성 227
충청도 17, 23, 24, 25, 40, 43
충청북도 14, 26
치소治所 5, 119, 167
치소가 위치한 성 33, 120, 122, 126, 145,
        146, 156, 161, 162, 163, 164, 166,
        168, 179, 215, 216, 217, 218, 219,
        220, 222, 226, 227, 234, 237
치읍축성置邑築城 33, 126, 128
치읍置邑 213
친어군親禦軍 111
친종장군親從將軍 71, 111
친종장군親從將軍 유방庚方 70
75도 안무사 93, 95
카단(哈丹)의 침입 234

ㅌ

타초곡가정打草穀家丁 311, 312
타초곡기 312

탄령炭嶺 48
탐라도 280
탕정군湯井郡 40
태봉 11, 17, 20, 21, 23, 24, 25, 27, 28, 29,
        51, 54, 172, 174
태조지太祖旨 39
통일 신라 2
통주 367
통주도부서通州都部署 136, 177, 178
통주성 349, 351, 363
통주와 의주 136
투화投化 131, 136, 139

ㅍ

파계사 39
파군재 39
파부마 284
파천현 167, 169
판관判官 안지언安之彦 153
팔공산 39
팔관회 157
팔량현八良峴 27
팔령치 34
팔조부곡八助部曲 166
팔조음부곡 165, 166
패강도浿江道 18, 20
패강진浿江鎭 76
패서浿西 12, 172
패서도浿西道 12, 18, 19
패서 지역 52
평로平虜 235
평로진 140

평산 12

평양 17, 20, 33

평찰評察 50

포차砲車 146

품군 87, 89, 92, 96, 214

피실군 306, 308, 309, 365

하곡河曲 42

하주려 220

하지현 34

하지현下枝縣장군 원봉元奉 34

한계성 228

한국화 304

한산주漢山州 12

한순韓恂 141

한순韓恂과 다지多智 144

한순명韓順明 46

한양산성 227

한희유韓希愈 252

할지론 328, 330, 332, 336

함양 34

함종현 33

합문지후 151

합천 34, 37

항마군降魔軍 397, 405, 406, 408

해군 75, 76, 132, 174, 175

해군대장군海軍大將軍 173

해군장군 75

해군장군海軍將軍 영창英昌 37

해도海島 226

해도 목장 280

해령海領 112, 114, 175

해주 33

행군行軍 132, 137

향·부곡 4

향공진사鄕貢進士 151

향남香南 50

향도 90

향리 82, 90, 100, 107, 108, 122, 124, 141,
144, 146, 150, 158, 159, 206, 376,
377, 403

향리직 개편 82

향리층 89, 91, 92, 96, 120, 149, 151, 152,
156, 403

향마(과하마) 284

향병 306

향정 307

현담윤玄覃胤 150, 153, 155

현덕수玄德秀 150, 153, 154, 155

현률玄律 54

현봉성 228

현이후 154

현종 357, 374

현치 166

혈구 12

혈구진穴口鎭 76

형관刑官 185

형부 186

혜산성□山城 44, 226

호구 4

호군護軍 100, 109

호마胡馬 284

호부 186

호분군虎賁軍 111

호장 141, 151, 276

호장 최우崔祐 90

호장별장戶長別將 유경柳瓊 124

호장층 160

호장戶長인 최우崔祐 90

호족 5, 12, 15, 24, 26, 29, 35, 38, 46, 52, 53, 54, 55, 57, 65, 82, 87, 209

호족 세력 60, 83

호족들 64

호족연합정권 54

호족연합정치 55

호족층 81, 85, 86, 89, 91, 92, 96, 158, 212

홍덕洪德 152

홍유洪儒 17, 30, 46

화산성 228

화주和州 136, 235

화통도감 258

화통방사군 258

환가현 165, 166, 167, 169

환가현성 166

황간 27

황보금산皇甫金山 46

황산군黃山郡 48

황의黃衣 20

황주 33

황초절黃草節 282

황해 14, 26

효렴孝廉 38

후고구려 10

후백제 10, 11, 13, 17, 21, 22, 24, 25, 27, 28, 30, 31, 32, 33, 35, 37, 38, 40, 41, 44, 45, 60

후백제 좌장군 효봉孝奉 47

후생後生 78

후주後周 78

훈신구장勳臣舊將 80

훈신숙장勳臣宿將 57, 78

훈요십조 303

훤량萱良 46

흑상黑湘 22

흑수黑水 46, 86

흑수말갈黑水靺鞨 381, 385

흔경昕京 90

흔계昕繼 46

흔악昕岳 46

흥례부興禮府 42

흥위위興威衛 67, 109, 112, 113

흥주 23

흥주 부석사 18

흥해군 167, 169

흥화진 348, 349, 363, 367

흥화興化 235

희필曦弼 51

『한국군사사』권별 집필진

구분	집필진		구분	집필진	
고대 I	이 태 진	국사편찬위원장	조선 후기 II	송 양 섭	충남대 교수
	송 호 정	한국교원대 교수		남 상 호	경기대 교수
	임 기 환	서울교대 교수		이 민 웅	해군사관학교 교수
	서 영 교	중원대 박물관장		이 왕 무	한국학중앙연구원 연구원
	김 태 식	홍익대 교수	근현대 I	이 헌 주	국사편찬위원회 편사연구사
	이 문 기	경북대 교수		조 재 곤	동국대 연구교수
고대 II	임 기 환	서울교대 교수	근현대 II	윤 대 원	서울대 규장각 HK교수
	서 영 교	중원대 박물관장	강역	박 영 길	한국해양수산개발원 책임연구원
	이 문 기	경북대 교수		송 호 정	한국교원대 교수
	임 상 선	동북아역사재단 연구위원		임 상 선	동북아역사재단 연구위원
	강 성 봉	한국미래문제연구원 연구원		신 안 식	숙명여대 연구교수
고려 I	최 종 석	동덕여대 교수		이 왕 무	한국학중앙연구원 연구원
	김 인 호	광운대 교수		김 병 렬	국방대 교수
	임 용 한	충북대 연구교수	군사 사상	임 기 환	서울교대 교수
고려 II	김 인 호	광운대 교수		정 해 은	한국학중앙연구원 선임연구원
	홍 영 의	숙명여대 연구교수		윤 대 원	서울대 규장각 HK교수
조선 전기 I	윤 훈 표	연세대 연구교수	군사 통신· 무기	조 병 로	경기대 교수
	김 순 남	고려대 초빙교수		남 상 호	경기대 교수
	이 민 웅	해군사관학교 교수		박 재 광	전쟁기념관 학예연구관
	임 용 한	충북대 연구교수	성곽	서 영 일	단국대 교수
조선 전기 II	윤 훈 표	연세대 연구교수		여 호 규	한국외국어대 교수
	임 용 한	충북대 연구교수		박 성 현	연세대 국학연구원
	김 순 남	고려대 초빙교수		최 종 석	동덕여대 교수
	김 일 환	순천향대 연구교수		유 재 춘	강원대 교수
조선 후기 I	노 영 구	국방대 교수	연표		한국미래문제연구원
	이 민 웅	해군사관학교 교수	개설	이 태 진	국사편찬위원장
	이 근 호	국민대 강사		이 현 수	육군사관학교 명예교수
	이 왕 무	한국학중앙연구원 연구원		이 영 화	한국학중앙연구원 연구원

『한국군사사』 간행위원

1. 주간

준장 오상택 (현 육군 군사연구소장)

준장 이필헌 (62대 육군 군사연구소장)

준장 정대현 (61대 육군 군사연구소장)

준장 신석현 (60대 육군 군사연구소장)

준장 이웅희 (59대 육군 군사연구소장)

2. 사업관리

대령 하보철 (현 한국전쟁연구과장)

대령 신기철 (전 한국전쟁연구과장)

대령 김규빈 (전 군사관리과장)

대령 이동욱 (전 군사관리과장)

대령 임방순 (전 군사관리과장)

대령 유인운 (전 군사관리과장)

대령 김상원 (전 세계전쟁연구과장)

중령 김재종 (전 군사기획장교)

소령 조상현 (전 세계현대전사연구장교)

연구원 조진열 (현 한국고대전사연구사)

연구원 박재용 (현 역사편찬사)

연구원 이재훈 (전 한국고대전사연구사)

연구원 김자현 (전 한국고대전사연구사)

3. 연구용역기관

사단법인 한국미래문제연구 (원장 안주섭)

편찬위원장 이태진 (국사편찬위원장)

교열 감수위원 채웅석 (가톨릭대 교수)

책임연구원 임용한 (충북대 연구교수)

연구원 오정섭, 이창섭, 심철기, 강성봉

4. 평가위원   김태준 (국방대 교수)

                  김　홍 (3사관학교 교수)

                  민현구 (고려대 교수)

                  백기인 (국방부 군사편찬연구소 선임연구원)

                  서인한 (국방부 군사편찬연구소 부장)

                  석영준 (육군대학 교수)

                  안병우 (한신대 교수)

                  오수창 (서울대 교수)

                  이기동 (동국대 교수)

                  임재찬 (위덕대 교수)

                  한명기 (명지대 교수)

                  허남성 (국방대 교수)

5. 자문위원   강석화 (경인교대 교수)

                  권영국 (숭실대 교수)

                  김우철 (한중대 교수)

                  노중국 (계명대 교수)

                  박경철 (강남대 교수)

                  배우성 (서울시립대 교수)

                  배항섭 (성균관대 교수)

                  서태원 (목원대 교수)

                  오종록 (성신여대 교수)

                  이민원 (동아역사연구소 소장)

                  이진한 (고려대 교수)

                  장득진 (국사편찬위원회 편사연구관)

                  한희숙 (숙명여대 교수)

집 필 자

- 최종석(동덕여대 교수) 제1 · 2장, 제3장 제1 · 2 · 4절
- 김인호(광운대 교수) 제3장 제3절
- 임용한(충북대 연구교수) 제4장

한국군사사 3   **고려 I**

초판 인쇄 2012년 10월 15일
초판 발행 2012년 10월 31일

발 행 처 육군본부(군사연구소)
주   소 충청남도 계룡시 신도안면 부남리 계룡대로 663 사서함 501-22호
전   화 042) 550 - 3630~4
홈페이지 http://www.army.mil.kr

출   판 경인문화사
등록번호 제10-18호(1973년 11월 8일)
주   소 서울시 마포구 마포대로4다길 8 경인빌딩(마포동 324-3)
대표전화 02-718-4831~2   팩스 02-703-9711
홈페이지 http://www.kyunginp.co.kr
이 메 일 kyunginp@chol.com

ISBN 978-89-499-0874-8 94910 세트
      978-89-499-0878-6 94910
육군발간등록번호 36-1580001-008412-01
값 43,000원